THÉOPHRASTE

RECHERCHES SUR LES PLANTES

LIVRE IX

COLLECTION DES UNIVERSITÉS DE FRANCE
publiée sous le patronage de l'ASSOCIATION GUILLAUME BUDÉ

THÉOPHRASTE

RECHERCHES
SUR LES PLANTES

TOME V
LIVRE IX

TEXTE ÉTABLI ET TRADUIT

PAR

Suzanne AMIGUES

Professeur émérite à l'Université Paul Valéry de Montpellier

PARIS
LES BELLES LETTRES
2006

Conformément aux statuts de l'Association Guillaume Budé, ce volume a été soumis à l'approbation de la commission technique, qui a chargé M. P. Quézel d'en faire la révision et d'en surveiller la correction en collaboration avec Mlle S. Amigues.

© 2006. Société d'édition Les Belles Lettres
95 boulevard Raspail, 75006 Paris
www.lesbelleslettres.com

ISBN : 2-251-00529-3
ISSN : 0184-7155

NOTICE

Doublement avertis par la conclusion du livre VII (« Sur les herbacées en général, nous nous sommes suffisamment étendu ; après cela il faut parler du blé et des céréales : c'est la question qui restait encore à traiter ») et par sa reprise en tête du livre suivant (« Admettons que sur les herbacées en général, nous nous sommes suffisamment étendu ; traitons la question du blé et des céréales au même titre que les précédentes : c'est le reliquat des herbacées »), nous ne pouvons pas ignorer que l'actuel livre IX est étranger à la version originale de l'*Historia plantarum*.

Son caractère composite saute aux yeux. Les chapitres 1 à 7 traitent des produits végétaux aromatiques, indigènes ou étrangers, destinés à des usages divers, médical, condimentaire, cosmétique, etc. La seconde partie (chapitres 8 à 19) présente les principales plantes médicinales, avec des précisions sur leur récolte, leur préparation, leurs indications thérapeutiques. S'y rattache un bref appendice (chapitre 20) constitué par une série de notices dont les unes figurent déjà dans un chapitre précédent, tandis que d'autres sont restées inexploitées. Le livre IX est donc tout entier consacré aux plantes, comme l'*Historia plantarum* proprement dite, mais dans une perspective utilitaire qui n'a rien de commun avec l'ambitieuse classification du règne végétal annoncée en I, 3, 1 par la définition des quatre formes biologiques : arbre, arbrisseau, sous-arbrisseau, plante herbacée, et achevée avec

l'étude, au livre VIII, du « reliquat des herbacées ».
D'où la question qui se pose inévitablement à tout éditeur
ou commentateur du livre IX : est-ce en substance, sinon
exactement sous sa forme actuelle, l'œuvre de Théophraste ?

L'antiquité admettait sans réserve son authenticité. Du
IIIe siècle avant notre ère jusqu'à l'époque byzantine, on
en a tiré des citations constamment attribuées à Théophraste, tantôt sans autre précision[1], tantôt avec mention
du titre de l'ouvrage[2] et parfois même du livre[3]. L'opinion moderne est au contraire divisée. « Le livre IX de
l'*Historia plantarum* de Théophraste est d'un niveau
moins élevé que le reste, et il tire son origine d'écrits de
la nature des herbiers[4] », constate Ch. Singer[5]. Certes,
le merveilleux, quoique expressément donné comme
tel[6], n'est pas absent du livre IX, ni l'anecdote, dont

1. Θεόφραστος ἱστορεῖ : Diosc. III, 74, 4 (→ *H.P.* IX, 11, 11) et
V, 108, 2 (→ IX, 17, 3).— Θ. λέγει : schol. Nic., *Thér.* 500 (→ IX,
11, 1) et 938 (→ IX, 8, 6).— Θ. φησί : Ath. 18 d (→ IX, 18, 9) et 681 f
(→ IX, 7, 4) ; schol. Nic., *Thér.* 564 (→ IX, 11, 1).

2. Θεόφραστος ἐν τῷ περὶ φυτῶν φησι : Apoll. Paradox. XXXI
(→ IX, 17, 4) et XLVIII (→ IX, 11, 11) ; Ath. 41 f (→ IX, 18, 10).—
Θ. ἐν (τῇ) περὶ φυτῶν ἱστορίᾳ (φησί) : Ath. 31 e (→ IX, 18, 10-11)
et 66 e (→ IX, 20, 1).— Θ. ἐν τῇ περὶ φυτῶν πραγματείᾳ : Apoll.
Paradox. XXIX (→ IX, 13, 3) ; schol. Plat., *Rép.* 488 c (→ IX, 9, 1).—
Θ. ἐν φυτικοῖς : schol. Paris. Orib. II 744 D (→ IX, 19, 2).

3. Livre IX ou VIII selon que la citation provient d'un exemplaire
dans lequel les livres VI et VII étaient séparés ou réunis ; voir notre n.
11 à VII, 15, et ici même, *infra*, p. L-LII, le commentaire des princi-
pales références suivantes : Bolos de Mendès ap. Steph. Byz., s.v.
Ἄψυνθος : Θεόφραστος ἐν τῷ περὶ φυτῶν ἐννάτῳ (→ IX, 17, 4) ;
Apoll. Paradox. XLI : Θ. ἐν τῷ η′ [= 8] περὶ φυτῶν (→ IX, 18, 2) ;
Galien, *Lex. Hipp.*, XIX, 72 Kühn : Θ. ἐν τῷ περὶ φυτῶν ὀγδόῳ
(→ IX, 20, 4) ; Ath. 680 f : ἐν τῷ θ′ [= 9]... Θ. φησιν (→ IX, 19, 3).

4. « Herbier » au sens de « manuel d'herboristerie ». Le *De Materia medica* de Dioscoride est le meilleur représentant antique de ce
genre.

5. Ch. Singer, *The Herbal in Antiquity and its transmission to later
ages*, in *J. Hell. Studies*, 47, 1927, p. 1-52 ; voir p. 2.

6. Ainsi les on-dit sur la récolte du cinnamome (IX, 5, 2) entre les

un concours de résistance à l'hellébore sur l'agora d'Athènes (IX, 17, 1-3) donne un exemple pittoresque. Mais les différences incontestables entre ce livre et les précédents ne suffisent pas à prouver qu'ils ne sont pas du même auteur. A défaut de véritables arguments, Singer se fonde sur son sentiment personnel pour conclure[7] : « Le plus ancien herbier conservé est le livre IX de l'*Historia plantarum* de Théophraste. C'est une compilation d'autres herbiers et il n'est pas de Théophraste. Il est probablement d'époque alexandrine, disons d'environ 250 *a.C.* ». Aussi catégoriquement exprimée, l'idée que le livre IX est apocryphe a été largement admise, avec plus ou moins de conviction, jusqu'à notre époque[8].

deux formules λέγεται δέ τις μῦθος et οὗτος μὲν οὖν τῷ ὄντι μῦθος ; ou encore (IX, 19, 2-3) des recettes de charlatans pour acquérir du renom, considérées comme « le fait de gens qui veulent par la même occasion accroître le prestige de leur art ».

7. *Ibid.*, p. 50.

8. Sans prétendre à l'exhaustivité, citons H. Marzell, *Der Zauber der Heilkräuter in der Antike und Neuzeit*, in *Südhoffs Archiv für Geschichte der Medizin und der Naturwissenschaften*, 1937, p. 3-26, en part. p. 5 : « le livre neuf serait un faux » ; A. Delatte, *Herbarius. Recherches sur le cérémonial usité chez les anciens pour la cueillette des simples et des plantes magiques*, Paris, 1936, p. 8, qui met au nombre des utilisateurs d'anciens herbiers perdus « Théophraste, dans sa *Description des plantes* (si toutefois le livre IX est bien de lui) », avec cette remarque en note : « Je n'ai rien trouvé, pour ma part, qui me fît douter de son authenticité ». Moins prudemment, H. Rahner, *Mythes grecs et mystère chrétien* (trad. H. Voirin), Paris, 1954, évoque (p. 244) « le botaniste inconnu auquel nous devons le neuvième livre de Théophraste ». Enfin, J. Stannard, *The Herbal as a Medical Document*, in *Bull. Hist. Medizin*, 43, 1969, qualifie (p. 213) le livre IX de « possibly spurious » ; J. Scarborough, *Theophrastus on Herbals and Herbal Remedies*, in *J. Hist. Biology*, 11, 1978, p. 353-385, évite à son tour de prendre parti (p. 354 : « Quoi qu'on puisse penser de l'authenticité du livre IX de l'*Historia plantarum*... »). Tout récemment encore, J.-M. Jacques mentionne dans la notice de son édition de Nicandre, t. II (C.U.F., 2002), p. LIV-LV, « le livre IX de l'*Histoire des Plantes*, dont l'authenticité a été contestée, qui est une sorte de Ῥιζοτομικόν ». Opinion semblable exposée avec plus de détails dans W. Feemster Jashemski and F.G. Meyer (eds), *The Natural History of*

Cependant les éditeurs de Théophraste, plus attentifs aux détails du texte, ont fait depuis longtemps des constatations qui auraient dû être décisives. Déjà J.G. Schneider avait reconnu en 1821 l'ensemble que forment les sept premiers chapitres[9], sans toutefois remarquer l'originalité de la formule ἐν ἄλλοις dans *H.P.* IV, 4, 14 : Théophraste distingue des autres végétaux exotiques « les plantes à parfum d'Arabie, de Syrie et de l'Inde (...) dont *nous avons parlé ailleurs* plus longuement » (... περὶ ὧν ἐν ἄλλοις εἴρηται διὰ πλειόνων). Le mérite d'avoir compris le véritable sens de cette référence revient à Fr. Wimmer. « C'est tout juste, dit-il dans l'Introduction de sa première édition[10], si on ne voit pas ici Théophraste montrer du doigt les sujets mêmes qui sont aujourd'hui compris dans la première partie du livre neuf : ainsi donc, puisqu'il dit en avoir traité ἐν ἄλλοις, il est évident que l'actuel livre neuf n'avait pas de rapport jadis avec les livres de l'*Historia* ». « C'est ce qu'indiquent aussi, ajoute Wimmer, les titres donnés dans le *Parisiensis* 1823 pour le livre neuf περὶ φυτῶν ὀπῶν, et dans l'Aldine pour le livre dix περὶ δυνάμεως ῥιζῶν, qui, rapprochés, couvrent dans sa quasi-totalité la matière de ce livre ». Cette constatation est du reste corroborée par d'autres témoignages : le *Monacensis gr.* 635 (*Mon.* dans nos *sigla*), très proche du *Parisinus gr.* 1823[11], présente

---

Pompeii, Cambridge University Press, 2002, p. 84 : « Le livre IX des *Recherches sur les plantes* de Théophraste n'a pas le caractère scientifique du reste de l'œuvre et peut avoir été écrit par un autre auteur après la mort de Théophraste. Les chapitres 9 à 12 [*sic* ; pourquoi ce découpage ?] ont été manifestement extraits d'un herbier et ils constituent les plus anciens vestiges d'un herbier grec ».

9. Schn. 1821 dans nos *sigla*, p. 78.

10. Wim. 1842, p. X.

11. L'état de ce manuscrit ne permettant pas la réalisation d'un microfilm, nous avons dû renoncer à le collationner, sans trop de regret car les leçons intéressantes que Wimmer y a trouvées et qu'il signale dans son apparat critique de 1842 sont également celles du *Monacensis*.

de même ses extraits du livre IX sous le titre Θεοφράστου περὶ φυτῶν ὀπῶν, et l'*Urbinas gr.* 61 (notre U), qui fournit successivement deux versions des chapitres 8, 1 à 19, 4, porte en tête de la seconde copie le titre Περὶ δυνάμεως ριζῶν. Il était donc bien établi dès 1842 que notre livre IX se compose de deux opuscules à l'origine distincts l'un de l'autre et des huit livres précédents. En outre la référence au premier dans *H.P.* IV, 4, 14 prouvait définitivement son authenticité et son antériorité à l'*Historia*, mais de toute évidence Wimmer n'avait découvert rien de tel au sujet du second.

Il s'ensuit, dans d'importants travaux allemands du début du XXe siècle, une dissociation entre les chapitres 1-7, dont il n'était plus possible de mettre en doute l'authenticité, et les suivants, attribués à un herboriste (ῥιζοτόμος) inconnu que H. Bretzl[12] appelle « Pseudotheophrast ». La position de M. Wellmann sur ce problème est significative. En 1898[13], cherchant à démontrer que le Ῥιζοτομικόν de Dioclès de Carystos est « la source suprême de tout savoir botanico-pharmacologique », Wellmann a étudié tous les passages de *H.P.* IX, 8-20 où il a cru déceler l'influence de Dioclès. Il ne remet jamais en cause l'attribution à Théophraste de ce « manuel de matière médicale populaire ». Quelques années plus tard, Wellmann semble gagné à son tour par le scepticisme : dans son édition de Dioscoride (Berlin, 1906-1914) les références à l'*Historia plantarum* sont généralement signalées par « Thphr. » si elles concernent les livres I-VIII et IX, 1-7, mais par « [Thphr.] » quand le texte visé se trouve en IX, 8-20.

12. H. Bretzl, *Botanische Forschungen des Alexanderzuges*, Leipzig, 1903, p. 366, n. 24. C'est l'autorité à laquelle se réfère Stadler, art. « Helleboros » in *R.E.* VII 1 (1912), c. 163, pour parler avec assurance de « l'herboriste qui a écrit la deuxième partie du livre IX de l'*Histoire des plantes*, attribuée à Théophraste ».

13. Dans son article *Das älteste Kräuterbuch der Griechen*, in *Festgabe für Fr. Susemihl*, Leipzig, 1898, p. 1-31.

Le fait nouveau qui aurait dû apporter la solution du problème est la découverte par Regenbogen[14] de la seconde des deux seules occurrences de ἐν ἄλλοις dans l'*Historia*. En VII, 9, 3 les racines des plantes herbacées sont distinguées d'après plusieurs sortes de caractères : « ... elles sont de saveur douce, amère ou âcre, d'odeur agréable ou fétide, et dans certains cas, douées de propriétés médicinales, comme *nous l'avons déjà dit ailleurs* » (καὶ ἔνιαι φαρμακώδεις, ὡς ἐν ἄλλοις εἴρηται). Regenbogen voit ici un rappel de *H.P.* I, 7, 2 (αἱ δὲ καὶ φαρμακώδεις), sans s'étonner qu'une formule aussi exceptionnelle ait été utilisée pour un renvoi banal d'un passage à un autre du même traité. Nous en avons proposé en 1998[15] une interprétation parallèle à celle de Wimmer pour *H.P.* IV, 4, 14 : « Comme il n'est guère vraisemblable que ἐν ἄλλοις ait un sens différent dans les deux cas, il est fait ici référence à un second ouvrage distinct de l'*Historia plantarum* I-VIII. Ce ne peut être que IX, 8-20, dont le sujet englobe toutes les parties de la plante douées de propriétés médicinales, mais a trait particulièrement aux racines (cf. IX, 8, 1) ».

Les récents travaux de W.W. Fortenbaugh sur les opuscules de Théophraste[16] ont fait connaître d'autres occurrences de ἐν ἄλλοις, toujours avec le sens de « dans un autre ouvrage », et non « dans un autre pas-

---

14. O. Regenbogen, « Theophrast-Studien I : Zur Analyse der *Historia Plantarum* », *Hermes*, 69, 1934, p. 75-105, en part. p. 78.— Plusieurs questions traitées ici ont été abordées déjà dans notre article « Problèmes de composition et de classification dans l'*Historia plantarum* de Théophraste », in *Theophrastus. Reappraising the Sources*, J.M. van Ophuijsen and M. van Raalte (eds), New Brunswick (U.S.A.) – London, 1998, p. 191-201 (repris dans nos *Études de botanique antique*, Paris, 2002 [ouvrage cité désormais *Études*], p. 45-53).

15. « Problèmes de composition... », p. 198 (= *Études*, p. 51).

16. En particulier son édition du Περὶ ἱδρώτων dans W.W. Fortenbaugh, R.W. Sharples and M.G. Sollenberger, *Theophrastus of Eresus. On Sweat, On Dizziness and On Fatigue*, Leiden – Boston (Brill), 2003. Voir p. 62-63 le commentaire des occurrences de ἐν ἄλλοις.

sage (de celui-ci) ». Comme dans l'*Historia*, ἐν ἄλλοις fait référence à un ouvrage antérieur dans Περὶ λίθων, 1 (après la distinction initiale entre minerais et pierres) : Περὶ μὲν οὖν τῶν μεταλλευομένων ἐν ἄλλοις τεθεώρηται· περὶ δὲ τούτων νῦν λέγωμεν « La question des minerais a été examinée *ailleurs*[17] ; traitons maintenant la seconde ». La même formule annonce un développement ultérieur dans Περὶ ἱδρώτων, 1 : ἕτερος ἔστω ἐν ἄλλοις λόγος « c'est une autre question, à traiter *ailleurs* », et dans la conclusion du Περὶ πυρός, 76 : ἀκριβέστερον δὲ πάλιν ἐν ἄλλοις ἐροῦμεν περὶ αὐτῶν « nous reviendrons *ailleurs* sur ce sujet pour une étude approfondie ».

A la lumière de ces faits, il est désormais possible d'affirmer que les deux parties du livre IX de l'*Historia* correspondent à deux opuscules authentiques et antérieurs aux livres I-VIII, respectivement intitulés dans une partie de la tradition *Περὶ φυτῶν ὀπῶν* et *Περὶ δυνάμεως ῥιζῶν*. N'étant pas destinés à être réunis, ils doivent être étudiés séparément en ce qui concerne leur composition et leurs sources, leur date, l'état dans lequel nos manuscrits les ont conservés. Il se posera ensuite la question de savoir quand, par qui et à quelle fin ils ont été intégrés dans l'*Historia plantarum*.

I. — ΠΕΡΙ ΦΥΤΩΝ ΟΠΩΝ
LES SÈVES DES VÉGÉTAUX

Composition   Le titre tiré de la phrase liminaire de l'actuel livre IX (Ἡ ὑγρότης ἡ οἰκεία τῶν φυτῶν, ἣν δὴ καλοῦσί τινες ὀπὸν ...) permettait l'identification du rouleau correspondant, mais ne consti-

---

17. Les listes de Diogène comprennent effectivement un Περὶ μετάλλων, mentionné plusieurs fois par la tradition indirecte (cf. fr. 197-205 Fortenbaugh).

tue le sommaire ni de l'ensemble des deux opuscules, ni
même du premier d'entre eux. Celui-ci comprend deux
parties :

1. Les chapitres 1-3 répondent exactement au titre. Les
« différences des sucs » (διαφοραὶ τῶν χυλῶν) mentionnées dans *H.P.* I, 1, 6 à la suite d'autres facteurs de
dissemblance sont évoquées ici (ch. 1) sous divers
aspects (saveur, abondance, couleur), brièvement mais
avec des exemples précis, selon la didactique usuelle de
Théophraste. Son attention se concentre sur les végétaux
dont la sève « en vient à former des larmes » (§2 καὶ
δακρυώδης γίνεται), soit inodores et insipides, sans
intérêt pratique, soit aromatiques et activement exploitées
au moment reconnu favorable. Sans s'attarder au cas du
silphium (§7), qu'il se proposait peut-être d'étudier
ailleurs[18], l'auteur traite en priorité du « suc en larmes »
des pins, la résine, et de son principal dérivé, la poix,
deux produits de première nécessité dans le monde
antique[19]. Les chapitres 2 et 3 décrivent donc longuement
le gemmage et la fabrication de la poix dans des régions
forestières (Troade et Macédoine) bien connues de Théophraste. L'ensemble se termine (ch. 3, §4) par l'exposé
du procédé original utilisé en Syrie pour extraire la résine
de térébinthe des arbres vivants.

2. Le début du chapitre 4 annonce un élargissement
du sujet : tout en partageant avec les résines précédentes
la qualité d' ὀποὶ δακρυώδεις, l'encens et la myrrhe
(ch. 4), ainsi que le baume de Syrie (ch. 6), apparaissent
indissociables des autres parfums d'Orient et des aromates en général. De ces derniers Théophraste dira plus
loin (ch. 7, §3) : « Il s'agit, selon le cas, de racines,
d'écorces, de rameaux, de bois, de graines, de larmes ou

18. Cf. *H.P.* VI, 3.

19. Bon résumé de la question, avec de nombreuses références à la
documentation littéraire et épigraphique, dans l'*Appendix 7 : Pitch*, de
R. Meiggs, *Trees and Timber in the Ancient Mediterranean World*,
Oxford, 1982, p. 467-471.

de fleurs ». Le facteur d'unité n'est donc plus d'ordre morphologique (nature du suc), mais olfactif, ce qui permet d'inclure dans le développement compris entre l'annonce du nouveau centre d'intérêt (ch. 4, §1 πειρατέον εἰπεῖν ... περὶ τῶν λοιπῶν εὐόσμων) et les derniers mots sûrement authentiques du *Περὶ φυτῶν ὀπῶν* (ch. 7, §4 ἀσθενῆ τὴν εὐωδίαν ἔχει) le chapitre 5 consacré aux écorces odoriférantes que sont la cannelle et le cinnamome, et le chapitre 7 où sont énumérées toutes sortes de matières végétales parfumées. C'est bien à l'opuscule ainsi redéfini comme un exposé περὶ τῶν εὐόσμων que pensait Théophraste lorsqu'il renvoie en IV, 4, 14 à une étude faite « ailleurs » (ἐν ἄλλοις) des « plantes à parfum d'Arabie, de Syrie et de l'Inde » (τὰ εὔοσμα τὰ περὶ Ἀραβίαν καὶ Συρίαν καὶ Ἰνδούς).

Sources   Mis à part le chapitre d'introduction à caractère général, la première partie du *Περὶ φυτῶν ὀπῶν* repose presque en totalité sur l'observation directe et sur l'enquête personnelle auprès des populations locales. On note des correspondances parfois terme à terme entre IX, 2, 2 et III, 9, 1-2 au sujet de la classification des pins selon « les gens de l'Ida » et selon les Macédoniens : il est dit dans les deux textes que les premiers distinguent le « pin de l'Ida » et le « pin maritime »[20], alors que les seconds font une division plus floue en « pin femelle », « pin mâle » et / ou « pin dépourvu de fruits »[21]. De même au sujet de la résine du « pin de l'Ida », plus estimée en Troade que celle du « pin maritime ». On lit en IX, 2, 2 : « la résine du 'pin de l'Ida' est plus abondante et plus foncée (μελαντέραν), plus douce (γλυκυτέραν) et généralement plus

20. Correspondant respectivement au pin de Pallas (*Pinus nigra* Arnold subsp. *pallasiana*) et au pin de Calabre (*P. brutia* Ten.) dans la nomenclature actuelle ; cf. n. 3 à III, 9, 1.

21. Voir les notes 8 et 11 du chapitre III, 9 et *infra* le commentaire de IX, 2, 2.

parfumée quand elle est crue (εὐωδεστέραν ὠμήν) ;
cuite, elle est en définitive inférieure, car elle contient
davantage d'essence (ἐψηθεῖσαν δὲ ἐλάττω ἐκβαίνειν·
πλείω γὰρ ἔχειν τὸν ὀρόν) » ; en III, 9, 2 : « l'arbre
est généralement plus riche en résine, une résine plus
foncée (μελαντέρᾳ), plus douce (γλυκυτέρᾳ), plus
fluide et plus parfumée quand elle est crue (εὐωδεστέρᾳ,
ὅταν ᾖ ὠμή) ; cuite, elle est en définitive moins bonne
parce qu'elle contient beaucoup d'essence (ἐψηθεῖσα δὲ
χείρων ἐκβαίνει διὰ τὸ πολὺν ἔχειν τὸν ὀρόν) ». Ici
et là Théophraste exploite les mêmes renseignements de
première main collectés pendant son séjour en Troade et
à Lesbos, entre 347 et la date indéterminée (vers 340) où
il quitta Mytilène pour Stagire. En Macédoine Théophraste a été lui-même témoin de la fabrication de la
poix, décrite en IX, 3, 1-3. L'aménagement du lieu, les
matériaux, les dimensions de la meule, le processus et la
durée de la combustion, les gestes des opérateurs, tout est
noté avec la précision des choses vues.

Au contraire, la technique consistant à chauffer sur
pied des arbres à sève résineuse pour en extraire de la
poix est rapportée indirectement : IX, 2, 2 « On dit
(φασὶ) du pistachier qu'on le brûle en Syrie pour faire de
la poix... Certains le disent (ἔνιοι δέ φασι) aussi du pin
d'Alep... » ; IX, 3, 4 (encore au sujet du pistachier)
« On dit (φασὶ) qu'en Asie, du côté de la Syrie... ». Ces
derniers mots introduisent une description du procédé
succincte mais claire et cohérente. Théophraste ne peut
guère devoir ces informations à la présence fortuite d'un
observateur[22] dans les montagnes de Syrie où croît le pistachier, précisément à l'époque de son exploitation. On
pense plutôt à un négociant spécialisé dans le commerce
de la poix, celle des pins de Macédoine, à la fois abon-

---

22. Les naturalistes de l'expédition d'Alexandre ont traversé la
Syro-Palestine du nord au sud en 332 et en sens inverse l'année suivante.

dante et très estimée[23], mais aussi celle des pistachiers orientaux, produit rare, comme la résine correspondante[24], l'un et l'autre assez précieux pour que leur extraction fût rentable[25].

Le chapitre 4 montre en effet (§8) que Théophraste ne dédaigne pas le témoignage des marchands, même s'il doit en définitive l'écarter. Pour savoir ce qu'était au juste l'arbre à myrrhe, Antigone, nous dit-il, s'en fit apporter du bois « par les Arabes qui acheminent l'encens vers la côte, et ce bois ne différait en rien de celui du térébinthe. Seulement ces informateurs ont ajouté une preuve supplémentaire de leur ignorance : ils croyaient que l'encens et la myrrhe viennent du même arbre ». Il se trouvait cependant parmi les négociants en aromates des gens à l'esprit curieux, capables de voyager les yeux ouverts et de donner une relation intéressante de ce qu'ils avaient vu. Ainsi ce Sémite du nom d'Iamboulos, présumé syrien ou nabatéen, dont Diodore de Sicile résume le périple dans l'océan Indien[26]. Déjà les anciens renon-

---

23. Encore à l'époque romaine, malgré la concurrence de la poix du Bruttium ; voir J.-P. Brun, *Le vin et l'huile de la Méditerranée antique*, Paris, 2003, p. 68-69.

24. Cf. IX, 2, 2 βελτίστη... ἡ τερμινθίνη (scil. ῥητίνη)... ἀλλ' ὀλίγη. Il s'agit fondamentalement de la résine naturelle du pistachier térébinthe, mais les anciens ne distinguaient pas de cette espèce méditerranéenne ses proches parentes orientales.

25. Leur commercialisation dès le XIVe siècle avant notre ère est attestée par l'épave d'Ulu Burun, qui en transportait une grande quantité dans sa cargaison d'objets et de produits de luxe (cf. P. Pomey, « Les épaves et leur cargaison », in *La navigation dans l'Antiquité* [P. Pomey dir.], Aix-en-Provence, 1997, p. 162-164).

26. *Bibl. hist.* II, 55-60. Diodore présente Iamboulos (II, 55, 2) comme un homme supérieur à sa condition sociale : « Iamboulos était, dès l'enfance, avide de s'instruire ; mais, après la mort de son père, qui était marchand, il se livra lui aussi au commerce ; et alors qu'il parcourait l'intérieur de l'Arabie pour gagner la région productrice d'aromates, il fut capturé par des brigands... » (trad. B. Eck, C.U.F, 2003). La date du récit d'Iamboulos reste indéterminée ; on la place d'ordinaire, sans argument décisif, au IIIe siècle *a.C.* B. Eck, *Nouvelles lectures du texte au livre II de Diodore*, in *R.E.G.* 117, 2004, p. 326-335,

çaient à démêler l'authentique du fabuleux dans de pareils récits et la critique moderne n'y réussit pas mieux[27]. Il reste que les marchands qui rapportaient dans le monde grec les aromates d'Arabie, de l'Inde, peut-être même du Sud-Est asiatique, ont été dans bien des cas les seules sources accessibles à Théophraste.

Le chapitre 5, relatif au cinnamome et à la cannelle, est à cet égard particulièrement significatif. Il s'ouvre sur l'annonce de simples « rapports » (τάδε λέγουσι), qui peuvent être des racontars aussi bien que des renseignements exacts. La transition des §1 et 2 indique qu'il a été fait appel à plusieurs sources du même genre : « Tel est le premier rapport. Selon d'autres informateurs... » (Οἱ μὲν οὕτω λέγουσι. Ἄλλοι δὲ ... φασι ...). Comme un voyage scientifique ou d'agrément dans des régions aussi lointaines paraît peu vraisemblable pour la fin du IVe siècle, Théophraste a dû se contenter de ce qu'il a pu apprendre des marchands. On remarquera le contraste entre la description de l'arbre, sommaire et incertaine (§1 « arbrisseau de taille modeste, comme un gattilier, mais très rameux et ligneux » ; §2 « le cinnamome a l'aspect d'un arbrisseau, ou plutôt d'un sous-arbrisseau ; il en existe deux variétés, le 'noir' et le 'blanc' » [sans autres précisions]) et celle du produit, détaillée et confirmée par des auteurs modernes : on divise le bois du cinnamome en cinq parties, parmi lesquelles « la ramille est la plus estimée, étant précisément ce qui a le plus d'écorce »[28].

admet comme « fort possible » (p. 332) qu'il soit « le reflet d'une expérience réelle, vécue dans l'océan Indien par un explorateur ou par un géographe ». Il n'est pas moins possible qu'un commerçant à l'esprit curieux, tel que se présente Iamboulos, ait consigné au cours de ses voyages d'affaires des observations géographiques et ethnologiques qui auraient servi de point d'appui à son imagination.

27. Voir dans l'édition de B. Eck les pages (XL-XLVI) consacrées à Iamboulos et à la réception antique et moderne de son récit.

28. Cf. par exemple F. Couplan, *Guide des condiments et épices du monde*, Lausanne-Paris, 1999, p. 55, s.v. *Cinnamomum zeylanicum* : « L'écorce la plus fine provient des jeunes pousses au centre de l'arbre ».

Il en ressort que les négociants interrogés connaissaient l'arbre vaguement, à travers plusieurs intermédiaires, et ne s'intéressaient vraiment qu'à la denrée commerciale. L'« histoire fabuleuse » que Théophraste raconte comme telle (λέγεται δέ τις καὶ μῦθος) au sujet de la récolte du cinnamome vient de la même source. Les commerçants véhiculaient avec les aromates toutes sortes de récits merveilleux, issus du folklore indigène[29] et enrichis de leurs propres trouvailles à des fins lucratives[30].

Dans le cas exceptionnellement favorable de l'encens et de la myrrhe (ch. 4), Théophraste a pu confronter avec les renseignements fantaisistes des caravaniers arabes des données plus dignes de foi. Ce sont les observations faites sur les lieux mêmes de la culture des arbres à encens et à myrrhe par des membres de l'expédition d'Anaxicrate, qu'Alexandre avait chargée de tenter le contournement de la péninsule Arabique par l'ouest[31]. Au cours d'une escale au pays des Sabéens, dans l'actuel Yémen, ces gens découvrirent par hasard des arbres en exploitation et rapportèrent, avec une cargaison dérobée de myrrhe et d'encens, la documentation botanique qui permit à Théophraste d'écrire sur ces aromates une page « étonnamment pertinente »[32]. Au terme d'une étude détaillée des faits, nous avons proposé de les placer en septembre-octobre 324[33].

---

29. Voir *infra* le commentaire de IX, 5, 2.

30. Après avoir résumé le texte d'Hérodote (III, 110-111) qui raconte comment les Arabes récoltent la cannelle dans un marais peuplé de chauves-souris monstrueuses et disputent le cinnamome à des oiseaux de proie, Pline conclut (XII, 85) : « C'est par ces contes qu'on augmente le prix des choses ».

31. Pour plus de détails, voir notre article *L'expédition d'Anaxicrate en Arabie occidentale*, in *Topoi*, 6, 1996, p. 671-677 (= *Études*, p. 57-62).

32. A.G. Miller and M. Morris, *Plants of Dhofar, the Southern Region of Oman. Traditional, Economic and Medicinal Uses*, Oman, 1988, p. 299.

33. Art. cité, p. 676 (= *Études*, p. 61).

Date La mention d'Antigone, signalée plus haut, fournit un autre repère chronologique. On sait[34] que ce personnage, probablement issu de la classe dirigeante macédonienne, reçut d'Alexandre en 334-333 la satrapie de Grande-Phrygie. Il résida dès lors à Célènes, important carrefour de routes commerciales conduisant à Sardes et à Éphèse[35]. L'une de ces routes reliait Célènes à la Pisidie, d'où il était facile de gagner la Syro-Palestine, terminus des convois caravaniers d'aromates en provenance d'Arabie méridionale. L'exemplaire unique d'encensier qui, selon Théophraste (IX, 4, 9), poussait « au-dessus de Sardes dans un lieu sacré » avait suivi, à l'état de graine, de bouture ou de plant, un tel itinéraire. Nul doute qu'Antigone n'ait vu cette curiosité, ce qui expliquerait qu'il ait souhaité connaître aussi l'arbre à myrrhe. Il lui était certainement possible de s'en procurer un échantillon pendant qu'il gouvernait la Grande-Phrygie, dans les années 334-323. Mais les faits et gestes d'un simple satrape n'étaient pas voués à la notoriété ; c'est vraisemblablement à Antigone devenu maître de l'Asie après les accords de Triparadeisos (été 321)[36] que « du bois fut apporté par les Arabes qui acheminent l'encens vers la côte ».

On ne peut cependant pas négliger la possibilité d'une date plus basse, que suggère l'adaptation du texte de Théophraste dans Pline, XII, 56-57. A la description de l'encensier, reprise de Théophraste, Pline ajoute ce qui dans son modèle concerne l'arbre à myrrhe : « certains pensent que c'est un térébinthe », avec ce commentaire personnel : « ce fut l'avis du roi Antigone, à qui on en avait apporté un jeune pied » (*et hoc uisum Antigono*

---

34. Voir en particulier l'étude fondamentale de P. Briant, *Antigone le Borgne. Les débuts de sa carrière et les problèmes de l'assemblée macédonienne*, Paris, 1973.

35. *Ibid.*, p. 17 (carte de la Grande-Phrygie) ; 50-52.

36. Voir *ibid.*, p. 228-234, les circonstances de « cette brutale promotion du Borgne » (p. 232).

regi allato frutice)[37]. S'il fallait prendre à la lettre le titre de roi conféré à Antigone, les faits — et par suite la rédaction du *Περὶ φυτῶν ὀπῶν* — seraient postérieurs à la prise de ce titre par Antigone et Démétrios en 306[38]. Ce n'est pas une inadvertance de Pline, qui déclare un peu plus loin : « tel était l'arbre que posséda Sardes ; car les rois d'Asie (*Asiae reges*) eux aussi[39] se préoccupèrent d'en planter ». Comme l'arbre en question, au dire de Théophraste, exsudait de l'encens de son tronc et de ses branches, c'était dans les dernières décennies du IVe siècle un sujet adulte, qui ne devait pas son existence aux Diadoques devenus rois d'Asie. Dans un texte où tout est approximation, amalgame et anachronisme, la mention du *roi* Antigone ne prouve rien.

C'est vraisemblablement peu après le partage de Triparadeisos qu'Antigone reprit à son compte le projet de mainmise sur le commerce des aromates qui avait conduit Alexandre à tenter la circumnavigation de l'Arabie. Connaissant l'ardeur d'Antigone pour s'approprier les ressources naturelles de la Syro-Palestine (le papyrus du lac Huleh[40], les cèdres du Liban[41], l'asphalte de la mer Morte[42]), on peut penser que son intérêt pour l'arbre à myrrhe n'était pas d'ordre scientifique et qu'il se manifesta dès son accession à un pouvoir proportionné à ses ambitions. On admettra donc que Théophraste mit la dernière main au *Περὶ φυτῶν ὀπῶν* vers 320.

---

37. Cf. la remarque d'A. Dalby, *Dangerous Tastes. The Story of Spices*, London (The British Museum Press), 2000 (repr. 2002), p. 176, n. 20 : « But Theophrastus did not pretend to say what was 'the view of King Antigonus' ».

38. P. Briant, *op. cit.*, p. 303-307.

39. Comme les Ptolémées, dont Pline vient d'évoquer d'après Juba les essais de culture de l'encensier en Égypte.

40. *H.P.* IV, 8, 4.

41. Diod. XIX, 58, 2-5.

42. Diod. XIX, 100, 1-2.

Tradition Les sept premiers chapitres de *H.P.* IX
manuscrite correspondant à l'opuscule Περὶ φυτῶν
ὀπῶν ont été transmis par les mêmes
manuscrits que *H.P.* I-VIII. Les *testimonia* présentent
une particularité non significative : les extraits du *Monacensis gr.* 635 sont exceptionnellement larges (ch. 5 et 7
en entier, ch. 4 à partir du §2), la tradition indirecte se
réduit à presque rien (trois citations très libres[43], deux
gloses botaniques imprécises). Le seul fait notable est la
présence dans le chapitre 1 de deux renvois à *H.P.* II, 2,
1 et III, 15, 3, visiblement destinés à légitimer le rattachement du Περὶ φυτῶν ὀπῶν aux livres précédents. Ils
seront examinés plus loin, avec les autres éléments de
liaison introduits dans le texte pour former le livre IX.

II. — ΠΕΡΙ ΔΥΝΑΜΕΩΣ ΡΙΖΩΝ
LES VERTUS DES SIMPLES

Sous le titre Περὶ δυνάμεως ῥιζῶν : κ̄, l'*Urbinas gr.*
61 (U) présente à la suite du livre IX complet (IX, 1, 1 –
IX, 20, 5) une seconde version (traditionnellement désignée par U*) des chapitres IX, 8, 1 (commençant ici
après la phrase de transition entre IX, 7, 4 et IX, 8, 1) à
IX, 19, 4. L'explication la plus simple serait qu'un rouleau contenant le seul opuscule intitulé Περὶ δυνάμεως
ῥιζῶν, classé à la suite de la version intégrale du livre IX
remanié, ait reçu le numéro κ̄ (livre X) parce qu'il ne
paraissait pas être un simple doublon d'une partie du rouleau précédent. Il existe en effet entre U* et U de nombreuses différences de détail, importantes pour l'établissement du texte, mais négligeables pour une vue
d'ensemble de l'opuscule original Περὶ δυνάμεως ῥιζῶν.

---

43. Dont ce résumé plus que succinct du chapitre 6 dans les extraits de Pléthon : τὸ βάλσαμον κηπευτὸν εἶναι, ὀπὸν καὶ καρπὸν
καὶ πτόρθους χρήσιμα παρέχον.

Composition Comme dans le cas du *Περὶ φυτῶν ὀπῶν*, le titre résume l'*incipit* de l'opuscule : *Τῶν δὲ ῥιζῶν πλείους μέν εἰσιν αἱ δυνάμεις καὶ πρὸς πλείω* « Les racines ont des propriétés fort nombreuses convenant à des usages fort nombreux ».

Le double aspect de l'ouvrage, botanique et pharmacologique, apparaît dès le début du chapitre 8 (§1 à partir de Τῶν δὲ ῥιζῶν). D'abord dans l'ambivalence du mot ῥίζα, pris tantôt dans son sens courant (le principe actif réside le plus souvent « dans les racines mêmes » ἐν αὐταῖς [scil.ταῖς ῥίζαις]), tantôt dans une acception à la fois plus large et plus technique : « plante médicinale », « substance médicinale d'origine végétale ». Ainsi les ῥιζοτόμοι (fin § 1) sont des « cueilleurs de simples », alors que trois lignes plus loin (§2) la ῥιζοτομία est l'« arrachage des racines ». D'autre part, l'usage des plantes médicinales étant indissociable de leur connaissance, il a fallu adapter l'exposé scientifique à un sujet comportant une large part de faits d'expérience et de savoir populaire. Le principe méthodologique est donc celui de la diagnose différentielle, appliqué non seulement à la morphologie des végétaux, comme dans l'*Historia* (I, 1, 1 Τῶν φυτῶν τὰς διαφορὰς ... ληπτέον κατὰ τὰ μέρη ... « Pour saisir les différences entre les plantes (...) il faut considérer leurs parties... »), mais aussi à leurs aptitudes thérapeutiques (IX, 8, 1 [Τῶν ῥιζῶν] ζητοῦνται ... μάλιστα αἱ φαρμακώδεις ὡς χρησιμώταται διαφέρουσαι τῷ τε μὴ πρὸς ταὐτὰ καὶ τῷ μὴ ἐν τοῖς αὐτοῖς ἔχειν τὴν δύναμιν « [Parmi les 'racines'] on recherche surtout les espèces médicinales, considérées comme les plus utiles, qui se différencient à la fois parce qu'elles n'ont pas les mêmes usages et parce que leurs vertus ne résident pas dans les mêmes organes »). Ainsi s'annonce un développement structuré, et non un simple répertoire de plantes médicinales conçu à la manière d'un « herbier ».

Après cette introduction le chapitre 8 traite des procédés mis en œuvre pour obtenir la substance pharmaceutique : le suc (§2-3), tantôt recueilli sur le sujet vivant après incision en temps opportun, tantôt extrait de la plante broyée ; la racine (§4-8), arrachée sans autre distinction entre les espèces que le cérémonial particulier accompagnant l'opération. L'auteur s'amuse visiblement de ces pratiques apprises des ῥιζοτόμοι, qu'il soupçonne de mêler à leurs superstitions une forte dose de charlatanisme.

Une classification d'après le nombre et la nature des parties du végétal utilisées occupe le chapitre 9. Des exemples précis illustrent chaque type de plante médicinale défini dans le même esprit que les groupements κατὰ μέρη de l'*Historia*. Ainsi au §1 : « Il existe (...) des plantes dont toutes les parties ont un usage, à la fois la racine, le fruit et la sève, comme en particulier la panacée ; il en est aussi dont on utilise la racine et la sève, par exemple la scammonée », etc. ; §4 « Quant au fait que toutes les parties de la plante ne se prêtent pas au même usage... » (τὸ... μὴ πρὸς τὸ αὐτὸ πάντα τὰ μέρη χρήσιμα τυγχάνειν...).

L'unité des chapitres 10, 11 et 12 est soulignée à la fin du dernier par cette formule récapitulative : « Voilà donc des plantes réunies en quelque sorte par un phénomène d'homonymie ». Dans le cas des plantes médicinales, dont l'usage mettait en jeu des vies humaines, l'identification exacte de chaque espèce avait une importance capitale. D'où la nécessité de bien distinguer les homonymes. L'exemple le plus frappant est celui des hellébores (ch. 10), le « blanc » (notre vératre) et le « noir » (véritable hellébore), espèces morphologiquement très différentes, mais rapprochées par d'importants caractères communs : toxicité violente et efficacité, réelle ou supposée, dans le traitement de diverses maladies graves. Viennent ensuite (ch. 11) des groupements d'espèces homonymes, d'inégale valeur au regard de la science moderne, les uns étant constitués arbitrairement (les

« panacées » [§1-4] et les « herbes à encens » [§10-11]), d'autres correspondant à une famille (les στρύχνοι des §5-6, dont les deux espèces décrites sont des Solanacées) ou à un genre (genre *Euphorbia* pour les τιθύμαλλοι des §7-9). Autres exemples dans le chapitre 12 : les « caméléons » (§1-2) et les pavots, vrais ou faux (§3-4). Théophraste ne se hasarde pas à discuter la légitimité de ces associations traditionnelles ; il en signale l'existence et fournit pour chacune des espèces homonymes tous les renseignements dont il dispose.

Après cette sorte de parenthèse, le chapitre 13 marque le retour aux distinctions fondées sur des critères objectifs. La phrase d'introduction (Τῶν δὲ ῥιζῶν καὶ ἐν τοῖς χυλοῖς αἱ διαφοραὶ καὶ ἐν ταῖς ὀσμαῖς « Les différences entre les racines résident à la fois dans leur goût et dans leur odeur ») fait écho à maintes formules semblables dans *H.P.* I-VIII, par exemple I, 10, 8 « Les différences entre les feuilles (αἱ διαφοραὶ τῶν φύλλων) tiennent à leur taille, à leur nombre, à leur forme... » ; I, 13, 1 « il existe un grand nombre de différences concernant toutes les parties » (κατὰ πάντα τὰ μέρη πλείους εἰσὶ διαφοραί). Ainsi les principes classificatoires de l'*Historia* s'élaborent dans le cadre étroit du *Περὶ δυνάμεως ῥιζῶν*. Les différences étudiées au chapitre 13, toujours sur des exemples précis, concernent la saveur et l'odeur (§1-4), la couleur (§4-6) et la forme (§6). C'est à ce chapitre que renvoie la reprise développée de la question dans *H.P.* VII, 9, 3 : « Les racines sont de saveur douce, amère ou âcre, d'odeur agréable ou fétide, et dans certains cas, douées de propriétés médicinales, comme nous l'avons déjà dit ailleurs (ἐν ἄλλοις) ».

Le bref chapitre 14 traite de la conservation des racines médicinales et des autres produits végétaux à usage thérapeutique. Malgré sa technicité, cette question est moins étrangère qu'il ne paraît à la botanique de Théophraste : le dernier sujet abordé dans le livre VIII (ch. 11) n'est-il pas la conservation des grains et des légumes secs ?

Dans les chapitres 15 et 16 la notion de φάρμακον éclipse, dès le premier mot (Φαρμακώδεις δὲ δοκοῦσιν εἶναι τόποι μάλιστα ...) celle de ῥίζα « racine » au sens propre. Il s'agit maintenant de géographie botanique appliquée aux plantes médicinales. Après avoir passé en revue (ch. 15, §1-3) les pays extérieurs au monde grec réputés pour l'excellence de leurs drogues, Théophraste énumère plus longuement les ressources de la Grèce dans ce domaine (§4-8). La Crète bénéficie d'un traitement particulier, justifié par la célébrité du dictame (ch. 16, §1-3) et de l'*akoniton* (§4-5) dont la morphologie était connue moins sûrement que les effets. D'où l'orientation de l'exposé (§5-9) vers un sujet strictement pharmacologique : la relation entre le mode de préparation des drogues, en particulier des poisons végétaux (*akoniton*, *éphèméron*, ciguë), et leur activité. Celle-ci peut être considérablement diminuée par l'accoutumance. Le chapitre 17 en donne la preuve avec le récit d'étranges compétitions publiques de résistance à l'hellébore.

Les chapitres 18 et 19 présentent les effets de certaines substances végétales sur des corps non animés (ch. 18, §1-2), sur l'animal (§2) et en particulier sur l'homme. Cette dernière partie du sujet, la plus développée (ch. 18, §3-11 et ch. 19) est définie au début du §3 : « En ce qui concerne notre organisme, hormis les facteurs de bonne santé, de maladie et de mort, on attribue <aux simples> des propriétés qui s'appliquent à d'autres fonctions, non seulement du domaine physique, mais aussi du domaine psychique ». Dans un souci de parfaite clarté, qui se manifeste maintes fois dans l'*Historia* [44], Théophraste précise : « Par 'fonctions physiques' j'entends l'activité ou l'absence d'activité génésique ». Suivent (§3-11) toutes sortes de recettes censées avoir de l'influence sur

---

44. Sur le rôle des définitions et l'importance qui leur est accordée, voir en particulier n. 1 à VII, 11, 1.

la vie sexuelle du couple humain. Au contraire, une seule drogue psychotrope est décrite au §1 du chapitre 19. Mais c'est l'occasion pour Théophraste de contester (§2-3) la réalité des effets bénéfiques (prophylaxie, acquisition de renom) de forces occultes qui émaneraient de certaines plantes.

Le chapitre se termine — et avec lui l'opuscule — sur une aporie de type aristotélicien (§4) : « On peut se demander (...) si tout ce qui cause les mêmes phénomènes est lié à certaine propriété unique, ou s'il est admissible que le même phénomène procède également de causes différentes ». A cette conclusion probablement authentique succède, dans une partie de la tradition, une brève transition avec le chapitre 20, ajoutés l'un et l'autre au Περὶ δυνάμεως φυτῶν par l'auteur du remaniement d'où est issu l'actuel livre IX.

Sources

Les médecins

Depuis plus d'un siècle la *Quellenforschung* est dominée par l'autorité de M. Wellmann, dont l'article *Das älteste Kräuterbuch der Griechen* [45] présente deux découvertes retentissantes. D'une part, Théophraste ne devrait plus être considéré comme « le père de la botanique » et le mérite d'avoir fondé cette science reviendrait à l'Académie, puisque le poète comique Épicratès montre Platon et ses disciples « en train d'appliquer des définitions à la nature : ils distinguaient la vie des animaux, la végétation des arbres, les genres des légumes ; et puis, parmi ceux-ci, ils voulaient déterminer à quel genre appartient la citrouille » [46]. D'autre part, annonce M. Wellmann [47], « jusqu'ici le livre 9 de l'*Historia plantarum* de Théo-

45. Cité *supra*, n. 13.
46. Voir notre n. 1 à VII, 11, 1, et pour apprécier l'ironie joyeuse du poète, le texte entier du fragment dans Ath. 59 d-f.
47. P. 30-31.

phraste passait pour le plus ancien manuel de matière médicale populaire », alors qu'en réalité « la source suprême de tout savoir botanico-pharmacologique, c'est l'ouvrage très important du médecin du IVᵉ siècle, Dioclès ». On pourrait se dispenser de réfuter cette représentation caricaturale de Théophraste comme un simple épigone de Platon et de Dioclès, si Wellmann n'avait pas jeté durablement le trouble dans les esprits par son jugement sur les ouvrages botaniques de Théophraste[48] : « Quiconque les lit d'un bout à l'autre sans préjugé ne peut se défendre de l'impression qu'une abondante littérature botanique existait déjà avant leur époque ». Or il est évident que Wellmann lui-même ne les a pas lus, ou du moins pas lus *unbefangen*. Sinon il ne passerait pas sous silence la rupture méthodologique brutale entre Platon et Aristote, ni la différence fondamentale entre la structure forte et claire que l'étude de la composition nous a permis de reconnaître dans *H.P.* IX, 8-19, et le schéma quasi linéaire[49] d'un herbier. Nul ne conteste à Platon le souci de *définir* les notions morales, tel le courage dans le *Lachès*, ni l'ambition, dont témoigne le *Timée*, d'analyser de même, par le seul raisonnement, la nature et les fonctions d'organismes vivants. Mais de là à voir la plus ancienne recherche de botanique systématique dans la scène de comédie où l'Académie est occupée à déterminer le genre d'un légume assimilé dès l'antiquité à une grosse tête non pensante[50]...

La dette de Théophraste envers Dioclès de Carystos mérite davantage un examen attentif. Wellmann reconnaît[51] que nous possédons une seule citation sûre du Ῥιζοτομικόν de Dioclès, dans une scholie à Nicandre,

48. P. 1.

49. En tout cas peu distinct. On sait combien le plan du *De materia medica* de Dioscoride reste controversé.

50. Voir la citation d'Hermippe le Comique dans notre n. 13 à I, 11, 4.

51. P. 24.

Thér. 647, relative à la plante appelée ἔρινος[52]. Comme celle-ci, ignorée de Théophraste, est décrite en termes semblables, quoique avec d'autres détails, dans Dioscoride (IV, 136) et dans Pline (XXIII, 131), Wellmann conclut légitimement que ces informations viennent du Ῥιζοτομικόν de Dioclès. Cela ne prouve rien quant aux sources du Περὶ δυνάμεως ῥιζῶν et les autres rapprochements que Wellmann propose dans cet article pour établir la dépendance de Théophraste par rapport à Dioclès sont purement conjecturaux.

A défaut de certitudes, il existe toutefois des indices qui donnent à penser que Théophraste a connu le traité de Dioclès et peut-être même obtenu de son auteur des renseignements oraux. On ne dispose d'aucun repère chronologique sûr pour délimiter la vie de Dioclès au cours du IVe siècle, mais seulement des listes de médecins célèbres établies notamment par Celse, Pline et Galien (fr. 2, 4 et 5 van der Eijk)[53]. La place de Dioclès, toujours après Hippocrate, y est par ailleurs variable, et en outre la datation des autres médecins mentionnés n'est pas mieux assurée que celle de Dioclès. Ph. van der Eijk note que « d'une manière intéressante » ce dernier vient après Aristote chez Galien (fr. 27 [l. 231] et 29 v.d.E.) et chez Censorinus (fr. 48 d v.d.E.), mais cela dans des énumérations qui ne respectent pas nécessairement l'ordre chronologique. Cependant, selon Ph. van der Eijk[54], « ce serait pousser trop loin le scepticisme que de remettre en cause la possibilité que Dioclès, qui était connu à

---

52. = Dioclès, fr. 204 v.d.E. : τὸν ἔρινον Διοκλῆς ἐν τῷ Ῥιζοτομικῷ φησιν εἶναι ὅμοιον ὠκίμῳ, βοηθεῖν δὲ πρὸς τὰ θηρία· φύεται δὲ πρὸς ποταμοὺς καὶ κρήνας καὶ τόπους εὐηλίους.

53. Tous nos renseignements sur ce sujet sont empruntés à Ph. van der Eijk, *Diocles of Carystus. A Collection of the Fragments with Translation and Commentary*, Leiden (Brill), t. I (Text and Translation), 2000 ; t. II (Commentary), 2001. On trouvera d'autres détails dans la partie du *Commentary* qui traite le problème de la date de Dioclès et de son contexte intellectuel (t. II, p. XXXI sqq.).

54. *Ibid.*, p. XXXIV.

Athènes[55], ait été en contact avec les mouvements intellectuels locaux et très probablement avec la recherche biologique qui se faisait au Lycée ». Si Dioclès était un peu plus jeune qu'Aristote, il est tout à fait possible que, bien qu'il ne fût pas, semble-t-il, membre du Lycée[56], Théophraste ait discuté avec lui des « vertus des simples ». Une datation plus haute, qui placerait l'*acmè* de Dioclès vers 360 / 350[57], rend difficilement acceptable l'idée de contacts directs avec le Lycée. Ses écrits, du moins, ont été connus et utilisés par Aristote et son école[58]. En ce qui concerne l'*Historia plantarum*, nous avons signalé des convergences significatives avec les traités diététiques de Dioclès : en VII, 7, 3[59] l'emploi de βούπρηστις comme nom de plante (cf. fr. 200 v.d.E., ap. Gal. XIX, 89 K. qui mentionne deux occurrences du terme, ἔν τε τῷ πρώτῳ τῶν Ὑγιεινῶν καὶ ἐν τῷ Περὶ λαχάνων) ; en VIII, 5, 1[60] la préférence donnée aux pois

---

55. L'Anonyme de Bruxelles (fr. 3 v.d.E.) rapporte que les Athéniens l'appelaient « le second Hippocrate » (*Diocles... quem Athenienses iuniorem Hippocratem uocauerunt*).

56. Ph. van der Eijk, *ibid.*, p. XXXIV : « Rien ne prouve que Dioclès a été 'membre' du Lycée » ; H.C. Günther, art. « Aristotelismus » in *Der Neue Pauly* I (1996), c. 1148 : « Les rapports du Péripatos avec la médecine ne sont pas encore complètement élucidés. (...) Qu'un échange de vues ait existé entre Aristote et Dioclès de Carystos, et entre ses successeurs et Hérophile et Érasistrate se laisse à peine mettre en doute, mais leurs rapports étaient accessoires. Dioclès était trop âgé pour passer pour un disciple d'Aristote et le Péripatos ne donnait aucun enseignement pratique de la médecine ».

57. C'est l'hypothèse que retient J.-M. Jacques dans la Notice de son édition de Nicandre, t. II, p. XXV.

58. Quoique très prudent, Ph. van der Eijk (*ibid.*, p. XXXIV) est affirmatif sur un point : dans les fragments conservés de Dioclès « il y a sans aucun doute des similitudes avec la pensée aristotélicienne. Ainsi le fr. 60 [ap. Gal. IX, 863-864 K.] semble supposer une théorie physiologique non dépourvue de ressemblance avec celle d'Aristote et le fr. 176 [ap. Gal. VI, 454-457 K.] révèle certains parallèles intéressants, dans le style et dans l'argumentation, avec Aristote et le premier Péripatos ».

59. N. 12 *ad loc.*

60. N. 3 *ad loc.*

chiches à grains clairs (cf. fr. 194 v.d.E., ap. Ath. 55 b, sans indication de titre). Des emprunts de Théophraste au Ῥιζοτομικόν sont donc plus que probables, mais il serait vain de chercher à les identifier.

Du reste le médecin de Carystos n'est pas le seul que Théophraste a eu l'occasion de fréquenter ou dont il a reçu, par transmission orale ou écrite, des renseignements pratiques tels que les indications thérapeutiques d'un médicament, son mode d'administration, sa posologie, ses effets prévisibles ou constatés. Il cite nommément (IX, 16, 8) un certain Alexias à la suite du droguiste[61] Thrasyas de Mantinée : « Son élève Alexias était également habile et aussi versé dans son art que son maître, car sa compétence s'étendait aussi au reste de la médecine (καὶ γὰρ τῆς ἄλλης ἰατρικῆς ἔμπειρος) ». Du fait que Théophraste, après avoir décrit au passé l'activité de Thrasyas[62], conclut en déclarant (début §9) « La découverte de ces drogues semble appartenir bien plus à notre temps qu'au passé », il ressort qu'Alexias au moins a pu être son contemporain plus âgé et compter parmi ses sources orales, directes ou non[63].

D'autres praticiens, simples médecins de campagne ou de petite ville, sont laissés dans l'anonymat. Ainsi (IX, 18, 10) au sujet de l'eau tenue en certains lieux pour res-

---

61. Plutôt qu'un « pharmacien » le φαρμακοπώλης était un « droguiste » au sens premier de « personne qui vend des substances naturelles ou préparées à usage essentiellement thérapeutique ». On trouvera une présentation claire et bien informée des professions en rapport avec l'exploitation des plantes médicinales dans G. Ducourthial, *Flore magique et astrologique de l'Antiquité*, Paris, 2003, p. 82-94.

62. Θρασύας ... εὑρήκει τι τοιοῦτον, ὥσπερ ἔλεγεν... Ἐλάμβανε δὲ τὸ κώνειον οὐχ ὅθεν ἔτυχεν... Συνετίθει δὲ καὶ ἕτερα φάρμακα πολλά...

63. M. Wellmann, art. « Alexias 6) », in *R.E.* I 2 (1894), c. 1464, place avec vraisemblance Alexias vers le milieu du IVe siècle, mais en le mettant, ainsi que son maître, au nombre des « auteurs » utilisés par Théophraste. Or ce qui est dit de Thrasyas et ses propos rapportés en IX, 16, 8 et IX, 17, 2 viennent visiblement d'informations orales.

ponsable de stérilités féminines, « comme à Pyrrha[64], où les médecins la mettaient en cause » (ὡς ἐν Πύρρᾳ· τοῦτο γὰρ ᾐτιῶντο οἱ ἰατροί). C'est pendant son séjour à Mytilène, dans les années 345-340, que Théophraste a eu connaissance du phénomène que les médecins locaux s'efforçaient d'élucider.

Les droguistes

Outre Thrasyas de Mantinée, déjà cité, plusieurs φαρμακοπῶλαι sont nommés dans le *Περὶ δυνάμεως ῥιζῶν*. Théophraste emploie constamment le passé pour rapporter ce qu'il sait d'eux, comme nous l'avons remarqué au sujet de Thrasyas. Ces informations sont en fait des souvenirs, recueillis auprès de plus jeunes représentants de la profession ou conservés par la mémoire collective athénienne. On peut en effet supposer, sans grand risque d'erreur, que les droguistes en question ont été les plus célèbres d'une période correspondant en gros à la première moitié du IVe siècle. Eunome de Chios, dont l'exhibition sur l'agora d'Athènes est racontée en IX, 17, 3, n'est pour nous qu'un nom, et encore un nom mal assuré[65]. Mais des témoignages extérieurs à Théophraste permettent de situer Eudème et Aristophile respectivement aux deux extrémités de cette période. Avant de raconter comment Eunome toléra une quantité extraordinaire d'hellébore, Théophraste avait mentionné (IX, 17, 2) le fiasco du « droguiste Eudème, fort renommé dans son art » au cours d'une expérience analogue. Le personnage était effectivement εὐδοκιμῶν σφόδρα, connu de tout Athènes, puisque Aristophane le nomme sans le présenter au v. 884 du *Ploutos* : pour faire entendre au Sycophante qu'il est protégé contre ses attaques, le Juste

64. Bourgade de Lesbos, sur le golfe de Kalloni ; cf. II, 2, 6 et n. 11.

65. Εὔνομος dans la citation du passage par Apollonios le Paradoxographe, Εὔδημος dans la tradition directe.

s'exclame « Je porte l'anneau que voici, acheté à Eudème (παρ' Εὐδάμου) une drachme ». Eudème tenait donc en 388, date de la pièce, « un commerce florissant de toutes sortes de drogues et de procédés secrets »[66].

Théophraste évoque plus longuement (IX, 18, 4) « Aristophile, le droguiste de Platées » (Ἀριστόφιλος ... ὁ φαρμακοπώλης ὁ πλαταϊκός), spécialisé dans la préparation de drogues propres à stimuler ou à inhiber les facultés génésiques de l'homme. Il ne semble pas que l'on ait jusqu'ici reconnu l'identité de ce personnage avec le Platéen du même nom et exerçant la même profession qu'Eschine mentionne au §162 du Contre Ctésiphon. A propos du jeune homme qui serait intervenu auprès d'Alexandre en faveur de Démosthène, dont il avait longtemps partagé l'intimité suspecte, l'orateur interpelle les Athéniens : « Il existe un certain Aristion de Platées, fils du droguiste Aristophile (Ἀριστίων πλαταϊκὸς ὁ τοῦ Ἀριστοφίλου[67] τοῦ φαρμακοπώλου υἱός) que sans doute plus d'un parmi vous connaît (εἴ τις ἄρα καὶ ὑμῶν γιγνώσκει) ». Les faits datent de 336, la plaidoierie de 330, et Aristophile y apparaît comme un personnage encore en activité, quoique d'un certain âge puisqu'il a un fils susceptible d'avoir joué un rôle politique secret. Théophraste a donc pu rencontrer et interroger Aristophile au cours des années qui suivirent la fondation du Lycée[68].

---

66. M. Wellmann, art. « Eudemos 16) », in R.E. VI 1 (1907), c. 903.

67. La tradition du C. Ctésiphon se partage entre les deux leçons Ἀριστοβούλου (retenue dans l'éd. Martin – de Budé, C.U.F., 1928) et Ἀριστοφίλου (celle du Parisinus gr. 2998 que la Notice de cette édition présente [p. XXII] comme « un des meilleurs mss. » de ce discours).

68. Nous ne savons pas si l'emploi de l'imparfait dans le texte de Théophraste (Ἀριστόφιλος ἔλεγεν... ὅτι...) situe simplement les propos d'Aristophile dans le passé ou indique qu'il était mort à la date où fut rédigé le Περὶ δυνάμεως ῥιζῶν.

Les cueilleurs de simples

Tout au bas de la hiérarchie se trouvaient les ῥιζοτόμοι, « arracheurs de racines » dans le cas où seule la
racine était utilisée, et plus généralement « cueilleurs de
simples ». A vrai dire, la spécialisation professionnelle
était moins stricte que ne le suggère notre classement des
sources. Alexias, on s'en souvient, excellait dans la préparation des drogues et dans toutes les branches de la
médecine. D'autre part, les §5-8 du chapitre 8 qui traitent
des procédés d'arrachage sont introduits par l'avertisse-
ment suivant : « Les droguistes et les arracheurs de
racines (οἱ φαρμακοπῶλαι καὶ οἱ ῥιζοτόμοι) donnent
des informations en partie probablement correctes, en
partie aussi dramatisées ». Certains droguistes particulièrement exigeants sur la qualité des produits naturels
qu'ils transformaient les récoltaient eux-mêmes ; ainsi,
semble-t-il, Thrasyas, qui « prenait la ciguë non pas de
n'importe où, mais de Louses et de tout autre endroit
frais et ombreux »[69]. Mais les φαρμακοπῶλαι étaient
souvent des gens instruits en même temps que des commerçants prospères : le scholiaste du *Ploutos* qualifie de
φιλόσοφος cet Eudème qui vendait des anneaux prophylactiques[70]. Au contraire les ῥιζοτόμοι proprement dits
devaient être pour la plupart des campagnards illettrés
mais bons connaisseurs des plantes, de leur habitat et de
leur rythme biologique. De plus, l'auto-médication, seule
usitée en milieu rural jusqu'à une époque récente, faisait
d'eux de précieux informateurs sur les « vertus des
simples »[71]. Aussi Théophraste ne dédaigne pas de repro-

---

69. IX, 16, 8. Le verbe ἐλάμβανε est ambigu : faut-il entendre « il
prenait » (dans la nature) ou « il recevait » (de ses fournisseurs
locaux) ? Galien, XIV, 30-31 K. (cité dans Ducourthial, *Flore
magique* [*supra*, n. 61], p. 82) affirme qu'il fait lui-même sa récolte de
simples et il conseille aux autres médecins de l'imiter.

70. Voir *supra*, *Les droguistes*.

71. Il en était de même de certains bergers dont l'un fit perdre son
prestige à Thrasyas en consommant devant lui une botte entière d'hel-

duire ce qu'ils lui ont appris, quitte à sourire de leurs balivernes[72].

Sans nier la dette très probable de Théophraste envers Dioclès de Carystos, ni la possibilité d'emprunts à des ouvrages de médecine pharmaceutique aujourd'hui disparus, on doit reconnaître que l'essentiel de sa documentation vient de sources orales. De même que la composition du *Περὶ δυνάμεως ῥιζῶν* est ordonnée suivant une méthode de classification et d'exposition qui est déjà celle de l'*Historia*, de même l'enquête auprès des spécialistes, renommés ou humbles indifféremment, est ici comme là un procédé fondamental de la « recherche sur les plantes ».

Date L'ensemble des données précédemment étudiées permet de penser qu'au début du dernier quart du IVe siècle Théophraste avait réuni presque toute la matière de son opuscule. Peut-être l'avait-il même en partie rédigé[73], se réservant d'y ajouter éventuellement de ces références à l'actualité dont l'*Historia* fournit plusieurs exemples[74]. L'occasion se présenta au retour en Grèce de certains compagnons d'Alexandre qui n'avaient plus rien à faire en Asie après l'expédition d'Orient.

lébore (IX, 17, 1) : « il racontait que c'était une pratique quotidienne pour lui comme pour d'autres ».

72. IX, 8, 6 τὰ τοιαῦτα ὥσπερ ἐπίθετα καὶ πόρρωθεν « les auteurs des prescriptions suivantes en rajoutent, si je puis dire, et même beaucoup », et en fin de chapitre (§8) Ταῦτα μὲν οὖν ἐπιθέτοις ἔοικεν « Voilà ce qui donne l'impression qu'on en rajoute ».

73. Certaines particularités lexicales du livre IX, sans équivalent dans les précédents, sont peut-être des survivances micrasiatiques dans le vocabulaire de Théophraste, installé depuis peu à Athènes. Par exemple προύμνη (IX, 1, 1) « prunier », au lieu de κοκκυμηλέα ; ἀκόνη (IX, 20, 4) donné par Galien comme synonyme hippocratique de θυῖα « mortier » ; ἀμέρδω (IX, 8, 2) « cueillir », en poésie depuis Homère, étranger à la prose attique ; ὁρόδαμνος (IX, 16, 3) « rameau », également non attique, fréquent chez Nicandre ; etc. Cette question demanderait une étude approfondie.

74. Cf. Introduction, p. XIX-XX.

Comme l'a justement remarqué Schneider dès 1818[75], c'est d'après eux que Théophraste raconte (IX, 18, 9) l'histoire de « la drogue qu'avait l'Indien » (ἣν [scil. ῥίζαν] ὁ Ἰνδὸς εἶχεν). L'emploi de l'article (ὁ Ἰνδὸς) suggère que l'anecdote avait fait le tour d'Athènes. En effet, pour illustrer le pouvoir prodigieux de l'aphrodisiaque dont il faisait commerce, « le droguiste lui-même, un homme grand et fort (καὶ γὰρ ἦν ἰσχυρὸς καὶ μέγας), racontait qu'une fois il avait eu soixante-dix rapports ». Des soldats grecs se trouvaient sans aucun doute au nombre des badauds attirés par le boniment ; ils n'ont pas manqué de relater (ἔφασαν) dès leur retour cet épisode non guerrier de leur campagne, resté très présent à leur esprit, avec même les traits physiques de « l'Indien ». Théophraste a donc mis la dernière main à son opuscule au plus tôt en 324 / 323. Il est possible que le *Περὶ δυνάμεως ῥιζῶν* soit un peu antérieur au *Περὶ φυτῶν ὀπῶν*, mais tous deux appartiennent à la période des années 320 qui précéda la mise en chantier de l'*Historia*.

Tradition

Les manuscrits

1. a) L'*Urbinas gr.* 61 (U) donne à la suite des chapitres 1-7, sans discontinuité,

— la transition entre les deux parties de l'actuel livre IX (IX, 8, 1, de Περὶ δὲ τῶν ὀπῶν ὅσα μὴ πρότερον εἴρηται à καλοῦσι γὰρ καὶ πόαν ἔνια τῶν φαρμακωδῶν οἱ ῥιζοτόμοι), due à l'auteur de sa composition[76] ;

— le texte des chapitres IX, 8, 2 (commençant par Τῶν δὲ ῥιζῶν ὁ μὲν ὀπισμὸς γίνεται τῶν ὀπιζομένων) — IX, 19, 3 (§3 *in extenso*) ;

— la transition (IX, 19, 4) entre les chapitres 19 et 20, réduite à εἰ δέ τινων καὶ ἄλλων τὰς φύσεις ἢ τὰς δυνάμεις ἔχομεν εἰπεῖν, ταῦτα ῥητέον ;

75. Schn. (voir nos *sigla*), III, 826.
76. Voir *infra*, III A. De même pour les autres additions signalées plus loin.

— le texte du chapitre 20 (§1-5) terminé par τὸ δὲ
Τελέθριον σύσκιον ;

— entre deux traits horizontaux ornementés, la souscription du livre IX : Θεοφράστου περὶ φυτῶν ἱστορίας τὸ ῑ (= 9 dans le système alphabétique).

Suivent immédiatement le titre et la seconde copie des
chapitres 8-19.

1. b) Cette partie de l'*Urbinas gr.* 61 (U* dans la présente
édition comme dans les précédentes) comprend

— le titre περὶ δυνάμεως ῥιζῶν : κ̄ (= 10) ;

— le sommaire suivant :

Περὶ δὲ τῶν ῥιζῶν ὅσαι φαρμακώδεις καὶ ὁποιασοῦν
ἔχουσαι δυνάμεις εἴτε ἐν αὐταῖς εἴτε ἐν τοῖς ὁποῖς ἢ
καὶ ἄλλῳ τινὶ τῶν μορίων ἢ καὶ τὸ ὅλον εἴ τι φρυγανικὸν ἢ ποῶδες ἔχει τοιαύτας δυνάμεις, καὶ τὰς τῶν
χυμῶν καὶ τὰς τῶν ὀσμῶν καὶ πάντων τῶν ἀόσμων
ποιοῦσι διαφοράς, αἵπερ μάλιστ᾽ οὐθὲν ἧττον φυσικαί [77] ;

— le texte des chapitres IX, 8, 1 (à partir de Τῶν δὲ
ῥιζῶν πλείους μέν εἰσιν αἱ δυνάμεις) à IX, 19, 4 (jusqu'à ἀφ᾽ ἑτέρων ἐνδέχεται ταὐτὸ γίνεσθαι), avec plusieurs lacunes et de nombreuses variantes par rapport au
texte de U ;

— entre deux traits horizontaux ornementés, la souscription du traité : Θεοφράστου περὶ φυτῶν ἱστορίας
(immédiatement suivie du titre du *De causis plantarum*,
livre I : περὶ φυτῶν αἰτιῶν ᾱ).

2. a) et b) La composition du *Laurentianus* 85, 22 est
identique à celle de l'*Urbinas gr.* 61, mais les deux
copies successives M et M* sont séparées par un blanc de

---

77. « En ce qui concerne les <plantes appelées> 'racines' qui sont
médicinales et douées de propriétés quelconques soit dans les racines
proprement dites, soit dans la sève ou une autre de leurs parties, ou
même en général dans le cas de tout végétal suffrutescent ou herbacé
doué de telles propriétés, on établit des différences, celles des saveurs
et celles des odeurs et de toutes les substances inodores, qui sont à vrai
dire aussi naturelles. »

deux lignes, sans souscription de la première ni titre de la seconde. La partie conservée de M* est parallèle à U* ; elle prend fin après les mots Βέλτιστοι δὲ καὶ οἷς de IX, 10, 3 (bas du f° 129ᵛ), du fait de la perte des folios suivants.

3. Le *Parisinus gr.* 2069 (P) marque par un blanc d'environ trois lettres une séparation entre IX, 1-7 et les chapitres suivants. On y trouve successivement

— au début de IX, 8, 1, la même transition que dans U M ;

— le texte des chapitres IX, 8, 1 (à partir de Τῶν δὲ ῥιζῶν πλείους μέν εἰσιν αἱ δυνάμεις, comme dans U* et M*) à IX, 19, 4 (jusqu'à ἀφ᾽ ἑτέρων ἐνδέχεται ταὐτὸ γίνεσθαι ; cf. également U*) ;

— la transition (IX, 19, 4) entre les chapitres 19 et 20, plus développée que dans U M : Τοῦτο μὲν οὖν ταύτῃ ἠπορήσθω· εἰ δέ τινων καὶ ἄλλων τὰς φύσεις ἢ τὰς δυνάμεις ἔχομεν εἰπεῖν, ταῦτα ῥητέον ;

— le texte du chapitre 20 (§1-5) terminé par τὸ δὲ Τελέθριον σύσκιον (comme dans U M) ;

— le sommaire de U* M* (IX, 8, 1), remanié pour servir de conclusion (IX, 20, 6) sous la forme suivante :

> Περὶ μὲν οὖν τῶν ῥιζῶν ὅσαι φαρμακώδεις καὶ ὁποίας ἔχουσι δυνάμεις εἴτε ἐν αὐταῖς, εἴτε ἐν τοῖς ὁποῖς, εἴτε ἐν ἄλλῳ τῳ τῶν μορίων· ἢ καὶ τὸ ὅλον εἴ τι φρυγανικὸν ἢ ποῶδες ἔχει τοιαύτας δυνάμεις· καὶ περὶ τῶν χυλῶν τῶν τ᾽ εὐόσμων καὶ τῶν ἀόσμων καὶ ὅσας ἔχουσι διαφοράς, αἵπερ οὐθὲν ἧττον φυσικαί εἰσιν, εἴρηται[78] ;

---

78. « Ainsi donc en ce qui concerne les <plantes appelées> 'racines', nous avons dit lesquelles sont médicinales et quelles propriétés elles possèdent, soit dans les racines proprement dites, soit dans la sève, soit dans une autre de leurs parties ; ou bien encore nous avons signalé, en général, tout végétal suffrutescent ou herbacé doué de telles propriétés ; en outre, au sujet des sucs, parfumés ou inodores indifféremment, nous avons également noté les différences entre eux, qui sont aussi naturelles. »

— la souscription du traité : Θεοφράστου περὶ φυτῶν ἱστορίας.

La contamination dans P des deux traditions représentées par U M et par U* M* suppose un examen critique préalable de chacune d'elles, dont nous ignorons la date et l'auteur. Il est possible que P dérive lui-même d'un plus ancien témoin de ce travail éditorial. Celui-ci a été nécessairement l'œuvre d'un érudit désireux d'éliminer les imperfections les plus voyantes du texte transmis. Il suffit pour s'en convaincre de comparer les deux passages reproduits ci-dessus, à savoir le sommaire du *Περὶ δυνάμεως ῥιζῶν* dans U* M* et la version qu'en donne P en guise de conclusion générale. Le premier consiste en une phrase construite laborieusement et centrée sur la question des saveurs et des odeurs, qui est certes traitée au chapitre 13, sans pour autant constituer le sujet principal de l'opuscule. Elle témoigne d'un effort maladroit pour lier celui-ci au précédent, τὰς τῶν ὀσμῶν καὶ πάντων τῶν ἀόσμων ποιοῦσι διαφοράς répondant aux derniers mots du chapitre 7 : περὶ ... τῶν εὐόσμων ἐπὶ τοσοῦτον εἰρήσθω. Elle doit être par conséquent attribuée à l'inconnu qui a réuni les deux opuscules pour former le livre IX. Transposée dans P à la fin du chapitre 20 et convenablement remaniée, elle fournit une conclusion acceptable pour l'ensemble du livre. Avec des réserves plus ou moins marquées sur son appartenance au texte original, tous les éditeurs de l'*Historia plantarum* depuis Schneider (1818) en ont fait le paragraphe 6 et dernier de ce chapitre.

4. Les extraits du *Monacensis gr.* 635 (Mon.) viennent de la version « longue » attestée par U et M. Dans Mon. comme dans U M, IX, 8, 1 suit immédiatement IX, 7, 4 et commence par la formule de transition dont l'excerpteur a reproduit le début (Περὶ δὲ τῶν ὀπῶν ὅσα μὴ πρότερον εἴρηται — πειρατέον ὁμοίως εἰπεῖν) et la fin (περὶ πάντων φαρμακωδῶν — πόαν ἔνια τῶν φαρμακωδῶν). La copie s'arrête au bas du folio 26ᵛ, après

quelques extraits non significatifs de IX, 8, 5 — IX, 9, 1
(jusqu'à πρὸς τὰ ἕλκη μετ' ἀλφίτου). Ce témoin mutilé
n'en est pas moins précieux : en ne marquant aucune discontinuité entre les chapitres 7 et 8, il donne la preuve
que le rouleau dont précisément seul le *Monacensis* a
conservé le titre Θεοφράστου περὶ φυτῶν ὀπῶν contenait, de même que U et M, la totalité de l'actuel livre IX.

L'Aldine

L'édition princeps (1497) de l'*Historia plantarum*
n'est mentionnée ici qu'en raison de sa présentation originale du livre X. A la suite de IX, 20, 5, terminé comme
dans U et M par les mots τὸ δὲ Τελέθριον σύσκιον, on
y retrouve le début de U*, à savoir

— le titre Θεοφράστου περὶ δυνάμεως ῥιζῶν τὸ κ΄ ;
— le sommaire Περὶ δὲ τῶν ῥιζῶν — οὐθὲν ἧττον
φυσικαί, avec une partie des corrections de P ;
— la seconde partie de IX, 8, 1, de Τῶν δὲ ῥιζῶν à οἱ
ῥιζοτόμοι.

Mais le livre X s'arrête là dans l'Aldine, qui ajoute,
après un blanc d'une ligne, l'explication suivante :
Ταῦτα μόνα τοῦ δεκάτου ἐν τοῖς ἀντιγράφοις εὑρή-
καμεν· εἰ μὴ ἄρα τῷ ἐννάτῳ συγκέχυνται τὰ λοιπά
« Voilà tout ce que nous avons trouvé du livre dix dans
les copies ; à moins toutefois que le reste ne soit
confondu avec le livre neuf ».

L'éditeur avait vu juste : au-delà de IX, 8, 1 la version
« brève » ressemble trop à la « longue » pour ne pas
avoir eu l'air d'en être, à peu de chose près, une répétition. On remarquera que les citateurs antiques ne se réfèrent qu'au livre IX, jamais au X[79]. Ce dernier n'a eu
d'existence indépendante que sous la forme du rouleau
Περὶ δυνάμεως ῥιζῶν rangé à côté d'un autre plus épais
intitulé Περὶ φυτῶν ὀπῶν, ce qui portait naturellement à
dix le nombre des livres de l'*Historia plantarum*.

79. Certaines de ces citations seront examinées plus loin, avec la
question de la date où fut constitué le livre IX.

III. — ΠΕΡΙ ΦΥΤΩΝ ΙΣΤΟΡΙΑΣ ΤΟ Ι
LE LIVRE IX DE L'*HISTORIA PLANTARUM*

Après la mort de Théophraste un inconnu, que nous appellerons le « réviseur » pour la commodité de l'exposé, prit l'initiative de réunir aux livres I-VIII de l'*Historia* le livre IX composé par ses soins à partir des documents étudiés précédemment : le *Περὶ φυτῶν ὀπῶν* (= IX, 1-7), le *Περὶ δυνάμεως ῥιζῶν* (= IX, 8-19) et une série inorganique de notes (= IX, 20). Ses additions, destinées à rendre cohérent cet ensemble hétérogène, sont pour la plupart facilement décelables[80].

A. Les traces du remaniement

1. Il s'agissait d'abord de lier le livre IX aux précédents. C'est chose faite dès le début, au moyen de références censées être des renvois internes. La première apparaît en IX, 1, 4 à propos du maceron, que des naïfs cultivaient en prenant ses « larmes » pour de la myrrhe : « on obtient en effet, *comme il a été dit* (ὥσπερ ἐλέχθη), des plants de maceron à partir de ce qui est aussi une larme, ainsi que des plants de lis et d'autres végétaux ». Le passage visé se trouve en II, 2, 1 : « La propagation par larmes est la plus singulière : c'est (…) une façon de multiplier le lis (…). On en dit autant du maceron, car lui aussi laisse couler des larmes ». Vient ensuite (IX, 2, 2) au sujet du pistachier un rappel de III, 15, 3 (« aux environs de Damas en Syrie, c'est un grand et bel arbre. On dit qu'il y a une montagne couverte de pistachiers ») sous une forme particulièrement insistante : « il y a là, *comme nous l'avons dit dans ce qui précède* (καθάπερ ἐν τοῖς ἔμπροσθεν εἴπομεν), une haute montagne toute couverte de pistachiers énormes ». Le choix de l'expression ἐν τοῖς ἔμπροσθεν, étrangère à Théophraste, pour affir-

---

80. Elles seront composées dans le texte et la traduction en un corps plus petit et placées entre crochets droits.

mer une antériorité factice est d'une maladresse remarquable. Là s'arrête le zèle du « réviseur », alors que la suite du livre IX lui aurait permis de développer ce système de références. Il aurait pu, par exemple, rapprocher la mention en IX, 8, 8 de « ce qui se dit du cumin, qu'il convient d'injurier quand on le sème », de VII, 3, 3 : le cumin « se singularise (…) par ce qui se dit de lui. On prétend en effet qu'il faut en le semant le maudire et l'injurier si l'on veut qu'il soit beau et dru ». Mais le plus grave, c'est d'avoir laissé subsister les deux occurrences de ἐν ἄλλοις (IV, 4, 14 et VII, 9, 3), qui prouvent, nous l'avons vu[81], l'indépendance et l'antériorité des opuscules réunis pour former le livre IX, dès lors que la nouvelle composition de l'*Historia* les intégrait dans l'ouvrage, après l'ensemble I-VIII. Inadvertance ou respect aveugle de la chose écrite ? Quelle qu'en soit la cause, cette bévue dénonce tout de suite la médiocrité du « réviseur ».

2. La principale difficulté était de donner une cohésion interne à ce livre IX. Mais le problème se posait différemment pour la version « longue » transmise par les mss. U M Mon. et pour sa variante « brève », celle de U* M*.

a) A vouloir présenter d'un seul tenant la matière du premier opuscule et celle d'une des deux copies du second dont le « réviseur » disposait, il fallait établir entre les parties aboutées une liaison acceptable tant pour la forme que sur le fond. Le plus simple était d'adapter au contexte un système d'articulation des chapitres familier à Théophraste. De fait la transition entre IX, 7 et 8 *Καὶ περὶ μὲν τῶν εὐόσμων ἐπὶ τοσοῦτον εἰρήσθω. Περὶ δὲ τῶν ὀπῶν …* est exactement superposable à celles de IV, 12-13 *Καὶ περὶ μὲν ἐνύδρων ταῦτ' εἰρήσθω. Περὶ δὲ βραχυβιότητος…* et de VII, 5-6 *Καὶ περὶ μὲν τῶν σπερμάτων καὶ ἁπλῶς τῶν κηπευομένων*

81. *Supra*, p. X-XIII.

ἱκανῶς εἰρήσθω. *Περὶ δὲ τῶν ἀγρίων*... Le nouveau sujet est ensuite défini dans la phrase Περὶ δὲ τῶν ὀπῶν — ἔνια τῶν φαρμακωδῶν οἱ ῥιζοτόμοι, elle-même d'apparence théophrastéenne, quoiqu'elle renferme deux détails suspects : d'une part, la mention des sèves comme thème de l'exposé précédent (Περὶ δὲ τῶν ὀπῶν ὅσα μὴ πρότερον εἴρηται...), inattendue après quatre chapitres consacrés à des substances odoriférantes de toute nature ; d'autre part, l'emploi de χυλισμός au sens d'« extrait », alors que peu après (§3) Théophraste appelle χυλισμός l'extraction du suc et χύλισμα le suc extrait. Cependant, à la simple lecture, la transition des chapitres 7 et 8 pouvait ne pas donner l'impression d'un raccord.

b) La seconde copie du *Περὶ δυνάμεως ῥιζῶν* posait au « réviseur » un problème plus délicat. Il entérina son existence dans un rouleau séparé en faisant de ce texte parallèle mais non semblable à IX, 8-19 le livre X de l'*Historia*. Restait à en préciser le rapport avec IX, 1-7. Après avoir lié étroitement les deux parties de la version « longue » par les moyens étudiés ci-dessus, l'auteur du remaniement ne pouvait guère admettre que la copie séparée de IX, 8-19, même traitée comme un livre distinct, fût quant au fond totalement indépendante de IX, 1-7. Toute référence explicite à un contexte précédent étant ici exclue, le « réviseur » a combiné dans une phrase liminaire à peine intelligible (Περὶ δὲ τῶν ῥιζῶν ὅσαι φαρμακώδεις — οὐθὲν ἧττον φυσικαί) l'annonce de l'étude des plantes médicinales et le rappel allusif des substances odoriférantes dont traitent les chapitres IX, 4-7[82]. L'addition de ce sommaire a entraîné celle de δὲ dans Τῶν ῥιζῶν πλείους μέν... et celle — plus voyante — du renvoi interne ὥσπερ εἴρηται μικρῷ πρότερον, destiné à unir le texte apocryphe (ὁποιασοῦν ἔχουσαι

---

82. Voir *supra*, p. XXXVIII, les modifications dans P du texte et de la fonction de cette phrase.

δυνάμεις εἴτε ἐν αὐταῖς εἴτε ἐν τοῖς ὁποῖς ἢ καὶ ἄλλῳ τινὶ τῶν μορίων) à l'original (διαφέρουσαι ... τῷ μὴ ἐν τοῖς αὐτοῖς ἔχειν τὴν δύναμιν).

3. Seule la version « longue » donne après IX, 19 un chapitre 20 composé de simples notes, les unes (§1 – début du §3) vaguement groupées autour de la notion de drogue échauffante, les autres décousues. C'est visiblement pour ne rien laisser perdre de l'œuvre botanique de Théophraste que le « réviseur » a joint à l'*Historia* ce qui aurait dû rester un document de travail inédit. Sans s'attacher à masquer une discontinuité trop évidente, il s'est contenté, en guise de transition entre les chapitres 19 et 20, d'une brève formule additive : εἰ δέ τινων καὶ ἄλλων τὰς φύσεις ἢ τὰς δυνάμεις ἔχομεν εἰπεῖν, ταῦτα ῥητέον.

Médiocrité personnelle et souci scrupuleux de conserver intégralement les écrits de Théophraste, tels sont les caractères du « réviseur » que révèle le réaménagement de l'*Historia*.

B. Sa date

1. *Le travail d'Hermippe sur la vie et l'œuvre de Théophraste*

Hermippe de Smyrne (IIIe siècle *a.C.*) est, à notre connaissance, le plus ancien biographe de Théophraste et le plus ancien auteur d'un catalogue raisonné de son œuvre. L'existence d'une *Vie de Théophraste* d'Hermippe est formellement attestée par Diogène Laërce à propos de Gryllos, le fils de Xénophon mort vaillamment à Mantinée : « Hermippe dit dans son *Théophraste* (Ἕρμιππος ἐν τῷ *Περὶ Θεοφράστου* .... φησὶ...) qu'Isocrate a écrit lui aussi un éloge de Gryllos »[83]. Celle

---

83. D.L. II, 55 (« Xénophon »). C'est encore à cet ouvrage que Diogène se réfère sans le nommer, quand il cite (V, 41 « Théophraste ») un certain Favorinus selon qui Théophraste âgé se faisait

du catalogue a pour garant le scholiaste qui a noté à la suite du texte de la *Métaphysique* : « Tiré de la *Métaphysique* de Théophraste. Andronicos et Hermippe ne connaissent pas ce livre, car ils n'en ont fait aucune mention dans le catalogue des ouvrages de Théophraste (ἐν τῇ ἀναγραφῇ τῶν Θεοφράστου βιβλίων) ». Nous avons déjà étudié dans le commentaire de *H.P.* VII, 15 (n. 11) une scholie de même origine qui met en parallèle, sur deux colonnes, Ἕρμιππος δὲ περὶ φρυγανικῶν καὶ ποιωδῶν « selon Hermippe *Sous-arbrisseaux et plantes herbacées* » et Ἀνδρόνικος δὲ περὶ φυτῶν ἱστορίας « selon Andronicos *Recherches sur les plantes* ». Laissons de côté Andronicos, dont le travail d'édition et de catalogage (vers 60 *a.C.*) est de beaucoup postérieur à la période qui nous intéresse. Quant au catalogue d'Hermippe, le sommaire d'un livre ou d'un groupe de livres de l'*Historia* reproduit par la seconde scholie montre qu'il ne s'agissait pas d'une simple liste, comme le suggère ἀναγραφή (litt. « enregistrement », « inventaire ») dans la première, mais d'un πίναξ, véritable catalogue raisonné donnant avec le titre des ouvrages divers renseignements sur leur contenu.

D'autre part, l'attribution à Hermippe de la liste d'ouvrages de Théophraste dans Diogène Laërce (V, 42-50), proposée par Usener dès 1858, paraît aujourd'hui largement admise[84]. Or l'*Historia* figure dans cette liste avec un décompte de dix livres (Περὶ φυτικῶν ἱστοριῶν αʹ

promener en litière, comme le disait Hermippe (Φαβωρῖνος... φησι... καὶ τοῦτο λέγειν Ἕρμιππον). De même Athénée (21 a-b), lorsqu'il décrit d'après Hermippe (Ἕρμιππος... φησι Θεόφραστον...) la tenue soignée de Théophraste et l'aisance de sa parole accompagnée parfois d'une mimique expressive.

84. Usener, *Analecta Theophrastea*, Bonn, 1858, p. 1 sqq. Cf. Heibges, art. « Hermippos 6) », in *R.E.* VIII 1 (1912), c. 845-852, en part. 849 (très affirmatif : « Sicher ist, daß der Katalog der Werke Theophrasts bei Diog. V, 42-50 auf H. zurückgeht ») ; P. Moraux, *Les listes anciennes des ouvrages d'Aristote*, Louvain, 1951, p. 246 : « L'attribution à Hermippe (...) paraît très vraisemblable ».

β′ γ′ δ′ ε′ ϛ′ ζ′ η′ θ′ ι′⁸⁵) et sans titres partiels tels que
Περὶ φρυγανικῶν καὶ ποιωδῶν. Deux explications
viennent à l'esprit. Si l'on en croit Heibges⁸⁶, « puisque
Hermippe a écrit περὶ Θεοφράστου, il a donc composé
le catalogue dans cette œuvre ». Rien n'est moins sûr :
Hermippe ayant reçu d'abord, nous le verrons plus loin,
une formation de pinacographe, son catalogue raisonné
doit être antérieur à la *Vie* correspondante ; en ce cas, il
a pu ne reprendre du catalogue que la liste des ouvrages,
en négligeant les détails qui n'avaient pas leur place dans
une biographie. Il n'est cependant pas exclu que l'initiative d'alléger le catalogue raisonné d'Hermippe revienne
à Diogène. Quoi qu'il en soit, la différence entre la scholie de l'*Historia* et la liste de Diogène n'implique pas
contradiction. Nous admettrons donc que le πίναξ d'Hermippe donnait le titre général de l'ouvrage, le décompte
de ses dix livres et le titre partiel de ceux qui en avaient
un.

2. *Hermippe le Callimachéen. Les livres de Théophraste à la bibliothèque d'Alexandrie*

Nous devons à Athénée deux informations d'une
importance capitale pour notre propos.

a) Bon connaisseur de l'œuvre d'Hermippe, qu'il cite
dix-neuf fois, Athénée en qualifie à trois reprises l'auteur
de « Callimachéen »⁸⁷. Reste à savoir dans quelle discipline et à quelle époque Hermippe fut « l'élève de Callimaque ». Bien que la vie de ce dernier reste mal connue
dans le détail, elle se situe approximativement de 310 à
240 et se partage entre trois activités : des débuts obscurs
de maître d'école dans un faubourg d'Alexandrie ; un

---

85. Le décalage d'une lettre par rapport aux mss. U M est dû au fait
que Diogène utilise comme chiffres des lettres accentuées, avec l'*épi-
sèmon* (ϛ′) pour noter 6.

86. Art. cité n. 84, *ibid.*

87. Ἕρμιππος ὁ Καλλιμάχειος dans Ath. 58 f ; 213 f — 214 a ;
696 f.

énorme travail de classement, catalogage et description des collections de la Bibliothèque, dont les principaux résultats furent réunis en cent-vingt livres de Πίνακες τῶν ἐν πάσῃ παιδείᾳ διαλαμψάντων καὶ ὧν συνέγραψαν (« Catalogue raisonné des auteurs qui se sont illustrés dans chaque discipline et de leurs écrits ») ; l'œuvre poétique célèbre à laquelle Callimaque dut se consacrer plus sereinement, sous la protection royale, dans la dernière partie de sa vie[88]. De l'avis général, c'est pendant le second quart du IIIe siècle que Callimaque se consacra pleinement à sa tâche de bibliothécaire[89] et de pinacographe, ainsi qu'à la formation de plusieurs jeunes collaborateurs. Par des recoupements avec les repères chronologiques concernant certains d'entre eux, C. Meillier aboutit à cette conclusion qu'Hermippe, Istros et Philostéphanos « n'ont pu être disciples de Callimaque qu'autour des années 260 »[90]. C'est donc à partir de cette

88. Notre principale source antique est l'article Καλλίμαχος de Suidas (ou *Souda*). Parmi les nombreux travaux modernes sur Callimaque, voir en particulier, outre la Notice de l'éd. E. Cahen (C.U.F., 1922), A. Lesky, *Geschichte der griechischen Literatur*, 3e éd. Bern — München, 1971 (1re éd. Bern, 1957-58), p. 789-792 ; C. Meillier, *Callimaque et son temps*, Lille (Service de reproduction des thèses), 1979, *passim*.

89. Les spécialistes ne sont pas d'accord sur le point de savoir si Callimaque dirigea ou non la Bibliothèque, après Zénodote et avant Apollonios de Rhodes. Parmi ceux qui répondent affirmativement, citons E. Cahen, *ibid.* ; F. Vian, Introduction de l'éd. Vian – Delage d'Apollonios de Rhodes, *Argonautiques*, t. I (C.U.F., 1974), p. IX. *Contra*, Lesky, *op. cit.*, p. 791 ; Meillier, *op. cit.*, p. 236 et p. 330, n. 160 (état de la question). A quelque titre que ce fût, Callimaque accomplit la tâche d'un bibliothécaire de haut niveau.

90. *Ibid.*, p. 230 et p. 330, n. 161. — Déjà Heibges (art. cité [*supra*, n. 84], c. 845) avait vu dans une confusion entre Hermippe de Smyrne et Hermippe de Béryte l'origine d'une datation basse du premier, qui ne saurait avoir été l'élève de Callimaque s'il avait atteint son *acmè* vers 200. L'erreur a néanmoins persisté jusqu'à nos jours ; cf. par ex. C.B. Gulick, *Athenaeus. Deipnosophistae*, t. I (Loeb, 1927 ; nombreuses réimpressions), Index, s.v. Hermippus of Smyrna ; G.W. Most, Notice de l'éd. Laks – Most de Théophraste, *Métaphysique* (C.U.F., 1993), p. XII.

époque qu'Hermippe eut entre les mains les ouvrages de Théophraste, ce qui suppose que la bibliothèque d'Alexandrie en possédait alors au moins un exemplaire.

b) Il est possible de l'affirmer grâce à la seconde indication précieuse d'Athénée (3 b) : « C'est de Nélée qu'acheta tout le fonds le roi de chez nous, Ptolémée surnommé Philadelphe, qui l'amena, avec les livres acquis à Athènes et à Rhodes, dans la belle Alexandrie ». Rien n'autorise à suspecter l'authenticité de ces faits[91], qui sont en parfait accord avec d'autres données incontestables. D'une part, Théophraste déclarait dans son testament, conservé par Diogène (V, 51-57) : δίδωμι ... τὰ ... βιβλία πάντα Νηλεῖ. Nélée de Scepsis, ami et disciple d'Aristote et de Théophraste depuis la fondation du Lycée, était donc, à la mort de Théophraste (287), le légitime propriétaire de toute la bibliothèque du Péripatos. D'autre part, déjà Ptolémée Soter avait témoigné à Théophraste une haute estime en lui envoyant une délégation[92] et en choisissant l'un de ses plus brillants disciples, Démétrios de Phalère, comme conseiller pour la création de la Bibliothèque. Quand il eut succédé à son père (284), Philadelphe, prêt à tout pour le rayonnement culturel d'Alexandrie[93] et en outre passionné de sciences naturelles, ne tarda certainement pas à conclure avec Nélée l'achat des livres d'Aristote et de Théophraste.

---

91. Il n'y a rien à retenir de l'interprétation hautement fantaisiste de ce texte (p. 342) dans H.B. Gottschalk, *Notes on the Wills of the Peripatetic Scholarchs*, in *Hermes*, 100, 1972, p. 314-342 : les livres légués par Théophraste à Nélée seraient restés au Lycée, par suite d'un arrangement entre Nélée et le nouveau scolarque, Straton de Lampsaque ; ce dernier en aurait fait faire des copies pour Ptolémée Philadelphe, dont il avait été le précepteur, car « Ptolémée valait la peine qu'on le cultive » !

92. D.L. V, 37 : Πτολεμαῖος ἔπεμψεν ἐπ' αὐτόν.

93. Sur la méthode forte employée par Ptolémée pour se procurer les manuscrits qu'il convoitait, voir Galien, XVII A 606-607 K. (Traduction et commentaire du passage dans P. Ballet, *La vie quotidienne à Alexandrie*, Paris, 1999, p. 120).

On peut penser que c'était chose faite dans les années 280 – 275.

Hermippe ne fut évidemment pas le premier à s'occuper, quinze ou vingt ans plus tard, des rouleaux contenant l'*Historia plantarum*. Sitôt déballés, les manuscrits les plus importants furent sans aucun doute classés, rangés et répertoriés au moins sommairement. C'est peut-être par un tel tri que s'explique la différence entre la première partie de la liste d'ouvrages de Théophraste dans Diogène[94], établie suivant l'ordre alphabétique, et la dernière, qui comprend une cinquantaine de titres énumérés pêle-mêle comme un reliquat sans grand intérêt. Si la liste alphabétique, où l'*Historia* figure, reproduit le « registre d'entrée » de la Bibliothèque, le remaniement du livre IX, dont témoigne le décompte des dix livres de cet ouvrage d'après le πίναξ d'Hermippe, doit se placer entre la mort de Théophraste en 287 et l'entrée du manuscrit dans les collections alexandrines vers 275.

3. *Le témoignage de la tradition indirecte*

Bien que peu fournie, la tradition indirecte confirme l'ancienneté de la division de l'*Historia* en neuf livres[95].

---

94. D.L. V, 42-50. La première partie comprend deux listes alphabétiques mises bout à bout, l'une de 109 titres (jusqu'à Περὶ ψυχῆς θέσις μία) dont celui de l'*Historia* : Περὶ φυτικῶν ἱστοριῶν αʹ — ιʹ, l'autre de 66 [dans l'édition critique de M.G. Sollenberger, « Diogenes Laertius 5. 36-57 : The *Vita Theophrasti* », in *Theophrastus of Eresus. On His Life and Work*, W.W. Fortenbaugh *et al.* eds, New-Brunswick (U.S.A.) – Oxford, 1985, p. 1-62 ; voir en part. p. 59-60, n. 32] (de Περὶ τῶν ἀτέχνων πίστεων αʹ à Περὶ ψεύδους καὶ ἀληθοῦς αʹ). Il est tentant d'y voir un inventaire principal et un inventaire supplémentaire. Mais la composition de l'ensemble de la liste est complexe et diverses explications ont été proposées ; cf. O. Regenbogen, art. « Theophrastos 3) », in *R.E.* Suppl. VII (1940), c. 1368-1369 ; P. Moraux, *op. cit.* (*supra*, n. 84), en part. p. 219, 229, 246.

95. Dix si l'on compte pour un la seconde version de IX, 8-19. Les citateurs antiques, s'intéressant au contenu et non à la présentation matérielle du texte, ni à ses variantes de détail, ne connaissent que le livre IX.

Elle se réduit à deux ou trois citations, excepté celles qui ne précisent pas la partie de l'ouvrage à laquelle elles sont empruntées et celles qui, étant postérieures à l'édition d'Andronicos, peuvent en refléter la composition.

Étienne de Byzance[96] commente le nom de la ville de Thrace Ἄψυνθος en ces termes : Ἔστι δὲ καὶ εἶδος φυτοῦ, περὶ οὖ Βῶλος ὁ Δημοκρίτειος, ὅτι Θεόφραστος ἐν τῷ περὶ φυτῶν ἐννάτῳ· τὰ πρόβατα τὰ ἐν τῷ Πόντῳ τὸ ἀψύνθιον νεμόμενα οὐκ ἔχει χολήν. La phrase ainsi résumée se trouve en effet « au livre neuf du traité *Des plantes* », exactement dans *H.P.* IX, 17, 4. Originaire de Mendès dans le Delta, Bolos dit « le Démocritéen » parce qu'« il aimait à répandre dans le monde des histoires miraculeuses sous le nom de Démocrite »[97], a vécu à Alexandrie et fréquenté la Bibliothèque. On fait de lui généralement un contemporain de Callimaque[98], ce qui est très vraisemblable vu la faveur dont a joui la paradoxographie dans le cercle du Cyrénéen, lui-même auteur de deux recueils de curiosités cités par Suidas : Περὶ τῶν ἐν Πελοποννήσῳ καὶ Ἰταλίᾳ θαυμασίων καὶ

---

96. Steph. Byz., *Ethnica*, p. 153, 10-11 Meineke.

97. M. Wellmann, art. « Bolos », in *R.E.* III 1 (1897), c. 676-677.

98. Wellmann, *ibid.* ; Ducourthial, *op. cit.* (*supra*, n. 61), p. 99. R. Halleux discute de la date de Bolos dans la Notice de son édition des *Alchimistes grecs*, t. I (C.U.F., 1981), p. 66-67, sans prendre parti pour une date haute (vers 200) ou basse (vers 100 *a.C.*). Il rappelle les arguments qui ont pu être invoqués en faveur de la date supérieure (la seule à considérer ici) : « dans un fragment authentique, conservé par Étienne de Byzance, Bolos cite le livre IX de l'*Histoire des Plantes* de Théophraste (IX, 17, 4). On sait que ce livre est apocryphe et ne fut joint au corpus théophrastéen qu'à l'époque de Callimaque. Bolos est donc postérieur à l'addition du livre à l'*Histoire des Plantes*. D'autre part, Bolos utilise abondamment l'œuvre des mages Zoroastre et Ostanès. On sait que les textes maguséens furent mis en grec sous Ptolémée Philadelphe et catalogués par Hermippe vers 200 ». Abstraction faite d'un postulat erroné (inauthenticité du livre IX, addition assez tardive à l'*Historia*), ces remarques ont le mérite d'intégrer Bolos dans le milieu intellectuel de la bibliothèque d'Alexandrie à l'époque de Callimaque et de ses disciples.

παραδόξων (« Merveilles et singularités du Péloponnèse et de l'Italie ») et Θαυμάτων τῶν εἰς ἅπασαν τὴν γῆν κατὰ τόπους ὄντων συναγώγη (« Recueil des merveilles du monde entier classées par lieux »). De même, Philostéphanos de Cyrène, l'un des disciples de Callimaque dans les années 260[99], écrivit un Περὶ παραδόξων ποταμῶν (« Les fleuves extraordinaires ») dont Athénée et Tzetzès nous ont transmis deux extraits[100]. Ces convergences donnent à penser que Bolos, à la recherche de *mirabilia*, a consulté vers le milieu du IIIᵉ siècle un exemplaire alexandrin de l'*Historia*, qui avait un livre IX.

Il est plus difficile de dire dans quelles circonstances Apollonios le Paradoxographe copia ses extraits de l'*Historia*. Ce fut, selon Regenbogen[101], « environ cent ans après la mort de Théophraste », si l'activité d'Apollonios doit se placer dans la première moitié du IIᵉ siècle *a.C.* Il n'utilisa certainement pas le même exemplaire que Bolos. Trois de ses citations du livre IX sont introduites, sans autre précision, par la formule Θεόφραστος ἐν τῷ περὶ φυτῶν (Apoll. XXXI [~ Bolos ap. Steph. Byz., *supra*] = *H.P.* IX, 17, 4 ; Apoll. XLVIII = *H.P.* IX, 11, 11) ou sa variante Θ. ἐν τῇ περὶ φυτῶν πραγματείᾳ (Apoll. XXIX = *H.P.* IX, 13, 3). Deux autres sont données pour des extraits du « livre huit » (Apoll. XLI : Θ. ἐν τῷ η′ περὶ φυτῶν = *H.P.* IX, 18, 2) et « dernier du traité » (Apoll. L : Θ. ἐν τῷ περὶ φυτῶν ἐν τῇ ἐσχάτῃ τῆς πραγματείας = *H.P.* IX, 17, 3) correspondant à notre livre IX, dont le contenu se trouvait donc dans l'exemplaire d'Apollonios comme dans celui

99. *Supra*, p. XLVII. Cf. Ath. 331 d-e : Φιλοστέφανος δ᾽ ὁ Κυρηναῖος μὲν γένος, Καλλιμάχου δὲ γνώριμος, ἐν τῷ περὶ τῶν παραδόξων ποταμῶν... φησὶ...

100. Ath., *ibid.*, sur la rivière de Phénéos en Arcadie où vivent des poissons qui émettent des sons pareils au chant de la grive ; Tzetzès, *Chil.* VII, 670-675, au sujet d'un lac de Sicile qui rejette les baigneurs sur ses rives.

101. Regenbogen, art. « Theophrastos » (cf. *supra*, n. 94), c. 1439.

de Bolos. La différence de signalisation[102] indique seulement que plusieurs exemplaires de l'*Historia* étaient en
usage dès le début du IIᵉ siècle, provenant les uns du
fonds acquis par Philadelphe (les « cours » de Théophraste y figuraient sans doute dans leurs versions successives), d'autres de copies privées (on n'imagine pas
que Démétrios de Phalère, premier organisateur de la
Bibliothèque, ait pu ne pas la pourvoir, dès sa fondation,
d'au moins une copie des « notes de cours » qu'il avait
prises sous la dictée du scolarque). Si, comme le rapporte
Diogène, Théophraste eut au Lycée jusqu'à deux mille
disciples[103], nombre d'entre eux, pour nous anonymes,
disposaient d'exemplaires personnels qu'ils ont pu diffu-
ser. L'essentiel pour notre propos est l'accord de tous les
plus anciens témoignages sur le rattachement de l'actuel
livre IX aux précédents peu après la mort de Théophraste.

C. Son auteur

Une chose est certaine : de 287 aux années 280-275
Nélée de Scepsis fut le seul et légitime propriétaire de
« tous les livres » de Théophraste. Par conséquent les
modifications apportées à l'*Historia plantarum* pendant
cette période ne peuvent être dues qu'à Nélée, retiré à
Scepsis après la désignation de Straton comme nouveau
scolarque du Lycée[104].

---

102. Pour Galien, qui utilise alternativement les deux décomptes,
en 8 et en 9 livres, nous avons suggéré ailleurs (art. cité [*supra*, n. 14],
p. 197 = *Études*, p. 50) la possibilité d'une double signalisation d'un
texte unique, comme dans les éditions modernes d'Athénée, de Pline
ou de Strabon. Mais au début de la tradition (IIᵉ siècle *a.C.*) une
pareille contamination ne peut guère s'être déjà produite.

103. D.L. V, 37.

104. Faits bien connus, déjà rappelés dans notre Introduction,
p. XLI. Le déménagement de la bibliothèque du Lycée à Scepsis est
expressément noté dans le récit de Strabon (XIII, 1, 54 = C 609) :
Θεόφραστος... Νηλεῖ παρέδωκεν· ὁ δ' εἰς Σκῆψιν κομίσας...

1. *La personnalité de Nélée*

Parmi les notabilités de la petite ville de Scepsis en Troade, Strabon cite les philosophes « socratiques » — c'est-à-dire de la lignée platonicienne — « Coriscos et le fils de Coriscos, Nélée, un homme qui fut disciple à la fois d'Aristote et de Théophraste, et qui hérita de la bibliothèque de Théophraste, y compris celle d'Aristote »[105]. Selon H. von Arnim[106], Coriscos était un contemporain d'Aristote, avec qui il avait noué des relations scientifiques et amicales dans l'entourage d'Hermias à Assos. « En 334, poursuit Von Arnim, année où, si l'on se fonde sur les allusions à Mentor et à Dareios, le cours d'éthique d'Aristote qui nous a été conservé sous le nom de *Grande Morale* dut être institué, Nélée, âgé d'environ dix-huit ans, se trouvait parmi les auditeurs, ainsi qu'un certain Lampros dont nous n'avons pas gardé de trace. » Nélée serait donc né vers 352, peut-être même un peu plus tard, puisque dans ce passage de la *Grande Morale* [107] Aristote parle de Lampros et de Nélée comme de tout jeunes gens, à peine sortis de l'adolescence, à qui il demande seulement de « maîtriser la grammaire », c'est-à-dire de savoir parfaitement lire et écrire sous la dictée. Entré au Péripatos à 16-18 ans, Nélée s'y trouvait encore à la soixantaine bien sonnée, quand il hérita des livres de Théophraste. Comme on ne connaît de lui aucun ouvrage, il fut sans doute, pour reprendre la formule de Von Arnim, « un adepte fidèle, personnellement

---

105. XIII, 1, 54 = C 608.

106. H. von Arnim, *Neleus von Skepsis*, in *Hermes*, 63, 1928, p. 103-107.

107. *M. M.* 1205 a 19-23 : « si Lampros maîtrise la grammaire (ἐὰν ἔχῃ... Λάμπρος τὴν γραμματικήν), il se trouvera du fait de la grammaire dans la situation de n'importe qui d'autre qui maîtrise la grammaire ; il n'y a pas deux sortes de grammaire, celle de Lampros et celle de Nélée (οὐδὲ δύο εἰσὶν γραμματικαὶ ἥ τ' ἐν Λάμπρῳ καὶ ἡ ἐν Νηλεῖ) ».

improductif, de l'enseignement d'Aristote et de Théophraste »[108].

Ces deux aspects de sa personnalité, fidélité indéfec-
tible à l'aristotélisme et absence de dynamisme intellectuel, suffisent à expliquer les dispositions testamentaires
de Théophraste, qui léguait ses livres à Nélée, mais s'abs-
tenait de désigner son successeur à la tête du Péripatos.
Cette demi-mesure a été parfois interprétée comme une
manière habile de suggérer le choix de Nélée sans écarter
ouvertement d'autres concurrents plus brillants, à com-
mencer par Straton de Lampsaque[109]. H.B. Gottschalk[110] a
bien vu qu'elle révèle de la part de Théophraste une analyse plus fine d'une situation délicate. Confier la direction
du Péripatos à Nélée, un homme âgé, sans passé scientifique ni relations personnelles susceptibles de contribuer
au rayonnement de l'école, c'était vouer celle-ci à un
prompt déclin et susciter des dissensions tout aussi préjudiciables entre le scolarque et ses collègues coproprié-
taires de l'établissement. Mais Théophraste ne pouvait
pas faire un autre choix sans blesser cruellement son vieil
ami. D'autre part[111], il avait tout lieu de croire qu'après sa
mort la zoologie et la botanique, dont Aristote et lui-
même avaient été les véritables fondateurs, disparaîtraient
des programmes d'enseignement et de recherche du
Lycée. L'événement devait confirmer ses prévisions :
l'œuvre de Straton, qui lui succéda dans la charge de scolarque, se réduit à quarante-sept titres énumérés par Diogène Laërce[112], dont la plupart se rapportent à des sujets
philosophiques ou physiologiques ; la zoologie en tant
que description et classification du règne animal en est

108. *Ibid.*, p. 105.
109. Von Arnim, *ibid.* ; A.H. Chroust, *The miraculous disappea-
rance and recovery of the Corpus aristotelicum*, in *Classica et Mediae-
valia*, 23, 1962, p. 50-67, en part. p. 50.
110. H.B. Gottschalk, art. cité (*supra*, n. 91), p. 336-337.
111. Gottschalk, *ibid.*, ne traite pas cet aspect de la question.
112. D.L. V, 59-60.

absente, et de même la botanique sous quelque forme que ce soit. Conscient de ne pas pouvoir empêcher ce changement d'orientation, Théophraste voulut se donner, sinon un continuateur, du moins un conservateur de l'œuvre d'Aristote et de la sienne, y compris leurs écrits ésotériques. Son homme de confiance fut Nélée.

2. *Les livres de Théophraste entre les mains de Nélée*

On sait que Nélée ressentit la promotion de Straton comme un affront personnel et qu'il revint dans sa bourgade natale avec les livres dont il avait hérité[113]. Comme Théophraste avait conservé son activité jusqu'à sa mort, ses principales œuvres se trouvaient encore à l'état de cours. Que devinrent-elles entre les mains de Nélée ?

Tout en marquant bien la différence entre les deux cas, H.B. Gottschalk[114] fait un parallèle intéressant entre la situation de Nélée et celle de Callinos, condisciple âgé et vieil ami personnel de Lycon, le quatrième scolarque du Péripatos. Le testament de Lycon dans Diogène (V, 69-74) stipule que Callinos recevra les écrits du scolarque non publiés (τὰ ἀνέκδοτα) « pour qu'il les publie soigneusement » (ὅπως ἐπιμελῶς αὐτὰ ἐκδῷ). Là s'arrête la validité du rapprochement. Rien en effet ne laisse supposer que Théophraste ait eu l'imprudence de confier à Nélée, même verbalement, le soin d'éditer ses ouvrages scientifiques, à moins d'entendre par là leur reproduction *ne varietur* à l'usage du public. Dans le cas précis de l'*Historia*, Théophraste n'aurait jamais admis l'addition aux livres I-VIII de deux opuscules étrangers à l'économie générale de l'ouvrage. Nélée a donc pris lui-même l'initiative de réunir le semblable, ou du moins ce qui lui paraissait tel, pour élever à la gloire du Maître un monument de science botanique encore plus prestigieux. L'intention était louable ; nous avons vu le résultat.

---

113. Peu importe ici que Nélée ait pris à la lettre le testament de Théophraste et emporté *tous* ses livres, ou qu'il ait laissé au Lycée des ouvrages auxquels il n'était pas spécialement attaché.

Nélée se montra plus avisé en acceptant de vendre à Ptolémée Philadelphe l'ensemble de la collection. C'était pour lui, en même temps qu'une opération financière avantageuse, le meilleur moyen d'assurer la sauvegarde et la diffusion dans le monde savant de l'œuvre dont il se sentait surtout dépositaire. Athénée[115] qualifie très justement Nélée de « conservateur » des livres d'Aristote et de Théophraste (... τὸν τὰ τούτων διατηρήσαντα βιβλία Νηλέα). Un point de ce texte a suscité de nombreuses discussions : Philadelphe y est dit avoir acheté à Nélée « tout le fonds » ; or selon Strabon[116] Nélée, après avoir transporté la bibliothèque de Théophraste à Scepsis, « la légua à ses héritiers » (τοῖς μετ᾽ αὐτὸν παρέδωκεν). La contradiction n'est qu'apparente. Possesseur d'un certain nombre d'exemplaires de chaque ouvrage, Nélée a très bien pu en vendre un ou plusieurs et tenir à conserver jusqu'à sa mort ceux qui avaient pour lui une valeur sentimentale, en particulier des manuscrits autographes[117]. En ce qui concerne l'*Historia*, reporter d'un exemplaire sur l'autre les quelques phrases introduites dans le livre IX n'était pas une tâche démesurée ; peut-être Nélée l'avait-il achevée quand Philadelphe se déclara preneur. Sans entrer dans un vain débat sur la véracité du récit de Strabon, rappelons seulement que les descendants des exemplaires restés à Scepsis semblent bien avoir constitué, après maintes péripéties, la base de l'édition d'Andronicos[118]. La tradition alexandrine, issue des

---

114. Gottschalk, art. cité (*supra*, n. 91), p. 337.

115. Ath. 3 a ; suite du récit (citée *supra*, p. XLVIII) en 3 b.

116. XIII, 1, 54 = C 608-609. Cf. *supra*, p. LII et n. 104.

117. Objections à notre avis non pertinentes de la part de H.B. Gottschalk, art. cité (*supra*, n. 91), p. 340 : « Si Nélée ou ses héritiers avaient l'intention de vendre la majeure partie de la collection, pourquoi pas la totalité ? Est-il vraisemblable que les agents envoyés pour acheter des livres à destination d'Alexandrie se soient contentés d'une partie ? » Si grande que fût l'avidité de Philadelphe et de ses émissaires, la conclusion d'une affaire aussi importante valait bien quelques concessions.

118. Cf. Plut., *Sylla*, 26, 2, cité dans notre Introduction, p. XLI.

collections de la Bibliothèque recensées par Hermippe, et la tradition romaine, que représente l'édition d'Andronicos, ont l'une et l'autre transmis à la postérité une *Historia plantarum* dotée d'un livre IX par Nélée de Scepsis.

IV. — PRINCIPES D'ÉTABLISSEMENT DU TEXTE

Les conditions particulières dans lesquelles le livre IX a été constitué et transmis exigent que l'éditeur justifie ses choix, surtout dans la mesure où ils diffèrent de ceux de ses prédécesseurs.

A. La présentation entre crochets droits de mots et de phrases composés en plus petit corps à la fois dans le texte et dans la traduction signale les additions attribuées au « réviseur » pour les raisons exposées plus haut. On ne les confondra pas avec les interpolations dues à des accidents de transmission, maintenues dans le texte entre crochets droits également, mais en corps normal et sans traduction. Les additions délibérées consistent en renvois internes et en transitions précédemment étudiés. En voici la liste récapitulative avec référence à la page et à la ligne du texte :

4. 7 : ὥσπερ ἐλέχθη ;
6. 14 : καθάπερ — εἴπομεν ;
19. 6 : καὶ — εἰρήσθω ;
19. 7-14 : Περὶ — ῥιζοτόμοι ;
19. 17-20 : Περὶ — ὀσμῶν καὶ ;
20. 1-2 : πάντων — φυσικαί ;
20. 3 : δὲ ;
20. 6-7 : ὥσπερ — πρότερον ;
57. 12-13 : εἰ — ῥητέον.

B. L'existence d'une seconde copie des chapitres 8, 1 à 19, 4 dans l'*Urbinas gr.* 61 (désignée par le sigle U*) et des chapitres 8, 1 à 10, 3 dans le *Laurentianus* 85, 22 (M*) pose des problèmes de forme et de fond. La présentation du texte des deux copies en colonnes parallèles ne pouvait pas être adoptée pour l'ensemble des chapitres 8-19, au risque d'en rendre la lecture difficile et l'apparat critique confus. Elle a été réservée à une partie du chapitre 16 dont U M et U* donnent des versions fort éloignées (voir *infra*, 2). A cette exception près, l'établissement d'un texte unique, tel que celui des éditions antérieures, reste la solution la plus avantageuse. Encore faut-il que le lecteur puisse se faire une idée de la valeur respective des deux copies et des motifs du choix entre deux leçons pareillement acceptables.

1. A cette fin les leçons concurrentes de U M d'une part et de U* M* de l'autre ont été relevées[119] dans la partie du texte (IX, 8, 2 – IX, 10, 3) pour laquelle on dispose de ces quatre témoins[120]. Elles se répartissent en trois groupes[121].

a) Leçon de U M retenue de préférence à celle de U* M*

22 occurrences :

20. 17 ἤ : καί ; 21. 3 ταύτης ... οὐδὲν : ταύτην ... οὐδὲ ; 21. 9 οἷον : om. ; 21. 12 χυλὸς : χυλισμὸς ; 21. 16 ἰσχυρότερον : ἰσχυρὸν ; 21. 20 οἷον : om. ; 21. 21 ἤ τάσδε : om. ; 21. 22 pr. τὴν : τὰς ; 22. 16-17 προεσθίουσι : ἐσθίουσι ; 22. 18 παιωνίαν : παιον- ; 23. 3 ὁμοίως : αἰτίας ; 23. 13 ἔοικε : εἴρηκε ; 23. 18 pr. ὁ : om. ; 24. 15 ὑπὲρ καπνοῦ :

---

119. Excepté les variantes non significatives, telles que la présence ou l'absence d'un article non nécessaire, d'un καί faiblement intensif, d'un μὲν annonçant δὲ sans véritable antithèse, d'une préposition devant son second régime coordonné au premier, etc.

120. L'étude pourrait être poursuivie sur U et U* jusqu'au chapitre 19, 4, mais ce travail philologique n'a pas sa place dans la présente édition et ne serait peut-être pas plus instructif qu'un simple sondage.

121. Dans les listes suivantes le premier chiffre indique la page, le second la ligne de notre texte. En cas de lacune de U M ou de U* M*, la mention « om. » remplace la leçon non retenue.

ἐπὶ καπνῷ ; 25. 8 ἰσχυρότερον : ἰσχυρὸν ; 25. 9 τέμνεται :
-νονται ; 25. 17 τῆς : om. ; 26. 8-9 pr. τὸ — καθαίρειν :
om. ; 26. 21 – 27. 5 περὶ — μορφήν : καὶ τῇ ὄψει παραπλήσιοι εἶναι πλὴν τῆς ῥίζης. Αὕτη δὲ τοῦ μὲν λευκή, τοῦ
δὲ μέλαινα. Τὴν δὲ μορφὴν αὐτῶν τοίαν ; 27. 8 λεπταῖς :
πλείσταις ; 27. 15 γίνεται : φύεται ; 27. 20-21 ἄριστος —
εὐφάρμακον : om.

b) Leçon de U* M* retenue de préférence à celle de U M

28 occurrences :

20. 13 ἡ ... ῥιζοτομία γίνεται : τὴν ... ῥιζοτομίαν γίνεσθαι ; 20. 16 ὅταν : om. ; 21. 5 τὸν τοῦ : om. ; 21. 10 κόψαντες : καίοντες ; 21. 11 ὑπόστασιν : ἀπόσταξιν ; 21. 14
ἰσχυρότερον : -οτέραν ; 21. 14 θᾶττον (d'où θάττω Schn.
1821) : ἐλάττω ; 22. 11 τὸν : αὐτὸν ; 22. 11 κλύμενον :
καλούμενον κλ. (dittographie) ; 23. 4 ὅταν : om. ; 23. 4 πάνακες : -αλκὲς ; 23. 16 κατευχόμενον : προσκατ- ; 23. 18 διατέμῃ : -τέμνῃ ; 24. 1 ἐπιθέτοις : -θέτως ; 24. 2-3 ῥιζοτομιῶν : -τόμων ; 24. 7 σκαμμωνίας : σκαμων- ; 24. 9 τοῦ
γὰρ μανδραγόρου : om. ; 24. 14 ἐνείραντες : ἐμπείρ- ; 24.
16 Ἀντικύρᾳ : ἀγκύρᾳ ; 25. 4 σπάσματα : -μάτια ; 25. 17 ᾗ :
ἥ ; 26. 1 alt. καὶ : om. ; 26. 3 ἄργεμα : ἀργέματα ; 26. 7 alt.
τὸ : om. ; 26. 10 καλοῦσι : καλούμενον ; 26. 11-12 τὰ αὐτὰ :
ταῦτα ; 26. 17 οἵανπερ : οἷον ; 27. 15 φύεται : γίνεται.

c) Leçons de U M et de U* M* équivalentes ou également acceptables

16 occurrences[122] :

20. 11-12 ἐπὶ τὸ πολὺ* : ἐπίπαν ; 20. 12 τῶν ... τῶν : τὸ
... τὸ * ; 20. 17 ἀμέρσωσι : ἀμερθῶσι * ; 20. 20 μόνης :
μόνον οὕτω* ; 21. 4 ἀπὸ τῆς ἐντομῆς* : δι' ἐντομῆς ; 21. 4
τινας : ἐνίους* ; 22. 13 τινων : ἐνίων* ; 23. 1 κόπτοντα* :
τέμνοντα ; 24. 4 ὥσπερ : ὅπερ* ; 24. 6 πανάκους* : πάνακος ; 24. 6 οἷον : ὥσπερ* ; 25. 1 τὸ αὐτὸ : τὰ αὐτὰ* ; 25.
15 ὠκυτόκιον : -τοκεῖον* ; 25. 21 – 26. 1 τὰ ... φύλλα ...
τριβόμενα : τὸ ... φύλλον ... τριβόμενον* ; 26. 9-10 τῆς
τε : καὶ τῆς* ; 27. 10 τούτων* : τοῦτον.

---

122. L'astérisque signale la leçon de U* M*.

Le choix entre deux leçons équivalentes ne s'appuie sur aucune raison décisive. Le principe adopté ici, par nécessité, est d'éviter les répétitions accumulées (ainsi [24. 6] οἷον est préféré à ὥσπερ à cause des deux ὥσπερ qui précèdent), de respecter l'usage général de Théophraste (24. 4 ὥσπερ ἐλέχθη plutôt que ὅπερ ἐ.) et de suivre, en l'absence d'autre critère, la tradition la plus largement attestée (par exemple, 25. 1 τὸ αὐτὸ U M P Ald. en face de τὰ αὐτὰ U* M*, ou 26. 9-10 τῆς τε U M P Ald. en face de καὶ τῆς U* M*). Quand il s'agit de leçons également acceptables moyennant une analyse syntaxique différente (20. 17 ἀμέρσωσι : ἀμερθῶσι* ; 25. 15 ὠκυτό-κιον : -τοκεῖον*), la préférence a été donnée à la construction la plus simple et sera justifiée, au besoin, dans le commentaire. En tout cas aucune des variantes de ce groupe ne modifie considérablement le sens.

Avec plus de 65 variantes notables pour 155 lignes de texte, la version « brève » du *Περὶ δυνάμεως ῥιζῶν* (U* M*) s'avère nettement indépendante de la version « longue » du livre IX (U M) et de valeur égale, sinon supérieure (ci-dessus 22 occurrences favorables à U M, 28 à U* M*). On lui doit notamment plusieurs leçons excellentes (21. 11 ὑπόστασιν ; 24. 14 ἐνείραντες ; 24. 16 Ἀντικύρᾳ), ainsi que la correction de formes corrompues (25. 4 σπασμάτια ; 26. 3 ἀργέματα) ou mal attestées (23. 16 προσκατευχόμενον ; 24. 1 ἐπιθέτως). C'est bien sans doute parce que l'intérêt de cette version « brève » a été reconnu dès l'antiquité que la tradition l'a conservée à la suite de la version « longue » et que Diogène Laërce a pu l'enregistrer, à la suite d'Hermippe, comme un dixième livre de l'*Historia plantarum*.

2. Pour les §4-7 du chapitre 16, consacrés aux plantes vénéneuses nommées *akoniton* et *éphèméron*, nous disposons de trois versions différentes : celles de U (presque toujours suivi par M) et de U*, indépendantes l'une de l'autre, et celle de P (reprise dans l'Aldine),

qui résulte de la contamination des deux précédentes. Le parti pris jusqu'ici par les éditeurs est de suivre P en signalant les « omissions » de U et de U*. S'il est nécessaire de donner le texte de P, puisqu'il fournit une synthèse cohérente des deux autres, il faut éviter de suggérer qu'il correspond à la version originale dont U et U* auraient transmis des extraits. Selon toute vraisemblance, U et U* conservent non des copies partielles d'un texte de base auquel P permettrait de rendre une quasi-intégrité, mais deux rédactions fondamentalement différentes de notices pour lesquelles Théophraste n'a pas eu d'emblée une information complète et définitive. Sur un sujet aussi délicat (les poisons végétaux les plus violents) et aussi difficile à traiter de loin d'après des sources occasionnelles (la Crète et Zacynthe où poussait l'*akoniton* sont vite éclipsées par la région pontique, pour laquelle Théophraste dit tenir ses renseignements des « Tyrrhéniens d'Héraclée ») une composition par bribes n'a rien de surprenant. En disposant alternativement sur deux colonnes les emprunts de P tantôt à U M (col. de gauche), tantôt à U* (col. de droite), on donnera une image plus juste de l'état ancien de la tradition.

C. Le texte des huit premiers livres, quoique bien mieux fixé que celui de la seconde partie du neuvième, a été connu des anciens dans des versions parfois différentes de celle que reproduisent nos manuscrits. Nous en avons la preuve dans plusieurs citations d'Athénée explicitement rapportées à l'*Historia*, alors que la tradition directe des passages visés n'offre rien de tel. Il est possible qu'Athénée ait trouvé ou fait entrer dans la riche bibliothèque de son protecteur romain Larensis[123] une copie rare découverte sur le marché du livre. Plus vraisembla-

---

123. Ath. 3 a : « Larensis avait acquis d'anciens livres grecs en si grand nombre qu'il surpassait tous les hommes admirés pour leurs collections ».

blement, le *Graeculus* de Naucratis a lu, en son jeune temps, à la bibliothèque d'Alexandrie un exemplaire du fonds acquis par Ptolémée Philadelphe, qui comprenait nécessairement des doublons portant des variantes de détail. Les notes de lecture prises à Alexandrie figuraient, sans aucun doute, dans les bagages d'Athénée quand il partit pour l'Italie.

Quelle que soit au juste l'origine de tels *excerpta*, ceux que des auteurs anciens attribuent expressément à l'*Historia*, comme ceux qui s'y rattachent à l'évidence par leur contenu, ne peuvent être négligés. Leur publication récente, avec toutes les garanties scientifiques souhaitables, dans l'édition des fragments de Théophraste procurée par W.W. Fortenbaugh et ses collaborateurs (*Theophrastus of Eresus. Sources for his Life, Writings, Thought and Influence*, Leiden [Brill], 1992, 2nd Part, *Botany*, p. 201-213) aurait permis de ne pas les reprendre ici. Il a paru néanmoins opportun de les réunir dans l'Annexe 1, à la fois pour ne pas les dissocier du traité auquel leur appartenance a été anciennement affirmée ou supposée, et pour en donner une traduction française, accompagnée d'un bref commentaire.

L'Annexe 2 présente une longue scholie latine à *H.P.* IX, 16, 4-5, qu'une main du XVe siècle a écrite au bas du folio 127v dans l'*Urbinas gr.* 61. Publiée par Schneider en 1821 (t. V, p. 70), cette note relative à l'*akoniton* crétois n'est pas signalée dans les éditions de Wimmer et de Hort. Elle relate la découverte par l'auteur dans le massif de l'Ida d'une plante vénéneuse qu'il rapproche de l'ἀκόνιτον de Théophraste. Grâce à sa localisation et à sa description précises, celle-ci a pu être retrouvée récemment par le botaniste W. Greuter. Hormis sa toxicité, elle n'a rien de commun avec l'ἀκόνιτον de notre texte. Du moins cette scholie montre-t-elle que le nom d'ἀκόνιτον a été longtemps entendu comme celui de toute plante susceptible de fournir un poison contre lequel on ne peut pas lutter (cf. ἀκονιτί « sans combat »). En outre, si le scholiaste venait à être identifié, ce serait un gain appréciable pour l'histoire de l'*Urbinas gr.* 61.

Au terme d'une vingtaine d'années de travail sur l'*Historia plantarum*, il m'est agréable d'exprimer ma reconnaissance à ceux qui m'ont fait bénéficier de leur savoir et de leurs encouragements. Je pense d'abord à M. Jean Irigoin, à qui cette édition doit son existence même. Non content d'accepter dès 1980 la publication du traité de Théophraste dans la Collection des Universités de France, qui comptait alors peu de textes techniques, il a relu lui-même l'apparat critique de plusieurs volumes et n'a jamais cessé de suivre avec intérêt l'avancement de mon travail. Ma dette envers M. Pierre Quézel est particulièrement importante. L'œuvre du « père de la botanique » ne pouvait pas avoir de réviseur plus compétent que cet éminent spécialiste de la flore méditerranéenne. Sa relecture des cinq tomes et ses conseils souvent sollicités m'ont évité bien des erreurs. Je ne saurais manquer de rappeler le souvenir de l'helléniste montpelliérain Jean Brunel, à qui je dois en grande partie ma connaissance de la langue grecque. Avec son acribie coutumière, il a revu la traduction des livres I à VI et ses observations m'ont été souvent utiles. Quant à la recherche botanique sur le terrain, en Grèce et ailleurs, elle m'aurait été impossible sans l'aide que ma mère m'a apportée jusqu'à la limite de ses forces. Qu'il me soit permis de dédier cette édition à sa mémoire.

SOMMAIRE
DU LIVRE IX

Les sèves des végétaux

Appendice

SIGLA

U = *Vaticanus Urbinas gr.* 61, saec. IX-X.

U* = in eodem codice altera scriptura capitulorum IX, 8, 1 – IX, 19, 4, sub titulo decimi libri.

M = *Laurentianus* 85, 22, saec. XV.

M* = in eodem codice altera scriptura capitulorum IX, 8, 1 – IX, 10, 3, sine titulo proprio.

P = *Parisinus gr.* 2069, saec. XV.

Mon. = *Monacensis gr.* 635 (olim *Philippicus* 3085), saec. XV, excerpta capitulorum IX, 1, 1 – IX, 9, 1 continens.

Pletho = Gemisti Plethonis excerptum ad IX, 6 spectans, in cod. *Marciano gr.* 406 autographo servatum, circa a. 1440, 76^v.

Gaza = uersio latina a Theodoro Gaza circa a. 1450 facta et Taruisii a. 1483 impressa.

Ald. = editio Aldina princeps, in *Aristotelis Opera*, t. IV, Venetiis, 1497.

Ald.* = in eadem editione altera scriptura partis capituli IX, 8, 1, sub titulo decimi libri.

Bas. = editio Aldina Basiliensis, Basileae, 1541.

Heins. = editio D. Heinsii, Lugduni Batauorum, 1613.

Bod. = editio I. Bodaei a Stapel, adnotationes editoris ipsius atque I.C. Scaligeri et R. Constantini animaduersiones continens, Amstelodami, 1644.

Stack. = I. Stackhouse, *Theophrasti Eresii de Historia Plantarum libri decem*, Oxonii, 1813-1814.

Schn. = I.G. Schneider, *Theophrasti Eresii quae super-sunt*, t. I-IV, Lipsiae, 1818. Textus graecus *Historiae plantarum* (t. I) siglo « Schn. », commentarium ad *Historiam plantarum* (t. III) siglo « Schn. in comm. » designantur.

Schn. 1821 = Eiusdem editionis t. V, syllabum emendandorum et addendorum in primo uolumine atque auctarium lectionum uariarum continens, Lipsiae, 1821.

Wim. = F. Wimmer, *Theophrasti Eresii Historia Plantarum*, Lipsiae (Teubner), 1854.

Wim. 1842 = Id., Vratislauiae, 1842.

Wim. 1866 = Id., uersione latina addita, Parisiis (Firmin-Didot), 1866.

Hort = A.F. Hort, *Theophrastus. Enquiry into Plants*, London – Cambridge (Mass.) (Loeb), 1916-1926.

Const. = Robertus Constantinus apud Bodaeum.

Coray = Adamantinos Coray uel Koraïs, alias Censor Graecus, apud Schneider 1821.

Dalec. = Iacobus Dalecampius (Jacques Daléchamps), *Historia Plantarum universalis*, Lugduni, 1587.

Salm. = Claudius Salmasius (Claude [de] Saumaise), *Plinianae exercitationes*, Parisiis, 1629.

Scal. = Iulius Caesar Scaliger apud Bodaeum.

LIVRE IX

THÉOPHRASTE
RECHERCHES SUR LES PLANTES

LIVRE IX

LES SÈVES DES VÉGÉTAUX

1. 1 L'humidité caractéristique des végétaux — ce que certains appellent la sève en usant d'une dénomination générale[1] — possède évidemment des propriétés intrinsèques dans chaque cas[2]. Elle s'accompagne d'une saveur tantôt plus ou moins prononcée, tantôt apparemment nulle, tellement elle est faible et pareille à celle de l'eau[3]. Sans doute est-ce quand ils poussent que les végétaux ont le plus de sève, mais le moment où elle est le plus riche en principes actifs et révèle le mieux sa nature, c'est lorsque les plantes ont fini de pousser et de former leurs fruits. Il arrive que des sucs végétaux présentent aussi une coloration particulière, blanche pour certaines espèces comme les plantes à latex[4], rouge sang pour d'autres comme la centaurée[5] et la plante épineuse appelée « chardon à quenouille »[6] ; d'autres ont un suc soit verdâtre, soit d'une autre couleur. Cela s'observe sur les

1. Les appels de notes, numérotés à la suite dans chaque chapitre, renvoient au commentaire (p. 65-242).

ΘΕΟΦΡΑΣΤΟΥ
ΠΕΡΙ ΦΥΤΩΝ ΙΣΤΟΡΙΑΣ
ΤΟ Ι

ΠΕΡΙ ΦΥΤΩΝ ΟΠΩΝ

1. 1 Ἡ ὑγρότης ἡ οἰκεία τῶν φυτῶν, ἣν δὴ καλοῦσί
τινες ὀπὸν ὀνόματι κοινῷ προσαγορεύοντες, δύναμιν
[δὲ] ἔχει δηλονότι τὴν καθ' αὑτὴν ἑκάστη. Χυμὸς δὲ
ταῖς μὲν μᾶλλον, ταῖς δ' ἧττον ἀκολουθεῖ, ταῖς δ' ὅλως
οὐκ ἂν δόξειεν, οὕτως ἀσθενὴς καὶ ὑδαρής τίς ἐστι.   5
Πλείστη μὲν οὖν ὑπάρχει πᾶσι κατὰ τὴν βλάστησιν,
ἰσχυροτάτη δὲ καὶ μάλιστα ἐκφαίνουσα τὴν ἑαυτῆς
φύσιν ὅταν ἤδη παύσηται καὶ βλαστάνοντα καὶ καρπο-
γονοῦντα. Συμβαίνει δέ τισι τῶν φυτῶν καὶ χρόας ἰδίας
ἔχειν, τοῖς μὲν λευκὰς οἷον τοῖς ὀπώδεσι, τοῖς δ'   10
αἱματώδεις οἷον τῇ κενταυρίᾳ καὶ τῇ ἀτρακτυλίδι
καλουμένῃ ἀκάνθῃ, τοῖς δὲ χλωρόν, τοῖς δ' ἐν ἄλλῃ

TEST.: 9-12 Mon.

Titulus : Π. Φ. Ι. ΤΟ Ι U M : Π. Φ. Ι. θ^ον P Π. Φ. Ι. τὸ Θ Ald.
om. Mon. ‖ ΠΕΡΙ ΦΥΤΩΝ ΟΠΩΝ uerbis ἐκ τοῦ ut uid. praecedentibus
Mon. : om. cett. ‖ 3 δὲ del. Scal. ‖ 4 ὅλως Schn. : ὅλαις codd. Ald. ‖
7 καὶ om. M P Ald. ‖ 11 κενταυρίᾳ ego uide adn. : κεντηρ- U M
κευτηρ- P Mon. Ald. κενταυρίδι coni. Stack. ‖ ἀτρακτυλίδι P Mon.
Ald. : -κυλίδι U M ‖ 12 ἀκάνθῃ U M P Mon.^γρ Ald. : ὠκ- Mon. ‖ alt.
τοῖς — χρόᾳ (p. 3, l. 1) om. Mon. ‖ δ' Ald. : om. codd.

plantes annuelles ou à tige annuelle plutôt que sur les arbres. 2 L'humidité de certains végétaux tels que les plantes à latex est seulement un suc épais, mais sur d'autres <la sève> en vient à former des larmes, comme sur le sapin[7], le pin noir[8], le térébinthe[9], le pin d'Alep, l'amandier[10], le merisier[11], le prunier[12], le genévrier de Phénicie et le cade[13], l'acacia d'Égypte[14], l'orme (lui aussi produit de la gomme, qui toutefois ne sort pas de son écorce mais se forme dans son récipient)[15], et encore les arbres à encens et à myrrhe — qui sont aussi des larmes[16]—, le baumier[17], la plante à galbanum[18] et tout autre végétal tel qu'on dit être l'« épine de l'Inde », d'où vient la substance pareille à la myrrhe[19]. La sève se concrète également sur le lentisque et sur ce qu'on appelle le chardon à glu, qui donnent le mastic[20]. 3 Toutes les matières dont je viens de parler[21] sentent bon, de même que presque toutes celles qui ont une sorte d'onctuosité et renferment un corps gras ; au contraire, celles qui ne sont pas grasses ne sentent rien : ainsi la gomme d'acacia et celle de l'amandier[22]. Ce qui produit aussi des larmes, c'est la « plante à glu » de Crète, autrement dit la tragacanthe[23]. On croyait précédemment qu'elle ne poussait qu'en Crète, mais il est clair aujourd'hui qu'elle se trouve aussi en Achaïe du Péloponnèse et ailleurs, ainsi qu'en Asie, vers la Médie[24]. Si toutes ces espèces forment des larmes sur leur tige, leur tronc et leurs branches, quelques-unes en forment sur leurs racines (par exemple le maceron[25], la scammonée[26] et

χρόᾳ. Ἔνδηλα δὲ μᾶλλον ταῦτα ἐν τοῖς ἐπετείοις καὶ
ἐπετειοκαύλοις ἢ τοῖς δένδροις. 2 Ἡ δ' ὑγρότης τῶν μὲν
πάχος ἔχει μόνον ὥσπερ τῶν ὀπωδῶν· τῶν δὲ καὶ
δακρυώδης γίνεται καθάπερ ἐλάτης πεύκης τερμίνθου
πίτυος ἀμυγδαλῆς κεράσου προύμνης ἀρκεύθου   5
κέδρου τῆς ἀκάνθης τῆς αἰγυπτίας πτελέας — καὶ γὰρ
αὕτη φέρει κόμμι, πλὴν οὐκ ἐκ τοῦ φλοιοῦ, ἀλλ' ἐν τῷ
ἀγγείῳ — ἔτι δὲ ἀφ' ὧν ὁ λίβανος καὶ ἡ σμύρνα —
δάκρυα γὰρ καὶ ταῦτα — καὶ τὸ βάλσαμον καὶ ἡ
χαλβάνη καὶ εἴ τι τοιοῦτον ἕτερον οἷόν φασι τὴν ἄκαν- 10
θαν τὴν ἰνδικὴν ἀφ' ἧς γίνεται τὸ ὅμοιον τῇ σμύρνῃ.
Συνίσταται δὲ καὶ ἐπὶ τῆς σχίνου καὶ ἐπὶ τῆς ἀκάνθης
τῆς ἰξίνης καλουμένης, ἐξ ὧν ἡ μαστίχη. 3 Ἅπαντα δὲ
ταῦτα εὔοσμα καὶ σχεδὸν ὅσα πιότητά τινα ἔχει καὶ
λῖπος· ὅσα δ' ἀλιπῆ, ταῦτα δ' ἄοσμα, καθάπερ τὸ κόμμι 15
καὶ τὸ τῆς ἀμυγδαλῆς. Ἔχει δὲ δάκρυον καὶ ἡ ἰξία ἡ ἐν
Κρήτῃ καὶ ἡ τραγάκανθα καλουμένη. Ταύτην δὲ πρότερον ᾤοντο μόνον ἐν Κρήτῃ φύεσθαι, νῦν δὲ φανερὰ καὶ
ἐν Ἀχαΐδι τῆς Πελοποννήσου καὶ ἄλλοθι καὶ τῆς Ἀσίας
περὶ τὴν Μήδειαν. Καὶ τούτων μὲν πάντων ἔν τε τοῖς   20
καυλοῖς καὶ τοῖς στελέχεσι καὶ τοῖς ἀκρεμόσι τὸ
δάκρυον, ἐνίων δὲ ἐν ταῖς ῥίζαις, ὥσπερ τοῦ ἱπποσελί-

TEST.: 1-13 Mon. ; 12-13 schol. ARIST., *Plut.* 720. — 16-22 Mon.

1 ἔνδηλα δὲ μᾶλλον P¹ Ald. : ἔ. δὲ tantum Mon. δῆλον δέ ἐστιν
ἔ. U M P ‖ ταῦτα om. Mon. ‖ 1-2 ἐν τοῖς ἐπετείοις καὶ ἐ. Mon. :
τοῖς ἐπετείοις καὶ ἐν τοῖς ἐ. cett. ‖ 2 ἡ δ' ὑγρότης U M P Ald. :
ἡδὺ Mon. in lac. ‖ 4 τερμίνθου Ald. : τερεμί- codd. ‖ 5 ἀμυγδαλῆς
Schn. : -δάλης codd. Ald. ut semper ‖ προύμνης U M Mon. : προύν-
P Ald. ‖ 6 ἀκάνθης U M P Ald. : -νθου Mon. ‖ πτελέας huc transp.
Schn. uide adn. : post κέδρου habent codd. Ald. ‖ ἡ Mon. : om.
Mon. ‖ ἡ Mon. : om. cett. ‖ 10 χαλβάνη U M P Mon.ʸᵖ Ald. : βαλβ-
Mon. ‖ 10-11 εἴ τι — ἰνδικὴν U M P Ald. : ἡ ἰνδικὴ ἄκανθα Mon. ‖
11 τῇ σμύρνῃ P Ald. : τῇ σμύρνα U Mon. τὴν σμύρναν M ‖ 17 post
Κρήτῃ add. καλουμένη Mon. ‖ 17-18 πρότερον codd. : πρῶτον
Ald. ‖ 20 πάντων … τε om. Mon. ‖ 22 ἐνίων δὲ U M P Ald. : ὥσπερ
ἐνίων ἄλλων τινῶν δὲ Mon. ‖ τοῦ P Ald. : τὸ U M Mon.

beaucoup d'autres plantes médicinales) et d'autres à la fois sur leur tige et sur leur racine : on extrait le suc aussi bien de la tige que des racines de quelques espèces, comme en particulier du silphium[27]. 4 Les larmes du maceron ressemblent un peu à la myrrhe ; certains même, ayant entendu dire que la myrrhe venait de là, croient qu'elle germe et donne du maceron[28] ; on obtient en effet [comme il a été dit][29] des plants de maceron à partir de ce qui est aussi une larme, de même que des plants de lis[30] et d'autres végétaux. Celles du silphium sont âcres, comme le silphium lui-même, car ce qu'on appelle « le suc » du silphium, c'est une sève en larmes[31]. Quant à la scammonée, ainsi que toute autre plante de cette sorte, elle possède, comme il a été dit[32], des propriétés médicinales.

5 Toutes les substances citées se concrètent soit spontanément, soit après incision, soit des deux manières. On pratique l'incision, évidemment, pour les produits utiles, ou pour ceux-là de préférence[33] ; toujours est-il que les larmes de l'amandier ne servent à rien et que par conséquent on ne l'entaille pas. Par ailleurs ce qui saute aux yeux, c'est que les cas où la coagulation est spontanée sont ceux où l'afflux de l'élément humide est particulièrement abondant. 6 Les incisions et la coagulation ne se font pas à la même époque sur toutes les espèces. On dit que les larmes de la vigne se concrètent dans les meilleures conditions si elle a été taillée juste avant de bourgeonner, moins bien après des tailles d'automne ou de début d'hiver, qui cependant sont même les plus

νου καὶ τῆς σκαμμωνίας καὶ ἄλλων πολλῶν φαρμακωδῶν, τῶν δὲ καὶ ἐν τῷ καυλῷ καὶ ἐν τῇ ῥίζῃ· καὶ
γὰρ τὸν καυλὸν ὀπίζουσιν ἐνίων καὶ τὰς ῥίζας, ὥσπερ
καὶ τοῦ σιλφίου. 4 Τὸ μὲν οὖν τοῦ ἱπποσελίνου παρόμοιον τῇ σμύρνῃ· καί τινες ἀκούσαντες ὡς ἐντεῦθεν ἡ   5
σμύρνα, ἡγοῦνται βλαστάνειν ἐξ αὐτῆς ἱπποσέλινον·
φυτεύεται γὰρ [ὥσπερ ἐλέχθη] καὶ ἀπὸ δακρύου τὸ
ἱπποσέλινον, [ἢ] καθάπερ ἡ κρινωνιὰ καὶ ἄλλα. Τὸ δὲ
τοῦ σιλφίου δριμύ, καθάπερ αὐτὸ τὸ σίλφιον· ὁ γὰρ
ὀπὸς καλούμενος τοῦ σιλφίου δάκρυόν ἐστιν. Ἡ δὲ   10
σκαμμωνία καὶ εἴ τι ἄλλο τοιοῦτον, ὥσπερ ἐλέχθη,
φαρμακώδεις ἔχουσι τὰς δυνάμεις.
   5 Πάντων δὲ τῶν εἰρημένων τὰ μὲν αὐτομάτως συνίσταται, τὰ δὲ ἀπ᾽ ἐντομῆς, τὰ δ᾽ ἀμφοτέρωθεν. Τέμνουσι
δὲ δηλονότι τὰ χρήσιμα καὶ ταῦτα μᾶλλον· ἐπεὶ γοῦν   15
τοῦ ἀπὸ τῆς ἀμυγδαλῆς οὐδεμία χρεία δακρύου, διὸ
καὶ <οὐκ> ἀφελοῦσι. Πλὴν ἐκεῖνό γε φανερὸν ὅτι ὧν
αὐτόματος ἡ πῆξις, τούτων πλείων ἡ ἐπιρροὴ τῆς
ὑγρότητος. 6 Οὐ τὴν αὐτὴν δ᾽ ὥραν ἁπάντων αἱ ἐντομαὶ
καὶ ἡ πῆξις. Ἀλλὰ τὸ μὲν τῆς ἀμπέλου μάλιστα συνίσ-   20
τασθαί φασιν ἐὰν μικρὸν πρὸ τῆς βλαστήσεως τμηθῇ,
τοῦ δὲ μετοπώρου καὶ ἀρχομένου τοῦ χειμῶνος ἧττον·
καίτοι πρός γε καρποτοκίαν καὶ ὡραιόταται ταῖς [δὲ]

TEST.: 1 Mon. — 17-19 Mon. — 20-21 Mon.

   3 ἐνίων καὶ Schn. : κ. ἐ. codd. Ald. ‖ 6 σμύρνα [-ναν U] U M :
-νη P Ald. ‖ ἡγοῦνται βλαστάνειν P^corr Ald. : ἥττωνα βλαστάνει M
εἶτ᾽ ἀναβλάσταν sine accentu U ‖ ἐξ αὐτῆς Scal. uide adn. : ἐν
αὐτοῖς codd. Ald. ‖ 8 ἢ del. Schn. ‖ κρινωνιὰ U : κοινωνία M
σκαμμωνία P Ald. ‖ 12 ἔχουσι U M : ἔχει P Ald. ‖ 14 ἀπ᾽ ἐντομῆς
U : ἅπαν τομῆς M ἀπ᾽ ἀνατομῆς P Ald. ‖ 15 ταῦτα ego uide adn. :
τὰ codd. Ald. ‖ ἐπεὶ M : ἐπὶ cett. ‖ 16 τοῦ U : τὸ cett. ‖ 17 καὶ
Dalec. : κἂν U κἂν M P Ald. ‖ οὐκ add. Dalec. ‖ ἀφελοῦσι Coray :
-έλκουσι U -έλκωσι M P Ald. ‖ 20 τὸ Heins. : τοῦ U M Ald. τ/ P
om. Mon. ‖ μάλιστα om. Mon. ‖ 21 τμηθῇ U M P Ald. : τέμνωσι
Mon. ‖ 23 γε P Ald. : τε U M ‖ ὡραιόταται U : -ότατα M P -ότητα
Ald. ‖ δὲ deleui : γε coni. Schn.

appropriées, du moins pour la fructification, à la plupart des cépages[34]. Sur le térébinthe, le pin noir et n'importe quelle autre espèce productrice de résine, <cela se fait> après le bourgeonnement, et en général leur incision n'est pas annuelle mais plus espacée[35]. Quant aux arbres à encens et à myrrhe, on les incise, dit-on, pendant la Canicule et aux jours les plus chauds, ainsi que le baumier de Syrie[36]. 7 Mais l'incision pratiquée sur ces essences également est plus minutieuse et moins étendue, car la concentration de leur humidité est aussi moins importante. Sur les espèces dont on incise à la fois la tige et la racine, la tige est incisée d'abord, comme sur le silphium, et des sucs ainsi obtenus, l'un est appelé caulinaire, l'autre radiculaire[37]. Ce dernier est le meilleur, car il est pur, translucide et moins liquide. Le suc caulinaire est plus fluide ; aussi le saupoudre-t-on de farine de blé pour qu'il se coagule. Quant à l'époque de l'incision, les Libyens la connaissent, car ce sont eux les collecteurs de silphium[38]. De même les arracheurs de racines[39] et les récolteurs de sucs médicinaux, qui eux aussi extraient le suc des tiges en premier lieu. Bref, que l'on récolte les racines ou les sucs, on attend toujours pour chacun le moment où il est à point[40]. C'est là une règle générale.

2. 1 On obtient la résine de la façon suivante : sur le pin noir, en enlevant le bois gras de l'arbre gemmé (l'élément humide afflue plus abondamment dans cette

πλείσταις αὗται. Τῆς δὲ τερμίνθου καὶ τῆς πεύκης καὶ
εἰ ἔκ τινων ἄλλων ῥητίνη γίνεται μετὰ τὴν βλάστησιν,
τὸ δ' ὅλον οὐκ ἐπέτειος ἡ τούτων ἀλλ' εἰς πλείω χρόνον
ἡ ἐντομή. Τὸν δὲ λιβανωτὸν καὶ τὴν σμύρναν ὑπὸ Κύνα
φασὶ καὶ ταῖς θερμοτάταις ἡμέραις ἐντέμνειν· ὡσαύτως   5
δὲ καὶ τὸ ἐν Συρίᾳ βάλσαμον. 7 Ἀκριβεστέρα δὲ καὶ
ἐλάττων ἡ καὶ τούτων ἐντομή· καὶ γὰρ ἡ συρροὴ τῆς
ὑγρότητος ἐλάττων. Ὧν δὲ καὶ ὁ καυλὸς ἐντέμνεται καὶ
ἡ ῥίζα, τούτων ὁ καυλὸς πρότερον, ὥσπερ καὶ τοῦ
σιλφίου, καὶ καλοῦσι δὲ τῶν ὀπῶν τούτων τὸν μὲν   10
καυλίαν, τὸν δὲ ῥιζίαν. Καὶ ἔστι βελτίων ὁ ῥιζίας·
καθαρὸς γὰρ καὶ διαφανὴς καὶ ξηρότερος. Ὁ δὲ
καυλίας ὑγρότερος· καὶ διὰ τοῦτο ἄλευρον αὐτῷ περι-
πάττουσι πρὸς τὴν πῆξιν. Τὴν δ' ὥραν τῆς ἐντομῆς
ἴσασιν οἱ Λίβυες· οὗτοι γὰρ οἱ σίλφιον λέγοντες.   15
Ὡσαύτως δὲ καὶ οἱ ῥιζοτόμοι καὶ οἱ τοὺς φαρμακώδεις
ὀποὺς συλλέγοντες· καὶ γὰρ οὗτοι τοὺς καυλοὺς ὀπί-
ζουσι πρότερον. Ἀπλῶς δὲ πάντες καὶ οἱ τὰς ῥίζας καὶ
οἱ τοὺς ὀποὺς συλλέγοντες τὴν οἰκείαν ὥραν ἑκάστων
τηροῦσι. Καὶ τοῦτο μὲν δὴ κοινόν.   20

2. 1 Ἡ δὲ ῥητίνη γίνεται τόνδε τὸν τρόπον· ἐν μὲν τῇ
πεύκῃ ὅταν ἀφελκωθείσης ἡ δᾲς ἐξαιρεθῇ — συρρεῖ
γὰρ εἰς τὸ ἕλκωμα τοῦτο πλείων ἡ ὑγρότης — ἐν δὲ τῇ

TEST.: 4-14 Mon. — 21-23 Mon.

2 εἰ [si Gaza] Bas.ᵐᵍ : ἡ codd. Ald. ‖ 3 εἰς Heins. : οἷς codd.
Ald. ‖ 5 ἐντέμνειν U M P Ald. : ἐκτ- Mon. ‖ 7 ἡ καὶ U M : καὶ ἡ P
Ald. ἡ Mon. ‖ 8 ἐντέμνεται U M Mon. : ἐκτ- P Ald. ‖ 13-14 περι-
πάττουσι Mon. : -πλάττουσι U M P Mon.ᵞᵖ Ald. ‖ 14 δ' om. U M ‖
ἐντομῆς codd. : ἐκτ- Ald. ‖ 15 σίλφιον λέγοντες Heins. : σιλφιο-
λέγοντες P Ald. σιλφουλέγοντες [-νται U²] U σίλφου λέγ- M ‖ 17-
19 καὶ — τὴν om. P ‖ 18 πάντες Ald. : πάντος (sic) U -ντως M ‖
21 τόνδε U M P Ald. : τοῦτον Mon. ‖ 22 ἀφελκωθείσης Uʳᵉᶜ M P
Mon. Ald. : -κωθήσης U -κυθείσης Mon.ᵞᵖ ‖ δᾲς U Mon. : δὼς M
δορὰ P Ald. ‖ 23 πλείων Uᵖᶜ P Mon. Ald. : πλεῖον Uᵃᶜ M.

lésion) ; sur le sapin et le pin d'Alep, en entaillant le bois
après l'avoir goûté[1]. Il n'y a pas de définition valable uniformément. On entaille en effet les pistachiers[2] eux aussi,
à la fois sur le tronc et sur les branches ; mais la sève qui
afflue au tronc est toujours plus abondante et de
meilleure qualité que celle des branches.

2 Les résines diffèrent aussi selon les espèces d'arbres.
La meilleure est celle du térébinthe[3], consistante, d'un
parfum on ne peut plus agréable et subtil, mais d'un rendement faible. Viennent en second celles du sapin et du
pin d'Alep, plus subtiles que celle du pin noir. Celle-ci
est la plus abondante, la plus forte et la plus proche de la
poix[4] parce que le pin noir est le plus riche en bois gras.
La gemme est apportée dans des outres, à l'état liquide[5],
et elle se concrète ensuite naturellement. On dit bien
aussi du pistachier qu'on le brûle en Syrie pour faire de la
poix (il y a là [comme nous l'avons dit dans ce qui précède]
une haute montagne toute couverte de pistachiers
énormes)[6]. 3 Certains le disent également du pin d'Alep,
du cade et du *kédros* de Phénicie[7]. Néanmoins cet usage
doit être considéré comme simplement possible, vu sa
rareté. Toujours est-il que les Macédoniens ne brûlent
même pas le pin noir pour faire de la poix, mais seulement l'espèce « mâle » (ils appellent « mâle » celle qui
ne porte pas de fruits) ; du pin « femelle », c'est à peine
s'ils prennent une partie des racines (les racines font que
n'importe quel pin a du bois gras)[8]. La gemme[9] la plus
belle et la plus pure est celle qui provient des lieux bien
exposés au soleil et au vent du nord ; à l'ombre, elle est

ἐλάτῃ καὶ τῇ πίτυϊ ὅταν γευσάμενοι τῶν ξύλων
ἀφελκώσωσιν. Οὐ γὰρ πᾶς ἀφορισμὸς ὁμοίως. Ἀφελκοῦσι γὰρ καὶ τὰς τερμίνθους ἐν ἀμφοῖν καὶ ἐν τῷ στε-
λέχει καὶ ἐν τοῖς ἀκρεμόσιν· ἀεὶ δὲ πλείων καὶ βελτίων
ἡ εἰς τὸ στέλεχος συρρέουσα τῆς εἰς τοὺς ἀκρεμόνας.   5
2 Διαφέρουσι δὲ καὶ κατὰ τὰ δένδρα. Βελτίστη μὲν
γὰρ ἡ τερμινθίνη· καὶ γὰρ συνεστηκυῖα καὶ εὐωδεστάτη
καὶ κουφοτάτη τῇ ὀσμῇ, ἀλλ᾽ ὀλίγη. Δευτέρα δὲ ἡ
ἐλατίνη καὶ πιτυΐνη· κουφότεραι γὰρ τῆς πευκίνης.
Πλείστη δὲ ἡ πευκίνη καὶ βαρυτάτη καὶ πιττωδεστάτη   10
διὰ τὸ μάλιστα ἔνδαδον εἶναι τὴν πεύκην. Ἄγεται δὲ ἐν
ἀσκοῖς ὑγρὰ κἄπειτα οὕτω συνίσταται. Καίτοι φασὶ καὶ
τὴν τέρμινθον πιττοκαυτεῖσθαι περὶ Συρίαν — ἔστι γὰρ
ὄρος [καθάπερ ἐν τοῖς ἔμπροσθεν εἴπομεν] μέγα τερμίν-
θων μεστὸν ἅπαν μεγάλων. 3 Ἔνιοι δέ φασι καὶ τὴν   15
πίτυν καὶ τὴν κέδρον καὶ τὴν φοινικικήν. Ἀλλὰ ταῦτα
μὲν ὡς ἐνδεχόμενα ληπτέον διὰ τὸ σπάνιον. Ἐπεὶ οἵ γε
περὶ Μακεδονίαν οὐδὲ τὴν πεύκην πιττοκαυτοῦσιν
ἀλλὰ τὴν ἄρρενα — καλοῦσι γὰρ ἄρρενα τὴν μὴ καρποφόρον — τῆς δὲ θηλείας ἐάν τινα τῶν ῥιζῶν λάβωσιν   20
— ἅπασα γὰρ ἔνδαδος πεύκη ταῖς ῥίζαις. Καλλίστη δὲ
πίττα γίνεται καὶ καθαρωτάτη ἡ ἐκ τῶν σφόδρα προσηλίων καὶ προσβόρρων, ἐκ δὲ τῶν παλισκίων βλοσυρω-

TEST.: 1-4 Mon. — 6-12 Mon. — 21-23 passim Mon.

2 ἀφελκώσωσιν U M P Ald. : -κύσωσιν Mon. ‖ 2-3 ἀφελκοῦσι P
Ald. : -έλκουσι U Mon. -ελκουσι sine accentu M ‖ 4 πλείων P Ald. :
-είω U M ‖ 6 κατὰ [ratione Gaza] Wim. : ταῦτα codd. Ald. ταύτῃ
coni. Schn. ‖ 7 τερμινθίνη U M Mon. : τέρμινθος P Ald. ‖ 8 καὶ
κουφοτάτη om. Mon. ‖ 12 ἀσκοῖς U M P Ald. : ἀσκῷ Mon. ‖ οὕτω
Mon. : ὡς cett. ‖ 13 πιττοκαυτεῖσθαι Schn. : -καυθῖσαι U -καυθεῖ-
σαν M P Ald. ‖ 16 φοινικικήν codd. : -νικήν Ald. ‖ 19-20 τὴν μὴ
καρποφόρον [sterilem Gaza] Wim. : τήν γε κ. codd. Ald. ‖ 21 καλλίστη U M P Ald. : ἀρίστη Mon. ‖ 22-23 προσηλίων Stack. : -ήλων
U M P Ald. -ύλων Mon. ‖ 23 προσβόρρων U M P Ald. : -βορρείων
Mon. ‖ 23-1 (p. 7) βλοσυρωτέρα U : βλοσηροτ- Ald. βροσηροτ- M
βλοσκοτ- P.

plus grossière et trouble (dans une ombre très épaisse le pin refuse même absolument de pousser)[10]. 4 Il y a aussi dans la production de gemme une sorte de déficit ou de plénitude du point de vue quantitatif et qualitatif[11] : après un hiver ordinaire, elle est abondante et belle, de couleur claire ; après des froids rigoureux, il y en a peu et de mauvaise qualité. C'est bien cela qui détermine la quantité et la qualité de la gemme, et non l'importance de la fructification des pins. 5 Selon les gens de l'Ida, qui divisent les pins en appelant une espèce « pin de l'Ida » et l'autre « pin maritime »[12], la résine du « pin de l'Ida » est plus abondante et plus foncée, plus douce et généralement plus parfumée[13] quand elle est crue ; cuite, elle est en définitive inférieure, car elle contient davantage d'essence, ce qui la rend plus fluide ; celle du « pin maritime » est plus jaune et plus épaisse quand elle est crue, de sorte qu'elle réduit moins à la cuisson[14]. Le « pin de l'Ida » a, d'après eux, davantage de bois gras, mais en un mot, la même quantité de bois gras donne un produit plus abondant et plus aqueux par temps de grosse pluie qu'en période de sécheresse, et quand le bois provient de lieux mal exposés et très ombreux plutôt que de lieux bien ensoleillés et abrités. Voilà donc ce qui se dit dans chacune de ces deux régions.

6 Le remplissage des cavités, qui permet un nouveau prélèvement, se produit en un an sur les bons pins, en deux ans sur les sujets plus médiocres et en trois sur ceux de mauvaise qualité. Elles se remplissent[15] non du bois qui formerait une substance continue, mais de la résine ; car le bois ne saurait se former sans discontinuité et redevenir homogène ; ce qui s'élabore dans le laps de temps indiqué, c'est de la résine. Il faut bien cependant, de toute

τέρα καὶ βορβορώδης — ἐν γὰρ τοῖς σφόδρα παλισκίοις οὐδὲ φύεται πεύκη τὸ παράπαν. 4 Ἔστι δὲ καὶ
ἀφορία τις καὶ εὐφορία καὶ πλήθους καὶ καλλονῆς·
ὅταν μὲν γὰρ χειμὼν μέτριος γένηται, πολλὴ γίνεται
καὶ καλὴ καὶ τῷ χρώματι λευκοτέρα, ὅταν δὲ ἰσχυρός,   5
ὀλίγη καὶ μοχθηροτέρα. Καὶ ταῦτά γέ ἐστι τὰ ὁρίζοντα
πλῆθος καὶ καλλονὴν πίττης, οὐχ ἡ πολυκαρπία τῶν
πευκῶν. 5 Οἱ δὲ περὶ τὴν Ἴδην φασὶ διαιροῦντες τὰς
πεύκας καὶ τὴν μὲν καλοῦντες ἰδαίαν, τὴν δὲ παραλίαν,
τὴν ἐκ τῆς ἰδαίας πλείω καὶ μελαντέραν γίνεσθαι καὶ   10
γλυκυτέραν καὶ τὸ ὅλον εὐωδεστέραν ὠμήν, ἑψηθεῖσαν
δὲ ἐλάττω ἐκβαίνειν· πλείω γὰρ ἔχειν τὸν ὀρόν, διὸ καὶ
λεπτοτέραν εἶναι· τὴν δὲ τῆς παραλίας ξανθοτέραν καὶ
παχυτέραν ὠμήν, ὥστε καὶ τὴν ἄφεψιν ἐλάττω γίνεσθαι. Δᾳδωδεστέραν δὲ τὴν ἰδαίαν, ὡς δὲ ἁπλῶς εἰπεῖν,   15
ἐκ τῆς ἴσης δᾳδὸς πλείω καὶ ὑδαρεστέραν ἐν ταῖς ἐπομ-
βρίαις γίνεσθαι ἢ ἐν τοῖς αὐχμοῖς, καὶ ἐκ τῶν χειμερινῶν καὶ παλισκίων τόπων ἢ ἐκ τῶν εὐηλίων καὶ
εὐδιεινῶν. Ταῦτα μὲν οὖν οὕτως ἑκάτεροι λέγουσιν.

6 Ἀναπληροῦσθαι δὲ συμβαίνει τὰ κοιλώματα πρὸς   20
τὸ πάλιν ἐξαιρεῖν τῶν μὲν ἀγαθῶν πευκῶν ἐνιαυτῷ, τῶν
δὲ μετριωτέρων ἐν δυσὶν ἔτεσι, τῶν δὲ μοχθηρῶν ἐν
τρισίν. Ἡ δὲ ἀναπλήρωσις οὐ τοῦ ξύλου καὶ τῆς
συμφύσεως, ἀλλὰ τῆς πίττης ἐστίν· ἐπεὶ τὸ ξύλον ἀδύ-
νατον συμφῦναι καὶ ἓν γενέσθαι πάλιν, ἀλλ᾽ ἡ ἐργασία   25
διὰ τοσούτου χρόνου γίνεται τῆς πίττης. Ἀναγκαῖον δὲ

---

3 ἀφορία ... εὐφορία U : εὐφ- ... ἀφ- cett. ‖ 11 εὐωδεστέραν
[odore gratiorem Gaza] Heins. uide adn. : εὐκρινωδεστέραν [-δεεσ-
τέραν U M] codd. Ald. ‖ 12 ἔχειν Schn. : -ει codd. Ald. ‖ ὀρόν U M
P Ald. : ὀρρόν U² an Uʳᵉᶜ ? ‖ 15 ἰδαίαν P Ald. : ἰδίαν U M ‖
18 εὐηλίων Heins. : -ήλων codd. Ald. ‖ 21 ἐξαιρεῖν Schn. : -αίρειν
codd. Ald. ‖ 25 ἓν γενέσθαι P Ald. : ἐνγενέσθαι (sic) U M.

évidence, que se forme aussi sur le bois une sorte de substance adventice, puisque la résine en découle quand le
bois gras est enlevé ou brûlé[16]. Voilà l'interprétation à
donner de ce phénomène. 7 Les gens de l'Ida disent que
lorsqu'ils ont écorcé le tronc (ils écorcent la face exposée
au soleil sur deux ou trois coudées au-dessus du sol), à
cet endroit, grâce à l'exsudation qui se produit, le bois est
imprégné de résine à peu près en un an[17] ; détaché à la
hache, ce bois gras se reforme au cours d'une seconde
année, et la troisième fois pareillement ; après quoi,
comme il est sapé à la base, l'arbre s'abat sous les coups
de vent, pourri ; ils en prélèvent alors le cœur (ce qu'il y
a de plus résineux), mais prélèvent également certaines
des racines (résineuses, elles aussi, nous l'avons dit[18], sur
tous les pins). 8 Il est naturel, évidemment, que les bons
pins, comme il a été dit[19], soient soumis à ce traitement
d'une manière continue, les moins bons par intervalles ;
avec des ménagements[20], l'arbre résiste davantage, mais
si on l'exploite à fond[21], il dure moins longtemps. Il peut,
semble-t-il, supporter au plus trois prélèvements de ce
genre. Les pins ne produisent pas simultanément des
fruits et du bois résineux : ils fructifient dès leur jeune
âge et donnent du bois gras beaucoup plus tard, en
vieillissant.

3. 1 La poix s'obtient par combustion de la manière
suivante[1] : après avoir aménagé un terrain plat en y formant une sorte d'aire pourvue de rigoles convergeant au
centre, et après l'avoir dallée[2], on fend de haut en bas les
billes de bois et on en fait un tas assez semblable à une

δηλονότι καὶ τῷ ξύλῳ γίνεσθαί τινα πρόσφυσιν, εἴπερ
ἐξαιρουμένης τῆς δᾳδὸς καὶ καιομένης τῆς πίττης ἡ
ἐκροή. Τοῦτο μὲν οὖν οὕτω ληπτέον. 7 Οἱ δὲ περὶ τὴν
Ἴδην φασίν, ὅταν λεπίσωσι τὸ στέλεχος — λεπίζουσι
δὲ τὸ πρὸς ἥλιον μέρος ἐπὶ δύο ἢ τρεῖς πήχεις ἀπὸ τῆς 5
γῆς — ἐνταῦθα <διὰ> τὴν ἐπιρροὴν γινομένην ἔνδᾳδον
<εἶναι> ἐνιαυτῷ μάλιστα· τοῦτο δ᾽ ὅταν ἐκπελεκήσω-
σιν, ἐν ἑτέρῳ πάλιν ἐνδᾳδοῦσθαι, καὶ τὸ τρίτον
ὡσαύτως· μετὰ δὲ ταῦτα διὰ τὴν ὑποτομὴν ἐκπίπτειν τὸ
δένδρον ὑπὸ τῶν πνευμάτων σαπέν· τότε δ᾽ ἐξαιρεῖν 10
αὐτοῦ τὴν καρδίαν — τοῦτο γὰρ μάλιστα δᾳδῶδες —
ἐξαιρεῖν δὲ <καὶ> ἐκ τῶν ῥιζῶν — καὶ γὰρ ταύτας,
ὥσπερ εἴπομεν, ἐνδᾴδους πασῶν. 8 Εἰκὸς δὲ δηλονότι
τὰς μὲν ἀγαθάς, ὥσπερ ἐλέχθη, συνεχῶς τοῦτο δρᾶν,
τὰς δὲ χείρονας διὰ πλείονος χρόνου· καὶ ταμιευομένων 15
μὲν πλείω χρόνον ἀντέχειν, ἐὰν δὲ πᾶσαν ἐξαιρῶσιν
ἐλάττω. Δύναται δ᾽ ὡς ἔοικε τρεῖς μάλιστα τοιαύτας
ἐξαιρέσεις ὑπομένειν. Οὐχ ἅμα δὲ καρποφοροῦσιν αἱ
πεῦκαι καὶ δᾳδοφοροῦσι· καρποφοροῦσι μὲν γὰρ εὐθὺς
νέαι, δᾳδοφοροῦσι δὲ ὕστερον πολλῷ πρεσβύτεραι 20
γινόμεναι.

3. 1 Τὴν δὲ πίτταν καίουσι τόνδε τὸν τρόπον· ὅταν
κατασκευάσωσιν ὁμαλῆ τόπον ὥσπερ ἅλω ποιήσαντες
ἔχουσαν εἰς τὸ μέσον συρροὴν καὶ ταύτην ἐδαφίσωσι,
κατασχίσαντες τοὺς κορμοὺς συντιθέασι παραπλησίαν 25

1 γίνεσθαί τινα U M : γενέσθαι τινὰ P Ald. ‖ 6-7 διὰ … εἶναι
addidi uide adn. ‖ 9 μετὰ Schn. : τὰ codd. Ald. ‖ ταῦτα U M :
τοιαῦτα P Ald. ‖ ἐκπίπτειν P Ald. : -ει U M ‖ 9-10 τὸ δένδρον …
σαπέν U M : δένδρα … σαπέντα P Ald. ‖ 10 τότε [tum Gaza]
Schn. : τοὺς codd. Ald. ‖ 10-12 ἐξαιρεῖν (bis) Schn. : -αίρειν (bis)
codd. Ald. ‖ 11 δᾳδῶδες Heins. : δαιδιῶ- U δαδιῶ- cett. ‖ 12 καὶ [et
Gaza] add. Schn. ‖ 14 δρᾶν Ald. : δ᾽ ἂν codd. ‖ 16 ἐξαιρῶσιν Schn. :
-αίρωσιν M P Ald. -αιρωσιν sine accentu U ‖ 23 ἅλω U P Ald. :
ἄλλω M.

meule de charbonnier qui n'aurait pas de cheminée[3], en plaçant verticalement les bûches fendues, les unes contre les autres, de façon que le tas s'élève progressivement en fonction de la quantité de bois. On dit qu'une fois fini, le tas peut atteindre cent quatre-vingt coudées de circonférence, soixante — ou plus de cinquante — de hauteur, voire cent dans les deux dimensions[4], pour peu que le bois gras se trouve plein de sève[5]. 2 Quand on l'a donc ainsi entassé et recouvert de déchets[6], on le fait totalement disparaître sous une couche de terre, afin qu'aucun interstice ne laisse passer la lueur du feu[7], car la poix est perdue si cela se produit. Alors <les résiniers> mettent le feu à la base du tas, en suivant le passage qu'ils se sont réservé ; puis, une fois celui-ci bourré[8] à son tour de déchets et colmaté, ils montent sur une échelle d'où ils surveillent les endroits par où ils voient la fumée s'échapper, et ils y jettent sans cesse de la terre pour que n'apparaisse pas même une lueur. Un conduit a été aménagé à travers le tas pour la poix, dont il amène le flux à une fosse distante d'environ quinze coudées ; et la poix effluente devient froide au toucher. 3 La combustion dure à peu près deux jours et deux nuits ; le second jour en effet, avant le coucher du soleil, le bûcher finit de se consumer et s'est affaissé : cela se produit quand la poix ne coule plus. Pendant tout ce temps, les hommes veillent, sans fermer l'œil, à ce qu'aucune lueur n'apparaisse ; mais ils font aussi un sacrifice et une fête, avec des prières pour que la poix soit abondante et de belle qualité[9]. Voilà comment on procède à la combustion en Macédoine.

4 D'autre part on dit qu'en Asie, du côté de la Syrie[10], au lieu de détacher le bois gras à la hache, on y met le feu sur l'arbre même, en apportant une sorte d'appareil fabri-

σύνθεσιν τῆς τῶν ἀνθρακευόντων πλὴν οὐκ ἔμβοθρον
ἀλλὰ τὰς σχίζας ὀρθὰς πρὸς ἀλλήλας ὥστε λαμβάνειν
ὕψος αἰεὶ κατὰ πλῆθος. Γίνεσθαι δέ φασιν, ὅταν ἡ σύν-
θεσις ᾖ, κύκλῳ μὲν ὀγδοήκοντα καὶ ἑκατὸν πήχεων, εἰς
ὕψος δὲ ἑξήκοντα ἢ πλέον ἢ πεντήκοντα, ἢ ἑκατὸν   5
ἀμφοτέροις, ἐάνπερ ἡ δᾳς τυγχάνῃ πίειρα. 2 Συνθέντες
οὖν αὐτὴν οὕτως καὶ κατασκεπάσαντες ὕλῃ, γῆν ἐπι-
βαλόντες κατακρύπτουσιν, ὅπως μηδαμῶς διαλάμψῃ
τὸ πῦρ· ἀπόλλυται γὰρ ἡ πίττα τούτου συμβάντος.
Ὑφάπτουσι δὲ κατὰ τὴν ὑπολειπομένην δίοδον· εἶτα δὲ   10
καὶ ταύτην σάξαντες τῇ ὕλῃ καὶ ἐπιχώσαντες τηροῦσιν
ἀναβαίνοντες κατὰ κλίμακος ᾗ ἂν ὁρῶσι τὸν καπνὸν
ὠθούμενον καὶ ἐπιβάλλουσιν αἰεὶ τῆς γῆς, ὅπως μηδ'
ἀναλάμψῃ. Κατεσκεύασται δὲ ὀχετὸς τῇ πίττῃ διὰ τῆς
συνθέσεως τῆς ἀπορροῆς εἰς βόθυνον ὅσον ἀπέχοντα   15
πεντεκαίδεκα πήχεις· ἡ δ' ἀπορρέουσα τῆς πίττης
ψυχρὰ γίνεται κατὰ τὴν ἀφήν. 3 Καίεται δὲ μάλιστα
δύο ἡμέρας καὶ νύκτας· τῇ γὰρ ὑστεραίᾳ πρὸ ἡλίου
δύναντος ἐκκεκαυμένη γίνεται καὶ ἐνδέδωκεν ἡ πυρά·
τοῦτο γὰρ συμβαίνει μηκέτι ῥεούσης. Τοῦτον δὲ τὸν   20
χρόνον ἅπαντα τηροῦσιν ἀγρυπνοῦντες ὅπως μὴ
διαλάμπῃ, καὶ θύουσι δὲ καὶ ἑορτάζουσιν εὐχόμενοι
πολλήν τε καὶ καλὴν γίνεσθαι τὴν πίτταν. Οἱ μὲν δὴ
περὶ Μακεδονίαν καίουσι τὸν τρόπον τοῦτον.
   4 Ἐν δὲ τῇ Ἀσίᾳ φασὶ περὶ Συρίαν οὐκ ἐκπελεκῶντας   25
τὴν δᾷδα, ἀλλ' ἐπ' αὐτῷ τῷ δένδρῳ προσκαίειν φέρον-

___

5 pr. ἢ om. U M Ald. ‖ 6 τυγχάνῃ U^{pc} P Ald. : -νει U^{ac} M ‖
8 διαλάμψῃ [-ψει M] U M : ἐπιδια- P Ald. ‖ 11 ταύτην Stack. : ταῦτα
codd. Ald. ‖ σάξαντες [stipant Gaza] ego ex ἐπισάξαντες Heins. uide
adn. : ἐπάξαντες codd. Ald. ‖ 14 ἀναλάμψῃ U : ἅμα λάμ- M
διαλάμ- P Ald. ‖ 20 τοῦτον δὲ Schn. : τὸν δὲ M τόνδε U Ald. τόνδε
δὲ P ‖ 21 χρόνον [tempus Gaza] Stack. : τρόπον codd. Ald. ‖ 25 φασὶ
om. P ‖ ἐκπελεκῶντας (cf. IX, 2, 7) Wim. : -πλέκοντας U -πλέον-
τες M -πλήττοντες P Ald. ‖ 26-1 (p. 10) φέροντας U : -ντες M P
Ald.

qué pour cet usage et en faisant exsuder l'huile sur le pourtour du tronc[11] ; puis, quand on a fondu tout le bois gras, on recommence en transportant l'appareil d'un arbre à l'autre. Ces gens respectent une limite[12] et le signal d'arrêt que constitue principalement, de toute évidence, le fait que plus rien ne coule. Les arbres qu'ils brûlent pour faire de la poix, ce sont, comme il a été dit plus haut, les pistachiers[13], car ces régions ne produisent pas de pin noir[14]. Telles sont les données concernant la résine et la poix.

4. 1 Au sujet de l'encens, de la myrrhe, du baume et de tout autre produit semblable, nous avons déjà dit qu'ils se forment à la fois après incision et spontanément[1]. Mais il faut essayer d'indiquer les caractères des arbres <correspondants>, et tout ce que leur formation ou leur récolte, entre autres, peut avoir de particulier ; de même pour le reste des substances aromatiques[2], car c'est, peut-on dire, la plupart d'entre elles qui viennent des pays du sud et de l'Orient[3].

2 Ainsi la péninsule Arabique produit l'encens, la myrrhe, la cannelle et en outre le cinnamome[4], dans les régions de Saba, Hadramyta, Kitibaina et Mamali[5]. Les arbres à encens et à myrrhe poussent en partie dans la montagne, en partie dans les exploitations privées situées à la base du piémont ; par conséquent, les uns sont cultivés, les autres non[6]. La montagne est, paraît-il, haute, boisée, couverte de neige ; des rivières même y prennent leur source et dévalent dans la plaine[7]. On dit que l'en-

τας ὄργανόν τι περιπεποιημένον καὶ τοῦτο περιαλεί-
φοντας· εἶθ᾽ ὅταν ἐκτήξωσι ταύτην, πάλιν ἐπ᾽ ἄλλο καὶ
ἄλλο μεταφέρειν. Ὅρος δ᾽ ἐστὶν αὐτοῖς τις καὶ σημεῖα
τοῦ παύεσθαι καὶ μάλιστα δηλονότι τὸ μηκέτι ῥεῖν.
Πιττοκαυτοῦσι δ᾽ ὥσπερ καὶ πρότερον ἐλέχθη τὰς 5
τερμίνθους· πεύκην γὰρ οὐ φέρουσιν οἱ τόποι. Τὰ μὲν
οὖν περὶ τὴν ῥητίνην καὶ τὴν πίτταν οὕτως ἔχει.

4. 1 Περὶ δὲ λιβανωτοῦ καὶ σμύρνης καὶ βαλσάμου
καὶ εἴ τι τοιοῦτον ἕτερον ὅτι μὲν καὶ [δι᾽] ἀπ᾽ ἐντομῆς
γίνεται καὶ αὐτομάτως εἴρηται. Ποία δέ τις ἡ τῶν δέν- 10
δρων φύσις καὶ εἴ τι περὶ τὴν γένεσιν ἢ τὴν συλλογὴν ἢ
τῶν ἄλλων ἴδιον αὐτοῖς ὑπάρχει πειρατέον εἰπεῖν·
ὡσαύτως δὲ καὶ περὶ τῶν λοιπῶν εὐόσμων· σχεδὸν γὰρ
τά γε πλεῖστα ἀπὸ τῶν τόπων ἐστὶ τῶν τε πρὸς μεσημβρίαν καὶ ἀνατολήν. 15
2 Γίνεται μὲν οὖν ὁ λίβανος καὶ ἡ σμύρνα καὶ ἡ
κασσία καὶ ἔτι τὸ κινάμωμον ἐν τῇ τῶν Ἀράβων χερρονήσῳ περί τε Σαβὰ καὶ Ἀδραμύτα καὶ Κιτίβαινα καὶ
Μαμάλι. Φύεται δὲ τὰ τοῦ λιβανωτοῦ καὶ τῆς σμύρνης
δένδρα τὰ μὲν ἐν τῷ ὄρει, τὰ δὲ ἐν ταῖς ἰδίαις γεωργίαις 20
ὑπὸ τὴν ὑπώρειαν· διὸ καὶ τὰ μὲν θεραπεύεται, τὰ δ᾽ οὔ.
Τὸ δ᾽ ὄρος εἶναί φασιν ὑψηλὸν καὶ δασὺ καὶ νιφόμενον·
ῥεῖν δ᾽ ἐξ αὐτοῦ καὶ ποταμοὺς εἰς τὸ πεδίον. Εἶναι δὲ τὸ

TEST.: 16-23 Mon.

1-2 περιαλείφοντας Dalec. : -ντες codd. Ald. περιάπτοντας
[accendi Gaza] Scal. uide adn. ‖ 3 ὅρος P Ald. : ὃρος U M ‖ 5 πιττοκαυτοῦσι P Ald. : -καυλοῦσι U -καλοῦσι M ‖ 9 pr. καὶ Ald. :
κἂν codd. ‖ δι᾽ del. Schn. 1821 ‖ ἀπ᾽ ἐντομῆς U M : ἀποτο- P Ald. ‖
10 ποία [quae Gaza] Wim. : πολλὴ codd. Ald. ‖ 13 post γὰρ add. εἰ
M ‖ 14 post πλεῖστα add. δ᾽ U M ‖ 17 κασσία U Mon. : κασία
cett. ‖ ἔτι om. Mon. ‖ Ἀράβων [Arabum Gaza] Heins. : ἀρρά- codd.
Ald. ut plerumque ‖ 17-18 χερρονήσῳ Salm. : χώρᾳ νήσῳ U M P Ald.
νήσῳ tantum Mon. ‖ 18 Ἀδραμύτα U Mon. : -μύττα cett. ‖ 21 ὑπώ-
ρειαν Mon. : ὑπόρ- U M P Mon.ʸᵖ Ald.

censier[8] est un arbre de taille modeste, cinq coudées environ, et très rameux, avec une feuille qui rappelle celle du
poirier, quoique beaucoup plus petite, et pour la couleur,
d'un vert foncé, comme celle de la rue ; c'est une espèce
à écorce uniformément lisse, comme le laurier. 3 L'arbre
à myrrhe[9] serait d'encore plus petite taille, plus buissonnant aussi, avec un tronc dur et tassé sur le sol, plus gros
qu'une jambe d'homme, et une écorce lisse pareille à
celle de l'arbousier d'Orient[10]. D'autres informateurs qui
se disent des témoins oculaires sont à peu près d'accord
pour la taille : aucune des deux espèces n'est grande,
mais l'arbre à myrrhe est le plus petit et le plus bas ;
l'encensier a la feuille du laurier et c'est également une
espèce à écorce lisse[11], tandis que l'arbre à myrrhe, loin
d'être lisse, est épineux et a une feuille assez voisine de
celle de l'orme, quoique ondulée et spinescente à l'extrémité, comme celle du chêne kermès.

4 Ces gens ont raconté qu'au cours de la navigation le
long des côtes qu'ils firent à partir du golfe des Héros[12],
ils débarquèrent pour aller chercher de l'eau dans la montagne et observèrent à cette occasion les arbres et la
récolte <de leurs produits>[13]. Il y avait des arbres des
deux espèces incisés sur le tronc et sur les rameaux, mais
alors que les troncs semblaient avoir reçu comme des
coups de hache, les rameaux portaient des entailles plus
légères[14] ; une partie des larmes tombait à terre, l'autre

μὲν τοῦ λιβανωτοῦ δένδρον οὐ μέγα, πεντάπηχυ δέ τι
καὶ πολύκλαδον· φύλλον δὲ ἔχειν ἐμφερὲς τῇ ἀπίῳ,
πλὴν ἔλαττον πολὺ καὶ τῷ χρώματι ποῶδες σφόδρα
καθάπερ τὸ πήγανον· λειόφλοιον δὲ πᾶν ὥσπερ τὴν
δάφνην. 3 Τὴν δὲ σμύρναν ἔλαττον ἔτι τῷ μεγέθει, καὶ 5
θαμνωδέστερον δέ, τὸ δὲ στέλεχος ἔχειν σκληρὸν καὶ
συνεστραμμένον ἐπὶ τῆς γῆς, παχύτερον δὲ ἢ κνημο-
παχές· φλοιὸν δὲ ἔχειν λεῖον ὅμοιον τῇ ἀνδράχνῃ. Ἕτεροι δὲ οἱ φάσκοντες τεθεωρηκέναι περὶ μὲν τοῦ μεγέ-
θους σχεδὸν συμφωνοῦσιν· οὐδέτερον γὰρ εἶναι μέγα 10
τῶν δένδρων, ἔλαττον δὲ τὸ τῆς σμύρνης καὶ ταπεινότε-
ρον· φύλλον δὲ ἔχειν τὸ τοῦ λιβανωτοῦ δαφνοειδές, καὶ
λειόφλοιον δ᾽ εἶναι· τὸ δὲ τῆς σμύρνης ἀκανθῶδες καὶ
οὐ λεῖον, φύλλον δὲ προσεμφερὲς ἔχειν τῇ πτελέᾳ πλὴν
οὖλον, ἐξ ἄκρου δὲ ἐπακανθίζον, ὥσπερ τὸ τῆς πρίνου. 15
4 Ἔφασαν δὲ οὗτοι κατὰ τὸν παράπλουν ὃν ἐξ
Ἡρώων ἐποιοῦντο κόλπου ζητεῖν ἐκβάντες ὕδωρ ἐν τῷ
ὄρει καὶ οὕτως θεωρῆσαι τὰ δένδρα καὶ τὴν συλλογήν.
Εἶναι δ᾽ ἀμφοτέρων ἐντετμημένα καὶ τὰ στελέχη καὶ
τοὺς κλάδους, ἀλλὰ τὰ μὲν ὥσπερ ἀξίνῃ δοκεῖν 20
πεπλῆχθαι, τοὺς δὲ λεπτοτέρας ἔχειν τὰς ἐντομάς· τὸ
δὲ δάκρυον τὸ μὲν καταπίπτειν, τὸ δὲ καὶ πρὸς τῷ δέν-

TEST.: 1-22 Mon.

1 πεντάπηχυ [quinis... cubitis Gaza] Ald. : πετάχυνον codd. ‖ τι
om. Mon. ‖ 3 ἔλαττον P Ald. : ἐλάττω cett. ‖ 5 ἔτι U M P Ald. :
εἶναι Mon. ‖ 6 ἔχειν Stack. : -ει codd. Ald. ‖ 8 ἔχειν Schn. : -ει
codd. Ald. ‖ 10 post σχεδὸν add. οὐ P Ald. ‖ οὐδέτερον γ. Ald. :
οὐδ᾽ ἕτερον γ. U M P οὐδὲν γ. ἑκατέρων Mon. ‖ μέγα post δένδρων
transp. Mon. ‖ 12 λιβανωτοῦ Schn. 1821 : λιβάνου τοῦ U M λιβάνου ἀλλὰ τοῦ μὲν P Ald. λιβάνου Mon. ‖ 13 λειόφλοιον Mon. :
-όφυλλον cett. ‖ 15 ἐπακανθίζον [ἀπ- M] U M P Mon.ᵞᵖ Ald. : ἐξα-
καν- Mon. ‖ 18 alt. καὶ U M Mon. : κατὰ P Ald. ‖ 21 πεπλῆχθαι U
M P Ald. : τετμῆσθαι Mon. ‖ τοὺς U M Mon.ᵞᵖ : τὰ P Mon. Ald. ‖
ἐντομάς U M Mon. : τομάς P Ald. ‖ 22-1 (p. 12) τῷ δένδρῳ P Ald. :
τὸ δένδρῳ Uᶜᵒʳʳ M τὸ δένδρον Mon.

restait collée à l'arbre ; en certains endroits, des nattes faites de palmes tressées étaient placées sous les arbres, ailleurs il n'y avait que le sol nu et net[15] ; l'encens recueilli sur les nattes était pur et translucide, sur la terre, il l'était moins ; on détachait ce qui restait collé aux arbres en le raclant avec des outils de fer ; aussi y adhérait-il parfois de l'écorce. 5 La montagne tout entière était partagée entre les Sabéens[16] : ils en étaient propriétaires et respectaient chacun les droits des autres, de sorte qu'il n'y avait pas de gardien. C'est ce qui permit aux auteurs mêmes du récit de faire, à la faveur de leur solitude, une ample provision d'encens et de myrrhe dont ils chargèrent leurs bateaux, avant de mettre à la voile. Ils ont raconté aussi, mais cela pour l'avoir entendu dire, que la myrrhe et l'encens sont rassemblés de partout dans le sanctuaire du Soleil[17] ; celui-ci appartient aux Sabéens, mais c'est de loin le lieu saint le plus vénéré du pays et il est gardé par des Arabes en armes ; 6 après un apport, chacun fait de son encens et pareillement de sa myrrhe un tas qu'il laisse à ceux qui en ont la garde, et il pose sur son tas une tablette indiquant le nombre de mesures et le prix de vente par mesure ; quand les marchands se présentent, ils regardent les étiquettes, et si un tas leur plaît, ils le mesurent et mettent le règlement à l'endroit d'où ils l'ont pris ; alors le prêtre arrive, prélève pour le dieu le tiers de la somme et laisse le reste sur place, où les propriétaires l'ont en sûreté, jusqu'à ce qu'ils se présentent pour le prendre[18].

δρῳ προσέχεσθαι· ἐνιαχοῦ μὲν ὑποβεβλῆσθαι ψιάθους
ἐκ φοινίκων πεπλεγμένας, ἐνιαχοῦ δὲ τὸ ἔδαφος μόνον
ἠδαφίσθαι καὶ καθαρὸν εἶναι· τὸν μὲν ἐπὶ τῶν ψιάθων
λιβανωτὸν εἶναι καὶ καθαρὸν καὶ διαφανῆ, τὸν δ᾽ ἐπὶ
τῆς γῆς ἧττον· τὸν δ᾽ ἐπὶ τοῖς δένδροις προσεχόμενον 5
ἀποξύειν σιδήροις, διὸ καὶ φλοιὸν ἐνίοις προσεῖναι.
5 Τὸ δὲ ὄρος ἅπαν μεμερίσθαι τοῖς Σαβαίοις· τούτους
γὰρ εἶναι κυρίους, δικαίους δὲ τὰ πρὸς ἀλλήλους· διὸ
καὶ οὐδένα τηρεῖν. Ὅθεν καὶ αὐτοὶ δαψιλῶς εἰς τὰ
πλοῖα λαβόντες ἐνθέσθαι τοῦ λιβανωτοῦ καὶ τῆς σμύρ- 10
νης, ἐρημίας οὔσης, καὶ ἀποπλεῖν. Ἔλεγον δ᾽ οὗτοι καὶ
τόδε, καὶ ἔφασαν ἀκούειν, ὅτι συνάγεται πανταχόθεν ἡ
σμύρνα καὶ ὁ λιβανωτὸς εἰς τὸ ἱερὸν τὸ τοῦ Ἡλίου·
τοῦτο δ᾽ εἶναι μὲν τῶν Σαβαίων, ἁγιώτατον δὲ πολὺ τῶν
περὶ τὸν τόπον, τηρεῖν δέ τινας Ἄραβας ἐνόπλους· 15
6 ὅταν δὲ κομίσωσιν, ἕκαστον σωρεύσαντα τὸν ἑαυτοῦ
καὶ τὴν σμύρναν ὁμοίως, καταλιπεῖν τοῖς ἐπὶ τῆς
φυλακῆς, τιθέναι δὲ ἐπὶ τοῦ σωροῦ πινάκιον γραφὴν
ἔχον τοῦ τε πλήθους τῶν μέτρων καὶ τῆς τιμῆς ἧς δεῖ
πραθῆναι τὸ μέτρον ἕκαστον· ὅταν δὲ οἱ ἔμποροι παρα- 20
γένωνται, σκοπεῖν τὰς γραφάς, ὅστις δ᾽ ἂν αὐτοῖς
ἀρέσκῃ μετρησαμένους, τιθέναι τὴν τιμὴν εἰς τοῦτο τὸ
χωρίον ἔνθεν ἂν ἕλωνται· καὶ τὸν ἱερέα παραγενόμενον,
τὸ τρίτον μέρος λαβόντα τῆς τιμῆς τῷ θεῷ, τὸ λοιπὸν
αὐτοῦ καταλιπεῖν καὶ τοῦτο σῶν εἶναι τοῖς κυρίοις, ἕως 25
ἂν ἕλωνται παραγενόμενοι.

TEST.: 1-26 Mon.

1 προσέχεσθαι U M Mon. : προσίσχ- P Ald. ‖ 2 post ἐκ add. τῶν
U M P Ald. ‖ 3 ante τὸν add. καὶ Mon. ‖ 6 ἀποξύειν U Mon. : -ξίειν
M -ξέειν P Ald. ‖ 9 ὅθεν U M P Ald. : ὥστε Mon. ‖ 11 ἐρημίας U
M P Ald. : ἠρεμ- Mon. ‖ 15 δέ τινας Mon. : δ᾽ ἔχειν τοὺς M P Ald.
δὲχεινους (sic) U ‖ 16 τὸν ἑαυτοῦ P Ald. : τὴν αὑτοῦ cett. ‖ 17 καὶ
τὴν om. Mon. ‖ 20 πραθῆναι Stack. : πρασθ- U M προσθεῖναι
cett. ‖ 21 ὅστις U P Mon. : ὃς τοῖς M ἥτις Ald. ‖ 23 καὶ τὸν ἱ.
Mon. : τὸν δὲ ἱ. P Ald. τὸν ἱ. δὲ M τὸν ἱ. U.

7 Selon d'autres renseignements[19], l'encensier ressemble à un lentisque et son fruit à ceux du lentisque,
mais il a une feuille rougeâtre[20] ; l'encens des arbres
jeunes est plus blanc et moins odorant, celui des sujets
sur le déclin, plus jaune et plus parfumé ; l'arbre à
myrrhe ressemble au térébinthe, mais il est plus rude, fortement épineux, avec une feuille un peu plus ronde qui,
mâchée, a le goût de celle du térébinthe[21] ; parmi ces
arbres aussi, les sujets sur le déclin sont les plus odorants.
8 D'autre part, les deux espèces pousseraient dans le
même milieu : sol un peu argileux, sillonné de saillies, et
eaux de source rares[22]. C'est donc tout le contraire
d'<une région> où il neige, où il pleut, d'où sortent des
rivières[23]. Que l'arbre ressemble un peu au térébinthe,
d'autres aussi le disent ; certains prétendent même que
c'est vraiment[24] un térébinthe : du bois fut apporté à
Antigone par les Arabes qui acheminent l'encens jusqu'à
la côte[25], et ce bois ne différait en rien de celui du térébinthe. Seulement ces gens-là ont donné encore une autre
preuve plus grave de leur ignorance : ils croyaient que
l'encens et la myrrhe viennent du même arbre. 9 C'est
justement ce qui rend plus digne de confiance le rapport
des navigateurs partis de la Ville des Héros. Il est vrai
aussi que l'encensier qui a poussé au-dessus de Sardes
dans un lieu sacré a la feuille d'un laurier, s'il faut accorder à ce fait quelque poids[26]. L'encens qui en exsude,
celui du tronc comme celui des branches, a les mêmes
caractères, pour l'aspect et pour l'odeur quand on le

7 Ἄλλοι δέ τινες τὸ μὲν τοῦ λιβανωτοῦ δένδρον
ὅμοιον εἶναί φασι σχίνῳ καὶ τὸν καρπὸν ταῖς σχινίσι,
φύλλον δὲ ὑπέρυθρον· εἶναι δὲ τὸν μὲν ἐκ τῶν νέων
λιβανωτὸν λευκότερον καὶ ἀοδμότερον, τὸν δ' ἐκ τῶν
παρηκμακότων ξανθότερον καὶ εὐοσμότερον· τὸ δὲ τῆς   5
σμύρνης ὅμοιον τῇ τερμίνθῳ, τραχύτερον δὲ καὶ ἀκαν-
θωδέστερον, φύλλον δὲ μικρῷ στρογγυλότερον, τῇ δὲ
γεύσει διαμασωμένοις ὅμοιον τῷ τῆς τερμίνθου· εἶναι
δὲ καὶ τούτων τὰ παρηκμακότα εὐοδμότερα. 8 Γίνεσθαι
δὲ ἀμφότερα ἐν τῷ αὐτῷ τόπῳ· τὴν δὲ γῆν ὑπάργιλον   10
καὶ πλακώδη, καὶ ὕδατα πηγαῖα σπάνια. Ταῦτα μὲν
οὖν ὑπεναντία τῷ νίφεσθαι καὶ ὕεσθαι καὶ ποταμοὺς
ἐξιέναι. Τὸ δὲ παρόμοιον εἶναι τὸ δένδρον τῇ τερμίνθῳ
καὶ ἄλλοι τινὲς λέγουσιν, οἱ δὲ καὶ ὅλως τέρμινθον
εἶναι· κομισθῆναι γὰρ ξύλα πρὸς Ἀντίγονον ὑπὸ τῶν   15
Ἀράβων τῶν τὸν λιβανωτὸν καταγόντων ἃ οὐδὲν διέ-
φερε τῶν τῆς τερμίνθου. Πλὴν οὗτοί γε μεῖζον ἕτερον
ἀγνόημα προσηγνόουν· ᾤοντο γὰρ ἐκ τοῦ αὐτοῦ δέν-
δρου τόν τε λιβανωτὸν γίνεσθαι καὶ τὴν σμύρναν.
9 Διόπερ ἐκεῖνος ὁ λόγος πιθανώτερος ὁ παρὰ τῶν ἀνα-   20
πλευσάντων ἐξ Ἡρώων πόλεως. Ἐπεὶ καὶ τὸ ὑπὲρ Σάρ-
δεων πεφυκὸς τοῦ λιβανωτοῦ δένδρον ἐν ἱερῷ τινι δαφνοειδὲς ἔχει τὸ φύλλον, εἴ τι δεῖ σταθμᾶσθαι τοῦτο. Ὁ
<δὲ> λιβανωτὸς διῖεται, καὶ ὁ ἐκ τοῦ στελέχους καὶ ὁ ἐκ
τῶν ἀκρεμόνων, ὁμοίως καὶ τῇ ὄψει καὶ τῇ ὀσμῇ θυμιώ-   25

TEST.: 1-25 Mon.

2 σχίνῳ ... σχινίσι U M Mon. : σχοίνῳ ... σχοινίσι P Ald. ‖
5 παρηκμακότων U : -ηκμηκότων Mon. -ακμαζόντων M P Ald. ‖
τὸ δὲ P Ald. : τὸν δ' ἐκ cett. ‖ 8 διαμασωμένοις U P Ald. : δια-
μασσω- M Mon.ᵞᵖ διαμασσο- Mon. ‖ 9 παρηκμακότα U M P Ald. :
-μηκότα Mon. ‖ εὐοδμότερα U Mon. : εὐδοκιμώ- cett. ‖ 13 τὸ δένδρον U M P Ald. : τῷ δένδρῳ Mon. ‖ 16 καταγόντων U Mon. :
-αγαγόντων cett. ‖ 17 τῶν Uᵖᶜ Mon. : τῷ Uᵃᶜ M P Ald. ‖ 20 παρὰ U
M P Ald. : περὶ Mon. ‖ 24 δὲ addidi ‖ 25 ἀκρεμόνων U M P Ald. :
ἄκρων Mon. ‖ ὁμοίως U M P Ald. : ὅμοιον Mon.

brûle, que le reste de l'encens ; mais seul cet arbre est fait par nature pour ne recevoir aucun soin[27]. 10 D'autre part, quelques-uns racontent que l'encens, plus suave en Arabie, est plus beau dans les îles avoisinantes, soumises aux Arabes[28], où l'on va jusqu'à lui donner sur les arbres la forme désirée. Peut-être n'est-ce pas incroyable, car il est possible de faire l'incision à son gré. Certains grumeaux sont aussi très gros, à tel point qu'il en est d'assez volumineux pour remplir la main et qui pèsent plus d'un tiers de mine[29]. Tout l'encens est transporté brut et, à première vue, on croirait de la coquille <d'œuf>[30]. La myrrhe se présente soit en gouttes, soit modelée[31]. C'est la première qui est reconnue au goût la meilleure[32] et dans cette qualité on sélectionne celle qui a une couleur uniforme. Sur l'encens et la myrrhe, voilà donc à peu près ce que nous avons entendu dire jusqu'à maintenant.

5. 1 Du cinnamome et de la cannelle[1], voici ce que l'on dit : ce sont l'un et l'autre des arbrisseaux de taille modeste, comme un gattilier, mais très rameux et ligneux[2] ; une fois abattu, le cinnamome tout entier est divisé en cinq parties : la première, contiguë aux jeunes pousses, qui est la meilleure, se débite en tronçons d'un empan ou un peu plus[3] ; vient ensuite la seconde, qui se

μενος τῷ ἄλλῳ λιβανωτῷ· πέφυκε δὲ τοῦτο μόνον τὸ
δένδρον οὐδεμιᾶς τυγχάνειν <θεραπείας>. 10 Ἔνιοι δὲ
λέγουσιν ὡς ἡδίων μὲν ὁ λιβανωτὸς ἐν τῇ Ἀραβίᾳ γίνεται, καλλίων δὲ ἐν ταῖς ἐπικειμέναις νήσοις ὧν ἐπάρ-
χουσιν· ἐνταῦθα γὰρ καὶ σχηματοποιεῖν ἐπὶ τῶν δέν- 5
δρων οἷον ἂν θέλωσι. Καὶ τάχα τοῦτό γε οὐκ ἀπίθανον·
ἐνδέχεται <γὰρ> ὁποίαν ἂν βούλωνται ποιεῖν τὴν
ἐντομήν. Εἰσὶ δέ τινες καὶ μεγάλοι σφόδρα τῶν χόνδρων, ὥστε εἶναι τῷ μὲν ὄγκῳ χειροπληθιαίους, σταθμῷ
δὲ πλέον ἢ τρίτον μέρος μνᾶς. Ἀργὸς δὲ κομίζεται πᾶς 10
ὁ λιβανωτός, ὅμοιος δὲ τῇ προσόψει φλοιῷ. Τῆς
σμύρνης δὲ ἡ μὲν στακτή, ἡ δὲ πλαστή. Δοκιμάζεται δ'
ἡ μὲν ἀμείνων τῇ γεύσει καὶ ἀπὸ ταύτης τὴν ὁμόχρουν
λαμβάνουσι. Περὶ μὲν οὖν λιβανωτοῦ καὶ σμύρνης
σχεδὸν τοσαῦτα ἀκηκόαμεν ἄχρι γε τοῦ νῦν. 15

5. 1 Περὶ δὲ κιναμώμου καὶ κασίας τάδε λέγουσι·
θάμνους μὲν ἀμφότερα ταῦτ' εἶναι οὐ μεγάλους, ἀλλ'
ἡλίκους ἄγνου, πολυκλάδους δὲ καὶ ξυλώδεις· ὅταν δὲ
ἐκκόψωσι τὸ κινάμωμον ὅλον, διαιρεῖν εἰς πέντε μέρη·
τούτων δὲ τὸ πρῶτον πρὸς τοῖς βλαστοῖς βέλτιστον 20
εἶναι, ὃ τέμνεται σπιθαμιαῖον ἢ μικρῷ μεῖζον· ἑπόμενον

TEST.: 1-21 Mon.

2 δένδρον om. Mon. ‖ θεραπείας add. Scal. uide adn. ‖ 4 ἐπικειμέναις U M P Ald. : ὑποκει- Mon. ‖ 4-5 ἐπάρχουσιν Coray :
ἐνυπάρχ- codd. Ald. ‖ 5-6 δένδρων [arbore Gaza] Heins. : ἀνδρῶν
codd. Ald. ‖ 7 γὰρ add. Heins. ‖ βούλωνται Schn. : -λονται Μγρ
-ληται U M P Mon. Ald. ‖ 8-9 τῶν χόνδρων Schn. : τῷ χόνδρῳ
codd. Ald. ‖ 9 ὄγκῳ P Ald. : λόγῳ cett. ‖ 13 ὁμόχρουν P Ald. :
ὁμόχρῳ U M ἑτέραν Mon. ‖ 14 λαμβάνουσι U M P Ald. : κατα-
λαμβά- Mon. ‖ 16 τάδε U Mon. : ταῦτα cett. ‖ 17-18 θάμνους ...
μεγάλους ... ἡλίκους ... πολυκλάδους ... ξυλώδεις U M P Ald. :
θαμνώδη ... μεγάλα ... ἡλίκα ... πολυκλάδα ... ξυλώδη Mon. ‖
19 ante τὸ κινάμωμον ὅλον add. ὅλον U M Mon. praua iteratione ‖
20 τούτων U Mon. : τούτου P Ald. τοῦτο M ‖ βέλτιστον U M P
Ald. : χρήσιμον Mon.

coupe aussi plus court ; puis les troisième et quatrième, et en dernier lieu, la partie contiguë à la racine, la moins bonne parce qu'elle a très peu d'écorce ; or c'est l'écorce qu'on utilise, et non le bois ; c'est pourquoi la ramille est la plus estimée, étant précisément ce qui a le plus d'écorce[4]. Tel est le premier rapport. 2 Selon d'autres informateurs, le cinnamome a l'aspect d'un arbrisseau, et plus encore d'un sous-arbrisseau ; il en existe deux variétés, le « noir » et le « blanc »[5]. On raconte aussi à son propos une histoire fabuleuse[6]. Il pousse, dit-on, dans des ravins infestés de serpents dont la morsure est mortelle, contre lesquels les hommes se protègent les mains et les pieds avant de descendre et de faire leur récolte[7] ; puis, quand ils l'ont remontée, ils la divisent en trois parts qu'ils tirent au sort à l'intention du Soleil ; la part échue au Soleil est laissée sur place et ils ne se sont pas plus tôt éloignés qu'ils la voient, disent-ils, brûler[8]. En réalité, ce récit est certainement fabuleux.

3 On dit de la cannelle qu'elle a des scions plus gros, très fibreux, et qu'il n'est pas possible d'en détacher l'écorce sur tout le pourtour ; or c'est ici encore l'écorce qu'on utilise[9]. Donc les scions, une fois coupés, sont divisés en morceaux longs de deux doigts environ ou un peu plus, que l'on coud dans une peau de bête récemment écorchée ; puis la peau et le bois en décomposition donnent naissance à de petits vers qui dévorent le bois sans toucher à l'écorce en raison de son amertume et de son odeur pénétrante[10]. Sur la cannelle et le cinnamome, voilà tout ce qui se dit[11].

6. 1 Le baumier pousse dans la vallée profonde qui se trouve en Syrie[1]. Il y a là, dit-on, deux jardins seulement,

δὲ τὸ δεύτερον ὃ καὶ τῇ τομῇ ἔλαττον· εἶτα τὸ τρίτον
καὶ τέταρτον· ἔσχατον δὲ τὸ χείριστον τὸ πρὸς τῇ ῥίζῃ·
φλοιὸν γὰρ ἐλάχιστον ἔχειν· χρήσιμος δὲ οὗτος, οὐ τὸ
ξύλον· διὸ καὶ τὸ ἀκροφυὲς κράτιστον· πλεῖστον γὰρ
ἔχειν καὶ τὸν φλοιόν. Οἱ μὲν οὕτω λέγουσιν. 2 Ἄλλοι δὲ   5
θαμνῶδες μὲν καὶ ἔτι μᾶλλον φρυγανῶδες εἶναί φασι·
δύο δ' αὐτοῦ γένη, τὸ μὲν μέλαν, τὸ δὲ λευκόν. Λέγεται
δέ τις καὶ μῦθος ὑπὲρ αὐτοῦ. Φύεσθαι μὲν γάρ φασιν ἐν
φάραγξιν, ἐν ταύταις δ' ὄφεις εἶναι πολλοὺς δῆγμα
θανάσιμον ἔχοντας, πρὸς οὓς φραξάμενοι τὰς χεῖρας   10
καὶ τοὺς πόδας καταβαίνουσι καὶ συλλέγουσιν· εἶθ'
ὅταν ἐξενέγκωσι, διελόντες τρία μέρη διακληροῦνται
πρὸς τὸν Ἥλιον· καὶ ἢν ἂν λάχῃ ὁ Ἥλιος καταλείπου-
σιν, ἀπιόντες δ' εὐθὺς ὁρᾶν φασι καιομένην ταύτην·
οὗτος μὲν οὖν τῷ ὄντι μῦθος.   15

3 Τὴν δὲ κασίαν φασὶ τὰς μὲν ῥάβδους παχυτέρας
ἔχειν, ἰνώδεις δὲ σφόδρα καὶ οὐκ εἶναι περιφλεῦσαι·
χρήσιμον δὲ καὶ ταύτης τὸν φλοιόν. Ὅταν οὖν τέμνωσι
τὰς ῥάβδους, κατακόπτειν ὡς διδάκτυλα τὸ μῆκος ἢ
μικρῷ μείζω, ταῦτα δ' εἰς νεόδορον βύρσαν καταρράπ-   20
τειν· εἶτ' ἐκ ταύτης καὶ τῶν ξύλων σηπομένων σκωλήκια
γίνεσθαι, ἃ τὸ μὲν ξύλον κατεσθίει, τοῦ φλοιοῦ δὲ οὐχ
ἅπτεται διὰ τὴν πικρότητα καὶ δριμύτητα τῆς ὀσμῆς.
Καὶ περὶ μὲν κασίας καὶ κιναμώμου τοσαῦτα λέγεται.

6. 1 Τὸ δὲ βάλσαμον γίνεται μὲν ἐν τῷ αὐλῶνι τῷ   25
περὶ Συρίαν. Παραδείσους δὲ εἶναί φασι δύο μόνους,

TEST.: 1-26 Mon. ; 25-26 passim Pletho.

3 ἔχειν Bod. : ἔχει codd. Ald. ‖ 6 μὲν — εἶναί om. M P Ald. ‖
15 οὗτος P Mon. Ald. : οὕτως U M ‖ 16 κασίαν U P Mon. Ald. :
κασσίαν M ‖ παχυτέρας codd. : πλατυ- Ald. ‖ 17 ἰνώδεις Ald. :
ἰνῶδες M P ἰνοειδὲς U Mon. ‖ 18 ταύτης om. Mon. ‖ 20 δ' om. U M
Mon. ‖ νεόδορον Const. : -δερον codd. Ald. ‖ βύρσαν U M P Ald. :
βυρσοῦν Mon. ‖ 22 ἃ P Ald. : διὸ cett.

l'un d'environ vingt plèthres, le second beaucoup plus petit[2]. L'arbre est de la taille d'un grand grenadier et très rameux ; il a une feuille semblable à celle de la rue, sauf qu'elle tire sur le blanc, et c'est une espèce à feuilles persistantes ; il a un fruit assez semblable à celui du térébinthe pour la grosseur, la forme et la couleur, et en outre extrêmement parfumé, encore plus que les larmes <de baume>[3]. 2 Ces larmes sont récoltées après incision, et les incisions se font avec des griffes de fer, à l'époque des chaleurs caniculaires les plus étouffantes, à la fois sur le tronc et sur les parties hautes[4] ; la récolte dure tout l'été, mais l'écoulement n'est pas abondant : on en recueille environ le contenu d'une coquille par personne et par jour ; son parfum, au contraire, est remarquable et si fort qu'une petite quantité suffit à le répandre sur un vaste territoire[5]. Mais le commerce n'apporte pas ici du baume pur : le produit collecté a été dilué, car <le baume> supporte une forte dilution ; et même ce qui se trouve en Grèce a été dilué plusieurs fois[6]. 3 Les jeunes repousses sont elles aussi extrêmement parfumées : on pratique l'émondage à la fois pour la raison indiquée plus loin et parce qu'elles se vendent remarquablement cher[7]. L'entretien des arbres se réduit presque à cela[8], et à l'arrosage (on arrose continuellement)[9]. Il semble que la coupe des repousses[10] contribue aussi à empêcher les arbres de grandir, car à force d'avoir leurs extrémités rasées, ils forment des scions, au lieu de déployer leur dynamisme vital en un tronc unique. 4 Il n'existe, paraît-il, nulle part de baumier sauvage[11] ; le plus grand jardin

τὸν μὲν ὅσον εἴκοσι πλέθρων, τὸν δ' ἕτερον πολλῷ
ἐλάττονα. Τὸ δὲ δένδρον μέγεθος μὲν ἡλίκον ῥόα
μεγάλη, πολύκλαδον δὲ σφόδρα· φύλλον δὲ ἔχειν
ὅμοιον πηγάνῳ, πλὴν ἔκλευκον, ἀείφυλλον δὲ εἶναι·
καρπὸν δὲ παρόμοιον τῇ τερμίνθῳ καὶ μεγέθει καὶ σχή-   5
ματι καὶ χρώματι, εὐώδη σφόδρα καὶ τοῦτον καὶ
μᾶλλον τοῦ δακρύου. 2 Τὸ δὲ δάκρυον ἀπὸ ἐντομῆς
συλλέγειν, ἐντέμνειν δὲ ὄνυξι σιδηροῖς ὑπὸ τὸ ἄστρον,
ὅταν μάλιστα πνίγη ὦσι, καὶ τὰ στελέχη καὶ τὰ ἄνω·
τὴν δὲ συλλογὴν ὅλον τὸ θέρος ποιεῖσθαι, οὐκ εἶναι δὲ   10
πολὺ τὸ ῥέον, ἀλλ' ἐν ἡμέρᾳ τὸν ἄνδρα συλλέγειν ὅσον
κόγχην· τὴν δ' ὀσμὴν διαφέρουσαν καὶ πολλὴν ὥστε
ἀπὸ μικροῦ πολὺν ἐφικνεῖσθαι τόπον. Ἀλλ' οὐ φοιτᾶν
ἐνταῦθα ἄκρατον, ἀλλὰ τὸ συνηγμένον κεκραμένον·
πολλὴν γὰρ δέχεσθαι κρᾶσιν· καὶ τὸ ἐν τῇ Ἑλλάδι   15
πολλάκις εἶναι κεκραμένον. 3 Εὔοσμα δὲ σφόδρα καὶ
τὰ ῥαβδία· καθαίρειν γὰρ καὶ τῶνδε ἕνεκα καὶ τοῦ
διαφόρως πωλεῖσθαι τίμια. Καὶ τὴν ἐργασίαν τὴν περὶ
τὰ δένδρα σχεδὸν ταύτην [αἰτίαν] εἶναι καὶ τὴν βροχήν
— βρέχεσθαι γὰρ συνεχῶς. Συναιτίαν δὲ δοκεῖν εἶναι   20
τοῦ μὴ μεγάλα γίνεσθαι τὰ δένδρα καὶ τὴν τῶν ῥαβδίων
τομήν· διὰ γὰρ τὸ πολλάκις ἐπικείρεσθαι ῥάβδους
ἀφιέναι καὶ οὐκ εἰς ἓν ἐκτείνειν τὴν ὁρμήν. 4 Ἄγριον δὲ
οὐδὲν εἶναι βάλσαμον οὐδαμοῦ· γίνεσθαι δὲ ἐκ μὲν τοῦ

TEST.: 1-24 passim Pletho ; 1-20 Mon. ; 23-24 Mon.

2 δένδρον U M P Ald. : μέτρον Mon. ‖ 3 ἔχειν P Ald. : ἔχει
cett. ‖ 4 ἔκλευκον M P Mon. Ald. : ἔλλευ- U ‖ 6 εὐώδη ... τοῦτον
[is... odoratus Gaza] Schn. : εὐῶδες ... τοῦτο codd. Ald. ‖ 7 ἐντομῆς
U M P Ald. : ἐντόμου Mon. ‖ 8 σιδηροῖς U M P Ald. : καὶ σιδήροις Mon. ‖ 9 πνίγη ὦσι P Ald. : πνίγουσι U^corr M Mon. ‖ 13 πολὺν
U M : πολλὺν Ald. πολλὴν P Mon. ‖ 17 καθαίρειν U M P Ald. :
-ρει Mon. ‖ 18 διαφόρως P : -φόρου cett. ‖ 19 αἰτίαν deleui uide
adn. ‖ 20 γὰρ codd. : δὲ Ald. ‖ 22 ἐπικείρεσθαι U M : ἀποκεί- P
Ald.

fournit douze petits pots de la capacité d'un demi-conge environ, l'autre deux seulement ; le baume pur[12] se vend le double de son poids d'argent, l'autre, à proportion du mélange. Il s'agit là manifestement d'une substance remarquable pour son parfum[13].

7. 1 Le roseau <odorant> pousse, ainsi que le jonc[1], au-delà du Liban dans la petite dépression comprise entre le Liban et une autre montagne peu élevée (non pas l'Antiliban, comme certains le prétendent : une grande distance sépare l'Antiliban du Liban et entre eux s'étend ce qu'on appelle la vallée profonde, une plaine vaste et belle)[2]. Là où viennent le roseau et le jonc se trouve un grand lac, et c'est dans le marécage asséché, vers le lac, qu'ils ont pris naissance ; ils occupent une étendue supérieure à trente stades[3]. Ils ne sentent pas quand ils sont verts, mais <seulement> après avoir séché, et à première vue rien ne les distingue des autres ; mais pénétrez dans le peuplement, aussitôt l'odeur vous assaille[4]. 2 On ne saurait dire toutefois que leur parfum se répand fort loin, comme certains le prétendent, jusqu'aux navires qui approchent du pays, car le lieu en question se trouve à plus de cent cinquante stades de la mer[5]. En Arabie cependant la brise qui souffle de la terre est, paraît-il, chargée de parfums[6]. Voilà donc à peu près les produits de Syrie exceptionnellement odorants (le galbanum[7] sent

μείζονος παραδείσου ἀγγείδια δώδεκα ὅσον ἡμιχοαῖα,
ἐκ δὲ τοῦ ἑτέρου δύο μόνον· πωλεῖσθαι δὲ τὸ μὲν ἄκρατον δὶς πρὸς ἀργύριον, τὸ δὲ ἄλλο κατὰ λόγον τῆς
μίξεως. Καὶ τοῦτο μὲν διαφέρον τι φαίνεται κατὰ τὴν
εὐοσμίαν.   5

7. 1 Ὁ δὲ κάλαμος γίνεται καὶ ὁ σχοῖνος ὑπερβάλ-
λοντι τὸν Λίβανον μεταξὺ τοῦ τε Λιβάνου καὶ ἄλλου
τινὸς ὄρους μικροῦ ἐν τῷ αὐλωνίσκῳ τούτῳ — καὶ οὐχ
ὥς τινές φασι τοῦ Ἀντιλιβάνου· ὁ γὰρ Ἀντιλίβανος
μακρὰν ἀπέχει τοῦ Λιβάνου καὶ μεταξὺ τούτων ἐστὶν ὃν   10
αὐλῶνα καλοῦσι πεδίον πολὺ καὶ καλόν. Ὅπου δὲ ὁ
κάλαμος καὶ ὁ σχοῖνος φύεται λίμνη μεγάλη τυγχάνει,
πρὸς ταύτην δὲ ἐν τῷ ἕλει τῷ ἀνεξηρασμένῳ πεφύκασι·
τόπον δὲ ἔχουσι πλείω ἢ τριάκοντα σταδίων. Οὐκ
ὄζουσι δὲ χλωροὶ ἀλλὰ ξηρανθέντες, τῇ προσόψει δὲ   15
οὐδὲν διαφέρουσι τῶν ἄλλων· εἰσβάλλοντι δὲ εἰς τὸν
τόπον εὐθὺς ὀσμὴ προσβάλλει. 2 Οὐ μὴν πορρωτέρω γε
ἡ ἀποπνοὴ γίνεται, καθάπερ τινές φασι, ταῖς προσφε-
ρομέναις ναυσὶ πρὸς τὴν χώραν· καὶ γὰρ ὁ τόπος οὗτος
ἀπὸ θαλάττης ἀπέχει πλείους ἢ ἑκατὸν πεντήκοντα   20
σταδίους. Ἀλλ᾽ ἐν τῇ Ἀραβίᾳ τὴν ἀναπνοὴν εἶναί φασι
τὴν ἀπὸ τῆς χώρας εὔοσμον. Ἐν μὲν οὖν Συρίᾳ τὰ πε-
ριττὰ τῇ ὀσμῇ σχεδὸν ταῦτ᾽ ἐστίν — ἡ γὰρ χαλβάνη

TEST.: 1-23 Mon.

1 ἀγγείδια Schn. 1821 : ἀλγεί- U ἀλσεί- Mon. ἀγγεῖα διὰ M
ἀγγεῖα tantum P Ald. ‖ ὅσον P Ald. : ὅσα cett. ‖ ἡμιχοαῖα Schn. :
-χόεα U M P Ald. ἡμίχροα Mon. ‖ 8 αὐλωνίσκῳ U Mon. : αὐλον-
cett. ‖ 9-10 ὁ γὰρ — Λιβάνου om. M P Ald. ‖ 13 ἀνεξηρασμένῳ U
M P : -ραμένῳ Mon. Ald. -ραμμένῳ Schn. 1821 ‖ 14 πλείω Mon. :
πλεῖον cett. ‖ 14-15 οὐκ ὄζουσι Dalec. e Guilandino (cf. C.P. VI, 14,
8) : οὐ δοκοῦσι codd. Ald. ‖ 17 οὐ U M P Ald. : καὶ Mon. ‖ 19 ναυσὶ
Scal. : εἶναι codd. Ald. ‖ 21 ἀναπνοὴν codd. Ald. (cf. H.P. VI, 2, 4) :
ἀποπν- coni. Wim.

plus fort et il est plutôt médicinal ; toujours est-il que lui aussi s'obtient du côté de la Syrie à partir de ce qu'on appelle la panacée).

Toutes les autres matières parfumées utilisées comme aromates sont apportées en partie de l'Inde et envoyées de là-bas par mer, en partie d'Arabie[8] : ainsi, outre le cinnamome et la cannelle, également le *komakon*[9] ; mais le *komakon*, ce serait autre chose, un fruit ; et cette autre chose entre dans la composition des parfums les plus raffinés. Le cardamome et l'amome viennent, selon les uns, de Médie, selon d'autres, de l'Inde[10], et de même le nard[11], ainsi que tout ou presque tout le reste.

3 Les produits utilisés comme aromates sont donc à peu près les suivants : la cannelle, le cinnamome, le cardamome, le nard, l'origan du Sipyle[12], le baume, l'alhagi[13], le styrax[14], l'iris[15], la *nartè*[16], le costus[17], la panacée, le safran[18], la myrrhe[19], le souchet[20], le jonc <et> le roseau <odorants>, la marjolaine[21], le mélilot[22], l'anis[23]. Il s'agit, selon le cas, de racines, d'écorces, de rameaux, de bois, de graines, de larmes ou de fleurs. Certains se trouvent partout, mais les plus exceptionnellement parfumés proviennent tous de l'Asie et des pays chauds. 4 Aucun n'appartient en propre à l'Europe, sauf l'iris[24]. C'est en Illyrie que celui-ci est le meilleur, non sur le littoral mais à l'intérieur des terres et plutôt vers le nord. Les conditions qui font sa supériorité varient d'un lieu à

βαρύτερον καὶ μᾶλλον φαρμακῶδες· ἐπεὶ καὶ αὕτη
γίνεται περὶ Συρίαν ἐκ τοῦ πανάκους καλουμένου.

Τὰ δὲ ἄλλα πάντα τὰ εὔοσμα οἷς πρὸς τὰ ἀρώματα
χρῶνται, τὰ μὲν ἐξ Ἰνδῶν κομίζεται κἀκεῖθεν ἐπὶ θάλατταν καταπέμπεται, τὰ δὲ ἐξ Ἀραβίας, οἷον πρὸς τῷ 5
κιναμώμῳ καὶ τῇ κασίᾳ καὶ κώμακον· ἕτερον δ᾽ εἶναι τὸ
κώμακον καρπόν· τὸ δ᾽ ἕτερον παραμίσγουσιν εἰς τὰ
σπουδαιότατα τῶν μύρων. Τὸ δὲ καρδάμωμον καὶ ἄμωμον οἱ μὲν ἐκ Μηδείας, οἱ δὲ ἐξ Ἰνδῶν, καὶ ταῦτα καὶ
τὴν νάρδον καὶ τὰ ἄλλα ἢ τὰ πλεῖστα. 10

3 Οἷς μὲν οὖν εἰς τὰ ἀρώματα χρῶνται σχεδὸν τάδε
ἐστί· κασία κινάμωμον καρδάμωμον νάρδος μᾶρον βάλσαμον ἀσπάλαθος στύραξ ἶρις νάρτη κόστος πάνακες
κρόκος σμύρνα κύπειρον σχοῖνος κάλαμος ἀμάρακον
λωτὸς ἄννησον. Τούτων δὲ τὰ μὲν ῥίζαι, τὰ δὲ φλοιοί, 15
τὰ δὲ κλῶνες, τὰ δὲ ξύλα, τὰ δὲ σπέρματα, τὰ δὲ
δάκρυα, τὰ δὲ ἄνθη. Καὶ τὰ μὲν πανταχοῦ γίνεται, τὰ
δὲ περιττότατα καὶ εὐοδμότατα πάντα ἐκ τῆς Ἀσίας
καὶ ἐκ τῶν ἀλεεινῶν τόπων. 4 Ἐκ γὰρ αὐτῆς Εὐρώπης
οὐδέν ἐστιν ἔξω τῆς ἴριδος. Αὕτη δὲ ἀρίστη ἐν Ἰλλυ- 20
ριοῖς οὐκ ἐν τῇ πρὸς θάλατταν χώρᾳ, ἀλλὰ ἐν τῇ ἀνα-
κεχωρηκυίᾳ, κειμένη δὲ μᾶλλον πρὸς ἄρκτον. Τόποι δὲ

TEST.: 1-22 Mon. ; 6 Hsch. s.u. κώμακον ; 13 Hsch. s.u. κόστος ; 19-22 Ath. 681 f.

1 αὕτη P Ald. : αὐτὴ U Mon. αὐτῆ M ‖ 2 γίνεται ante αὕτη
transp. M P Ald. ‖ πανάκους U : πάκους M P Ald. πανά Mon. in
lac. ‖ 4-5 κἀκεῖθεν — καταπέμπεται om. Mon. ‖ 9 ἐκ Μηδείας ...
ἐξ Ἰνδῶν U M P Ald. : ἐξ Ἰνδίας ... ἐκ Μηδείας Mon. ‖ 11 τάδε U
M P Ald. : ταῦτα Mon. ‖ 12 μᾶρον Dalec. coll. Plin. : ναῖρον U M P
Ald. om. Mon. uide adn. ‖ 13 κόστος M Hsch. : κῶσ- U Mon. κάσ-
M² sl P Ald. ‖ 15 ἄννησον ego uide adn. : ἄνητος U M P ἄνητος
Mon. Ald. ‖ 17 πανταχοῦ U Mon. : πολλαχοῦ cett. ‖ 18 καὶ —
πάντα om. Mon. in lac. ‖ εὐοδμότατα P Ald. : εὐοδιμώ- U εὐωδιμώ-
M ‖ 19 αὐτῆς codd. : τῆς Ald. ‖ 22-1 (p. 19) τόποι δὲ τόπων om.
Mon. in lac.

l'autre ; quant à sa préparation, elle consiste seulement à le nettoyer sur tout son pourtour et à le dessécher. De fait, les petites racines de plantes qui poussent en Thrace, comme celle dont l'odeur rappelle un peu le nard[25] et quelques autres, ont un parfum assez médiocre et faible.

[Admettons que pour les plantes à parfum nous nous en tiendrons là.][26]

8. 1 [Quant à ce qui n'a pas été dit plus haut à propos des sèves (à savoir, par exemple, si certaines possèdent des vertus médicinales ou autres), il faut essayer également d'en parler, ainsi que des racines (qui fournissent une partie des sèves et par ailleurs possèdent toutes sortes de vertus intrinsèques) et en un mot de toute drogue telle que fruit, suc extrait, feuilles, racines, herbes (les cueilleurs de simples donnent aussi le nom d' « herbe » à quelques drogues).]

LES VERTUS DES SIMPLES

[LIVRE X]

[En ce qui concerne les <plantes appelées> « racines » qui sont médicinales et douées de propriétés quelconques soit dans les racines proprement dites, soit dans la sève ou une autre de leurs parties, ou même en général dans le cas de tout végétal suffrutescent ou herbacé doué de telles propriétés, on établit des différences, celles des saveurs et celles des odeurs et de

τόπων διαφέρουσιν ἐν οἷς ἀμείνων· ἐργασία δὲ περὶ
αὐτὴν οὐδεμία πλὴν τοῦ περικαθήραντα ἀναξηρᾶναι.
Τὰ γὰρ ἐν τῇ Θρᾴκῃ φυόμενα ῥιζία, καθάπερ τό τε τῇ
νάρδῳ προσεμφερῆ τὴν ὀσμὴν ἔχον καὶ ἕτερα ἄττα,
μικράν τινα καὶ ἀσθενῆ τὴν εὐωδίαν ἔχει.   5
[Καὶ περὶ μὲν τῶν εὐόσμων ἐπὶ τοσοῦτον εἰρήσθω.]

8. 1 [Περὶ δὲ τῶν ὀπῶν ὅσα μὴ πρότερον εἴρηται — λέγω δ᾿
οἷον εἴ τινες φαρμακώδεις ἢ καὶ ἄλλας ἔχουσι δυνάμεις —
πειρατέον ὁμοίως εἰπεῖν, ἅμα δὲ καὶ περὶ τῶν ῥιζῶν — καὶ
γὰρ τῶν ὀπῶν τινες ἐκ τούτων καὶ χωρὶς αὐταὶ καθ᾿ αὑτὰς   10
πολλὰς καὶ παντοίας ἔχουσι δυνάμεις — ὅλως δὲ περὶ
πάντων φαρμακωδῶν οἷον καρποῦ χυλισμοῦ φύλλων ῥιζῶν
πόας — καλοῦσι γὰρ καὶ πόαν ἔνια τῶν φαρμακωδῶν οἱ
ῥιζοτόμοι.]

ΠΕΡΙ ΔΥΝΑΜΕΩΣ ΡΙΖΩΝ   15

[το κ]

[Περὶ δὲ τῶν ῥιζῶν ὅσαι φαρμακώδεις καὶ ὁποιασοῦν ἔχουσαι δυνάμεις εἴτε ἐν αὐταῖς, εἴτε ἐν τοῖς ὀποῖς ἢ καὶ ἄλλῳ τινὶ
τῶν μορίων, ἢ καὶ τὸ ὅλον εἴ τι φρυγανικὸν ἢ ποῶδες ἔχει
τοιαύτας δυνάμεις, καὶ τὰς τῶν χυμῶν καὶ τὰς τῶν ὀσμῶν καὶ   20

TEST.: 1-9 Mon. — 11-13 Mon.

1 τόπων codd. : τούτων Ald. ‖ 5 ἔχει P Ald. : -ειν U M ἔχον
Mon. ‖ 11 καὶ παντοίας U : ἐναντίας M P Ald. ‖ 13 πόας — γὰρ
om. Mon. in lac. ‖ 15 Hic titulus a quo incipiunt U* Ald.* deest in
ceteris ‖ 17-2 (p. 20) περὶ — φυσικαί U* M* Ald.* : ad finem libri
noni (post cap. 20, 5) transp. P desunt in U M Ald. ‖ 17 δὲ U* M*
Ald.* : μὲν οὖν P ‖ 17-18 ὁποιασοῦν ἔχουσαι U* M* : ὁποίας
ἔχουσι P Ald.* ‖ 18 ἢ καὶ U* M* Ald.* : εἴτε ἐν P ‖ τινὶ U* M* :
τῳ P Ald.* ‖ 20 pr. τὰς U* M* : περὶ P Ald.* ‖ χυμῶν U* : χυλῶν
cett. ‖ καὶ τὰς τῶν ὀσμῶν U* M* : τῶν τ᾿ [γε Ald.*] εὐόσμων P
Ald.*

toutes les substances inodores, qui sont à vrai dire aussi naturelles.][1]

Les <plantes appelées> « racines »[2] ont des propriétés fort nombreuses convenant à des usages fort nombreux. On recherche surtout les espèces médicinales, considérées comme les plus utiles, qui se différencient à la fois parce qu'elles n'ont pas les mêmes usages et parce que leurs vertus ne résident pas dans les mêmes organes [comme il a été dit un peu plus haut]. En gros du moins, elles se trouvent la plupart du temps dans les racines mêmes, ainsi que dans les fruits et la sève, parfois aussi au niveau des feuilles ; mais quand les propriétés appartiennent aux feuilles, le plus souvent, semble-t-il, les cueilleurs de simples parlent d' « herbes »[3].

2 Pour les plantes dont on recueille le suc, la récolte se fait d'ordinaire l'été, soit en début de saison, soit vers la fin. L'arrachage des racines a lieu pour certaines espèces à l'époque de la moisson ou un peu plus tôt — néanmoins plus massivement à l'automne, après le lever de l'Arcture[4] et la chute des feuilles — et pour les plantes dont le fruit aussi est utilisé, après la cueillette des fruits[5]. On tire du suc des tiges, comme sur l'euphorbe, la laitue[6] et, semble-t-il, dans la plupart des cas ; ou bien des racines ou, en troisième lieu, de la « tête », comme sur le pavot (en fait sur le seul pavot ; ce procédé est spéci-

πάντων τῶν ἀόσμων ποιοῦσι διαφοράς, αἵπερ μάλιστ' οὐθὲν
ἧττον φυσικαί.]

Τῶν [δὲ] ῥιζῶν πλείους μέν εἰσιν αἱ δυνάμεις καὶ
πρὸς πλείω. Ζητοῦνται δὲ μάλιστα αἱ φαρμακώδεις ὡς
χρησιμώταται διαφέρουσαι τῷ τε μὴ πρὸς ταὐτὰ καὶ τῷ   5
μὴ ἐν τοῖς αὐτοῖς ἔχειν τὴν δύναμιν [ὥσπερ εἴρηται μικρῷ
πρότερον]. Ὡς δ' οὖν ἐπίπαν αἱ πλεῖσται μὲν ἐν αὐταῖς
ἔχουσι καὶ τοῖς καρποῖς καὶ τοῖς ὀποῖς, ἔνιαι δὲ καὶ ἐπὶ
τοῖς φύλλοις· τὰς δὲ φυλλώδεις δυνάμεις τὰς πολλὰς
σχεδὸν πόας καλοῦσιν οἱ ῥιζοτόμοι.   10

2 Ὁ μὲν οὖν ὀπισμὸς γίνεται τῶν ὀπιζομένων ὡς ἐπὶ
τὸ πολὺ τοῦ θέρους, τῶν μὲν ἐνισταμένου, τῶν δὲ
προεληλυθότος. Ἡ δὲ ῥιζοτομία γίνεται μέν τινων καὶ
ὑπὸ πυροτομίαν καὶ μικρῷ πρότερον, οὐ μὴν ἀλλ' ἥ γε
πλείων τοῦ μετοπώρου μετ' Ἀρκτοῦρον ὅταν φυλλορ-   15
ροήσωσιν, ὅσων δὲ καὶ ὁ καρπὸς χρήσιμος ὅταν
ἀμέρσωσι τὸν καρπόν. Ἔστι δὲ ὁ ὀπισμὸς ἢ ἀπὸ τῶν
καυλῶν ὥσπερ τοῦ τιθυμάλλου καὶ τῆς θριδακίνης καὶ
σχεδὸν τῶν πλείστων, ἢ ἀπὸ τῶν ῥιζῶν ἢ τρίτον ἀπὸ
τῆς κεφαλῆς ὥσπερ τῆς μήκωνος — ταύτης γὰρ μόνης   20

1 πάντων om. P Ald.* ‖ ποιοῦσι U* M* Ald.* : καὶ ὅσας ἔχουσι
P ‖ μάλιστ' om. P ‖ 2 post φυσικαί add. εἰσιν, εἴρηται P ‖ 3-
10 πλείους — ῥιζοτόμοι U* M* P Ald. Ald.* : desunt in U M ‖
5 ταὐτὰ [eadem Gaza] Scal. : ταῦτα codd. Ald. Ald.* ‖ 6 τοῖς αὐτοῖς
codd. Ald.* : αὐταῖς Ald. ‖ 6-7 ὥσπερ — πρότερον U* M* Ald.* :
uerbis μικρῷ πρότερον omissis ὥσπερ εἴρηται post καλοῦσιν
[l. 10] transp. P Ald. ‖ 7 αὐταῖς P Ald.* : αὐτ- U* M* Ald. ‖ 9-10 τὰς
δὲ φ. … σχεδὸν P Ald. : σχεδὸν δὲ τάς τε φ. U* M* Ald.* ‖ 11-
12 ἐπὶ τὸ πολὺ U* M* : ἐπίπαν cett. ‖ 12 τῶν … τῶν U M P Ald. :
τὸ … τὸ U*corr M* ‖ ἐνισταμένου U U*corr M P Ald. : -άμενον
M* ‖ 13 ἡ … ῥιζοτομία γίνεται U* M* : τὴν … ῥιζοτομίαν γίνεσθαι cett. ‖ μέν om. U* M* ‖ 14 πυροτομίαν P Ald. : -μίας cett. ‖
15 ὅταν U* M* Pmg Ald. : om. U M P ‖ 17 ἀμέρσωσι U M P Ald. :
ἀμερθῶσι U* M* uide adn. ‖ ἢ U M P Ald. : καὶ U* M* ‖ 18 καυλῶν
[caulibus Gaza] Dalec. : καρπῶν codd. Ald. ‖ 20 μόνης U M P Ald. :
μόνον οὕτω U* M*.

fique)[7]. Parfois même le suc se concrète spontanément en
formant des sortes de larmes, comme sur la tragacanthe,
dont il n'est possible d'entailler aucune partie[8] ; mais le
plus souvent, cela se produit après incision. Certains de
ces sucs sont collectés directement dans des récipients,
comme celui de l'euphorbe ou « faux pavot » (on lui
donne les deux noms) et, en un mot, de toutes les espèces
gorgées de sève ; pour celles qui n'en ont pas beaucoup,
on la recueille avec un flocon de laine, comme sur la laitue. 3 Parfois il ne s'agit pas simplement de recueillir le
suc, mais en quelque sorte de l'extraire : alors les plantes
sont coupées en morceaux et broyées ; on verse de l'eau
par-dessus, on filtre et on ramasse le sédiment[9] ; naturellement le suc ainsi obtenu est sec et moins volumineux. Si l'extrait des racines est d'ordinaire moins fort
que celui du fruit, dans le cas de la ciguë il l'est davantage, et une très faible dose administrée en une petite
pilule rend l'issue fatale plus aisée et plus rapide[10] ; il est
plus efficace également dans ses autres usages. <L'extrait
des racines> est plus fort aussi pour la thapsie[11], moins
fort pour l'ensemble des autres espèces. Voilà donc à peu
près tous les procédés qui permettent d'obtenir des sucs.

4 L'arrachage des racines ne comporte pas une pareille
différence, sauf en ce qui concerne son époque (par
exemple l'été ou l'automne) et le choix de telles ou telles
racines (par exemple pour l'hellébore les fines racines
profondes ; on dit en effet que la grosse racine superfi-

καὶ τοῦτο ἴδιον αὐτῆς. Τῶν μὲν οὖν καὶ αὐτόματος ὁ
ὀπὸς συνίσταται δακρυώδης τις ὥσπερ καὶ τῆς τρα-
γακάνθης· ταύτης γὰρ οὐδὲν τέμνειν ἔστι· τῶν δὲ
πλείστων ἀπὸ τῆς ἐντομῆς. Ὧν τινας μὲν εὐθὺς εἰς
ἀγγεῖα συνάγουσιν, ὥσπερ καὶ τὸν τοῦ τιθυμάλλου ἢ   5
μηκωνίου — καλοῦσι γὰρ ἀμφοτέρως — καὶ ἁπλῶς
ὅσα πολύοπα τυγχάνει· τῶν δὲ μὴ πολυόπων ἐρίῳ
λαμβάνουσιν ὥσπερ καὶ τῆς θριδακίνης. 3 Ἐνίων δὲ
οὐδὲ ὀπισμὸς ἀλλ᾽ οἷον χυλισμός ἐστιν, ὥσπερ ὅσα
κόψαντες ἢ τρίψαντες καὶ ὕδωρ ἐπιχέαντες ἀπηθοῦσι   10
καὶ λαμβάνουσι τὴν ὑπόστασιν· ξηρὸς δὲ δηλονότι καὶ
ἐλάττων ὁ χυλὸς τούτων. Ἔστι δὲ τῶν μὲν ἄλλων ῥιζῶν
τὸ χύλισμα ἀσθενέστερον τοῦ καρποῦ, τοῦ κωνείου δὲ
ἰσχυρότερον, καὶ τὴν ἀπαλλαγὴν ῥᾷω ποιεῖ καὶ θάττω
μικρὸν πάνυ καταπότιον δοθέν· ἐνεργότερον δὲ καὶ εἰς   15
τὰς ἄλλας χρείας. Ἰσχυρότερον δὲ καὶ τὸ τῆς θαψίας,
τὰ δὲ ἄλλα πάντα ἀσθενέστερα. Οἱ μὲν οὖν ὀπισμοὶ
σχεδὸν τοσαυταχῶς γίνονται.

4 Τῆς δὲ ῥιζοτομίας οὐκ ἔστι τοιαύτη διαφορὰ πλὴν
ἐν ταῖς ὥραις — οἷον θέρους ἢ μετοπώρου — καὶ τῷ   20
τάσδε ἢ τάσδε τῶν ῥιζῶν — οἷον τοῦ ἐλλεβόρου τὰς
κάτω τὰς λεπτάς· τὴν γὰρ ἄνω τὴν παχεῖαν τὴν

2 τις ... καὶ U* M* : om. cett. ‖ 3 ταύτης ... οὐδὲν U M Ald. :
ταύτην ... οὐδὲν P ταύτην ... οὐδὲ U* M* ‖ 4 ἀπὸ τῆς U* M* Pᵞʳ :
δι᾽ cett. ‖ τινας U M P Ald. : ἐνίους U* M* ‖ post μὲν add. οὖν U M
P ‖ 5 τὸν τοῦ U* M* : τοῦ P om. cett. ‖ post ἢ add. τοῦ U M P
Ald. ‖ 9 οἷον om. U* M* ‖ 10 κόψαντες U* M* : καίοντες cett. ‖ ἢ
τρίψαντες om. Ald. ‖ ἀπηθοῦσι U* : ἀπωθ- U Ald. ἀποθ- M M* P ‖
11 ὑπόστασιν U* M* Pᵞʳ : ἀπόσταξιν U M P Ald. ‖ 12 χυλὸς U M
P Ald. : χυλισμὸς U* M* ‖ 14 ἰσχυρότερον U* M* P Ald. : -οτέ-
ραν U M ‖ ῥᾷω U : ῥᾳδίως cett. ‖ θάττω Schn. 1821 : θᾶττον U* M*
P Ald. ἐλάττω U M ‖ 16 ἰσχυρότερον U M P Ald. : ἰσχυρὸν U*
M* ‖ 20 οἷον om. U* M* ‖ τῷ U U* M : τὸ cett. ‖ 21 ἢ τάσδε om.
U* M* ‖ 22 pr. τὴν U M P Ald. : τὰς U* M*.

cielle tubérisée ne sert à rien et qu'on la donne aux chiennes quand on veut les purger[12]. Mais sur d'autres espèces également, on fait état de pareilles différences). 5 Ajoutons que les droguistes et les arracheurs de racines donnent des informations en partie probablement correctes, en partie aussi dramatisées[13]. Ils recommandent d'arracher certaines racines, comme entre autres la thapsie, en se plaçant sous le vent, après s'être enduit de matière grasse, car le corps se couvre d'œdèmes si on se place en sens contraire[14] (c'est encore sous le vent qu'ils disent de récolter le fruit de l'églantier ; sinon, gare aux yeux ![15]) ; d'autres doivent être coupées de nuit[16], d'autres en plein jour, quelques-unes avant que le soleil ne les atteigne, tel en particulier le chèvrefeuille[17]. 6 Sans doute peut-on estimer que ces conseils et ceux du même ordre ne sont pas inopportuns, car certains végétaux renferment des principes délétères : ne dit-on pas qu'ils causent de l'inflammation, comme le feu, voire de véritables brûlures ? Il est bien vrai que l'hellébore donne vite des maux de tête et que <les arracheurs> ne peuvent pas creuser longtemps ; c'est pourquoi ils mangent au préalable de l'ail et boivent par-dessus du vin pur[18]. Mais les auteurs des prescriptions suivantes en rajoutent, si je puis dire[19], et même beaucoup ; ainsi pour la pivoine (ou encore « grenade douce ») qu'ils recommandent de déraciner nuitamment, car le jour si un pic vous voit prélever le fruit, attention à vos yeux, et s'il vous voit arracher la racine, vous avez une descente du fondement ![20]

κεφαλώδη φασὶν ἀχρεῖον εἶναι καὶ διδόναι ταῖς κυσὶν
ὅταν βούλωνται καθαίρειν· καὶ ἐφ᾽ ἑτέρων δέ τινων
τοιαύτας λέγουσι διαφοράς. 5 Ἔτι δὲ ὡς οἱ φαρμακοπῶλαι καὶ οἱ ῥιζοτόμοι τὰ μὲν ἴσως οἰκείως, τὰ δὲ καὶ
ἐπιτραγῳδοῦντες λέγουσι. Κελεύουσι γὰρ τὰς μὲν κατ᾽   5
ἄνεμον ἱσταμένους τέμνειν, ὥσπερ ἑτέρας τέ τινας καὶ
τὴν θαψίαν, ἀλειψαμένους λίπα· τὸ γὰρ σῶμα ἀνοιδεῖν
ἐὰν ἐξ ἐναντίας — κατ᾽ ἄνεμον δὲ καὶ τοῦ κυνοσβάτου
τὸν καρπὸν συλλέγειν, εἰ δὲ μή, κίνδυνον εἶναι τῶν
ὀφθαλμῶν — τὰς δὲ νύκτωρ, τὰς δὲ μεθ᾽ ἡμέραν, ἐνίας   10
δὲ πρὶν τὸν ἥλιον ἐπιβάλλειν οἷον καὶ τὸ κλύμενον.
6 Καὶ ταῦτα μὲν καὶ τὰ παραπλήσια τούτοις τάχ᾽ ἂν
οὐκ ἀλλοτρίως δόξαιεν λέγειν· ἐπισινεῖς γάρ τινων αἱ
δυνάμεις· ἐξάπτειν γάρ φασιν ὥσπερ πῦρ καὶ κατα-
καίειν. Ἐπεὶ καὶ ὁ ἐλλέβορος ταχὺ καρηβαρεῖν ποιεῖ   15
καὶ οὐ δύνανται πολὺν χρόνον ὀρύττειν· διὸ καὶ προεσθίουσι σκόροδα καὶ ἄκρατον ἐπιπίνουσιν. Ἀλλὰ τὰ
τοιαῦτα ὥσπερ ἐπίθετα καὶ πόρρωθεν οἷον τὴν παιωνίαν
— οἱ δὲ γλυκυσίδην καλοῦσι — νύκτωρ κελεύουσιν
ὀρύττειν· ἐὰν γὰρ ἡμέρας καὶ ὀφθῇ τις ὑπὸ δρυοκολάπ-   20
του τὸν μὲν καρπὸν ἀπολέγων, κινδυνεύειν τοῖς ὀφ-
θαλμοῖς, τὴν δὲ ῥίζαν τέμνων, ἐκπίπτειν τὴν ἕδραν.

TEST.: 5-22 Mon. ; 18-19 schol. Nic., *Ther*. 938.

4 post ἴσως add. καὶ U* M* ‖ 5 τὰς U U* M P Ald. : τοὺς M*
Mon. ‖ 5-6 κατ᾽ ἄνεμον U U* M P Mon. Ald. : καταρόμενον M* ‖
7 ἀλειψαμένους P Ald. : -άμενον cett. ‖ 10 alt. τὰς δὲ P Ald. : καὶ
U U* M* Mon. om. M ‖ 11 τὸν U* M* : αὐτὸν cett. ‖ ante κλύμενον
add. καλούμενον quasi dittogr. U M P Mon. Ald. ‖ 13 τινων U M P
Mon. Ald. : ἐνίων U* M* ‖ 16-17 προεσθίουσι U M P Mon. Ald. :
ἐσθίουσι U* M* ‖ 17-18 ἀλλὰ — οἷον om. Mon. qui post τὴν add.
δὲ ‖ 18 παιωνίαν U M P Ald. schol. Nic. : παιον- U* M* Mon. ‖
21 κινδυνεύειν Schn. : -εύει/ U* -εύει cett. ‖ 22 ἐκπίπτειν Schn. :
-τει/ U M* -τει cett. ‖ τὴν ἕδραν U U* M M* P Ald. : τῆς ἕδρας
Mon.

7 De même quand vous coupez la centaurée, prenez garde à la buse[21], si vous voulez rentrer indemne. Et ainsi de suite[22]. Faire une prière en arrachant la plante n'a peut-être rien d'absurde[23], à l'inverse de toute autre pratique qui s'y ajoute, par exemple dans le cas de ce qu'on appelle la panacée d'Asclépios : il faut mettre à sa place, pour la terre, un gâteau de tous fruits au miel[24]. Quant à l'« herbe à rasoirs »[25], ce sont des gâteaux de blé trémois au miel qu'il faut mettre à sa place en guise de paiement. On dit de l'arracher après avoir tracé un cercle autour d'elle, par trois fois, avec une épée à double tranchant ; de tenir en l'air la première racine coupée, puis de couper ainsi la seconde[26]. **8** Il y a encore bien d'autres prescriptions de ce genre. On recommande de circonscrire aussi la mandragore par trois fois avec une épée et de la couper en regardant le couchant[27] ; d'autre part, que le second opérateur danse en rond autour d'elle et prononce le plus possible de paroles érotiques[28] (cette indication a l'air d'être semblable à ce qui se dit du cumin, qu'il convient d'injurier quand on le sème)[29]. On devra circonscrire également l'hellébore noir, en se tenant face au levant et avec des invocations[30] ; d'autre part, se garder d'un aigle à la fois sur la droite et sur la gauche, car les cueilleurs courent le risque, si toutefois celui qui est tout près <de la plante> ne réussit pas à la trancher d'un coup, de mourir

7 Φυλάττεσθαι δὲ καὶ τὴν κενταυρίδα κόπτοντα τριόρ-
χην, ὅπως ἂν ἄτρωτος ἀπέλθῃ. Καὶ ἄλλα δέ τινα
ὁμοίως. Τὸ δ᾽ ἐπευχόμενον τέμνειν οὐδὲν ἴσως ἄτοπον,
ἀλλ᾽ εἴ τι καὶ ἄλλο προστιθέασιν, οἷον ὅταν τὸ πάνακες
τὸ ἀσκληπίειον καλούμενον· ἀντεμβάλλειν γὰρ τῇ γῇ 5
παγκαρπίαν μελιττοῦταν. Ὅταν δὲ τὴν ξίριν, τριμήνου
μελιττούτας ἀντεμβάλλειν μισθόν. Τέμνειν δὲ ἀμφήκει
ξίφει περιγράψαντα εἰς τρίς· καὶ ὅ τι ἂν πρῶτον τμηθῇ
μετέωρον ἔχειν, εἶθ᾽ οὕτω τὸ δεύτερον τέμνειν. 8 Καὶ
ἄλλα δὲ τοιαῦτα πλείω. Περιγράφειν δὲ καὶ τὸν μαν- 10
δραγόραν εἰς τρὶς ξίφει, τέμνειν δὲ πρὸς ἑσπέραν βλέ-
ποντα· τὸν δ᾽ ἕτερον κύκλῳ περιορχεῖσθαι καὶ λέγειν ὡς
πλεῖστα περὶ ἀφροδισίων — τοῦτο δὲ ὅμοιον ἔοικε τῷ
περὶ τοῦ κυμίνου λεγομένῳ κατὰ τὴν βλασφημίαν ὅταν
σπείρωσι. Περιγράφειν δὲ καὶ τὸν ἐλλέβορον τὸν 15
μέλανα ἱστάμενον πρὸς ἕω καὶ κατευχόμενον· ἀετὸν δὲ
φυλάττεσθαι καὶ ἐκ δεξιᾶς καὶ ἐξ ἀριστερᾶς· κίνδυνον
γὰρ εἶναι τοῖς τέμνουσιν, ἐάν γε ὁ ἐγγὺς μὴ διατέμῃ [ὁ

TEST.: 1-3 Mon. — 7-13 Mon. — 15-18 Mon.

1 κενταυρίδα U U* Mᵞʳ M* P Mon. Ald. : -ρίαν Μ ‖ κόπτοντα
U* M* : τέμνοντα [-ας U Mon. -ες Μ] cett. ‖ 2 ἄλλα ... τινα ego ex
Wim. 1842 in notis uide adn. : ἄλλας ... τινας codd. Ald. ‖ 3 ὁμοίως
U M P Mon. Ald. : αἰτίας U* M* ‖ 4 ὅταν U* M* : om. cett. ‖ πάνα-
κες U* M* : -αλκὲς cett. ‖ 5 ἀντεμβάλλειν U* M M* P Ald. :
-βαλεῖν U ‖ 6 μελιττοῦταν P Ald. : -οῦντα U* M* μελιτοῦντας U
Μ ‖ 6-7 ὅταν — μελιττούτας om. Μ ‖ 6 τριμήνου Salm. : -νους
codd. Ald. ‖ 7 μελιττούτας U* Pᶜᵒʳʳ Ald. : -οῦντας M* μελιτοῦντας
U ‖ ἀμφήκει U U* M* P Mon. Ald. : -ήκειν Μ ‖ 8 τρίς [ter Gaza]
Schn. : τρεῖς codd. Ald. (item l. 11) ‖ 9 ἔχειν U U* M M* P Ald. :
μένειν Mon. ‖ δεύτερον U* M* Pᵞʳ : ἕτερον U Mon. στερρὸν Μ P
Ald. ‖ 13 ἔοικε U M P Ald. : εἴρηκε U* M* ‖ 13-14 τῷ ... λεγομένῳ U* : τὸ ... -μένῳ M* τῇ ... -μένου U M τῇ ... -μένη P Ald. ‖
16 post μέλανα add. καὶ τέμνειν U* M* ‖ κατευχόμενον U* M* :
προσκατ- cett. ‖ post κατευχόμενον add. δὲ U M P Ald. ‖ 18 ἐάν γε
ego : ἐὰν δὲ codd. Ald. ἐάνπερ coni. Wim. ‖ pr. ὁ om. U* M* ‖ διατέμῃ U* M* : -τέμνῃ U M Mon. Ald. -τέμνειν P ‖ 18-1 (p. 24) ὁ
ἀετὸς deleui uide adn.

dans l'année[31]. Voilà ce qui donne l'impression qu'on en rajoute, comme il a été dit[32]. Mais les procédés pour récolter les simples sont exclusivement ceux que nous avons mentionnés[33].

9. 1 Il existe, comme il a été dit[1], des plantes dont toutes les parties ont un usage, à la fois la racine, le fruit et la sève, comme en particulier la panacée[2] ; il en est dont on utilise la racine et la sève, par exemple la scammonée, le cyclamen, la thapsie[3], et d'autres aussi, comme la mandragore[4].

La feuille de la mandragore s'utilise, dit-on, pour les plaies avec de la farine d'orge ; sa racine pour l'érysipèle, en raclures mouillées de vinaigre, ainsi que pour la goutte, plus encore comme somnifère et bien sûr pour les philtres[5] ; on la fait prendre dans du vin ou dans du vinaigre. On la débite aussi, comme un radis, en rondelles, qui sont ensuite enfilées sur un lien, <trempées> dans du moût et suspendues au-dessus d'une fumée[6]. 2 Dans l'hellébore, la racine et le fruit ont les mêmes usages (si tant est que les praticiens d'Anticyre purgent, comme on le dit, avec le fruit), et ce dernier ressemble à du sésame[7]. Les parties utiles de la panacée sont plus

ἀετὸς], ἀποθνήσκειν ἐνιαυτῷ. Ταῦτα μὲν οὖν ἐπιθέτοις
ἔοικεν, ὥσπερ εἴρηται. Τρόποι δ' οὐκ εἰσὶ τῶν ῥιζοτομιῶν πλὴν οὓς εἴπομεν.

9. 1 Ἔστι δ' ὥσπερ ἐλέχθη τῶν μὲν πάντα χρήσιμα
καὶ ἡ ῥίζα καὶ ὁ καρπὸς καὶ ὁ ὀπός, ὥσπερ ἄλλων τε 5
καὶ τοῦ πανάκους· τῶν δὲ ἡ ῥίζα καὶ ὁ ὀπός, οἷον τῆς
σκαμμωνίας καὶ τοῦ κυκλαμίνου καὶ τῆς θαψίας, καὶ
ἑτέρων καθάπερ καὶ τοῦ μανδραγόρου.

Τοῦ γὰρ μανδραγόρου τὸ μὲν φύλλον χρήσιμον εἶναί
φασι πρὸς τὰ ἕλκη μετ' ἀλφίτου· τὴν δὲ ῥίζαν πρὸς 10
ἐρυσίπελας ξυσθεῖσάν τε καὶ ὄξει δευθεῖσαν καὶ πρὸς τὰ
ποδαγρικὰ καὶ πρὸς ὕπνον μᾶλλον καὶ δὴ πρὸς φίλ-
τρα· διδόασι δὲ ἐν οἴνῳ ἢ ἐν ὄξει. Τέμνουσι δὲ τροχίσκους ὥσπερ ῥαφανίδος καὶ ἐνείραντες ἐν γλεύκει ἐκρέμασαν ὑπὲρ καπνοῦ. 2 Ὁ δὲ ἐλλέβορος ἐπὶ ταὐτὰ τῇ τε 15
ῥίζῃ καὶ τῷ καρπῷ χρήσιμος — εἴπερ οἱ ἐν Ἀντικύρᾳ,
καθάπερ φασί, τῷ καρπῷ καθαίρουσιν — ἔχει δὲ
σησαμώδη τοῦτον. Πλείω δὲ καὶ τοῦ πάνακος τὰ χρή-

TEST.: 1 Mon. — 9-10 Mon. — 10 schol. PLAT., *Resp.* 488 c.

1 ἀποθνήσκειν Scal. : -κει codd. Ald. ‖ ante ἐνιαυτῷ add. γὰρ
P^sl ‖ ἐπιθέτοις U* M* : -θέτως cett. ‖ 2-3 ῥιζοτομιῶν U* M* P
Ald. : -τόμων U M ‖ 4 ἔστι U U* M P Ald. : ἔτι M* ‖ ὥσπερ U M
P Ald. : ὅπερ U* M* ‖ 5 καὶ ὁ ὀπός om. U ‖ 5-6 tert. καὶ — ὀπός
om. M P^ac ‖ 6 πανάκους U* M* P^pc : πάνακος U uide adn. ‖ οἷον U
M P Ald. : ὥσπερ U* M* ‖ 7 σκαμμωνίας U* M* : σκαμων- cett. ‖
τοῦ Ald. : τῆς codd. ‖ 9 τοῦ γὰρ μανδραγόρου U* : τ. δὲ μ. Mon.
om. cett. ‖ 10 post ἀλφίτου des. Mon. ‖ 11 τε om. U* M* ‖ καὶ πρὸς
U M P Ald. : πρός τε schol. PLAT. πρὸς U* M* ‖ 12 μᾶλλον schol.
PLAT. uide adn. : om. codd. Ald. ‖ δὴ πρὸς schol. PLAT. : πρὸς U*
M* om. cett. ‖ 14 ἐνείραντες U* M* P Ald. : ἐμπείρ- U M ‖ 14-
15 ἐν γλεύκει ἐκρέμασαν P^mg Ald. : ὑπὲρ γλεύκους ἐκ. U U* M*
om. M P ‖ 15 ὑπὲρ καπνοῦ U M P Ald. : ἐπὶ καπνῷ U* M* ‖ ταὐτὰ
[*ad haec eadem* Gaza] Schn. : ταῦτα codd. Ald. ‖ 16 εἴπερ U* M*
Ald. : ἧπερ U^corr M P ‖ Ἀντικύρᾳ U* M* : ἀγκύρᾳ cett.

nombreuses et n'ont pas toutes la même destination[8] : le fruit est utilisé comme abortif et dans les rétentions d'urine ; le suc, appelé galbanum, à la fois comme abortif et pour les spasmes et les affections de ce genre, ainsi que pour les soins des oreilles et de la voix ; la racine, pour faciliter les accouchements et la menstruation, et comme remède aux flatulences des bêtes de somme ; c'est aussi un ingrédient du parfum d'iris, grâce à son odeur agréable[9], mais la graine est plus forte que la racine. La plante pousse du côté de la Syrie et se récolte à l'époque de la moisson[10]. 3 Quant au cyclamen[11], sa racine est utilisée aussi bien comme suppuratif qu'en pessaire pour les femmes et sur les plaies dans du miel ; le suc, instillé dans du miel, dégage la tête et provoque l'ivresse si on le fait boire dilué dans du vin[12]. La racine serait bonne aussi comme amulette ocytocique et pour des philtres[13]. Une fois arrachée, elle est brûlée complètement, puis mouillée avec du vin et façonnée en pastilles, à la manière du tartre que nous utilisons comme détergent[14]. 4 De même la racine du concombre sauvage passe pour déterger les dartres farineuses et la gale du bétail, cependant que le suc exprimé de sa graine donne l'élatérium. Celle-ci est récoltée à l'arrière-saison : c'est l'époque où elle est la meilleure[15]. 5 Les feuilles du petit-chêne[16] sont utilisées pour les fractures et les blessures,

σιμα καὶ οὐ πάντα πρὸς τὸ αὐτό· ἀλλ' ὁ μὲν καρπὸς
πρὸς τὰς ἐξαμβλώσεις καὶ τὰς δυσουρίας· ὁ δὲ ὀπὸς ἡ
χαλβάνη καλουμένη πρός τε τὰς ἐξαμβλώσεις καὶ πρὸς
τὰ σπάσματα καὶ τοὺς τοιούτους πόνους, ἔτι δὲ πρὸς
τὰ ὦτα καὶ τὰς φωνασκίας· ἡ δὲ ῥίζα πρός τε τοὺς 5
τόκους καὶ τὰ γυναικεῖα καὶ πρὸς ὑποζυγίων φύσας·
χρήσιμος δὲ καὶ πρὸς τὸ ἴρινον μύρον διὰ τὴν εὐωδίαν,
ἰσχυρότερον δὲ τὸ σπέρμα τῆς ῥίζης. Γίνεται δὲ περὶ
Συρίαν καὶ τέμνεται περὶ πυραμητόν. 3 Τοῦ δὲ κυκλαμίνου ἡ μὲν ῥίζα πρός τε τὰς ἐκπυήσεις τῶν φλεγ- 10
μονῶν καὶ πρόσθετον γυναιξὶ καὶ πρὸς τὰ ἕλκη ἐν
μέλιτι· ὁ δὲ ὀπὸς πρὸς τὰς ἀπὸ κεφαλῆς καθάρσεις ἐν
μέλιτι ἐγχεόμενος, καὶ πρὸς τὸ μεθύσκειν ἐὰν ἐν οἴνῳ
διαβρέχων διδῷ τις πιεῖν. Ἀγαθὴν δὲ τὴν ῥίζαν καὶ
ὠκυτόκιον περίαπτον καὶ εἰς φίλτρα. Ὅταν δὲ ὀρύξωσι 15
κατακαίουσιν, εἶτ' οἴνῳ δεύσαντες τροχίσκους ποιοῦσιν, ὥσπερ τῆς τρυγὸς ᾗ ῥυπτόμεθα. 4 Καὶ τοῦ σικύου
δὲ τοῦ ἀγρίου τὴν μὲν ῥίζαν ἀλφοὺς καὶ ψώρας βοσκημάτων, τὸ δὲ σπέρμα χυλισθὲν ποιεῖ τὸ ἐλατήριον.
Συλλέγεται δὲ τοῦ φθινοπώρου· τότε γὰρ βέλτιστον. 20
5 Τῆς δὲ χαμαίδρυος τὰ μὲν φύλλα πρὸς τὰ ῥήγματα

---

1 τὸ αὐτὸ U M P Ald. : τὰ αὐτὰ U* M* ‖ 2-3 καὶ — ἐξαμβλώσεις U : om. cett. ‖ 4 σπάσματα U* M* : -μάτια cett. ‖ 6 φύσας U
U* : -σεις cett. ‖ 7 χρήσιμος U : -ιμοι M P Ald. -ίμη U* M* ‖
ἴρινον U U* M : ἠρινὸν M* P Ald. ‖ 8 ἰσχυρότερον U M P Ald. :
ἰσχυρὸν U* M* ‖ τὸ — alt. δὲ om. M* ‖ γίνεται U U* M P Ald. :
ἰσχυρὸν Pγρ ‖ 9 τέμνεται U M P Ald. : -νονται U* M* ‖ 10 τε om.
U* M* ‖ ἐκπυήσεις Coray : -πνεύσεις codd. Ald. ‖ 14 πιεῖν [ποι-
Μ] U M P Ald. : πίνειν U* M* ‖ post καὶ add. εἰς P Ald. ‖ 15 ὠκυτόκιον U M P Ald. : -τοκεῖον U* M* ‖ περίαπτον U U* M M* :
-άπτειν P Ald. ‖ 16 εἶτ' P Ald. : εἶτ' ἐν U* εἴτ' ἐν M* εἶτ' Ucorr M ‖
17 ὥσπερ U U* M* : ὡς M P Ald. ‖ ᾗ U* M* P Ald. : ἤ U M ‖
ῥυπτόμεθα U U* : ῥιπ- cett. ‖ 18 ἀλφοὺς U*ρc M* : -φοῦ U U*ac M
P Ald. ‖ 18-19 βοσκημάτων U*corr M* : -ήμασι cett. ‖ 20 συλλέγεται U U* M M* : τίλλεται P Ald. ‖ 21-1 (p. 26) τὰ ... φύλλα ...
τριβόμενα U M P Ald. : τὸ ... φύλλον ... τριβόμενον U* M*.

triturées dans l'huile, et pour les ulcères phagédéniques. Le fruit, dit-on, évacue la bile et il est bon aussi pour les yeux, mais c'est la feuille qu'on applique sur les leucomes, après l'avoir triturée dans l'huile. La plante a des feuilles toutes pareilles à celles d'un chêne et atteint au total la hauteur d'environ un empan ; elle a un parfum agréable[17].

Que par le fait du hasard toutes les parties d'une plante ne se prêtent pas au même usage n'est sans doute pas extraordinaire. On s'étonne davantage que de la même racine une partie purge par le haut, l'autre par le bas, comme dans le cas de la thapsie et de l'euphorbe « figue sèche », appelée aussi euphorbe « poire », ainsi que de l'« herbe à l'encens »[18]. C'est bien au contraire le pouvoir qu'ont les mêmes drogues de purger à la fois par le bas et par le haut, comme l'élatérium, qui n'a rien d'extraordinaire. 6 La thapsie[19] a une feuille semblable à celle du fenouil en plus large, une tige de férule, une racine blanche. L'euphorbe « figue sèche » ou « poire »[20] a une feuille de rue, courte, trois ou quatre tiges au ras du sol, une racine toute pareille à celle de l'asphodèle, sauf qu'elle se pèle ; c'est une plante qui aime les collines caillouteuses ; on la récolte au printemps. Telles sont les particularités des espèces en question.

10. 1 L'hellébore noir et le blanc font en quelque sorte figure d'homonymes, mais il y a désaccord sur leur aspect[1]. Selon certains, ce sont des plantes semblables,

καὶ πρὸς τὰ τραύματα ἐν ἐλαίῳ τριβόμενα καὶ πρὸς τὰ
νεμόμενα ἕλκη. Τὸν δὲ καρπὸν καθαίρειν χολήν, ἀγαθὸν δὲ καὶ ὀφθαλμοῖς· πρὸς δὲ τὰ ἄργεμα προσάγειν τὸ
φύλλον τρίψαντα ἐν ἐλαίῳ. Ἔχει δὲ φύλλα οἷάπερ
δρυός, τὸ δὲ ἀνάστημα τῆς ὅλης ὅσον σπιθαμιαῖον·   5
εὔοσμον δὲ καὶ ἡδύ.

Τὸ μὲν οὖν μὴ πρὸς τὸ αὐτὸ πάντα τὰ μέρη χρήσιμα
τυγχάνειν οὐκ ἴσως ἄτοπον· τὸ δὲ τῆς αὐτῆς ῥίζης τὸ
μὲν ἄνω, τὸ δὲ κάτω καθαίρειν θαυμασιώτερον, οἷον τῆς
τε θαψίας καὶ τῆς ἰσχάδος — οἱ δ' ἄπιον καλοῦσι —   10
καὶ τῆς λιβανωτίδος· τὸ γὰρ αὖ καὶ κάτω καὶ ἄνω τὰ
αὐτὰ δύνασθαι καθαίρειν, καθάπερ τὸ ἐλατήριον, οὐδὲν
ἄτοπον. 6 Ἔχει δὲ ἡ θαψία φύλλον μὲν ὅμοιον τῷ
μαράθῳ πλὴν πλατύτερον, καυλὸν δὲ ναρθηκώδη,
ῥίζαν δὲ λευκήν. Ἡ δ' ἰσχὰς ἢ ἄπιος φύλλον μὲν ἔχει   15
πηγανῶδες βραχύ, καυλοὺς δὲ ἐπιγείους τρεῖς ἢ τέτταρας, ῥίζαν δὲ οἷανπερ ὁ ἀσφόδελος πλὴν λεπυρώδη·
φιλεῖ δὲ ὀρεινὰ χωρία καὶ κοχλακώδη· συλλέγεται δὲ
τοῦ ἦρος. Τοῦτο μὲν οὖν ἴδιον τῶν εἰρημένων.

10. 1 Ὁ δὲ ἐλλέβορος ὅ τε μέλας καὶ ὁ λευκὸς ὥσπερ   20
ὁμώνυμοι φαίνονται, περὶ δὲ τῆς ὄψεως διαφωνοῦσιν.
Οἱ μὲν γὰρ ὁμοίους εἶναι, πλὴν τῷ χρώματι μόνον δια-

1 alt. καὶ πρὸς U* M* : πρός τε P Ald. πρὸς U M ‖ 3 ἄργεμα U*
M* : ἀργέματα cett. ‖ προσάγειν τὸ om. U M ‖ 4 ἐν om. U* M* ‖
5 δρυός U M M* P Ald. : δρῦς U* ‖ 7 alt. τὸ om. U M ‖ 8-9 pr. τὸ
— καθαίρειν om. U* M* ‖ alt. τὸ ... τὸ U M : τὰ ... τὰ P Ald. ‖
9-10 τῆς τε U M P Ald. : καὶ τῆς U* M* ‖ 10 καλοῦσι U* M* P
Ald. : καλούμενον U M ‖ 11 τὸ P Ald. : τὰ M ὅσα U U* M* ‖ 11-
12 τὰ αὐτὰ U* M* P Ald. : ταῦτα U M ‖ 12 δύνασθαι P Ald. : -αται
cett. ‖ 17 οἷανπερ U* M* : οἷον cett. ‖ 18 φιλεῖ — κοχλακώδη U
U* M* Pᵐᵍ Ald. : om. M P ‖ συλλέγεται U U* M M* : τίλλεται P
Ald. ‖ 20 ἐλλέβορος U* M : ἐλέ- cett. uide adn. ‖ 21-5 (p. 27) περὶ
— μορφήν U M P Ald. : καὶ τῇ ὄψει παραπλήσιοι εἶναι πλὴν τῆς
ῥίζης. Αὕτη [αὐτὴ U*] δὲ τοῦ μὲν λευκή, τοῦ δὲ μέλαινα. Τὴν δὲ
μορφὴν αὐτῶν τοίαν U* M* ‖ 22 γὰρ om. U M.

sauf que leur racine se distingue par sa seule couleur, blanche pour l'une, noire pour l'autre[2]. Selon d'autres, l'hellébore noir a la feuille du laurier, l'hellébore blanc la feuille du poireau[3], mais leurs racines sont semblables, hormis la couleur. Voici donc, au dire de ceux qui en affirment la similitude, la physionomie <de ces plantes> : tige d'asphodèle, fort courte ; feuille divisée en segments larges, rappelant un peu celle de la férule, d'une bonne longueur et attachée directement à la racine — plus exactement, plante à feuilles retombant sur le sol, et à racines nombreuses, vu l'abondance des radicelles, qui sont utilisées[4]. 2 D'autre part, dit-on, l'hellébore noir fait périr les chevaux, les bovins et les porcs ; aussi aucun de ces animaux ne le mange[5] ; le blanc est au contraire brouté par le petit bétail, ce qui permit d'en remarquer pour la première fois les effets, les animaux étant purgés[6]. Il est à point en automne, mais ne l'est pas au printemps ; néanmoins ceux qui le prennent de l'Œta le récoltent pour la Pylée. C'est là qu'il est le plus abondant et le meilleur, mais il pousse dans un seul endroit de l'Œta, aux alentours du Bûcher[7]. On incorpore à sa potion, pour faciliter le vomissement, de la graine d'« helléborine » (c'est une petite plante herbacée)[8]. 3 L'hellébore noir pousse partout : en Béotie, en Eubée et dans bien d'autres régions (le meilleur est celui de l'Hélicon, montagne riche en plantes médicinales de toutes sortes), alors que le blanc est très localisé[9]. Les hellébores de qualité supérieure, ou du moins les plus utilisés, sont au nombre de quatre : ceux de l'Œta, du Pont,

φέρειν τὴν ῥίζαν τοῦ μὲν λευκήν, τοῦ δὲ μέλαιναν. Οἱ δὲ
τοῦ μὲν μέλανος τὸ φύλλον δαφνῶδες, τοῦ δὲ λευκοῦ
πρασῶδες, τὰς δὲ ῥίζας ὁμοίας πλὴν τῶν χρωμάτων. Οἱ
δ᾽ οὖν ὁμοίους λέγοντες τοιάνδε φασὶν εἶναι τὴν
μορφήν· καυλὸν μὲν ἀνθερικώδη βραχὺν σφόδρα· φύλ-   5
λον δὲ πλατύσχιστον, παρόμοιον τῷ τοῦ νάρθηκος,
μῆκος ἔχον, εὐθὺς δὲ ἐκ τῆς ῥίζης ἠρτημένον — καὶ
ἐπιγειόφυλλον, πολύρριζον δ᾽ εὖ μάλα ταῖς λεπταῖς
καὶ χρησίμοις. 2 Ἀναιρεῖν δὲ τὸν μὲν μέλανα καὶ
ἵππους καὶ βοῦς καὶ ὗς, διὸ καὶ οὐδὲν νέμεσθαι τούτων·   10
τὸν δὲ λευκὸν νέμεσθαι τὰ πρόβατα καὶ ἐκ τούτου
πρῶτον συνοφθῆναι τὴν δύναμιν καθαιρομένων ἐκείνων.
Ὡραῖος δὲ μετοπώρου, τοῦ δ᾽ ἦρος ἄωρος· ἀλλὰ πρὸς
τὴν Πυλαίαν οἱ ἐκ τῆς Οἴτης συλλέγουσι. Πλεῖστος γὰρ
ἐνταῦθα καὶ ἄριστος γίνεται, μοναχοῦ δὲ φύεται τῆς   15
Οἴτης περὶ τὴν Πυράν. Μίσγεται δὲ πρὸς τὴν πόσιν,
ὅπως εὐεμὲς ᾖ, τὸ τῆς ἐλλεβορίνης σπέρμα — τοῦτο δέ
ἐστι ποιάριον. 3 Φύεται δὲ ὁ μὲν μέλας πανταχοῦ· καὶ
γὰρ ἐν τῇ Βοιωτίᾳ καὶ ἐν Εὐβοίᾳ καὶ παρ᾽ ἄλλοις
πολλοῖς — ἄριστος δὲ ὁ ἐκ τοῦ Ἑλικῶνος, καὶ ὅλως τὸ   20
ὄρος εὐφάρμακον — ὁ δὲ λευκὸς ὀλιγαχοῦ. Βέλτιστοι
δὲ καὶ οἷς γε χρῶνται μάλιστα τέτταρες· <ὁ> οἰταῖος,
ὁ ποντικός, ὁ ἐλαιάτης, ὁ μαλιώτης. Φασὶ δὲ τὸν

1 post τὴν add. δὲ P Ald. ‖ 4 ὁμοίους Wim. : -οίας codd.
Ald. ‖ 5-6 φύλλον — παρόμοιον om. M ‖ 6 παρόμοιον U : ὅμοιον
cett. ‖ 7 post μῆκος add. δὲ U M ‖ post ἔχον add. εὔμηκες U* M* P
Ald. ‖ 8 δ᾽ om. U* M* ‖ λεπταῖς U M P Ald. : πλείσταις U*
M* ‖ 10 καὶ βοῦς om. U* M* ‖ οὐδὲν U* : οὐδὲ cett. ‖ τούτων U*
M* : τοῦτον cett. ‖ 15 καὶ ἄριστος γίνεται U M : φύεται κ. ἄ.
cett. ‖ φύεται U* M* P Ald. : γίνε- U M ‖ 17 ἐλλεβορίνης U M :
-ινῆς cett. ‖ 20 πολλοῖς om. M* ‖ 20-21 ἄριστος — εὐφάρμακον
om. U* M* ‖ 22 post οἷς des. M* ‖ ὁ add. Schn. 1821 ‖ 23 ὁ ... ὁ ...
ὁ U* : om. cett. ‖ ἐλαιάτης P : ἐλεαίτ- M ἐλεάτ- U U* Ald. ‖
μαλιώτης Wim. ex Hahnemanno uide adn. : μασσαλιώ- codd. Ald.

d'Élaia et du pays maliaque[10]. On dit que celui d'Élaia
pousse dans les vignes et rend le vin si diurétique que
les consommateurs sont complètement émaciés[11]. 4 Le
meilleur de tous, à la fois des précédents et des autres,
c'est celui de l'Œta. Celui du Parnasse et celui d'Étolie
(car il s'en trouve là aussi et bien des gens en achètent et
en vendent à leur insu) sont durs et trop desséchés[12].
Voilà donc des plantes qui, en dépit de leurs traits communs, ont des propriétés particulières[13]. On appelle parfois l'hellébore noir « la découpe de Mélampous », parce
que ce personnage l'aurait pour la première fois découvert et coupé[14]. On s'en sert pour purifier les maisons et
les troupeaux, tout en récitant certaine incantation[15] —
sans compter beaucoup d'autres usages.

11. 1 Il existe de nombreuses espèces de panacée,
d'euphorbe[1], etc. On appelle panacée tout d'abord la
plante de Syrie dont il a été question un peu plus haut[2], et
d'autre part les trois espèces appelées respectivement
panacée de Chiron, d'Asclépios et d'Héraclès[3]. La panacée de Chiron a une feuille semblable à celle de la
patience, mais plus grande et plus poilue, une fleur jaune

ἐλαιάτην ἐν ταῖς ἀμπέλοις φύεσθαι καὶ ποιεῖν τὸν οἶνον
οὕτω διουρητικὸν ὥστε λαγαροὺς εἶναι πάνυ τοὺς
πίνοντας. 4 Ἄριστος δὲ πάντων καὶ τούτων καὶ τῶν
ἄλλων ὁ οἰταῖος. Ὁ δὲ παρνάσιος καὶ ὁ αἰτωλικός —
γίνεται γὰρ καὶ ἐνταῦθα καὶ πολλοὶ καὶ ὠνοῦνται καὶ   5
πωλοῦσιν οὐκ εἰδότες — σκληροί τε καὶ ἄγαν περι-
σκελεῖς. Ταῦτα μὲν οὖν ὅμοια ταῖς μορφαῖς ὄντα δυνάμεις ἰδίας ἔχουσι. Καλοῦσι δὲ τὸν μέλανά τινες ἔκτομον
μελαμπόδιον, ὡς ἐκείνου πρῶτον τεμόντος καὶ ἀνευρόντος. Καθαίρουσι δὲ καὶ οἰκίας αὐτῷ καὶ πρόβατα   10
συνεπάδοντές τινα ἐπῳδήν, καὶ εἰς ἄλλα δὲ πλείω
χρῶνται.

11. 1 Πολλὰ δ᾽ ἐστὶ καὶ τὰ πανάκη καὶ οἱ τιθύμαλλοι
καὶ ἕτερα ἄττα. Πάνακες γὰρ καλοῦσι πρῶτον μὲν τὸ ἐν
Συρίᾳ περὶ οὗ μικρῷ πρότερον εἴρηται, ἄλλα δὲ τὰ   15
τρία, τὸ μὲν χειρώνειον καλούμενον, τὸ δ᾽ ἀσκληπίειον,
τὸ δ᾽ ἡράκλειον. Ἔχει δὲ τὸ μὲν χειρώνειον φύλλον μὲν
ὅμοιον λαπάθῳ, μεῖζον δὲ καὶ δασύτερον, ἄνθος δὲ χρυ-

TEST.: 8 HSCH. s.u. ἔκτομον. — 13 schol. NIC., *Ther*. 564. — 16-
17 schol. NIC., *Ther*. 564. — 17-18 schol. NIC., *Ther*. 500.

1 ἐλαιάτην P : ἐλεάτ- Ald. rasuras praebentes ceteri non sine
dubio leguntur ‖ 4 παρνάσιος U M P Ald. : -άσσιος U* ‖ tert. ὁ om.
U M ‖ αἰτωλικός U : αἰτώλιος U* P Ald. ἀπολικός M ‖ 5 γίνεται
U U* M : -νονται P Ald. ‖ alt. καὶ om. P Ald. ‖ 6 οὐκ εἰδότες om.
U* ‖ σκληροί τε P Ald. : οὐχ ὅτε σ. cett. ‖ 7 οὖν om. U* P Ald. ‖ 7-
8 δυνάμεις ἰδίας ἔχουσι U M P Ald. : ταῖς δυνάμεσι διαφέροντα
U* ‖ 8-10 ἔκτομον — ἀνευρόντος U* : ἐκ τοῦ τεμόντος καὶ
ἀνευρόντος μελαμπόδιον ὡς ἐκείνου πρώτου τεμόντος U M P
Ald. ‖ 10 οἰκίας U M : ὑίας U*ᶜᵒʳʳ ὕας P Ald. ‖ 14 πάνακες [*pana-
cem* Gaza] Schn. : -κας U M πανάκη U* P Ald. ‖ 15 μικρῷ U M P
Ald. : μικρὰ// U* ‖ τὰ om. U* P Ald. ‖ 16 ἀσκληπίειον U* : -ήπιον
U M -ήπειον P Ald. ‖ 17 τὸ δ᾽ἡράκλειον ante τὸ δ᾽ἀσκληπίειον
(l. 16) transp. U* P Ald. ‖ 17-18 (p. 29) ἔχει — τὸ δ᾽ ἡράκλειον om.
U M ‖ 18 λαπάθῳ codd. Ald. : ἀμαράκῳ schol. NIC.

d'or, une racine longue ; elle affectionne les terrains gras[4]. On l'utilise contre les vipères, les tarentules, les seps et les autres reptiles[5], administrée dans du vin et en onction avec de l'huile, mais pour une morsure de vipère, à la fois en application et en potion dans du vin piqué. On dit cette racine bonne aussi pour les ulcères dans du vin et de l'huile, pour les tumeurs, dans du miel[6]. 2 La panacée d'Asclépios a une racine longue d'environ un empan, blanche et très grosse, avec une écorce épaisse qui porte comme des efflorescences de sel ; une tige noueuse de partout, une feuille semblable à celle de la thapsie, quoique plus fournie[7]. On dit que c'est un bon remède[8] contre les serpents, à prendre en raclures dans une boisson, et pour la rate, quand il y a du sang tout autour, dans de l'eau miellée ; pour la tête, il convient d'appliquer en onction la drogue triturée dans l'huile (de même si quelqu'un souffre de quelque autre mal invisible) et en raclures dans du vin pour les douleurs d'estomac (on lui prête même le pouvoir de faire céder les malaises chroniques). Dans le traitement des plaies ulcéreuses[9] il convient, si elles sont suintantes, de les saupoudrer de produit sec, avec irrigation préalable au vin chaud ; si elles sont sèches, de tremper la drogue dans du vin et de l'appliquer. 3 La panacée d'Héraclès a une feuille grande et large, atteignant en tous sens trois empans ; une racine de la grosseur d'un doigt, bifurquée ou trifurquée, d'un goût un peu amer et à odeur d'encens[10]. Celle-ci est un bon remède pour la maladie sacrée, à prendre en potion, mélangée à de la présure de phoque[11] dans la proportion d'un quart ; pour les douleurs gastriques, dans du vin

σοειδές, ῥίζαν δὲ μακράν· φιλεῖ δὲ μάλιστα τὰ χωρία τὰ
πίονα. Χρῶνται δὲ πρός τε τοὺς ἔχεις καὶ τὰ φαλάγγια
καὶ τοὺς σῆπας καὶ τἄλλα ἑρπετὰ διδόντες ἐν οἴνῳ καὶ
ἀλείφοντες μετ᾽ ἐλαίου, τοῦ δ᾽ ἔχεως τὸ δῆγμα καὶ
καταπλάττοντες καὶ ἐν ὀξίνῃ πιεῖν διδόντες. Ἀγαθὴν δέ   5
φασι καὶ ἑλκῶν ἐν οἴνῳ καὶ ἐλαίῳ καὶ φυμάτων ἐν
μέλιτι. 2 Τὸ δ᾽ ἀσκληπίειον τὴν ῥίζαν μῆκος μὲν ὡς
σπιθαμήν, λευκὴν δὲ καὶ παχεῖαν σφόδρα, καὶ φλοιὸν
παχὺν καὶ ἁλυκώδη· καυλὸν δὲ ἔχει γονατώδη πανταχόθεν, φύλλον δὲ ὅμοιον τῇ θαψίᾳ πλὴν παχύτερον.   10
Ἀγαθὸν δὲ εἶναί φασιν ἑρπετῶν τε ξύοντα πίνειν, καὶ
σπληνὸς ὅταν αἷμα περὶ αὐτὸν ἐν μελικράτῳ, καὶ
κεφαλῆς τρίβοντα ἐν ἐλαίῳ ἀλείφειν — καὶ ἄλλο τι ἐὰν
πονῇ τις ἀφανές — καὶ γαστρὸς ὀδύνης ἐν οἴνῳ ξύοντα
— δύνασθαι δὲ καὶ τὰς μακρὰς ἀρρωστίας ἐκκλίνειν.   15
[Ἔπειτα] Τῶν δὲ ἑλκωδῶν τῶν μὲν ὑγρῶν ξηρὸν
ἐπιπάττειν προκατακλύζοντα οἴνῳ θερμῷ, τῶν δὲ ξηρῶν
ἐν οἴνῳ δεῦσαι καὶ καταπλάττειν. 3 Τὸ δ᾽ ἡράκλειον
φύλλον μὲν ἔχει μέγα καὶ πλατὺ καὶ τρισπίθαμον παν-
ταχῇ, ῥίζαν δὲ ὡς δακτύλου τὸ πάχος δίκραν ἢ τρί-   20
κραν, τῇ γεύσει μὲν ὑπόπικρον, τῇ δ᾽ ὀσμῇ καθάπερ
λιβανωτοῦ· ἀγαθὴν δὲ τῆς ἱερᾶς νόσου μιγνυμένην
φώκης πιτύα ὅσον τεταρτημόριον πίνειν, καὶ ὀδύνης

TEST.: 1-2 schol. NIC., *Ther*. 500.

1 μακράν codd. Ald. schol. NIC. : μικρ- plerique edd. ab Heins.
uide adn. ‖ μάλιστα om. Ald. ‖ 1-2 τὰ χ. τὰ πίονα codd. Ald. : χ.
ταπεινά schol. NIC. ‖ 3 σῆπας Scal. : σῆτας codd. Ald. ‖ 5 καὶ huc
transp. Schn. 1821 : post ὀξίνῃ habent codd. Ald. ‖ 7 post μὲν add.
ἐστὶν P Ald. ‖ 10 δὲ ὅμοιον τῇ θαψίᾳ P Ald. : δ᾽ οἷόνπερ ἡ θαψία
U* ‖ 13 τρίβοντα P Ald. : -ντας U* ‖ 16 ἔπειτα deleui uide adn. ‖ δὲ
om. P Ald. ‖ 17 ἐπιπάττειν ego : -πάττοντα codd. Ald. ‖ ante οἴνῳ
add. ἐν codd. ‖ 20-21 δίκραν ἢ τρίκραν Schn. : δ. ἢ τρίκαν U M
δικρανῇ /// πικραν U* δικρανῇ ἢ τρικρανῇ P Ald. ‖ 21 μὲν ...
δ᾽ om. U* ‖ 22 λιβανωτοῦ U* : λ. καθαρῶς P Ald. λιβανωτὸν καθαρόν U M ‖ 23 ὀδύνης Wim. : -ύναι codd. Ald.

doux ; pour les ulcères, à l'état sec s'ils sont suintants, dans du miel s'ils sont secs. 4 Tels sont donc les caractères distinctifs et les propriétés de ces espèces. Il existe d'autres panacées, dont l'une a un feuillage léger, l'autre non[12]. Les deux se prêtent aux mêmes usages, en pessaire pour les femmes et en cataplasme avec du gruau d'orge[13] sur les plaies en général et spécialement sur les ulcères phagédéniques.

5 Leur nom est le point commun tant des solanées que des euphorbes[14]. Des solanées en effet l'une provoque le sommeil et l'autre la folie — sans compter que l'espèce somnifère a une racine qui devient rouge sang en séchant, de blanche qu'elle était à l'arrachage, un fruit plus rouge que l'écarlate, une feuille semblable à celle du pommier à fruits doux, avec une pubescence particulière ; elle forme de gros pieds[15]. L'écorce de sa racine est hachée et réduite en poudre qui, diluée dans du vin pur, est administrée en potion comme somnifère. La plante pousse dans les ravins et sur les tombes[16]. 6 L'espèce qui provoque la folie (on l'appelle aussi « l'herbe au thyrse », ou encore « l'extravagante »)[17] a la racine blanche, longue d'une coudée environ et creuse. Celle-ci est administrée à la dose d'une drachme, si on veut faire en sorte que < le patient > soit d'humeur enjouée et se trouve

κατὰ γαστέρα ἐν οἴνῳ γλυκεῖ, καὶ ἑλκῶν τῶν μὲν ὑγρῶν
ξηράν, τῶν δὲ ξηρῶν ἐν μέλιτι. 4 Αὗται μὲν οὖν ταύτας
ἔχουσι τὰς διαφοράς τε καὶ δυνάμεις. Ἄλλα δέ ἐστι
πανάκη, τὸ μὲν λεπτόφυλλον, τὸ δὲ οὔ. Αἱ δὲ δύναμεις
ἀμφοῖν αἱ αὐταί, πρόσθετόν τε γυναιξὶ καὶ κατά-   5
πλασμα μετ᾿ ἀλφίτου καὶ πρὸς τὰ ἕλκη τὰ ἄλλα καὶ
πρὸς τὰ νεμόμενα.
5 Συνώνυμοι δὲ καὶ οἱ στρύχνοι καὶ οἱ τιθύμαλλοι.
Τῶν γὰρ στρύχνων ὁ μὲν ὑπνώδης, ὁ δὲ μανικός — καὶ
ὁ μὲν ὑπνώδης ἐρυθρὰν ἔχων τὴν ῥίζαν ὥσπερ αἷμα   10
ξηραινομένη, ὀρυττομένην δὲ λευκήν, καὶ καρπὸν ἐρυθρότερον κόκκου, φύλλον δὲ ὅμοιον μηλέᾳ τῇ γλυκείᾳ
καὶ αὐτὸ δασύ· καὶ πυθμὴν μέγας. Τούτου τῆς ῥίζης
τὸν φλοιὸν κόπτοντες λεῖον καὶ βρέχοντες ἐν οἴνῳ
ἀκράτῳ διδόασι πιεῖν καὶ ποιεῖ καθεύδειν. Φύεται δὲ ἐν   15
χαράδραις καὶ τοῖς μνήμασιν. 6 Ὁ δὲ μανικός — οἱ δὲ
θρύον καλοῦσιν αὐτόν, οἱ δὲ περιττόν — λευκὴν ἔχει
τὴν ῥίζαν καὶ μακρὰν ὡς πήχεος καὶ κοίλην. Δίδοται δ᾿
αὐτῆς, ἐὰν μὲν ὥστε παίζειν καὶ δοκεῖν ἑαυτῷ κάλλιστον εἶναι, δραχμὴ σταθμῷ· ἐὰν δὲ μᾶλλον μαίνεσθαι καὶ   20

TEST.: 8 Phot. s.u. ὀρύη.

2 ξηράν Schn. : -ρά U* M P Ald. -ρὰι Ucorr ‖ 3 δυνάμεις … διαφοράς U* ‖ τε καὶ δυνάμεις om. U M ‖ ἐστι om. U* P Ald. ‖ 4 οὔ U
M : πλατύφυλλον U* P Ald. ‖ 5 πρόσθετόν U U* P : προσθετέον
Ald. πρόστε τόν M ‖ 6 ἀλφίτου codd. : -ίτων Ald. uide adn. ‖
8 στρύχνοι U* P Ald. : τρίχυνοι U τρίχωοι M ‖ 9-10 ὁ δὲ —
ὑπνώδης om. U M ‖ 10 ὥσπερ αἷμα U M Ald. : ὡς αἷμα U* om. P ‖
11 ὀρυττομένην om. U M ‖ 12 ὅμοιον U* : τιθυμάλλῳ ὅ. ἢ cett.
uide adn. ‖ τῇ om. U* ‖ 13 πυθμὴν μέγας U* P Ald. : πυγμὴν μ. U
M σπιθαμὴν μέγα Const. uide adn. ‖ 14 λεῖον U* Pγρ : λίαν U M P
Ald. ‖ 15 ἀκράτῳ P Ald. : εὐκρ- cett. ‖ πιεῖν om. U M Ald. ‖ καὶ
ποιεῖ U* M Ald. : εἶτα P ‖ δὲ om. U* ‖ 16 alt. δὲ U* : μὲν cett. ‖
17 θρύον Schn. coll. Diosc. uide adn. : θρύορον P Ald. θρυόρου U*
βρυόρυ U M ‖ 19 ὥστε U U* : οὕτως ὥ. P Ald. οὕτως M ‖ 20-
1 (p. 31) καὶ — φαίνεσθαι om. U M.

merveilleux ; si on veut l'amener à la folie et lui procurer des visions hallucinatoires, on donne deux drachmes ; s'il s'agit de le mettre dans un état de folie permanent, on en donne trois, et on incorpore, dit-on, à la drogue du suc de centaurée ; si on veut provoquer la mort, on donne quatre drachmes[18]. La plante a la feuille de la roquette en plus grand, une tige d'environ une brasse, une capsule comme un bulbe de ciboulette, quoique plus grosse et couverte d'aspérités, qui ressemble plus exactement à un fruit de platane[19].

7 Parmi les euphorbes, celle qui est dite « maritime » a une feuille arrondie, une tige écarlate dont la longueur totale avoisine un empan, et le fruit blanc[20]. On la coupe dès la véraison du raisin et, après séchage, le fruit broyé est administré en potion à raison d'un tiers d'oxybaphe[21]. 8 L'euphorbe dite « mâle » a la feuille de l'olivier et une hauteur totale de deux coudées. A l'époque de la vendange on en extrait le suc, dont on fait l'usage approprié au traitement ; mais il purge plutôt par le bas[22]. 9 L'euphorbe blanche qu'on appelle « faux myrte » a la feuille comme le myrte, quoique piquante à l'extrémité[23]. Elle développe sur le sol de petites tiges sarmenteuses d'environ un empan, issues de la même racine ; celles-ci ne

φαντασίας τινὰς φαίνεσθαι, δύο δραχμάς· ἐὰν δ᾽ ὥστε
μὴ παύεσθαι μαινόμενον, τρεῖς, καὶ συμπαραμιγνύναι
φασὶν ὀπὸν κενταυρίου· ἐὰν δὲ ὥστε ἀποκτεῖναι, τέτταρας. Ἔχει δὲ τὸ μὲν φύλλον ὅμοιον εὐζώμῳ πλὴν
μεῖζον, τὸν δὲ καυλὸν ὡς ὀργυίας, κεφαλὴν δὲ ὥσπερ   5
γηθύου, μείζω δὲ καὶ δασυτέραν· ἔοικε δὲ καὶ πλατάνου
καρπῷ.

7 Τῶν δὲ τιθυμάλλων ὁ μὲν παράλιος καλούμενος
φύλλον ἔχει περιφερές, καυλὸν δὲ κόκκινον καὶ τὸ ὅλον
μέγεθος ὡς σπιθαμῆς, τὸν δὲ καρπὸν λευκόν. Ἁμᾶται   10
δὲ ὅταν ἄρτι περκάζῃ σταφυλὴ καὶ ξηρανθεὶς ὁ καρπὸς
δίδοται πιεῖν τριφθεὶς ὅσον τρίτον μέρος ὀξυβάφου.
8 Ὁ δ᾽ ἄρρην καλούμενος τὸ μὲν φύλλον ἐλαιῶδες ἔχει,
τὸ δὲ ὅλον μέγεθος διπηχυαῖον. Τοῦτον ὀπίζουσιν ἅμα
τρυγητῷ καὶ θεραπεύσαντες οὕτως ὡς δεῖ χρῶνται·   15
καθαίρει δὲ κάτω μᾶλλον. 9 Ὁ δὲ μυρτίτης καλούμενος
τιθύμαλλος λευκός, τὸ μὲν φύλλον ἔχει καθάπερ ὁ μύρρινος πλὴν ἀκανθῶδες ἀπ᾽ ἄκρου. Κλημάτια δ᾽ ἀφίησιν
ἐπὶ τὴν γῆν ὡς σπιθαμιαῖα, πεφυκότα ἀπὸ τῆς αὐτῆς

1-4 δραχμάς … τέτταρας codd. Ald. : δραχμαί … τέτταρες edd.
a Schn. ‖ 2 παύεσθαι U M : παύσασθαι cett. ‖ συμπαραμιγνύναι
U* P Ald. : παραπηγνύναι U M ‖ 3 ὀπὸν κενταυρίου U* P : ὀστο-
κένταυρον (sic) U ὡς τὸ κένταυρον M Ald. ‖ ὥστε U* P : ὥσπερ
cett. ‖ 4 εὐζώμῳ U M Ald. : -μου U* P ‖ 5 ὡς U* P : ὥσπερ cett. ‖
6 μεῖζω P Ald. : μεῖζον U M μεῖζων U*ᵃᶜ μείζων U*ᵖᶜ ‖ δασυτέραν
P : -ύτερον U M -ύτερος U* παχυτέραν Ald. ‖ 9 φύλλον ἔχει περιφερές, καυλὸν δὲ κόκκινον ego coll. Dιοsc. et Plin. uide adn. :
κόκκινον φ. ἔ. π., κ. δὲ coni. Hort ex Wim. 1842 in notis κόκκος φ.
ἔ. π., κ. δὲ U M P Ald. καυλὸν tantum U* ‖ τὸ om. U M ‖ 11 περκάζῃ U P Ald. : -άσῃ U* σπερμάζῃ M ‖ 12 πιεῖν U* P Ald. : πίνειν
U M ‖ τρίτον μέρος U M Ald. : τρίτον P τρίτου U* ‖ 13 ἄρρην U
U* P Ald. : ἄρσην M ‖ 14 διπηχυαῖον U* P Ald. : πηχυαῖον U M ‖
15 ὡς δεῖ om. U M P Ald. ‖ 16 κάτω om. U* ‖ μᾶλλον om. U M ‖
17-18 ὁ μύρρινος P Ald. : μ. tantum U M οἱ μύρρινοι U* ‖ 19 τὴν
γῆν U M : γ. tantum P Ald. γῆς U* ‖ σπιθαμιαῖα U M P Ald. : κλη-
ματιαῖα U* ‖ 19-1 (p. 32) πεφυκότα — ῥίζης huc transposui ex Schn.
in comm. uide adn. : post νέωτα (l. 2, p. 32) habent codd. Ald.

fructifient pas toutes en même temps, mais successivement, les unes maintenant, les autres l'année prochaine.
Elle aime les lieux montagneux. Son fruit porte le nom de
« noix »[24]. On coupe la plante quand mûrissent les orges,
on la fait sécher et on nettoie le fruit séparément par
lavage à grande eau. Après l'avoir fait sécher de nouveau, on le donne en potion mélangé avec deux parties de
pavot noir, et l'ensemble des deux ingrédients à raison
d'un oxybaphe ; il évacue le phlegme par le bas. Si on
donne la « noix » seule, on la donne broyée dans du vin
doux, ou bien à grignoter dans du sésame grillé[25]. Voilà
donc les plantes dont on utilise à la fois les feuilles, le suc
et les fruits[26].

10 Des « herbes à l'encens » (il y en a deux) l'une n'a
pas de fruits, l'autre en a ; de celle-ci, on utilise aussi le
fruit et la feuille, de celle-là uniquement la racine[27]. Le
fruit porte le nom de *cachrys*. La plante correspondante[28]
a une feuille comparable à celle de l'ache des marais,
mais beaucoup plus grande ; une tige haute d'une coudée
ou davantage ; une longue et grosse racine blanche, qui
sent l'encens ; un fruit blanc, rugueux, allongé. Elle
pousse surtout dans les lieux arides et rocailleux. On utilise la racine pour les ulcères et comme emménagogue,
en potion dans du vin rouge sec ; le fruit, dans le traitement des rétentions d'urine, des maux d'oreille et de l'albugo, ainsi que des ophtalmies, et pour donner du lait aux
femmes[29]. 11 L'espèce sans fruits a la feuille semblable à
celle de la laitue amère, mais plus rude et plus blanche, et

ρίζης· ταῦτα δ' οὐχ ἅμα φέρει τὸν καρπὸν ἀλλὰ παρ'
ἔτος, τὰ μὲν νῦν, τὰ δ' εἰς νέωτα. Φιλεῖ δὲ ὀρεινὰ χωρία.
Ὁ δὲ καρπὸς αὐτοῦ καλεῖται κάρυον. Ἀμῶσι δὲ ὅταν
ἁδρύνωνται αἱ κριθαὶ καὶ ξηραίνοντες καὶ ἀποκαθαί-
ροντες αὐτὸν τὸν καρπὸν πλύναντες ἐν ὕδατι. Καὶ   5
πάλιν ξηράναντες διδόασι πιεῖν συμμιγνύντες δύο μέρη
τῆς μελαίνης μήκωνος, τὸ δὲ συναμφότερον ὅσον ὀξύ-
βαφον· καθαίρει δὲ φλέγμα κάτω. Ἐὰν δὲ τὸ κάρυον
αὐτὸ διδῶσι, τρίψαντες ἐν οἴνῳ γλυκεῖ διδόασιν ἢ ἐν
σησάμῳ πεφρυγμένῳ κατατραγεῖν. Ταῦτα μὲν οὖν τοῖς   10
τε φύλλοις καὶ τοῖς ὀποῖς καὶ τοῖς καρποῖς χρήσιμα.

10 Τῶν δὲ λιβανωτίδων — δύο γάρ εἰσιν — ἡ μὲν
ἄκαρπος, ἡ δὲ κάρπιμος, ἡ μὲν καὶ τῷ καρπῷ καὶ τῷ
φύλλῳ χρήσιμος, ἡ δὲ μόνον τῇ ῥίζῃ. Καλεῖται δὲ ὁ
καρπὸς κάχρυς. Ἔχει δὲ αὕτη τὸ μὲν φύλλον ἐοικὸς   15
σελίνῳ ἑλείῳ, μεῖζον δὲ πολύ, καυλὸν δὲ μέγεθος
πήχεος ἢ μείζω, ῥίζαν δὲ μεγάλην καὶ παχεῖαν λευκὴν
ὄζουσαν ὥσπερ λιβανωτοῦ, καρπὸν δὲ λευκὸν τραχὺν
προμήκη. Φύεται δὲ μάλιστα ὅπου ἂν αὐχμηρὰ χωρία
ᾖ καὶ πετρώδη. Χρησίμη δὲ ἡ μὲν ῥίζα πρός τε τὰ ἕλκη   20
καὶ πρὸς τὰ γυναικεῖα πινομένη ἐν οἴνῳ αὐστηρῷ
μέλανι· ὁ δὲ καρπὸς πρός τε τὰς στραγγουρίας καὶ
πρὸς τὰ ὦτα καὶ ἄργεμα καὶ πρὸς ὀφθαλμίας καὶ ὥστε
γάλα γυναιξὶν ἐμποιεῖν. 11 Ἡ δὲ ἄκαρπος ἔχει τὸ φύλλον ὅμοιον θριδακίνης τῆς πικρᾶς, τραχύτερον δὲ καὶ   25

TEST.: 24-25 Diosc. III, 74, 4.

5 πλύναντες U U*M Ald. : πλατύναν- P ‖ 5-6 ἐν — ξηράναντες
om. U M ‖ 6 πιεῖν U* P Ald. : πῇ U M ‖ 9 ᾖ om. U* ‖ 11 καρποῖς
... ὀποῖς U* ‖ 13 μὲν U U* P Ald. : δὲ M ‖ 14 χρήσιμος U M :
χρησίμη P -σίμη U* Ald. ‖ 15 κάχρυς U M P Ald. : -υ U* ‖ αὕτη
U* P Ald. : αὐτὴ U αὐτῇ M ‖ 16 καυλὸν U M P Ald. : καυλοῦ U* ‖
17 ᾖ om. U* ‖ 18 λιβανωτοῦ U M P Ald. : -τόν U* ‖ 20 ᾖ om. U* ‖
23 πρὸς τὰ om. U M ‖ 25 ὅμοιον U M P Ald. : οἷον U*.

une racine courte. Elle pousse juste aux endroits où la bruyère est très abondante[30]. La racine a le pouvoir de purger par le haut et par le bas : la partie tournée vers la pousse, par le haut ; celle qui regarde la terre, par le bas. Placée dans les vêtements, la plante éloigne les mites. On la récolte vers l'époque des moissons.

12. 1 Le « caméléon » comprend le « blanc » et le « noir »[1]. Les propriétés de leurs racines sont différentes, mais les racines elles-mêmes ont aussi des caractères différents. Celle du premier est blanche, épaisse, de saveur douce et d'odeur forte[2]. Elle s'utilise, dit-on, à la fois pour les hémorragies, bouillie après avoir été coupée comme un radis en rondelles qu'on enfile sur un jonc[3], et pour le ténia, à prendre en boisson, non sans avoir mangé du raisin sec au préalable, raclée superficiellement à la dose d'un oxybaphe dans du vin sec[4]. Elle fait périr le chien aussi bien que le porc : le chien, dans de la farine d'orge malaxée avec de l'huile et de l'eau[5] ; le porc, mélangée à des « radis de montagne »[6]. On la donne aux femmes dans du moût de raisin ou dans du vin doux[7]. Et si l'on veut éprouver les chances de survie d'un malade,

λευκότερον, ῥίζαν δὲ βραχεῖαν. Φύεται δὲ ὅπουπερ
ἐρείκη πλείστη. Δύναται δὲ ἡ ῥίζα καθαίρειν καὶ ἄνω
καὶ κάτω· τὸ μὲν γὰρ πρὸς τὴν βλάστην ἄνω, τὸ δὲ
πρὸς τὴν γῆν κάτω. Κωλύει δὲ καὶ εἰς ἱμάτια τιθεμένη
τοὺς σῆτας. Συλλέγεται δὲ περὶ πυροτομίας.   5

12. 1 Χαμαιλέων δὲ ὁ μὲν λευκός, ὁ δὲ μέλας. Αἱ δὲ
δυνάμεις τῶν ῥιζῶν, καὶ αὐταὶ δὲ αἱ ῥίζαι τοῖς εἴδεσι
διαφέρουσι. Τοῦ μὲν γὰρ λευκὴ καὶ παχεῖα καὶ γλυκεῖα
καὶ ὀσμὴν ἔχουσα βαρεῖαν. Χρήσιμον δέ φασι πρός τε
τοὺς ῥοῦς ὅταν ἑψηθῇ κατατμηθεῖσα καθάπερ ῥαφανὶς 10
ἐνειρομένη ἐφ᾽ ὁλοσχοίνου, καὶ πρὸς τὴν ἕλμινθα τὴν
πλατεῖαν ὅταν ἀσταφίδα προφάγῃ πίνειν ἐπιξύοντα
ταύτην ὅσον ὀξύβαφον ἐν οἴνῳ αὐστηρῷ. Ἀναιρεῖ δὲ καὶ
κύνα καὶ σῦν· κύνα μὲν ἐν ἀλφίτοις ἀναφυραθεῖσα μετ᾽
ἐλαίου καὶ ὕδατος, σῦν δὲ μετὰ ῥαφάνων μεμιγμένη τῶν 15
ὀρείων. Γυναικὶ δὲ δίδοται ἐν τρυγὶ γλυκείᾳ ἢ ἐν οἴνῳ
γλυκεῖ. Καὶ ἐὰν βούληταί τις ἀσθενοῦντος ἀνθρώπου

TEST.: 1-3 Diosc. III, 74,4. — 4-5 Apollon. Paradox. XLVIII. —
6 schol. Nic., Ther. 656.

1 ὅπουπερ U M P Ald. : ὁπότε U* ‖ 2 ἐρείκη U* cf. Diosc. uide
adn. : εἴρηται cett. ‖ πλείστη U M P Ald. : πλεῖστα U* ‖ καθαίρειν
ἡ ῥίζα U* P Ald. ‖ 2-3 κάτω ... ἄνω U* ‖ 3 γὰρ om. U* ‖ βλάστην
U M : βλάστησιν cett. ‖ 4 εἰς ἱμάτια U* P Ald. : ἐπὶ ἱ. U M μετὰ
ἱματίων Apollon. ‖ 5 σῆτας U M P Ald. Apollon. : σῆς U* ‖
6 χαμαιλέων U*corr P Ald. : χαμαιλαίων [χαμελ- U] U M χαμαί-
λεον schol. Nic. ‖ 7 αὐταὶ P Ald. : αὗται cett. ‖ 8 διαφέρουσι Ucorr
M : διάφοροι U* P Ald. ‖ γλυκεῖα ... παχεῖα P Ald. ‖ 9 χρήσιμον
U* : -μα U M χρησίμη P Ald. ‖ τε om. U* P Ald. ‖ 11 ἐνειρομένη
ἐφ᾽ ὁλοσχοίνου Schn. coll. IX, 9, 1 : ἐνειλομένη ἐφ᾽ ὁ. U M P Ald.
ἐνειρομενησε (sic) πολισχοίνου U* ‖ 12 προφάγῃ U M Ald. :
-φαγῇ P -φανειν sine accentu U* ‖ 13 ὀξύβαφον U* P Ald. : ὀξόβ-
U ὀξύκοφον M ‖ ἀναιρεῖ U U* M Ald. : -ρεῖν P ‖ 14 et 15 σῦν U
M Ald. : ὗν U* P ‖ 15 ῥαφάνων U* P Ald. : -νου μετά τινος U M ‖
μεμιγμένη U* : μίγνυμι- cett. ‖ 16 ἢ U M P : καὶ Ald. om. U*.

il est recommandé de lui en faire prendre un bain pendant trois jours ; s'il y résiste, il survivra[8]. Cette espèce pousse pareillement partout[9]. Sa feuille ressemble à celle du scolyme, en plus grand ; la plante proprement dite a au ras du sol une sorte de gros capitule pareil à celui d'un chardon (d'où le nom de « chardon » qu'on lui donne parfois)[10]. 2 Le « caméléon noir » lui ressemble un peu pour la feuille, qui rappelle celle du scolyme, quoique plus petite et plus plane[11]. Mais la plante proprement dite forme dans son ensemble comme une ombrelle ; sa racine est épaisse et noire, jaunâtre à la cassure[12]. C'est une espèce des lieux frais et incultes[13]. Elle a le pouvoir de faire disparaître la lèpre, triturée dans du vinaigre et en raclures appliquées par onction, ainsi que les dartres farineuses[14] ; elle fait périr également les chiens.

3 Les pavots sauvages sont plus nombreux. Il y a d'une part celui qu'on appelle le pavot cornu, et d'autre part le « noir »[15]. La feuille du premier est comme celle de la molène « noire », mais moins foncée ; la hauteur de la tige environ une coudée ; la racine épaisse et superficielle ; le fruit recourbé comme une corne ; on le récolte à l'époque des moissons. Il a le pouvoir de purger le ventre, et la feuille celui d'enlever l'albugo aux moutons. Cette espèce pousse au bord de la mer dans des endroits rocheux[16]. 4 Un autre pavot appelé coquelicot ressemble un peu à la chicorée sauvage, ce qui explique qu'il se mange[17]. Il pousse dans les champs cultivés, surtout dans les orges. Il a une fleur rouge et une tête de la taille d'un ongle. On la récolte avant la moisson des orges et de

διαπειράσασθαι εἰ βιώσιμος, λούειν κελεύουσι τρεῖς
ἡμέρας, κἂν περιενέγκῃ, βιώσιμος. Φύεται δ' ὁμοίως
πανταχοῦ. Καὶ ἔχει τὸ φύλλον ὅμοιον σκολύμῳ, μεῖζον
δέ· αὐτὸ δὲ πρὸς τῇ γῇ τινα κεφαλὴν ἔχει ὁμοίαν ἀκάνῳ
μεγάλην — οἱ δ' ἄκανον καλοῦσιν. 2 Ὁ δὲ μέλας τῷ μὲν   5
φύλλῳ παρόμοιος· σκολυμῶδες γὰρ ἔχει πλὴν ἔλαττον
καὶ λειότερον. Αὐτὸς δ' ὅλος ἐστὶν ὥσπερ σκιάδιον, ἡ
δὲ ῥίζα παχεῖα καὶ μέλαινα, διαρραγεῖσα δὲ ὑπόξανθος.
Χωρία δὲ φιλεῖ ψυχρὰ καὶ ἀργά. Δύναται δὲ λέπραν τε
ἐξελαύνειν ἐν ὄξει τριβόμενος καὶ ξυσθεὶς ἐπαλειφόμε-   10
νος καὶ ἀλφὸν ὡσαύτως· ἀναιρεῖ δὲ καὶ τοὺς κύνας.

3 Μήκωνες δ' εἰσὶν αἱ ἄγριαι πλείους· ἡ μὲν κερατῖτις
καλουμένη, ἡ δὲ μέλαινα. Ταύτης τὸ φύλλον ὥσπερ
φλόμου τῆς μελαίνης, ἧττον δὲ μέλαν, τοῦ δὲ καυλοῦ
τὸ ὕψος ὡς πηχυαῖον, ῥίζα δὲ παχεῖα καὶ ἐπιπόλαιος,   15
ὁ δὲ καρπὸς καμπύλος ὥσπερ κέρας· συλλέγεται δὲ
περὶ πυροτομίας. Δύναται δὲ καθαίρειν κοιλίαν, τὸ δὲ
φύλλον ἄργεμα προβάτοις ἀφαιρεῖν. Φύεται δὲ παρὰ
θάλατταν οὗ ἂν ᾖ πετρώδη χωρία. 4 Ἑτέρα δὲ μήκων
ῥοιὰς καλουμένη παρομοία κιχορίῳ τῷ ἀγρίῳ· διὸ καὶ   20
ἐσθίεται. Ἐν τοῖς ἀρουραίοις δὲ φύεται, μάλιστα ἐν ταῖς
κριθαῖς. Ἄνθος δὲ ἔχει ἐρυθρόν, κωδύαν δ' ὅσην ὄνυχα
τοῦ δακτύλου. Συλλέγεται δὲ πρὸ τοῦ θερισμοῦ τῶν

1 διαπειράσασθαι P Ald. : -πείρασθαι (sic) U U* M ‖ 1-2 βιώσιμος ... βιώσιμος U M P Ald. : ζώσιμος ... βιώσιμος U* uide adn. ‖
2 κἂν codd. : κἄνπερ Ald. ‖ 4 τινα Wim. : τὴν δὲ codd. Ald. ‖
ὁμοίαν ἀκάνῳ U M P Ald. : κωνοειδῆ U* Ργρ ‖ 5 ἄκανον U M P
Ald. : ἄκανθαν U* Ργρ uide adn. ‖ 5-6 τῷ ... φύλλῳ U U* M : τὸ ...
φύλλον P Ald. ‖ 9 τε om. U* P Ald. ‖ 12 αἱ om. U* P Ald. ‖ 13 ἡ δὲ
om. U M ‖ ὥσπερ U U* : ὡς cett. ‖ 14 φλόμου U M P Ald. : φλοιὸς
οὗ U* ‖ 15 ὡς omisso τὸ ὕψος post πηχυαῖον transp. U* ‖ post δὲ
add. καὶ U* ‖ παχεῖα U* : βραχ- cett. ‖ 16 κέρας U M : τῶν
κερατίων cett. ‖ 18 ἄργεμα U M P Ald. : -μον U* ‖ ἀφαιρεῖν U M :
-ρεῖ cett. ‖ 20 ῥοιὰς Uρc M P Ald. : ῥοιὰς Uac ῥυὰς U*corr ‖ 22 ἔχει
om. U* ‖ δ' P Ald. : θ' U* om. U M.

préférence encore un peu verte. Elle purge par le bas[18].
5 On appelle « pavot d'Héraclès » une autre espèce, qui
a la feuille de la saponaire dont on se sert pour blanchir
les tissus de lin, une racine fine et superficielle, et le fruit
blanc. Sa racine purge par le haut. Certains l'utilisent
pour soigner les épileptiques, dans de l'eau miellée[19].

Voilà donc des plantes réunies en quelque sorte par un
phénomène d'homonymie[20].

13. 1 Les différences entre les racines résident aussi
dans leur goût et dans leur odeur[1] : certaines sont âcres,
d'autres amères, d'autres douces ; il en est de parfumées
et de fétides. La saveur est douce pour la plante appelée
nymphaia, qui pousse dans les lacs et les lieux marécageux, par exemple sur le territoire d'Orchomène, à Marathon et en Crète. Les Béotiens l'appellent « l'enivrante »
et consomment son fruit. Sa feuille est grande et flotte sur
l'eau[2]. On dit que <sa racine> est hémostatique si on la
met broyée sur la plaie ; on l'utilise aussi en potion
contre les troubles intestinaux[3]. 2 Douce est aussi la
« racine de Scythie », que certains, du reste, appellent
tout bonnement « racine douce » (réglisse)[4]. Elle est
indigène dans la région du Marais Méotide. On l'utilise à
la fois contre les spasmes et contre la toux sèche et les
maladies de poitrine en général ; en outre, dans du miel,
pour le traitement des ulcères[5]. Elle a aussi le pouvoir de
supprimer la soif, si on la garde dans la bouche ; c'est
pourquoi, dit-on, les Scythes vivent onze ou douze jours
de réglisse associée au fromage de jument[6]. 3 L'aristo-

κριθῶν, ἐγχλωροτέρα δὲ μᾶλλον. Καθαίρει δὲ κάτω.
5 Ἑτέρα δὲ μήκων ἡρακλεία καλεῖται τὸ μὲν φύλλον
ἔχουσα οἷον στρουθὸς ᾧ τὰ ὀθόνια λευκαίνουσι, ῥίζαν
δὲ λεπτὴν ἐπιπόλαιον, τὸν δὲ καρπὸν λευκόν. Ταύτης ἡ
ῥίζα καθαίρει ἄνω· χρῶνται δέ τινες πρὸς τοὺς ἐπιλήπ-   5
τους ἐν μελικράτῳ.
Ταῦτα μὲν οὖν ὥσπερ ὁμωνυμίᾳ τινὶ συνείληπται.

13. 1 Τῶν δὲ ῥιζῶν καὶ ἐν τοῖς χυλοῖς αἱ διαφοραὶ καὶ
ἐν ταῖς ὀσμαῖς· αἱ μὲν γάρ εἰσι δριμεῖαι, αἱ δὲ πικραί, αἱ
δὲ γλυκεῖαι· καὶ αἱ μὲν εὔοδμοι, αἱ δὲ βαρεῖαι. Γλυκεῖα   10
μὲν ἥ τε νυμφαία καλουμένη· φύεται δὲ ἐν ταῖς λίμναις
καὶ ἐν τοῖς ἑλώδεσιν οἷον ἔν τε τῇ Ὀρχομενίᾳ καὶ
Μαραθῶνι καὶ περὶ Κρήτην. Καλοῦσι δ' αὐτὴν οἱ Βοιω-
τοὶ μαδωνάϊν καὶ τὸν καρπὸν ἐσθίουσιν. Ἔχει δὲ τὸ
φύλλον μέγα ἐπὶ τοῦ ὕδατος. Εἶναι δέ φασιν ἴσχαιμον   15
ἐὰν τρίψας τις ἐπὶ τὴν πληγὴν ἐπιθῇ· χρησίμη δὲ καὶ
πρὸς τὰς δυσεντερίας πινομένη. 2 Γλυκεῖα δὲ καὶ ἡ
σκυθική, καὶ ἔνιοί γε καλοῦσιν εὐθὺς γλυκεῖαν αὐτήν.
Γίνεται δὲ περὶ τὴν Μαιῶτιν. Χρησίμη δὲ πρός τε τὰ
σπάσματα καὶ πρὸς βῆχα ξηρὰν καὶ ὅλως τοὺς περὶ   20
τὸν θώρακα πόνους· ἔτι δὲ πρὸς τὰ ἕλκη ἐν μέλιτι.
Δύναται δὲ καὶ τὴν δίψαν παύειν, ἐάν τις ἐν τῷ στόματι
ἔχῃ· διὸ ταύτῃ τε καὶ τῇ ἱππάκῃ διάγειν φασὶ τοὺς
Σκύθας ἡμέρας καὶ ἕνδεκα καὶ δώδεκα. 3 Ἡ δὲ ἀριστο-

3 στρουθὸς U U* M P Ald. : -θοῦ Mʸᵖ ‖ 4 λεπτὴν U* : λευκὴν
cett. ‖ 4-5 ταύτης ἡ ῥίζα post ἄνω transp. Ald. om. P qui post καθαίρει add. δὲ ‖ 7 ὁμωνυμίᾳ τινὶ Wim. coll. VII, 15, 4 : ὁμώνυμα τινὶ
(sic) U* ὁμώνυμά τινα U M P Ald. ‖ 8 χυλοῖς codd. Ald. : χυμοῖς
edd. a Schn. uide adn. ‖ 10 εὔοδμοι U U* : -οσμοι P Ald. εὐόδδοι
M ‖ 14 μαδωνάϊν U M P Ald. : μαδόνῖ U* μαδωνίαν [madoniam
Gaza] coni. Heins. ‖ 17 τὰς om. U U* M ‖ δυσεντερίας U M P Ald. :
-ίαν U* ‖ 18 ἔνιοί γε U* P Ald. : ἔνιοι δὲ U M ‖ 20 σπάσματα U* :
ἄσθμ- cett. uide adn. ‖ ante βῆχα add. τὴν U M ‖ 22 τὴν om. U*.

loche[7] est agréable à l'odorat, mais d'un goût extrêmement amer et de couleur noire. La meilleure pousse dans
les montagnes. Sa feuille fait penser à celle du chou de
chien, en plus rond. <Sa racine> a de nombreux usages :
excellente pour <les plaies à> la tête, elle est bonne également pour les autres lésions, contre les serpents,
comme somnifère et pour la matrice[8]. On recommande
donc de l'employer dans le premier cas en application
après l'avoir détrempée à l'eau, et dans les autres, en
rognures incorporées à du miel et à de l'huile[9] ; pour les
morsures de serpent, en potion dans du vin piqué et en
emplâtre sur l'endroit mordu[10] ; comme somnifère, finement râpée dans du vin rouge sec ; s'il y a procidence de
la matrice, en lotions à l'eau[11]. 4 Voilà donc des racines
douces et d'autres amères, sans compter celles qui sont
désagréables au goût. Parmi les racines douces, il en est
qui égarent l'esprit, comme celle des environs de Tégée,
semblable à la racine du scolyme, dont la consommation
fit perdre l'esprit au sculpteur Pandios, pendant qu'il travaillait dans le sanctuaire[12] ; d'autres sont des poisons
mortels, comme celles qui se trouvent aux abords des
mines, sur les chantiers de Thrace : le goût en est tout à
fait acceptable, voire agréable, et la mort qu'elles donnent survient dans une sorte de coma paisible[13].

Les racines présentent également des différences dans
leur couleur, qui n'est pas seulement le blanc, le noir et le
jaune : il y en a aussi quelques-unes couleur de vin, ou
rouges, comme celle de la garance[14]. 5 Celle de la quin-

λοχία τῇ ὀσφρήσει μὲν εὔοδμος, τῇ γεύσει δὲ πικρὰ
σφόδρα, τῇ χροιᾷ δὲ μέλαινα. Φύεται δὲ ἐν τοῖς ὄρεσιν
ἡ βελτίστη. Φύλλον δὲ ἔχει προσεμφερὲς τῇ ἀλσίνῃ
πλὴν στρογγυλότερον. Χρησίμη δὲ πρὸς πολλά· καὶ
ἀρίστη πρὸς κεφαλήν, ἀγαθὴ δὲ καὶ πρὸς τὰ ἄλλα   5
ἕλκη, καὶ πρὸς τὰ ἑρπετὰ καὶ πρὸς ὕπνον καὶ πρὸς
ὑστέραν. Τὰ μὲν οὖν προσάγειν κελεύουσιν ἐν ὕδατι
ἀναδεύσαντα καὶ καταπλάττοντα, τὰ δὲ ἄλλα εἰς μέλι
ἐνξύσαντα καὶ ἔλαιον· πρὸς δὲ τὰ τῶν ἑρπετῶν ἐν οἴνῳ
ὀξίνῃ πίνειν καὶ ἐπὶ τὸ δῆγμα ἐπιπλάττειν· εἰς ὕπνον δὲ   10
ἐν οἴνῳ μέλανι αὐστηρῷ κνίσαντα· ἐὰν δὲ αἱ μῆτραι
προπέσωσι, τῷ ὕδατι ἀποκλύζειν. 4 Αὗται μὲν οὖν
γλυκεῖαι, ἄλλαι δὲ πικραί· αἱ δὲ βαρεῖαι τῇ γεύσει.
Γίνονται δέ τινες τῶν γλυκειῶν αἱ μὲν ἐκστατικαί, καθάπερ ἡ ὁμοία τῷ σκολύμῳ περὶ Τεγέαν ἣν καὶ Πάνδιος ὁ   15
ἀνδριαντοποιὸς φαγὼν ἐργαζόμενος ἐν τῷ ἱερῷ ἐξέστη·
αἱ δὲ θανατηφόροι, καθάπερ αἱ περὶ τὰ μέταλλα ἐν τοῖς
ἔργοις τοῖς ἐν τῇ Θρᾴκῃ· κούφη δὲ καὶ ἡδεῖα πάνυ τῇ
γεύσει καὶ τὸν θάνατον ὑπνώδη τινὰ ποιοῦσα καὶ ἐλαφρόν.   20
Ἔχουσι δὲ καὶ ἐν τοῖς χρώμασι διαφορὰς οὐ τῷ
λευκῷ καὶ μέλανι καὶ ξανθῷ μόνον· ἀλλ' ἔνιαι καὶ
οἰνοχρῶτες καὶ ἐρυθραί, καθάπερ ἡ τοῦ ἐρευθεδανοῦ.

TEST.: 11-12 APOLLON. PARADOX. XXIX.

1 ὀσφρήσει U*ᶜᵒʳʳ P Ald. : -φράσει U M ‖ εὔοδμος U M P Ald. :
εὔοσμ- U* ‖ δὲ γεύσει U* P Ald. ‖ 2 χροιᾷ U* P Ald. : χρειᾷ U
-εῖα M ‖ 6-7 alt. καὶ — κελεύουσιν om. P ‖ 7 ὑστέραν Wim. coll.
IX, 20, 4 : ὕστερα U² U*² ἕτερα U U* M Ald. ‖ τὰ — κελεύουσιν
om. U* ‖ 9 πρὸς δὲ τὰ [τὰς U M] τῶν U M P Ald. : τῶν δὲ U* ‖
οἴνῳ om. U* ‖ 10 ἐπιπλάττειν U* Pᵞʳ Ald. : -πάττειν U M P ‖
12 ἀποκλύζειν U* P Ald. : -κλύειν U M ‖ 13 ἄλλαι U U* M Ald. :
αἱ P ‖ 15 τῷ U M : τῇ cett. ‖ ante περὶ add. ἡ U* P Ald. ‖ Πάνδιος
Uᵖᶜ P : Πάνδειος Uᵃᶜ U* M -ντιος Ald. ‖ 17-18 ἐν τοῖς ἔργοις τοῖς
U* : τὰ cett. ‖ 18 pr. τῇ om. U* ‖ 21 ἐν om. U* P Ald. ‖ 22 μόνον
om. U M ‖ 23 καὶ U* P Ald. : αἱ δὲ U M.

tefeuille ou herbe à cinq feuilles[15] (on lui donne les deux noms) est rouge quand on la déterre, mais en séchant elle devient noire et quadrangulaire. La feuille est comme une feuille de vigne, en petit, et de la même couleur ; elle croît et périt en même temps que celle de la vigne. Mais elle est formée d'un ensemble de cinq folioles ; d'où le nom. La plante étale sur le sol des tiges minces, avec des entre-nœuds rapprochés[16]. 6 La garance a une feuille semblable à celle d'un ciste, quoique plus arrondie. Elle pousse sur le sol comme le chiendent et aime les endroits bien ombragés[17]. Elle est diurétique, ce qui explique son usage pour les douleurs lombaires et pour la sciatique[18].

Un certain nombre de racines ont des formes particulières, comme celle de la plante appelée « herbe au scorpion » et celle du polypode. La première ressemble à un scorpion et, entre autres usages, elle est particulièrement employée pour soigner sa piqûre[19]. La racine du polypode a beaucoup de chevelu et des ventouses comme en ont les tentacules du poulpe. Elle purge par le bas et on prétend que si vous la portez en amulette, il ne vous vient pas de polype. La plante a une feuille semblable à celle de la grande fougère et pousse sur les rochers[20].

14. 1 Les racines, dans leur ensemble, se conservent plus ou moins longtemps[1] : l'hellébore est utilisable jusqu'à trente ans, l'aristoloche cinq ou six ans, le « caméléon » — du moins le « noir » — quarante, la centaurée (dont la racine est charnue et compacte)[2] dix ou douze, le

5 Ἡ δὲ τοῦ πενταφύλλου ἢ πεντεπετοῦς — καλοῦσι
γὰρ ἀμφοτέρως — ὀρυττομένη μὲν ἐρυθρά, ξηραινομένη δὲ μέλαινα γίνεται καὶ τετράγωνος. Ἔχει δὲ τὸ
φύλλον ὥσπερ οἴναρον, μικρὸν δέ, καὶ τὴν χροιὰν
ὅμοιον· καὶ αὐξάνεται καὶ φθίνει ἅμα τῇ ἀμπέλῳ. 5
Πάντα δὲ πέντε τὰ φύλλα· διὸ καὶ ἡ προσηγορία. Καυλοὺς δὲ ἐπὶ γῆν ἵησι λεπτοὺς καὶ κνήμας ἔχει πυκνάς.
6 Τὸ δὲ ἐρευθεδανὸν φύλλον ὅμοιον κισθῷ πλὴν στρογγυλότερον. Φύεται δ᾽ ἐπὶ γῆς ὥσπερ ἄγρωστις, φιλεῖ δὲ
παλίσκια χωρία. Οὐρητικὴ δέ· διὸ καὶ χρῶνται πρὸς τὰ 10
τῆς ὀσφύος ἀλγήματα καὶ πρὸς τὰς ἰσχιάδας.
    Ἔνιαι δὲ ἰδιόμορφοί τινες ὥσπερ ἥ τε τοῦ σκορπίου
καλουμένου καὶ ἡ τοῦ πολυποδίου. Ἡ μὲν γὰρ ὁμοία
σκορπίῳ, καὶ χρησίμη δὲ πρὸς τὴν πλήγην αὐτοῦ καὶ
πρὸς ἄλλ᾽ ἄττα. Ἡ δὲ τοῦ πολυποδίου δασεῖα καὶ 15
ἔχουσα κοτυληδόνας ὥσπερ αἱ τοῦ πολύποδος πλεκτά-
ναι. Καθαίρει δὲ κάτω, κἂν περιάψηταί τις, οὔ φασιν
ἐμφύεσθαι πολύπουν. Ἔχει δὲ φύλλον ὅμοιον τῇ
πτερίδι τῇ μεγάλῃ καὶ φύεται ἐν ταῖς πέτραις.

14. 1 Πασῶν δὲ τῶν ῥιζῶν αἱ μὲν πλείω χρόνον, αἱ δὲ 20
ἐλάττω διαμένουσιν· ὁ μὲν γὰρ ἐλλέβορος καὶ τριάκοντα ἔτη χρήσιμος, ἡ δὲ ἀριστολοχία πέντε ἢ ἕξ,
χαμαιλέων δὲ ὅ γε μέλας τετταράκοντα, κενταυρὶς δὲ
δέκα ἢ δώδεκα — πίειρα δὲ ἡ ῥίζα καὶ πυκνή — πευκε-

1 πεντεπετοῦς ego : πεντεπέτου codd. πενταπέτου Ald. πεντα-
πετοῦς Schn. uide adn. ‖ 2 μὲν om. U* M P Ald. ‖ 7 γῆν U : γῆς U*
P Ald. τὴν M ‖ κνήμας U* P Ald. : κνίκας U M ‖ πυκνάς om.
U* ‖ 8 κισθῷ Dalec. : κιττῷ codd. Ald. uide adn. ‖ 10 παλίσκια U*
P Ald. : παλίνσκ- U M ‖ 11 ante καὶ add. διὸ U* ‖ τὰς ἰσχιάδας
U* : τὰ [τὰς M] τῆς ἰσχιάδος cett. ‖ 12 ἥ τε U M P Ald. : γε ἡ
U* ‖ 14 σκορπίῳ U* P Ald. : -ίου U M ‖ 17 οὔ Schn. : ὥς U* P Ald.
om. U M ‖ 18 ἔχει om. U M qui φύλλον δὲ habent ‖ 19 πτερίδι U*
P Ald. : πτέρυγι U M ‖ φύεται U M P Ald. : -εσθαι U* ‖ 20 χρόνον
om. U M ‖ 24 δέκα ἢ U* P Ald. : καὶ U M.

peucédan[3] cinq ou six ; la racine de « vigne sauvage »[4] se garde un an si elle est à l'ombre et intacte, sans quoi elle pourrit et devient spongieuse. La durée varie d'une espèce à l'autre. Mais de toutes les drogues sans exception, c'est l'élatérium[5] qui se conserve le plus longtemps et le plus vieux est le meilleur. En tout cas un médecin, qui n'était pas un charlatan ni un menteur, racontait qu'il en avait chez lui de deux cents ans et d'une qualité admirable, que quelqu'un lui avait offert en cadeau. 2 L'élatérium doit sa longue durée à son humidité : c'est justement pour la préserver qu'après fractionnement <de la drogue>, on place celle-ci humide dans de la cendre ; loin de s'y dessécher, jusqu'à cinquante ans elle éteint les lampes dont on l'approche[6]. On prétend d'autre part que c'est la seule drogue apte — ou la plus apte — à opérer une purgation drastique par le haut. Voilà qui dénote une énergie particulière.

3 Les racines qui ont une certaine douceur sont sujettes à devenir la proie des vers, avec le temps ; cela n'arrive pas à celles qui sont âcres[7], mais leurs propriétés s'affaiblissent à mesure que leurs tissus se relâchent et se vident. Aucun insecte venant de l'extérieur ne touche à aucune racine âcre, hormis la blatte, qui s'attaque à toutes[8] : c'est une particularité naturelle de cet animal.

4 Toute racine devient moins bonne, dit-on, si on laisse le fruit grossir et arriver à maturité ; de même aussi le fruit, si vous extrayez le suc de la racine. D'ordinaire on n'extrait pas le suc des racines médicinales ; ce sont

δανὸν δὲ πέντε ἢ ἕξ· ἀμπέλου δὲ ἀγρίας ἐνιαυτὸν ἐὰν ἐν
σκιᾷ ᾖ καὶ ἄπληκτος, εἰ δὲ μή, σαπρὰ καὶ σομφώδης.
Ἄλλαι δὲ ἄλλους ἔχουσι χρόνους. Πάντων δὲ ὅλως τῶν
φαρμάκων πλεῖστον διαμένει χρόνον τὸ ἐλατήριον καὶ
τὸ παλαιότατον ἄριστον. Ἰατρὸς δ᾽ οὖν τις ἔλεγεν οὐκ   5
ἀλαζὼν οὐδὲ ψεύστης ὡς εἴη παρ᾽ αὐτῷ καὶ διακοσίων
ἐτῶν, θαυμαστὸν δὲ τῇ ἀρετῇ, δοῦναι δὲ αὐτῷ τινα
δῶρον. 2 Αἰτία δὲ τῆς χρονιότητος ἡ ὑγρότης· διὰ γὰρ
ταύτην καὶ ὅταν κόψωσι, τιθέασι εἰς τέφραν ὑγρὸν καὶ
οὐδ᾽ ὡς γίνεται ξηρόν, ἀλλ᾽ ἄχρι πεντήκοντα ἐτῶν   10
σβέννυσι προσαγόμενον τοὺς λύχνους. Φασὶ δὲ μόνον
ἢ μάλιστα ὑπέρινον ἄνω ποιεῖν τῶν φαρμάκων· αὕτη
μὲν οὖν ἰδιότης τις δυνάμεως.

3 Τῶν δὲ ῥιζῶν ὅσαι μὲν γλυκύτητά τινα ἔχουσι ξυμ-
βαίνει θριπηδέστους γίνεσθαι χρονιζομένας· ὅσαι δὲ   15
δριμεῖαι, τοῦτο μὲν μὴ πάσχειν, ἀμαυροῦσθαι δ᾽ αὐτῶν
τὰς δυνάμεις μανουμένων καὶ κενουμένων. Τῶν δ᾽ ἔξω
θηρίων ἄλλο μὲν οὐδὲν ἅπτεται ῥίζης οὐδεμιᾶς δρι-
μείας, ἡ δὲ σφονδύλη πασῶν· τοῦτο μὲν οὖν ἴδιον τῆς
τοῦ ζῴου φύσεως.   20

4 Πᾶσαν δὲ χείρω γίνεσθαι ῥίζαν, ἐὰν ἐάσῃ τις
τελειωθῆναι καὶ ἁδρυνθῆναι τὸν καρπόν· ὡσαύτως δὲ
καὶ τὸν καρπόν, ἐὰν ὀπίσῃς τὴν ῥίζαν. Ὡς ἐπὶ τὸ πολὺ
δὲ αἱ φαρμακώδεις οὐκ ὀπίζονται· ὧν δ᾽ ἂν τὰ σπέρ-

2 εἰ — σομφώδης om. U* ‖ σομφώδης [fungosa Gaza] Schn. :
σογκώ- codd. Ald. ‖ 3 ἔχουσι U M P Ald. : -σαι U* ‖ 7 αὐτῷ τινα
U M : τινα αὐτῷ U* Ald. τινι αὐτὸ P ‖ 8 χρονιότητος U U* P Ald. :
χρηστό- M ‖ 9 ὑγρὸν U M P : ὑγρὰν Ald. om. U* ‖ 10 οὐδ᾽ ὡς U M
P Ald. : οὕτω U* ‖ ξηρόν U M P Ald. : -ράν U*ac -ρά U*pc ‖ ἐτῶν
om. U M ‖ 11 λύχνους [lucernis Gaza] Scal. cf. PLIN. XX, 5 lucerna-
rum lumina : αὐχμοὺς U* P Ald. χρόνους U M ‖ 11-12 φασὶ …
ποιεῖν U M P Ald. : ὥς φασι … ποιεῖ U* ‖ 12 ἢ Stack. : δὴ U* om.
cett. ‖ ὑπέρινον U U* : ὑπὲρ ἵνων cett. ‖ 13 τις U : τῆς cett. ‖
14 τῶν δὲ ῥ. U* P Ald. : τῶνδε τῶν ῥ. U M ‖ 21-5 (p. 39) πᾶσαν —
σησάμῳ om. U* ‖ 23 τὸ om. M P Ald.

celles des plantes à graines médicinales dont le suc est prélevé[9]. Certains disent qu'ils préfèrent utiliser les racines parce que le fruit est trop fort pour que l'organisme puisse le supporter[10]. Mais cela ne paraît pas tout à fait exact, puisque justement les praticiens d'Anticyre donnent de l'hellébore sésamoïde parce que le fruit ressemble à du sésame[11].

15 . 1 Les pays réputés les plus riches en plantes médicinales sont, hors de la Grèce, à la fois l'Étrurie et le Latium, où précisément on raconte que vivait Circé[1] ; et plus encore, à ce que dit Homère[2], le territoire de l'Égypte. C'est de là qu'Hélène avait pris

les drogues salutaires à elle procurées par l'épouse de Thon, Polydamne

d'Égypte ; là même avec le blé la glèbe généreuse porte à foison

des drogues, souvent salutaires mixtures, souvent aussi funestes,[3]

au nombre desquelles le poète met évidemment le fameux *népenthès* qui calme l'inquiétude au point de causer l'oubli et l'indifférence au malheur[4]. Telles sont à peu près les régions qui ont l'air d'avoir été données par les poètes comme des exemples typiques. Eschyle lui aussi, dans ses élégies, cite en effet l'Étrurie pour sa richesse en drogues :

race des Tyrrhéniens, peuple faiseur de drogues.[5]

2 Cependant pour ainsi dire tous les pays paraissent avoir leur part de plantes médicinales, mais plus ou moins importante : c'est ce qui fait la différence. Aussi

ματα φαρμακώδη, αὗται δὴ ὀπίζονται. Χρῆσθαι δέ
τινές φασι μᾶλλον ταῖς ῥίζαις ὅτι ἰσχυρότερος ὁ καρπὸς
ὥσθ᾽ ὑπενεγκεῖν τὸ σῶμα. Φαίνεται δὲ οὐ καθ᾽ ὅλου
τοῦτο ἀληθές· ἐπεὶ καὶ οἱ ἐν Ἀντικύρᾳ τοῦ σησαμώδους
ἐλλεβόρου διδόασιν ὅτι ὁ καρπὸς ὅμοιος σησάμῳ.   5

15. 1 Φαρμακώδεις δὲ δοκοῦσιν εἶναι τόποι μάλιστα
τῶν μὲν ἔξω τῆς Ἑλλάδος οἱ περὶ τήν τε Τυρρηνίαν καὶ
τὴν Λατίνην, ἐν ᾗ καὶ τὴν Κίρκην λέγουσιν εἶναι· καὶ
ἔτι γε μᾶλλον, ὡς Ὅμηρός φησι, τὰ περὶ Αἴγυπτον.
Ἐκεῖθεν γὰρ τὴν Ἑλένην λαβεῖν   10

    ἐσθλά, τά οἱ Πολύδαμνα πόρεν, Θῶνος παράκοιτις

    Αἰγυπτίη· τόθι πλεῖστα φέρει ζείδωρος ἄρουρα

    φάρμακα, πολλὰ μὲν ἐσθλὰ μεμιγμένα, πολλὰ δὲ
    λυγρά,

ἐν οἷς δὴ καὶ τὸ νηπενθὲς ἐκεῖνό φησιν εἶναι καὶ ἄχολον   15
ὥστε λήθην ποιεῖν καὶ ἀπάθειαν τῶν κακῶν. Καὶ σχεδὸν
αὗται μὲν ἐοίκασιν ὥσπερ ὑπὸ τῶν ποιητῶν ὑποδε-
δεῖχθαι. Καὶ γὰρ Αἰσχύλος ἐν ταῖς ἐλεγείαις ὡς πολυ-
φάρμακον λέγει τὴν Τυρρηνίαν·

    Τυρρηνὸν γενεάν, φαρμακοποιὸν ἔθνος.   20

2 Οἱ δὲ τόποι πάντες πως φαίνονται μετέχειν τῶν
φαρμάκων, ἀλλὰ τῷ μᾶλλον καὶ ἧττον διαφέρειν. Καὶ

---

1 δὴ P : δὲ cett. ‖ 2 μᾶλλον ante φασι transp. M P Ald. ‖ 4 τοῦ
Dalec. : τῆς codd. Ald. ‖ 6 δοκοῦσιν … τόποι U* P Ald. : φασιν …
χώρας U M ‖ 7 τῶν om. U M ‖ οἱ περὶ om. U M ‖ τήν τε om. U* P
Ald. ‖ 8 εἶναι λέγουσι(ν) U M P Ald. ‖ 9 γε post μᾶλλον transp. U
M ‖ τὰ om. Ald. ‖ 10 post Ἑλένην add. φασὶ U M ‖ 11 Πολύδαμνα
πόρεν U U* M : Πουλύδαμνα πόρε Pᵖᶜ πόρε Πουλύδαμνα Pᵃᶜ
Ald. ‖ 12 φέρει U* : φύει cett. ‖ 13 μεμιγμένα U* : τετυγ- cett. ‖
15 ἐν οἷς U M P Ald. : ᾧ U* ὧν Schn. 1821 ‖ δὴ U* P : δὲ cett. ‖
post νηπενθὲς add. ἄχολον U* ‖ φησιν U U* P Ald. : φασιν M ‖
16 ἀπάθειαν U M P Ald. : ἀπαλλαγὴν U* ‖ 16-16 (p. 40) alt. καὶ —
κοινὸν om. U* in lac. ‖ 17 ὑπὸ Schn. : ἀπὸ codd. Ald. ‖ 18 ταῖς ἐλεγείαις U M : τοῖς ἐλεγείοις P Ald. ‖ 21 πως P Ald. : πῶς U M ‖
22 τῷ U P Ald. : τὸ M ‖ ante ἧττον add. τῷ P Ald. τὸ M.

bien les pays du nord ou du midi que ceux de l'Orient possèdent en effet des <espèces douées de> propriétés étonnantes[6]. En Éthiopie, c'est une racine mortelle dont on enduit les flèches[7]. Les Scythes ont à la fois celle dont nous parlions tantôt et bien d'autres, qui font quitter la vie à qui les a consommées, les unes sur-le-champ, les autres dans des délais soit relativement brefs, soit assez longs pour provoquer parfois la mort par consomption[8]. Dans l'Inde, qui produit aussi par ailleurs un bon nombre de drogues, la plus extraordinaire, à supposer le récit véridique, c'est l'herbe qui a le pouvoir de disperser le sang et en quelque sorte de le chasser discrètement, et au contraire celle qui en détermine l'afflux et l'attire à elle — propriétés reconnues, dit-on, en soignant les morsures des petits serpents dont le venin est mortel[9]. 3 En Thrace, où par ailleurs ne manquent pas les simples, l'herbe la plus puissante, peut-on dire, serait l'« arrête-sang »[10] : on raconte qu'elle arrête ou empêche l'hémorragie quand la veine a été piquée, selon les uns, ou même sectionnée, selon d'autres qui vont plus loin[11]. De tels faits semblent bien illustrer le caractère de généralité que nous avons indiqué[12] et tels sont à l'étranger les pays les plus riches en plantes médicinales.

4 Sur le territoire de la Grèce, les principaux producteurs de simples sont le Pélion en Thessalie, le Téléthrion en Eubée, le Parnasse, ainsi que l'Arcadie et la Laconie, toutes deux riches en plantes médicinales[13]. C'est pourquoi les Arcadiens, au lieu de prendre des remèdes, prennent du lait au printemps, quand le feuillage des plantes a fait son plein de sève, car c'est alors que le lait contient

γὰρ οἱ πρὸς ἄρκτον καὶ μεσημβρίαν καὶ οἱ πρὸς ἀνα
τολὰς ἔχουσι θαυμαστὰς δυνάμεις. Ἐν Αἰθιοπίᾳ γὰρ ᾗ
τοὺς ὀϊστοὺς χρίουσι ῥίζα τίς ἐστι θανατηφόρος. Ἐν δὲ
Σκύθαις αὕτη τε καὶ ἕτεραι πλείους αἱ μὲν παραχρῆμα
ἀπαλλάττουσαι τοὺς προσενεγκαμένους, αἱ δ᾽ ἐν χρό   5
νοις αἱ μὲν ἐλάττοσιν, αἱ δ᾽ ἐν πλείοσιν, ὥστ᾽ ἐνίους
καταφθίνειν. Ἐν Ἰνδοῖς δὲ καὶ ἕτερα μὲν πλείω, περιτ
τοτάτη δέ, εἴπερ ἀληθῆ λέγουσιν, ἥ τε δυναμένη τὸ
αἷμα διαχεῖν καὶ οἷον ὑποφεύγειν, καὶ πάλιν ἡ συνά
γουσα καὶ πρὸς ἑαυτὴν ἐπισπωμένη, ἃ δή φασιν   10
εὑρῆσθαι πρὸς τὰ τῶν ὀφιδίων τῶν θανατηφόρων δήγ
ματα. 3 Περὶ δὲ τὴν Θρᾴκην εἶναι μὲν καὶ ἑτέρας οὐκ
ὀλίγας, ἰσχυροτάτην δέ, ὡς εἰπεῖν, τὴν ἴσχαιμον, ἣν δὴ
λέγουσιν οἱ μὲν κεντηθείσης τῆς φλεβός, οἱ δὲ καὶ σφο
δροτέρως διατμηθείσης ἴσχειν καὶ κωλύειν τὴν χύσιν.   15
Ταῦτα μὲν οὖν, ὥσπερ εἴπομεν, ἔοικε δηλοῦν τὸ κοινὸν
καὶ τῶν ἔξω τόπων οἱ φαρμακωδέστατοι οὗτοι.

4 Τῶν δὲ περὶ τὴν Ἑλλάδα τόπων φαρμακωδέστατον
τό τε Πήλιον τὸ ἐν Θετταλίᾳ καὶ τὸ Τελέθριον τὸ ἐν
Εὐβοίᾳ καὶ ὁ Παρνασσός, ἔτι δὲ καὶ ἡ Ἀρκαδία καὶ ἡ   20
Λακωνική· καὶ γὰρ αὗται φαρμακώδεις ἀμφότεραι. Διὸ
καὶ οἵ γε Ἀρκάδες εἰώθασιν ἀντὶ τοῦ φαρμακοποτεῖν
γαλακτοποτεῖν περὶ τὸ ἔαρ, ὅταν οἱ ὀποὶ μάλιστα τῶν
τοιούτων φύλλων ἀκμάζωσι· τότε γὰρ φαρμακωδέστα

3 ante θανατηφόρος add. ἡ U M ‖ 4 αὕτη [ea radix Gaza] Schn. :
αὐτή codd. Ald. ‖ 7 ἐν Ἰνδοῖς U M : εἰς Ἰνδούς P Ald. ‖ δὲ Schn. :
τε codd. Ald. ‖ μὲν Schn. : μέρη codd. Ald. γένη [genera Gaza]
Dalec. uide adn. ‖ 11 ὀφιδίων U M : ὄφεων P Ald. ‖ 16 ὥσπερ
εἴπομεν om. P ‖ 17 καὶ τῶν ἔξω τόπων οἱ φαρμακωδέστατοι οὗτοι
P Ald. : τῶν μὲν οὖν ἔ. τ. οὗτοι φαρμακωδέστατοι U* om. U M ‖
post οὗτοι add. εἰσὶ P Ald. ‖ 18 τόπων φαρμακωδέστατον om. U* ‖
19 Θετταλίᾳ U* P Ald. : θαλαττίᾳ U M ‖ 20 Παρνασσός U U* M :
-ασός P Ald. ‖ ἔτι δὲ om. U* ‖ alt. καὶ om. Ald. ‖ 21 γὰρ om. U* ‖
22 τοῦ om. M P ‖ 23 μάλιστα om. U* ‖ 24 φύλλων U M P Ald. :
φύ/λων U* φυτῶν coni. Wim. 1866.

le plus de substances médicinales. Ils boivent du lait de vache, parce que les bovins passent pour être, de tous les bestiaux, les plus gros mangeurs d'herbe de toute sorte[14]. 5 Là poussent à la fois les deux hellébores, le blanc et le noir[15] — sans compter une « carotte » safranée qui a l'aspect du laurier[16] — et la plante appelée par les gens de là-bas « radis sauvage » et par certains médecins « herbe à cornes »[17], ainsi que la guimauve, dite là-bas « mauve sauvage »[18], l'aristoloche, le séséli[19], le maceron, le peucédan[20], l' « herbe d'Héraclès »[21] et les deux morelles, celle qui a le fruit rouge foncé et celle qui l'a noir[22]. 6 Y poussent aussi le concombre sauvage avec lequel est composé l'élatérium et l'euphorbe qui fournit l'hippomane[23]. Le meilleur est celui de Tégée et cette drogue célèbre est très recherchée. La plante pousse là en assez grande abondance, mais elle est particulièrement abondante et belle sur le territoire de Kleitor. 7 L' « herbe à tous maux » se trouve sur le sol rocailleux des environs de Psophis, très abondante et excellente[24]. Le *moly* croît au voisinage de Phénéos et dans le Cyllène[25]. C'est, dit-on, une plante semblable à celle dont Homère a parlé, pourvue d'une racine ronde qui fait penser à un oignon et de feuilles semblables à celles de la scille ; on l'utilise pour les antidotes et les pratiques magiques ; toutefois elle n'est pas difficile à arracher, comme le dit Homère. 8 La ciguë est la meilleure aux

τον τὸ γάλα. Πίνουσι δὲ βόειον· δοκεῖ γὰρ πολυνομώ-
τατον καὶ παμφαγώτατον εἶναι πάντων ὁ βοῦς. 5 Φύεται δὲ παρ' αὐτοῖς ὅ τε ἑλλέβορος ἀμφότερος καὶ ὁ
λευκὸς καὶ ὁ μέλας, ἔτι δὲ δαῦκον δαφνοειδὲς κροκόεν,
καὶ ἣν ἐκεῖνοι μὲν ῥάφανον ἀγρίαν καλοῦσι, τῶν δ'   5
ἰατρῶν τινες κεράϊν· καὶ ἣν οἱ μὲν ἀλθαίαν, ἐκεῖνοι δὲ
μαλάχην ἀγρίαν, καὶ ἡ ἀριστολοχία καὶ τὸ σέσελι καὶ
τὸ ἱπποσέλινον καὶ τὸ πευκεδανὸν καὶ ἡ ἡράκλεια καὶ ὁ
στρύχνος ἀμφότερος ὅ τε φοινικοῦν ἔχων τὸν καρπὸν
καὶ ὁ μέλανα. 6 Φύεται δὲ καὶ ὁ σίκυος ὁ ἄγριος ἐξ οὗ   10
τὸ ἐλατήριον συντίθεται, καὶ ὁ τιθύμαλλος ἐξ οὗ τὸ
ἱππομανές. Ἄριστον δὲ τὸ περὶ Τεγέαν κἀκεῖνο μάλιστα σπουδάζεται. Φύεται δ' ἐκεῖ ἐπὶ πλέον, πλεῖστον δὲ
καὶ κάλλιστον φύεται περὶ τὴν Κλειτορίαν. 7 Ἡ δὲ
πανάκεια γίνεται κατὰ τὸ πετραῖον περὶ Ψωφίδα καὶ   15
πλείστη καὶ ἀρίστη. Τὸ δὲ μῶλυ περὶ Φενεὸν καὶ ἐν τῇ
Κυλλήνῃ. Φασὶ δ' εἶναι καὶ ὅμοιον ᾧ ὁ Ὅμηρος εἴρηκε,
τὴν μὲν ῥίζαν ἔχον στρογγύλην προσεμφερῆ κρομμύῳ,
τὸ δὲ φύλλον ὅμοιον σκίλλῃ· χρῆσθαι δὲ αὐτῷ πρὸς τὰ
ἀλεξιφάρμακα καὶ τὰς μαγείας· οὐ μὴν ὀρύττειν γ' εἶναι   20
χαλεπόν, ὡς Ὅμηρός φησι. 8 Τὸ δὲ κώνειον ἄριστον

---

1 τὸ γάλα ... βόειον [βόρει- M] U M : τὸ γ. ... τὸ β. P Ald. γ. ...
τὸ β. U* ‖ 2 εἶναι om. M P Ald. ‖ 3 δὲ U M : γὰρ cett. ‖ παρ' om.
U* ‖ 4 δὲ M : τε cett. ‖ 5 καλοῦσι om. U* ‖ 6 κεράϊν U* : κέραν
cett. ‖ ἀλθαίαν U*ᵖᶜ : -θέαν U U*ᵃᶜ M P Ald. ‖ 7 ἡ om. U M ‖ 8 ἡ
om. U M ‖ 9 ἔχων U U* Ald. : ἔχον M P ‖ 10 pr. ὁ om. U M ‖ tert.
ὁ om. U* ‖ 11 ὁ τιθύμαλλος U* : τὸ τιθύμαλλον P Ald. τιθύμαλλον
U M ‖ 12 ἱππομανές U* P Ald. : ἱπποφαές U M ‖ τὸ Ald. : τοῦτο
codd. ‖ Τεγέαν U U* P Ald. : τε γαῖαν M ‖ κἀκεῖνο U M : καὶ
ἐκεῖ// U* καὶ ἐκεῖ P Ald. ‖ 13 δ' ἐκεῖ Stack. : δὲ καὶ codd. Ald. ‖
13-14 δ' ἐκεῖ — φύεται om. M ‖ 15 κατὰ Stack. : καὶ codd. Ald. ‖
Ψωφίδα Schn. : ψο/φ- U U* ψοφ- M P Ald. ‖ 16 Φενεὸν U U* :
φον- P φαν- M Ald. ‖ 17 ᾧ U* : ὡς cett. ‖ 18 προσεμφερῆ U U* M :
-ρὲς P Ald. ‖ 19 πρὸς U M : πρός τε U* P Ald. ‖ 21-1 (p. 42) τὸ —
τόποις om. U* ‖ 21 ἄριστον P Ald. : -τα U M.

environs de Louses et dans les lieux les plus froids[26]. La plupart de ces espèces se trouvent aussi en Laconie, également riche en plantes médicinales. En Achaïe la tragacanthe est abondante et ne le cède en rien, de l'avis général, à celle de Crète[27] ; elle a même un plus bel aspect. En outre, dans la région de Patres croît une « carotte » remarquable, qui a des propriétés naturellement échauffantes et une racine noire[28]. La plupart de ces espèces se trouvent aussi au Parnasse et dans la région du Téléthrion. Ce sont là des plantes communes à d'assez nombreux terroirs[29].

16. 1 Le dictame au contraire est propre à la Crète ; doué de vertus étonnantes, il est utilisé dans bien des cas, mais surtout pour les femmes en couches[1]. Sa feuille ressemble assez à celle du pouliot et s'en rapproche aussi quelque peu pour le goût, mais ses brins sont plus grêles. On en utilise les feuilles, non les rameaux ni le fruit[2] ; à côté de bien d'autres usages, il sert surtout, comme il a été dit, dans les accouchements difficiles, soit qu'il les rende aisés (on le prétend), soit qu'il calme au moins les douleurs (c'est reconnu de tous)[3] ; on le donne en potion dans de l'eau. Il est rare, à la fois parce que le territoire qui le produit est peu étendu et parce que les chèvres le broutent complètement, car elles en sont friandes. On prétend véridique même l'histoire des traits, à savoir que <les chèvres> atteintes par des flèches s'en débarrassent

περὶ Λοῦσα καὶ ἐν τοῖς ψυχροτάτοις τόποις. Γίνεται δὲ
καὶ ἐν τῇ Λακωνικῇ τὰ πολλὰ τούτων· καὶ γὰρ αὕτη
πολυφάρμακος. Ἐν Ἀχαΐᾳ δὲ ἥ τε τραγάκανθα πολλὴ
καὶ οὐδὲν χείρων, ὡς οἴονται, τῆς κρητικῆς, ἀλλὰ καὶ
τῇ ὄψει καλλίων· καὶ δαῦκον περὶ τὴν Πατραϊκὴν δια- 5
φέρον· τοῦτο δὲ θερμαντικὸν φύσει, ῥίζαν δὲ ἔχει μέλαιναν. Φύεται δὲ τὰ πολλὰ τούτων καὶ ἐν τῷ Παρνασσῷ
καὶ περὶ τὸ Τελέθριον. Καὶ ταῦτα μὲν κοινὰ πλειόνων
χώρων.

16. 1 Τὸ δὲ δίκταμνον ἴδιον τῆς Κρήτης, θαυμαστὸν 10
δὲ τῇ δυνάμει καὶ πρὸς πλείω χρήσιμον, μάλιστα δὲ
πρὸς τοὺς τόκους τῶν γυναικῶν. Ἔστι δὲ τὸ μὲν φύλλον παρόμοιον τῇ βληχοῖ, ἔχει δέ τι καὶ κατὰ τὸν
χυλὸν ἐμφερές, τὰ δὲ κλωνία λεπτότερα. Χρῶνται δὲ
τοῖς φύλλοις, οὐ τοῖς κλωσὶν οὐδὲ τῷ καρπῷ· χρήσιμον 15
δὲ πρὸς πολλὰ μὲν καὶ ἄλλα, μάλιστα δέ, ὥσπερ
ἐλέχθη, πρὸς τὰς δυστοκίας τῶν γυναικῶν· ἢ γὰρ
εὐτοκεῖν φασι ποιεῖν ἢ παύειν γε τοὺς πόνους ὁμολο-
γουμένως· δίδοται δὲ πίνειν ἐν ὕδατι. Σπάνιον δ᾽ ἐστί·
καὶ γὰρ ὀλίγος ὁ τόπος ὁ φέρων καὶ τοῦτο αἱ αἶγες 20
ἐκνέμονται διὰ τὸ φιληδεῖν. Ἀληθὲς δέ φασιν εἶναι καὶ
τὸ περὶ τῶν βελῶν ὅτι φαγούσας ὅταν τοξευθῶσι

1 Λοῦσα Schn. in comm. uide adn. : σοῦσα Ald. σοῦσαν codd. ‖
3 Ἀχαίᾳ U* P : ἀρκαδίᾳ U M Ald. ‖ τραγάκανθα U* P Ald. :
-άκανθος U M ‖ 5 καλλίων U M P Ald. : βελτίων U* ‖ Πατραϊκὴν
Schn. 1821 coll. IX, 20, 2 : πατρικ- U M P Ald. σπαρτικ- Pᵞʳ σπαρ-
τιακ- U* ‖ 5-6 διαφέρον U U* M Ald. : -φέρων P ‖ 7 τὰ om. U M ‖
Παρνασσῷ U U* M : -ασῷ P Ald. ‖ 9 χώρων om. U M ‖ 10 δίκταμνον U U* M : -μον P Ald. ut semper ‖ 13 ἔχει δέ τι P Ald. : ἔ.
δ᾽ ἔτι U* ἔτι δ᾽ ἔ. U M ‖ καὶ om. Ald. ‖ 16 μὲν om. U* ‖ 18 τοὺς
πόνους U* M P Ald. : τοῖς πόνοις U ‖ 19 ἐν om. U* ‖ 20 ὁ φέρων
om. U* ‖ τοῦτο U* : τοῦτον cett. ‖ 22 τὸ om. U M ‖ φαγούσας P
Ald. : -ούσαις U M -οῦσαι U*.

en le mangeant[4]. Tel est donc le dictame, telles sont ses vertus. 2 Le faux dictame[5] lui ressemble pour la feuille, mais il forme moins de brins et ses aptitudes sont bien inférieures. S'il soulage aussi les maux indiqués plus haut, c'est beaucoup moins bien et plus faiblement. La puissance du dictame se manifeste dès que vous l'avez dans la bouche : il en faut peu pour dégager une chaleur intense. On va jusqu'à en placer les bottillons au creux d'une férule ou d'un roseau, pour qu'il ne s'évente pas, car il est moins efficace une fois éventé. Au dire de certains, les caractères naturels du dictame et ceux du faux dictame ne font qu'un ; seulement, à croître dans des sols trop fertiles, le dictame, tout comme beaucoup de plantes de cette sorte[6], perd de ses vertus ; c'est en effet une espèce des terrains rocailleux[7]. 3 Il existe aussi un second « dictame » pour ainsi dire homonyme, qui n'a ni l'aspect ni la puissance du précédent[8]. Il a une feuille semblable à celle du calament et forme des pousses plus longues ; en outre leurs usages et leurs propriétés ne se confondent pas. Le premier est donc bien, comme il a été dit, une espèce à la fois étonnante et propre à l'île[9]. Cependant, selon certains avis, qu'il s'agisse des feuilles, des rameaux feuillés[10] ou en un mot des parties aériennes <des végétaux>, ce sont globalement les produits de Crète qui l'emportent, alors qu'au moins pour la plupart des autres drogues, ce sont ceux du Parnasse.

4 L'*akoniton* se trouve, à ce que l'on dit, en Crète également et à Zacynthe, mais c'est à Héraclée du Pont qu'il est le plus abondant et le meilleur[11].

ἐκβάλλειν. Τὸ μὲν οὖν δίκταμνον τοιοῦτόν τε καὶ τοιαύτας ἔχει τὰς δυνάμεις. 2 Τὸ δὲ ψευδοδίκταμνον τῷ μὲν
φύλλῳ ὅμοιον, τοῖς κλωνίοις δ' ἔλαττον, τῇ δυνάμει δὲ
πολὺ λειπόμενον. Βοηθεῖ μὲν γὰρ καὶ ταῦτα, χεῖρον δὲ
πολλῷ καὶ ἀσθενέστερον. Ἔστι δὲ εὐθὺς ἐν τῷ στόματι   5
φανερὰ τοῦ δικτάμνου ἡ δύναμις· διαθερμαίνει γὰρ ἀπὸ
μικροῦ σφόδρα. Τιθέασι δὲ καὶ τὰς δεσμίδας ἐν νάρθηκι
ἢ καλάμῳ πρὸς τὸ μὴ ἀποπνεῖν· ἀσθενέστερον γὰρ
ἀποπνεῦσαν. Λέγουσι δέ τινες ὡς ἡ μὲν φύσις μία ἡ τοῦ
δικτάμνου καὶ ἡ τοῦ ψευδοδικτάμνου, διὰ δὲ τὸ ἐν   10
εὐγειοτέροις φύεσθαι τόποις χεῖρον γίνεσθαι, καθάπερ
καὶ ἄλλα πλείω τούτων, κατὰ τὰς δυνάμεις. Τὸ γὰρ
δίκταμνον φιλεῖ χώραν τραχεῖαν. 3 Ἔστι δὲ καὶ ἕτερον
δίκταμνον ὥσπερ ὁμώνυμον, οὔτε τὴν ὄψιν οὔτε τὴν
δύναμιν ἔχον τὴν αὐτήν. Φύλλον γὰρ ἔχει ὅμοιον   15
σισυμβρίῳ, τοὺς δὲ κλῶνας μείζους· ἔτι δὲ τὴν χρείαν
καὶ τὴν δύναμιν οὐκ ἐν τοῖς αὐτοῖς. Τοῦτο μὲν οὖν,
ὥσπερ ἐλέχθη, θαυμαστὸν ἅμα καὶ ἴδιον τῆς νήσου.
Φασὶ δέ τινες ὅλως τῶν φύλλων καὶ τῶν ὁροδάμνων καὶ
ἁπλῶς τῶν ὑπὲρ γῆς τὰ ἐν Κρήτῃ διαφέρειν, τῶν δὲ   20
ἄλλων τῶν γε πλείστων τὰ ἐν τῷ Παρνασσῷ.

4 Τὸ δὲ ἀκόνιτον γίνεται μέν, ὥς φασι, καὶ ἐν Κρήτῃ
καὶ ἐν Ζακύνθῳ, πλεῖστον δὲ καὶ ἄριστον ἐν Ἡρακλείᾳ
τῇ ἐν τῷ Πόντῳ.

1 ἐκβάλλειν codd. Ald. : -βάλλει edd. a Schn. 1821 uide adn. ‖
1-2 τοιαύτας U M P Ald. : ταύτας U* ‖ 3 δὲ om. U M ‖ 4 βοηθεῖ U*
P Ald. : -εῖν U M ‖ χεῖρον P Ald. : χείρω cett. ‖ 6 ante τοῦ transp.
ἡ U M P Ald. ‖ διαθερμαίνει U* : θερμαίνει cett. ‖ 7 καὶ om. U* ‖
νάρθηκι U* P Ald. : ναρθηκίδι U M ‖ 9 ὡς om. U* ‖ 9-10 alt. ἡ …
ἡ om. U* ‖ 12 καὶ om. P ‖ ἄλλα M : ἄ. πολλὰ U P Ald. τὰ U* ‖
τούτων U M P Ald. : τῶν U* ‖ 14 ὁμώνυμον U M Ald. : εὐώ- P
ὅμοιον U* ‖ 15 ἔχον post ὄψιν transp. U* P Ald. ‖ ἔχει U : -ειν
cett. ‖ ὅμοιον ante ἔχει transp. U* ‖ 16 τοὺς δὲ U* : τούς τε cett. ‖
17 οὖν om. U M ‖ 19 ὁροδάμνων U* P : θάμνων U M Pγρ Ald. uide
adn. ‖ 21 Παρνασσῷ U U* M : -ασῷ P Ald. ‖ 22 ὥς φασι om. U M.

Il a une feuille de chicorée et une racine semblable pour la forme et pour la couleur à une crevette[12], qui renferme le principe mortel ; on prétend que la feuille et le fruit n'ont pas d'activité.

Le fruit est celui d'une plante herbacée, et non celui d'un végétal ligneux. Il s'agit d'une plante basse, qui n'a rien d'extra-ordinaire mais ressemble un peu au blé, sans avoir toutefois sa graine en épi[13]. Elle pousse partout, et non pas seulement à Acones, d'où elle tire son nom (c'est une bourgade des Mariandynes)[14]. Elle affectionne les lieux rocheux et n'est broutée ni par le petit bétail, ni par aucun autre animal[15].

5. Pour que la drogue soit efficace, on la compose, paraît-il, d'une certaine manière et ce n'est pas à la portée de tout le monde ;

Ἔχει δὲ φύλλον μὲν κιχο-
ριῶδες, ῥίζαν δὲ ὁμοίαν
τῷ σχήματι καὶ τῷ χρώ-
ματι καρίδι, τὴν δὲ δύνα-
μιν τὴν θανατηφόρον ἐν
ταύτῃ· τὸ δὲ φύλλον καὶ
τὸν καρπὸν οὐθέν φασι
ποιεῖν.

5

Καρπὸς δέ ἐστι πόας καὶ
οὐχ ὑλήματος. Βραχεῖα δ'   10
ἡ πόα καὶ οὐδὲν ἔχουσα
περιττόν, ἀλλὰ παρομοία
τῷ σίτῳ, τὸ δὲ σπέρμα
οὐ σταχυηρόν. Φύεται δὲ
πανταχοῦ καὶ οὐκ ἐν ταῖς   15
Ἀκόναις μόνον, ἀφ' ὧν
ἔχει τὴν προσηγορίαν —
αὕτη δέ ἐστι κώμη τις τῶν
Μαριανδυνῶν. Φιλεῖ δὲ
μάλιστα τοὺς πετρώδεις   20
τόπους, οὐ νέμεται δὲ
οὔτε πρόβατον οὔτ' ἄλλο
ζῷον οὐδέν.

5. Συντίθεσθαι δὲ τρόπον
τινὰ πρὸς τὸ ἐργάζεσθαι   25
καὶ οὐ παντὸς εἶναι· διὸ

TEST.: 15-19 *E.M.* s.u. ἀκόνιτον.

1 in hac tabula leguntur a sinistra U M P Ald., a dextra U* P Ald.,
lectionibus uariis et emendationibus in apparatu indicatis ‖ 1-2 κιχοριῶδες Wim. : κιχωρ- codd. Ald. ‖ 4 καρίδι Wim. uide adn. : καρίαι
U καρύα cett. ‖ 8 ποιεῖν Ald. : ποιοῦν codd. ‖ 9 καὶ om. U* ‖
19 Μαριανδυνῶν Salm. : περιαν- codd. Ald. Μαρυανδυνίας *E.M.*

aussi les médecins qui ne savent pas la composer s'en servent-ils comme agent septique, entre autres usages[16]. Quand on la boit, elle ne produit aucune sensation, ni dans du vin, ni dans de l'eau miellée[17]. Elle est composée de manière à donner la mort dans des délais déterminés, par exemple deux, trois ou six mois, une année, parfois même deux ans[18]. La fin la plus misérable est celle qui se fait le plus attendre, car l'organisme dépérit ; la plus confortable est la mort immédiate. Il n'est pas vrai, paraît-il, que l'on ait découvert, comme nous n'avions entendu dire, l'existence d'une autre plante capable de neutraliser le poison. Les gens du pays sauvent quelques personnes avec du miel, du vin et certains produits de ce genre, mais cela rarement et laborieusement[19].

6 C'est l'antidote de l'*éphèméron*[20] qui a été découvert. Il existe en effet

καὶ τοὺς ἰατροὺς οὐκ ἐπι-
σταμένους συντιθέναι σηπ-
τικῷ τε χρῆσθαι καὶ πρὸς
ἄλλα ἄττα. Πινόμενον
<δ'> οὐδεμίαν αἴσθησιν   5
ποιεῖν οὔτ' ἐν οἴνῳ οὔτ' ἐν
μελικράτῳ. Συντίθεσθαι δὲ
ὥστε κατὰ χρόνους τακ-
τοὺς ἀναιρεῖν, οἷον δίμη-
νον τρίμηνον ἑξάμηνον   10
ἐνιαυτόν, τοὺς δὲ καὶ δύο
ἔτη. Χείριστα δὲ ἀπαλ-
λάττειν τοὺς ἐν πλείστῳ
χρόνῳ καταφθίνοντος τοῦ
σώματος, ῥᾷστα δὲ τοὺς   15
παραχρῆμα. Λυτικὸν δὲ
φάρμακον οὐχ εὑρῆσθαι,
καθάπερ ἠκούομεν, ἕτερόν
τι φύεσθαι. Ἀλλὰ τοὺς   [Βοήθειαι δὲ τοῖς ἐνεγκα-
ἐγχωρίους ἀνασώζειν τινὰς   μένοις εἰσί.]   20
μέλιτι καὶ οἴνῳ καὶ τοιού-
τοις τισί, σπανίως δὲ καὶ
τούτους καὶ ἐργωδῶς.
6 Ἀλλὰ τοῦ ἐφημέρου
τὸ φάρμακον εὑρῆσθαι.   25
Ἕτερον γάρ τι ῥιζίον εἶναι

5 δ' add. Schn. ‖ 6 ποιεῖν U : -εῖ cett. ‖ 14 καταφθίνοντος U P :
-ίνοντας Ald. -ίνον M ‖ 18 καθάπερ U M : ὥσπερ P Ald. ‖ ἠκούομεν U M Pˢˡ : ἀκού- P Ald. ‖ 19 ἀλλὰ τ. U M : τ. γὰρ P Ald. ‖ 19-
20 βοήθειαι — εἰσί U* ut glossema del. Wim., sicut ἀλλά τινες τοῖς
ἐνεγκαμένοις βοήθειαι εὕρηνται P Ald. quae uerba iam deleuerat
Schn. 1821 ‖ 24-25 τοῦ ἐφημέρου τὸ φ. U : τὰ ἐφ' ἡμέρου τὸ φ. M
καὶ τὸ ἐφημέρου φ. P Ald.

une autre petite racine qui fait quitter la vie le jour même (*éphèméron*). Cette plante a une feuille semblable à celle du vératre ou du narcisse[21]. Tout le monde la connaît.

Aussi, dit-on, souvent les captifs réduits en esclavage y recourent, dans un accès de colère, et ensuite ils se soignent en se précipitant sur l'antidote en question[22]. Car l'*éphèméron* ne rend pas l'issue rapide ni paisible, mais pénible et lente à venir — à moins toutefois que ce ne soit parce qu'il n'a pas subi de traitement ni de préparation adéquate[23]. En tout cas on dit à la fois que l'issue est immédiate et qu'elle est différée parfois jusqu'à un an, et qu'aux doses administrées le poison est sans remède. Voilà les renseignements recueillis très exactement auprès des Tyrrhéniens d'Héraclée[24]. 7 Il n'est effectivement[25] pas absurde qu'il n'y ait aucun remède à ce poison pris d'une certaine manière et qu'il y en

ὃ ἐφήμερον ἀπαλλάττει.
Τοῦτο δὲ [τὸ] φύλλον
ὅμοιον ἔχειν τῷ ἐλλεβόρῳ
ἢ τῷ λειρίῳ. Καὶ τοῦτο
πάντας εἰδέναι.   5

Διὸ καὶ τὰ ἀνδράποδά
φασι πολλάκις παροργισ-
θέντα χρῆσθαι, κἄπειτα
ἰατρεύειν αὐτὰ πρὸς τοῦ-
το ὁρμῶντα. Καὶ γὰρ οὐδὲ   10
ταχεῖαν ποιεῖσθαι τὴν
ἀπαλλάγην οὐδὲ ἐλα-
φράν, ἀλλὰ δυσχερῆ καὶ
χρόνιον, εἰ μὴ ἄρα διὰ τὸ
ἀθεράπευτον εἶναι καὶ   15
ἀκατασκεύαστον ὡς δεῖ.
Φασὶ γοῦν καὶ παρα-
χρῆμα ἀπαλλάττεσθαι καὶ
ὕστερον χρόνῳ, τοὺς δὲ
καὶ εἰς ἐνιαυτὸν ἄγειν, καὶ   20
τὰς δόσεις ἀβοηθήτους
εἶναι. Ταῦτα δὲ ἐξακρι-
βωθῆναι μάλιστα παρὰ
τοῖς Τυρρηνοῖς τοῖς ἐν
Ἡρακλείᾳ. 7 Τοῦτο μὲν   25
οὖν οὐδὲν ἄτοπον εἰ τρό-
πον μέν τινα ἀβοήθητον,

1 post ὃ add. οὐκ Ald. ‖ ἐφήμερον P Ald. : ἐφημεραῖον U M ‖
2 τοῦτο δὲ P Ald. : τόνδε καὶ U τῶν δὲ καὶ M ‖ τὸ del. Heins. ‖
4 λειρίῳ Stack. uide adn. : αἰρίῳ codd. Ald. ‖ post τοῦτο add. μὲν U
M ‖ 5 post εἰδέναι add. διὸ καὶ τοὺς οἰκέτας ἐπὶ τοῦτο ὁρμᾶν U
M ‖ 6-7 διὸ — πολλάκις P Ald. : πολλάκις γάρ φασι τὰ ἀ. U* ‖
9 αὐτὰ P : αὐτὰ Ald. αυτα sine accentu U* ‖ 9-10 πρὸς — ὁρμῶντα
om. U* ‖ 13 ἀλλὰ P Ald. : οὐδὲ U* ‖ 15 ἀθεράπευτον U* P :
εὐθερά- Ald. ‖ 26 οὖν om. P Ald.

ait dans des conditions différentes, comme cela se produit aussi pour d'autres drogues mortelles.

Quant à l'*akoniton*, il est assurément inutilisable, nous l'avons déjà noté, pour qui ne le connaît pas ; il serait même interdit d'en posséder, sous peine de mort[26]. On entend dire, paraît-il, que son époque d'activité varie avec celle où il a été récolté : la mort surviendrait au terme d'un délai égal à l'ancienneté de la récolte.

8 Thrasyas de Mantinée racontait[27] qu'il avait découvert une drogue de nature à rendre le dénouement facile et indolore, en utilisant les sucs de la ciguë et du pavot[28], ainsi que d'autres plantes de ce genre, de manière que le produit ait un volume très commode et un faible poids, d'environ une drachme ; c'était un poison absolument sans remède et qui pouvait se conserver indéfiniment sans la moindre altération. Il prenait la ciguë non pas de n'importe où, mais de Louses et de tout autre lieu frais et ombreux[29] ; de même pour les autres simples. Il composait d'autres drogues encore, en grand nombre et avec de

ἄλλως δὲ βοηθήσιμον,
ὥσπερ καὶ ἕτερα τῶν
θανατηφόρων.

Τό γε μὴν ἀκόνιτον
ἄχρηστον, ὥσπερ εἴρηται,   5
τοῖς μὴ ἐπισταμένοις·
οὐδὲ κεκτῆσθαι δὲ ἐξεῖναι,
ἀλλὰ θάνατον τὴν ζημίαν.
Τὴν δὲ τῶν χρόνων δια-
φορὰν ἀκούειν εἶναι κατὰ   10
τὰς συλλόγας· ἰσοχρό-
νους γὰρ τοὺς θανάτους
γίνεσθαι τοῖς ἀπὸ τῆς
συλλόγης χρόνοις.

8 Θρασύας δὲ ὁ Μαντινεὺς εὑρήκει τι τοιοῦτον,   15
ὥσπερ ἔλεγεν, ὥστε ῥᾳδίαν ποιεῖν καὶ ἄπονον τὴν ἀπό-
λυσιν, τοῖς ὁποῖς χρώμενος κωνείου τε καὶ μήκωνος καὶ
ἑτέρων τοιούτων ὥστε εὔογκον εἶναι σφόδρα καὶ μικρὸν
ὅσον εἰς δραχμῆς ὁλκήν· ἀβοήθητον δὲ πάντη καὶ
δυνάμενον διαμένειν ὁποσονοῦν χρόνον καὶ οὐδὲν   20
ἀλλοιούμενον. Ἐλάμβανε δὲ τὸ κώνειον οὐχ ὅθεν
ἔτυχεν, ἀλλ᾽ ἐκ Λούσων καὶ εἴ τις ἄλλος τόπος ψυχρὸς
καὶ παλίσκιος· ὡσαύτως δὲ καὶ τὰ ἄλλα. Συνετίθει δὲ
καὶ ἕτερα φάρμακα πολλὰ καὶ ἐκ πολλῶν. Δεινὸς δὲ

1 ἄλλως U* P : ἄλλας Ald. ‖ 4 τό γε μὴν P Ald. : τὸ δὲ U M ‖
7 ἐξεῖναι U M : ἐξῆν P Ald. ‖ 8 post θάνατον add. εἶναι P Ald. ‖
12 γὰρ om. M ‖ 15 Θρασύας U M Ald. : -ύνας U* P ‖ εὑρήκει U* :
-ηκέναι cett. ‖ 16 ὥσπερ ἔλεγεν om. U* ‖ 16-17 καὶ — χρώμενος
U M P Ald. : τοὺς ὁποῖς χρωμένους U* ‖ 17 κωνείου U^corr U*^corr
Ald. : -νίου M P ut semper ‖ 18 σφόδρα U M : πάνυ U* P Ald. ‖
20 post δυνάμενον add. καὶ U* ‖ ὁποσονοῦν U P Ald. : ὁπόσων
οὖν M ὁπόσον ἂν U* ‖ 21 ἐλάμβανε U M P Ald. : ἐλαμβάνετο
U* ‖ 22 ἔτυχεν U* : ἐτύγχανεν cett. ‖ Λούσων Schn. in comm. :
σούσ- codd. Ald. ‖ 24 ante ἕτερα add. τὰ U ‖ ἕτερα om. P Ald.

nombreuses plantes. Son élève Alexias était également habile et aussi versé dans son art que son maître, car sa compétence s'étendait au reste de la médecine[30]. 9 La découverte de ces drogues semble appartenir bien plus à notre temps qu'au passé. Quant à la différence dans le mode d'emploi de chacune, elle ressort de nombreux faits. Ainsi à Céos[31] on n'utilisait pas autrefois la ciguë à la manière actuelle, mais en la broyant, comme ailleurs ; aujourd'hui personne ne songerait à la broyer : après l'avoir épluchée et débarrassée de son écorce (qui est la cause des malaises car elle se digère mal), on la pile au mortier, puis, après l'avoir passée au tamis fin, on en saupoudre de l'eau et on prend ce breuvage qui assure une fin rapide et paisible[32].

17. 1 Toutes les drogues sans exception ont une action plus faible sur les sujets accoutumés ; sur certains même, elles sont totalement inopérantes. N'y a-t-il pas des gens qui mangent de l'hellébore en quantité, jusqu'à en consommer des bottes entières, sans réaction ? C'était justement le cas de Thrasyas, qui passait pour un herboriste très distingué[1]. Mais c'est aussi le cas, semble-t-il, de certains bergers ; c'est pourquoi le berger qui alla voir le droguiste admiré parce qu'il ingurgitait une racine ou deux, lui fit perdre son prestige en consommant la botte

καὶ Ἀλεξίας ὁ μαθητὴς αὐτοῦ καὶ οὐχ ἧττον ἔντεχνος
ἐκείνου· καὶ γὰρ τῆς ἄλλης ἰατρικῆς ἔμπειρος. 9 Ταῦτα
μὲν οὖν εὑρῆσθαι δοκεῖ πολλῷ μᾶλλον νῦν ἢ πρότερον.
Ὅτι δὲ διαφέρει τὸ χρῆσθαί πως ἑκάστῳ φανερὸν ἐκ
πολλῶν. Ἐπεὶ καὶ Κεῖοι τῷ κωνείῳ πρότερον οὐχ   5
οὕτως, ἀλλὰ τρίβοντες ἐχρῶντο, καθάπερ οἱ ἄλλοι·
νῦν δὲ οὐδ᾽ ἂν εἷς τρίψειεν, ἀλλὰ περιπτίσαντες καὶ
ἀφελόντες τὸ κέλυφος — τοῦτο γὰρ τὸ τὴν δυσχέρειαν
παρέχον δυσκατέργαστον ὄν — μετὰ ταῦτα κόπτουσιν
ἐν τῷ ὅλμῳ καὶ διαττήσαντες λεπτά, ἐπιπάττοντες ἐφ᾽   10
ὕδωρ πίνουσιν ὥστε ταχεῖαν καὶ ἐλαφρὰν γίνεσθαι τὴν
ἀπαλλαγήν.

17. 1 Ἁπάντων δὲ τῶν φαρμάκων αἱ δυνάμεις ἀσθε-
νέστεραι τοῖς συνειθισμένοις, τοῖς δὲ καὶ ἀνενεργεῖς τὸ
ὅλον. Ἔνιοι γὰρ ἐλλέβορον ἐσθίοντες πολὺν ὥστε   15
ἀναλίσκειν δέσμας ὅλας, οὐδὲν πάσχουσιν· ὅπερ ἐποίει
καὶ Θρασύας δεινότατος ὤν, ὡς ἐδόκει, τὰ περὶ τὰς
ῥίζας. Ποιοῦσι δὲ τοῦθ᾽ ὡς ἔοικε καὶ τῶν νομέων τινές·
διὸ καὶ πρὸς τὸν φαρμακοπώλην τὸν θαυμαζόμενον ὡς
κατήσθιε ῥίζαν μίαν ἢ δύο παραγενόμενος ὁ ποιμὴν καὶ   20
ἀναλώσας ὅλην τὴν δέσμην ἐποίησεν ἀδόκιμον· ἔλεγε

TEST.: 13-14 APOLLON. PARADOX. L.

1 ἔντεχνος U* P Ald. : τέχνας U κατὰ τὰς τέχνας M ‖ 3 νῦν om.
U M ‖ 4 χρῆσθαί πως U M P Ald. : χρῆσθαι πῶς U* ‖ 5-6 Κεῖοι ...
τρίβοντες ἐχρῶντο καθάπερ οἱ ἄ. U M : Κείους φασὶ ... τρίβον-
τας ὥσπερ οἱ ἄ. χρῆσθαι U* P Ald. ‖ 7 τρίψειεν U M P Ald. :
πτήσειεν U* ‖ περιπτίσαντες Schn. ex H. Stephano : περιπτῆσ- U
Ald. περιπτύσ- M P τρίψαντες U* ‖ 10 διαττήσαντες Schn. e C.
Hoffmanno : διαπτή- U M P Ald. διηθή- U* Pᵞʳ ‖ post λεπτά add. δὲ
U* ‖ 11 γίνεσθαι U M P Ald. : εἶναι U* ‖ 13 ἁπάντων codd. Ald. :
πάντων APOLLON. ‖ αἱ om. U ‖ 14 ἀνενεργεῖς U M P Ald. : ἀργοὶ
U* ἄπρακτοι APOLLON. ‖ 17 τὰ om. U* ‖ 18 καὶ om. M ‖ τῶν om. U
M ‖ 20 μίαν ῥίζαν Ald. ‖ 21 ἔλεγε U* P Ald. : ἐλέγετο U M.

entière ; il racontait que c'était une pratique quotidienne pour lui comme pour d'autres[2]. 2 Il se peut en effet que certaines drogues deviennent des poisons par défaut d'accoutumance, ou peut-être serait-il plus juste de dire que l'accoutumance les empêche d'être des poisons[3]. Car si l'organisme les tolère et les neutralise, ce ne sont plus des poisons, comme le disait précisément Thrasyas. Cet expert déclarait que le même produit était toxique pour les uns, non toxique pour les autres, selon le tempérament de chacun ; il estimait qu'il fallait distinguer et le faisait avec habileté. Mais il est évident que l'habitude joue aussi un certain rôle, en plus du tempérament[4]. Ce qu'il y a de sûr, c'est que le droguiste Eudème, fort renommé dans sa profession[5], ayant parié qu'il n'aurait aucune réaction avant le coucher du soleil, ingurgita une quantité très modeste qu'il ne put garder ni assimiler. 3 Au contraire, Eunome de Chios[6] buvait l'hellébore sans être purgé. Il disait qu'une fois il en avait bu en un seul jour vingt-deux doses, installé sur la place devant sa marchandise, et qu'il n'avait pas quitté son siège jusqu'au soir ; alors il était allé prendre un bain complet et avait dîné comme d'habitude, sans le moindre vomissement[7]. Toutefois, si lui du moins garda <la drogue>, c'est qu'il s'était préparé une sorte d'adjuvant : il avait, disait-il, saupoudré de pierre ponce du vinaigre fort qu'il avait bu après la septième dose, et en avait repris plus tard de la même manière dans du vin ; la pierre ponce est douée,

δ' ὅτι καθ' ἑκάστην ἡμέραν τοῦτο ποιεῖ καὶ αὐτὸς καὶ
ἕτεροι. 2 Κινδυνεύει γὰρ ἔνια τῶν φαρμάκων τῇ ἀσυνη-
θείᾳ φάρμακα γίνεσθαι, τάχα δὲ ἀληθέστερον εἰπεῖν ὡς
τῇ συνηθείᾳ οὐ φάρμακα. Προσδεξαμένης γὰρ τῆς
φύσεως καὶ κατακρατούσης, οὐκέτι φάρμακα, καθάπερ 5
καὶ Θρασύας ἔλεγεν. Ἐκεῖνος γὰρ ἔφη τὸ αὐτὸ τοῖς μὲν
φάρμακον εἶναι, τοῖς δ' οὐ φάρμακον, διαιρῶν τὰς
φύσεις ἑκάστων· ᾤετο γὰρ δεῖν καὶ ἦν δεινὸς διαγνῶναι.
Ποιεῖ δέ τι δηλονότι πρὸς τῇ φύσει καὶ τὸ ἔθος.
Εὔδημος γοῦν ὁ φαρμακοπώλης εὐδοκιμῶν σφόδρα 10
κατὰ τὴν τέχνην, συνθέμενος μηδὲν πείσεσθαι πρὸ
ἡλίου δύναντος κατέφαγε μέτριον πάνυ καὶ οὐ κατέσχεν οὐδ' ἐκράτησεν. 3 Ὁ δὲ Χῖος Εὔνομος πίνων ἐλλέβορον οὐκ ἐκαθαίρετο. Καί ποτε ἔφη πιεῖν ἐν μιᾷ ἡμέρᾳ
δύο καὶ εἴκοσι πόσεις ἐν τῇ ἀγορᾷ καθήμενος ἐπὶ τῶν 15
σκευῶν καὶ οὐκ ἐξαναστῆναι πρὸ τοῦ δείλην γενέσθαι·
τότε δὲ ἐλθὼν ἐκλούσασθαι καὶ δειπνεῖν ὥσπερ εἰώθει
καὶ οὐκ ἐξεμέσαι. Πλὴν οὗτός γε βοήθειάν τινα παρα-
σκευασάμενος κατέσχε. Κίσσηριν γὰρ ἐπιπάττων ἐπ'
ὄξος δριμὺ πιεῖν ἔφη μετὰ τὴν ἑβδόμην πόσιν, καὶ 20
πάλιν ὕστερον ἐν οἴνῳ τὸν αὐτὸν τρόπον· τὴν δὲ τῆς

TEST.: 13-18 APOLLON. PARADOX. L.

2 ἕτεροι U M P Ald. : -ρος U* ‖ κινδυνεύει codd. : -εύειν
Ald. ‖ ἔνια U M P Ald. : ἔτερα U* ‖ 3 ante φάρμακα add. ἔτερα
U ‖ 3-4 φάρμακα — συνηθείᾳ om. M ‖ 5 post φάρμακα add. γίνεσθαι P ‖ 7 διαιρῶν U M Pᵞᵖ : -αιτῶν U* P Ald. ‖ 8 δεῖν U M Ald. :
δὴ U* P ‖ 9 τι om. U* P ‖ 12 δύναντος U* : -νοντος cett. ‖ 13 δὲ
Χῖος U* P Ald. : δὲ Κῖος Uᵖᶜ Pᵞᵖ : δ' ἐκεῖνος Uᵃᶜ M ‖ Εὔνομος
APOLLON. : Εὔδημος codd. Ald. ‖ 13-14 π. ἐλλέβορον codd. Ald. :
ἐλλεβόρου π. πλείονας πόσεις APOLLON. ‖ 14 post ἡμέρᾳ add. συνθέμενος τοῖς ὁμοτέχνοις APOLLON. ‖ 16 πρὸ — γενέσθαι om.
APOLLON. ‖ γενέσθαι U* P Ald. : γίνεσθαι U M ‖ 17 ἐκλούσασθαι
codd. Ald. : λούσασθαι APOLLON. ‖ 18 γε U* P : τε U M om. Ald. ‖
τινα om. U* ‖ 19 κατέσχε U M P Ald. : παρέσχεν U* ‖ 21 ὕστερον
om. U M.

selon lui, d'une telle efficacité que si l'on en jette dans une jarre en fermentation, elle arrête la fermentation non seulement sur-le-champ, mais même définitivement, de toute évidence en asséchant et absorbant le gaz et en le dissolvant[8]. Voilà donc l'adjuvant qui permit à notre homme de garder <la drogue> à dose massive. 4 Quant à la force de l'habitude, elle ressort de nombreux faits. Prenons l'exemple de l'absinthe : on dit parfois que les moutons d'ici ne la broutent pas, mais ceux du Pont la broutent et deviennent plus gras, plus beaux et, selon certains rapports, dépourvus de fiel[9]. Mais restons-en là, car ce serait le sujet d'une autre étude.

18. 1 Les « racines » et les végétaux ligneux, nous l'avons déjà dit[1], ont des propriétés nombreuses qui s'appliquent non seulement aux êtres animés, mais même aux corps non animés. On raconte qu'il existe certaine plante épineuse qui, jetée dans l'eau, la fige[2], et que la racine de la guimauve la fige également, si après l'avoir broyée on la met dans de l'eau que l'on place en plein air[3]. La guimauve a une feuille semblable à celle de la mauve, quoique plus grande et plus velue, des tiges souples, une

κισσήριδος οὕτως ἰσχυρὰν εἶναι δύναμιν ὥστε ἐάν τις
εἰς πίθον ζέοντα ἐμβάλῃ, παύειν τὴν ζέσιν οὐ παραχρῆμα μόνον, ἀλλὰ καὶ ὅλως, καταξηραίνουσάν τε
δηλονότι καὶ ἀναδεχομένην τὸ πνεῦμα καὶ τοῦτο
διϊεῖσαν. Οὗτος μὲν οὖν τό γε πλῆθος ταύτῃ τῇ βοηθείᾳ 5
κατέσχεν. 4 Ὅτι δὲ καὶ τὸ ἔθος ἰσχυρὸν φανερὸν ἐκ
πολλῶν. Ἐπεὶ καὶ τὸ ἀψίνθιον τὰ μὲν ἐνταῦθα πρόβατα
οὔ φασί τινες νέμεσθαι, τὰ δ' ἐν τῷ Πόντῳ νέμεται καὶ
γίνεται πιότερα καὶ καλλίω καὶ ὡς δή τινες λέγουσιν
οὐκ ἔχοντα χολήν. Ἀλλὰ γὰρ ταῦτα μὲν ἑτέρας ἄν 10
τινος εἴη θεωρίας.

18. 1 Αἱ δὲ ῥίζαι καὶ τὰ ὑλήματα, καθάπερ εἴρηται,
πολλὰς ἔχουσι δυνάμεις οὐ πρὸς τὰ ἔμψυχα σώματα
μόνον, ἀλλὰ καὶ πρὸς τὰ ἄψυχα. Λέγουσι γὰρ ἄκανθάν
τινα εἶναι ἢ πήγνυσι τὸ ὕδωρ ἐμβαλλομένη, πηγνύναι 15
δὲ καὶ τὴν τῆς ἀλθαίας ῥίζαν, ἐάν τις τρίψας ἐμβάλῃ
καὶ θῇ ὑπαίθριον. Ἔχει δὲ ἡ ἀλθαία φύλλον μὲν ὅμοιον
τῇ μαλάχῃ, πλὴν μεῖζον καὶ δασύτερον, τοὺς δὲ καυλοὺς μαλακούς, ἄνθος δὲ μήλινον, καρπὸν δ' οἷον

TEST.: 1-3 Diosc. V, 108, 2. — 7-10 passim Apollon. Paradox.
XXXI ; Steph. Byz. s.u. Ἄψυνθος.

2 ante πίθον add. οἴνου Diosc. ‖ ἐμβάλῃ Uᵖᶜ U* P : -βάλλῃ Ald.
ἐκβάλῃ Uᵃᶜ ἐκβάλλη M καθῇ Diosc. ‖ παύειν U* P Ald. : παύει U
M παύεσθαι Diosc. ‖ 3 καταξηραίνουσάν U* P Ald. : -ουσά U
M ‖ 4 ἀναδεχομένην U* P Ald. : -μένῃ/ U -μένη M ‖ 5 διϊεῖσαν
Wim. : διῖσαν U* P Ald. διεσίαν U δὲ ἐσίαν M ‖ γε U M Ald. : δὲ
U* om. P ‖ 6 καὶ om. U* ‖ 6-7 φανερὸν ἐκ πολλῶν U* : ἐκ π. φ.
cett. ‖ 7 ἀψίνθιον codd. Ald. Apollon. : ἀψύνθ- Steph. Byz. uide
adn. ‖ 8 φασί τινες οὐ U* ‖ 9 πιότερα U U* P Ald. : -ώτερα M ‖ ὡς
δή P Ald. : ὥστε δή U* ὡς δέ U M ‖ 10 γὰρ om. Ald. ‖ 10-11 μὲν ἑ.
ἄν τινος U* P Ald. : ἔκ τινος ἑ. ἂν U M ‖ 13 ἔχουσι U* P Ald. :
-σαι U M ‖ 16 ἐμβάλῃ U U* P : -βάλλῃ M Ald. ‖ 19-1 (p. 51) οἷον
μαλάχῃ U* P Ald. : ὅμοιον τῇ μαλάχῃ U M.

fleur de cognassier et le fruit d'une mauve, une racine fibreuse, blanche et comparable pour le goût à la tige de la mauve[4] ; on l'utilise pour les ruptures et pour la toux dans du vin doux et sur les ulcères dans de l'huile[5]. 2 Une autre racine, dit-on, cuite avec la viande, fait des morceaux un seul bloc et en quelque sorte les soude[6] ; d'autres encore exercent une attraction comme le font la magnétite et l'ambre[7]. Ce sont là des faits qui appartiennent au domaine du non-animé.

La « mort aux femelles », qu'on appelle aussi « scorpion » parce que sa racine ressemble à un scorpion, tue le scorpion sur lequel on la racle ; mais qu'on le saupoudre d'hellébore blanc, il revient, dit-on, à la vie[8]. C'est un poison mortel pour les bovins, le petit bétail, les bêtes de somme, en un mot pour tout quadrupède, qui périssent le jour même si la racine ou les feuilles ont été appliquées sur leur sexe[9] ; on l'utilise en potion contre la piqûre du scorpion. La feuille ressemble à celle du cyclamen et la racine, comme il a été dit, à un scorpion ; celle-ci croît à la manière du chiendent et elle a des nœuds. C'est une espèce des lieux ombreux. Si l'histoire des scorpions est authentique, cela permet déjà de ne pas refuser tout crédit aux autres rapports de ce genre ; mais même les légendes ne se sont pas constituées sans raison[10].

3 En ce qui concerne notre organisme, hormis les facteurs de bonne santé, de maladie et de mort, on attribue

μαλάχῃ, ῥίζαν δὲ ἰνώδη λευκήν, τῇ γεύσει δὲ ὥσπερ
τῆς μαλάχης ὁ καυλός· χρῶνται δὲ αὐτῇ πρός τε τὰ
ῥήγματα καὶ τὰς βῆχας ἐν οἴνῳ γλυκεῖ καὶ ἐπὶ τὰ ἕλκη
ἐν ἐλαίῳ. 2 Ἑτέραν δέ τινα συνεψομένην τοῖς κρέασι
συνάπτειν εἰς ταὐτὸ καὶ οἷον πηγνύναι· τὰς δὲ καὶ   5
ἕλκειν ὥσπερ ἡ λίθος καὶ τὸ ἤλεκτρον. Καὶ ταῦτα μὲν ἐν
τοῖς ἀψύχοις.

Τὸ δὲ θηλυφόνον, οἱ δὲ σκορπίον καλοῦσι διὰ τὸ τὴν
ῥίζαν ὁμοίαν ἔχειν τῷ σκορπίῳ, ἐπιξυόμενον ἀποκτείνει
τὸν σκορπίον· ἐὰν δέ τις ἐλλέβορον λευκὸν καταπάσῃ,   10
πάλιν ἀνίστασθαί φασιν. Ἀπόλλυσι δὲ καὶ βοῦς καὶ
πρόβατα καὶ ὑποζύγια καὶ ἁπλῶς πᾶν τετράπουν, ἐὰν
εἰς τὰ αἰδοῖα τεθῇ ἡ ῥίζα ἢ τὰ φύλλα αὐθημερόν· χρήσιμον δὲ πρὸς σκορπίου πληγὴν πινόμενον. Ἔχει δὲ τὸ
μὲν φύλλον ὅμοιον κυκλαμίνῳ, τὴν δὲ ῥίζαν, ὥσπερ   15
ἐλέχθη, σκορπίῳ. Φύεται δὲ ὥσπερ ἡ ἄγρωστις καὶ
γόνατα ἔχει. Φιλεῖ δὲ χωρία σκιώδη. Εἰ δὲ ἀληθῆ τὰ
περὶ τῶν σκορπίων, ἤδη καὶ τἄλλα οὐκ ἀπίθανα τὰ
τοιαῦτα· καὶ τὰ μυθώδη δὲ οὐκ ἀλόγως συγκεῖται.

3 Ἐν δὲ τοῖς ἡμετέροις σώμασι, χωρὶς τῶν πρὸς   20
ὑγείαν καὶ νόσον καὶ θάνατον, καὶ πρὸς ἄλλα δυνάμεις

TEST.: 8-11 Ael., *N.A.* IX, 27 ; 8-10 Apollon. Paradox. XLI.

1 ἰνώδη U U* M Ald. : οἰνώ- P ‖ ὥσπερ U* P Ald. : ὡς U M ‖
3 τὰς U U* M : τοὺς P Ald. ‖ 5 συνάπτειν U* P Ald. : συλλέγειν U
M P^γρ ‖ οἷον U M : τὰς μὲν U* P Ald. ‖ 6 alt. καὶ om. U M ‖ 9 ἀποκτείνει U U* P : -νειν U² M P¹ Ald. ‖ 12 ὑποζύγια … πρόβατα P
Ald. ‖ 13 τεθῇ ἡ P Ald. : τεθῇ ἢ U M ἢ ἡ U* ‖ ἡ ῥίζα … τὰ φύλλα
U* : ἡ ῥίζα … φύλλον P Ald. φύλλα … ριζίον U M ‖ αὐθημερόν
[-ρών M] U* M P Ald. : -ήμερον U ‖ 14 πρὸς σκορπίου U* P Ald. :
πρὸς σκορπίων [πρὸσκορπιων U] U M ‖ 16 σκορπίῳ Wim. : -πίου
codd. Ald. ‖ ἡ om. U* P ‖ 17 ante et post χωρία add. τὰ U* ‖ 18 τῶν
σκορπίων U^ac U* M P Ald. : τὸν σκορπίον U^pc ‖ τὰ om. U M ‖
21 ὑγείαν U U* : ὑγείαν cett. ‖ ἄλλα [*alia* Gaza] Schn. : -ας codd.
Ald. ‖ 21-1 (p. 52) ἀλλὰ — σωματικῶν om. U* M P Ald.

<aux simples> des propriétés qui s'appliquent à d'autres
fonctions, non seulement physiques, mais aussi psy-
chiques[11]. Par « fonctions physiques », j'entends l'activité ou l'absence d'activité génésique[12]. On prétend que
certaines drogues tirées de la même plante déterminent
l'une et l'autre, comme dans le cas de ce qu'on appelle
l'« herbe à testicules » (l'orchis)[13] : étant donné qu'elle
en a une paire, un gros et un petit, on dit que le gros stimule l'instinct sexuel, administré dans du lait de chèvre
des montagnes, et que le plus petit l'affaiblit et le
réprime. L'orchis a la feuille de la scille, en plus lisse et
en plus petit, et la tige tout à fait semblable à un turion
d'asperge[14]. 4 L'étonnant, comme il a été dit[15], c'est la
provenance d'un seul et même organe, car l'existence de
telles propriétés n'est pas, quant à elle, étonnante. Entre
autres, en effet, Aristophile, le droguiste de Platées[16],
affirmait qu'il avait des produits efficaces pour les deux
cas, l'un permettant de rendre un homme plus puissant,
l'autre d'en faire carrément un impuissant. L'impuis-
sance due à la drogue en question pouvait être définitive
ou d'une durée limitée, de l'ordre de deux ou trois mois ;
aussi utilisait-il ce produit pour ses garçons, quand il
voulait punir l'un d'eux ou lui donner une leçon. 5 Il y a
aussi, paraît-il, des plantes qui font engendrer des garçons ou engendrer des filles ; c'est pourquoi une forme

ἔχειν φασὶν οὐ μόνον τῶν σωματικῶν, ἀλλὰ καὶ τῶν τῆς
ψυχῆς. Λέγω δὲ σωματικῶν περὶ τὸ γεννᾶν καὶ ἀγονεῖν.
Καὶ ἔνιά γε ἀπὸ τοῦ αὐτοῦ ποιεῖν ἄμφω, καθάπερ ἐπὶ
τοῦ ὄρχεως καλουμένου· δυοῖν γὰρ ὄντοιν τοῦ μὲν
μεγάλου, τοῦ δὲ μικροῦ, τὸν μὲν μέγαν ἐνεργότερον   5
ποιεῖν πρὸς τὰς ὁμιλίας ἐν γάλακτι διδόμενον αἰγὸς
ὀρεινόμου, τὸν δὲ ἐλάττω σίνεσθαι καὶ κωλύειν. Ἔχει δὲ
τὸ μὲν φύλλον σκιλλῶδες, λειότερον δὲ καὶ ἔλαττον,
τὸν δὲ καυλὸν ὁμοιότατον [ἀπίῳ] ἀσπαράγῳ [ἤτοι
ἀκάνθη]. 4 Ἄτοπον δέ, ὥσπερ ἐλέχθη, τὸ ἀπὸ μιᾶς   10
φύσεως καὶ τῆς αὐτῆς· ἐπεὶ τό γε εἶναι τοιαύτας τινὰς
δυνάμεις οὐκ ἄτοπον. Καὶ γὰρ ἄλλοι τινὲς καὶ Ἀριστόφιλος ἔλεγεν ὁ φαρμακοπώλης ὁ πλαταϊκὸς ὅτι πρὸς
ἀμφότερα δυνάμεις τινὰς ἔχοι τὴν μὲν ὥστε μᾶλλον
δύνασθαι, τὴν δὲ ὥστε ἁπλῶς μὴ δύνασθαι. Ταύτης δὲ   15
καὶ τὸ ὅλον εἶναι τὴν ἀδυναμίαν καὶ εἰς χρόνον ὡρισμέ-
νον οἷον δίμηνον ἢ τρίμηνον, ᾗ καὶ χρῆσθαι πρὸς τοὺς
παῖδας ὁπότε βούλοιτό τινα κολάσαι καὶ σωφρονίσαι.
5 Ἔνια δὲ εἶναι καὶ εἰς τὸ ἀρρενογονεῖν ἢ θηλυγονεῖν·
διὸ καὶ καλοῦσι τὸ μὲν φύλλον ἀρρενόγονον, τὸ δὲ   20

2 ἀγονεῖν U* P Ald. : ἀγενές U M ‖ 3 τοῦ αὐτοῦ π. U M : τοῦ
τὸ αὐτὸ π. P Ald. τοῦ π. U* ‖ ἐπὶ om. U M ‖ 4 δυοῖν ... ὄντοιν U*
P Ald. : δυοῖν ... ὄντων M δυεῖν ... ὄντων U ‖ 6 ποιεῖν codd. : -εῖ
Ald. ‖ 7 ὀρεινόμου U* P Ald. : ὀρινομένου [-μένον M] U M ‖
σίνεσθαι U M P Ald. : πίν- U* ‖ 8 σκιλλῶδες U* P^γρ : σιλφῶ- U M
P Ald. ‖ 9-10 ἀπίῳ ... ἤτοι [ἢ τῇ U U*] ἀκάνθη deleui uide adn. ‖
9 ἀσπαράγῳ ego : ἀ/πύρῳ U ἀπύρῳ cett. ‖ 11 τῆς om. U ‖ τό γε
U* : τὸ δύο cett. ‖ 12 καὶ γὰρ ἄλλοι τινὲς U M P Ald. : ἐπεὶ
U* praua iteratione ‖ 13 ὁ πλαταϊκὸς ὁ φαρμακοπώλης P Ald. ‖
14 ἀμφότερα U M P Ald. : -οτέρας U* ‖ ἔχοι U : ἔχει cett. ‖ 15 τὴν
δὲ ὥστε U M P Ald. : ταύτην δ' ὥσπερ U* ‖ 16 εἶναι U* : δύνασθαι cett. ‖ post alt. καὶ add. γὰρ U M P Ald. ‖ 17 καὶ χρῆσθαι Schn.
1821 ex Urbinatis dubia lectione : κεχρῆσθαι U* M P Ald. ‖ 18 βούλοιτό U* P : -οιντό cett. ‖ κολάσαι καὶ σωφρονίσαι P Ald. : σ. καὶ
κ. U M καὶ σωφρονίσαι om. U* ‖ 20 φύλλον post καλοῦσι transp.
U M Ald. om. U*.

de la mercuriale est dite « génitrice de garçons », l'autre
« génitrice de filles », encore que les deux se ressemblent et présentent l'aspect du basilic[17]. Toutefois, le fruit
de la « génitrice de filles » est comparable au corps
mousseux de l'olivier, en plus jaune, tandis que celui de
la « génitrice de garçons » est exactement tel qu'une
olive lorsqu'elle naît à peine du corps mousseux, mais
divisé en deux, comme des testicules humains. Pour
rendre le sperme stérile, c'est, dit-on, le fruit du lierre
blanc qui est administré[18] ; 6 pour le rendre au contraire
fécond, c'est le fruit de l' « herbe aux mâles »[19], dans de
l'eau. Cette plante pousse à la manière du « lin des
blés »[20] ; son fruit est tel que du millet. On se trouve de
même, dit-on, dans l'impossibilité de procréer si l'on
prend en potion dans du vin blanc le fruit du chèvrefeuille[21], dont on aura recueilli environ une chénice,
trente jours de suite à dose égale chaque jour ; car si on
achève la potion, c'est la stérilité définitive. 7 La feuille
de l' « herbe à la mule » est pour les femmes le moyen
de ne pas concevoir. On y mélange, dit-on, un peu de
sabot de mule et de sa peau[22] ; la feuille ressemble à celle
de la scolopendre et les racines sont fines. C'est une
plante des lieux montagneux et rocheux, dont précisément, paraît-il, les mules sont friandes ; on l'utilise aussi
pour les maladies de la rate, comme le chèvrefeuille[23].
8 La « fougère femelle »[24] sert de vermifuge pour les
ténias et les oxyures : pour les ténias, enrobée de miel ;
pour les oxyures, administrée dans du vin doux avec de la
farine d'orge. Si l'on en donne à une femme enceinte,

θηλυγόνον, ὅμοια δ' ἄμφω καὶ μορφὴν ἔχοντα ὠκίμου.
Ὁ δὲ καρπὸς τοῦ μὲν θηλυγόνου καθάπερ ἐλαίας
βρύον, ὠχρότερος δέ· τοῦ δὲ ἀρρενογόνου οἷόνπερ ἐλάα
ὅταν ἄρτι φύηται ἐκ τοῦ βρύου, δίκρουν δὲ ὥσπερ
ὄρχεις ἀνθρώπων. Πρὸς δὲ τὸ μὴ γόνιμον εἶναι τὸ   5
σπέρμα, τοῦ λευκοῦ κιττοῦ τὸν καρπὸν δίδοσθαί φασι·
6 πρὸς δ' αὖ τὸ γόνιμον τὸν τοῦ κραταιογόνου καρπὸν
ἐν ὕδατι. Φύεται δὲ τοῦτο ὥσπερ λίνον πύρινον, ὁ δὲ
καρπὸς οἷον κέγχρος. Ἀδυνατεῖν δέ φασι γεννᾶν καὶ
ἐάν τις τοῦ κλυμένου τὸν καρπὸν πίνῃ συνεχῶς τριά-   10
κοντα ἡμέρας ἐν οἴνῳ λευκῷ, συλλέξας ὅσον χοίνικα,
τὸ ἴσον ἀν' ἑκάστην ἡμέραν. Ἐὰν γὰρ ἐκτελέσῃ τὴν
πόσιν, ἀγονεῖν τὸ ὅλον. 7 Τῆς δ' ἡμιόνου τὸ φύλλον
ταῖς γυναιξὶν εἰς τὸ ἀγονεῖν. Μίγνυσθαι δέ <τί> φασι
καὶ τῆς ὁπλῆς τῆς ἡμιόνου καὶ τοῦ δέρματος· ὅμοιον δὲ   15
τὸ φύλλον σκολοπένδρῳ, ῥίζας δὲ λεπτάς. Ὀρεινὰ δὲ
χωρία φιλεῖ καὶ πετρώδη· χαίρειν δὲ σφόδρα καὶ τὴν
ἡμίονον αὐτῷ· χρῆσθαι δὲ καὶ πρὸς τοὺς σπλῆνας
ὥσπερ τῷ κλυμένῳ. 8 Ἡ δὲ θηλυπτερὶς χρήσιμον πρὸς
τὰς ἕλμινθας τάς τε πλατείας καὶ τὰς λεπτάς· πρὸς μὲν   20
τὰς πλατείας ἀναδευομένη μέλιτι, πρὸς δὲ τὰς λεπτὰς
ἐν οἴνῳ γλυκεῖ μετ' ἀλφίτων διδομένη. Γυναικὶ δ' ἐὰν

1 post καὶ add. ἄμφω καὶ ἄμφω U* praua iteratione ‖ 3 ὠχρότερος
P Ald. : -τερον cett. ‖ 4 δὲ om. U M Ald. ‖ 5 ὄρχεις U M P Ald. :
-χις U* ‖ 6 δίδοσθαί om. U M P Ald. ‖ 7 αὖ τὸ U P Ald. : αὐτὸ M
αὐτὸ τὸ U* ‖ τοῦ κραταιογόνου ego coll. DIOSC. uide adn. : τοῦ κρα-
ταιογονίου U* τῆς κραταιγαίου U τῆς κραταίου M P Ald. ‖ 12 ἀν'
P Ald. : ἂν U M ἐν U* ‖ 13 ἀγονεῖν U M P Ald. : ἀτον- U* ‖ 14 τι
[aliquid Gaza] addidi ‖ 15 alt. τῆς U U* : τοῦ M P Ald. ‖ δέρματος U
U* P Ald. : σπέρμα- M Pγρ ‖ 16 τὸ φύλλον U* P Ald. : τῷ φύλλῳ U
M ‖ σκολοπένδρῳ U* : -πενδρίῳ cett. ‖ 17 χωρία U* P Ald. : πεδία
U M ‖ pr. καὶ om. U* ‖ 18 αὐτῷ U M P Ald. : οὕτω U* ‖ 19 post χρήσιμον add. μὲν U M ‖ 20-21 καὶ — πλατείας om. M ‖ 20 post λεπτάς
add. ἐν οἴνῳ U* ‖ 21 ἀναδευομένη U* P Ald. : -δερομένη U M ‖
22-1 (p. 54) ἐὰν μὲν δ. ἐγκύμονι [ἀγγύ- M] U M : ἐάν γε δ. ἐὰν μὲν
ἐγκύμονι [-κύμων U*] U* P Ald.

elle fait, dit-on, une fausse couche, et si elle ne l'est pas, elle ne peut plus jamais avoir d'enfant. La « fougère femelle » diffère de la fougère mâle par le fait que sa feuille n'est pas formée d'un seul rameau et qu'elle a une grande racine, longue et noire[25]. Voilà les plantes dont les propriétés s'appliquent aux fonctions génésiques.

9 Mais le plus extraordinaire, c'est le pouvoir de la drogue qu'avait l'Indien. On a raconté[26] qu'après en avoir non pas absorbé, mais frotté leur membre, les hommes se mettaient en érection et que l'effet était si puissant qu'ils pouvaient avoir des rapports avec autant de femmes qu'ils voulaient — jusqu'à douze, selon ceux qui avaient fait l'expérience ; en tout cas, le droguiste lui-même, un homme grand et fort, racontait qu'une fois il avait eu soixante-dix rapports ; son éjaculation se faisait goutte à goutte et il avait fini par émettre du sang. L'excitation sexuelle est, paraît-il, encore plus vive chez les femmes, quand elles usent de cette drogue. Celle-ci a donc une efficacité exceptionnelle, à la supposer authentique[27].

10 Mais d'une manière générale l'existence d'éléments naturels capables d'accroître l'excitation sexuelle n'est pas étonnante, puisque nous constatons leur présence même dans les substances alimentaires[28], tant solides que liquides, ainsi que leur aptitude à créer encore d'autres dispositions, outre celles dont nous avons parlé. On dit

μὲν δοθῇ ἐγκύμονι, ἐκβάλλειν φασίν, ἐὰν δὲ μή, τὸ ὅλον
ἄτεκνον γίνεσθαι. Διαφέρει δὲ τῆς πτερίδος θηλυπτερὶς
τῷ τὸ μὲν φύλλον ἔχειν <οὐ> μονόκλωνον, ῥίζαν δὲ
μεγάλην καὶ μακρὰν καὶ μέλαιναν. Τούτων μὲν οὖν αἱ
δυνάμεις πρὸς τὰς γενέσεις.   5

9 Θαυμασιωτάτη δὲ ἦν ὁ Ἰνδὸς εἶχεν. Οὐ γὰρ προσε-
νεγκαμένοις ἀλλ᾽ ἀλειψαμένοις ἔφασαν τὸ αἰδοῖον
ἐντείνεσθαι, τὴν δύναμιν δ᾽ οὕτως ἰσχυρὰν εἶναι ὥσθ᾽
ὁπόσαις ἂν βούλοιντο πλησιάζειν· τοὺς δὲ χρησαμέ-
νους φάναι καὶ δώδεκα· αὐτὸν γοῦν λέγειν — καὶ γὰρ   10
ἦν ἰσχυρὸς καὶ μέγας — ὅτι ἑβδομήκοντά ποτε πλη-
σιάσειε· τὴν δὲ πρόεσιν αὐτῷ τοῦ σπέρματος εἶναι κατὰ
στράγγα, τελευτῶν δὲ εἰς αἷμα ἀγαγεῖν. Ἔτι δὲ σφοδροτέρως ὁρμᾶν τὰς γυναῖκας ὅταν χρήσωνται τῷ
φαρμάκῳ. Αὕτη μὲν οὖν, εἴπερ ἀληθής, ὑπερβάλλουσά   15
τις δύναμις.

10 Τὸ δ᾽ ὅλον εἶναι φύσεις τινὰς τοιαύτας αἳ ποιοῦσιν ὁρμητικωτέρους οὐκ ἄτοπον· ἐπεὶ καὶ ἐν τοῖς τροφίμοις χυμοῖς ὁρῶμεν οὔσας καὶ ἐν ξηροῖς καὶ ἐν ὑγροῖς,
ἔτι δὲ πρὸς τούτοις ἄλλα δυναμένας πάθη ποιεῖν.   20
Ἐνιαχοῦ μὲν γάρ φασι τὸ ὕδωρ παιδογόνον εἶναι

TEST.: 11-13 ΑΤΗ. 18 d. — 21 ΑΤΗ. 41 f.

2 τί διαφέρει θηλυπτερὶς τῆς πτερίδος U M ‖ 3 τὸ μὲν U* : τὸ
U M τὴν μὲν P Ald. ‖ οὐ addidi coll. DIOSC. uide adn. ‖ μονόκλωνον
Schn. 1821 ex μονόκλονον U* : μονόκωλον cett. ‖ 5-6 δὲ (l. 6) post
πρὸς (l. 5) transp. U M ‖ 7 ἔφασαν U M : ἂν U* P ἔφασαν ἂν
Ald. ‖ 8 ἐντείνεσθαι U* P Ald. : γίνεσθαι U M ‖ τὴν δύναμιν om.
U* ‖ δ᾽ post οὕτως transp. U* om. U M ‖ 9 ὁπόσαις ἂν βούλοιτο U
M P Ald. : ὁπόσα οὖν ἐθέλειν καὶ U* ‖ 14 τὰς γυναῖκας ὁρμᾶν
U* ‖ 17-18 τὸ — αἳ [ἃς M] ποιοῦσιν U M P Ald. : πάντως δὲ κατὰ
τινας δυνάμεις τινὰς τοιαύτας ποιεῖν U* ‖ 18 ante οὐκ add. καὶ U
M ‖ 19 χυμοῖς U* P : χυλοῖς U M Pγρ Ald. ‖ alt. ἐν om. U M ‖
ὑγροῖς ... ξηροῖς U* P Ald. ‖ 20 δὲ U M P Ald. : τε U* ‖ δυναμέ-
νας U* : δυνάμενα cett.

qu'en certains lieux l'eau favorise la conception chez les femmes, par exemple à Thespies, et qu'ailleurs elle les rend stériles, comme à Pyrrha, où les médecins la mettaient en cause[29]. A Héraia, dit-on, en Arcadie, il y a un vin qui, bu par les hommes, leur fait perdre la tête, et par les femmes, les empêche d'avoir des enfants[30]. 11 Ajoutons qu'en Achaïe et surtout dans la région de Kérynia, il y a un cépage dont le vin fait avorter les femmes enceintes ; même les chiennes, si elles mangent de ces raisins, avortent aussi[31]. Pourtant, au goût, le raisin ne produit aucune sensation qui le distingue des autres, et le vin non plus. Sur le territoire de Trézène, le vin rend stériles ceux qui le boivent[32]. A Thasos, des gens fabriquent eux-mêmes un vin soporifique, et il en est un autre qui donne des insomnies aux buveurs[33].

Voilà pour les propriétés qui agissent sur notre organisme et dans le domaine des fonctions physiques.

19. 1 Pour son action sur le psychisme <on cite> la solanée, qui va jusqu'à causer des troubles mentaux et faire perdre la raison, comme il a été dit précédemment[1]. La racine du « piège aux ânes »[2], administrée dans du vin, rend le caractère plus facile et plus gai. Le « piège

γυναιξὶν ὥσπερ καὶ ἐν Θεσπίαις, ἐνιαχοῦ δὲ ἄγονον ὡς
ἐν Πύρρᾳ· τοῦτο γὰρ ᾐτιῶντο οἱ ἰατροί. Ἐν Ἡραίᾳ δέ,
ὥς φασι, τῆς Ἀρκαδίας οἶνός ἐστιν ὃς τοὺς μὲν ἄνδρας
πινόμενος ἐξίστησι, τὰς δὲ γυναῖκας ἀτέκνους ποιεῖ.
11 Πάλιν δ' ἐν Ἀχαΐᾳ καὶ μάλιστα περὶ Κερυνίαν ἀμπέ-   5
λου τι γένος ἐστὶν ἀφ' ἧς ὁ οἶνος ἐξαμβλοῦν ποιεῖ τὰς
γυναῖκας ἐγκύμονας οὔσας· κἂν αἱ κύνες φάγωσι τῶν
βοτρύων, ἐξαμβλοῦσι καὶ αὐταί. Κατὰ δὲ τὴν γεῦσιν
οὔθ' ὁ βότρυς οὐδεμίαν αἴσθησιν ἰδίαν ποιεῖ παρὰ τοὺς
ἄλλους οὔθ' ὁ οἶνος. Ἐν Τροιζηνίᾳ δὲ ὁ οἶνος ἀγόνους   10
ποιεῖ τοὺς πίνοντας. Ἐν Θάσῳ δὲ αὐτοί τινα ποιοῦσιν
οἶνον ὑπνωτικόν· ἕτερος δὲ ὃς ἀγρυπνεῖν ποιεῖ τοὺς
πίνοντας.

Ἀλλὰ γὰρ αὗται μὲν αἱ δυνάμεις πρὸς τὰ σώματα
καὶ ἐν τοῖς σωματικοῖς.   15

19. 1 Πρὸς δὲ τὴν ψυχὴν τὸν μὲν στρύχνον ὥστε
παρακινεῖν καὶ ἐξιστάναι, καθάπερ ἐλέχθη πρότερον. Ἡ
δὲ τοῦ ὀνοθήρα ῥίζα δοθεῖσα ἐν οἴνῳ πραότερον ποιεῖ
καὶ ἱλαρώτερον τὸ ἦθος. Ἔχει δὲ ὁ ὀνοθήρας τὸ μὲν

TEST.: 1-2 ATH. 41 f. — 2-8 ATH. 31 e-f ; AEL., *V.H.* XIII, 6. —
10-13 ATH. 31 f ; 11-13 AEL., *V.H.* XIII, 6.

1 ἐνιαχοῦ δὲ U M P Ald. : ἔνια οὐδ' U* ‖ 2 Ἡραίᾳ AEL. ATH. :
Ἡρακλείᾳ codd. Ald. ‖ 4 ἀτέκνους U* : ἀτεκνούσας U M P Ald.
τεκνούσας ATH. τεκνοποιοὺς AEL. ‖ 5 πάλιν U* P Ald. : μάλιστα U
M ‖ δ' om. U* ‖ Κερυνίαν ATH. : κεραυν- AEL. καβυν- codd. Ald. ‖
5-6 ἀμπέλου τι γένος U* P Ald. ATH. : ἄμπελός τις U M ‖ 6 ἧς U*
ATH. : οὗ cett. ‖ 6-7 τὰς γυναῖκας ἐγκύμονας οὔσας P Ald. : τὰς γ.
τὰς ἐγκύμονας ATH. τὰς ἐγκύμονας [ἀγκ- M] U U* M ‖ 7-8 αἱ
κύνες ... καὶ αὐταί om. ATH. ‖ 9 ἰδίαν om. U M P Ald. ‖ ποιεῖ U* M
P Ald. : -εῖται U ‖ 10-13 ἐν — πίνοντας om. U* ‖ 12 οἶνον ὑπνω-
τικόν U ATH. : ὁ. οἶνον M P Ald. ‖ ἕτερος δὲ ὃς [ὁ M] U M : ἔ. δὲ
ὁ ... ποιῶν P Ald. καὶ ἕτερον ποιοῦντα ATH. ‖ 16 τὸν U* M P Ald. :
τὸ U ‖ ὥστε U U* : ὥσπερ cett. ‖ 17 ἐξιστάναι U* P Ald. : ἐξεστ-
U M ‖ 18 ὀνοθήρα U* : οἰνο- cett. ‖ ποιεῖ post ἱλαρώτερον transp.
U* ‖ 19 ὀνοθήρας Schn. 1821 : οἰνο- codd. Ald.

aux ânes » a la feuille semblable à celle de l'amandier, mais plus plane, et la fleur du rouge de la rose ; lui-même forme un grand arbrisseau ; sa racine est rouge et de grande taille, et quand elle est sèche, il s'en exhale une odeur de vin. C'est une espèce des lieux montagneux[3]. Ce que nous en avons dit n'est manifestement pas étrange : un organe que ses propriétés rapprochent du vin élabore, pour ainsi dire, une sorte de bouquet[4]. 2 Mais nous allons trouver plus de naïveté et d'invraisemblance dans ce qui a trait aux amulettes et en général aux prétendus préservatifs des personnes et des maisons. Ainsi, selon le bruit qui court, le *tripolion*, à en croire Hésiode et Musée[5], favoriserait toute entreprise importante ; aussi le déterre-t-on nuitamment, après avoir planté une tente. Les racontars relatifs à la gloire et au renom sont du même ordre ou pis encore. Ce qu'on appelle le muflier[6] procure, dit-on, la gloire. C'est une plante qui ressemble au gratteron, sans racine à la base, dont le fruit a des sortes de narines, comme un mufle de veau[7]. Qui se frotte avec cette herbe acquiert, paraît-il, du renom. 3 On en acquerrait également si l'on se couronne avec la fleur de l'immortelle (*hélikhrysos*) en s'aspergeant de parfum pris d'une fiole en or (*khrysion*) non passé par le feu[8]. L'immortelle (*hélikhrysos*) a une fleur que l'on croirait en or (*khrysoeidés*), une feuille blanche, la tige à la fois fine et dure, une racine superficielle et fine[9]. On utilise cette

φύλλον ὅμοιον ἀμυγδαλῇ, πλατύτερον δέ, τὸ δὲ ἄνθος
ἐρυθρὸν ὥσπερ ῥόδον· αὐτὸς δὲ μέγας θάμνος· ῥίζα δὲ
ἐρυθρὰ καὶ μεγάλη, ὄζει δὲ αὐανθείσης ὥσπερ οἴνου.
Φιλεῖ δὲ ὀρεινὰ χωρία. Φαίνεται δὲ οὐ τοῦτο ἄτοπον·
οἷον γὰρ προσφορά τις γίνεται δύναμιν ἔχοντος   5
οἰνώδη. 2 Ἀλλὰ τάδε εὐηθέστερα καὶ ἀπιθανώτερα τά
τε τῶν περιάπτων καὶ ὅλως τῶν ἀλεξιφαρμάκων λεγο-
μένων τοῖς τε σώμασι καὶ ταῖς οἰκίαις. Καὶ ὡς δή φασι
τὸ τριπόλιον καθ᾽ Ἡσίοδον καὶ Μουσαῖον εἰς πᾶν
πρᾶγμα σπουδαῖον χρήσιμον εἶναι· διὸ καὶ ὀρύττουσιν   10
αὐτὸ νύκτωρ σκηνὴν πηξάμενοι. Καὶ τὰ περὶ τῆς εὐ-
κλείας τε καὶ εὐδοξίας ὁμοίως ἢ καὶ μᾶλλον. Εὔκλειαν
γάρ φασι ποιεῖν τὸ ἀντίρρινον καλούμενον. Τοῦτο δ᾽
ὅμοιόν ἐστι τῇ ἀπαρίνῃ· ῥίζα δὲ οὐχ ὕπεστιν· ὁ δὲ
καρπὸς ὥσπερ μόσχου ῥῖνας ἔχει. Τὸν δ᾽ ἀπὸ τούτου   15
ἀλειφόμενον εὐδοξεῖν. 3 Εὐδοξεῖν δὲ καὶ ἐάν τις τοῦ
ἑλιχρύσου τῷ ἄνθει στεφανῶται μύρῳ ῥαίνων ἐκ
χρυσίου ἀπύρου. Ἔχει δὲ ὁ ἑλίχρυσος τὸ μὲν ἄνθος
χρυσοειδές, φύλλον δὲ λευκόν, καὶ τὸν καυλὸν δὲ
λεπτὸν καὶ σκληρόν, ῥίζαν δὲ ἐπιπόλαιον καὶ λεπτήν.   20

TEST.: 13 Hsch. s.u. ἀντίρρινον ; schol. Paris. Orib. (II, 744
D). — 16-17 Ath. 680 f.

1 πλατύτερον U* P Ald. : πικρότερον U M μικρό- coni. Wim. ‖
2 ἐρυθρὸν om. M ‖ 2-3 αὐτὸς — οἴνου om. M ‖ 2 post μέγας add.
ὡς Ald. ‖ 3 αὐανθείσης U* P Ald. : -θεῖσα U ‖ οἴνου U* P Ald. :
ῥόδον U ‖ 4 οὐ om. U* P² ʸᵖ ‖ 6 ἀλλὰ — ἀπιθανώτερα om. U
M ‖ τάδε U* : τὰ P Ald. ‖ ἀπιθανώτερα Scal. : πιθ- codd. Ald. ‖
7 ὅλως om. U M ‖ 10 σπουδαῖον om. U* ‖ 12 τε U* : δὲ cett. ‖
13 ante ποιεῖν add. αἰεὶ U* P Ald. ‖ ἀντίρρινον Stack. coll. Diosc.
uide adn. : -ρριζον codd. Ald. schol. Paris. Orib. ‖ 14 ἐστὶν ὅμοιον
U M ‖ 16 alt. εὐδοξεῖν U* : -ξεῖ cett. εὔκλειαν ἴσχει Ath. ‖
17 ἑλιχρύσου Ath. : ἐλειχρ- U* P² ʸᵖ ἐλειοχρ- U M P Ald. ‖ στεφανῶται U U* Ath. : -νοῦται M P Ald. ‖ 18 ἑλίχρυσος Heins. :
ἐλείχρ- U* P ἐλειόχρ- cett. ‖ 19 λευκόν U M P Ald. : λεπτόν U*
P² ʸᵖ ‖ καυλὸν U* Pʸᵖ : καρπὸν U M P Ald.

plante pour les morsures d'animaux, dans du vin, et pour les brûlures, réduite en cendres que l'on mélange avec du miel. En vérité, les recettes de ce genre, comme il a été dit précédemment[10], sont le fait de gens qui veulent par la même occasion rehausser leurs artifices personnels.

4 Quant à la nature des racines, des fruits et des sucs[11], comme elle comporte des propriétés nombreuses et diverses, celles qui produisent le même effet et causent les mêmes phénomènes, et inversement celles qui ont les effets contraires, on peut se demander, avec un embarras que l'on éprouve sans doute pareillement sur d'autres points embarrassants, si tout ce qui cause les mêmes phénomènes est lié à certaine propriété unique, ou s'il est admissible que le même phénomène procède également de causes différentes[12].

[Laissons la question posée sous cette forme ; mais s'il est encore d'autres substances dont nous pouvons indiquer la nature ou les propriétés, il nous faut en parler.][13]

20. 1 Le poivre est un fruit, bien sûr, mais il y en a deux sortes : le rond tel une graine d'ers, qui a un tégument et de la chair comme les fruits du laurier, rougeâtre ; et le long, noir, qui a de petites graines semblables à celles du pavot[1]. Celui-ci est beaucoup plus fort que l'autre, mais les deux sont échauffants ; aussi les utilise-t-on, associés à l'encens, comme antidote de la ciguë[2].

2 Le « grain de Cnide »[3] est rond, de couleur rouge, plus gros que celui du poivre et beaucoup plus échauffant ; aussi, lorsqu'on le donne en pilule (on le donne

Χρῶνται δὲ αὐτῷ πρὸς τὰ δακετὰ ἐν οἴνῳ καὶ πρὸς τὰ πυρίκαυστα κατακαύσαντες καὶ μίξαντες μέλιτι. Τὰ μὲν οὖν τοιαῦτα, καθάπερ καὶ πρότερον ἐλέχθη, συναύξειν βουλομένων ἐστὶ τὰς ἑαυτῶν τέχνας.

4 Αἱ δὲ τῶν ῥιζῶν καὶ τῶν καρπῶν καὶ τῶν ὀπῶν φύσεις ἐπεὶ πολλὰς ἔχουσι καὶ παντοίας δυνάμεις, ὅσαι ταὐτὸ δύνανται καὶ τῶν αὐτῶν αἴτιαι καὶ πάλιν ὅσαι τὰ ἐναντία, διαπορήσειεν ἄν τις κοινὸν ἴσως ἀπόρημα καὶ ἐφ' ἑτέρων ἀπόρων πότερον ὅσα τῶν αὐτῶν αἴτια κατὰ μίαν τινὰ δύναμίν ἐστιν ἢ καὶ ἀφ' ἑτέρων ἐνδέχεται ταὐτὸ γίνεσθαι.

[Τοῦτο μὲν οὖν ταύτῃ ἠπορήσθω· εἰ δέ τινων καὶ ἄλλων τὰς φύσεις ἢ τὰς δυνάμεις ἔχομεν εἰπεῖν, ταῦτα ῥητέον.]

20. 1 Τὸ δὴ πέπερι καρπὸς μέν ἐστι, διττὸν δὲ αὐτοῦ τὸ γένος· τὸ μὲν γὰρ στρογγύλον ὥσπερ ὄροβος, κέλυφος ἔχον καὶ σάρκα καθάπερ αἱ δαφνίδες, ὑπέρυθρον· τὸ δὲ πρόμηκες μέλαν σπερμάτια μηκωνικὰ ἔχον. Ἰσχυρότερον δὲ πολὺ τοῦτο θατέρου, θερμαντικὰ δὲ ἄμφω· διὸ καὶ πρὸς τὸ κώνειον βοηθεῖ ταῦτά τε καὶ ὁ λιβανωτός.

2 Ὁ δὲ κνίδιος κόκκος στρογγύλον ἐρυθρὸν τῇ χροιᾷ, μεῖζον δὲ τοῦ πεπέριος, ἰσχυρότερον δὲ πολὺ τῇ θερμότητι· διὸ καὶ ὅταν διδῶσι κατάποτον — διδόασι

TEST.: 14-19 ΑΤΗ. 66 e.

2 πυρίκαυστα M P Ald. : -καυτα U U* ‖ μέλι μίξαντες U* ‖ 3 οὖν om. U M ‖ 5-11 αἱ — γίνεσθαι om. U M ‖ 8 post διαπορήσειεν add. δ' U* ‖ 9-10 ὅσα … αἴτια P Ald. : ὅσαι … αἴτιαι U* ‖ 10 ἀφ' Schn. : ἐφ' U* P om. Ald. ‖ 11 post γίνεσθαι des. U* ‖ 12 τοῦτο — ἠπορήσθω om. U M ‖ ἠπορήσθω P : ἀπορήσθω Ald. ἀπορείσθω Heins. ‖ 14 δὴ U P : δὲ M Ald. om. ΑΤΗ. ‖ 15 γὰρ om. ΑΤΗ. ‖ ὄροβος codd. Ald. : ὀρόβου ΑΤΗ. ‖ 16 ἔχον — δαφνίδες om. ΑΤΗ. ‖ 18 ἰσχυρότερον ΑΤΗ. : ἰσχυρὸν codd. Ald. ‖ θερμαντικὰ ΑΤΗ. : σπερματικὰ codd. Ald. ‖ 23 κατάποτον U P : κατὰ ποτόν M Ald.

pour libérer le ventre), on l'incorpore dans une boulette de pain ou de graisse ; car autrement il brûle le gosier.

Est échauffante également la racine du peucédan[4], dont on fait, comme avec d'autres, un onguent sudorifique ; mais celle du peucédan est en outre donnée pour les affections de la rate. La graine n'a pas d'usage, ni le suc de la racine. La plante pousse en Arcadie.

Dans la région de Patres en Achaïe croît une « carotte » remarquable, qui a des propriétés naturellement échauffantes et une racine noire[5].

3 Comme drogue échauffante et âcre, il y a encore la racine de la « vigne sauvage »[6], utilisée par conséquent comme dépilatoire et pour éliminer les taches de rousseur ; le fruit sert à dépiler les peaux. On coupe la racine en toute saison, mais de préférence en automne.

La racine de la serpentaire[7], administrée dans du miel, sert à calmer la toux. La plante a une tige tachetée comme un serpent ; on n'utilise pas la graine.

La racine de la thapsie[8] est émétique, mais si on réussit à la garder, elle purge par le haut et par le bas. Elle a aussi le pouvoir de faire disparaître les ecchymoses et elle blanchit parfaitement toute autre trace de coup. Le suc, plus fort que la racine, purge par le haut et par le bas. On n'utilise pas la graine. La plante pousse certes ailleurs, mais particulièrement en Attique ; le bétail n'y touche pas, <du moins> celui de la région, car les bêtes venues de l'extérieur la pâturent et meurent de diarrhée[9].

4 Le polypode sort brusquement toujours après les pluies et ne fait pas de graine[10].

γὰρ πρὸς κοιλίας λύσιν — ἐν ἄρτῳ ἢ στέατι περιπλάττοντες· κάει γὰρ ἄλλως τὸν φάρυγγα.

Θερμαντικὸν δὲ καὶ ἡ τοῦ πευκεδανοῦ ῥίζα· διὸ καὶ ἄλειμμά τι ποιοῦσιν ἐξ αὐτῆς ἱδρωτικόν, ὥσπερ καὶ ἐξ ἄλλων· δίδοται δὲ ἡ τοῦ πευκεδανοῦ καὶ πρὸς τοὺς 5 σπλῆνας. Τὸ δὲ σπέρμα οὐ χρήσιμον οὐδὲ ὁ ὀπὸς αὐτῆς. Γίνεται δὲ ἐν Ἀρκαδίᾳ.

Δαῦκον δὲ περὶ τὴν Πατραϊκὴν τῆς Ἀχαΐας διαφέρον, θερμαντικὸν φύσει. Ῥίζαν δὲ ἔχει μέλαιναν.

3 Θερμαντικὸν δὲ καὶ δριμὺ καὶ τῆς ἀμπέλου τῆς 10 ἀγρίας ἡ ῥίζα· διὸ καὶ εἰς ψίλωθρον χρήσιμον καὶ ἐφηλίδας ἀπάγειν· τῷ δὲ καρπῷ ψιλοῦσι τὰ δέρματα. Τέμνεται δὲ πᾶσαν ὥραν, ὀπώρας δὲ μάλιστα.

Δρακοντίου δὲ ῥίζα βῆχας ἐν μέλιτι διδομένη παύειν χρησίμη. Καυλὸν δὲ ἔχει ποικίλον ὀφιώδη· σπέρματι δὲ 15 οὐ χρῶνται.

Ἡ δὲ τῆς θαψίας ἐμετική, ἐὰν δέ τις κατάσχῃ, καθαίρει καὶ ἄνω καὶ κάτω. Δύναται δὲ καὶ τὰ πελιώματα ἐξαιρεῖν· ὑπώπια δὲ ποιεῖ ἄλλα ἔκλευκα. Ὁ δὲ ὀπὸς ἰσχυρότερος αὐτῆς καθαίρει καὶ ἄνω καὶ κάτω. Σπέρ- 20 ματι δ' οὐ χρῶνται. Γίνεται δὲ καὶ ἄλλοθι μέν, ἀτὰρ καὶ ἐν τῇ Ἀττικῇ· καὶ τὰ βοσκήματα ταύτης οὐχ ἅπτεται τὰ ἐγχώρια, τὰ δὲ ξενικὰ βόσκεται καὶ διαρροίᾳ [ἢ] διαφθείρεται.

4 Τὸ δὲ πολυπόδιον μετὰ τὰ ὕδατα αἰεὶ βάλλει, 25 σπέρμα δ' οὐ φύει.

4 καὶ om. M P Ald. ‖ 8 Πατραϊκὴν U : σπατρικ- M σπαρτικ- P Ald. ‖ 11 ἡ Ald. : om. codd. ‖ 12 ἀπάγειν codd. : ἐπ- Ald. ‖ δέρματα U : δένδρα cett. ‖ 19 ἐξαιρεῖν Schn. : -αίρειν codd. Ald. ‖ ἄλλα Schn. ex τἆλλα Dalec. : ἀλλὰ codd. Ald. ‖ 23 ξενικὰ Uᶜᵒʳʳ : ξένα P Ald. ξινὰ M ‖ διαρροίᾳ U : διάρροια M διάρροια αὐτοῖς γίνεται P Ald. ‖ ἢ del. Schn. 1821 ‖ 25 πολυπόδιον P Ald. : πουλυ- U M ‖ αἰεὶ βάλλει codd. : ἀ. βαίει Ald. ἀναβλαστεῖ coni. Wim. uide adn.

Le bois de l'ébène est à première vue semblable au buis, mais écorcé il devient noir ; on l'utilise, broyé au pilon, pour les ophtalmies[11].

<La racine de> l'aristoloche[12] est épaisse, amère quand on la mange, de couleur noire et d'odeur agréable ; la feuille est ronde et la partie aérienne <de la plante> peu développée. L'aristoloche pousse surtout dans les montagnes et c'est là qu'elle est la meilleure. Ses usages donnent lieu à une copieuse énumération : elle est excellente pour les contusions à la tête, bonne également pour les autres lésions, contre les serpents, comme somnifère et pour la matrice en pessaire ; dans le premier cas, détrempée à l'eau et en application, dans les autres, en rognures incorporées à du miel et à de l'huile ; pour une morsure de serpent, en potion dans du vin piqué et en emplâtre sur l'endroit mordu ; comme somnifère, finement râpée dans du vin rouge sec ; s'il y a procidence de la matrice, en lotions à l'eau. Voilà donc une racine qui a l'air d'être remarquable par la multiplicité de ses usages.

5 De la scammonée, au contraire pour ainsi dire, on n'utilise que le suc, et rien d'autre[13].

On n'utilise que la racine de la fougère mâle[14], dont le goût est à la fois doux et astringent : elle expulse le ténia ; la plante n'a pas de graine ni de suc. On dit que la bonne époque pour la couper est l'arrière-saison. Le ténia existe congénitalement chez certains peuples[15]. Ceux qui l'ont d'ordinaire, ce sont les Égyptiens, les Arabes, les Arméniens, les Macédoniens, les Syriens, les Ciliciens ; les Thraces ne l'ont pas, ni les Phrygiens. En Grèce, il infeste les Thébains habitués des gymnases et les Béotiens en général, mais non les Athéniens.

Τὸ δὲ τῆς ἐβένου ξύλον κατὰ μὲν τὴν πρόσοψιν
ὅμοιον πύξῳ, φλοϊσθὲν δὲ μέλαν γίνεται· χρήσιμον δὲ
πρὸς ὀφθαλμίας ἀκόνῃ τριβόμενον.

Ἡ δὲ ἀριστολοχία παχεῖα καὶ ἐσθιομένη πικρά, τῷ
χρώματι μέλαινα καὶ εὔοσμος· τὸ δὲ φύλλον στρογγύ- 5
λον, οὐ πολὺ δὲ τὸ ὑπὲρ τῆς γῆς. Φύεται δὲ μάλιστα
[καὶ] ἐν τοῖς ὄρεσι καὶ αὕτη βελτίστη. Τὴν δὲ χρείαν
αὐτῆς εἰς πολλὰ καταριθμοῦσιν· ἀρίστη μὲν πρὸς τὰ
κεφαλόθλαστα, ἀγαθὴ δὲ καὶ πρὸς τὰ ἄλλα ἕλκη καὶ
πρὸς τὰ ἑρπετὰ καὶ πρὸς ὕπνον καὶ πρὸς ὑστέραν ὡς 10
πεσσός, τὰ μὲν σὺν ὕδατι ἀναδευομένη καὶ καταπλατ-
τομένη, τὰ δ' ἄλλα εἰς μέλι ξυομένη καὶ ἔλαιον· τῶν δὲ
ἑρπετῶν ἐν οἴνῳ ὀξίνῃ πινομένη καὶ ἐπὶ τὸ δῆγμα ἐπι-
πλαττομένη· εἰς ὕπνον δὲ ἐν οἴνῳ μέλανι αὐστηρῷ
κνισθεῖσα· ἐὰν δὲ αἱ μῆτραι προπέσωσι, τῷ ὕδατι ἀπο- 15
κλύζειν. Αὕτη μὲν οὖν ἔοικε διαφέρειν τῇ πολυχρηστίᾳ.

5 Τῆς σκαμμωνίας ὥσπερ ἐξ ἐναντίας ὁ ὀπὸς μόνον
χρήσιμος, ἄλλο δ' οὐδέν.

Ἡ δὲ τῆς πτερίδος ῥίζα μόνον τῷ χυλῷ γλυκύστρυφ-
νος· ἕλμινθα δὲ πλατεῖαν ἐκβάλλει· σπέρμα δὲ οὐκ ἔχει 20
οὐδὲ ὀπόν. Τέμνεσθαι δὲ ὡραίαν μετοπώρου φασίν. Ἡ
δὲ ἔλμις σύμφυτον ἐνίοις ἔθνεσιν. Ἔχουσι γὰρ ὡς ἐπὶ
πᾶν Αἰγύπτιοι Ἄραβες Ἀρμένιοι Μακεδόνες Σύροι
Κίλικες· Θρᾷκες δὲ οὐκ ἔχουσιν οὐδὲ Φρύγες. Τῶν δὲ
Ἑλλήνων Θηβαῖοί τε οἱ περὶ τὰ γυμνάσια καὶ ὅλως 25
Βοιωτοί· Ἀθηναῖοι δ' οὔ.

TEST.: 3 GALENUS, XIX, 72 Kühn s.u. ἀκόνη.

7 καὶ deleui ‖ αὕτη [id Gaza] Scal. : αὐτὴ codd. Ald. ‖ 9 pr. καὶ
om. Ald. ‖ 10 ὕπνον … τὰ ἑρπετὰ P Ald. ‖ 11 ἀναδευομένη U :
ἀρδευο- cett. ‖ 13-14 ἐπιπλαττομένη ego coll. IX, 13, 3 : ἐπιπαττο-
U παττο- cett. ‖ 15 προπέσωσι codd. : προσπ- Ald. ‖ 15-16 ἀποκλύζειν U M Ald. : -κλύειν P ‖ 23 Μακεδόνες ego : ματαδίδες U M
P : μεταδίδες Ald.

Pour toutes les drogues, en un mot, celles qui proviennent des lieux mal exposés, en plein nord et secs sont de
qualité supérieure[16]. Aussi dit-on que parmi les produits
d'Eubée, <tels sont> sont ceux d'Aigai[17] ou ceux du
Téléthrion, car ils sont plus secs ; d'autre part, le Téléthrion est très ombreux.

Πάντων δὲ τῶν φαρμάκων, ὡς ἁπλῶς εἰπεῖν, βελτίω τὰ ἐκ τῶν χειμερινῶν καὶ προσβόρρων καὶ ξηρῶν. Διὸ καὶ τῶν ἐν Εὐβοίᾳ τὰ ἐν ταῖς Αἰγαῖς ἢ τὰ ἐν τῷ Τελε-θρίῳ φασί· ξηρότερα γάρ· τὸ δὲ Τελέθριον σύσκιον.

3 Αἰγαῖς P ut uid. Ald. : αἰγαίαις U M.

ABRÉVIATIONS
BIBLIOGRAPHIQUES
LIVRE IX

AMIGUES, *Études* = S. AMIGUES, *Études de botanique antique. Mémoires de l'Académie des Inscriptions et Belles-Lettres* XXV, Paris, 2002.

ANDRÉ, *Lexique* = J. ANDRÉ, *Lexique des termes de botanique en latin*, Paris, 1956.

ANDRÉ, *Noms de plantes* = J. ANDRÉ, *Les noms de plantes dans la Rome antique*, Paris, 1985.

BARRAL – SAGNIER = J.A. BARRAL, H. SAGNIER et coll., *Dictionnaire d'agriculture*, Paris, 1889-1898.

BAUMANN, *Bouquet d'Athéna* = H. BAUMANN, *Le Bouquet d'Athéna. Les plantes dans la mythologie et l'art grecs*, Paris, 1984.

BELLAKHDAR, *Pharmacopée marocaine* = J. BELLAKHDAR, *La pharmacopée marocaine traditionnelle. Médecine arabe ancienne et savoirs populaires*, Paris, 1997.

BONNIER = *La Grande Flore en Couleurs de Gaston Bonnier*, Paris (Belin), 1990 (réédition de G. BONNIER et R. DOUIN, *Flore Complète Illustrée en Couleurs de France, Suisse et Belgique*, Paris, 1911-1935 ; nomenclature mise à jour et index établis par R. PALESE et D. AESCHIMANN). Il sera fait référence au numéro de l'espèce, conservé sans changement dans la nouvelle édition, alors que tomaison et pagination diffèrent.

CAZIN, *Traité* = F.J. CAZIN, *Traité pratique et raisonné des plantes médicinales indigènes*, 3e éd. Paris, 1868 (réimpression [éd. de l'Envol], Mane, 1997).

Consp. flor. gr. = E. DE HALÁCSY, *Conspectus florae graecae*, Lipsiae, 1901-1904 (réimpression 1968).

COUPLAN, *Guide des épices* = F. COUPLAN, *Guide des condiments et épices du monde*, Lausanne – Paris, 1999.

COUPLAN – STYNER, *Guide des plantes sauvages* = F. COUPLAN, E. STYNER, *Guide des plantes sauvages comestibles et toxiques*, Lausanne – Paris, 1994.

DALBY, *Story of Spices* = A. DALBY, *Dangerous Tastes. The Story of Spices*, London, 2000.

D.E.L.G. = P. CHANTRAINE, *Dictionnaire étymologique de la langue grecque*, Paris, 1968-1980.

DUCOURTHIAL, *Flore magique* = G. DUCOURTHIAL, *Flore magique et astrologique de l'antiquité*, Paris, 2003.

FAURE, *Parfums et aromates* = P. FAURE, *Parfums et aromates de l'Antiquité*, Paris, 1987.

Flor. eur. = T.G. TUTIN, V.H. HEYWOOD et coll., *Flora europaea*, Cambridge, 1964-1980.

Flore forestière = A. MATHIEU, *Flore forestière*, 4ᵉ éd. revue par P. FLICHE, Paris – Nancy, 1897.

Flora of Turkey = P.H. DAVIS, *Flora of Turkey and the East Aegean Islands*, Edinburgh, 1965-1984.

FOURNIER, *Plantes médicinales* = P. FOURNIER, *Plantes médicinales*, Luxembourg, 1999 (réimpression du *Livre des Plantes médicinales et vénéneuses de France*, Paris, 1947-1948).

FRAAS, *Synopsis* = C. FRAAS, *Synopsis plantarum florae classicae*, München, 1845.

GENNADIOS = Π.Γ. ΓΕΝΝΑΔΙΟΥ, *Λεξικὸν φυτολογικόν*, Β' ἐκδ., ᾿Αθῆναι, 1959 (Α' ἐκδ. 1914).

HÉRAUD, *Dict. pl. médicinales* = A. HÉRAUD, *Nouveau dictionnaire des plantes médicinales*, Paris, 1875.

KARTTUNEN, *India* = K. KARTTUNEN, *India in early Greek literature*, Helsinki, 1989.

KAVVADAS = Δ.Σ. ΚΑΒΒΑΔΑ, Εἰκονογραφήμενον Βοτανικὸν-Φυτολογικόν Λεξικόν, ᾿Αθῆναι, 1956 (144 fascicules en numérotation continue).

L.S.J. = H.G. LIDDELL, R. SCOTT, H.S. JONES, *A Greek-English Lexicon*, with a supplement edited by E.A. BARBER, Oxford, 1968. Revised Supplement edited by P.G.W. GLARE, Oxford, 1996.

MASSON, *Emprunts sémitiques* = É. MASSON, *Recherches sur les plus anciens emprunts sémitiques en grec*, Paris, 1967.

MILLER, *Spice Trade* = J. INNES MILLER, *The Spice Trade of the Roman Empire*, Oxford, 1969.

MILLER – MORRIS, *Plants of Dhofar* = A.G. MILLER, M. MORRIS, *Plants of Dhofar, the Southern Region of Oman. Traditional, Economic and Medicinal Uses*, Oman, 1988.

OLIVIER DE SERRES, *Théâtre d'agriculture* = OLIVIER DE SERRES, *Le Théâtre d'agriculture et Mesnage des champs*, Paris, 1600 (réimpression de l'éd. de 1804-1805, Arles, 1996).

POLUNIN – HUXLEY, *Fleurs du bassin méditerranéen* = O. POLUNIN, A. HUXLEY, *Fleurs du bassin méditerranéen*, Paris, 1967 (traduction-adaptation par G.G. AYMONIN de l'éd. originale *Flowers of the Mediterranean*, London, 1965).

Profumi d'Arabia = Atti del convegno *Profumi d'Arabia*, A. AVANZINI ed., Roma, 1997.

QUÉZEL – MÉDAIL, *Forêts du bassin méditerranéen* = P. QUÉZEL, F. MÉDAIL, *Écologie et biogéographie des forêts du bassin méditerranéen*, Paris, 2003.

R.E. = A. PAULY, G. WISSOWA, W. KROLL et coll., *Real-Encyclopädie der classischen Altertumswissenschaft*, Stuttgart, 1894-1980.

SCHAUENBERG – PARIS, *Guide des pl. médicinales* = P. SCHAUENBERG, F. PARIS, *Guide des plantes médicinales*, 3ᵉ éd., Neuchâtel – Paris, 1977.

STOL, *Trees in the Ancient Near East* = M. STOL, *On Trees, Mountains and Millstones in the Ancient Near East*, Leiden, 1979.

STUART, *Encyclopédie* = M. STUART, *Encyclopédie des herbes* (trad. fr. de L. CAPORALI), Paris, 1981.

T.L.F. = *Trésor de la Langue Française*, Paris, CNRS, 1971-1994.

VON HELDREICH, *Die Nutzpflanzen* = TH. VON HELDREICH, *Die Nutzpflanzen Griechenlands*, Athen, 1862.

VON HELDREICH, *Λεξικό* = Θ. ΧΕΛΝΤΡΑΪΧ, *Λεξικό τῶν δημωδῶν ὀνομάτων τῶν φυτῶν τῆς Ἑλλάδος*, Ἀθῆναι, 1909 (réimpression 1980).

ZOHARY – HOPF = D. ZOHARY, M. HOPF, *Domestication of Plants in the Old World*, Oxford, 1988.

COMMENTAIRE

LIVRE IX

<small>Chapitre</small> 1.

1. Cf. *H.P.* I, 2, 3 : Τὸ... ὑγρὸν φανερόν· ὃ δὴ καλοῦσί τινες ἁπλῶς ἐν ἅπασιν ὀπόν, ὥσπερ καὶ Μενέστωρ. Sur Ménestor et son crédit auprès de Théophraste, voir n. 8 *ad loc.*

2. L'énumération en I, 12, 2 des différents types de sève aboutit à la même constatation : « En un mot, toutes les sèves sont en rapport avec la nature particulière de chaque arbre et, généralement parlant, de chaque plante ».

3. Sont pareillement qualifiés d' ὑδαρεῖς le jus des prunes (I, 12, 1), la sève de la vigne, du poirier, du pommier et de légumes tels que le concombre, la citrouille, la laitue (I, 12, 2).

4. L'exemple du figuier et du pavot donné en I, 12, 2 pour illustrer le type de sève ὀπώδης, garantit qu'il s'agit ici des plantes à latex, c'est-à-dire à suc blanc et épais comme du lait. Cf. *infra*, début §2 : ἡ... ὑγρότης... πάχος ἔχει... ὥσπερ τῶν ὀπωδῶν.

5. On reconnaît unanimement depuis Scaliger le nom de la centaurée dans les leçons diversement fautives des mss., mais comme cette plante est appelée κενταύριον partout ailleurs dans l'*Historia*, la finale -ία(ι) de ces leçons a paru elle aussi corrompue. Les éditeurs écrivent donc τῷ κενταυρίῳ (conjecture de Scaliger) ou τῇ κεν-ταυρίδι (correction de Stackhouse, qui conserve l'article féminin et ne suppose que la confusion banale Δ / Α ; le nom κενταυρίς est bien attesté en IX, 8, 7 [voir note *ad loc.*] et IX, 14, 1). La forme κεν-ταυρία est en réalité tout à fait acceptable et a un parallèle dans Hpc., *Maladies II*, 59 (VII, 92, 11 Littré) où la tradition n'hésite, pour la finale, qu'entre κενταυρίας et ion. κενταυρίης. — L'espèce caracté-risée par un suc rouge sang est la grande centaurée, *Centaurea centau-rium* L., des montagnes d'Italie centro-méridionale, représentée en Grèce par son vicariant balkanique, *C. amplifolia* Boiss. & Heldr. Voir les détails donnés *supra*, n. 17 à III, 3, 6, avec la traduction de Diosc. III, 6 : « (…) la racine est rougeâtre ; le suc est rouge également ».

6. Le recours à la périphrase τῇ ἀτρακτυλίδι καλουμένῃ ἀκάνθῃ ne s'expliquerait pas si notre texte avait été écrit *après* le livre VI, où le « chardon à quenouille » (*Carthamus lanatus* L.) est décrit (VI, 4, 6) avec de nombreux détails, dont la couleur et l'odeur rappelant celles du sang.

7. A l'inverse du bois, l'écorce des sapins est riche en résine, qui s'épanche en « larmes » à la moindre lésion (par exemple, sur les nœuds d'un tronc ébranché ; cf. III, 9, 7) et englue remarquablement les cônes du sapin de Grèce.

8. La présence de πίτυος (« pin d'Alep ») dans la même liste montre que πεύκης est ici une dénomination spécifique (« pin noir ») et non générique (« pin » = genre *Pinus*). La résine de ces pins et son exploitation seront décrites dans les chapitres 2 et 3.

9. Le grec désigne par τέρμινθος / τερέβινθος à la fois le térébinthe, *Pistacia terebinthus* L., et plusieurs pistachiers orientaux, en particulier *P. atlantica* Desf. Il serait donc préférable de rendre ici τερμίνθου par « le pistachier », si ce terme générique n'avait pas l'inconvénient d'englober le lentisque, *Pistacia lentiscus* L., mentionné plus loin (fin §2) sous son nom usuel σχῖνος. D'autre part, on appelle « résine de térébinthe » indifféremment le produit de *P. terebinthus* et celui de *P. atlantica* (voir n. 3 à IX, 2, 2).

10. Amandier, merisier et prunier sont des Rosacées plus ou moins domestiquées sur lesquelles la formation de gomme s'explique non par l'épaississement du suc au contact de l'air, mais par une modification pathologique des tissus. Se bornant à noter la présence de « larmes » sur divers végétaux, Théophraste en a dressé une liste nécessairement hétérogène.

11. Cf. III, 13, 2 (exploitation de l'écorce du merisier pour en faire des corbeilles) : « quand on ne lève que la tunique externe, l'assise restante noircit en quelque sorte par l'effet d'un liquide visqueux (μυξώδει ὑγρασίᾳ) ».

12. Seule occurrence de προύμνη « prunier » dans l'*Historia*, où cet arbre est toujours appelé κοκκυμηλέα. Selon Chantraine, *D.E.L.G.* s.v., προύμνη pourrait être un terme micrasiatique ; de même J. André voit dans lat. *prunum* « prune » (*Noms de plantes*, s.v.) un emprunt à une langue orientale. Sur les différences lexicales entre le livre IX et les précédents, voir la Notice de ce volume, p. XXXV, n. 73.

13. Espèces longuement décrites (III, 12, 3-4 et *passim*) avec une seule mention de « larmes » en V, 9, 8 : « Des exsudations apparaissent sur le bois de cade et, en un mot, chez les essences dont la sève est huileuse (ὧν ἐλαιώδης ἡ ὑγρότης) ». Le bois de cade est en effet riche en oléorésine qui donne par pyrolyse une huile rouge-brun utilisée en dermatologie et depuis peu en cosmétique.

14. Cf. IV, 2, 8 : « C'est (...) de l'acacia que vient la gomme [κόμμι, emprunt à l'égyptien *qami*] : elle s'écoule à l'occasion d'une blessure et même spontanément sans incision ».

15. Schneider a incontestablement rendu à πτελέας sa véritable place, devant la parenthèse qui justifie la mention de l'orme à la suite de l'acacia producteur de κόμμι : « lui aussi [= comme l'acacia] produit de la gomme (φέρει κόμμι), qui toutefois [= à la différence de l'acacia] ne sort pas de son écorce mais se forme dans son récipient ». L'emploi du terme très général ἄγγειον pour désigner les galles spécifiques de l'orme, qui renferment un liquide visqueux, a paru si maladroit que certains éditeurs ont adopté des corrections audacieuses : ἀλλ᾽ ἐντός· ἐν ἀγγείῳ δὲ συλλέγεται (Stack.) « ...mais se forme à l'intérieur ; on la collecte dans un récipient » ; ἀλλ᾽ ἐν τῷ κωρύκῳ « but is found in the 'bag' » (Hort, d'après une conjecture de Schneider). La difficulté disparaît si l'on admet que Théophraste, ignorant la vraie nature des galles (établie seulement au XVIIᵉ siècle par Malpighi), les désigne d'abord ici prudemment par un mot de sens large, puis dans le reste de l'*Historia* par des termes imagés, dont aucun, semble-t-il, ne lui a paru totalement satisfaisant : ainsi (II, 8, 3) τοὺς τῆς πτελέας κυττάρους, litt. « les alvéoles de l'orme » ; (III, 7, 3) φέρει... ἡ πτελέα... τὸ θυλακῶδες τοῦτο « l'orme porte cette sorte de bourse » ; (III, 14, 1) ἐν ταῖς κωρυκίσι τὸ κόμμι... φέρει « il produit dans ses petites besaces la gomme » ; (III, 15, 4, au sujet du térébinthe) φέρει... κωρυκώδη τινὰ κοῖλα, καθάπερ ἡ πτελέα « il porte, comme l'orme, des <excroissances> creuses à l'aspect de besace ». De ἄγγειον « récipient » à κωρυκῶδές τι κοῖλον litt. « quelque chose de creux à l'aspect de besace », on assiste à un affinement de la méthode descriptive, qui doit être respecté.

16. Au regard de la science moderne, l'encens et la myrrhe sont des gommes-résines produites par des arbres de la famille des Burséracées, appartenant aux genres *Boswellia* et *Commiphora*. Ces substances s'extravasent spontanément des canaux résinifères que renferme le liber et se solidifient en « larmes » sur l'écorce. Mais comme il est dit plus loin (IX, 4, 1), cette sécrétion est aussi provoquée par des incisions pratiquées délibérément.

17. Le baumier auquel sera consacré le chapitre 6 est *Commiphora opobalsamum* (L.) Engl., dont les « larmes » de gomme-résine très aromatique semblent avoir été obtenues, du moins « en Syrie » (IX, 6, 1), uniquement par des incisions (IX, 6, 2 τὸ δὲ δάκρυον ἀπ᾽ ἐντόμης συλλέγειν [scil. φασί]).

18. Employé ici comme nom de plante, le mot χαλβάνη, d'origine sémitique reconnue (cf. hébreu ẖelbanā), désigne plus loin le produit odorant, essentiellement pharmaceutique, d'une « panacée » de Syrie (IX, 7, 2 χαλβάνη... γίνεται περὶ Συρίαν ἐκ τοῦ πανάκους καλουμένου). On identifie généralement celle-ci avec *Ferula galbaniflua* Boiss., indigène en Perse, d'où les Hébreux auraient fait venir leur galbanum (É. Masson, *Emprunts sémitiques*, p. 60 ; Miller, *Spice Trade*, p. 99), mais d'autres férules d'Orient devaient fournir des produits similaires. « On ne peut affirmer qu'une chose : tous les galbanums

sont des *Ferula* ; après, c'est le *confusum nomen* », déclare G. Gilly (*Les plantes à parfum et huiles essentielles à Grasse*, Paris, 1997, p. 217). Pour le mode d'exploitation, cet auteur cite Platéarius : « En été cette plante produit une liqueur qui coule puis s'épaissit : certains fendent la plante afin qu'il en sorte davantage ».

19. Retour aux *Commiphora* avec cette mention de l'« épine de l'Inde » « sur laquelle, précise Théophraste en IV, 4, 12, se forment des larmes semblables à la myrrhe (ἐφ' ἧς γίνεται δάκρυον ὅμοιον τῇ σμύρνῃ) par leur aspect et leur odeur ». Pour le témoignage concordant d'Arrien et l'identification de cet arbre avec *C. mukul* Engl., voir n. 21 *ad loc.*

20. Deux végétaux morphologiquement très différents sont réunis ici par l'usage de leur produit comme « gomme à mâcher », « mastic » (μαστίχη, cf. μάσταξ « bouche » [en tant qu'elle mâche], μαστάζω « mâcher »). Le premier, nommé ἡ σχῖνος, est le lentisque (*Pistacia lentiscus* L.) dont une variété, à peine distinguée de la plante sauvage par ses folioles un peu plus larges, est aujourd'hui encore cultivée dans l'île de Chio ; on y extrait chaque année « plus de cent tonnes de mastic, qui sert à parfumer certaines liqueurs et le chewinggum » (H. Baumann, *La Botanique dans l'antiquité grecque*, in *Botanika Chronika* (Patras), 10, 1991, p. 481-494 ; voir p. 487). G.A. Olivier décrit en ces termes l'exploitation du lentisque à Chio : « Pour obtenir le mastic, on fait au tronc et aux principales branches du lentisque, de nombreuses et légères incisions, depuis le 15 jusqu'au 20 juillet, selon le calendrier grec. Il s'écoule peu à peu de toutes ces incisions, un suc liquide qui s'épaissit insensiblement, qui reste attaché à l'arbre en larmes plus ou moins grosses, ou qui tombe et s'épaissit à terre lorsqu'il est très abondant. Le premier est le plus recherché : on le détache avec un instrument de fer tranchant » (*Voyage dans l'Empire Othoman, l'Égypte et la Perse*, Paris, 1801-1807, t. I, p. 292). On peut voir une bonne image d'un tronc de lentisque couvert de ses larmes dans H. Baumann, *Greek Wild Flowers*, London, 1993, p. 165, fig. 335. — La deuxième plante productrice de mastic porte le nom parlant d' ἰξίνη « plante à glu » (à rapprocher des noms du gui et de la glu, ἰξία, ἰξός). C'est le « chardon à glu », *Atractylis gummifera* L., dont *H.P.* VI, 4 indique les noms usuels (§3 ἰξίνη <ἢ> χαμαιλέων), la végétation estivale (§4), et donne une description détaillée (§9). Cela étant, la périphrase de notre texte, ἐπὶ τῆς ἀκάνθης τῆς ἰξίνης καλουμένης, qui présente l'ἰξίνη comme une plante peu familière au lecteur, dénote l'antériorité du livre IX par rapport aux précédents, ce qui confirme notre remarque (*supra*, n. 6) sur τῇ ἀτρακτυλίδι καλουμένῃ ἀκάνθῃ. De l'ἰξίνη, Théophraste note très justement (VI, 4, 9) les feuilles toutes radicales et le gros capitule qui naît directement de la racine ; « la partie inférieure de ce capitule, ajoute-t-il, produit le suc en larmes de saveur agréable qui est le 'mastic d'épine' » (...φέρει τὸ

δάκρυον εὔστομον, καὶ τοῦτό ἐστιν ἡ ἀκανθικὴ μαστίχη). De même que Théophraste dans notre texte, Olivier associe les deux sortes de mastic en usage dans les îles de la mer Égée : « Les femmes de Naxie, à l'imitation de celles de Scio, se plaisent à tenir dans la bouche une substance inodore que leur île produit : elles la mâchent et la retournent dans tous les sens, comme les autres font du mastic. La plante qui la fournit est connue par les botanistes sous le nom d'*atractylis gummifera* » (*Voyage dans l'Empire Othoman*, I, 312). Autres témoignages et nombreux détails dans la note 25 à VI, 4, 9.

21. Ταῦτα renvoie aux derniers éléments de la liste précédente, à partir de ὁ λίβανος καὶ ἡ σμύρνα.

22. Τὸ κόμμι désigne ici la gomme par excellence, celle de l'acacia d'Égypte. Il est exact que les gommes proprement dites sont inodores et insipides, à l'inverse des oléorésines (résines de pin, de térébinthe, etc.) et des gommes-résines (telles que la myrrhe et l'encens).

23. Il s'agit d'une seule et même espèce, *Astragalus creticus* Lam., dont la première dénomination, ἡ ἰξία ἡ ἐν Κρήτῃ, pouvait être ambiguë, d'une part à cause de la proximité dans le texte de ἡ ἰξίνη (*Atractylis gummifera*, très commune en Crète ; cf. n. 25 à VI, 4, 9 pour la citation de Tournefort) et d'autre part du fait que Théophraste appelle également ἰξία (III, 7, 6 ; III, 16, 1) le gui des chênes (*Loranthus europaeus* Jacq.). D'où la précision apportée par καὶ ἡ τραγάκανθα καλουμένη, litt. « plus exactement ce qu'on appelle la tragacanthe ».

24. Pour vérifier les dires de Théophraste, Tournefort a gravi en 1700 le Psiloriti crétois, où il a observé « à [son] aise » la plante recherchée : « Les collines pelées des environs de la bergerie produisent beaucoup de Tragacantha, et l'espèce en est très belle. (…) Elle donne naturellement de la gomme Adragant sur la fin de Juin, et dans les mois suivants : dans ce temps-là, le suc nourricier de cette plante, épaissi par la chaleur, fait crever la plupart des vaisseaux où il est renfermé (…). Ce suc se coagule en filets, de même que dans les porosités de l'écorce ; et ces filets passant au travers de cette partie, sortent peu à peu, à mesure qu'ils sont poussés par le nouveau suc que les racines fournissent : cette matière exposée à l'air s'endurcit et forme ou des grumeaux ou des lames tortues, semblables à des vermisseaux plus ou moins longs » (J. Pitton de Tournefort, *Relation d'un voyage du Levant*, Lyon, 1717, t. I, p. 64-65, avec figure). L'exactitude de ces détails nous a été confirmée par l'observation personnelle sur l'espèce très voisine *Astragalus parnassi* Boiss., dont la sous-espèce *cylleneus* Hayek correspond à la tragacanthe d'Achaïe mentionnée par Théophraste. Pour l'Orient, il s'agit essentiellement d'*A. verus* Olivier, très commun sur les hauts plateaux anatoliens et iraniens. De nombreux témoignages antiques et modernes sur cette plante, son exploitation, le

commerce et les usages de la gomme adragante ont été réunis par L. Robert sous le titre « L'adraganthe à l'agora de Milet », dans *A travers l'Asie Mineure*, Paris, 1980, p. 342-350. La planche 44 du *Voyage* d'Olivier, représentant *A. verus*, est reproduite (p. 72) dans le récent mémoire de P. Bernard, « *Le Voyage dans l'Empire Othoman, l'Égypte et la Perse* de Guillaume-Antoine Olivier, naturaliste et envoyé de la République (1792-1798) », *C.R.A.I.* 1997.

25. Le maceron, *Smyrnium olusatrum* L., était bien connu des anciens, à l'état sauvage et comme plante potagère ; cf. n. 2 à II, 2, 1 et n. 10 à VII, 6, 3. Ses « larmes » sont mentionnées dans ces deux passages, mais la partie de la plante d'où elles découlent n'y est pas indiquée.

26. La scammonée, *Convolvulus scammonia* L., est nommée sans description en IV, 5, 1 parmi les plantes médicinales des régions froides, ce qui suggère que Théophraste ne la connaissait pas directement (voir n. 3 *ad loc.*). Cependant ses renseignements à son sujet, peut-être dus à des droguistes, s'avèrent exacts. En effet, « pour obtenir la gomme-résine, on fait à la racine des incisions par où s'échappe un suc laiteux que l'on reçoit dans des coquilles de moules, où on le laisse sécher : c'est la *scammonée en coquilles*, la plus pure de toutes (...). D'autres fois on coupe le sommet de la racine, on l'entaille en forme de coupe et on laisse le suc s'amasser et se dessécher dans cette cavité » (Héraud, *Dict. pl. médicinales*, p. 311). Malgré son prix élevé, ce produit a longtemps figuré dans plusieurs pharmacopées comme purgatif hydragogue.

27. Cf. *infra*, §7, et VI, 3, 2.

28. Cf. VII, 6, 3 : « il en sort [= du maceron] une espèce de suc en larmes qui ressemble à la myrrhe (selon d'autres, c'est vraiment de la myrrhe) ». Par deux fois donc, Théophraste se dissocie des gens mal informés qui prennent la sécrétion du maceron pour de la myrrhe. Néanmoins, à en croire Pline (XIX, 162), « Théophraste rapporte qu'il [= le maceron] pousse quand on sème de la myrrhe » (*auctor... est Theophrastus murra sata natum*). Abstraction faite de cette erreur, *murra sata* a permis à Scaliger de corriger ἐν αὐτοῖς en ἐξ αὐτῆς et de rendre ainsi une certaine cohérence à l'opinion incriminée : en identifiant les larmes du maceron à de la myrrhe, on pouvait s'attendre à y voir du maceron pousser de la myrrhe aussi bien que de ses propres larmes.

29. Sur cette référence présentée comme un renvoi interne, voir *supra*, p. XLI.

30. Cf. II, 2, 1 : « La propagation par larmes est la plus singulière ; c'est encore, semble-t-il, une façon de multiplier le lis, après dessiccation du liquide épanché ».

31. L'emploi de καλούμενος signale que ὁ ὀπός est dans le cas du silphium une dénomination conventionnelle, imprécise du point de vue

botanique. Le terme était en effet entré dans l'usage courant, comme l'atteste l'expression imagée βλέπειν ὀπόν « avoir dans le regard l'âcreté du suc de silphium » (cf. Arist., *Paix*, v. 1184, où Van Daele [C.U.F., 1924] traduit inexactement βλέπων ὀπόν « le regard humide »).

32. *Supra*, §3 : τῆς σκαμμωνίας καὶ ἄλλων πολλῶν φαρμακωδῶν.

33. La tradition unanime donne καὶ τὰ μᾶλλον, ce qui a fait supposer l'omission de l'adjectif substantivé dans un syntagme parallèle à τὰ χρήσιμα. D'après la traduction de Gaza, *quae utilia magisque operae precium sunt*, les éditeurs depuis Heinsius jusqu'à Schneider ont écrit μᾶλλον ἀξιόλογα. A cette conjecture arbitraire, Wimmer, suivi par Hort, préfère une construction différente de la phrase : καὶ τὰ μᾶλλον ἐπιζητούμενα [tiré de ἐπὶ γοῦν] · τοῦ <δ'> ἀπὸ κτλ. Il paraît suffisant d'admettre qu'une haplographie banale a réduit ταῦτα à τὰ, pour obtenir un sens acceptable : litt. « on coupe évidemment ce qui est utile, ou plus exactement [καὶ rectificatif] cela de préférence ; toujours est-il que (ἐπεὶ γοῦν)... ». L'exemple de la vigne, cité peu après (§6), illustre en effet le cas où l'on pratique une « coupe » (la taille et non pas l'incision de l'écorce, malgré l'emploi du même verbe : τέμνουσι... ἐὰν τμηθῇ) sans viser essentiellement à la production d'un suc utile, quoique les « larmes » de la vigne aient figuré dans la pharmacopée antique (cf. Diosc. V, 1, s.v. ἄμπελος οἰνοφόρος).

34. Cf. *C.P.* III, 1, 2.

35. Sur la périodicité du gemmage des pins, voir IX, 2, 7-8.

36. Indication confirmée plus loin pour le baumier (IX, 6, 2 ἐντέμνειν [scil. φασὶ]... ὑπὸ τὸ ἄστρον). Rien de tel n'est dit en IX, 4 des arbres à encens et à myrrhe, mais la récolte de leurs produits battait son plein à l'époque où des Grecs les observèrent au pays de Saba (IX, 4, 4-5), soit en septembre-octobre 324 si l'on admet la conclusion de notre article *L'expédition d'Anaxicrate en Arabie occidentale* (= *Études*, p. 57-62). Les dates de l'incision varient évidemment suivant le nombre de récoltes prévues ; c'est du moins au plus fort de la chaleur que les larmes d'encens et de myrrhe s'épanchent spontanément.

37. Cf. VI, 3, 2.

38. Précision importante pour la situation géographique de la σιλφιοφόρος χώρα (cf. VI, 3, 3) : c'était la zone steppique parcourue par les Libyens nomades. On ne saurait trop insister sur cette donnée, malencontreusement négligée par les savants modernes qui ont recherché le silphium sur le versant méditerranéen de la Cyrénaïque (voir sur ce point notre article *Le silphium. État de la question*, in *J. Savants*, 2004, p. 191-226, en part. p. 206-208).

39. Le sens de ῥιζοτόμοι varie avec celui de ῥίζα, « racine » ou plus généralement « plante médicinale » (le *Ῥιζοτομικόν* de Dioclès

de Carystos était un *Manuel d'herboristerie* ; cf. *supra*, p. XXVIII-XXXI). L'association des ῥιζοτόμοι aux collecteurs de sucs médicinaux impose ici le sens littéral : « coupeurs (ou arracheurs) de racines ».

40. Même insistance en V, 1, 4, où il s'agit de la coupe des bois, sur la nécessité d'exploiter un végétal quand il est « à point » (ὡραῖος) et par conséquent de savoir reconnaître ce moment favorable.

CHAPITRE 2.

1. La définition des termes techniques de ce chapitre s'appuie pour l'essentiel sur l'article de J. André, *La résine et la poix dans l'antiquité. Technique et terminologie*, in *Ant. Class.* 33, 1964, p. 86-97. Le sens de ces termes doit cependant être précisé d'après le contexte. — L'« élément humide » (ἡ ὑγρότης) dont le gemmage provoque l'épanchement est le suc naturel de l'arbre, en l'occurrence la térébenthine, qui est une solution de résine ou colophane dans une essence volatile. Particulièrement abondante chez les conifères, elle appartient aussi à certains feuillus comme le térébinthe, d'où son nom (*Flore forestière*, p. 500). La résine (ἡ ῥητίνη) est la partie visqueuse de la térébenthine, qui se solidifie plus ou moins complètement au bord de la quarre (l'entaille [τὸ ἕλκωμα litt. « la lésion »] de l'arbre gemmé). Sur les pins, dont le bois possède des canaux résinifères, la térébenthine s'infiltre dans les tissus ligneux et les transforme en « bois gras » (ἡ δάς). Les sapins, au contraire, n'ont pas de canaux résinifères ni de bois gras. On s'attendrait donc à voir le pin d'Alep (ἡ πίτυς) associé au pin noir (ἡ πεύκη) plutôt qu'au sapin (ἡ ἐλάτη). Théophraste retient en fait un critère uniquement quantitatif : alors que sur le pin noir la résine suinte de la moindre entaille, celle du pin d'Alep est peu abondante (cf. III, 9, 4), de sorte que son bois, ajoute Théophraste (III, 9, 5) « ressemble davantage à celui du sapin et n'est pas du tout poisseux ». C'est alors la saveur du bois superficiel qui permettait d'en apprécier la teneur en résine.

2. Cf. III, 15, 4 et n. 13 au sujet de la térébenthine du pistachier térébinthe. Le pluriel τὰς τερμίνθους désigne soit « les térébinthes », soit plutôt « les pistachiers », le gemmage étant pratiqué sur plusieurs espèces du genre *Pistacia* ; voir *infra*, n. 3 et 6.

3. La résine de térébinthe (*Pistacia* spp.) était un produit de luxe, très anciennement commercialisé. L'épave d'Ulu Burun, dont l'étude dendrochronologique a permis de dater le naufrage de *c.* 1320 *a.C.*, renfermait une centaine d'amphores canaanites contenant des résidus organiques. Les échantillons analysés « ont été identifiés comme de la résine de *Pistacia*, très probablement celle de *P. atlantica* (connu aussi comme *P. terebinthus* var. *atlantica*) qui fournit ce qu'on appelle la térébenthine de Chio ou résine de térébinthe » (C. Pulak, *The Bronze Age Shipwreck at Ulu Burun, Turkey : 1985 Campaign*, in *Am. J. Arch.* 92, 1988, p. 11). Cette résine a dû être utilisée en Égypte pour

des fumigations rituelles (J.-C. Goyon, *Sources d'étude de la parfumerie sacrée de l'antique Égypte*, in *Memnonia* Suppl. 1, 2003, p. 51-65, en part. p. 53 et 55) et dans certains procédés de momification (A. Lucas, *Ancient Egyptian Materials and Industries*, 4th ed. revised by J.R. Harris, London, 1962, p. 321 et 323). C'était dans le monde gréco-romain un ingrédient des parfums de luxe tels que le *mégaleion* (Diosc. I, 58, 3) ou le *métopion* (Pline, XIII, 8), ainsi qu'un médicament particulièrement estimé pour le traitement des affections respiratoires, et en outre diurétique, émollient, vulnéraire, etc. Le classement qualitatif des résines que propose ici Théophraste se retrouve, un peu complété, dans la notice τέρμινθος de Dioscoride (I, 71, 2) : « La première de toutes les résines est celle de térébinthe (προάγει... πασῶν τῶν ῥητινῶν ἡ τερμινθίνη) ; vient ensuite celle de lentisque (ἡ σχινίνη), puis celle de pin d'Alep et de sapin (ἡ πιτυΐνη καὶ ἐλατίνη [association commentée *supra*, n. 1]), après lesquelles on compte à la fois celle de pin noir et celle de pin pinier (ἥ τε πευκίνη καὶ ἡ στροβιλίνη) ».

4. J. André (art. cité, p. 86) fait remarquer avec raison au sujet de πίττα — *pix* que « les deux termes désignaient à l'origine aussi bien la résine que la poix », avec l'exemple incontestable de *H.P.* III, 9, 2, où il est dit du « pin de l'Ida » : πιττωδέστερον ὅλως τὸ δένδρον, μελαντέρᾳ δὲ πίττῃ κτλ. « l'arbre est généralement plus riche en résine, une résine plus foncée », etc. Mais dans notre texte la résine elle-même est qualifiée de πιττωδεστάτη « la plus proche de la poix », parce qu'une forte proportion de colophane lui donne l'aspect d'un liquide épais, visqueux et foncé. La référence à la poix est confirmée par l'explication suivante : διὰ τὸ μάλιστα ἔνδᾳδον εἶναι τὴν πεύκην, à rapprocher de ce qui est dit plus loin (§3) des Macédoniens : ils brûlent pour faire de la poix (πιττοκαυτοῦσιν) de préférence les racines, qui dans n'importe quel pin renferment du bois gras (ἅπασα γὰρ ἔνδᾳδος πεύκη ταῖς ῥίζαις). — Il convient de préciser que le produit fabriqué que Théophraste appelle πίττα est plutôt un goudron que de la poix proprement dite. Cf. Lucas, *op. cit.* (*supra*, n. 3), p. 325 : « La poix de bois et le goudron de bois peuvent être rangés ensemble, du fait qu'ils sont étroitement liés en ce qui concerne leur composition et le processus de fabrication, le goudron de bois étant un liquide épais, noir, d'une constitution complexe, formé par la distillation destructive des bois résineux, et la poix de bois étant le résidu solide qui subsiste quand on distille le goudron liquide pour récupérer certains de ses constituants volatils (principalement acide acétique, alcool méthylique, huiles et créosote). Le goudron de bois était connu des Grecs du temps de Théophraste (IVe — IIIe s. *a.C.*) et de Dioscoride (Ier s. *p.C.*), ainsi que des Romains contemporains de Pline (Ier s. *p.C.*), puisque ces auteurs, qui appellent ce produit 'poix' (…), en décrivent un processus de fabrication primitif ».

5. Cette résine liquide est la gemme telle qu'on la recueille dans un récipient placé au-dessous de l'entaille. Elle se concrète naturellement par évaporation de son huile essentielle volatile.

6. La formule καθάπερ ἐν τοῖς ἔμπροσθεν εἴπομεν, introduite *a posteriori* dans le texte (voir *supra*, p. XLI-XLII), renvoie au passage parallèle de *H.P.* III, 15, 3 (description du pistachier) : « ... aux environs de Damas en Syrie, où il abonde, c'est un grand et bel arbre. On dit qu'il y a une montagne toute couverte de pistachiers et que rien d'autre n'y pousse ». L'identification de cet arbre avec *Pistacia vera* L., proposée dans notre n. 9 *ad loc.* à la suite de P. Fournier (n. 1 à Pline, XIII, 54), paraît devoir être écartée. On trouve en effet une étude très précise du genre *Pistacia* dans M. Zohary, *Flora Palaestina*, Jerusalem, t. II (1972), p. 296-300, d'où il ressort que la seule espèce proche-orientale représentée par de grands arbres est le pistachier de l'Atlas, *Pistacia atlantica* Desf., qui atteint une hauteur de 20 m et parfois un très grand âge. Comme l'indique son épithète spécifique, *P. atlantica* se rencontre aussi en Afrique du Nord, où il est décrit comme un « grand et bel arbre de 20 mètres d'élévation sur 4 mètres de circonférence », qui « produit en abondance la même térébenthine que le pistachier térébinthe » (*Flore forestière*, p. 79). M. Stol, *Trees in the Ancient Near East*, p. 3-4, donne à *P. atlantica* la première place parmi les pistachiers appelés *buṭumtum / buṭnum* en akkadien et suggère (p. 29) que le lieu de Syrie où la poix de pistachier aurait été fabriquée comme le dit Théophraste (*H.P.* IX, 3, 4) pourrait être le Jebel 'Abd el 'Azīz, dans le nord-est de la Syrie, où des voyageurs modernes signalent les vestiges d'une forêt de grands pistachiers. Mais il faudrait alors en distinguer la « haute montagne » des environs de Damas. M. Stol admet lui-même (*ibid.*) qu'il a pu exister en Syrie plusieurs « monts des térébinthes ». — En ce qui concerne *Pistacia vera* aujourd'hui largement cultivé pour son fruit (la pistache des confiseurs), l'ancienneté de son introduction d'Orient en Grèce a été longtemps contestée. La présence de deux fruits dans des sites préhistoriques de Grèce centrale et septentrionale a pu être regardée comme une intrusion à partir de niveaux plus récents (Zohary – Hopf, p. 166). Le dernier état de la question (H. Kroll, *Agriculture and Arboriculture in Mainland Greece at the Beginning of the First Millenium B.C.*, in *Pallas*, 52, 2000, p. 61-68) fait figurer (p. 65) *Pistacia vera* parmi les espèces entrées dans l'arboriculture grecque au Bronze final.

7. On fabrique encore de nos jours du goudron de pin d'Alep notamment au Maghreb, où l'espèce est très commune. Ce produit sert à rendre imputrescibles les bois de construction exposés à la pluie et la coque des bateaux de pêche (Bellakhdar, *Pharmacopée marocaine*, p. 418). — Le goudron de genévrier cade, *Juniperus oxycedrus* L. (κέδρος en III, 12, 3-4) est obtenu dans les mêmes régions par un procédé de combustion en milieu confiné tout à fait comparable à celui que Théophraste décrit plus loin (IX, 3, 1-3) pour le pin noir (voir Bel-

lakhdar, *ibid.*, p. 270-271, avec un schéma du dispositif). Ses propriétés antiseptiques et antiparasitaires sont universellement connues. — L'identification de l'espèce nommée ἡ φοινικικὴ (κέδρος) est un peu plus délicate. On pense naturellement au cèdre du Liban, dont au moins les souches et le bois mort peuvent avoir servi localement au même usage. Quoique dépourvu de canaux résinifères, le bois des cèdres est très imprégné de résine et « fournit un excellent goudron » qui remplace celui de cade « de manière équivalente dans tous ses usages » (Bellakhdar, *ibid.*, p. 417, au sujet de *Cedrus atlantica*). Le témoignage de Pline, XXIV, 17 (voir n. 8 à III, 12, 3) sur la provenance de la *cedria*, recherchée de tout temps par les Égyptiens pour les embaumements, fait cependant préférer l'identification du « *kédros* de Phénicie » avec le *cedrelate* (litt. « genévrier-sapin ») de Pline, *Juniperus excelsa* Bieb. On rejoint ainsi l'opinion de Lucas (*op. cit.* [*supra*, n. 3], p. 309 ; 325-326), pour qui la prétendue « huile de cèdre » des auteurs classiques est du goudron de genévrier. Voir également la note 4 de J. André à Pline, XIV, 122 (C.U.F., 1958).

8. La classification macédonienne des pins n'est pas immédiatement claire : l'espèce « mâle » est ici définie comme « celle qui ne porte pas de fruits », alors qu'en III, 9, 2 le pin « sans fruits » est distinct du pin « mâle ». Nous avons proposé (n. 11 à III, 9, 4) de voir en πεύκη ἡ ἄκαρπος le pin sylvestre, en raison de sa fructification irrégulière. Si cette identification est correcte, les Macédoniens ont pu tantôt distinguer l'espèce « mâle » (pin d'Alep) de l'espèce « sans fruits » (pin sylvestre), tantôt leur appliquer la même dénomination sans les confondre, la différence d'habitat entre *P. halepensis*, essence de basse altitude, et *P. sylvestris*, montagnard en Grèce du Nord (E.F. Debazac, *Manuel des conifères*, Nancy, 1964, p. 93 ; *Flor. eur.* I, 34) ne permettant aucune ambiguïté. On fabrique du goudron de pin sylvestre suivant un procédé très voisin de celui qui sera décrit en IX, 3, 1-3 (voir n. 1 *ad loc.*).

9. Πίττα désigne ici la gemme telle qu'elle est recueillie sur l'arbre.

10. Cf. IV, 1, 1 : « Le pin, qui vient particulièrement beau et grand aux endroits bien exposés (ἐν τοῖς προσηλίοις), ne vient pas du tout à l'ombre (ἐν δὲ τοῖς παλισκίοις ὅλως οὐ φύεται) ». Le pin est en effet l'essence de lumière par excellence.

11. L'emploi de καλλονή, doublet « littéraire » de κάλλος, confirme la recherche stylistique marquée dans la phrase précédente par un ensemble de figures rhétoriques : parallélismes, antithétique (ἀφορία... καὶ εὐφορία) ou non (προσηλίων καὶ προσβόρρων) ; paronymie dans un couple de mots rares et expressifs (βλοσυρωτέρα καὶ βορβορώδης). On est tenté de penser que ce chapitre où sont consignées des informations recueillies par Théophraste au début de sa carrière a été écrit assez tôt pour porter des traces de sa formation à l'art du bien-dire.

12. Cf. III, 9, 1-2. Au sujet de la correspondance presque terme à terme entre les deux passages, voir la Notice de ce volume, p. XV-XVI.

13. Cf. III, 9, 2 :...πίττη... εὐωδεστέρα ὅταν ᾖ ὠμή. La résine dite « crue » est la gemme, dont le chauffage évapore en partie l'essence de térébenthine naturelle ; après cette opération, il reste la résine « cuite » (ἑψηθεῖσα), c'est-à-dire la poix, plus ou moins fluide selon sa teneur en essence de térébenthine (ὁ ὅρος) résiduelle.

14. L'hapax ἄφεψις fait partie des composés à préfixe exprimant seul l'action dont le radical précise les modalités (cf. l'exemple classique παροινέω-ῶ « faire des écarts de conduite dus au vin »). Il s'agit ici de la « perte (de matière) due à la cuisson » : la résine du pin d'Alep étant naturellement moins riche que celle du pin noir en essence de térébenthine, l'évaporation de celle-ci par la chaleur diminue moins le volume du produit chauffé.

15. Avec la 2ᵉ phrase du §6 commence un raisonnement dont nous proposons l'analyse suivante sous toute réserve. D'ordinaire la plaie faite à un arbre vivant est plus ou moins vite recouverte par les tissus périphériques. En termes aristotéliciens (cf. *Phys.* 227 a 23-27) il se produit une σύμφυσις entre le bois nouveau et l'ancien, comme dans le cas d'une soudure naturelle que Théophraste décrit en V, 2, 4 : « souvent une partie de l'arbre a été englobée par l'autre qui a fait corps avec elle » (... συνελήφθη ὑπὸ θατέρου συμφυοῦς γενομένου). Mais entre le bois lésé par le gemmage et la résine solidifiée dans la cavité qu'elle finit par combler, il y a nécessairement une certaine discontinuité, due à leur différence de nature. La portion de phrase Ἡ δὲ ἀναπλήρωσις — ἓν γενέσθαι πάλιν se traduit littéralement : « le remplissage est fait non du bois et de sa continuité de substance (τοῦ ξύλου καὶ τῆς συμφύσεως), mais de la résine, vu que le bois est incapable d'avoir une substance continue (συμφῦναι) et de redevenir un (καὶ ἓν γενέσθαι πάλιν) ». L'hypothèse de la σύμφυσις écartée, il reste à définir ce qu'est par rapport au bois la résine qui remplit ses cavités. Elle ne vient pas du bois gras, puisqu'elle coule alors qu'il est prélevé, mais du bois normal, apte par conséquent à produire autre chose que des tissus ligneux. La résine concrétée est donc une substance formée sur le bois et à partir de lui, sans faire corps avec lui. Théophraste la désigne par πρόσφυσις « substance qui s'attache → qui s'ajoute à... », « substance adventice » (cf. L.S.J. s.v. πρόσφυσις : « all *after* or *adventitious growths* which do not form part of the organism »). D'où cette traduction littérale de Ἀναγκαῖον δὲ — ἡ ἐκροή : « Il faut bien cependant, de toute évidence, que se forme aussi sur le bois (καὶ τῷ ξύλῳ γίνεσθαί) une sorte de substance adventice (τινα πρόσφυσιν), s'il est vrai que, le bois gras étant enlevé ou brûlé, <se produit> la sortie du flux de résine (τῆς πίττης ἡ ἐκροή) ».

16. Dans le cas où la poix se fait sur l'arbre ; cf. IX, 3, 4, pour le pistachier en Syrie.

17. Le texte de U : ἐνταῦθα τὴν ἐπιρροὴν γινομένην ἔνδαιδον ἐνιαυτῷ μάλιστα, se retrouve sans variantes notables dans le reste de la tradition. La correction la plus économique est celle de Stackhouse, qui met γινομένην ἔνδᾳδον entre virgules et ajoute εἶναι à μάλιστα ; ce serait ainsi, contre toute logique, l'exsudation, et non le bois, qui deviendrait « imprégnée de résine » (ἔνδᾳδον). Compte tenu du sens, Schneider et les éditeurs suivants écrivent τῆς ἐπιρροῆς γενομένης / γινομένης et soit ἔνδᾳδον... <γίνεσθαι> (Schn.), soit ἐνδᾳδοῦσθαι (Wim., Hort). Une solution plus conservatrice consiste à supposer disparus par haplographie διὰ après ἐνταῦ]θα (cf. l. 9 à peu près la même séquence dans ταῦτα διὰ) et εἶναι devant ἐνιαυ[τῷ, ce qui permet de donner sa valeur causale évidente au groupe participial sans en changer le cas.

18. *Supra*, §3.

19. Référence à la distinction précédente (§6) entre les bons pins, les médiocres et ceux de mauvaise qualité.

20. L'idée que l'exploitation des ressources naturelles exige des ménagements pour être durable était très présente à l'esprit de Théophraste et de ses contemporains. Le verbe ταμιεύω « être intendant » (ταμίας), moy. « gérer à la manière d'un intendant » apparaît dans des contextes analogues en V, 8, 1 : les rois de Chypre ne faisaient pas de coupes forestières « parce qu'ils pratiquaient une politique de conservation et de gestion » (τηροῦντες καὶ ταμιευόμενοι), et en VI, 3, 2 au sujet du silphium : « Il y a dans le pays comme des limites au sectionnement des racines (ὥσπερ μέτρα τῶν ῥιζοτομιῶν), qui permettent de réserver (ταμιευόμενοι) la part jugée utile pour les coupes <futures> ». — On distingue aujourd'hui encore deux procédés de résinage des pins : « Le gemmage pratiqué (…) en ménageant la santé des arbres est appelé gemmage à vie. Si, au contraire, le pin doit être exploité dans un bref délai, on ne garde aucun de ces ménagements, on le taille sur toutes les faces à la fois, en conduisant les quarres en une seule année à une hauteur triple et l'on dit qu'on le gemme à mort ou à pin perdu » (*Flore forestière*, p. 617).

21. Litt. « si on prélève tout <le bois gras> », πᾶσαν se rapportant à τὴν δᾷδα sous-entendu (à tirer de la fin du §7 ...δᾳδῶδες... ἐνδᾳδους).

CHAPITRE 3.

1. Ce que Théophraste appelle ici πίττα est en réalité un goudron produit par la combustion lente de bois résineux en milieu confiné. La traduction par « poix » a cependant l'avantage de respecter l'imprécision du mot grec et le chevauchement des termes français (cf. par exemple J. André, art. cité [n. 1 à IX, 2, 1], p. 95 : « Ce goudron végétal [la *pix liquida*] était utilisé pour le poissage des jarres et le goudronnage des navires »). Mais la technique est celle de la fabrication

du goudron dans des fours plus ou moins perfectionnés qui restent en usage dans des pays de tradition. J. Bellakhdar, *Pharmacopée marocaine*, p. 270, donne le croquis d'un four à goudron de genévrier, avec les explications suivantes : « Le four est construit en pierre maçonnée, sur un dallage incliné en pente légère, avec une grande ouverture par le haut pour le chargement du bois et de petites aérations sur les côtés pour un tirage réduit du feu. Après le chargement des bûches de genévrier oxycèdre, on allume le feu à l'intérieur du four et on le ferme hermétiquement avec des tôles et de la terre. Le goudron s'écoule par le tuyau collecteur au fur et à mesure de la combustion qui dure plusieurs jours ». (Renseignements concordants pour les « fourneaux à goudron » qui brûlaient jadis du pin des Landes, dans Barral – Sagnier, III [1889], 87.)

2. « Dallée » ou « damée » ? L'hésitation est permise eu égard à d'autres occurrences de ἔδαφος / ἐδαφίζω chez Théophraste. Ainsi dans *H.P.* IX, 4, 5, on recueille les larmes d'encens et de myrrhe sur des nattes étendues au pied des arbres, ou à même le sol de terre battue convenablement nettoyé (...τὸ ἔδαφος μόνον ἠδαφίσθαι καὶ καθαρὸν εἶναι) ; dans *C.P.* IV, 8, 2, la fève germe plus difficilement après la pluie « car le sol est comme damé » (καθάπερ ἐδαφιζομένης τῆς γῆς). Mais alors que des gommes-résines telles que l'encens et la myrrhe risquent seulement de se charger d'impuretés au contact de la terre, une oléorésine (de pin, de genévrier, etc.) s'y infiltrerait et serait perdue. Il faut donc imaginer la sole du four macédonien comme un dallage grossier parcouru de rigoles soit empierrées, soit creusées dans des troncs équarris (tel était l'usage landais, d'après Barral – Sagnier, art. « goudron » ; cf. note précédente). Celles-ci convergeaient vers un collecteur qui conduisait le goudron hors du four.

3. Hort (t. II, p. 230, n. 2) fait observer avec raison que la cheminée n'est pas mentionnée dans la description d'une meule à charbon en V, 9, 4. Celle-ci n'occupe que trois courtes phrases dans lesquelles l'accent est mis sur les exigences d'une combustion réussie : choix de bois rectilignes, qu'il faut bien serrer pour éviter les poches d'air ; lutage minutieux permettant de régler l'arrivée d'oxygène par les seuls évents. Comme la mise à feu ne demandait pas de précaution particulière, l'existence d'une cheminée, connue de tous, a pu être passée sous silence.

4. Des 3 § consacrés à la fabrication de la poix en Macédoine, la phrase Γίνεσθαι — πίειρα est la seule qui rapporte un on-dit (φασι). Théophraste n'a jamais vu lui-même un tas de bois aussi gigantesque : 180 coudées = environ 80 m de circonférence, soit 25 m de diamètre ; 50-60 coudées = environ 22-26 m de hauteur ; 100 coudées = 44 m dans les deux dimensions. L'information reçue est simplement transmise, par scrupule scientifique.

5. Cf. Soph., *Trach*. 766 : (le feu du sacrifice est lent à s'enflammer, par la faute du sang) κἀπὸ πιείρας δρυός « et du bois trop plein de sève » (trad. P. Mazon, C.U.F., 1955).

6. Le sens de ὕλη « matière, matériau » n'est précisé que par le contexte. Plutôt que de bois (Hort traduit « timber »), il s'agit de déchets divers (éclats de bois, racines et brindilles, mottes d'herbe, etc.) utilisés pour combler ici les vides entre les bûches, plus loin le couloir par où s'est faite la mise à feu.

7. De même que la carbonisation du bois, la fabrication du goudron exige une combustion « à l'étouffée » (cf. V, 9, 4 πρὸς τὴν κατάπνιξιν). La lueur du feu serait l'indice d'un milieu trop oxygéné dans lequel le bois gras s'enflammerait, comme lorsque, à l'air libre, il servait de torche (sens non technique de ἡ δᾴς, depuis Homère). La vigilance des opérateurs est stimulée par leur crainte de voir flamber le tas de bois. — La leçon ἐπιδιαλάμψῃ (P Ald.) n'étant qu'une variante sans intérêt de διαλάμψῃ, l'hapax ἐπιδιαλάμπω devrait disparaître du dictionnaire de Bailly (ni L.S.J. ni ses Suppléments ne l'ont accueilli).

8. La correction du texte fautif ἐπάξαντες en ἐπιφράξαντες, proposée par Scaliger et adoptée par les éditeurs depuis Schneider, n'est pas satisfaisante, car il ne suffisait pas de « boucher (φράττω) superficiellement (ἐπι-) » le passage, en laissant subsister à l'intérieur du tas un vide important. De la conjecture d'Heinsius ἐπισάξαντες, on retiendra non le préverbe (simple anticipation de ἐπιχώσαντες), mais le radical de σάττω « bourrer », « combler » ; σάξαντες répond exactement à la traduction *stipant* de Gaza.

9. Avec le bois de charpente et surtout de construction navale, la poix sous toutes ses formes était une des principales ressources de la Grèce du Nord. La diversité de ses usages garantissait une demande importante. La marine, tout d'abord, en consommait des quantités énormes pour l'étanchéité des coques de bateaux (cf. Plutarque, *Propos de table*, V, 3 [= *Mor.* 676 a], à propos du pin consacré à Poséidon parce qu'il fournit « le colmatage de poix et de résine sans lequel les bâtiments ne seraient pas utilisables sur l'eau »). La poix n'était pas moins utile pour imperméabiliser les récipients poreux destinés à contenir des liquides, en particulier les amphores vinaires. On dispose sur ce point de données d'époque romaine, variables suivant les auteurs (essentiellement Columelle, XII, 18 et Palladius, X, 11), qui ont permis d'estimer à 800-900 g la quantité de poix nécessaire pour enduire une jarre de 100 l (A. Tchernia – J.-P. Brun, *Le vin romain antique*, Grenoble, 1999, p. 106-107). J.-P. Brun, *Le vin et l'huile dans la Méditerranée antique*, Paris, 2003, donne (p. 68-69) sous le titre « Le poissage des jarres » un résumé précis de la question, qui souligne la rentabilité des fabriques de poix (cf. Plutarque, *Caton*, XXI, 5). Bien que quantitativement négligeables, des usages médicaux sont attestés dès les Ve - IVe siècles par la prescription d'emplâtres de

« cérat à la poix », πισσηρὴ κηρωτή ou simplement πισσηρή (Hpc., *Art*. 62 ; 63 ; *Fract*. 24 ; 26 ; 27). La renommée de la poix de Piérie (région de l'Olympe macédonien), déjà connue d'Hérodote (IV, 195), subsistait à l'époque romaine (Pline, XIV, 128 : « L'Asie estime surtout la poix de l'Ida, la Grèce celle de Piérie ») et même au delà (cf. *Géop*. VI, 5, 1). Cet ensemble de faits explique le cérémonial qui accompagnait en Macédoine la fabrication de ce produit d'une importance économique capitale, et sa description avec une abondance de détails inhabituelle chez Théophraste.

10. Sur les sources de Théophraste pour l'exploitation du pistachier en Syrie, voir *supra*, p. XVI-XVII.

11. Sur l'étrange procédé syrien de fabrication de la poix sur l'arbre vivant, Théophraste n'a que des renseignements indirects (φασι) et imprécis (ὄργανόν τι περιπεποιημένον). C'est καὶ τοῦτο περιαλείφοντας (-ντες codd. Ald.) qui a le plus embarrassé éditeurs et commentateurs. Déjà Gaza s'écartait de notre texte en traduisant *Hoc enim partem unam accendi* « (On dit) en effet (qu') une partie <de l'arbre> est enflammée par cet appareil ». Scaliger s'inspire de Gaza pour corriger περιαλείφοντας en περιάπτοντας, conjecture adoptée par Hort qui écrit καὶ τούτῳ περιάπτοντας « (an instrument) with which they set fire to it ». Outre la platitude du sens, cette solution a pour inconvénient de faire intervenir un terme mal attesté. La seule occurrence de περιάπτω « allumer du feu tout autour » signalée à la fois par Bailly et par L.S.J. appartient à une des lettres apocryphes de Phalaris (lettre 122, 2), où Hercher corrige περιήψαμεν en πῦρ ἥψαμεν. Les autres éditeurs conservent περιαλείφοντας, y compris Wimmer dont la traduction latine de 1866 ne tient pas compte de καὶ τοῦτο περιαλείφοντας. Pour en dégager le sens, on remarquera d'abord que περιαλείφω « enduire tout autour avec un corps gras ou poisseux » s'intègre parfaitement dans le contexte. Le substantif correspondant, ἄλειφαρ, désigne en effet une oléorésine dans Hdt. II, 87 (τοῦ ἀπὸ κέδρου ἀλείφατος γινομένου [les embaumeurs remplissent leurs seringues] « du liquide gras qui vient d'un genévrier », substance appelée un peu plus loin κεδρίη [cf. *supra*, n. 7 à IX, 2, 3]) ; l'huile de ricin (Hdt. II, 94) ; la poix qui scellait le bouchon des jarres à vin (Théocrite, VII [*Les Thalysies*], 147). On appelait donc ἄλειφαρ indifféremment le produit huileux ou poisseux extrait d'un végétal et l'enduit de même nature ou de même consistance appliqué sur un tout autre objet. Le second sens est illustré, précisément pour περιαλείφω, par ce que dit Aristote (*H.A.* 624 a 14) de l'accès à l'intérieur de la ruche « couvert d'un enduit de mitys » (περιαλήλιπται μίτυϊ), c'est-à-dire d'une sorte de terre glaise, matière étrangère à l'objet auquel elle est appliquée. Le cas où l'ἄλειφαρ vient d'un végétal qui le renferme naturellement est celui qui nous intéresse : avec une sorte de brûleur portatif les Syriens provoquaient l'épanchement de la résine, qui, ainsi

chauffée, se transformait en poix. Il faut comprendre καὶ τοῦτο (= τὸ δένδρον, à tirer de ἐπ' αὐτῷ τῷ δένδρῳ) περιαλείφοντας « et en entourant l'arbre d'un liquide gras », d'où « en faisant exsuder l'huile sur le pourtour du tronc ».

12. La mention précédente (IX, 2, 2) d'une montagne (ὄρος) de Syrie couverte de pistachiers a induit en erreur une partie des copistes. La bonne leçon est évidemment ὅρος « limite », explicité par σημεῖα τοῦ παύεσθαι, litt. « des signes pour s'arrêter ». Sur le concept d'exploitation raisonnée des ressources naturelles, voir *supra*, n. 20 à IX, 2, 8.

13. Cf. IX, 2, 2 : φασὶ καὶ τὴν τέρμινθον πιττοκαυτεῖσθαι περὶ Συρίαν.

14. Πεύκη est à prendre ici dans un sens spécifique (« pin noir ») et non générique (« pin »). Le pin noir, *Pinus nigra* subsp. *pallasiana*, manque en effet à « la Syrie » (telle que l'entend Théophraste), dont au moins la partie occidentale possède encore des peuplements étendus de pin d'Alep (*P. halepensis* et son proche parent *P. brutia*). Voir Quézel – Médail, *Forêts du bassin méditerranéen*, p. 194, fig. 5. 40 « Aire de répartition schématique du pin noir », et p. 117, fig. 5. 7 « Aire de répartition schématique du pin d'Alep et du pin brutia ».

CHAPITRE 4.

1. Cf. IX, 1 : « larmes » dues à l'exsudation spontanée de la sève (§2 ἀφ' ὧν ὁ λίβανος καὶ ἡ σμύρνα — δάκρυα γὰρ καὶ ταῦτα — καὶ τὸ βάλσαμον) et à des incisions délibérées (§6 τὸν... λιβανωτὸν καὶ τὴν σμύρναν... φασὶ... ἐντέμνειν... καὶ τὸ ἐν Συρίᾳ βάλσαμον). — L'alternance λίβανος / λιβανωτός est reconnue depuis déjà longtemps comme un authentique fait de langue (voir É. Masson, *Emprunts sémitiques*, p. 53-54, avec la bibliographie). De l'étude approfondie de G. Banti et R. Contini, *Names of aromata in Semitic and Cushitic languages*, in *Profumi d'Arabia*, p. 169-192, on retiendra les précisions suivantes (p. 172-173) : les principaux noms sémitiques de l'encens sont formés sur la racine *LBN* exprimant la blancheur laiteuse ; de *libān* vient le gr. λίβανος (depuis Sappho), tandis que λιβανωτός remonte au dérivé *libānat*, dont la finale -*at* marque une modification sémantique de la forme primitive (grain d'encens distingué du produit considéré globalement ?). En tout cas les deux mots grecs alternent dans *H.P.* sans autre différence que la prédominance quantitative du second : 21 occurrences contre 2 de λίβανος. Le nom de la myrrhe le plus répandu dans les langues sémitiques (selon Banti et Contini, *ibid.*, p. 178) repose sur la racine *MRR* qui note l'amertume caractéristique de cet aromate. Le grec μύρρα (également dans Sappho, fr. 44 Lobel – Page : μύρρα καὶ κασία λίβανός τ' ὀνεμείχνυτο) calque exactement l'akkadien *murru*, mais le terme usuel depuis Hérodote est σμύρνη / σμύρνα, -ης. Celui-ci, représenté dans *H.P.* par

19 occurrences contre une seule (double) de μύρρα en VII, 6, 3, est une forme secondaire diversement expliquée (*D.E.L.G.* s.v. σμύρνη ; É. Masson, *ibid.*, p. 54-56 ; F. de Romanis, « *Tus* e *murra* : aromi sudarabici nella Roma arcaica », *Profumi d'Arabia*, p. 221-230, avec un relevé [p. 226-227] dans l'ensemble de la littérature grecque des attestations de μύρρα, dont l'auteur constate « le nombre extrêmement restreint »).

2. Ce §1 introduit non seulement le chapitre 4 (l'encens et la myrrhe) mais toute la seconde partie (ch. 4-7) de l'opuscule *Les sèves des végétaux*, consacrée non plus aux *sucs en larmes*, odorants (oléorésines du pin, du pistachier, etc.) ou non (gommes proprement dites), mais aux *substances odorantes*, qu'il s'agisse du suc (encens, myrrhe, baume) ou de toute autre partie d'un végétal (l'écorce de la cannelle et du cinnamome [ch. 5], mais aussi des graines, des racines, etc. [ch. 7]). Les larmes odorantes de l'encens et de la myrrhe font la transition entre les deux parties du sujet.

3. Cf. IV, 4, 14, au sujet des plantes à parfum (τὰ εὔοσμα) « localisées dans les pays qui s'étendent vers l'est et le midi ».

4. En confondant les origines géographique et commerciale des produits énumérés, Théophraste commet une erreur banale à toutes les époques (voir dans R. Hennig, « Κιννάμωμον und κινναμωφόρος χώρα in der antike Literatur », *Klio*, 32, 1939, p. 325-330, les exemples cités p. 326 à propos de la *regio thurifera*). En fait les couples encens — myrrhe et cannelle — cinnamome sont traités différemment. Pour le premier, l'auteur disposait de renseignements fiables, en particulier du récit des navigateurs (§4) qui avaient vu les arbres à encens et à myrrhe sud-arabiques et récolté leurs produits. A ce témoignage dont il aurait pu se contenter, Théophraste ajoute des informations données par des convoyeurs d'aromates ; il confronte et critique ses sources. Rien de tel pour les canneliers et leurs écorces odoriférantes, qu'il décrit d'après des on-dit (ch. 5, §1 : περὶ... κιναμώμου καὶ κασίας τάδε λέγουσι) mêlés d'affabulations (fin §2 : οὗτος μὲν οὖν τῷ ὄντι μῦθος). Le fait que les quatre produits étaient apportés ensemble en Méditerranée orientale par le commerce caravanier incitait à leur attribuer, jusqu'à plus ample informé, une origine géographique commune.

5. Les trois premiers de ces noms correspondent à des divisions politiques de l'Arabie méridionale bien identifiées. « Avant l'ère chrétienne, écrit C. Robin (*Arabie méridionale : l'état et les aromates*, in *Profumi d'Arabia*, p. 37, n. 1), les principaux royaumes sont Saba' (capitale Maryab, *Mryb*, aujourd'hui Ma'rib), Qatabān (capitale Tamna', *Tmn* ', auj. Hajar Kuhlān) et le Ḥaḍramawt (capitale Shabwat, *S'bwt*, auj. Shabwa) ». Le quatrième nom, Μαμάλι, est certainement corrompu et pose problème. Pour W.W. Tarn (*Ptolemy II and Arabia*, in *Journ. Egypt. Arch.* 15, 1929, p. 13), « il ne fait aucun doute que ce

Μαμάλι (v.l. Μάλι) est Mahra », encore que « nul écrivain hellénistique dont les écrits sont conservés ne mentionne à nouveau Mahra ». Cette interprétation est séduisante dans la mesure où le Mahra, situé entre le Hadramaout et le Dhofar, se trouve aujourd'hui encore dans l'aire de l'encensier sud-arabique. Il reste difficile d'admettre que seul Théophraste l'ait cité. On retrouve un siècle plus tard chez Ératosthène (ap. Strabon, XVI, 6, 2) les Sabéens (Σαβαῖοι), les Khatramotites (Χατραμωτῖται, cf. Thphr. ῾Αδραμύτα) et les Kattabaniens (Κατταβανεῖς, cf. Thphr. Κιτίβαινα). S'y ajoutent « les Minéens (Μιναῖοι) dans la partie qui regarde vers la mer Rouge ». Selon Pline (XII, 54) les peuplements d'encensiers confinent au territoire des Minéens, « que les caravanes d'encens traversent sur une seule piste étroite. Ce sont eux qui, les premiers, ont fait le commerce de l'encens et qui le pratiquent encore le plus activement ». S'il est peu vraisemblable que l'encensier ait jamais atteint leur pays, du moins la comparaison des inscriptions sud-arabiques « montre que Maʿinᵘᵐ a joué un rôle éminent dans le commerce caravanier pendant les périodes perse et hellénistique » (C. Robin, ibid., p. 48). On peut donc considérer Μαμάλι comme un équivalent très approximatif de Maʿinᵘᵐ.

6. Bien que l'encensier sud-arabique se rencontre surtout à l'état sauvage, il supporte d'être transplanté dans les jardins et vient aussi de boutures (Th. Monod, « Les arbres à encens (*Boswellia sacra* Flückiger, 1867) dans le Hadramaout (Yémen du Sud) », *Bull. Mus. natn. Hist. nat.*, Paris, 4ᵉ sér. 1, 1979, section B, nᵒ 3, p. 134, 148, 150).

7. La mention d'une haute montagne boisée et couverte de neige est inattendue dans le cadre géographique de l'Arabie méridionale. Pour A. Miller et M. Morris (*Plants of Dhofar*, p. 80), « cela pourrait être une allusion à la haute montagne d'un blanc brillant appelée Jebel Gingeri, repère bien visible depuis la mer, pic qui de jour étincelle et scintille, et de nuit émet une pâle lueur, donnant peut-être ainsi l'impression d'être couvert de neige. Cet aspect d'un blanc brillant est dû en réalité à une épaisse couche de lichen blanc qui couvre toute la montagne mais plus particulièrement le versant de la mer ». C'est une explication possible à condition que les informateurs de Théophraste aient entendu parler du Dhofar. Or il semble bien que la mission d'Anaxicrate (cf. §4 et *infra*, n. 12) se soit heurtée au parti pris par les commerçants arabes de barrer la route aux étrangers au-delà de Kanè / Qana (auj. Bir Ali), en leur refusant tout renseignement valable sur ce qu'ils auraient pu découvrir plus loin (cf. P. Högemann, *Alexander der Große und Arabien*, München, 1985, p. 87). La plus ancienne mention sûre du Dhofar se trouve au §29 du *Périple de la mer Érythrée* (*c.* 50 *p. C.*) : c'est la χώρα λιβανωτοφόρος « montagneuse et d'accès difficile, dont le ciel est chargé et brumeux ». — Une autre identification de l'ὄρος νιφόμενον de Théophraste est moins aléatoire. La route caravanière de l'encens, qui partait du Hadramaout en direction de la

Méditerranée orientale (voir Miller, *Spice Trade*, carte hors texte n° 5), longeait dans le sud-ouest de l'actuelle Arabie Saoudite la chaîne de la Sarawat, décrite en ces termes par l'ethnologue Th. Mauger : « La montagne Sarawat atteint à 3200 mètres d'altitude son point culminant au Jebel Suda. Il y tombe parfois des neiges éphémères. (...) Des genévriers et des oliviers sauvages forment l'unique forêt du Royaume. (...) De cette forêt filtre une lumière subaquatique. Impression de féerie dans ce cadre éthéré où s'étirent des nappes de brume » (*Hommesfleurs et verte Arabie*, Paris, 1988, p. 17-18 ; voir aussi p. 184-185 des images de rivières). Un paysage aussi exceptionnel en Arabie a dû retenir l'attention des caravaniers.

8. L'encensier sud-arabique porte le nom de *Boswellia sacra* Flückiger depuis que les botanistes se sont accordés pour le distinguer de son proche parent somalien *B. carteri* Birdw. Les caractères que lui attribue Théophraste sont confirmés par Miller – Morris, *Plants of Dhofar*, p. 78, et par Th. Monod, art. cité, *passim*. C'est selon les conditions stationnelles un buisson ou un petit arbre atteignant 5 m de haut (Thphr. « cinq coudées » = 2, 20 m), « très rameux » (cf. Monod, p. 163, pl. I et p. 167, pl. III ; les branches sont d'autant plus enchevêtrées que *B. sacra*, contrairement à *B. carteri*, se divise dès la base en plusieurs troncs), à feuilles composées de 6-8 paires de folioles (c'est de ces dernières que parle Thphr.) dont la surface « vernisséeluisante » (Monod, p. 152) peut évoquer une feuille de poirier, avec des dimensions très inférieures : 8-15 x 20-40 mm (Miller – Morris) ; les couches supérieures de l'écorce s'exfolient, laissant apparaître un épiderme clair et lisse comme l'écorce du laurier (pris pour exemple de végétaux λεπτόφλοια [I, 5, 2] et λειόφλοια [I, 8, 1]).

9. Il est difficile de vérifier les dires de Théophraste en ce qui concerne l'arbre à myrrhe, dont l'actuel Yémen possède huit ou neuf espèces, parmi lesquelles les plus estimées sont *Commiphora myrrha* (Nees) Engl. et *C. habessinica* (Berg.) Engl., celle-ci plus appréciée que la précédente dans la péninsule Arabique. « Les gommes-résines de *Commiphora* exsudent du tronc de l'arbre, généralement à écorce mince, de façon naturelle, bien que l'on pratique aussi des incisions. Le suc huileux forme des larmes blanches jaunâtres qui deviennent plus ou moins rougeâtres par dessiccation » (V. Asensi Amoros, *Essences à brûler en Égypte ancienne : une enquête ethnobotanique du côté de la Corne de l'Afrique*, in *Memnonia*, Suppl. 1, 2003, p. 4-5). L'extrême difficulté de la systématique du genre *Commiphora*, aggravée par la diversité des appellations commerciales de la myrrhe, ne permet pas de déterminer sûrement au niveau spécifique l'« arbre à myrrhe » de Théophraste. Nous nous bornerons dans les notes suivantes à des remarques de détail.

10. Cf. I, 5, 2 : l'arbousier d'Orient (*Arbutus andrachne* L.) est l'un des végétaux dont « l'écorce se crevasse, au point même de tomber

autour du tronc ». La planche représentant *Commiphora habessinica* dans Miller – Morris, *Plants of Dhofar*, montre un fragment de racine pareillement entouré de lambeaux d'écorce.

11. La comparaison d'une foliole d'encensier à une feuille de laurier surprend un peu de la part de témoins oculaires. La ressemblance se limite à la couleur vert foncé, l'aspect luisant et l'ondulation (des marges chez le laurier, du limbe presque entier pour l'encensier) ; les dimensions sont très différentes (cf. *supra*, n. 8) et surtout la foliole de l'encensier, comme gaufrée, n'a pas le contour net et l'extrémité pointue de la feuille du laurier. Le qualificatif λειόφλοιος renvoie à un caractère que le laurier possède par excellence (*supra*, n. 8) : l'encensier est dit καὶ λειόφλοιον « également (= comme lui) à écorce lisse ». D'autre part λειόφλοιον prépare une opposition entre l'encensier inerme et l'arbre à myrrhe qui, « loin d'être lisse (= dépourvu d'aspérités vulnérantes), est épineux » (ἀκανθῶδες καὶ οὐ λεῖον). Les deux principales espèces sud-arabiques de *Commiphora* sont en effet très épineuses. On fait même de *C. habessinica* des clôtures infranchissables (Miller – Morris, *ibid.*, p. 84). A en juger par la planche de *Plants of Dhofar* qui représente cette espèce, la comparaison de l'arbre à myrrhe avec un orme est acceptable pour l'aspect général de la feuille, simple, obovale arrondie, dentée (plus grossièrement sur l'arbre à myrrhe que sur l'orme, et seulement dans sa moitié supérieure [cf. ἐξ ἄκρου]).

12. Cette exploration grecque des côtes sud-arabiques est étudiée dans notre article *L'expédition d'Anaxicrate en Arabie occidentale*, in *Topoi*, 6, 1996, p. 671-677 (= *Études*, p. 57-62), qu'il suffit de résumer ici. Revenu d'Orient à Babylone au début de l'année 324, Alexandre conçut le projet d'une circumnavigation de l'Arabie, afin de reconnaître le pays des aromates et de s'assurer la mainmise sur leur commerce. Trois missions longèrent la côte occidentale du golfe Persique, sans réussir à poursuivre leur voyage au-delà du détroit d'Ormuz. Une autre expédition, dirigée par Anaxicrate (selon Ératosthène ap. Strabon, XVI, 4, 4), partit du golfe des Héros (auj. de Suez) pour faire sa jonction avec les précédentes. L'entreprise tourna court également, mais Anaxicrate et ses compagnons franchirent le Bab el-Mandeb et s'avancèrent le long de la côte sud-arabique assez loin pour découvrir, au cours d'une escale, les arbres à myrrhe et à encens. C'est leur récit que Théophraste rapporte aux §4 et 5. Compte tenu d'une régression très probable de l'encensier, surexploité pendant des siècles, on peut admettre que la scène se situe dans les montagnes littorales à l'ouest de Qana. Il ne semble pas que les Grecs aient dépassé cette ville, qui était le grand marché de l'encens dans l'antiquité et où ils purent recueillir certaines informations à son sujet. Ces faits doivent se placer en septembre-octobre 324 pour les raisons suivantes : la principale récolte de la myrrhe et de l'encens, qui battait alors son plein, avait lieu à la fin

de l'été (cf. Pline, XII, 60) ; d'autre part, comme à partir d'octobre la mousson souffle du nord-est, les navigateurs grecs, dans l'impossibilité matérielle de poursuivre leur route, n'avaient plus qu'à rebrousser chemin.

13. Bien longtemps après l'expédition d'Anaxicrate l'encens restait la principale richesse de l'Arabie méridionale. Tous les voyageurs en Orient connaissaient, au moins par ouï-dire, le produit et la manière de le récolter. Ainsi à la fin du XIIIᵉ siècle, Marco Polo dit de la « belle cité » de Dufar : « L'encens blanc y naît fort bon, en abondance, et vous décrirai comment il naît. Je vous dis qu'il y a des arbres pas bien grands ; ils sont comme petits sapins. On en entaille l'écorce en plusieurs endroits avec des couteaux, et par ces trous s'écoule l'encens, pareil à un liquide ou une gomme, goutte à goutte, en grande quantité. Il en sort parfois de l'arbre sans entaille, à cause de la très grande chaleur qui règne là ; ensuite, cela durcit et forme ainsi l'encens » (*Le devisement du monde*, version française de L. Hambis, Paris, 1980, t. II, p. 497).

14. Cette phrase est la plus ancienne mention connue du procédé d'incision de l'encensier. G. Banti et R. Contini (art. cité [*supra*, n. 1], p. 186-187), qui la commentent mot à mot, précisent, avec des références, que des auteurs arabes médiévaux notent également l'usage de haches et de couteaux, tandis que de nos jours un seul outil nommé MNQF sert à entailler l'arbre et à en détacher l'encens solidifié. C'est le « couteau-raclette » figuré et décrit dans l'article de Th. Monod (cf. *supra*, n. 6), p. 147 et 149. Les couches supérieures de l'écorce sont si tendres qu'une simple entaille met à nu la couche sécrétrice, de couleur rouille, d'où sortent immédiatement les gouttelettes d'encens. Une hache maniée avec précaution pour ne pas blesser le bois permettait d'obtenir d'un seul coup une carre nette. Quant aux outils de fer utilisés pour décoller la gomme-résine adhérente à l'arbre (fin §4 : τὸν δ᾽ ἐπὶ τοῖς δένδροις προσεχόμενον ἀποξύειν σιδήροις), ils devaient ressembler aux lames emmanchées du *mangaf / manqif* moderne (cf. Miller – Morris, *Plants of Dhofar*, p. 299 : « En ce qui concerne la récolte de la gomme, la description de Théophraste, si ancienne, est étonnamment pertinente et en accord avec les procédés encore en usage au Dhofar »).

15. Litt. « le sol était seulement aménagé en sol et net ». Pour les variations du sens de ἐδαφίζω, voir n. 2 à IX, 3, 1.

16. Cette montagne littorale ne se trouvait pas dans le royaume de Saba, mais quelque part entre le Qataban et le Hadramaout (cf. Strabon, XVI, 4, 4, d'après Ératosthène : « La Kattabanie produit de l'encens, la Khatramotite de la myrrhe »). Le fait que les Sabéens en avaient la propriété incontestée montre qu'ils conservaient au IVᵉ siècle leur très ancienne suprématie sur les états sud-arabiques, même s'ils concédaient progressivement aux Minéens le commerce

caravanier des aromates (cf. C. Robin, art. cité [*supra*, n. 5], p. 49 et 51). Si l'on en croit Pline (XII, 54), le privilège de leur exploitation appartenait de son temps à trois mille familles minéennes.

17. H. Petersmann, *Le culte du soleil chez les Arabes selon les témoignages gréco-romains*, in *L'Arabie préislamique et son environnement historique et culturel* (T. Fahd éd.), Leiden, 1989, p. 401-412, propose une étude délibérément sélective des sources considérées, parmi lesquelles Théophraste ne figure pas. L'Arabie y fait cependant l'objet de deux mentions intéressantes pour notre propos. Il est indiqué d'une part (p. 409-411) que le soleil était adoré dans la Péninsule, ainsi qu'au Proche-Orient, comme dispensateur de la fécondité et en même temps de la chaleur torride, ce qui n'implique pas contradiction dans le cas des aromates sud-arabiques : c'est en plein été que se produisent les exsudations de gomme-résine les plus abondantes (cf. *supra*, n. 12). Que la récolte d'encens et de myrrhe ait été placée sous la protection du Soleil n'a donc rien que de très naturel. D'autre part, H. Petersmann cite (p. 412) le verset 27, 22-24 du *Coran* qui se rapporte précisément au culte solaire des Sabéens :

« Je t'apporte, sur les Sabâ, une nouvelle sûre.
J'ai trouvé qu'une femme est leur reine, que
de toute chose elle a été comblée et
qu'elle a un trône magnifique.
Je l'ai trouvée, elle et son peuple, se prosternant
devant le Soleil, à l'exclusion d'Allah ».

18. Ce genre de transaction s'apparente à un marché muet par l'absence de contact entre vendeur et acheteur, mais s'en distingue par une organisation parfaitement réglée : la marchandise est entreposée dans un lieu saint et bien gardé — double précaution contre le vol ; elle est mesurée deux fois, par le propriétaire et par le commerçant ; le prix est affiché et son règlement déposé à la vue de tous, ce qui rend la fraude impossible. L'intervention du prêtre qui prélève pour le dieu un tiers de la somme suggère que « certains temples pour le moins ont joué un rôle important dans l'activité économique » (C. Robin, art. cité, p. 54).

19. Ces autres informateurs ne peuvent être que des marchands, grecs, levantins ou arabes, doués de capacités d'observation inégales. Pour eux, l'odeur et le goût, qui font la qualité du produit, comptent plus que les caractères botaniques de l'arbre.

20. Il est vrai que l'encensier et le lentisque ont en commun le port souvent buissonnant, l'absence d'épines, les feuilles composées. Dans le détail, la comparaison cesse d'être valable : le fruit du lentisque est une petite drupe ronde, rouge puis noire ; celui de l'encensier, une capsule anguleuse et pointue, presque deux fois plus grosse, brun rougeâtre. C'est peut-être par confusion avec le fruit que la feuille de l'encensier, normalement vert foncé, est qualifiée de « rougeâtre » (ὑπέρυθρον ; cf. Pline, XII, 56, *subrutilo folio*).

21. A la définition sommaire mais juste de l'arbre à myrrhe s'ajoute un seul détail qui trahit le marchand d'aromates : il en a goûté la feuille et lui a trouvé la saveur forte du térébinthe.

22. *Boswellia sacra* et les *Commiphora* sud-arabiques sont par nature des végétaux des zones arides comprises entre le littoral de la mer d'Oman et le désert du Roub al-Khali. Les habitats préférés de l'encensier sont les fonds de ravin pierreux, les éboulis de rochers et les cailloutis calcaires (Monod, art. cité [*supra*, n. 6], p. 146 et 148 ; p. 163, pl. I ; p. 167, pl. III), qui s'intègrent bien dans le paysage décrit par Théophraste. Le sol « un peu argileux » est la *terra rossa*, produit de la décomposition du calcaire ; si la *regio thurifera* de Pline, XII, 52, a une certaine réalité, son sol qui « passe du rouge au blanc de lait » (*id solum e rubro lacteum traditur*) pourrait bien être fait de terre rouge et de rochers blancs. — L'adjectif πλακώδης est traduit dans les dictionnaires, avec référence à notre passage, soit « en forme de plaque, plat » (Bailly), soit « avec une croûte » (*D.E.L.G.*, à la suite de L.S.J.). Son emploi chez Aristote permet de mieux dégager ses sens techniques : il s'agit par exemple (*H.A.* 507 b 8) de la partie de l'estomac des ruminants que nous appelons le feuillet, pour Aristote « le hérisson » (ὁ ἐχῖνος), qualifié de τραχὺς καὶ πλακώδης « rugueux et sillonné de saillies » (trad. P.Louis, C.U.F., 1964, avec renvoi en note à *P.A.* 675 a 28, où le même mot désigne les lamelles longitudinales en saillie dans l'estomac du porc) ; dans *H.A.* 525 b 14, la face ventrale des crustacés porte « un assez grand nombre de lamelles » (τὰ δ᾽ ἐν τοῖς ὑπτίοις πλακωδέστερα), à l'exception des crevettes roses (525 b 20), qui « n'ont pas de lamelles sous le corps » (πλάκας δ᾽ ἐν ὑπτίοις οὐκ ἔχουσι). Appliqué à un sol, πλακώδης décrit exactement l'alternance de fissures et de saillies caractéristique des reliefs calcaires où se plaît l'encensier hadrami. — Les « eaux de source rares » correspondent aux flaques et aux mares des fonds d'oued, bien à leur place dans ce paysage.

23. Théophraste croit déceler une contradiction entre des informations en fait complémentaires. La « verte Arabie » existe (cf. *supra*, n. 7), mais ailleurs que dans la région sub-désertique productrice d'encens et de myrrhe.

24. Pour ce sens de ὅλως, cf. VII, 6, 3 : οἱ δέ φασιν ὅλως μύρραν « selon d'autres, c'est vraiment de la myrrhe ».

25. La mention d'Antigone nous a permis de proposer (Notice de ce volume, p. XX-XXI) pour *Les sèves des végétaux* une date de peu postérieure à l'été 321, au cours duquel le Borgne devint maître de l'empire asiatique d'Alexandre. — Bien que la région productrice s'étende le long de la mer d'Oman, ce n'est pas vers cette côte que du temps de Théophraste les Arabes acheminaient l'encens de l'arrière-pays. Pour reprendre une formule heureuse de C. Robin (art. cité [*supra*, n. 5], p. 47), avant l'époque d'Auguste et le développement de la voie mari-

time, « l'Arabie méridionale semble tourner le dos à la mer ». Le chargement sur les bateaux d'Anaxicrate de l'encens et de la myrrhe dérobés ne relève évidemment pas d'une activité commerciale. La « route de l'encens » partait alors de Qana ou de Saba pour aboutir aux marchés du Proche-Orient, en particulier aux ports de la côte syropalestinienne. On doit à U. Fantasia (*L'Egitto tolemaica e la terra degli aromata*, in *Profumi d'Arabia*, p. 408-409) un rapprochement très pertinent entre l'expression de Théophraste (ὑπὸ τῶν Ἀράβων τῶν τὸν λιβανωτὸν καταγόντων) et l'indication du trajet inverse, de la Méditerranée à l'Arabie méridionale, dans Diodore, II, 55, 2 : le marchand Iamboulos fut capturé par des brigands « alors qu'il parcourait l'intérieur de l'Arabie (ἀναβαίνων... διὰ τῆς Ἀραβίας) pour gagner la région productrice d'aromates (ἐπὶ τὴν ἀρωματοφόρον) » (trad. B. Eck, C.U.F., 2003). Par le jeu des préverbes de sens contraire (καταγόντων — ἀναβαίνων) Diodore confirme Théophraste.

26. La présence d'un encensier à Sardes n'a rien d'impossible : Th. Monod (art. cité, p. 148) mentionne des exemplaires cultivés à Vienne. Mais Théophraste n'ignorait pas qu'un végétal acclimaté perd souvent une partie de ses caractères et de ses capacités ; cf. III, 3, 5, au sujet du *perséa* et des palmiers : « le premier fructifie en Égypte et n'importe où dans les contrées voisines, alors qu'à Rhodes il parvient seulement à fleurir ; le palmier, admirable aux environs de Babylone, ne mûrit même pas ses fruits en Grèce et il y a des endroits où il n'en forme pas du tout ». La différence de climat suffit à expliquer que l'encensier sud-arabique ait eu à Sardes des folioles comparables à des feuilles de laurier, au moins pour les dimensions.

27. La conjecture θεραπείας de Scaliger (d'après Gaza « Sola haec arbos omnem penitus *cultum* aspernatur ») donne un sens acceptable : l'arbre de Sardes exsudait de l'encens, mais ne se prêtait pas à une véritable « culture » (cf. §2 τὰ μὲν θεραπεύεται) qui aurait comporté une exploitation peu fructueuse et dangereuse pour sa survie.

28. Ce sont les îles de Socotra, aujourd'hui encore rattachées à la province yéménite du Hadramaout. Selon M. Morris (*The harvesting of frankincense in Dhofar, Oman*, in *Profumi d'Arabia*, p. 232), « il y a à Socotra sept espèces de *Boswellia* (…), dont deux seulement atteignent une hauteur favorable au gemmage (ce qui n'empêche pas qu'à l'époque où le prix de la gomme était le plus élevé, tous les *Boswellia*, quelle que soit leur taille, n'aient pu être pareillement exploités). Une seule des sept espèces, *Boswellia socotrana*, est gemmée pour sa gomme ».

29. Soit 206 g.

30. Tous les traducteurs, de Gaza à Hort, ont donné à φλοιός son sens banal d'« écorce », sans s'aviser que même « à première vue » (cf. VII, 6, 4 ἐκ τῆς προσόψεως) on ne saurait prendre pour de l'écorce les larmes et les grumeaux d'encens, blancs ou jaunâtres,

arrondis et non fibreux. L'image qui s'impose est celle de concrétions minérales à surface convexe mate et finement grenue. Le sens de « coquille » d'œuf est bien attesté par Aristote, *H.A.* 558 a 28, où il est dit que l'embryon de la vipère se développe à l'intérieur d'une membrane molle, « sans être renfermé dans une coquille comme celle des œufs » (καὶ οὐ περιέχει φλοιὸς ὀστρακώδης ; cf. τὸ ὄστρακον « coquille d'œuf » en 561 b 16, etc.).

31. La sécrétion des *Commiphora* est une gommo-oléorésine qui sourd de l'incision à l'état fluide. Le produit raclé sur les troncs peut être séché, pétri et façonné en boulettes ; c'est la myrrhe « modelée » (πλαστή). De la myrrhe « en gouttes » (στακτή), Théophraste donne ailleurs (*Des odeurs*, 29) les définitions suivantes : « De l'arbre à myrrhe entamé coule de l'huile, appelée myrrhe en gouttes (στακτή) parce qu'elle dégoutte (διὰ τὸ... στάζειν) lentement. Selon certains, c'est la seule huile parfumée naturelle et sans mélange (…). D'autres disent que la myrrhe en gouttes se fabrique comme suit : après avoir brisé la myrrhe et l'avoir fait fondre à feu doux dans de l'huile de ben, on verse dessus de l'eau chaude ; la myrrhe et l'huile se déposent au fond, comme du limon ; après quoi, on élimine l'eau par filtrage et on presse le résidu à la machine ». Sur la myrrhe en gouttes et la préférence qui lui était donnée en médecine comme en parfumerie, voir P. Faure, *Parfums et aromates*, p. 295-296.

32. Les traducteurs précédents ont compris « la meilleure se reconnaît au goût », sans tenir compte de μὲν. Mieux vaut voir dans ἡ μὲν la reprise de ἡ μὲν στακτή, dans la construction suivante : « la première (ἡ μὲν) est reconnue au goût (δοκιμάζεται... τῇ γεύσει) la meilleure (ἀμείνων attribut) » ; cf. Dém., *C. Aphobos I*, 5 : ἕως ἐγὼ ἀνὴρ εἶναι δοκιμασθείην « jusqu'à ce que je fusse reconnu homme » (= jusqu'à ma majorité).

CHAPITRE 5.

1. Ces deux aromates posent de nombreux problèmes qui ne sont pas tous résolus.

a) **Leur nom grec** : emprunt à des langues ou des parlers orientaux, probablement par transmission orale. D'où les variations orthographiques : κινάμωμον (partout dans *H.P.*), κιννάμωμον (tradition partagée entre cette leçon et la précédente par ex. dans Hdt. III, 111 ; Arist., *H.A.* 616 a 6-12), κίναμον (Nic., *Thér.* 947) ; κασία et (rarement) κασσία. On a depuis longtemps rapproché des termes grecs leurs correspondants hébreux, *kinnamôn* et *kezî'ah* (dans la transcription de Olck, art. « Casia », *R.E.* III 2 (1899), c. 1637-1650), dont l'existence explique en partie l'origine qu'Hérodote (III, 111) attribue à κινάμωμον, « nom appris des Phéniciens », et l'erreur de Théophraste (IX, 4, 2) : « la péninsule Arabique produit (…) la cannelle et en outre le cinnamome ». Dans le domaine sémitique, ces mots sont propres à l'hébreu et n'y ont pas d'étymologie assurée. Reprenant à son compte une hypothèse ancienne écartée par Olck (*ibid.*, c. 1640), F. de Romanis (*Cassia, Cinnamomo, Ossidiana*, Roma, 1996) fait venir *kezî'ah* de l'égyptien *khisit*. L'égyptologue J.-C. Goyon a exprimé son désaccord (« Remarques sur l'ouvrage de F. de Romanis, *Cassia, Cinnamomo, Ossidiana* », *Topoi*, 6, 1996, p. 651-655), avec des arguments linguistiques et ethnobotaniques dont un au moins est décisif : dans le *P. Ebers* 255 la substance nommée *khesayt / khisit* est un « extrait mou », c'est-à-dire une résine imprégnée de son oléoré-sine naturelle, alors que Théophraste définit comme des écorces le κινάμωμον (*infra*, fin §1) et la κασία (début §3). Olck (*ibid.*), suivi par Miller (*Spice Trade*, p. 42-47), voit une origine possible de *kezi'ah / κασία* dans le chinois *keï-schi* « rameau de cannelle », ce qui a l'avantage de convenir à une écorce odoriférante. Quant à κινάμωμον, il serait difficile de le dissocier des noms d'aromates indiens ἄμωμον et καρδάμωμον (cf. IX, 7, 2 et n. 10). « Ces denrées provenaient prin-cipalement de l'Inde et leur nom apparaît dans le domaine sémitique comme emprunt véhiculé par [les] marchands » (M. Casevitz, *Sur les « mots voyageurs » de l'Inde jusqu'en Grèce*, in *Topoi*, 3, 1993, p. 405). Selon toute vraisemblance, ces commerçants de différentes nationalités parlaient entre eux un sabir qui n'a laissé dans les langues écrites aucune autre trace que les noms aujourd'hui inexplicables de nombreux produits exotiques.

b) **Leur origine géographique** : Le plus ancien texte mentionnant à la fois la cannelle (κασία) et le cinnamome (κινάμωμον) est la descrip-tion dans Hérodote, III, 110-111, de leur récolte par les Arabes. L'au-teur avoue son ignorance quant à la patrie du cinnamome : « Où il naît et quelle terre le produit, on ne saurait le dire ; simplement, certains, dont les propos sont vraisemblables, prétendent qu'il croît dans le pays où Dionysos fut élevé », c'est-à-dire pour Hérodote (II, 146) « au-delà du Nil, en Éthiopie ». Reste à délimiter cette Éthiopie. P. Schneider, *L'Éthiopie et l'Inde. Interférences et confusions aux extrémités du monde antique* (Collection de l'École française de Rome, n° 335), Rome, 2004, fournit un inventaire exhaustif et une analyse pénétrante des amalgames dus à l'imprécision du concept antique d' Αἰθιοπία, pays des « Visages-brûlés » qui peuvent être des hommes au teint basané, aussi bien que de véritables mélanodermes. L'étude des exten-sions de l'Éthiopie vers l'est et de l'Inde vers l'ouest (*ibid.*, p. 15-35) montre que le problème doit être examiné cas par cas. En ce qui concerne la cannelle et le cinnamome, on trouvera dans cet ouvrage (p. 198-201) le relevé de leurs attributions antiques à l'Inde, à l'Éthio-pie et à l'Arabie, et (p. 486, n. 85) les références aux principaux tra-vaux consacrés à la provenance de ces aromates. Nous avons exposé ailleurs (*Un cinnamome fantomatique*, in *Topoi*, 6, 1996, p. 657-664) nos arguments contre l'hypothèse d'une origine africaine, que F. de

Romanis (*op. cit. supra*) a tenté de faire prévaloir, quoiqu'elle abou-
tisse à une aporie botanique : faute de pouvoir citer un seul arbre africain à écorce odoriférante commercialisée dès l'antiquité, l'auteur n'a
que la ressource de rapporter ces aromates « à une espèce éteinte ou
non encore identifiée ». Plus raisonnablement, on reconnaît depuis
longtemps (cf. Olck in *R.E.* 1899) en la κασία des Grecs la cannelle de
Chine, *Cinnamomum cassia* Blume, et en leur κινάμωμον le cinnamome ou cannelle de Ceylan, *C. zeylanicum* Nees (ou Blume, ou
Breyn, suivant les fluctuations de la nomenclature). Les renseignements fournis par Théophraste sur le commerce maritime des aromates
entre l'Inde et le monde méditerranéen (cf. IX, 7, 2 et n. 8-11) auraient
dû suffire à ruiner « l'hypothèse africaine ». Mais on dispose depuis
peu de données archéobotaniques qui établissent incontestablement
l'existence de ce commerce à des époques bien plus hautes qu'on n'aurait osé l'imaginer. D'une part, le traitement de la momie de Ramsès II
à Paris en 1976-1977 a révélé par la radiographie la présence de grains
de poivre dans le nez du roi. Cette présomption a été confirmée par
l'analyse de grains issus du remplissage abdominal : « Des fragments
de fruits de Poivrier ou 'grains de poivre' (*Piper nigrum* L.) ont été
identifiés de manière formelle », conclut l'auteur du rapport archéobotanique (A. Plu, dans L. Balout *et al.*, *La momie de Ramsès II. Contribution scientifique à l'égyptologie*, Paris, 1985, p. 174-175). *Piper
nigrum* étant exclusivement asiatique, force est d'admettre qu'à la fin
du XIIIe siècle *a.C.* du poivre a été acheminé du Malabar (l'actuel
Kérala) ou de plus loin jusqu'au delta du Nil. D'autre part, un dépotoir
de l'Héraion de Samos a livré, avec de la céramique du VIIe siècle
a.C., de nombreux restes végétaux, parmi lesquels D. Kučan a découvert « une fleur de cannelier (*Cinnamomum cassia*) récoltée après la
défloraison et séchée » (*Zur Ernährung und den Gebrauch von Pflan-
zen in Heraion von Samos im 7. Jahrhundert v. Chr.*, in *Jahrbuch des
Deutschen Archäologischen Instituts* (Berlin), 110, 1995, p. 53 et fig.
36 b). L'identification de la κασία de Sappho, fr. 44 Lobel — Page (la
plus ancienne occurrence du terme) avec la cannelle de Chine n'a donc
plus rien d'invraisemblable. Non seulement l'écorce mais aussi les tout
jeunes fruits que nos anciens apothicaires appelaient *Flores cassiae*,
avaient atteint l'Asie Mineure égéenne dès le VIIe siècle. Vers la fin du
V^e, κασίη, καρπὸς κασίης et κιν(ν)άμωμον coexistent dans les traités gynécologiques d'Hippocrate (pour les références et d'autres
détails, voir notre article *Végétaux et aromates de l'Orient dans le
monde antique*, in *Topoi*, 12-13, 2005, p. 372-375).

2. Le cinnamome (*C. zeylanicum*) croît spontanément à Ceylan et
dans les Ghâtes occidentales (S.-O. de l'Inde). A l'état de nature il peut
dépasser 10 m, mais les sujets exploités sont taillés court pour qu'ils
forment de nombreux rejets, dont l'écorce est la plus estimée. La comparaison avec un gattilier, touffu et buissonnant (cf. I, 3, 2 ; III, 12, 1),

est judicieuse et valable également pour le cannelier de Chine (*C. cassia*). Comme il a été dit dans la Notice (*supra*, p. XVIII-XIX), l'absence d'informations botaniques sur la feuille, la fleur, le fruit, trahit la source de Théophraste : des marchands, qui connaissaient directement ou non l'aspect général du cinnamome, mais ne s'intéressaient vraiment qu'au produit commercial.

3. Soit environ 25 cm.

4. La préférence donnée à l'écorce du bois jeune n'a rien perdu de son actualité : « l'écorce la plus fine provient des jeunes pousses au centre de l'arbuste » (Couplan, *Guide des épices*, p. 55) ; « l'écorce qui provient du tronc (*cannelle mate*) est plus épaisse, presque plate, d'une odeur et d'une saveur faibles ; elle doit être bannie de l'usage médical » (Héraud, *Dict. pl. médicinales*, p. 298). Il ne semble pas que Théophraste ait connu lui-même ces bâtonnets d'écorce enroulée que Dioscoride (I, 13) appelle συρίγγια « petits tuyaux » et qui sont à l'origine de notre mot « cannelle » (= « petite canne »).

5. Un sous-arbrisseau se définit actuellement comme un végétal à plusieurs tiges ligneuses au moins à la base et de taille inférieure à 50 cm. C'est à peu près ce qu'entend Théophraste par φρύγανον (cf. I, 3, 1) dont il donne pour exemples-types le chou (sauvage, *Brassica cretica* Lam. ; cf. n. 11 à VII, 4, 4) et la rue. Si le cinnamome répondait à ce critère dimensionnel, il serait difficile d'en exploiter l'écorce. Plutôt que la taille, c'est la multiplicité des rejets qui a pu faire assimiler cet arbre à un sous-arbrisseau. — Nous ignorons si la division en deux variétés, le « noir » et le « blanc », s'applique au végétal ou au produit. Le genre *Cinnamomum* est représenté dans le Sud-Est asiatique par de nombreuses espèces dont la systématique est très embrouillée (J.D. Hooker, *The Flora of British India*, London, 1875-1897, t. V, p. 132). D'autre part, la cannelle du commerce est diversement colorée : grisâtre à l'état naturel, fauve après grattage de son épiderme subéreux. La notice κινάμωμον de Dioscoride (I, 14) commence par cette constatation : « il existe plusieurs sortes de cinnamome qui portent des noms locaux » (cf. *Périple de le mer Érythrée*, 12 : γιζειρ, ασυφη et μοτώ, « respectively, the best, the second-best, and a cheap grade of cassia », d'après L. Casson, p. 130 de son édition, Princeton, 1989). Dioscoride tient pour le meilleur cinnamome celui de Mossylon, « de couleur noire » (τῇ χρόα μέλαν), pour les moins bons, le quatrième de sa liste, qui est blanc (τέταρτον λευκόν) et le cinquième, jaune rougeâtre (πέμπτον... ὑπόκιρρον). Ce sont évidemment des produits commerciaux.

6. Encadré par les formules qui se répondent λέγεται δέ τις καὶ μῦθος ὑπὲρ αὐτοῦ et οὗτος μὲν οὖν τῷ ὄντι μῦθος, le récit « fabuleux » est clairement distingué de la description du réel. Aristote est moins prudent lorsqu'il raconte (*H.A.* 616 a 6-12), sans réserves particulières, comment les indigènes se procurent le cinnamome en détruisant à

coups de flèches plombées le nid de « l'oiseau du cinnamome », fait de ses brindilles, et en ramassant la précieuse écorce parmi les débris. Soucieux à la fois de ne pas être crédule et de ne laisser rien perdre des informations recueillies, Théophraste annonce plutôt Strabon, qui s'excuse (XVII, 3, 3) de rapporter au sujet de la côte extérieure de la Libye des « monstruosités » (συγγνώμην αἰτούμενοι τῆς τερατολογίας), « de peur de manquer à l'exhaustivité en les passant sous silence et d'amputer dans une certaine mesure le résultat de [ses] recherches ».

7. A première vue, l'abondance des serpents dans la forêt tropicale et la nécessité pour les récolteurs de protéger les parties de leur corps les plus exposées n'ont rien d'imaginaire. Cette réalité coïncide néanmoins avec le mythe du trésor gardé par un monstre, vivace en Orient à toutes les époques. Théophraste a nécessairement pensé au livre III d'Hérodote : (§107) fumigations de styrax nécessaires pour chasser « les serpents ailés [qui] gardent les arbres à encens » (τὰ... δένδρεα... τὰ λιβανωτοφόρα ὄφιες ὑπόπτεροι... φυλάσσουσι) ; et surtout (§110) récolte de la cannelle par « les Arabes » : « Après s'être enveloppé de peaux de bœuf et autres dépouilles le corps entier et le visage à la seule exception des yeux, ils vont chercher la cannelle. Elle pousse dans un marais peu profond ; là et aux alentours gîtent des bêtes ailées, très voisines des chauves-souris, qui ont des cris stridents terribles et du courage pour se défendre. Il faut se protéger les yeux en les tenant à distance et cueillir ainsi la cannelle ». Les deux légendes ont plusieurs points communs : lieux difficilement accessibles (des ravins / un marais), infestés d'animaux répulsifs (serpents / chauves-souris) et dangereux (venin mortel / risque d'être aveuglé) contre lesquels on se protège (les membres / le corps entier) pour atteindre le but (descendre dans les ravins et récolter le cinnamome / entrer dans le marais et cueillir la cannelle). Rencontrant à la fin du XIIIᵉ siècle le même type de légende sur la côte de Coromandel, Marco Polo raconte : « En ces montagnes y a si grande multitude de serpents grands et gros, que [les] hommes n'y vont qu'avec de grandes craintes (…). Mais toutes fois, ils y vont comme ils peuvent et trouvent de très bons et gros diamants. (…) Ces serpents (…) très venimeux et mauvais (…) semblent habiter là pour garder les diamants et empêcher de les prendre » (op. cit. [supra, n. 13 à IX, 4, 4], t. II, p. 442). La remarque finale dégage parfaitement le thème folklorique commun à ces récits.

8. La division de la récolte en trois parts dont l'une est abandonnée au Soleil rappelle (IX, 4, 5-6) le prélèvement d'un tiers du prix de vente de l'encens et de la myrrhe pour le Soleil, dans son temple de Saba. L'identité du bénéficiaire et l'importance du tribut sont en réalité les seuls points communs. Pour reprendre les termes d'A. Gail (Der Sonnenkult im alten Indien — Eigengewächs oder Import ?, in Zeitschrift der Deutschen Morgenländischen Gesellschaft, 128, 1978, p. 333-348), on pourrait dire que le premier cas relève de la « vénéra-

tion du Soleil » (« Sonnenverehrung »), le second d'un « culte solaire » (« Sonnenkult ») strictement organisé, avec temple, clergé, police et réglementation. Selon A. Gail, l'Inde n'a connu de véritable culte solaire qu'après l'« importation », aux alentours de notre ère, du dieu iranien Mihira, quoique les hymnes védiques fassent remonter au IIe millénaire une adoration non institutionnelle du Soleil. Il est clair que si le μῦθος rapporté par Théophraste appartient au pays producteur de cinnamome (sud-ouest de l'Inde et Ceylan), il ne doit rien à l'influence iranienne qui s'est exercée sur le nord-ouest du pays ; il doit rejoindre dans un fonds indigène la légende des serpents gardiens des diamants recueillie par Marco Polo (cf. note précédente). L'hypothèse alternative est celle d'une affabulation due aux transporteurs du produit. On dispose de quelques indices favorables, qui ne permettent évidemment pas de trancher. Ainsi K. Karttunen (*India*, p. 220) relève dans une liste védique de tribus adoratrices du Soleil le nom *Barbarā* d'un peuple établi aux bouches de l'Indus : on pense au port de Barbarikon / Barbarikè (*Périple de la mer Érythrée*, 38-39) qui a dû être un relais important sur la route des aromates. D'autre part, la combustion spontanée du cinnamome dans notre texte suggère un rapprochement *mutatis mutandis* avec le domaine iranien : Marco Polo raconte (*op. cit.*, p. 92-93) qu'en une région de Perse où l'on adore le feu, les Mages, dépités de trouver une simple pierre dans la cassette reçue de « l'enfant Christ », la jetèrent dans un puits ; « et soudainement, par divin miracle, une immense flamme commença de jaillir par la gueule du puits ».

9. Quoique moins recherchée de nos jours que la cannelle de Ceylan (κινάμωμον), la cannelle de Chine (κασία) se trouve dans le commerce, sous les noms expressifs de *cassia lignea* et de *dalchini / darchini* « bois chinois ». Elle est prélevée sur le *Cinnamomum cassia* Blume, dont Miller (*Spice Trade*, p. 42-45) indique d'après l'*Index kewensis* l'aire naturelle : Chine méridionale, y compris le Yunnan, qui s'étend à l'est de l'Himalaya. « La cassia a été considérée par les Chinois comme une épice, de toute antiquité. Selon Bretschneider, elle était incluse dans le tout premier herbier chinois, celui de l'empereur Shön-nung (environ 2700 *a.C.*) » (*ibid.*, p. 43). Elle semble avoir atteint le monde égéen avant le cinnamome, peut-être à la faveur de sa très ancienne renommée et en dépit de son origine géographique encore plus lointaine. Seul en effet κασία figure dans le fr. 44 L.-P. de Sappho (cf. *supra*, n. 1) et dans le fr. 757 Page du poète lyrique Mélanippidès de Mélos, mort vers 425-420 (au plus tard en 413). C'est aussi, nous l'avons dit (*ibid.*), une fleur de *C. cassia* qui a été découverte dans un dépotoir du VIIe siècle à Samos. Mais cette présomption d'antériorité demande encore confirmation. — Les renseignements de Théophraste sur la cannelle de Chine sont exacts. C'est une « écorce grise et rugueuse à l'extérieur, brun rouge et lisse à l'intérieur, beau-

coup plus épaisse que la cannelle [de Ceylan] (…), si dure qu'elle est souvent moulue avant d'être vendue » (Couplan, *Guide des épices*, p. 54).

10. La difficulté de l'écorçage justifie la division des scions en morceaux très courts (« deux doigts ou un peu plus », soit 4-5 cm). Le nettoyage de la partie utile par des insectes est certainement authentique : les amateurs de trophées de chasse savent que le meilleur moyen pour décharner la tête d'un animal est de l'enfouir dans une fourmilière. Il est vrai aussi que, même sèche, la cannelle de Chine a « un peu d'amertume et d'astringence » (Couplan, *ibid.*).

11. Cette conclusion répond exactement à l'introduction : même disposition des syntagmes, opposition logique entre le présentatif τάδε et l'anaphorique quantitatif τοσαῦτα. On remarque en outre des procédés rhétoriques peu communs chez Théophraste : le chiasme περὶ κιναμώμου καὶ κασίας... περὶ κασίας καὶ κιναμώμου, le choix des synonymes λέγουσι... λέγεται pour varier l'expression. Il est tentant de voir là des habitudes d'école que l'auteur aurait conservées au début de sa carrière. En tout cas ce chapitre ne doit rien à l'expédition d'Alexandre, dont les historiens ne mentionnent même pas le cinnamome et la cannelle.

CHAPITRE 6.

1. Sur l'origine sémitique de βάλσαμον et les difficultés de son étymologie, voir É. Masson, *Emprunts sémitiques*, p. 77-78, et pour des références à des travaux plus récents, Stol, *Trees in the Ancient Near East*, p. 53-54. — La situation géographique de l'αὐλών syrien est indiquée avec plus de détails en II, 6, 5. Cette « vallée profonde » correspond en gros au fossé jordanien, ici particulièrement dans la région de Jéricho ; cf. dans Strabon, XVI, 2, 41, la description de la plaine de Jéricho, avec sa palmeraie (ὁ φοινικών), « une résidence royale et le jardin des baumiers (ὁ τοῦ βαλσάμου παράδεισος) ». Voir *infra*, n. 9, le témoignage encore plus précis de Flavius Josèphe et les résultats de fouilles archéologiques dans ce secteur.

2. Entre les phrases d'introduction et de conclusion qui énoncent à l'indicatif (γίνεται... φαίνεται) des certitudes, le chapitre entier reproduit des informations indirectes (φασί). Celles-ci sont attribuables en partie aux naturalistes compagnons d'Alexandre, à qui Théophraste doit sa connaissance des palmiers (II, 6), en partie aux marchands d'aromates, qui ont pu le renseigner sur le baume, sa récolte et son commerce. Suivant la tradition rapportée par Flavius Josèphe (*A.J.* VIII, 6, 6 [= VIII, 174]), les baumiers de Judée seraient issus d'un plant que la reine de Saba aurait offert à Salomon. La culture de cet arbre dans deux jardins seulement, dont le plus grand couvrait vingt plèthres (environ 1, 75 ha), s'explique à la fois par l'importance des travaux nécessaires pour une irrigation permanente (*infra*,

§3, βρέχεσθαι γὰρ συνεχῶς) et par son statut de privilège royal (cf. Pline, XII, 111 : le baumier « ne se trouvait jadis que dans deux jardins, tous deux royaux »). A l'époque romaine, les baumiers de Jéricho conservaient assez de prestige pour qu'Antoine en fît cadeau à Cléopâtre (Josèphe, *B.J.* I, 18, 5 [= I, 361] et *A.J.* XV, 4, 2 [= XV, 96]).

3. De même que les arbres à myrrhe (n. 9 à IX, 4, 3), le baumier appartient au genre *Commiphora*, d'une extrême complexité. Son nom scientifique usuel est *C. opobalsamum* (L.) Engl., avec les synonymes *C. gileadensis* (L.) C. Christ. et *Balsamodendron opobalsamum* Kunth. C'est une espèce indigène en Arabie et dans l'est de l'Afrique, de la Nubie au Zanzibar. Son acclimatation, jadis réussie en Judée, a toujours échoué en Égypte. Prosper Alpin, auteur d'un *Dialogue sur le baume* (1590) repris pour l'essentiel dans ses *Plantes d'Égypte* (1592), précise au sujet du célèbre baumier de Matarieh (Héliopolis) : « Tous les Cairotes affirment (...) que cette plante a péri plus d'une fois en Égypte et y a été apportée de nouveau et plantée » (*Plantes d'Égypte*, trad. R. de Fenoyl, Le Caire, 1980, p. 73). De Théophraste à Prosper Alpin, les auteurs anciens décrivent le baumier partiellement modifié par la culture. La comparaison avec « un grand grenadier » se justifie par le fait que les deux espèces ont souvent l'aspect d'un buisson touffu. Telle était la forme culturale du baumier (*infra*, fin du §3), qui peut devenir à l'état sauvage un arbre trapu atteignant 5 m de haut (photographie dans S. Collenette, *An Illustrated Guide to the Flowers of Saudi Arabia*, Buckhurst Hill, 1985, p. 89, en haut à dr.). Arbre ou arbrisseau, le baumier est toujours « très rameux », avec de nombreuses « branches grêles retombantes » (légende du même cliché). Φύλλον a ici le sens de « foliole » (le baumier a une feuille trifoliée), comme dans le cas de l'encensier, rapproché de la rue (IX, 4, 2) pour la couleur vert foncé. Il s'agit maintenant d'une ressemblance de forme et non de couleur, comme l'indique le rectificatif πλὴν ἔκλευκον, d'interprétation délicate. La feuille du baumier sauvage (S. Collenette, *ibid.*, photo du bas, à dr.) est en effet d'un vert moyen, ni « très blanche » (cf. ἔκλευκος en III, 10, 3 ; III, 18, 1 ; VII, 3, 1 ; etc.) ni même « tirant sur le blanc » (sens plus rare, mais cf. Arist., *H.A.* 592 b 7). Prosper Alpin, qui a vu le baumier de Matarieh, rejoint Théophraste quand il parle (*op. cit. supra*, p. 79) de feuilles « vert blanchâtre, persistantes », alors que quelques décennies plus tôt Pierre Belon disait du même arbre fameux qu'il « n'avait que bien peu de feuilles au mois de septembre » (*Observations de plusieurs singularités et choses mémorables...*, Paris, 1553, ch. 39). En fait, comme le remarque P. Fournier en note à Pline, XII, 112 (*perpetua coma*), le baumier « ne feuille qu'en hiver et après les pluies ; le reste du temps c'est un buisson dénudé ». Une irrigation permanente a pu favoriser la persistance du feuillage et l'éclaircissement de son coloris naturel. Quant aux fruits, Prosper Alpin reprend à son compte la comparaison

de Théophraste, avec d'autres détails (*Plantes d'Égypte*, p. 80) : ce sont « des graines jaunes enfermées dans des follicules d'un noir rougeâtre, très parfumées et contenant un liquide jaune semblable au miel (...) ; elles sentent le baume et ressemblent, par leur forme et leur taille, aux fruits du térébinthe, avec leur extrémité pointue et leur partie médiane épaisse ». Sous le nom de *carpobalsamum*, les fruits du baumier entraient jadis dans la composition de la thériaque (H. Baillon, *Histoire des plantes*, Paris, 1866-1895, t. V, p. 295).

4. L'incision du baumier « avec des griffes de fer » (ὄνυξι σιδηροῖς) est tout à fait comparable à la scarification des figues de sycomore par le même moyen (IV, 2, 1 ἔχοντες ὄνυχας σιδηροῦς ἐπικνίζουσιν). De cette opération technique banale Pline (XII, 115) donne une étrange variante : « L'incision <du baumier> se fait avec du verre, une pierre ou des couteaux d'os ; il déteste que ses parties vitales soient blessées par du fer et meurt sur-le-champ » — phrase citée et commentée dans G. Ducourthial, *Flore magique*, p. 170-171 : « C'est surtout chez Pline et certains auteurs qui lui sont postérieurs qu'un tel interdit est mentionné. Mais aucun ne cite ses sources, si bien qu'il est impossible de savoir quelle en est l'origine, et notamment s'il était respecté chez les Grecs ». Du moins ne vient-il pas de notre texte de Théophraste, ni de la notice βάλσαμον de Dioscoride (I, 19) qui le reproduit presque littéralement (« Ce qu'on appelle l'*opobalsamon* est extrait pendant les chaleurs caniculaires, l'arbre étant incisé avec des griffes de fer [ἐντεμνομένου σιδηροῖς ὄνυξι τοῦ δένδρου] »). Toutefois, peu de temps après Dioscoride, Flavius Josèphe note que les buissons de baumier sont incisés « avec une pierre tranchante » (*A.J.* XIV, 4, 1 [= XIV, 54] τῶν θάμνων τεμνομένων ὀξεῖ λίθῳ).

5. Les indications de Théophraste sur le produit récolté sont très incomplètes. Il faut attendre Strabon (XVI, 2, 41) pour apprendre qu'« il est assez proche d'un lait visqueux » et Pline (XII, 116) pour qu'en soient indiqués, d'après une source inconnue de nous, les changements de couleur et de consistance : « il est semblable à une huile épaisse, et blanc à l'état frais ; il roussit ensuite et durcit en perdant sa transparence ». L'accent est mis au contraire, chiffres à l'appui, sur sa rareté (le plus grand jardin mesure vingt plèthres et fournit environ six conges de baume, l'autre un seul, soit à peine 25 litres au total ; le suc est recueilli patiemment à raison d'une coquille par personne et par jour) et par conséquent sur sa cherté (le produit pur vaut le double de son poids d'argent) : le naturaliste s'efface ici devant le marchand. Quant à la puissance aromatique du baume, sa réputation n'est pas surfaite. « Au début, quand il vient de couler, écrit Prosper Alpin (*Plantes d'Égypte*, p. 80), il a une odeur très forte et spéciale qui donne souvent des maux de tête et provoque même, chez certaines personnes, des saignements de nez. Mais cette odeur, d'abord aiguë et violente (...) s'atténue avec le temps et devient plus agréable. Après une longue période, elle est à peine sensible. »

6. Trop fortement aromatique et trop instable pour être livré tel quel au commerce, le baume était traité dans la région productrice. Les fouilles d'Engeddi (c. 50 km au sud de Jéricho, sur la rive occidentale de la mer Morte) où Flavius Josèphe (A.J. IX, 1, 2 [= IX, 7]) signale la présence du baumier, ont mis au jour des installations (bassins, fourneaux) et des récipients (jarres, mortiers et pilons, passoires) utilisés pour la fabrication du parfum (Faure, *Parfums et aromates*, p. 87-88 ; autres détails *infra*, n. 9). Celui-ci avait besoin d'être absorbé par des corps gras, d'origine végétale ou animale, ou encore par l'asphalte de la mer Morte, dont on a retrouvé des morceaux sur le site. D'après Théophraste (*Od.* 15) les excipients les plus estimés en parfumerie étaient les huiles de ben (βάλανος μυρεψική = *Moringa peregrina* ; cf. n. 8 à IV, 2, 6, et *infra*, n. 9, pour la culture de ce « gland des parfumeurs » dans l'oasis de Jéricho), d'amande amère et de petites olives peu charnues. Dans le cas du baume, il s'agissait de diluer l'oléorésine naturelle dans un excipient plus fluide et faiblement odorant. D'où l'insistance de Théophraste sur cette idée de *dilution* (ἄκρατον... κεκρα-μένον... κρᾶσιν... κεκραμένον) correspondant à un traitement normal du produit brut. Il faut en distinguer le *mélange* du baume et d'autres ingrédients, soit frauduleux (Diosc. I, 19 : « on le falsifie [δολοῦται] de diverses manières : les uns lui mélangent [μίσγουσιν] des onguents... » ; Pline, XII, 120-121 : « il est adultéré [*adulteratur*] ... il est frelaté [*uitiatur*] » avec toutes sortes de substances), soit vendu comme tel à un prix variable suivant sa composition (*infra*, §4, κατὰ λόγον τῆς μίξεως). — De même que le mélange était plus ou moins riche en produit de base, de même la dilution de celui-ci dans un excipient liquide était plus ou moins importante. Le sens de τὸ συνηγ-μένον κεκραμένον — πολλάκις εἶναι κεκραμένον paraît être le suivant : « le produit collecté [en Judée par les marchands] a été dilué [premier traitement dans un atelier de préparation, tel que celui d'En-geddi], car <le baume> [brut] supporte une forte dilution ; et même [καὶ additif-intensif] ce qui se trouve en Grèce [dans le commerce] a été dilué plusieurs fois [par les parfumeurs grecs, au cours de l'élaboration du produit fini] ». Dans la traduction de Hort, « what is known in Hellas is generally mixed with something else » n'est pour le sens qu'une redite atténuée (« generally ») de « it does not reach us in a pure state ».

7. Tous les éditeurs et traducteurs ont soumis cette phrase à la fantaisie interprétative la plus débridée, en multipliant les corrections, les additions et les lacunes supposées. L'erreur fondamentale réside dans l'analyse de τῶνδε (ἕνεκα) comme un anaphorique renvoyant à τὰ ῥαβδία (ainsi Wimmer 1866 « harum [= uirgularum] causa » ; Hort « on account of these boughs »), alors qu'il s'agit, comme dans la plupart des emplois de ὅδε, d'un présentatif, annonçant une explication différée. La préposition ἕνεκα régit à la fois τῶνδε qui la précède et τοῦ... πωλεῖσθαι qui la suit. Le sens est clair : « on émonde (καθαί-

ρειν) à la fois (καί) à cause de ce que je vais dire (τῶνδε ἕνεκα) et à cause du fait que (καὶ τοῦ...) les jeunes repousses se vendent cher » (ce sont des déchets de taille, mais d'un bon rapport).

8. La culture du baumier se réduit à l'émondage et à l'arrosage. Le premier étant déjà mentionné dans la phrase précédente, il suffisait de le rappeler au moyen de l'anaphorique τοῦτο, transformé en ταύτην par attraction au genre grammatical du sujet ; litt. « le travail des arbres est à peu près cela / celui-là [= l'émondage] et l'arrosage ». La présence de αἰτίαν entre ταύτην et εἶναι, aussi peu acceptable pour la syntaxe que pour le sens, s'explique comme l'intrusion d'une glose dans le texte. Un lecteur a pu s'étonner de trouver en tête de la phrase συναιτίαν « cause conjointe », sans indication préalable d'une αἰτία, et ajouter le mot qui lui semblait omis. En réalité, συναιτίαν répond à l'annonce faite par τῶνδε ἕνεκα, car l'émondage a deux raisons d'être : 1) dans l'immédiat (c'est l'αἰτία implicite), la vente rémunératrice des tailles ; 2) à plus long terme, en tant que συναιτία, le traitement du baumier en buisson plus riche en pousses et en suc exploitables que l'arbre à l'état de nature.

9. Précision utile pour marquer la différence entre les cultures sèches ou peu arrosées de Grèce (cf. II, 7, 1) et celles qui n'auraient pas pu réussir sans une irrigation permanente dans la touffeur du fossé jordanien. Flavius Josèphe (*B.J.* IV, 8, 3 [= IV, 459 ; 467-470]) décrit avec enthousiasme l'oasis de Jéricho et sa richesse en eau courante : « Près de Jéricho il y a une source abondante et absolument splendide pour l'irrigation (πηγὴ δαψιλής τε καὶ πρὸς ἀρδείας λιπαρωτάτη), qui sort en bouillonnant près de la vieille ville. (...) Elle arrose une plaine longue de soixante-dix stades [plus de 12 km] et large de vingt [*c.* 3, 5 km], où elle alimente des jardins magnifiques et luxuriants. Les palmiers dattiers qu'elle irrigue comprennent beaucoup de variétés remarquables (...). Là pousse aussi l'arbre à baume, ce produit précieux entre tous ceux du pays (ὁποβάλσαμον, ὃ δὴ τιμιώτατον τῶν τῇδε καρπῶν), ainsi que le henné [à fleurs odorantes utilisées en parfumerie ; cf. Thphr., *Od.* 25] et le 'gland des parfumeurs' [cf. *supra*, n. 6], de sorte qu'on n'aurait pas tort de qualifier de divin ce terroir qui fait naître à profusion les plantes les plus rares et les plus belles ». Ce tableau « paradisiaque » reste certainement assez proche de la réalité antique. Les fouilles archéologiques israéliennes exécutées de 1973 à 1982 dans la plaine occidentale de Jéricho ont dégagé les vestiges d'importants travaux hydrauliques destinés à l'irrigation d'un vaste domaine royal (environ 45 ha). Quoique ces aménagements soient attribués au roi hasmonéen Alexandre Jannée (103-76 *a.C.*) et ne nous renseignent donc pas directement sur l'état des lieux à l'époque de Théophraste, on peut lire avec profit le rapport de E. Netzer, *Water Channels and a Royal Estate from the Late Hellenistic Period in the Western Plains of Jericho*, Leichtweiss-Institut für Wasser-

bau der Technischen Universität Braunschweig, *Mitteilungen* 82, 1984, p. 1-12. « Jusqu'à maintenant, écrit l'auteur (p. 3-4), nous n'avons pas été en mesure de découvrir des restes botaniques des plantes cultivées dans le domaine, mais il semble que les palmiers dattiers aient été la principale culture, avec les buissons de baumier (*Commiphora opobalsamum*), aussi importants en tant que matière première d'une industrie du parfum à grande échelle et rémunératrice. » Depuis la publication de cet article en quelque sorte fondateur, des progrès considérables ont été faits dans l'exploration des parfumeries antiques de la mer Morte. P. Donceel-Voûte, *Traces of fragrance along the Dead Sea*, in *Parfums d'Orient* (*Res Orientales* XI, R. Gyselen éd.), Bures-sur-Yvette, 1998, p. 93-124, donne (p. 118, fig. 1) une carte des installations reconnues et (p. 123, fig. 19) la photographie d'un cruchon de céramique grossière qui contenait encore du baume lors de sa découverte sur le site de Khirbet Qumran. Selon cet auteur, la fabrication des parfums est attestée à Engeddi (p. 113) par la présence de tout l'attirail adéquat dans l'ensemble des niveaux archéologiques, de la fin de l'Age du Fer à l'époque byzantine, avec un maximum sous la domination perse, vers 600 *a.C.* Du fait que Théophraste consacre un chapitre entier, généralement bien documenté, au baumier et à son produit, on peut déduire que de son temps cet artisanat était en pleine prospérité.

10. Malgré la brève mention de l'arrosage, l'idée d'émondage domine assez clairement l'ensemble du §3 pour rendre superflue l'addition de καὶ τὴν τῶν ῥαβδίων τομήν. L'expression en fin d'énoncé d'un mot ou d'un groupe de mots apparemment sous-entendu a pu être observée déjà en IX, 1, 5 : τοῦ <δ'> ἀπὸ τῆς ἀμυγδαλῆς οὐδεμία χρεία *δακρύου*, et en IX, 1, 6 : οὐκ ἐπέτειος ἡ τούτων ἀλλ' εἰς πλείω χρόνον ἡ *ἐντομή*. Une étude approfondie permettrait peut-être d'attribuer à ce procédé de style une origine scolaire (platonicienne ?), comme à d'autres particularités signalées plus haut (n. 11 à IX, 2, 4).

11. Information inexacte (pour l'aire naturelle du baumier, voir *supra*, n. 3), encore admise à l'époque romaine (Pausanias, IX, 28, 3-4, parle de baumiers d'Arabie apparemment sauvages, mais en rapportant une histoire de serpents buveurs de baume d'une authenticité pour le moins douteuse). Elle est formellement démentie en 1553 par Pierre Belon (*loc. cit.* [*supra*, n. 3]) : « Combien que Théophraste a été d'opinion qu'on n'en trouve point de sauvage, toutefois osons constamment assurer que de tout temps il y en a eu et encore a maintenant en l'Arabie heureuse, dont le bois et le fruit ont été apportés de toute antiquité par même voie des marchands qui nous apportent les autres marchandises d'Arabie ».

12. La mention du baume pur (τὸ ἄκρατον) semble contredire l'affirmation précédente : « le commerce n'apporte pas ici du baume pur » (§2 οὐ φοιτᾶν ἐνταῦθα ἄκρατον). Le prix du produit naturel

peut n'avoir été qu'une évaluation théorique servant de base de calcul
pour la tarification de ses dérivés commerciaux.

13. Le dernier mot du chapitre, εὐοσμία, en est aussi le « mot-
clé ». Quoique peu enclin à l'hyperbole, Théophraste a qualifié trois
fois de « remarquable » le parfum du baumier et la richesse que représente cet arbre (§2 τὴν δ' ὀσμὴν διαφέρουσαν ; §3 διαφόρως
πωλεῖσθαι τίμια ; §4 τοῦτο... διαφέρον τι φαίνεται). Il eût certainement souscrit au jugement de Flavius Josèphe (*A.J.* XIV, 4, 1 [= XIV,
54]), que l'on pourrait croire dicté par la fierté nationale : « le baume
est le plus sublime des parfums » (τὸ ὀποβάλσαμον μύρων ἀκρότα-
τον). — Quant à la composition du traité *Les sèves des végétaux*, la
mise en évidence de εὐοσμία confirme le changement de perspective
annoncé en IX, 4, 1 : il ne s'agit plus désormais de sucs en larmes,
mais de substances végétales aromatiques de toute nature (cf. IX, 7, 3).

Chapitre 7.

1. On a depuis longtemps reconnu dans ce roseau et ce jonc odorants respectivement *Acorus calamus* L. et *Cymbopogon schoenanthus*
(L.) Spreng., qui, malgré leur appartenance à des familles bien différentes (les Aracées pour le premier, les Graminées / Poacées pour le
second), ont en commun la forme générale de leurs feuilles et l'odeur
aromatique de leur rhizome. M. Wylock, *Les aromates dans les
tablettes Ge de Mycènes*, in *Studi micenei ed egeo-anatolici* (Roma),
15, 1972, p. 105-146, remarque avec raison (p. 127) : « Théophraste
associe σχοῖνος et κάλαμος comme si les deux phytonymes étaient
difficiles à distinguer ». Les deux termes se retrouvent en effet, juxta-
posés ou coordonnés, dans ce chapitre, §3 (σχοῖνος κάλαμος) ; *C.P.*
VI, 11, 13 (ἡ τῶν καλάμων... καὶ σχοίνων, scil. ὀσμή) ; VI, 14, 8
(καθάπερ ὁ κάλαμος καὶ ὁ σχοῖνος) ; VI, 18, 1 (καθάπερ κάλαμος
καὶ σχοῖνος ἐν Συρίᾳ) ; VI, 18, 2 (αὐτῆς τῆς Συρίας βραχύς τις
τόπος καὶ τοῦ καλάμου καὶ τοῦ σχοίνου) ; *Od.* 25 (σχοῖνον...
κάλαμον) ; 34 (σχοῖνος δὲ καὶ κάλαμος παρακμάζει ταχύ).
Sachant que l'acore (seule des deux espèces introduite dans notre
flore) porte chez nous les noms vulgaires de « *roseau* aromatique » et
« *jonc* odorant » (Fournier, *Plantes médicinales*, t. I, p. 29), on pourrait penser que κάλαμος et σχοῖνος désignent en fait la même plante
ou bien des plantes différentes plus ou moins confondues. Mais le jonc
et le roseau aromatiques sont nettement distingués dans *Des odeurs*,
33 : ὁ δὲ σχοῖνος δηκτικώτερον μὲν τοῦ καλάμου καὶ θερμότε-
ρον, στυπτικὰ δ' ὁμοίως ἄμφω « le jonc a plus de mordant que le
roseau et davantage de chaleur, tout en étant l'un et l'autre astrin-
gents ». La méprise de Théophraste est ailleurs. Il connaît d'après ses
sources les feuilles et le rhizome du κάλαμος εὐώδης, semblables
pour l'aspect à ceux d'un quelconque « roseau », mais non l'inflorescence en forme de spadice (voir Fournier, *ibid.*, fig. 1) caractéristique

des Aracées. Induit en erreur à la fois par les lacunes de son information et par les noms de κάλαμος et de σχοῖνος, il a pris les plantes syriennes pour des roseaux et des joncs ordinaires devenus odorants sous l'influence de facteurs écologiques particuliers (cf. *C.P.* VI, 18, 1-2).

2. L'αὐλών défini comme la « plaine vaste et belle » comprise entre les chaînes parallèles du Liban et de l'Antiliban est la Beqaa libanaise, que prolongent au nord la vallée de l'Oronte et au sud celle du Jourdain jusqu'à la mer Morte (cf. II, 6, 5 et n. 9). Dans le détail, comme le souligne Théophraste, on ne saurait confondre l'αὐλών en question avec l'αὐλωνίσκος occupé par le lac aux roseaux odoriférants, ni tenir pour « une montagne peu élevée » l'Antiliban qui dépasse 2600 m. Le lac décrit ici étant, selon toute vraisemblance, celui-là même où il est dit en IV, 8, 4 que le papyrus poussait avec le roseau aromatique, il s'agit du lac Huleh, qui marque aujourd'hui comme autrefois la limite septentrionale de l'aire naturelle du papyrus (cf. n. 8 à IV, 8, 4). L'αὐλωνίσκος s'identifie donc avec la haute vallée du Jourdain, bien plus étroite que la Beqaa et bordée à l'est par le plateau du Golan. Avant les drainages entrepris en 1951 par l'État d'Israël pour convertir en terres agricoles ce bas-fond marécageux, le milieu humide ou aquatique couvrait plus de 6000 hectares dont à peine 500 constituent l'actuelle réserve naturelle de Huleh. C'est dire combien il est difficile de se représenter aujourd'hui le paysage végétal antique. Le problème se complique du fait que d'autres auteurs anciens ont parlé d'un αὐλών syrien peuplé des mêmes roseaux. Dans son récit des campagnes d'Antiochos III en Coelésyrie, Polybe relate (V, 45, 8 – 46, 4) la tentative du roi pour forcer le passage entre le Liban et l'Antiliban, dans la partie la plus méridionale et la plus étroite de l'αὐλών qui est ici la Beqaa. Il se trouve, précise Polybe, que ce passage, gardé des deux côtés par les forts de Brochoi et de Gerrha, est en outre « barré par des bas-fonds humides et par des lacs, où se fait la coupe du roseau à parfum » (V, 45, 10 : ... διείργεσθαι τενάγεσι καὶ λίμναις, ἐξ ὧν ὁ μυρεψικὸς κείρεται κάλαμος). J.-P. Rey-Coquais, *Notes de géographie syrienne antique*, in *Mélanges Univ. Saint-Joseph* (Beyrouth), 40, 1964, p. 289-312, donne des photographies des lieux (pl. II) et un plan de la Beqaa du sud qui permet de situer ces zones humides dans la vallée du Litani. Cependant, remarque l'auteur (p. 292-293), « il est difficile de circonscrire exactement le lac de Andjarr [= Gerrha] à l'époque antique. (...) La plaine est aujourd'hui drainée par un réseau de canaux, mais au sud, de nombreux hectares sont encore couverts de marais, et de vastes étendues sont inondées à la saison des pluies ». Quant à Strabon, son témoignage (XVI, 2, 16) figure dans un chapitre entaché d'erreurs reconnues (notamment sur l'orientation du Liban et de l'Antiliban) et de raccourcis géographiques aventureux. Pour lui, la « plaine encaissée » (πεδίον κοῖλον) comprise

entre les deux chaînes est arrosée par plusieurs fleuves dont le principal est le Jourdain (μεγίστῳ δὲ τῷ Ἰορδάνῃ) ; « elle possède aussi
un lac, qui produit le jonc aromatique et le roseau, ainsi que des
marais. Le lac s'appelle lac de Gennésareth » (ἔχει δὲ καὶ λίμνην,
ἣ φέρει τὴν ἀρωματῖτιν σχοῖνον καὶ κάλαμον, ὣς δ' αὔτως καὶ
ἔλη · καλεῖται δ' ἡ λίμνη Γεννησαρῖτις). Outre qu'il ne distingue
pas clairement du Litani (entre le Liban méridional et le Dj. Dahr) la
branche supérieure du Jourdain (entre le Dj. Dahr et l'Hermon), Strabon superpose le lac Huleh — si c'est bien à lui que correspond le
« lac qui produit le jonc aromatique et le roseau » — et celui de Gennésareth / Tibériade, en escamotant les gorges que le Jourdain parcourt
dans leur intervalle. Malgré ces incertitudes, il semble légitime d'admettre que l'antiquité a connu et exploité deux grands peuplements de
roseau aromatique, l'un dans le sud de la Beqaa, l'autre dans la haute
vallée du Jourdain.

3. Actuellement le lac de Huleh est un plan d'eau circulaire de 5 km
de diamètre. Du temps de Théophraste il méritait sans doute le qualificatif de « grand » ; sa bordure marécageuse formait une ceinture large
de plus de 30 stades, soit environ 5, 5 km. Le biotope décrit convient
parfaitement au « roseau aromatique », *Acorus calamus*, qui chez nous
« habite, comme les roseaux, les rives des ruisseaux et rivières, les fossés, le bord des étangs, les marécages, tant en plaine qu'en montagne »
(Fournier, *loc. cit.* [*supra* n. 1]). Sa présence à la fois dans la Beqaa
libanaise, où l'hiver peut être glacial, et en haute Galilée, dont le climat
est assez doux pour convenir au papyrus, n'a rien de surprenant : indigène ou naturalisé, l'acore se rencontre aujourd'hui du sud de l'Asie à
l'Europe septentrionale ; il ne craint que la chaleur sèche de la région
méditerranéenne, d'où il est presque totalement absent.

4. Indication précieuse pour confirmer qu'il s'agit de l'acore : toute
la documentation signale l'odeur aromatique des feuilles froissées (cf.
Barral – Sagnier, I, 63 ; Fournier, *Plantes médicinales*, I, 29 ; *Flor.
eur.* V, 268 ; etc.). *Acorus calamus* n'est cependant mentionné ni dans
P. Mouterde, *Nouvelle flore du Liban et de la Syrie*, Beyrouth, 1966-
1980, ni dans M. Zohary, *Flora Palaestina*, t. IV (par N. Feinbrun-
Dothan), Jerusalem, 1986 ; H. Riedl, art. « Araceae » dans C.C.
Townsend – E. Guest, *Flora of Iraq*, t. VIII, Baghdad, 1985, note seulement l'usage du rhizome en médecine populaire irakienne. L'espèce
est présente, quoique rare, en Iran (une localité du Ghilan dans K.H.
Rechinger, *Flora Iranica*, t. I, Graz, 1963, art. « Araceae » par Riedl),
plus répandue en Anatolie (*Flora of Turkey*, VIII, 43). C'est du reste
de l'Asie Mineure que provenaient les plants délibérément introduits
en Europe au XVIe siècle (Fournier, *ibid.*, p. 30). Une réduction consi-
dérable de l'aire naturelle d'*Acorus calamus* au Proche-Orient entre
l'antiquité classique et notre époque paraît tout à fait plausible, en raison d'un usage très ancien des rhizomes. F. Joannès, *La culture maté-*

rielle à Mari (V) : *les parfums*, in *MARI, Annales de Recherches Inter-disciplinaires*, 7, 1993, p. 251-270, note en effet dans les archives de Mari plusieurs occurrences d'un *qânum ṭâbum* « roseau odorant », qui semble bien être l'acore. Ce produit était ajouté à l'huile destinée à la parfumerie (comme le κάλαμος de Théophraste, *Od.* 33 ; cf. *supra*, n. 1) et utilisé pour aromatiser la bière (possibilité d'un usage condimentaire confirmée par Fournier, p. 30 : « l'acore entre dans la composition de l'eau-de-vie de Dantzig, dans celle de diverses liqueurs de table »). Comme de tels usages nécessitaient des quantités importantes de matériau brut, il s'agirait, selon F. Joannès (p. 258), d'un produit odorant acheté à l'Ouest. — Théophraste, ou sa source, se trompe manifestement en réunissant le jonc odorant (σχοῖνος) à l'acore dans le milieu humide qui ne convient qu'à celui-ci. Tous les *Cymbopogon* à feuillage et rhizome aromatiques appartiennent aux régions arides, voire subdésertiques, d'Afrique et d'Asie. La notice σχοῖνος de Dioscoride, I, 17, repose sur une information plus correcte : « Une espèce pousse en Libye, une autre en Arabie, une autre dans la région appelée Nabatène ; celui-ci est le meilleur ; vient ensuite celui d'Arabie, que certains appellent <jonc> de Babylone ; celui de Libye n'est pas utilisé. Choisissez la plante fraîche, teintée de roux, bien fleurie, violacée quand on la divise, mince, qui sent la rose quand on la froisse dans les mains et pique la langue en produisant une sorte de brûlure. On utilise la fleur, les chaumes (χρῆσις... τῶν καλάμων) et la racine ». C'est une excellente description de *Cymbopogon schoenanthus* (L.) Spreng., avec même la teinte violacée des tiges et des inflorescences ; l'appréciation du parfum, plus ou moins intense, varie suivant les odorats : aux uns il rappelle la rose, à d'autres la citronnelle. L'aire de l'espèce s'étend actuellement du Sahara marocain jusqu'à l'Inde, à travers l'Égypte et l'Iran, sans englober la Syro-Palestine, où des espèces voisines sont attestées très sporadiquement (*C. parkeri* Stapf dans *Flora Palaestina* ; une localité de *C. olivieri* (Boiss.) Bor en Haute-Jéziré, selon P. Mouterde). Selon toute vraisemblance, σχοῖνος ὁ εὐώδης correspond à diverses espèces orientales de *Cymbopogon* (voir n. 27 à *H.P.* IV, 4, 13) entre lesquelles il serait vain de prétendre distinguer.

5. 150 stades = environ 27 km. Le lac de Huleh se trouve à quelque 40 km de la côte à vol d'oiseau. Il n'est pas impossible que la description des « roseaux » et du papyrus de ce lac doive quelque chose aux naturalistes de l'expédition d'Alexandre, s'ils sont passés par là. Mais les gens qui affirmaient avoir senti le parfum de ces « roseaux » depuis la mer étaient vraisemblablement des commerçants venus s'approvisionner sur les marchés d'aromates du littoral syro-palestinien.

6. Les parfums d'Arabie étaient devenus un poncif depuis Hérodote (III, 113 : « de la terre d'Arabie s'exhale une odeur d'une suavité merveilleuse »), amplifié jusqu'à une boursouflure ridicule dans Diodore, II, 49, 2-4. Il est vrai cependant que la brise de terre emporte parfois

jusqu'au large les senteurs du littoral ; cf. V. Cuinet, *La Turquie d'Asie*, t. I, Paris, 1890, p. 412 : « Près de Chio, entourant la ville, s'étend une vaste forêt d'orangers et de citronniers qui, dans la saison des fleurs, répandent une odeur suave que l'on sent en mer à une grande distance de la côte ».

7. Comme il a été dit plus haut (n. 18 à IX, 1, 2), le galbanum est encore aujourd'hui une appellation globale de gommes-résines aromatiques fournies par plusieurs férules d'Orient. On doit les précisions suivantes à l'ouvrage collectif *Recherches sur la zone aride — XIII*, « Les plantes médicinales des régions arides », UNESCO, 1960, p. 40 : « *Ferula galbaniflua* Boiss. et *F. sumbul* Hook. f., qui poussent respectivement en Iran et au sud-est de Samarcande, fournissent le galbanum commercial (dit du Levant), gomme-résine obtenue en partie par exsudation naturelle de la tige, mais surtout par incision de la racine. Le galbanum se présente sous la forme de larmes brunâtres (...). L'odeur est plutôt agréable, le goût *sui generis* et désagréable ». A *Ferula galbaniflua*, qui est la principale « plante à galbanum », s'ajoutent encore (*ibid.*, p. 82) « *F. rubricaulis* Boiss. et *F. schair* Borgez des déserts du Khorassan et du Turkestan ». Ce sont toutes des plantes d'Iran et d'Asie centrale, ce qui impose de donner un sens très large à l'expression de Théophraste περὶ Συρίαν « du côté de la Syrie ». Une fois de plus, la provenance commerciale d'un produit exotique dissimule son origine géographique. Pour les usages médicaux du galbanum, voir plus loin IX, 9, 2.

8. Cette phrase d'une importance capitale pour l'histoire des relations commerciales entre l'Orient et la Méditerranée est malheureusement d'une concision telle qu'elle prête à discussion. 1) A première vue, τὰ μὲν... τὰ δὲ... sont des appositions explicatives à τὰ... ἄλλα πάντα τὰ εὔοσμα « toutes les autres matières parfumées... sont apportées (κομίζεται) les unes de l'Inde... les autres d'Arabie ». Plus précisément la route de l'Inde est donnée comme une voie maritime, avec mention de son point de départ (κἀκεῖθεν ἐπὶ θάλατταν καταπέμπεται) mais non de son aboutissement. Or en un temps où le contournement de l'Arabie méridionale et la remontée de la mer Rouge n'étaient pas de pratique courante (cf. n. 25 à IX, 4, 8), les marchandises embarquées en Inde devaient, à un certain moment du parcours, être prises en charge par un transport terrestre. Il est peu vraisemblable que Théophraste l'ait ignoré. 2) Une meilleure solution consiste à faire de τὰ μὲν... τὰ δὲ... des locutions adverbiales indépendantes de τὰ... ἄλλα κτλ., indiquant les modalités différentes de l'action principale dans ses phases successives ; cf. Xénophon, *Anab.* IV, 1, 14 : ταύτην... τὴν ἡμέραν οὕτως ἐπορεύθησαν, τὰ μέν τι μαχόμενοι, τὰ δὲ καὶ ἀναπαυόμενοι « pendant cette journée ils marchèrent de la sorte, tantôt en combattant un peu, tantôt même avec des moments de répit ». Dans notre texte ainsi compris, τὰ μὲν annonce la première

partie du trajet, depuis l'Inde, par mer, τὰ δὲ la seconde, à travers l'Arabie. Cette interprétation a l'avantage de mettre le texte, si elliptique soit-il, en accord avec des faits établis. On sait aujourd'hui que le commerce de part et d'autre du détroit d'Ormuz, avec la basse vallée de l'Indus et la Mésopotamie, remonte à l'époque protohistorique. S. Cleuziou et M. Tosi, *Evidence for the use of aromatics in the Early Bronze Age of Oman : Period III at RJ – 2 (2300-2200 BC)*, in *Profumi d'Arabia*, p. 57-74, signalent à Ra's al-Jins 2 (S.-O. du golfe d'Oman ; cf. *ibid.*, fig. 1) des importations de l'Inde (en particulier [p. 63] un sceau de cuivre, « the most typical object of Indus civilization, with direct parallels at Mohenjo Daro ») et (p. 69-70) de la céramique mésopotamienne portant des traces d'un bitume irakien. Voir aussi pour cette période Karttunen, *India*, p. 12-13, avec de nombreuses références. Ce dernier auteur s'attache à démontrer (p. 50 sq.) que si le commerce indo-babylonien pendant l'époque pré-achéménide est seulement vraisemblable, « à l'époque achéménide, il n'y a plus de doutes quant à l'existence d'un commerce florissant entre la Perse et la Mésopotamie à une extrémité, et à l'autre les provinces achéménides de l'Inde et, du moins dans une certaine mesure, les régions plus lointaines ». Les conquêtes d'Alexandre n'ont pu que stimuler le commerce arabo-indien, et particulièrement celui des aromates, en direction de la Méditerranée. Mais celui-ci était déjà bien établi, d'après Arrien, *Inde*, 32, 7, qui décrit la perplexité de Néarque et de ses compagnons au large du ras Musandam : « Ceux qui avaient des renseignements disaient que c'était le promontoire à l'extrémité de l'Arabie et qu'il s'appelait le cap Makéta ; de là le cinnamome et autres denrées analogues étaient acheminés vers l'Assyrie ». J.-F. Salles en déduit logiquement qu'« au temps d'Alexandre, le point d'arrivée du commerce indien était situé dans la région du ras Musandam » (*La circumnavigation de l'Arabie dans l'antiquité classique*, in *L'Arabie et ses mers bordières*, J.-F. Salles éd., *TMO* (Lyon) 16, 1988, p. 75-102 ; voir p. 90 et n. 46). Pour le transport des marchandises indiennes au-delà du détroit d'Ormuz, notre information vient de Strabon, XVI, 3, 3 (au sujet de Gerrha, l'actuelle Adjer, sur la rive occidentale du golfe Persique) : « Les Gerrhéens sont des commerçants qui transportent par voie de terre la plus grande partie des marchandises et des aromates d'Arabie. Selon Aristobule, au contraire, l'essentiel du commerce gerrhéen se fait par radeaux à destination de la Babylonie ; de là les marchandises remontent par l'Euphrate jusqu'à Thapsaque, puis elles sont transportées par voie de terre dans toutes les directions ». Étant entendu que les aromates sont dits « d'Arabie » (τῶν ἀραβίων... ἀρωμάτων) parce qu'ils étaient transportés par des commerçants arabes, quelle que fût leur origine géographique, les témoignages d'Arrien et de Strabon se complètent pour assurer l'existence, à l'époque d'Alexandre, d'une « route des aromates » dont le premier tronçon était indien et maritime, le second arabe et continental (remontée de l'Euphrate selon Aristobule, caravanes transarabiques d'après la source anonyme de Strabon ; cf. P. Pédech, *Historiens compagnons d'Alexandre*, Paris, 1984, p. 401-402 : « Suivant les uns (Archias ? Androsthène ?) le trafic des aromates et autres marchandises se faisait par voie de terre. Aristobule, au contraire... »). A la lumière de ces faits, la phrase de Théophraste prend tout son sens et on s'explique aussi qu'à la suite de τὰ δὲ ἐξ Ἀραβίας soient pris pour exemple des aromates non arabiques (le cinnamome et la cannelle en provenance de l'Inde) et non ceux que l'auteur savait de source sûre originaires d'Arabie (l'encens et la myrrhe). — Cependant l'énumération (IX, 4, 2) de ces quatre aromates comme des productions des états sud-arabiques fait envisager une autre possibilité d'acheminement pour les marchandises indiennes. On sait qu'entre le détroit d'Ormuz franchi en 325 par la flotte de Néarque et la région de Qana où Anaxicrate fit demi-tour l'année suivante (cf. n. 12 à IX, 4, 4), la côte méridionale de l'Arabie resta pour des siècles inaccessible aux Grecs. J.-F. Salles a insisté plusieurs fois sur les « interdits » de navigation que les Arabes, maîtres des circuits commerciaux dans cette zone, durent opposer aux explorateurs étrangers (voir *La circumnavigation* [cité *supra*], p. 89 ; *Découvertes du golfe Arabo-Persique aux époques grecque et romaine*, in *Rev. Ét. Anc.* 94, 1992 / 1-2, p. 79-97, en part. p. 84 et n. 27 ; p. 93-94 et n. 78). Mais il n'est pas douteux, même en l'absence de preuves textuelles ou archéologiques, que les marins omanais, capables depuis la plus haute antiquité de maîtriser la navigation hauturière (Salles, *La circumnavigation*, p. 89), accomplissaient le parcours qu'ils dissuadèrent les Grecs d'entreprendre. Ainsi le cinnamome et la cannelle ont pu être débarqués dans les ports sud-arabiques d'où partaient vers le nord les convois d'aromates locaux. Après avoir évoqué l'ancienneté de cette voie caravanière, ouverte « au moins à la fin du IIᵉ millénaire *a.C.* », K. Karttunen ajoute (*India*, p. 22) : « Quand les exportations indiennes commencèrent à arriver dans les ports sud-arabiques, elles purent ainsi trouver sans difficulté leur route vers les marchés occidentaux ».

9. Κώμακον est un hapax de Théophraste translittéré dans Pline, XII, 135 et XIII, 18. Théophraste ne connaît que par ouï-dire le produit correspondant (d'où le « style indirect libre » : ἕτερον δ' εἶναι τὸ κώμακον καρπόν) utilisé, sans doute très parcimonieusement, dans la parfumerie de luxe. D'après une source non identifiée, Pline en fait un ingrédient du « parfum royal » des Parthes (XIII, 18) et une variété syrienne de cinnamome (XII, 135) : « La Syrie donne naissance également au cinname qu'on appelle *comacum*. C'est le suc exprimé d'une noix » (... *Id est sucus nuci expressus*). On ne s'arrêtera ni à la mention de la Syrie, ici encore simple lieu de transit, ni à celle du cinname / cinnamome, auquel Pline peut avoir assimilé le *comacum* faute d'in-

formations suffisamment précises. Ce sont les termes de καρπός et de *nux* qui ont fait penser à la noix muscade (Fraas, *Synopsis*, p. 80 ; L.S.J. s.v. ; Miller, *Spice Trade*, p. 58-59). Pour J. André (*Noms de plantes*, s.v. *comacum*) « le suc exprimé d'une noix » est le « beurre de muscade », huile aromatique extraite par pression à chaud de la noix. A ces arguments très positifs on peut opposer la difficulté d'admettre que le fruit du muscadier (*Myristica fragrans* Houtt.), dont l'aire naturelle est strictement limitée à l'archipel indonésien des Moluques, se trouvait dès le IVe siècle *a.C.*, fût-ce comme une rareté hors de prix, dans le commerce méditerranéen des aromates. Nous savons encore très mal à quelle époque et de quelle manière les Occidentaux sont entrés en relations avec l'Extrême-Orient. J. Filliozat, *Pline et le Malaya*, in *J. Asiatique*, 262, 1974, p. 119-130, étudie les données de Pline et de Ptolémée sur un mont *Maleus* / Μαλαία qu'il identifie avec le Gunung Indrapura de Sumatra, et attribue ces informations à des navigateurs tamouls qui « ont sûrement participé, comme aussi maints marchands ou religieux de toutes les régions de l'Inde, aux voyages vers l'Extrême-Orient ». Il serait évidemment aventureux de faire remonter sans preuve de tels contacts au temps de Théophraste. L'archéobotanique ne permet pas non plus de trancher, comme nous l'avons montré (*Végétaux et aromates*, p. 375-377) au sujet du matériel égyptien. La noix muscade reste cependant l'aromate morphologiquement le plus proche du κώμακον / *comacum* des anciens.

10. Si l'identification de καρδάμωμον avec *Elettaria cardamomum* White & Maton ne pose aucun problème, il n'en est pas de même du nom grec. A la suite de L.S.J s.v. et de J. André, *Lexique des termes de botanique en latin*, Paris, 1956, s.v. *cardamomum* (article repris dans *Noms de plantes*, 1985), le *D.E.L.G.* s.v. κάρδαμον présente καρδά-μωμον comme un « composé avec superposition syllabique de κάρ-δαμον et de ἄμωμον ». C'est une vue de linguiste, qui ne résiste pas à l'examen des faits. Le cardamome (dont notre langue commerciale fait, on ne sait pourquoi, un féminin) n'a aucune ressemblance avec le cresson alénois, *Lepidium sativum* L., qui est le κάρδαμον bien connu de Théophraste (cf. VII, 1, 2 et n. 8, avec la bibliographie ; VII, 1, 3 et n. 16 ; etc.) : ni les caractères botaniques (le cardamome appartient à la famille des Zingibéracées, le cresson à celle des Crucifères / Brassicacées), ni le pays d'origine (Inde tropicale ≠ Perse), ni la saveur (finement aromatique pour le « cardamome vert » ou « cardamome du Malabar », aujourd'hui encore très apprécié en Orient dans la pâtisserie et servi avec le thé ou le café ≠ goût piquant rappelant celui de la moutarde pour le cresson ; voir p. 37-39 de notre article *Pour la table du Grand Roi*, in *J. Savants*, 2003, p. 3-59). Du reste, à supposer un rapport avec κάρδαμον, on s'attend à ce que καρδάμωμον, compris comme « amome-cresson » note une saveur plus forte que ἄμωμον « amome » (*Amomum subulatum* Roxb., notre « cardamome brun »

ou « cardamome du Népal »). Or c'est le contraire, comme l'indique
F. Couplan, *Guide des épices*, p. 80, en comparant l'amome au cardamome : « Ses capsules ovales sont plus grosses, (…) d'aspect plus
grossier avec des côtes irrégulières. Chacune contient de 40 à 50
graines d'odeur nettement camphrée. Leur arôme est moins fin que
celui de la véritable cardamome ». A tous égards donc l'explication
traditionnelle de καρδάμωμον est insoutenable. Dans le groupe de
ἄμωμον, καρδάμωμον, κινάμωμον, on ne voit de commun que l'idée
de substance odoriférante, ce que confirme la glose d'Hésychius ἄμω-
μον· ἐν ταῖς ὀνομασίαις ὁ λιβανωτός (l'encens). Comme il a été dit
plus haut (n. 1 à IX, 5, 1) au sujet de κινάμωμον, l'appartenance de
ces termes à une langue mixte paraît très probable. — En dépit de leur
parenté botanique, *Elettaria cardamomum* et *Amomum subulatum* diffèrent à la fois par les caractères qui les font classer dans des genres
distincts et sur des points plus visibles pour le simple observateur :
dimensions et couleur des capsules, saveur plus ou moins agréable de
la pulpe sucrée qui amalgame les graines. En outre et surtout *E. cardamomum* est une espèce du Malabar / Kérala, tandis que *A. subulatum*
croît spontanément au Népal et dans les vallées humides de l'Himalaya
oriental. Les opinions divergentes dont Théophraste fait état quant à la
provenance de ces aromates ont reçu depuis longtemps une explication
simple. Selon W.T. Thiselton-Dyer (*On some ancient plant-names. III.*
— *19.* ἄμωμον, in *Journal of Philology*, 34, 1915, p. 290-294),
« l'ἄμωμον venait du nord de l'Inde et empruntait une voie terrestre
pour gagner l'Europe ; le καρδάμωμον l'atteignait par mer à partir de
l'Inde méridionale ». Pour le cardamome du Malabar, seul un transport
maritime est en effet concevable. Mais les convoyeurs d'aromates
himalayens tels que l'amome, le nard en épi, le costus (cf. *infra*, n. 11
et 17), ont dû avoir le choix entre deux itinéraires : soit suivre les
hautes vallées, puis traverser les plaines indo-gangétiques pour arriver
aux ports de mer ; soit emprunter éventuellement les passes du plateau
iranien et de là gagner la Médie, l'Arménie et l'Anatolie. Sur cette
« route du nord », voir Karttunen, *India*, p. 51 (mentions de marchands bactriens dans Ctésias), ainsi que notre article, *Végétaux et aromates*, p. 360-363, pour la documentation archéologique (notamment
la présence à Samos dès le VIIe siècle *a.C.* de la pêche, fruit originaire
du Turkestan chinois).

   11. Il ne s'agit pas ici du nard de Gédrosie dont Arrien (*Anab.* VI,
22, 5) raconte d'après Aristobule que les commerçants phéniciens qui
suivaient l'armée d'Alexandre arrachaient la racine odorante (νάρδου
ῥίζαν… εὔοδμον), tandis que « de ce qui était foulé s'exhalait un parfum agréable qui se répandait sur une grande partie du pays ». Ce
Cymbopogon des régions désertiques du Makran (cf. n. 27 à *H.P.* IV,
4, 13) n'est qu'une des nombreuses plantes odoriférantes appelées
νάρδος / -ον (références dans L.S.J.). C'est du vrai nard indien, une

Valérianacée nommée *Nardostachys jatamansi* DC., que Théophraste évoque l'acheminement depuis l'Inde ou la Médie. La notice correspondante dans Miller, *Spice Trade*, p. 88-89, donne, entre autres, les précisions suivantes : le nard en épi est une grande herbe vivace, indigène dans la zone alpine de l'Himalaya central, où elle atteint une altitude de 6000 m. « En sanskrit, c'était *naladā* et, d'une manière imagée, *jaṭāmaṇsī*, ou 'la plante couronnée d'une chevelure nattée'. Son trait distinctif était un 'épi' chevelu — στάχυς ou *spica* — qui s'élevait du rhizome et qui était, avec le rhizome, la source d'un délicieux parfum ». É. Masson, *Emprunts sémitiques*, p. 56, et le *D.E.L.G.* s.v. νάρδος confirment l'origine sanskrite du terme grec, modifié par son passage en sémitique. — L'exemple du nard indien illustre bien la possibilité de deux voies commerciales définies plus haut (fin n. 10) pour l'amome. Vers le milieu du Ier siècle *p.C.* le *Périple de la mer Érythrée* cite le nard avec le costus (*infra*, n. 17) parmi les aromates embarqués (§39) à Barbarikon (dans le delta de l'Indus) et (§48-49) à Barygaza (auj. Broach), le grand port du Gujarat. Cette dernière mention est particulièrement intéressante : κατάγεται... ἀπὸ τῶν ἄνω τόπων ἡ... καταφερομένη νάρδος ἥ Καττυβουρίνη καὶ ἡ Πατροπαπίγη. L. Casson (*The Periplus* [cf. n. 5 à IX, 5, 2] p. 262-263) pense que ces adjectifs toponymiques altérés au cours de la transmission du texte désignent une région à l'ouest du Kashmir et, d'autre part, le Paropamisos (l'actuel Hindou-Kouch). Pour l'auteur du *Périple*, qui naturellement ne s'intéresse qu'au trafic maritime, le nard était « descendu du haut pays » par les vallées de l'Indus et de ses affluents jusqu'à la mer. Mais il est évident qu'une partie du commerce des aromates himalayens se faisait par la voie terrestre du plateau iranien.

12. Les plus récentes éditions de l'*Historia* (Wimmer et Hort) conservent la forme ναῖρον des mss. reconnue déjà par Daléchamps, d'après Pline, XII, 111 et XIII, 18, comme une *falsa lectio* de μᾶρον. Outre la notice μᾶρον de Dioscoride, III, 42, qui décrit la plante comme une espèce suffrutescente d'origan, à feuilles plus claires et fleur plus parfumée (τὸ ἄνθος εὐωδέστερον), la mention de μᾶρον chez Théophraste même (*Od.* 33) ne laisse aucun doute sur la légitimité de cette correction. La séquence νάρδος μᾶρον... ἀσπάλαθος s'y retrouve en effet, avec la leçon μᾶρον sans variante, dans στύφει δὲ καὶ ἡ ἀσπάλαθος ἡ εὐώδης, ἡ δὲ νάρδος δηκτική... τὸ δὲ μᾶρον... Grâce à une précision donnée par Dioscoride sur l'aire naturelle du *maron* (« Il croît spontanément surtout dans la région de Magnésie et de Tralles »), son identification avec l'origan du Sipyle (*Origanum sipylaeum* L.) est bien assurée depuis Fraas (*Synopsis*, p. 182 ; cf. A.C. Andrews, *Marjoram as a spice in the classical era*, in *Class. Phil.* 56, 1961, p. 77 ; André, *Noms de plantes*, s.v. *maron* ; etc. L.S.J. s.v. μᾶρον propose à tort *Teucrium marum*, une germandrée endémique des îles de la Méditerranée occidentale). L. Robert, *Docu-*

ments d'Asie Mineure, in *Bull. Corr. Hell.* 101, 1977, p. 43-54, rapporte (p. 53-54) des témoignages de voyageurs modernes sur l'origan de Smyrne, dont deux mentionnent nommément *O. sipylaeum*.

13. La glose d'Hésychius ἀσπάλαθοι· ἄκανθαι répond à l'idée qu'un Grec non féru de botanique se faisait de l'ἀσπάλαθος : une plante redoutablement épineuse et vulnérante. Ce pouvait être indifféremment *Genista acanthoclada*, dont on remarque au printemps dans la garrigue grecque les coussins hémisphériques couverts de fleurs jaune d'or, ou *Calycotome villosa* (également cité dans les dictionnaires) ou toute autre espèce voisine. Mais aucun de ces « genêts » ne répond à la description dans Dioscoride, I, 20, de l'*aspalathos* des parfumeurs et des médecins : « C'est un arbrisseau ligneux, aux épines nombreuses, spontané à Nisyros, en Syrie et à Rhodes, que les parfumeurs utilisent pour fixer les parfums. Le bon produit est lourd, rougeâtre ou violacé après écorçage, compact, d'odeur agréable et de saveur un peu amère. Il en existe une autre espèce, blanche, ligneuse, inodore, qui est certainement aussi moins bonne ». Selon Pline, XII, 110, cet *aspalathos* dont « la racine est recherchée pour les onguents » est « une épine blanche à fleur couleur de rose (*flore rosae*) » — détail précieux qui permet d'éliminer les « genêts » à fleurs jaunes au profit de l'« épine à chameau » (« *camel's thorn, Alhagi maurorum* » dans L.S.J. avec réf. à Thphr., *HP* 9.7.3 et *Od.* 33 ; Dsc. 1.20). *A. maurorum* Medic. (ou DC. — nomenclature extrêmement confuse) est une espèce saharo-sindienne qui atteint effectivement Rhodes, ainsi que Samos (*Flora of Turkey*, III, 596-597). Très voisin d'*A. maurorum*, au point que certains botanistes proposent de les réunir (ainsi M. Zohary, *op. cit.* [n. 6 à IX, 2, 2], p. 112), *A. graecorum* Boiss., qui semble correspondre au second *aspalathos* de Dioscoride, se rencontre en groupes serrés de coussins épineux gris clair sur la côte occidentale de l'Attique, çà et là dans le Péloponnèse et les Cyclades (cf. *Consp. flor. gr.* I, 461-462). C'est *A. graecorum* que Tournefort observa dans l'île de Syra et décrit minutieusement (*op. cit.* [n. 24 à IX, 1, 3], t. II, p. 4-6), sous le nom d'*A. maurorum*, comme étant la plante d'où vient la « manne de Perse ». Le produit le plus connu d'*A. maurorum* est en effet un exsudat mielleux qui se solidifie en grains pareils à du sucre cristallisé ; c'est le *tarenjabîn* (« miel de rosée ») persan et déjà τὸ ὗον μέλι dans Polyen, IV, 3, 32 (voir p. 56-57 et fig. 31 de notre article *Pour la table du Grand Roi*, in *J. Savants*, 2003, p. 3-59). La racine est mentionnée rarement dans la documentation, et seulement pour un usage médical (cf. A. Parsa, *Flore de l'Iran*, Téhéran, t. II, p. 431-432, au sujet d'*A. camelorum* Fish, espèce d'Asie centrale peu différente d'*A. maurorum* : « la décoction de la racine appliquée sur la peau sert à guérir les abcès » ; à rapprocher peut-être des propriétés antiseptiques et astringentes de l'*aspalathos* dans Dioscoride). Nous avons prélevé sur *A. graecorum* un morceau de bois proche de la

racine, très compact, beige clair et inodore à l'état frais ; conservé à proximité de matériel plus ou moins aromatique, il a pris avec le temps une odeur et une saveur épicées, ce qui paraît indiquer au moins une bonne réceptivité aux parfums. A noter enfin dans P. Fournier, « *Aspalathus* et arc-en-ciel » (= *Notulae plinianae* XI), in *Rev. Phil.* 25, 1950, p. 172-176, la mention d'une remarque de Matthiole (sur Diosc. I, 20) : « il déclare avoir reçu de Chypre des fragments de tiges attribués à l'Aspalathe et en même temps l'avis que, d'après les Chypriotes, 'sur cent plantes d'Aspalathe, on en trouve à peine deux ou trois qui soient odorantes' ».

14. La plus ancienne mention de l'aromate nommé στύραξ se trouve dans Hdt. III, 107 : les Arabes récoltent l'encens « en faisant des fumigations avec le styrax que les Phéniciens exportent en Grèce » (τὴν στύρακα θυμιῶντες, τὴν ἐς Ἕλληνας Φοίνικες ἐξάγουσι), pour éloigner « par la fumée du styrax » (τῆς στύρακος τῷ καπνῷ) les serpents ailés qui gardent les arbres à encens (cf. n. 7 à IX, 5, 2). Deux faits sont dès lors établis : 1) le styrax est une substance solide, qui se consume à la manière de l'encens, en dégageant une fumée abondante et d'odeur pénétrante ; 2) son pays d'origine est la Phénicie, qui en produisait une quantité suffisante pour l'exporter en Grèce (où ce n'était pas une denrée de luxe, si l'on en juge par son usage insecticide dans Aristote, *H.A.* 534 b 25). On a depuis longtemps identifié cet aromate avec la gomme-résine extraite de l'arbre du même nom, *Styrax officinalis* L., ce qui paraît aller de soi, mais demande néanmoins certaines précisions. Il existe en effet dans le bassin méditerranéen oriental deux arbres producteurs de styrax. L'un, *S. officinalis*, est un arbrisseau dont l'aire actuelle comprend tout le pourtour de la mer Égée délimité au sud par la Crète, ainsi que l'Anatolie méridionale, Chypre et le Levant (d'après M. Rikli, *Das Pflanzenkleid der Mittelmeerländer*, Bern, t. I [1943], p. 195, carte 16). Présent aux environs d'Athènes (cf. Von Heldreich, *Die Nutzpflanzen*, p. 38 : « Pousse en abondance sur les bords du Céphise en Attique, au pied du Parnès, etc. »), il était immédiatement reconnaissable dans le στύραξ que Théophraste se borne à nommer. Cependant l'importation de styrax phénicien dès l'époque d'Hérodote prouve que l'arbre n'a jamais été exploitable en Grèce pour son suc. Celui-ci est une gomme-résine qui sourd des entailles faites sur le tronc de sujets âgés et bien exposés, sous un climat favorable ; il se concrète en grumeaux comme l'encens. C'est le « styrax solide » (ou « storax ») par opposition au « styrax liquide » produit par un arbre endémique de l'Anatolie méridionale, *Liquidambar orientalis* Miller. A la différence du « styrax solide » dont l'exploitation paraît avoir cessé, même au Liban (P. Quézel, communication personnelle), le « styrax liquide », à consistance de miel plus ou moins fluide, est toujours extrait du *Liquidambar* et « utilisé dans l'industrie des cosmétiques pour ses propriétés aromatiques et

fixatrices » (Bellakhdar, *Pharmacopée marocaine*, p. 331). Ce sont incontestablement les peuplements de *Liquidambar* de la région de Zerk (Turquie méridionale) que Strabon (XII, 7, 3 = C 570) situe aux environs de Selgé en Pisidie et décrit avec une précision remarquable, qu'il s'agisse de l'arbre, de son bois dur « dont on fait les javelots de styrax », de son suc, qui sort spontanément des galeries d'insectes xylophages et forme en se mélangeant à la sciure et à la terre « une matière utilisée comme encens ». A partir de cette époque l'antiquité a connu les deux sortes de styrax, sans les distinguer toujours clairement. Les notices de Dioscoride, I, 66, et de Pline, XII, 124-125, sont un amalgame de caractères pris à l'une et à l'autre. Avec plus de discernement, Galien (XIV, 79 Kühn) distingue le véritable styrax officinal « qu'on apporte de Pamphylie dans les roseaux » (entre-nœuds creux utilisés comme récipients minuscules) et « ce styrax disponible en abondance » (τοῦ πολλοῦ τούτου στύρακος, expression nettement péjorative), qui est le produit du *Liquidambar*. Théophraste n'a certainement connu que le premier, mais il faut se garder de suivre les dictionnaires (L.S.J., le *D.E.L.G.*, etc.) et les commentateurs (en part. Meyer, à qui renvoie F. Lasserre [C.U.F., 1981] n. 1 à Strabon, XII, 7, 3) qui rapportent toutes les occurrences de στύραξ à *Styrax officinalis*.

15. Seul aromate strictement européen, l'iris sera traité à part (§4). Il est l'exception qui confirme la règle suivant laquelle (*H.P.* IV, 5, 2) « c'est dans les pays de soleil et au midi que viennent les plantes odoriférantes ».

16. Espèce indéterminée dont le nom, s'il est correct, rappelle νάρδος. Comme un « faux nard » de Thrace sera mentionné après l'iris (§4), le couple ἶρις νάρτη pourrait annoncer ce développement. Mais on s'explique mal qu'une plante d'abord désignée nommément (νάρτη) soit ensuite évoquée par une périphrase (τὸ... τῇ νάρδῳ προσεμφερῆ τὴν ὀσμὴν ἔχον).

17. Gr. κόστος est un emprunt limpide à skr. *kúṣṭha*, nom d'une robuste Composée himalayenne, *Saussurea lappa* Clarke, dont la racine séchée a été utilisée comme épice, à la manière de l'encens pour des fumigations, et surtout en médecine. *S. lappa* se caractérise par une tige annuelle qui atteint 2 m, de grandes feuilles cordiformes et des capitules de fleurs pourpre foncé. Elle habite les pentes humides de l'Himalaya occidental, en particulier du Kashmir, d'où ses grosses racines aromatiques, déterrées en automne, sont acheminées aujourd'hui vers Calcutta et Bombay comme autrefois vers Barbarikon et Barygaza (*Périple*, 39 ; 48-49). Très étudiée par les chimistes et les pharmacologues indiens (cf. *Chopra's Indigenous Drugs of India*[2], Calcutta, 1958, p. 402-407), la racine de *S. lappa* a une efficacité reconnue dans les affections respiratoires, comme antispasmodique et stimulant général. Du point de vue aromatique, « la racine constitue un matériau brut très apprécié pour la production d'un parfum qui res-

semble beaucoup à celui de la violette et se vend très cher de nos jours » (*ibid.*, p. 403). Bien que Théophraste soit, semble-t-il, le premier à parler du costus, il le mentionne dans son traité *Des odeurs* comme un produit usuel pour aromatiser l'huile dite « de marjolaine » (§28) et pour épicer le vin (§32) ; il note aussi (§34) la longue conservation de son parfum. L. Robert, *Noms indigènes dans l'Asie Mineure gréco-romaine*, Paris, 1963, p. 177, signale un document illustrant la place que le costus prit très vite parmi les aromates les plus précieux : « Lorsque Séleucos Ier, dans l'hiver 288-287, envoya au sanctuaire de Didymes de riches offrandes, une abondante vaisselle d'or et d'argent, il y joignit des parfums de l'Orient : encens, myrrhe, casse, cinnamome, costus : λιβανωτοῦ τάλαντα δέκα, σμύρνης τάλαντον ἕν, κασίας μναῖ δύο, κινναμώμου μναῖ δύο, κόστου μναῖ δύο ».

18. Κρόκος « safran » désigne ici non la plante (*Crocus sativus* L.), décrite en VI, 6, 10 parmi les « plantes à couronnes », mais le produit commercial constitué par les stigmates de sa fleur. Ces filaments rouge foncé à l'état sec ont une saveur et un pouvoir colorant connus de tous. Mais alors que le safran n'a guère de nos jours qu'un usage condimentaire, il était pour les anciens médicinal, tinctorial et aromatique au sens large du terme. Théophraste cite (*Od.* 27) τὸ κρόκινον (μύρον) comme exemple d'huile parfumée par enfleurage et remarque (*ibid.*, 34) que l'arôme du safran, comme celui du mélilot, se développe à la dessiccation. La culture du crocus se pratiquait de son temps non seulement en Grèce (*H.P.* VI, 6, 10), mais aussi à Cyrène (*H.P.* VI, 6, 5) et dans plusieurs régions d'Asie Mineure dont la Cilicie, qui fournissait le meilleur safran (*Od.* 27). Néanmoins le rendement en denrée sèche est si faible que le safran a toujours été un produit de luxe. Précisément Aristophane associe δαπάνης à μύρου, κρόκου dans le passage des *Nuées* (v. 51-52) où Strepsiade évoque son mariage avec une demoiselle de la ville qui sentait « le parfum, le safran... la dépense ». A l'époque romaine, par goût de tout ce qui était rare et cher, on en vint à brûler pour les grandes funérailles des quantités importantes de safran, à la manière de l'encens ou de la myrrhe (nombreux exemples dans L. Robert, *Recherches épigraphiques. VII.– Décret de la Confédération Lycienne à Corinthe*, in *Rev. Ét. Anc.* 62, 1960, p. 324-342, en part. 332-342).

19. Le couple encens — myrrhe se réduit ici à son second élément, probablement parce que l'encens livre son parfum par combustion lente (*Od.* 12-13) mais ne le communique pas à un excipient gras. De fait, on ne trouve pas de « parfum à l'encens » chez Théophraste, ni parmi les huiles aromatiques médicamenteuses dont Dioscoride donne la recette (I, 39-63). Déjà Hérodote (II, 86) excluait l'encens (pour des raisons techniques ou religieuses ?) des aromates (θυμιήματα, litt. « substances propres à des fumigations ») utilisés par les embaumeurs : « ils remplissent la cavité abdominale de myrrhe pure broyée,

de cannelle et autres aromates, à l'exception de l'encens ». Au contraire la myrrhe entrait dans la composition des parfums, notamment du *mégaleion* (*Od.* 30), et Dioscoride dit (I, 60) de la στακτή ou « myrrhe en gouttes » (cf. n. 31 à IX, 4, 10) : « elle est extrêmement odorante, d'un prix élevé, et constitue à elle seule le parfum appelé *staktè* ».

20. En tant qu'ingrédient de parfum, le souchet figure dans les documents mycéniens sous plusieurs formes, en particulier *ku-pa-ro* (= κύπα(ι)ρος / -ον) à Cnossos, *ku-pa-ro-we* (= κυπα(ι)ρόϜεν) « au souchet », qualificatif d'une huile, à Pylos (Y. Duhoux, *Les premiers phytonymes grecs : les données mycéniennes*, in *Les phytonymes grecs et latins*, Université de Nice, 1993, p. 106-107, avec une abondante bibliographie). « Une fois au moins, commente P. Faure (*Parfums et aromates*, p. 137), et peut-être deux fois en raison du mauvais état des textes, les scribes de Pylos mentionnent l'addition d'huile au souchet à l'huile de rose. (...) Lorsque Théophraste, dans son *Traité sur les Odeurs* (§33) nous apprend que l'essence de souchet est plus astringente que celles du roseau et du jonc aromatiques, il nous met sur la voie de son usage principal chez les parfumeurs de Pylos : il servait essentiellement de fixatif et c'est avec lui que l'on préparait l'huile destinée à recevoir les autres aromates. » En fait deux souchets, *Cyperus rotundus* L. et *C. longus* L., peuvent avoir été exploités à cette fin. Théophraste précise (*Od.* 28) que « le souchet est apporté des Cyclades », mais ce n'est pas un critère, vu qu'on y trouve les deux espèces (cf. K.H. Rechinger, *Flora Aegea*, Wien, 1943, p. 748 sq., s.v. *Pycreus rotundus* (L.) Hay. et *P. longus* (L.) Hay.). Alors que leurs parties aériennes se ressemblent beaucoup, leur appareil racinaire les distingue immédiatement. Celui de *C. rotundus* consiste en de minces fibres « munies de distance en distance de tubercules ovoïdes, d'une couleur fauve et d'une saveur amère, un peu âcre, résineuse, aromatique, camphrée » (Cazin, *Traité*, p. 1017). *C. longus* doit son nom vulgaire de « souchet odorant », attesté dans la plupart des langues européennes modernes, à la discrète mais agréable odeur de violette que son rhizome desséché conserve longtemps, avec une « saveur amère, chaude, piquante » (*ibid.*, p. 1016). Il n'est guère douteux que Théophraste connaissait *C. rotundus*, puisqu'il décrit chez le souchet (*H.P.* I, 6, 8) « deux sortes de racines », l'une « épaisse, lisse et charnue » (les tubercules), l'autre « fine et fibreuse ». C'est avec cette espèce que quelques auteurs identifient le κύπειρον de notre texte ; ainsi Hort, *Index of plants* (avec une distinction non pertinente entre κύπειρον et κύπειρος) ; M. Negbi, « A Sweetmeat Plant, a Perfume Plant and their Weedy Relatives : A Chapter in the History of *Cyperus esculentus* L. and *C. rotundus* L. », *Economic Botany*, 46, 1992, p. 64-71. Il est cependant plus naturel d'assimiler le souchet des parfumeurs à *C. longus*, comme le font notamment Cazin (*Traité*, p. 1016 : « Les

parfumeurs emploient quelquefois cette racine dans leurs sachets odorants ») ; H. Baillon, *Histoire des plantes*, Paris, t. XII (1894), p. 351-352 ; P. Faure (*loc. cit. supra*). D'autres faits justifient la préférence donnée à *C. longus*. D'une part, les tubercules de *C. rotundus* perdent leur odeur forte au séchage (Couplan – Styner, *Guide des plantes sauvages*, p. 189), alors que le rhizome de *C. longus* conserve son léger parfum et toute son astringence pendant longtemps (plus de dix ans pour du matériel observé personnellement). D'autre part, le *Périple de la mer Érythrée*, §24, cite κρόκος καὶ κύπερος, associés comme dans notre liste, parmi les denrées importées du bassin méditerranéen à Muza (Al-Mukha, sur la côte arabique du Bab el-Mandeb). L. Casson (*The Periplus*, p. 153), ayant admis l'équivalence κύπερος = *C. rotundus*, s'étonne de cette importation « puisque la plante pousse en Arabie, même dans des régions qui ne sont guère éloignées de Muza ». La difficulté disparaît s'il s'agit de *C. longus*, qui ne figure pas, à l'inverse de *C. rotundus*, au nombre des *Cyperus* d'Arabie, dans S. Collenette, *op. cit.* (n. 3 à IX, 6, 1), p. 217-221.

21. De même que dans *H.P.* I, 9, 4 ; VI, 1, 1 ; VI, 7, 3 et 4, ἀμάρακον est ici la marjolaine des jardins, *Origanum majorana* L., introduite anciennement d'Asie Mineure en Grèce où c'était un aromate d'usage courant à l'époque de Théophraste.

22. Ce λωτός recherché pour son parfum est certainement le même que ὁ μελίλωτος καλούμενος dans *H.P.* VII, 15, 3, identifiable avec le mélilot le plus odorant et le plus commun en Grèce, *Melilotus italicus* (L.) Lam. Son appartenance à l'aire méditerranéenne explique l'apport du μελίλωτον à Barygaza, mentionné au §49 du *Périple*. Il n'est cependant pas exclu que le terme très vague de λωτός ait désigné aussi des trigonelles, dont la Grèce possède plusieurs espèces très odorantes grâce à une teneur en coumarine plus élevée que celle des mélilots (Fournier, *Plantes médicinales*, II, 497).

23. Quoique conservée dans les éditions depuis Schneider, la leçon des mss. ἄν(ν)ητος, dont la finale en -τος s'explique facilement par la contiguïté de λωτός, doit être corrigée. D'après la traduction *anethum* de Gaza, les premiers éditeurs, d'Heinsius à Stackhouse, écrivent ἄνηθον ; L.S.J. s.v. ἄνηθον donne « ἄννητον Thphr. *HP* 9.7.3 (…) *dill*, *Anethum graveolens* ». Il est vrai que le nom grec de l'aneth est très variable, mais ses neuf occurrences dans le reste de l'*Historia* présentent la forme attendue ἄνηθον. L'aneth y apparaît comme une plante potagère couramment cultivée (de même que d'autres de haut goût : rue, cresson, roquette, etc.), non comme un véritable aromate. D'où la correction proposée : ἄννησον « anis », qui s'appuie notamment sur le texte d'Hérodote, IV, 71, où l'anis figure avec le souchet (*supra*, n. 20) parmi les produits utilisés pour l'embaumement des rois scythes : on remplit l'abdomen éviscéré « de souchet haché, de résine à fumigations, de graine d'ache et d'anis » (κυπέρου κεκομμένου καὶ θυμιή-

ματος καὶ σελίνου σπέρματος καὶ ἀννήσου). L'anis (*Pimpinella anisum* L.), originaire du Moyen-Orient, était donc connu dès le Ve siècle bien au-delà de son aire naturelle (cf. Faure, *Parfums et aromates*, p. 100-101 ; p. 315, n. 68, pour la présence de l'anis à Théra dans des niveaux de l'Age du Bronze). A noter enfin que A. Dalby, *Story of Spices*, p. 124, traduit « anise » le terme litigieux de Théophraste ; de même C.B. Gulick (Athenaeus, *Deipnosophistae* [Loeb], t. V, p. 25) pour la leçon ἄνθους des mss., corrigée par Wilamowitz en ἀνήθου, dans Aristote, fr. 97 Rose (= 110 Rose³), ap. Ath. 464 c.

24. Les rhizomes d'iris utilisés en parfumerie jusqu'à une époque récente provenaient en réalité de deux espèces : l'iris pâle (*Iris pallida* Lam.), caractérisé par ses fleurs bleu clair émergeant de spathes scarieuses et reconnu originaire de Dalmatie et d'Illyrie (*Flor. eur.* V, 91) ; l'iris de Florence (*I. germanica* L. var. *florentina* Dykes), qui, selon G. Sfikas (*Fleurs sauvages de la Grèce*, Athènes, 1980, p. 93) a pu être introduit de Macédoine ou des bords de la mer Noire en Toscane, où il est devenu l'emblème de la ville de Florence et a été longtemps cultivé (il est du reste difficile de distinguer l'iris de Florence des nombreuses variétés d'*I. germanica* à fleurs blanches ou blanc bleuté). Les rhizomes frais ont une odeur peu agréable rappelant celle de la rave (cf. le qualificatif de *raphanitis* dans Pline, XXI, 41) ; une fois dépouillés des feuilles et des racines, ils sont coupés en tranches et desséchés trois ans pour acquérir une fine et forte senteur de violette. L'importance du séchage est signalée dans *Od.* 23-24 qui donne le mode de préparation de l'huile à l'iris, cosmétique (on la colorait avec de l'orcanette [*Od.* 31] afin de rendre son aspect plus attrayant) et médicinale (*Od.* 36 ; cf. Diosc. I, 56 ; Pline, XXI, 40-42 ; etc.). Avec plus de dix mentions dans le traité *Des odeurs*, l'iris apparaît comme l'une des principales plantes aromatiques de l'antiquité, ce qui fait dire à Pline (XXI, 40) qu'il est « né pour les onguents et pour la médecine » (*unguentis nascens et medicinae*). — Si l'on en croit Pausanias (IX, 41, 7), la parfumerie pharmaceutique utilisait aussi des fleurs d'iris : « A Chéronée on prépare à chaud des huiles parfumées avec des fleurs, lis, rose, narcisse et iris. Ce sont des remèdes aux douleurs (...). L'iris pousse dans les marais, il a la taille d'un lis, mais n'est pas de couleur blanche et pour l'odeur il est inférieur au lis ». Cet iris des marais est sans aucun doute *Iris pseudacorus* L., à fleurs jaunes totalement inodores, que Pausanias a dû voir sur les bords du lac Copaïs (cf. Baumann, *Bouquet d'Athéna*, p. 127 et 202, fig. 422). La partie de la plante qui entrait dans la composition d'un liniment antalgique n'était probablement pas la fleur, mais le rhizome, de saveur âcre et brûlante, dont on prescrivait autrefois l'instillation du suc frais dans les narines pour « dissiper des maux de tête opiniâtres, des maux de dents persistants » (Fournier, *Plantes médicinales*, II, 347).

25. La ressemblance avec le nard véritable (*supra*, n. 11) conduit vers des plantes de la même famille, *Valeriana tuberosa* L., largement répandue dans le sud de l'Europe, et sa proche parente balkanique, *V. dioscoridis* Sibth. & Sm. (cf. *Consp. flor. gr.* I, 746). La première a une souche épaisse, renflée en un tubercule unique, la seconde un rhizome court auquel s'attache un groupe de tubercules fusiformes (*Flor. eur.* IV, 53). Ces organes souterrains sont aromatiques, surtout après dessiccation. La valériane tubéreuse, qui porte le nom vulgaire de « nard des montagnes », correspond selon André (*Noms de plantes*, s.v. *nardum /-us*) à *nardus montuosa* du Dioscoride latin, I, 7 (gr. I, 9 ἡ ὀρεινὴ νάρδος).

26. Comme il a été dit dans la Notice de ce volume (p. XV), l'opuscule Περὶ φυτῶν ὀπῶν devait se terminer par les mots ἀσθενῆ τὴν εὐωδίαν ἔχει, qui répondent à l'annonce (IX, 4, 1) d'un développement περὶ τῶν λοιπῶν εὐόσμων. L'exposé conçu à la manière d'un cours n'avait pas besoin d'une véritable conclusion. On sait d'ailleurs que les opuscules de Théophraste finissent de manière variable, *ex abrupto* (*Du vertige*, *De la fatigue*, *Des pierres*, [*Des signes du temps*]) ou sur une vague référence à ce qui précède (*De la sueur* :... ὥσπερ εἴρηται πολλάκις), plus rarement avec une formule récapitulative, associée à l'annonce de compléments ultérieurs (*Du feu*) ou intégrée dans des réflexions méthodologiques sur le sujet traité (*Métaphysique*). Nous réunissons donc la dernière phrase du chapitre 7 aux deux premiers alinéas de 8 pour les attribuer à l'auteur du remaniement d'où est sorti l'actuel livre IX (voir Notice, p. LVII).

CHAPITRE 8.

1. Les problèmes que pose la transition entre les chapitres 7 et 8 sont traités dans la Notice de ce volume, p. XLII-XLIV.

2. La polysémie de ῥίζα n'a pas d'équivalent en français. Il s'agit en effet tantôt d'une racine au sens courant du terme ; tantôt de substances naturelles médicinales fournies par n'importe quel organe végétal (d'où notre traduction du titre Περὶ δυνάμεως ῥιζῶν « Les vertus des simples ») ; tantôt de toute plante pourvue de propriétés remarquables par leur utilité ou leur singularité.

3. Litt. « mais les propriétés foliacées, les coupeurs de racines les appellent pour la plupart ou presque des 'herbes' ». Alors que ῥίζα a un sens beaucoup plus large que « racine », πόας, en tant que parties vertes d'un végétal douées de vertus spécifiques, ne correspond qu'en partie à nos « herbes » d'« herboristerie », plantes médicinales non considérées d'un point de vue morphologique.

4. Entre le 15 et le 20 septembre selon les calendriers ; cf. n. 29 à I, 9, 7.

5. Les indications de L.S.J. s.v. ἀμέρδω « Ep., rarely in Trag., never in Att. Prose », suivies de la citation de notre passage (« rarely

c. acc. rei, ἂν ... καρπὸν ἀμερθῶσι, Thphr. *HP* 9. 8. 2 ») laissent entendre que Théophraste s'écarte sur ce point (comme sur d'autres dans le livre IX ; cf. Notice, p. XXXV, n. 73) de l'usage attique, ce qui suggère une rédaction précoce au moins de certains chapitres (sur l'atticisme mitigé de Théophraste, voir l'Introduction de la présente édition, p. XXXIX-XL). — Les leçons concurrentes des mss., ἀμέρσωσι et ἀμερθῶσι, permettent l'une et l'autre une construction correcte. 1) Le sujet de ἀμέρσωσι est l'indéfini de 3ᵉ pers. du pluriel (« on »), le double accusatif des verbes de privation se réduit à καρπὸν (objet enlevé), l'objet dépouillé étant l'anaphorique implicite à tirer de ὅσων : « pour les plantes dont le fruit aussi est utilisé, quand on *les* a privées de leur fruit ». 2) Le passif ἀμερθῶσι conserve καρπὸν comme acc. rei et tire son sujet de ὅσων : « quand *elles* ont été privées de leur fruit ». Si ce sujet était exprimé, la « règle τὰ ζῷα τρέχει » exigerait le sing. ἀμερθῇ, mais l'ellipse favorise le maintien du pluriel (du reste Théophraste n'est pas très pointilleux dans l'application de la règle ; cf. par ex. IX, 6, 2 : ὅταν ... πνίγη ὦσι). La première formulation semble toutefois la plus naturelle. — Les rapports morphologiques et sémantiques entre ἀμέργω « cueillir » et ἀμέρδω « priver », qui dans un contexte tel que celui-ci devient synonyme du précédent, restent à élucider.

6. Le lactucarium ou « opium de laitue » est le « lait » des laitues sauvages, *Lactuca serriola* L. et *L. virosa* L., celle-ci plus puissante que la précédente et même un peu vénéneuse. Selon Dioscoride (IV, 64, 5) on falsifiait le véritable opium avec du suc de laitue sauvage (μειγνύντες ... θρίδακος ἀγρίας χυλόν). Sur la présence d'akènes attribuables à ces espèces dans des dépôts du VIIᵉ siècle à l'Héraion de Samos, voir n. 17 à VII, 4, 5.

7. De nos jours encore le suc du pavot somnifère (*Papaver somniferum* L.) est extrait manuellement des capsules encore vertes peu après la chute des pétales et des étamines. Des incisions obliques pratiquées sur ces « têtes » provoquent l'écoulement d'un latex épais, rapidement aggloméré en masses brunâtres qui constituent l'opium brut. Les Égyptiens ont connu le pavot et son produit au moins depuis la XVIIIᵉ Dynastie (L. Manniche, *An Ancient Egyptian Herbal*, London, 2ⁿᵈ ed. 1999, p. 130-132). De même les Crétois de l'époque postpalatiale (1400 – 1100 *a.C.*) à laquelle appartient la « déesse aux pavots » du Musée d'Héracleion (n° 9305), couronnée de capsules et les yeux clos par le sommeil ou par la mort. Mais c'est à Pline (XX, 198-199) que l'on doit les renseignements les plus détaillés sur l'extraction du suc de pavot dans l'antiquité : « Le pavot noir [variété à graines gris foncé] donne un soporifique par incision de la tige, quand le calice se forme, d'après Diagoras [médecin, IIIᵉ siècle *a.C.*], quand passe la fleur, selon Iollas, à la troisième heure d'un jour sans nuage, c'est-à-dire quand la rosée a séché sur la plante. On recommande de

l'inciser sous la tête et sous le calice, et c'est la seule espèce dont on incise la tête. Ce suc, comme celui de toute plante, est recueilli sur de la laine ou, s'il y en a peu, sur l'ongle du pouce, comme cela se fait pour les laitues, mais le suc du pavot, qui est abondant, se recueille aussi plus encore le lendemain quand, ayant séché, il s'est épaissi ; on le pétrit en petits pains et on le fait sécher à l'ombre » (trad. J. André).

8. Les espèces grecques de tragacanthe sont des sous-arbrisseaux formant des coussins épineux trop bas et trop vulnérants pour qu'il soit possible d'en inciser les parties aériennes. L'exsudation spontanée du suc a été observée minutieusement en Crète par Tournefort (texte cité *supra*, n. 24 à IX, 1, 3) ; le fait est confirmé pour l'espèce orientale *Astragalus verus* dans G.A. Olivier, *Voyage dans l'Empire Othoman, l'Égypte et la Perse*, Paris, 1807, t. III, p. 192 : « L'adragant sort naturellement, soit des plaies que les bestiaux font à l'arbuste, soit des gerçures que la force du suc propre occasionne pendant les plus fortes chaleurs de l'été ».

9. La leçon ἀπόσταξιν donnerait un sens acceptable quoique banal : « on recueille ce qui s'écoule goutte à goutte ». Mais la mention d'un suc « sec » (ξηρός) impose le choix de ὑπόστασιν « ce qui se dépose au fond », c'est-à-dire la partie solide du produit filtré ; cf. dans le *T.L.F.*, s.v. sédiment, la citation de Geoffroy, *Méd. prat.*, 1800, p. 438 : « On fait cuire cette racine dans l'huile d'olives, et après l'avoir fortement exprimé, on ramasse le marc ou sédiment qui se dépose ».

10. Cf. IX, 16, 8.

11. La racine est la seule partie de la thapsie (Littré) — du thapsia (Larousse du XXe siècle) — (*Thapsia garganica* L.) usitée dans la pharmacopée ancienne (Héraud, *Dict. pl. médicinales*, p. 474-476) et dans la phytothérapie des pays de tradition (Bellakhdar, *Pharmacopée marocaine*, p. 167-168). L'écorce de cette racine et même la racine écorcée, cuite ou pilée à froid dans divers excipients, constituent « un des agents les plus énergiques de la médication révulsive » (Héraud, *ibid.*), ainsi qu'un purgatif drastique.

12. Le chapitre 10 sera tout entier consacré aux deux plantes médicinales que le grec appelle ἐλλέβορος, qualifiées d'après la couleur de leur racine, l'une de μέλας, l'autre de λευκός. L'hellébore « noir » est bien, du point de vue botanique, un *Helleborus*, mais on reconnaît unanimement dans le « blanc » une plante très différente, le vératre, *Veratrum album* L. Celui-ci porte encore chez nous le nom vulgaire d'« hellébore blanc », bien que cette Liliacée (ou Mélanthiacée dans la nomenclature la plus récente) n'ait rien de commun avec le genre *Helleborus*. Nous verrons au chapitre 10 que Théophraste, ne connaissant pas ces plantes, renonce à débrouiller les informations dont il dispose à leur sujet. La distinction faite ici entre une grosse racine superficielle tubérisée et de fines racines profondes ne peut s'appliquer qu'au

vératre. Dioscoride dit en effet dans sa notice ἐλλέβορος λευκός (IV, 148) : « A la base [de la tige] se trouvent des racines nombreuses, fines, qui naissent en touffe d'un petit renflement allongé, comme qui dirait un oignon ». L'observation directe confirme pleinement cette description. — Le féminin ταῖς κυσίν pose un petit problème insoluble : s'agit-il de « chiennes » ou de « chiens » ? On sait que pour désigner un genre animal le grec préfère souvent le féminin au masculin sans raison évidente ; ainsi Arist., *H.A.* 498 b 13-15 : « les chameaux (αἱ κάμηλοι) de Bactriane (αἱ Βάκτριαι) diffèrent de ceux d'Arabie : les uns (αἱ μὲν) ont deux bosses, les autres (αἱ δὲ) une seule ». Mais les Grecs prenaient-ils soin de purger leurs chiens, si ce n'est les femelles après la mise bas ?

13. C'est un jugement à la fois lucide et mesuré que Théophraste porte sur ces bons connaisseurs des plantes qu'il a nécessairement fréquentés et à qui il doit une partie de ses renseignements sur les « simples ». Il ne peut pas cependant passer sous silence la « dramatisation » qui rendait leur activité plus rémunératrice en justifiant le prix des drogues et en décourageant d'éventuels concurrents. Il est évidemment impossible de délimiter dans chacune de leurs pratiques la part du charlatanisme et celle d'une croyance sincère en des forces occultes de la nature.

14. Recommandation parfaitement fondée en ce qui concerne la thapsie, car la poussière des anciennes feuilles entourant le collet et de l'écorce très friable de la racine est dangereuse pour l'opérateur. Elle provoque une vive irritation du visage et des mains, avec une éruption de vésicules et des démangeaisons insupportables. Pour avoir déterré à mains nues une racine de thapsie, nous en avons fait l'expérience.

15. La « ronce des chiens » (τὸ κυνόσβατον) brièvement décrite en III, 18, 4 est un églantier du type de *Rosa canina* L. (cf. n. 10 *ad loc.*). Son fruit, le cynorrhodon, forme une urne charnue remplie de graines dures et de poils rudes qui lui ont valu son nom vulgaire de « gratte-cul ». Comme il s'agit d'un fruit indéhiscent, qui se dessèche sans libérer son contenu, le risque d'avoir les yeux irrités par ces poils est tout à fait imaginaire.

16. Dans la mesure où la cueillette des simples s'apparente à des pratiques magiques, la nuit a pu lui être réputée favorable. On notera cependant que dans la plupart des exemples donnés plus loin l'opération se déroule de jour : l'herboriste a besoin de voir clair pour repérer les plantes et en prélever soigneusement la partie utile, tout en surveillant les alentours.

17. Le chèvrefeuille appartient au genre *Lonicera* L. représenté en Grèce par sept ou huit espèces (*Flor. eur.* IV, 46-48) dont deux au moins, *L. etrusca* Santi et *L. implexa* Aiton, sont communes aux environs d'Athènes (*Consp. flor. gr.* I, 698-700). Abstraction faite du camérisier (*L. xylosteum* L.) qui passait pour un « cornouiller

femelle » (cf. n. 1 à III, 12, 1) et du chèvrefeuille des bois (*L. pericly-menum* L.) présent en Grèce seulement de la Macédoine à l'Épire, les deux espèces nommées en premier lieu ont les meilleures chances de correspondre à κλύμενον. C'est même plus précisément le chèvre-feuille entrelacé (*L. implexa*) que Dioscoride décrit (IV, 14) sous le nom de περικλύμενον « appelé aussi κλύμενον », avec des détails caractéristiques : « feuilles embrassantes et blanchâtres... fruits qu'on dirait posés sur la feuille » (autres détails dans notre article *Phyto-nymes grecs et morphologie végétale*, in *J. Savants*, 1984, p. 161-172 [= *Études*, p. 301-308, avec une illustration en couleur]). Les proprié-tés pharmacodynamiques attribuées plus loin au κλύμενον sont iden-tiques à celles du περικλύμενον / κλύμενον de Dioscoride : effet stérilisant du fruit (*H.P.* IX, 18, 6 : « on se trouve, dit-on, dans l'im-possibilité de procréer si l'on prend le fruit du chèvrefeuille en potion trente jours de suite » ~ Diosc. IV, 14, 2 : « les feuilles ont les mêmes propriétés que le fruit ; on raconte que sept feuilles prises en potion pendant trente jours rendent stérile ») ; aptitude thérapeutique (*H.P.* IX, 18, 7 : « on l'utilise [le cétérach] comme le chèvrefeuille [ὥσπερ τῷ κλυμένῳ] pour les maladies de la rate [πρὸς τοὺς σπλῆνας] » ~ Diosc. IV, 14, 1 : « le chèvrefeuille, appelé aussi 'herbe à la rate' [σπλήνιον]... » ; IV, 14, 2 : « le fruit... fait fondre la rate [σπλῆνα ἐκτήκει] »). Sans écarter absolument d'autres espèces, on admettra donc que le κλύμενον de Théophraste est *L. implexa*, du reste seul chèvrefeuille typiquement méditerranéen, à feuilles persistantes.

18. Les propriétés bactéricides de l'ail, reconnues par la science moderne, sont à l'origine de la croyance en la vertu prophylactique de cette plante ; voir le commentaire d'O. Navarre (C.U.F., 1924, p. 105-106) à Théophraste, *Caract.* XVI, 13, qui mentionne « les hommes couronnés d'ail qu'on rencontre dans les carrefours », à savoir les net-toyeurs chargés d'enlever les victuailles offertes à Hécate quand elles s'étaient gâtées sur place. — Alors que pour servir de boisson le vin était largement étendu d'eau, les médecins antiques le prescrivaient pur dans les cas où ils faisaient appel à son pouvoir échauffant et stimulant à des fins thérapeutiques ; cf. J. Jouanna, *Vin et médecine dans la Grèce ancienne*, in *Rev. Ét. Gr.* 109, 1996, p. 410- 434, en part. p. 430 : « A partir du moment où la médecine (à l'époque hellénis-tique) s'est intéressée aux antidotes (...) le vin a été utilisé pour la pré-paration de tels remèdes. (...) Le vin pur était lui-même considéré comme un antidote contre la ciguë ». Son usage préventif dans notre texte suppose également l'aptitude d'un vin fort à faire réagir l'orga-nisme contre le contact ou l'inhalation de substances végétales délé-tères.

19. Le grec et le français se rejoignent dans l'expression familière de l'invention fantaisiste superposée à un fait réel ou plausible, facile-ment décelable pour tout autre qu'un naïf.

20. Bien que la pivoine (*Paeonia* L. spp.) tire son nom παιωνία de Παιήων, médecin des dieux dans l'*Iliade* (E 401 ; 899), plus tard assimilé à Apollon guérisseur (Παιάν / Παιών), c'est le synonyme plus modeste γλυκυσίδη, litt. « grenade douce » (ses graines rouges rappellent des grains de grenade), qui apparaît le premier dans les textes médicaux grecs. « Plusieurs traités de la *Collection hippocratique* attribuent [à la pivoine] des propriétés thérapeutiques et citent la plante une trentaine de fois. Cependant son emploi y est presque exclusivement recommandé pour favoriser l'écoulement menstruel ou pour guérir de nombreuses affections propres à la femme » (Ducourthial, *Flore magique*, p. 305). Cette spécificité gynécologique jointe à une association d'idées naturelle entre le cycle physiologique féminin et le mois lunaire a pu contribuer à faire de la pivoine la plante de la lune dans les traités astrologiques de basse époque (cf. Ducourthial, *ibid.*, p. 295-303, avec la traduction de plusieurs versions du *Traité sur la pivoine*). Déjà les ῥιζοτόμοι de Théophraste recommandent de déraciner la pivoine de nuit, mais c'est pour tromper la vigilance du pic, supposé défenseur de la plante. Comme le remarque G. Ducourthial (*ibid.*, p. 156), nous ignorons la raison qui a fait mettre tel oiseau en relation avec telle plante. D'Arcy W. Thompson, *A Glossary of Greek Birds*, London, 2nd ed. 1936, p. 92-93, identifie le δρυοκολάπτης avec le grand pic noir, *Picus martius*. Celui-ci est dans Aristophane (*Ois.* 480) le plus ancien roi de l'univers, dépossédé de son sceptre par Zeus ; dans les légendes latines (réf. dans D'Arcy Thompson, *ibid.*), un roi du Latium métamorphosé en oiseau. Ce statut exceptionnel s'explique sans doute par l'étrangeté de l'animal. « La rencontre de ce très grand oiseau, écrit J. Brosse (*Mythologie des arbres*, Paris, 1989, p. 91-92), entièrement noir, sauf une grande calotte rouge, un œil très clair et un bec extrêmement fort et acéré qui paraît sculpté dans l'ivoire, est toujours saisissante pour le promeneur qui le surprend ». On pourrait penser à un rapport de magie sympathique entre cet oiseau tout noir à huppe rouge et les graines de la pivoine, rouges par nature, noires après l'ouverture du follicule, que déjà les Hippocratiques distinguaient clairement ; cf. par ex. *Nat. fem.* 106 (VII, 426-427 Littré) : « Prenez trois ou quatre grains rouges de pivoine (γλυκυσίδης κόκκους τοὺς ἐρυθροὺς)… ; si vous voulez que ce soit plus actif, pilez de la même façon des grains noirs de pivoine (τῶν μελάνων κόκκων τῆς γλυκυσίδης)… ». Mais il faut se garder de prendre trop au sérieux ce que Théophraste tient visiblement pour des balivernes, tel ce risque de descente du fondement qui rappelle les plaisanteries scatologiques d'Aristophane.

21. L'équivalence posée dans L.S.J. (d'après l'*Index of plants* de l'éd. Hort) κενταυρίς (Thphr.) = κενταύρειον τὸ μικρόν (Diosc.) = *Erythraea centaurium* n'est pas acceptable. Dans la petite centaurée ce sont en effet les parties vertes et surtout les sommités fleuries qui sont

utilisées en herboristerie (Héraud, *Dict. pl. médicinales*, p. 208-209) ;
« la racine est petite, sans usage » (Diosc. III, 7). Or Théophraste dit
plus loin (IX, 14, 1) de la κενταυρίς que « la racine est charnue et
compacte », ce qui est vrai de *Centaurea centaurium* (et de son vicariant grec, *C. amplifolia* ; cf. n. 17 à III, 3, 6), mais non de *Erythraea
centaurium*. Il faut donc considérer κενταυρίς comme une variante
non significative de κενταύριον / κενταυρία (cf. ἀνάγυρος et ἀνά-
γυρις dans Diosc. III, 150 : ἀνάγυρος· οἱ δὲ ἀνάγυριν … καλοῦσι)
ou suivre Schneider (III, 749) qui propose de distinguer κενταυρίς
« racine de centaurée » de κενταύριον, nom de la plante entière. —
La buse (*Buteo buteo*) est un rapace puissant (« le plus fort des fau-
cons » selon Aristote, *H.A.* 620 a 17) et peu craintif, qui, vu de près,
peut paraître impressionnant.

22. Le verbe qui régit les infinitifs indiquant la conduite à suivre est
κελεύουσι (p. 22, l. 19). Dans le texte de U* M* ἄλλας δέ τινας
αἰτίας, il faut sous-entendre un verbe déclaratif de sens compatible
avec celui d'αἰτίας, qui demande à être précisé (cf. Hort « other rea-
sons for caution are also given »). Avec ὁμοίως à la place de αἰτίας,
il suffit de corriger ἄλλας … τινας en ἄλλα … τινα (Wimmer 1842
suggère ἄλλα … τοιαῦτα) pour en faire l'objet de κελεύουσι non
répété, parallèlement à (p. 23, l. 10) ἄλλα δὲ τοιαῦτα πλείω.

23. La différence est bien marquée entre des superstitions ridicules
et une piété de bon aloi. Théophraste admet sans peine que l'homme
demande aux dieux le succès de son entreprise, qu'il s'agisse des fabri-
cants de poix macédoniens (IX, 3, 3 « Ils font un sacrifice (…) et des
prières pour que la poix soit abondante et de belle qualité ») ou du
ῥιζοτόμος soucieux d'extraire du sol une racine qu'un droguiste achè-
tera sans lésiner.

24. La panacée d'Asclépios et ses usages thérapeutiques seront
décrits en IX, 11, 2. Seul importe ici le cérémonial de sa récolte, repris
dans Pline, XXV, 30, avec cette différence que le gâteau de tous fruits
au miel est remplacé par « toutes sortes de céréales ». « Les substances utilisées, remarque G. Ducourthial (*ibid.*, p. 176), sont les
mêmes que celles qui étaient offertes au cours des sacrifices non san-
glants de la religion civique. (…) Ces offrandes avaient probablement
pour objet d'apaiser la terre présumée meurtrie ou offensée par l'extraction des plantes ou encore de calmer la colère des divinités supposées
les protéger ». Ainsi le cueilleur « espérait écarter toute sanction de
leur part, notamment celles qui auraient pour effet de priver les plantes
récoltées de toutes leurs propriétés ».

25. L'identification de la *xiris* (litt. « herbe à rasoirs ») chez Théophraste pose des problèmes qui n'ont pas retenu l'attention des commentateurs. Sa simple et unique mention laisse entendre que c'était
pour l'auteur une espèce peu importante mais familière à ses contemporains. La seule description détaillée d'une plante nommée ξυρίς est

la notice de Dioscoride (IV, 22) qui commence par les précisions suivantes : « *xyris* : on l'appelle aussi *xiris* (οἱ δὲ ξιρίδα ... καλοῦσι) ou iris sauvage (ἶριν ἀγρίαν), à Rome *gladiolus* ». On y a reconnu depuis longtemps l'iris fétide, *Iris foetidissima* L., bien caractérisé par sa feuille semblable à celle de l'iris cultivé, « pointue à l'extrémité » (ἐξ ἄκρου ὀξύ), sa fleur violacée « rouge foncé au centre » (τὸ δ' ἐν μέσῳ φοινικοῦ : ce sont les étamines d'un ocre intense), sa capsule en forme de concombre renfermant des graines rondes, rouges (καρπὸς ... μέλας dans le texte de Wellmann, mais plusieurs mss. donnent ἐρυθρός), sa racine longue et noueuse (un rhizome). Ce n'est donc pas une « plante indéterminée », comme le prétend J. André (n. 3 à Pline, XXI, 142 ; *Noms de plantes*, s.v. *xyris*) en attribuant par erreur à l'iris fétide des « fleurs jaunes » (confusion ave l'iris des marais, *I. pseudacorus* L. ?) et en observant que Dioscoride ne note pas l'odeur désagréable des feuilles froissées (l'apparat critique de Wellmann signale l'addition par une main récente de *spatula fetida* en marge du ms. N). L'iris fétide ne saurait être cependant la *xiris* de Théophraste pour une raison décisive de géographie botanique : *Iris foetidissima* appartient à la flore de l'Europe occidentale et ne dépasse pas vers l'est le nord-est de l'Italie (*Flor. eur.* V, 88) ; comme il n'a jamais eu d'exploitation intensive, sa distribution actuelle, d'où la Grèce est exclue, correspond certainement à son aire naturelle. Seule serait assimilable à notre *xiris* une plante assez commune en Grèce pour que son arrachage y ait donné lieu à l'établissement de pratiques magiques, et d'autre part pourvue d'organes dont l'aspect évoque celui d'un rasoir (ξυρόν auquel ξίρις / ξιρίς est apparenté, au moins par étymologie populaire ; cf. Chantraine, *D.E.L.G.* s.v. ξύω). Ni les textes ni les lexiques usuels ne nous renseignent (cf. la glose d'Hésychius ξειρίς· ἀρωματικόν τι φυτόν, reprise par Photius qui ajoute ᾿Αριστοφάνης, sans autre précision ; il semble que l'« iris sauvage » qu'était la *xyris* ait emprunté à l'iris cultivé sa qualité de « plante aromatique »). L'apport le plus substantiel est celui des Glossaires de botanique édités par A. Delatte (*Anecdota atheniensia*, t. II, Liège, 1939, p. 273-453). A côté de gloses qui reproduisent les synonymies de Dioscoride et du pseudo-Dioscoride, on y rencontre trois définitions nouvelles : ξυρὶς τὸ μελίσσιον « ... la petite abeille » (Lexique de Néophytos, p. 292, l. 8 Delatte) ; ξυρὶς τὸ μελάνθιον « ... la plante noire » (dans cinq mss. de Paris, *ibid.* 329, 14 ; 336, 19 ; 355, 16-17 ; 371, 1-2 ; 380, 26-27) ; ξυρίδα σεραπείαν ἢ ὄρχιν φρυγανώδη « ... le sérapias ou orchis suffrutescent » (*Parisinus suppl. gr.* 637, *ibid.* 329, 16-17). Il s'agit dans tous les cas d'orchidées à feuilles et à bractées plus ou moins nettement pointues et dressées. Μελίσσιον et μελάνθιον s'appliquent à des *Ophrys*, dont les fleurs à labelle brun foncé ressemblent étrangement à des insectes ; d'où des noms vulgaires et savants comme ophrys « abeille » / *Ophrys apifera*, « petite araignée » / *O. araneola*,

« guêpe » / *O. sphegodes* (cf. σφήξ), etc. Le « sérapias ou orchis suffrutescent » ne peut être que le plus grand et le plus touffu des *Serapias*, *S. vomeracea* (N.L. Burman) Briquet. Avec des tiges florales de
25-60 cm, parfois réunies à 5-6 sur le même pied, c'est l'espèce qui
répond le mieux à la définition d'un sous-arbrisseau (cf. *H.P.* I, 3, 1).
Ses feuilles dressées ont le même port que celles de l'iris fétide, mais
c'est dans l'inflorescence que la ressemblance avec un rasoir est la plus
frappante : toutes ses parties (bractée, casque et labelle de la fleur),
remarquablement longues, aiguës et raides, font penser à des lames
effilées (excellente documentation photographique dans P. Delforge,
*Guide des orchidées d'Europe, d'Afrique du Nord et du Proche-
Orient*, Lausanne-Paris, 1994, p. 204). Ce n'est pas sans raison que la
plante a été appelée aussi *S. lancifera* St. Amand. Fréquente en Grèce,
elle est signalée même sur l'Hymette (*Consp. flor. gr.* III, 158-159,
sous le nom de *S. longipetala* Ten.). Au sujet des racines, voir la note
suivante.

26. L'encerclement symbolique de l'objet dont on veut prendre pos-
session ou ne pas laisser s'échapper les propriétés est une des pratiques
magiques les plus banales (cf. Delatte, *Herbarius*, p. 45-54 ; Ducourthial, *Flore magique*, p. 157-159). De même la triple répétition d'un
acte ou d'une formule, dont l'étude la plus complète reste celle de W.
Deonna, *Trois, superlatif absolu*, in *Ant. Class.* 23, 1954, p. 403-428 ;
l'auteur y démontre que « trois » a été considéré comme le premier
nombre impair, indivisible et donc propre à exprimer la puissance
maximale. — La façon de couper les racines de la *xiris* est plus singulière. Elles ne sont pas nécessairement deux en tout, puisque πρῶτον
« appelle » δεύτερον et non ἕτερον, mais l'opérateur en tient deux à
la fois, la première cueillie portée en l'air comme une offrande aux
puissances célestes et l'autre en cours d'arrachage. C'est une posture
tout à fait inconfortable, qui laisse une seule main libre pour trancher
la seconde racine. S'il s'agissait d'un rhizome volumineux et dur, il
serait impossible de le couper dans ces conditions ; un tubercule de
Serapias, petit et charnu, offre moins de résistance. Qu'il ait été
recherché par les ῥιζοτόμοι n'a rien pour surprendre : toutes les orchidées à tubercules ont été associées à l'idée de fécondité (cf. IX, 18, 3
pour ὄρχις) et sont encore en Orient victimes d'un arrachage inconsi-
déré pour la fabrication du *salep*, sorte de fécule prétendue reconsti-
tuante.

27. Les usages thérapeutiques de la mandragore, *Mandragora
autumnalis* Bertol., seront décrits en IX, 9, 1. Ses effets qui se prêtent
le plus à une représentation symbolique se devinent ici à travers le
cérémonial de son arrachage. Son action sédative et narcotique était
connue de tous (cf. Xén., *Banq.* 2, 24 ; Plat., *Rép.* 488 c ; etc.) au point
d'être devenue proverbiale : « nous ressemblons à des gens qui ont bu
de la mandragore ! », s'exclame Démosthène (*4ᵉ Phil.*, 6) pour faire

honte aux Athéniens de leur apathie. La prescription de couper la mandragore face au couchant, traditionnellement associé au sommeil et à la mort parce que le soleil y « meurt » chaque soir, doit se comprendre comme une allusion au pouvoir hypnotique de la plante (explication un peu différente dans Delatte, *Herbarius*, p. 44-45).

28. Des propriétés aphrodisiaques et génésiques sont attribuées à la mandragore depuis un lointain passé. La *Genèse* (I, 30, 14-17) raconte comment Rachel fut guérie de sa stérilité grâce à des « pommes d'amour » qui étaient des fruits de mandragore. L'usage de cette plante pour confectionner des philtres est simplement noté par Théophraste (ci-après, ch. 9, §1) et par Dioscoride (IV, 75 « sa racine passe pour entrer dans la composition des philtres »). C'est ici une partie des modalités de sa cueillette qui présente la connotation le plus nettement érotique. — Le membre de phrase τὸν δ᾽ ἕτερον — περὶ ἀφροδισίων offre deux possibilités de construction syntaxiquement correctes mais dont une seule donne un sens satisfaisant. 1) En faisant de τὸν δ᾽ ἕτερον (μανδραγόραν) l'objet de περιορχεῖσθαι (qui admet un acc. rei ; cf. L.S.J.), Hort traduit : « and at the cutting of the second piece one should dance round the plant ». On se demande alors pourquoi deux racines (ἕτερον) entrent en compte, si elles appartiennent ou non à la même plante, à quoi sert la seconde puisqu'il n'est pas dit qu'on la coupe. C'est totalement incohérent. 2) Il faut à l'évidence sous-entendre ῥιζοτόμον, ou tout autre nom de personne, après τὸν δ᾽ ἕτερον pour former le groupe sujet de περιορχεῖσθαι καὶ λέγειν. Ainsi comprenait déjà Gaza : « *alterum* succidere... *alterum* circumsaltare » ; de même Wimmer (1866) : « Mandragoram... circumscribere... jubent et ad occasum conversum succidere : *alterum* interim circumsaltare... ». L'intervention d'un second opérateur justifie l'emploi de ἕτερος et permet de reconstituer un scénario bien réglé : pendant que l'un circonscrit la plante, déterre et coupe la racine, l'autre décrit tout autour un cercle plus large en dansant et en prononçant des paroles érotiques, afin de retenir dans ce périmètre, par une barrière symbolique, les vertus aphrodisiaques de la plante. Ducourthial, *Flore magique*, p. 506, n. 72, écarte cette interprétation « car la présence d'un assistant aux côtés du cueilleur serait en contradiction avec l'obligation qui lui est faite d'être seul ». Cette objection repose sur une assimilation abusive du cueilleur de simples à un véritable magicien. Il n'est dit nulle part, à notre connaissance, que le ῥιζοτόμος doit opérer seul. Celles de ses pratiques qui s'apparentent à la magie visent uniquement à garantir la qualité de sa récolte et sa propre sécurité (cf. Delatte, *Herbarius*, p. 40 : « Pour arracher le χαμοπέτρις, d'après une recette du codex Barberinus III, 3, on doit être deux, par mesure de précaution sans doute »). — L'emploi de περιορχεῖσθαι pour décrire la danse exécutée autour de la mandragore est plus significatif qu'il ne paraît à première vue. C. Watkins, « La famille indo-européenne de grec ὄρχις : linguistique, poétique et

mythologie », *Bull. Soc. Linguist. Paris*, 70, 1975, p. 11-26, rapproche ὀρχεῖσθαι de ὄρχις « testicule », en soulignant (p. 18-19) l'orienta-tion nettement sexuelle du verbe et de son dérivé ὀρχηστής dans leurs plus anciennes attestations épigraphiques, notamment « dans les graffiti obscènes de Théra sur un rocher 'prope epheborum gymnasium', *IG* XII ɪɪɪ, 536-544 » (cf. L.S.J. *Revised Suppl.* [1996], s.v. ὀρχέομαι II b « prob. sens. obsc. *IG* 12 (3). 536 (Thera, VIII BC) » ; s.v. ὀρχηστής « Dipylon vase, *c.* 725 BC, perh. here in erotic sense ». Selon Watkins, « la valeur de 'danser', déjà acquise dans Homère, se serait développée par effacement du sens spécifique sexuel originaire (...) ; la voie parti-culière en Grèce était peut-être la danse lascive ». L'emploi de περι-ορχεῖσθαι dans notre texte semble bien confirmer cette interprétation.

29. Cf. VII, 3, 3 pour le semis du cumin, dont la ressemblance avec la procédure précédente se limite à l'usage de mots censés exercer une influence sur la plante. Cette remarque incidente n'est peut-être qu'une glose marginale passée dans le texte.

30. Quoique reçu dans L.S.J. à titre de *varia lectio*, l'hapax προσ-κατεύχομαι a toutes chances d'être un mot fantôme introduit dans une partie de la tradition par la dittographie de πρὸς (ἕω).

31. Aucune tentative pour restaurer un texte très fautif n'a donné de résultat convaincant. Avec un minimum de corrections (γε pour δὲ, suppression de ὁ ἀετός en tant que glose), la phrase est à peu près intelligible si τοῖς τέμνουσιν désigne non une catégorie générale mais les participants à l'opération : l'un fait le guet (ἀετὸν δὲ — ἐξ ἀρισ-τερᾶς) pendant que l'autre (ὁ ἐγγὺς) s'affaire autour de la racine ; il importe de la trancher d'un coup (διατέμῃ — remarquer le préverbe et l'aoriste) et de déguerpir aussitôt pour ne pas laisser à l'aigle protec-teur de la plante le temps de s'apercevoir du larcin. La gravité du dan-ger (κίνδυνον ... εἶναι ... ἀποθνῄσκειν ἐνιαυτῷ) est proportionnée à la puissance physique et symbolique de l'aigle, grand rapace doué d'une vue perçante et oiseau de Zeus. Dioscoride, IV, 162, 4, s.v. ἐλλέβορος μέλας, résume plus clairement les mêmes pratiques : « pour le déterrer, on se place face au levant, on prie Apollon et Asclé-pios, et on se garde d'un aigle car, dit-on, le voir voler vers soi n'est pas sans danger : l'oiseau donne la mort, s'il s'aperçoit qu'on déterre l'hellébore » (cf. aussi Pline, XXV, 50).

32. *Supra*, §6 ὥσπερ ἐπίθετα ; §7 εἴ τι καὶ ἄλλο προστιθέασιν.

33. *Supra*, §2-4.

Chapitre 9.

1. Cf. IX, 8, 1 : les vertus des plantes appelées « racines » « se trouvent la plupart du temps dans les racines mêmes, ainsi que dans les fruits et la sève, parfois aussi au niveau des feuilles ».

2. Le développement suivant (§2) montre qu'il s'agit ici de la pana-cée par excellence, la « plante à galbanum » de IX, 1, 2 et IX, 7, 2, et

non des « panacées » de Grèce, décrites plus loin (IX, 11, 1-3). Bien des plantes supposées aptes à « tout guérir » (πᾶν ἀκεῖσθαι) ont porté le nom de « panacée », lui-même variable dans sa forme : πάνακες, -ους (τό), πάναξ, -ακος (ὁ), πανάκεια, -ας (ἡ) en IX, 15, 7. Les deux premiers termes étant interchangeables, la leçon retenue dans notre texte est celle de l'ensemble ou de la plupart des témoins.

3. L'exemple de la scammonée n'est pas repris dans la suite, peut-être parce que Théophraste connaissait mal la plante (cf. n. 26 à IX, 1, 3), mais surtout parce que la drogue n'est pas en ce cas la racine *et* le suc, mais seulement le suc de la racine, comme il est dit plus justement en IX, 20, 5 : τῆς σκαμμωνίας … ὁ ὀπὸς μόνον χρήσιμος, ἄλλο δ᾽ οὐδέν. — Le cyclamen fournit au contraire un bon exemple, présenté en détail au §3. — Le suc de la thapsie a été mentionné plus haut (IX, 8, 3 ; cf. aussi IX, 20, 3) ; l'usage de sa racine sera précisé au §5.

4. Καὶ ἑτέρων introduit un second groupe d'espèces, dont les parties utilisées seront indiquées au fil de l'exposé (pour la mandragore, l'hellébore, etc.), à la différence du premier, composé de deux catégories morphologiquement définies (τῶν μὲν ἡ ῥίζα καὶ ὁ καρπὸς καὶ ὁ ὀπός, τῶν δὲ ἡ ῥίζα καὶ ὁ ὀπός).

5. Aucune autre plante n'a fait une plus brillante carrière dans la magie, voire dans la sorcellerie, que la mandragore (pour la Grèce et l'Orient, *Mandragora autumnalis* Bertol., à fleurs violettes et baies orangées, et en outre pour l'Italie *M. officinarum* L., dont les fleurs sont blanc verdâtre et les fruits jaunes). Outre les vertus aphrodisiaques qui lui étaient attribuées (cf. n. 28 à IX, 8, 8), son étrange racine anthropomorphe la vouait à toutes sortes de pratiques occultes que Théophraste se borne à rappeler comme un fait de notoriété publique (καὶ δὴ πρὸς φίλτρα). C'est cependant au cours de l'antiquité tardive et du moyen âge que les superstitions relatives à la mandragore ont pris un prodigieux développement. D'une bibliographie immense et forcément répétitive on peut ne retenir que quelques titres : A.T. Starck, *Der Alraun*, Baltimore, 1917 (avec une longue liste de travaux antérieurs) ; Steier, s.v. *Mandragoras*, in *R.E.* XIV 1 (1928), c. 1028-1037 ; H. Rahner, *Mythes grecs et mystère chrétien* (trad. H. Voirin), Paris, 1954, p. 241-299 ; Ducourthial, *Flore magique*, p. 402-407, 563-565 et *passim*. Deux articles originaux méritent d'être signalés : M. Eliade, *La Mandragore et les Mythes de la 'Naissance miraculeuse'*, in *Zalmoxis* (Paris-Bucarest), 3, 1940-42, p. 3-48 (extension des légendes occidentales dans le monde arabe et jusqu'en Chine, où la mandragore est relayée par le ginseng) ; D.M. Jarry, *Heurs et malheurs de la Mandragore*, in *Ann. Soc. Hort. Hist. Nat. Hérault*, 106, 1966, p. 167-174 et 238-246 (étude de la mandragore par un médecin-botaniste érudit, avec [p. 171] le dessin d'après nature d'une racine dont la ressemblance avec une silhouette féminine est saisissante). — Seuls les usages médicaux ont retenu l'attention de Théophraste. Assez

nombreux dans le corpus hippocratique, ils s'y appliquent à des affections différentes (citations traduites dans Ducourthial, p. 564-565, n. 58). En revanche, les indications de notre texte se retrouvent chez Dioscoride (IV, 75) : §4 « les feuilles fraîches conviennent pour les inflammations des yeux et celles qui se produisent au niveau des plaies, en cataplasme avec de la farine d'orge » ; §5 « la racine en poudre mélangée à du vinaigre guérit les érysipèles (…) et fait cesser les douleurs articulaires ». Mais la racine de mandragore était surtout connue comme narcotique et anesthésique : « les médecins l'utilisent, ajoute Dioscoride (*ibid.*, §7), quand ils doivent inciser ou cautériser ». En raison de cette popularité (cf. références citées *supra*, n. 27 à IX, 8, 8), le texte de la scholie à Platon, *Rép.* 488 c : πρὸς ὕπνον μᾶλλον καὶ δὴ πρὸς φίλτρα paraît préférable à la tradition directe : πρὸς ὕπνον καὶ (πρὸς) φίλτρα. Il est vrai que commentant dans Platon la mésaventure d'un patron de navire endormi par ses matelots avec de la mandragore, le scholiaste a pu donner un coup de pouce à la phrase de Théophraste.

6. Les variantes de la tradition ἐν γλεύκει / ὑπὲρ γλεύκους, ὑπὲρ καπνοῦ / ἐπὶ καπνῷ reflètent l'embarras de lecteurs ou éditeurs anciens devant une phrase durement elliptique. Pline (XXVI, 121) la traduit en ces termes : *mandragorae radix secatur in asses ut cucumis, primumque super mustum suspenditur, mox in fumo* « la racine de mandragore est coupée en rondelles, comme un concombre, et suspendue d'abord au-dessus de moût, peu après dans de la fumée ». Si le séchage lent par la fumée se pratique encore pour certains produits alimentaires, on ne voit pas quel effet attendre de la suspension de ces tranches au-dessus de moût. C'est leur immersion plus ou moins prolongée dans ce liquide qui peut modifier leur composition chimique. Venant après ὄξει δευθεῖσαν (l. 11) et ἐν οἴνῳ ἢ ἐν ὄξει (l. 13), ἐν γλεύκει suffisait, aux yeux de Théophraste, à noter cette seconde phase du processus. P. Louis cite et commente dans son Introduction à l'*Historia animalium* d'Aristote (C.U.F., 1964, p. XLV) une phrase encore plus elliptique décrivant la manière de recueillir le suc du figuier (522 b 3-4) : « ὁ μὲν οὖν ὀπὸς εἰς ἔριον ἐξοπισθείς, ὅταν ἐκπλυθῇ πάλιν τὸ ἔριον εἰς γάλα ὀλίγον. Elle signifie : 'Le suc de figuier est recueilli sur de la laine ; après rinçage, on reprend la laine et on la met dans un peu de lait'. Deux verbes sont sous-entendus, l'un qui accompagnerait πάλιν (on reprend la laine), l'autre εἰς γάλα (on la plonge dans une petite quantité de lait) ».

7. La ville phocidienne d'Anticyre, sur les bords du golfe de Corinthe, était réputée pour la qualité de son hellébore et pour l'aptitude de ses médecins à l'utiliser judicieusement. Selon Strabon (IX, 3, 3), une ville homonyme se trouvait entre le fond du golfe Maliaque et les piémonts de l'Œta (voir la carte hors texte « Phocide Locride » dans l'éd. R. Baladié de Strabon, C.U.F., t. VI, 1996). « On dit que

c'est là-bas, poursuit le géographe, que pousse le bon hellébore, mais que sa préparation est meilleure ici, ce qui explique l'afflux des malades qui viennent y séjourner pour se purger et se soigner » (trad. Baladié). Les renseignements de Strabon sont en fait viciés par la confusion des deux « hellébores », le « blanc », à savoir le vératre (cf. n. 12 à IX, 8, 4), que Théophraste localise sur l'Œta (IX, 10, 2), et le « noir », seul véritable hellébore (*Helleborus cyclophyllus* Boiss.), qui « pousse partout » (IX, 10, 3) et dont « le meilleur est celui de l'Hélicon » (*ibid.*). A peine plus éloignée de l'Hélicon que du Parnasse, où l'hellébore abonde aussi, Anticyre disposait des ressources nécessaires pour devenir un grand centre de soins. — La construction de ἔχει δὲ σησαμώδη τοῦτον ne présente aucune difficulté : litt. « (l'hellébore) a celui-ci (τοῦτον anaphorique renvoyant à τῷ καρπῷ) semblable à du sésame » (erreur inexplicable de la part de Hort qui traduit « this fruit contains the well-known drug called *sesamodes* », comme si le texte était ἔχει δὲ τὸ σησαμοειδὲς τοῦτο). Le fruit du véritable hellébore est un follicule oblong acuminé renfermant de petites graines tout à fait semblables à celles du sésame. C'est incontestablement à ces graines que pensait Théophraste. A l'époque romaine, d'autres plantes à graines « sésamoïdes » sont entrées dans des préparations composées à base d'hellébore (cf. Strab., *ibid.* ; Diosc. IV, 148-149 ; Pline, XXII, 133 ; XXV, 52).

8. Le grec et le français se rejoignent dans l'ambivalence de πρός / « pour » ; ainsi parlons-nous de médicaments « pour (stimuler) la mémoire », « pour (combattre) la toux ». Dans la liste suivante des indications thérapeutiques de la « panacée » (groupe de férules orientales ; cf. n. 7 à IX, 7, 2), il a paru néanmoins préférable de donner parfois une traduction plus explicite. — Fruit, suc et racine présentent à des degrés divers des propriétés emménagogues, ocytociques et abortives. Dioscoride les reconnaît au galbanum dans sa notice χαλβάνη (III, 83), sans mentionner les autres produits de cette « panacée ». L'action spasmolytique, qu'il note également (*ibid.* πίνεται δὲ πρὸς … σπάσματα), est confirmée par les pharmacologues modernes. Ceux-ci attribuent au galbanum « sensiblement les mêmes usages » qu'à l'assa-foetida, « largement utilisée en Orient depuis les temps les plus reculés, surtout comme carminatif pour le traitement des coliques flatulentes » (*Recherches sur la zone aride, op. cit.* [n. 7 à IX, 7, 2], p. 40 et 82) ; cf. Thphr. πρὸς ὑποζυγίων φύσας et pour l'usage vétérinaire de l'assa-foetida, *Chopra's Indigenous Drugs of India, op. cit.* (n. 17 à IX, 7, 3), p. 175.

9. Loin de partager l'odeur repoussante de l'assa-foetida, le galbanum a un agréable parfum anisé. Déjà cité dans la Bible (*Exode*, 30, 34 ; *Ecclésiastique*, 24, 15) au nombre des parfums sacrés (cf. Miller, *Spice Trade*, p. 99 ; Faure, *Parfums et aromates*, p. 58, 89 et *passim*), il est encore utilisé dans l'industrie des cosmétiques. Sa mention

comme ingrédient du parfum d'iris ne se retrouve pas dans le traité *Des odeurs*, ni dans la notice τὸ ἴρινον (ἔλαιον) de Dioscoride, I, 56.

10. On remarquera que Théophraste, ayant organisé ce chapitre d'après des critères morphologiques (les parties de la plante utilisées), inverse pour les espèces sur lesquelles il donne quelques détails (outre la panacée, §4 le concombre sauvage, §5 le petit-chêne, §5-6 la thapsie et l'euphorbe « poire ») l'ordre habituel des notices botanico-pharmacologiques (constant dans la *Matière médicale* de Dioscoride, adopté par Théophraste lui-même dans *H.P.* VII, 6, 2-4), à savoir : 1) description physionomique de la plante, indication éventuelle de son habitat et de l'époque de sa récolte ; 2) liste de ses usages thérapeutiques, avec des précisions sur la préparation de la drogue, sa posologie et son mode d'administration. La liberté que prend ainsi Théophraste avec une tradition pharmacologique antérieure (à supposer celle-ci déjà établie dans le Ῥιζοτομικόν de Dioclès de Carystos ou dans d'autres ouvrages perdus ; voir la Notice, p. XXVIII-XXXI) montre, s'il en était besoin, que dès l'époque du Περὶ δυνάμεως ῥιζῶν Théophraste a su affirmer sa propre personnalité scientifique, celle d'un botaniste.

11. Le genre *Cyclamen* L. est représenté en Grèce par de nombreuses espèces dont les plus communes sont *C. graecum* Link, dans les garrigues rocailleuses, et *C. hederifolium* Aiton, plus montagnard. Même si des auteurs d'époque romaine ont connu aussi *C. purpurascens* Miller (*C. europaeum* auct.), présent en Italie, et *C. repandum*, à floraison printanière, aucune distinction spécifique n'est possible à l'intérieur des données médico-toxicologiques anciennes.

12. La correction décisive de ἐκπνεύσεις en ἐκπυήσεις, due à Coray, est soutenue par une indication analogue dans Hippocrate, *Maladies II*, 47 (VII, 68, 2 Littré) où le cyclamen entre dans une préparation destinée à évacuer le pus du poumon. G. Ducourthial (*Flore magique*, p. 569, n. 97) signale que cette prescription est la seule du corpus qui ne relève pas de la gynécologie, en face d'une vingtaine dans *Nature de la femme*, *Maladies des femmes I* et *II*, *Superfétation*. Théophraste résume ces derniers usages en deux mots : πρόσθετον γυναιξί. On sait aujourd'hui que les tubercules de cyclamen renferment des saponosides hémolytiques, qui peuvent provoquer des hémorragies utérines, mais aussi résorber le sang d'une plaie et en favoriser la cicatrisation : à πρὸς τὰ ἕλκη ἐν μέλιτι dans notre texte répond chez Dioscoride (II, 164, 3) ἡ ῥίζα ... τραύματα ... μετὰ μέλιτος ἰᾶται. L'instillation de suc pour dégager la tête dérive d'un effet sternuatoire naturel que la manipulation des tubercules suffit à déclencher (A.-M. Debelmas – P. Delaveau, *Guide des plantes dangereuses*, Paris, 1978, p. 48). Le pouvoir enivrant du suc mêlé au vin a été maintes fois noté après Théophraste ; cf. Diosc. II, 164, 1 ; Pline, XXV, 115 ; Galien, XII, 561 Kühn ; Isidore de Séville, *Étym.* XVII, 9, 89, etc.

13. Le passage au style indirect libre traduit peut-être une réserve de l'auteur quant à l'efficacité d'un procédé relevant de la magie plus que de la médecine. En fait, malgré la violente diatribe de l'auteur hippocratique de *Maladie sacrée* (VI, 352-364 Littré) contre les imposteurs qui prétendaient soigner par des moyens irrationnels, il semble que les médecins antiques aient assez bien admis les superstitions de leurs patients. En ce qui concerne les amulettes ocytociques (encore en usage dans des milieux traditionnels, au Maghreb particulièrement), on peut citer Diosc. III, 150, au sujet de l'anagyre (ἀνάγυρος), *Anagyris foetida* L. : « On en donne (…) pour expulser l'arrière-faix et pour faire venir les règles. (…) C'est aussi une amulette que l'on attache aux femmes qui ont des couches difficiles ; mais il faut ôter et jeter l'amulette sitôt après l'accouchement ». L'acte médical et l'acte magique coexistent ici sans difficulté. Dans le cas du cyclamen, la croyance en son pouvoir abortif était telle qu'on craignait de le voir s'exercer même à distance : « on prétend, rapporte Dioscoride (III, 164, 1), que si une femme enceinte passe au-dessus de la racine, elle avorte » (cf. Pline, XXV, 115). En marge de son usage « officiel » en gynécologie (même pour interrompre une grossesse non désirée ; cf. Soranos, *Mal. fem.* I, 20), le cyclamen était empiriquement associé à la vie sexuelle du couple et entrait dans la composition de philtres dont nous ignorons s'ils étaient supposés aphrodisiaques ou (et ?) contraceptifs.

14. Le grec dit en termes plus crus « avec lequel nous nous décrassons ». Mais la nécessité de sous-entendre dans la phrase suivante φασὶ ῥύπτειν à côté de τὴν μὲν ῥίζαν incite à choisir « déterger », usuel dans notre langue médicale en pareil contexte (cf. *T.L.F.* « déterger des aphtes »). — Le tartre ou tartrate acide de potasse est un dépôt qui se forme sur les parois des cuves et autres récipients vinaires. Dioscoride (V, 114) traite longuement de ses usages médicaux, après avoir défini ses propriétés comme « fortement caustiques et détergentes » (δύναμιν … ἔχει καυστικὴν σφόδρα καὶ σμηκτικήν). Le tartre pharmaceutique était soit à l'état de nature, soit de préférence brûlé (ἡ κεκαυμένη τρύξ), ce qui achève de légitimer la comparaison de Théophraste.

15. Le concombre sauvage, notre concombre d'âne ou momordique, *Ecballium elaterium* (L.) A. Richard, est si commun et si abondant en Grèce qu'il était superflu de le décrire, ici comme ailleurs dans l'*Historia* (IV, 5, 1 [sous le nom d' ἐλατήριον] ; VII, 6, 4 ; VII, 8, 1 ; VII, 10, 1). L'élatérium est le résidu du suc extrait des fruits (pulpe et graines), décanté et séché. « C'est le plus violent des drastiques, écrit A. Héraud (*Dict. pl. médicinales*, p. 155) ; il produit des superpurgations à des doses moindres qu'un centigramme ; il enflamme la muqueuse gastro-intestinale, détermine des vomissements ». Cette double action, purgative et émétique, sera évoquée plus loin (fin §5).

Théophraste se borne à noter ici l'usage externe de la racine, moins connu mais confirmé, en dermatologie humaine, par Dioscoride (IV, 150, 2) et Pline (XX, 4). — La momordique étant une plante « totalement estivale » (*H.P.* VII, 10, 1), il est naturel que ses fruits se récoltent à l'arrière-saison, mais on en trouve encore bien plus tard en automne. On doit les cueillir avant leur complète maturité, pour éviter qu'ils n'éclatent au simple contact, en projetant leur contenu à l'extérieur.

16. On voit quelle incommodité aurait pour un cueilleur de simples le plan suivi par Théophraste : la plante dont les usages sont exposés en premier lieu doit être identifiée d'après son seul nom (τῆς ... χαμαίδρυος), avant qu'en soient indiqués les traits physionomiques distinctifs.

17. Au sujet de la germandrée petit-chêne, *Teucrium chamaedrys* L., P. Fournier remarque (*Plantes médicinales*, II, 256) que Théophraste et Dioscoride « la désignent sous ce même nom de Chamaedrys et signalent le caractère décisif tiré de la forme des feuilles qui ne laisse aucun doute sur son identification ». Plus précisément, *T. chamaedrys* se rencontre en Grèce surtout dans les zones montagnarde et subalpine (*Consp. flor. gr.* II, 473). Il est remplacé à basse altitude et jusqu'au littoral par une espèce égéenne très voisine, *T. divaricatum* Sieber, qui a elle aussi des feuilles vert foncé, coriaces et crénelées, comparables à celles d'un chêne. *T. divaricatum* abonde aux environs d'Athènes (Halácsy, *ibid.* II, 475, l'indique sur l'Hymette, le Lycabette, le Parnès, à Égine, etc. ; nous l'avons vu très prospère dans la garrigue sous pins d'Alep à Vouliagméni – Kavouri), de sorte que les deux espèces ont pu être réunies sous le nom de χαμαίδρυς. Outre l'aspect de leurs feuilles, elles ont en commun un port buissonnant, une hauteur de 10-30 cm (cf. ὅσον σπιθαμιαῖον), des fleurs roses ou purpurines inodores. Ce dernier point fait difficulté si l'on rapporte εὔοσμον καὶ ἡδύ à la fleur ; c'est la plante entière qui est légèrement aromatique à l'état frais et conserve après dessiccation « un parfum agréable » (cf. Wim. 1866 : *suaui est odore* ; l'interprétation de Hort « it is sweet *both* to smell *and taste* » est incompatible avec l'amertume intense du petit-chêne, qualifié justement de πικρά dans Diosc. III, 98). — Du point de vue pharmacologique, l'usage des feuilles du petit-chêne « pour les fractures [ouvertes], les blessures, (...) les ulcères phagédéniques » s'explique par des propriétés antiseptiques reconnues ; cf. Fournier, *ibid.* II, 257 : « A l'extérieur, on utilise ses propriétés antiseptiques en applications sur les plaies de mauvaise nature, les écoulements muqueux (...) des yeux, les ulcères, etc. ». L'aptitude du petit-chêne à « évacuer la bile » (καθαίρειν χολήν) a été mise à profit dans le traitement des maladies du foie et en particulier contre les calculs de la vésicule biliaire (Stuart, *Encyclopédie*, p. 271). Mais des cas récents d'hépatotoxicité ont fait reconnaître à *T.*

chamaedrys une activité potentiellement dangereuse (Bellakhdar, *Pharmacopée marocaine*, p. 357).

18. Cf. IX, 11, 11 (λιβανωτὶς ἡ ἄκαρπος).

19. La thapsie, *Thapsia garganica* L., a été présentée (IX, 8, 5) comme une plante à récolter avec précaution pour éviter les dermatoses dues au contact de sa racine. Celle-ci est encore usitée en Afrique du Nord, où l'espèce est très commune, comme purgatif drastique (Héraud, *Dict. pl. médicinales*, p. 476 ; *Recherches sur la zone aride* [cf. *supra*, n. 8], p. 82). Son action émétique, simplement évoquée ici (τὸ μὲν ἄνω ... καθαίρειν) est explicitée en IX, 20, 3 : ἡ δὲ τῆς θαψίας (scil. ῥίζα) ἐμετική. Parmi ses caractères morphologiques, on retiendra « la feuille semblable à celle du fenouil en plus large » — détail qui contribue à ruiner l'identification de la thapsie avec le silphium de Cyrénaïque, « à feuille semblable à celle du céleri » (VI, 3, 1 φύλλον ... ὅμοιον τῷ σελίνῳ). Sur cette erreur tenace, voir notre article *Le silphium. État de la question*, in *J. Savants*, 2004, p. 191-226, en part. p. 210-212 et fig. 11 « *Thapsia garganica* L. Plante déracinée ».

20. Vérifiée point par point sur la plante vivante (dans une garrigue de la péninsule de Magnésie, au sud du Pélion), la description de l'ἰσχάς ou ἄπιος (*Euphorbia apios* L.) dans Théophraste ne nous laisse rien à désirer. Le nom de « figue sèche » (ἰσχάς) s'explique à la fois par la couleur brune de l'écorce peu adhérente qui recouvre la chair blanche de la racine, et par l'aspect « napiforme » (*Flor. eur.* II, 219) ou plus exactement « piriforme » de celle-ci ; ἄπιος « poire » ne fait allusion qu'à sa forme. Bien que son aire européenne soit assez peu étendue (de la région égéenne au sud-est de l'Italie), *E. apios* a tenu une place honorable dans la pharmacopée antique. Dioscoride (IV, 175) ajoute peu de chose à la description de Théophraste, mais s'étend davantage sur un usage exclusivement purgatif : « Si l'on prend la partie supérieure de la racine, elle draine, par des vomissements, la bile et le phlegme ; la partie inférieure purge par le bas, et si l'on prend la racine entière, elle provoque les deux purgations ». Sur ce point encore, Théophraste prend ses distances avec la tradition pharmacologique, en s'appuyant sur le bon sens et le raisonnement : (l. 7-8) τὸ — τυγχάνειν οὐκ ἴσως ἄτοπον ; (l. 9) τὸ — καθαίρειν θαυμασιώτερον ; (l. 11-13) τὸ — καθαίρειν ... οὐδὲν ἄτοπον.

CHAPITRE 10.

1. Les variations orthographiques du mot ἐλλέβορος, avec ou (le plus souvent) sans aspiration initiale, parfois avec un seul lambda, ne permettent pas de savoir comment il se présentait dans le texte original. La forme retenue est la plus usuelle, pour le grec ἐλλέβορος et pour sa traduction « hellébore » (cf. *T.L.F.* « ellébore, hellébore », mais les botanistes écrivent *Helleborus*, Hellébore). Les études d'en-

semble des plantes réunies dans l'antiquité sous ce nom sont peu nombreuses : l'article bien documenté mais déjà ancien de Stadler, s.v. *Helleboros*, in *R.E.* VIII 1 (1912), c. 163-170 ; la monographie très utile de M.-C. Girard, *Connaissance et méconnaissance de l'hellébore dans l'Antiquité*, n° 3 de la série « Études » publiée par le Laboratoire de recherches hippocratiques de l'Université Laval, Québec, 1986. A la simple lecture la singularité de notre chapitre 10 saute aux yeux : alors que l'hellébore était le remède à tout faire de ses contemporains, Théophraste n'entre pas dans les détails de ses usages médicaux, hormis (§4) une allusion discrète au traitement de la folie à travers la légende de Mélampous, et la formule expéditive καὶ εἰς ἄλλα δὲ πλείω χρῶνται. Deux raisons à cela : ici encore l'auteur se montre avant tout botaniste, préoccupé de dégager les traits de plantes réelles du fatras d'informations fragmentaires et contradictoires parvenues jusqu'à lui ; d'autre part, le champ d'application thérapeutique de l'hellébore était si vaste qu'il ne pouvait prétendre le délimiter (M.-C. Girard résume son étude de « l'hellébore dans le corpus hippocratique » [*op. cit.*, p. 84-97] dans une conclusion convaincante : tenu par les Hippocratiques pour l'évacuant par excellence, « l'hellébore servit à expulser le mal, quel qu'il fût »). L'effet purgatif de l'hellébore, sur lequel reposent tous ses usages, était bien connu depuis longtemps. Pausanias rapporte en effet (X, 37, 7) que dans les années 600 *a.C.* Solon d'Athènes prit la ville phocidienne de Kirrha « en versant de l'hellébore dans l'eau du Pleistos, qui fournissait les Kirrhéens ; ceux-ci, et surtout les gardiens de la ville, ayant bu de cette eau, furent pris de diarrhées incessantes et durent quitter leur poste, ce qui permit aux Athéniens de prendre la ville » (Girard, *op. cit.*, p. 49). Théophraste lui-même atteste la prise d'hellébore probablement en automédication dans son portrait du Fâcheux (*Caract.* XX, 6), qui au cours d'un repas « raconte qu'ayant pris de l'ellébore, il a évacué par en haut et par en bas, et que la bile contenue dans ses déjections était plus noire que la sauce qui est là sur la table » (trad. O. Navarre, C.U.F., 1921). — Il paraît étrange qu'un botaniste aussi bon observateur que Théophraste se soit résigné à ne voir les deux « hellébores » que par les yeux d'autrui. Sans doute n'a-t-il jamais rencontré le « blanc », notre vératre, qu'il localise (§2) dans les prairies du sommet de l'Œta. Mais comme le « noir » (*Helleborus cyclophyllus* Boiss.) « pousse partout » (§3), en formant de véritables tapis dans les clairières forestières, de la zone de l'olivier jusqu'à 2000 m d'altitude (*Consp. flor. gr.* I, 29), on a peine à croire que Théophraste ne l'a pas connu. Plus vraisemblablement, il ne l'a pas reconnu, ou il a hésité à le reconnaître, dans l'ἐλλέβορος des droguistes et des médecins. « Ces racines, écrit C. Deroux (*Note sur l'ellébore et le faux ellébore*, in *Latomus*, 35, 1976, p. 876), n'existaient probablement dans le commerce que sous des formes éloignées de leur état naturel

(morceaux, poudre, décoction, etc.). A cela s'ajoute que les marchands n'avaient nul intérêt — bien au contraire — à éclairer le public
et à lui permettre de reconnaître dans la nature des herbes dotées de
tant de vertus médicinales. » Les médecins eux-mêmes s'astreignaient
rarement à distinguer dans leurs prescriptions les deux « hellébores » : M.-C. Girard note (*op. cit.*, p. 40) que sur 118 ou 119 occurrences d'ἐλλέβορος et de ses dérivés dans le corpus hippocratique
(liste donnée *ibid.*, p. 157-158) on ne relève que 18 mentions d' ἐ.
μέλας et 3 d' ἐ. λευκός. Cette situation extrêmement confuse
explique l'incapacité de Théophraste à se faire une idée claire des
plantes correspondantes.

2. Erreur grossière imputable à des φαρμακοπῶλαι qui n'avaient
jamais vu les plantes vivantes et ne connaissaient que les drogues de
leur boutique. Même en ce qui concerne l'appareil racinaire, il est
excessif de réduire la différence entre les deux « hellébores » à la
seule couleur. La tige du vératre, renflée à la base et mordorée comme
un oignon (cf. Diosc. IV, 148), naît d'un gros rhizome à chair blanche,
recouvert d'un chevelu très dense de racines jaunâtres. L'hellébore a
un rhizome mince, dont l'écorce est d'un noir brillant (cf. Diosc. IV,
162), ramifié pour produire de nouveaux bourgeons.

3. Ces seconds informateurs sont probablement des ῥιζοτόμοι, qui
ont su donner une image assez exacte des feuilles. Le vératre présente
en effet, comme le poireau, l'aspect charnu et les nervures parallèles
des feuilles de Liliacées ; chez l'hellébore, chaque segment de la
feuille digitée a la forme d'une feuille de laurier et son vert foncé
brillant (voir l'illustration en couleur de notre *Note sur l'« ellébore
blanc » de Dioscoride*, dans *Études*, p. 179, fig. 1 et 2). La similitude
des racines, sauf pour la couleur, se limite à la présence d'un rhizome.

4. Nous ne savons pas à qui attribuer cet étrange amalgame de
caractères des deux espèces : aux informateurs cités les premiers (οἱ
... ὁμοίους λέγοντες semble bien renvoyer à οἱ μὲν ... ὁμοίους
εἶναι), qui auraient mélangé des renseignements pris auprès de leurs
fournisseurs en plantes médicinales, ou à Théophraste lui-même, égaré
par le désaccord et l'incertitude de ses sources ? La tige qui mérite le
qualificatif d'ἀνθερικώδης est celle du vératre, haute, droite, dure et
luisante, remplie d'une moelle blanche, comme celle de l'asphodèle ;
βραχὺς σφόδρα concerne au contraire la tige florale de l'hellébore,
qui ne dépasse guère 30 cm. C'est à l'hellébore qu'appartient aussi la
« feuille divisée en segments larges », issue directement du rhizome et
retombante (la comparaison avec une feuille de férule, surprenante
quand on pense aux très fines divisions de celle-ci, se justifie par la
similitude du port) ; mais les nombreuses « radicelles qui sont utilisées » sont celles de l'« hellébore » / vératre, dont il a été dit plus haut
(IX, 8, 4) qu'on choisit « les fines racines profondes », car « la grosse
racine superficielle tubérisée ne sert à rien ».

5. Construction différente mais également acceptable dans la version de U M : διὸ καὶ οὐδὲ νέμεσθαι τοῦτον « aussi ne le mangent-ils même pas ».

6. Affirmation inattendue quand on sait que le vératre « n'est pas brouté en raison de sa grande toxicité » (C. Favarger, *Flore et végétation des Alpes*, t. II, Neuchâtel, 1966, p. 178). Il se peut que τὰ πρόβατα désigne en particulier les chèvres, d'une voracité et d'une robustesse sans égales. Nous verrons (n. 14) que dans la légende de Mélampous rapportée par Dioscoride (IV, 162, 1), ce personnage est un chevrier (Μελάμπους τις αἰπόλος).

7. Le toponyme Πυρά (simplement translittéré dans les éd. Wimmer 1866 et Hort, comme si c'était un nom propre intraduisible) correspond au lieu-dit « le Bûcher », où la tradition voulait qu'Héraclès se fût immolé par le feu (cf. Soph., *Trach.*, v. 1191-1199, et le dernier ordre du héros à son fils [v. 1254] ἐς πυράν με θῆς « mets-moi sur le bûcher ! »). H. Baumann, *Bouquet d'Athéna*, p. 75, donne une photographie (fig. 176) du paysage : c'est une éminence aux formes molles, couverte d'un gazon ras, tout à fait semblable aux prairies d'alpage où se plaît le vératre (cf. *Consp. flor. gr.* III, 279, sous le nom de *Veratrum lobelianum* Bernh., variété distinguée du type par ses fleurs plus vertes : « dans les pâturages des zones subalpine et alpine » en Épire et surtout en Thessalie dans le Pinde). — La Pylée de printemps se tenait à Anthéla (voir la carte « Phocide Locride » indiquée dans la n. 7 à IX, 9, 2), celle d'automne à Delphes (la n. 1 de l'éd. Hort, p. 266, est inexacte). C'est à cette réunion des Amphictyons que Sophocle fait allusion quand le chœur des *Trachiniennes* évoque (v. 638-639) le rivage du golfe Maliaque « où se réunit pour la Grèce l'assemblée illustre des Portes (ἀγοραὶ | Πυλατίδες) » (trad. P. Mazon, C.U.F., 1955). Plus prosaïquement, Théophraste dénonce le mercantilisme des ῥιζοτόμοι qui récoltaient le vératre hors saison pour le vendre aux représentants de tout le monde grec réunis à Anthéla.

8. Théophraste est le premier à mentionner l'ἐλλεβορίνη dont il sait seulement que « c'est une petite herbe ». La brève notice de Dioscoride, IV, 108 (~ Pline, XXVII, 76, s.v. *epicactis*) est à peine plus éclairante : « L'épipactis ou helléborine est une petite plante touffue, à feuilles minuscules (θαμνίσκος μικρός, φυλλάρια ἐλάχιστα ἔχων). On la donne en potion contre les poisons mortels et les maladies du foie ». Précisons tout de suite que notre plante n'a rien à voir avec l'*Epipactis helleborine* (L.) Crantz, robuste orchidée eurasiatique ainsi nommée parce que ses grandes feuilles rappellent celles du vératre (description et photographies dans Delforge, *op. cit.* [n. 25 à IX, 8, 7], p. 65). L'« helléborine » des anciens est considérée soit comme une espèce indéterminée (*Index plantarum* Wim. 1866 ; André, *Lexique*, s.v. *elleborine* ; Ernout, n. 1 à Pline, XXVII, 76 ; *D.E.L.G.* s.v. ἐλλέ-

βορος ; Girard, *op. cit.*, p. 10), soit comme une herniaire, *Herniaria glabra* L. (*Index of plants* éd. Hort ; L.S.J. ; Carnoy, *Dict. étym. noms grecs de plantes*, Louvain, 1959, s.v. *helleborine* ; André, *Noms de plantes*, s.v. *elleborine* et *epicactis*). Selon Halácsy (*Consp. flor. gr.* I, 572-573), *H. glabra* est très rare en Grèce (l'auteur l'indique avec la mention Non vidi), à l'inverse de *H. cinerea* DC., partout présente dans les lieux incultes et sur les collines aux environs d'Athènes et dans la ville même. Du point de vue morphologique cette proposition mérite d'être retenue : *Herniaria cinerea* est une petite plante herbacée un peu ligneuse à la base des tiges, formant de larges touffes aplaties sur le sol (cf. ἐπιπακτίς litt. « celle qui est collée sur (le sol) » ; la transcription latine *epicactis* est fautive) ; elle a des feuilles minuscules et de petites fleurs à cinq sépales verts (sans pétales développés) et à étamines saillantes qui lui donnent une ressemblance frappante avec la fleur d'*Helleborus cyclophyllus*, à cinq pétales verts entourant un bouquet d'étamines. Il est tout à fait possible qu'on ait assimilé *H. cinerea* à un hellébore en miniature. Comme son nom l'indique, la herniaire a servi, avec des fortunes diverses, au traitement des hernies. Les pharmacologues lui attribuent plus sûrement une action diurétique, expectorante, dépurative et antispasmodique (Fournier, *Plantes médicinales*, t. II, p. 320-321). C'était donc, comme les les « hellébores » mais moins dangereusement, un évacuant, qui en calmant les spasmes du tube digestif, pouvait rendre la purgation moins douloureuse. L'identification traditionnelle de l'ἐλλεβορίνη est au moins une conjecture solidement fondée.

9. Quoique moins étroitement localisé que ne le croit Théophraste (cf. *supra*, n. 7) à une époque où le massif du Pinde était presque totalement inconnu, le vératre est beaucoup plus rare en Grèce que l'hellébore. Le *Consp. flor. gr.* I, 29, confirme la présence de celui-ci en Eubée (sur le Dirphys et le Téléthrion) ainsi qu'en Béotie sur l'Hélicon. Dioscoride (IV, 162, 2) recommande également l'hellébore de l'Hélicon comme le meilleur de tous.

10. L' « hellébore » de l'Œta ne peut être que le vératre, bien que le véritable hellébore s'y trouve aussi (*Consp. flor. gr., ibid.*). — L'espèce pontique est *Helleborus orientalis* Lam., qui se distingue d'*H. cyclophyllus* (endémique de la péninsule balkanique) par la persistance de ses feuilles en hiver et par la couleur de ses fleurs, d'abord blanc crème, puis jaune verdâtre tirant sur le brun. *H. orientalis* est une caractéristique de plusieurs groupements forestiers du nord-ouest et du nord de l'Anatolie (Quézel – Médail, *Forêts du bassin méditerranéen*, p. 173 et 199). — La leçon ἐλεάτης de U U* se rapporterait à Ἐλέα / Élée, ville de Lucanie, qui n'a rien à faire ici. Il s'agit d' Ἐλαία / Élaia (d'où l'adjectif ἐλαιάτης donné correctement par P) qu'évoque Thucydide (I, 46, 4) en situant la ville d'Éphyrè « dans la région de la Thesprotide appelée pays d'Élaia » (ἐν τῇ Ἐλαιάτιδι τῆς Θεσπρω-

τίδος). Élaia se trouvait près de la localité moderne de Paramythia, au pied des Ori Souliou dont le sommet dépasse 1600 m (voir la carte de l'Épire antique dans P. Cabanes, *L'Épire de la mort de Pyrrhos à la conquête romaine*, Paris, 1976). L'hellébore qui pousse à Élaia même dans les vignes ne peut être que *H. cyclophyllus* (pour sa répartition altitudinale, voir *supra*, n. 1). — A la suite de Wimmer (1842) on corrige la leçon μασσαλιώτης des mss. en μαλιώτης, d'après une conjecture de Hahnemann, *De helleborismo veterum*, Lipsiae, 1813, p. 27, approuvée par Schneider (III, 761). Il est vrai qu'on ne connaît aucune autre mention d'un hellébore « de Marseille », alors que selon Strabon (cf. n. 7 à IX, 9, 2), Anticyre de Locride, sur le golfe Maliaque, produisait l'un des meilleurs. L'adoption de la conjecture μαλιώτης a cependant deux inconvénients : 1) L'indication du « pays maliaque » paraît faire double emploi avec celle de l'Œta. La difficulté disparaît si l'on admet que l'« hellébore blanc » étant réputé propre à l'Œta, l'ensemble de la région fournissait un excellent « hellébore noir » récolté sur son territoire, à moins qu'il ne fût apporté par la vallée du Spercheios des massifs du Tymphreste et du Vardoussia, où *Helleborus cyclophyllus* reste très présent (cf. M. Barbero – P. Quézel, *Les groupements forestiers de Grèce centroméridionale*, in *Ecologia Mediterranea*, 2, 1976, p. 38, tabl. 13 ; p. 42, tabl. 15, relevés 1 et 2). 2) Il est plus gênant de ne trouver dans les textes aucune attestation de μαλιώτης. Le golfe Maliaque est appelé d'ordinaire μηλιεὺς / μαλιεὺς ou μηλιακὸς / μαλιακὸς κόλπος, dans Soph., *Trach.* 636, μηλὶς λίμνα ; le nom des Maliens est Μηλιεῖς / Μαλιεῖς, celui de leur pays (ἡ) Μηλὶς (γῆ) (Hdt.). Malgré les réserves méthodologiques qu'appelle la création d'un hapax, on ne voit pas d'autre solution.

11. La sensibilité de la vigne à l'influence des plantes voisines est exposée dans *H.P.* IV, 16, 6. L'idée que même la qualité et les propriétés du vin se ressentent de cette proximité a traversé les siècles. Olivier de Serres écrivait en 1600 : « Il est bien certain que le vin tire quelques-fois l'odeur des herbes croissans auprès des ceps, comme cela se remarque à Tournon et ailleurs, où le vin de quelques terroirs sent l'*aristolochia rotunda*, ou fausterne : mais cela est si peu que ne pourroit servir en médecine. Contre l'avis de *Caton*, lequel pour remède en maladie, conseille faire des vins provenans des ceps, près desquels expressément l'on plante de l'ellébore et de la scammonée » (*Théâtre d'agriculture*, III, 5 [p. 298]). Il y a quelques décennies seulement (avant le désherbage chimique) les vignerons languedociens craignaient eux aussi de voir leurs vignes envahies par la « fanterne » (*Aristolochia clematitis*) qui passait pour communiquer au vin son odeur fort désagréable.

12. De l'« hellébore noir » du Parnasse et d'Étolie, Dioscoride (IV, 162, 2) dit exactement le contraire : « choisissez-le gros et charnu, avec l'intérieur [= l'axe ligneux] mince, d'une saveur âcre et brûlante ;

tel est celui qui pousse sur l'Hélicon et le Parnasse, et en Étolie ; toutefois celui de l'Hélicon est de qualité supérieure ». Les défauts que signale Théophraste venaient peut-être d'une mauvaise préparation (récolte trop tardive, séchage trop brutal).

13. Ayant suivi ceux de ses informateurs qui faisaient des deux « hellébores » une seule et même plante, Théophraste se voit forcé d'admettre que son unicité morphologique n'exclut pas la diversité de sa distribution géographique et de ses propriétés selon la couleur de la racine. Cas bien étrange, en vérité, qui méritait d'être séparé des simples faits d'homonymie présentés dans les chapitres 11 et 12. Cette erreur fondamentale est le principal point faible de l'ouvrage.

14. La traduction proposée vise seulement à rendre la figure étymologique ἔκτομον —τεμόντος. On sait que les anciens s'ingéniaient à identifier le πρῶτος εὑρετής de toute invention : celle de la plus ancienne langue par les enfants soumis à l'expérience de Psammétique, dans Hdt. II, 2 ; celle de l'écriture par le dieu-scribe égyptien Thoth, dans Plat., *Phèdre*, 247 d — exemples classiques auxquels on peut ajouter, pour illustrer la vitalité de cette manie étiologique, une curieuse « invention du mulet » dans Olivier de Serres, *op. cit.*, IV, 12 (p. 461-462) : « L'invention de telle estrange géniture est donnée à Ana, qu'il trouva, en paissant les asnes de Sebeon son père, en la montaigne de Seir, terre d'Edom ». Ainsi à travers l'épithète μελαμπόδιον de ἔκτομον un personnage nommé Mélampous « l'homme aux pieds noirs » est désigné comme le découvreur de l'hellébore à rhizome noir. Théophraste est le premier auteur, à notre connaissance, qui mentionne cette légende, sans la raconter, ce qui suppose qu'elle était familière à ses contemporains. Dioscoride (IV, 162, 1) fait de μελαμπόδιον substantivé et de ἔκτομον deux synonymes de ἐλλέβορος μέλας et donne du premier l'explication suivante : « *mélampodion*, parce qu'un certain Mélampous, un chevrier, passe pour avoir purgé et guéri avec cette plante les filles de Proitos atteintes de folie ». Pline (XXV, 47) tire le phytonyme *mélampodion* du nom du devin-guérisseur Mélampous, mais il ajoute : « Quelques-uns rapportent qu'elle [cette espèce d'hellébore] a été découverte par un berger du même nom, qui remarqua que ses chèvres étaient purgées après en avoir mangé, et qui guérit la folie furieuse des filles de Proetos en leur donnant leur lait » (trad. J. André). Un lien est ainsi établi entre deux données fournies par Théophraste : les chèvres broutent l'hellébore (le « blanc » dans notre texte) et sont purgées, (le chevrier) Mélampous fut le premier à « découper » le rhizome de la plante (pour en utiliser les propriétés purgatives). On trouvera dans l'étude de M.-C. Girard citée *supra*, de nombreux détails sur le terme ἔκτομον (p. 15-16), sur la légende de Mélampous et ses variantes (p. 64-67), sur le traitement de la folie par l'hellébore (p. 49-63).

15. L'usage de l'hellébore pour purifier symboliquement maisons et troupeaux relève, comme les traitements médicaux, de la confiance en

sa fonction cathartique. On remarquera ici encore (cf. n. 23 à IX, 8, 7) que Théophraste n'est pas hostile aux manifestations, même naïves, des croyances populaires. C'est à l'exploitation de la crédulité qu'il s'en prend vigoureusement (cf. II, 3, 1-2 ; V, 9, 8 ; IX, 8, 5 ; IX, 19, 3-4).

CHAPITRE 11.

1. Le scholiaste de Nicandre, *Thér.* 564, fait un contresens en comprenant « Il y a aussi de nombreuses panacées, à la fois les euphorbes et d'autres espèces », ce qui lui permet d'écrire Θεόφραστος δὲ τὴν τιθύμαλλόν φησι πάνακες γενέσθαι καὶ λέγεσθαι « Th. dit que l'euphorbe est une panacée et en porte le nom ».

2. En IX, 9, 2.

3. Ce sont aussi les trois espèces qu'énumère dans un ordre différent la scholie à Nic., *Thér.* 564, en ajoutant cette précision : τὸ δὲ κενταύρειον, ὃ καὶ χειρώνειον καλεῖται « celle du Centaure, appelée aussi 'panacée de Chiron' ». Il faut se garder d'en déduire hâtivement que la « panacée de Chiron » est une « centaurée » au sens botanique du terme.

4. Description rigoureusement exacte de l'aunée, *Inula helenium* L., encore connue des botanistes et des pharmacologues sous le nom de « panacée de Chiron » (cf. Bonnier, n° 1503 ; Fournier, *Plantes médicinales*, I, 170 ; G. Garnier, L. Bézanger- Beauquesne, G. Debraux, *Ressources médicinales de la flore française*, Paris, 1961, p. 1358 ; J. Valnet, *Phytothérapie* [4], Paris, 1979, p. 211). C'est une plante robuste, haute de 1 m — 1, 50 m, remarquable par ses feuilles épaisses et poilues, dont les inférieures mesurent jusqu'à 80 cm de longueur (Fournier, *ibid.*, p. 171), et par ses grandes fleurs (*c.* 8 cm de diamètre) à ligules rayonnantes jaune d'or (voir l'illustration en couleur de notre article *Un conte étymologique : Hélène et les serpents*, dans *Études*, p. 417, fig. 2 et p. 422, fig. 8). Sa racine a un développement proportionné à celui des parties aériennes ; cf. Héraud, *Dict. pl. médicinales*, p. 54-56 : « Racine longue, grosse, charnue, (…) d'une odeur forte, d'une saveur aromatique, âcre et amère » (caractères confirmés par l'observation directe). Sa prédilection marquée pour les terrains gras a fait croire parfois (cf. Héraud, *ibid.* ; Cazin, *Traité*, p. 114) qu'elle était appelée « aunée » (en réalité terme issu du croisement des mots latins *inula* et *helenium* [gr. ἑλένιον]) parce qu'elle se plaît dans les « aunaies », prairies humides où poussent les aulnes. Le seul obstacle à l'identification du πάνακες τὸ χειρώνειον de Théophraste avec l'aunée a été autrefois l'absence supposée de cette espèce en Grèce. Von Heldreich, *Die Nutzpflanzen* (1862) ne la mentionne que dans les *Addenda et corrigenda* : « *Inula Helenium* L. n'avait pas été trouvée jusqu'à ce jour en Grèce, mais nous l'avons découverte en grande abondance au pied de l'Olympe de Thessalie ». Halácsy, *Consp. flor.*

gr. II (1902), 19, ajoute à ces stations de l'Olympe d'autres sur l'Ossa, le Pélion près de Zagora, le Cyllène. La découverte de notre « panacée de Chiron » au Pélion, où la légende voulait que le Centaure Chiron eût initié Asclépios lui-même à la connaissance des simples, achève de justifier cette appellation de l'aunée. — La tradition directe est donc parfaitement saine. Quant à la citation de la phrase τὸ ... χειρώνειον — τὰ πίονα dans une scholie à Nicandre, *Thér.* 500, elle présente par rapport au texte de nos mss. deux différences facilement explicables, (ὅμοιον) ἀμαράκῳ comme une correction intempestive de λαπάθῳ sous l'influence de *Thér.* 503 : ἀμαρακόεσσα (χαίτη), et ταπεινά comme une mélecture de τὰ πίονα. Les deux traditions s'accordent sur le qualificatif μακράν de la racine. C'est le seul point sur lequel la traduction de Théophraste dans Pline, XXV, 32, s'écarte de son modèle : *radix parua.* Sachant que Pline ou son *notarius* écrivaient sous la dictée d'un secrétaire (cf. J. André, *Pline l'Ancien botaniste,* in *Rev. Ét. Lat.* 33, 1955 [1956], p. 297-318), on voit tout de suite que *parua* rend μικράν, erreur de lecture ou faute auditive pour μακράν. Ce simple lapsus a été lourd de conséquences : tous les éditeurs de l'*Historia* depuis Heinsius, à l'exception de Stackhouse, ont écrit μικράν et brouillé l'image parfaitement claire de l'aunée. Comme la correction μικράν trouve encore des partisans (ainsi J.-M. Jacques dans son éd. des *Thériaques,* C.U.F., 2002, p. 148) et aussi parce que les remarques suivantes serviront de commentaire à πανάκεια en IX, 15, 7, il convient de bien distinguer ici deux plantes en parties homonymes. 1) L'aunée (*Inula helenium*), à racine *longue,* correspond au πάνακες τὸ χειρώνειον de Thphr., *H.P.* IX, 11, 1 ; au *panaces chironium* de Pline, XXV, 32 (avec l'erreur signalée plus haut) ; à l'ἐλένιον de Diosc. I, 28, à feuilles de bouillon-blanc et grosse racine (ῥίζαν μεγάλην) aromatique, un peu âcre, qui pousse dans les lieux humides des montagnes (pour d'autres détails voir notre article cité *supra,* dans *Études,* p. 415-416). 2) C'est une plante différente que Théophraste évoque brièvement dans *H.P.* IX, 15, 7 : ἡ δὲ πανάκεια γίνεται κατὰ τὸ πετραῖον περὶ Ψωφίδα καὶ πλείστη καὶ ἀρίστη « la panacée [ou une expression de même sens, pour respecter la diversité des termes ; cf. note *ad loc.*] se trouve sur le sol rocailleux des environs de Psophis, très abondante et excellente ». A la même plante se rapporte dans Pline, XII, 127, ce détail à extraire d'un amalgame de données concernant toutes sortes de panacées : (la Syrie fournit le *panax*) « qui croît aussi à Psophis en Arcadie, autour de la source de l'Érymanthe » (*panacem... nascentem et in Psophide Arcadiae, circaque Erymanthi fontem*). Il s'agit donc d'une espèce des lieux rocheux en haute montagne, tels que le lit encaissé des torrents qui dévalent du massif de l'Érymanthe et forment le fleuve du même nom (voir R. Baladié, *Le Péloponnèse de Strabon,* Paris, 1980, p. 51 ; 66 ; pl. XXXV-2 pour une vue de l'Érymanthe et de ses pentes abruptes. La mention de

Psophis dans Diosc. III, 48, s.v. πάνακες ἡράκλειον, sera commentée *infra*, n. 10). Un tel habitat suffit à distinguer cette πανάκεια de l'au-née qui « affectionne les terrains gras ». Mais rien n'empêche de retrouver la plante de Psophis dans le πανάκειον de Nicandre, *Thér.* 508, décrit (501-505) avec des détails significatifs : « au temps jadis, Chiron, dans une gorge neigeuse du Pélion, [le] remarqua sur sa route. Cette plante a un feuillage rappelant la marjolaine, qui l'entoure à pro-fusion, et ses fleurs ont l'aspect de l'or. Sa racine reste à fleur de terre au lieu de s'enfoncer dans le sol (ἡ δ᾽ ὑπὲρ αἴης | ῥίζα καὶ οὐ βυθόωσα) » (trad. J.-M. Jacques). Mêmes caractères (en particulier un appareil racinaire moins puissant que celui de l'aunée) dans le πάνα-κες χειρώνειον de Dioscoride, III, 50 : « La panacée de Chiron croît surtout dans la montagne du Pélion. Elle a des feuilles qui rappellent celles de la marjolaine, des fleurs jaune d'or, une racine fine et peu profonde (ῥίζαν λεπτὴν καὶ οὐ βαθεῖαν), d'un goût âcre. La racine, en potion, est efficace pour les morsures de serpents, mais le feuillage également, en application, a les mêmes effets ». J.-M. Jacques, qui s'efforce (p. 149), après d'autres, de réduire toutes les « panacées de Chiron » à une impossible unité et d'identifier le produit de cette syn-thèse, pencherait pour un hélianthème (bien que les espèces de ce genre n'aient que peu de vertus médicinales). Il note, sans s'y arrêter, les propositions bien plus intéressantes des botanistes Fraas et Spren-gel : *Hypericum olympicum* et *H. origanifolium* (ce dernier, absent des flores usuelles, étant sans doute un synonyme du précédent). Le mille-pertuis de l'Olympe, *Hypericum olympicum* L., possède en effet tous les caractères de notre seconde « panacée de Chiron » : tiges peu élevées ou traînant sur le sol ; feuilles menues, oblongues ou lancéo-lées ; grandes fleurs (jusqu'à 6 cm de diamètre), d'un brillant jaune d'or (*Flor. eur.* II, 265 ; *Consp. flor. gr.* I, 275-276 ; photographie en couleur dans Baumann, *Bouquet d'Athéna*, p. 103, fig. 196, et p. 118 pour le commentaire). Halácsy (*ibid.*) signale son habitat « dans les lieux pierreux et arides des montagnes » (cf. Thphr. « sur le sol rocailleux des environs de Psophis ») et sa présence sur la plupart des hautes montagnes de Grèce, en particulier l'Olympe, le Pélion (cf. Nic. « dans une gorge du Pélion » ; Diosc. « dans la montagne du Pélion ») et au Péloponnèse de l'Achaïe à la Laconie (cf. Thphr. et Pline pour la région de Psophis en Arcadie). D'autre part, les millepertuis sont des vulnéraires réputés. P. Fournier dit du plus commun d'entre eux, le millepertuis officinal (*Hypericum perforatum* L.) : « Dans l'usage populaire, c'est le remède universel de tous les acci-dents externes : coupures, plaies ouvertes, lésions des muscles, ulcères de mauvaise mine, contusions, épanchements de sang et ecchymoses (…), etc. » (*Plantes médicinales*, III, 29). Le patronage de Chiron rehaussant le prestige de la plante du Pélion, celle-ci est devenue très facilement une « panacée ».

5. Par ἔχεις Théophraste entend l'ensemble des Vipéridés présents en Grèce, par φαλάγγια les tarentules, araignées plus ou moins venimeuses (Aristote, *H.A.* 622 b 28-35, distingue des espèces qui mordent et d'autres inoffensives, exposées chez les droguistes). La tarentule la plus redoutée est *Lathrodectus tredecimguttatus*, dont le corps brun noirâtre porte treize taches rouge sang (cf. n. 6 à VIII, 10, 1). Sa mauvaise réputation a valu aux tarentules d'être rangées avec les vipères et les scorpions déjà dans Platon, *Euthyd.* 290 a. De nos jours « on craint assez justement sa piqûre bien que les résultats de l'inoculation du venin soient très variables. Parfois, il s'agit seulement d'une réaction locale ; habituellement il survient, quelques minutes après, une rigidité douloureuse qui envahit la région mordue, puis un état d'agitation anxieuse, d'angoisse précordiale, de contracture simulant le drame abdominal d'un ulcère perforé. En général, une amélioration s'installe en quelques heures (…) et la gangrène n'est pas à craindre » (H. Harant – D. Jarry, *Guide du Naturaliste dans le Midi de la France*, t. II, Paris-Neuchâtel, 1963, p. 80 ; voir aussi p. 79, fig. 108). — C'est précisément la « putréfaction » (σῆψις) des tissus lésés qu'évoque le zoonyme σήψ appliqué à deux reptiles différents. 1) Il s'agit d'un serpent venimeux de l'Othrys dans Nicandre, *Thér.* 145-147, d'Arcadie dans Pausanias, VIII, 4, 7. Quoique l'article *Schlange* de Gossen – Steier (in *R.E.* II A 1 [1921], c. 552-553, n° 30 Σηπεδών und σήψ) ne propose pas d'identification (« les témoignages des auteurs sont si confus qu'aucune détermination n'est envisageable »), la comparaison que fait Pausanias entre ce serpent et la vipère à cornes s'expliquerait naturellement si le σήψ présentait lui aussi une protubérance remarquable. Les commentateurs de la *Périégèse* ont donc pensé, à la suite de J.G. Frazer (*Pausanias's Description of Greece*, London, 1898, t. IV, p. 192-193), à la vipère ammodyte, qui porte sur l'extrémité du museau une excroissance unique en forme de corne, haute d'environ 5 mm. *Vipera ammodytes* est un élément faunistique nord-africain et oriental dont l'aire atteint dans les Balkans sa limite occidentale européenne. « Elle est redoutée à juste titre par les habitants de la Morée », précise Frazer. En retenant ce premier sens de σήψ, Hort traduit notre texte : « they use it for the bites of snakes, spiders, *vipers* and other reptiles ». 2) Le σήψ des anciens correspond aussi au « seps » des naturalistes, c'est-à-dire à un type de lézard caractérisé par la réduction des pattes à de minuscules rudiments sur lesquels l'animal s'appuie à l'arrêt, mais qu'il replie contre son corps pour une progression rapide. La comparaison du σήψ à un lézard (gr. σαύρα, lat. *lacerta*) se trouve dans Nic., *Thér.* 817 ; Diosc. II, 65 ; Pline, XXIX, 102 — et une définition encore plus précise dans Épiphane, 2, 50, 6 (ap. Jacques, *Thér.*, p. 224-225, n. 95) : (le seps) « n'est pas un serpent (οὐκ ὄφις) mais… un reptile à quatre pattes (τετράπουν ἑρπετόν) qui ressemble à la tarente » (ou gecko, *Tarentola mauretanica*). Comme la tarente, le seps dans ses

diverses espèces a été — et reste — réputé à tort venimeux. Pour les chevaux, déclare Aristote (*H.A.* 604 b 22-25), « une morsure est mortelle ou fait cruellement souffrir, c'est celle de l'animal que certains appellent *chalcis* et d'autres *zignis* : il ressemble aux petits lézards et a la couleur des serpents aveugles (ἔστι δ᾽ ὅμοιον ταῖς μικραῖς σαύραις, τὸ δὲ χρῶμα τοῖς τυφλίνοις ὄφεσιν) » (trad. P. Louis). Sous des noms différents, il s'agit encore du seps, comparé pour l'éclat bronzé de sa livrée à l'orvet (*Anguis fragilis*), lézard apode comme un serpent, supposé aveugle (à cause de la petitesse de ses yeux) et venimeux, alors qu'il est, comme le seps et le gecko, totalement inoffensif. Parmi les possibilités d'identification du « lézard de bronze » examinées dans l'article *Krokodile und Eidechsen* de Gossen – Steier, in *R.E.* XI 2 (1922), c. 1962-1964, il faut d'abord écarter *Psammodromus algirus* L. (*ibid.*, nᵒ 11, sous le synonyme *Tropidosaurus algira* Fitz., avec des références à χαλκῆ / χαλκιδικὴ / χαλκιδὴ σαύρα dans Aelius Promotus, Philouménos, Aetius, etc.), qui a le dos de la couleur du bronze mais des pattes normalement développées, et qui se trouve « en Afrique du Nord et, en Europe, dans la péninsule ibérique et sur les côtes méditerranéennes françaises » (*Encyclopédie du monde animal*, Paris (Quillet), 1964, t. II, p. 459, légende de la photographie ; p. 461, description détaillée) ; la remarque de Gossen – Steier, c. 1963, (*T. algira*) « est aujourd'hui encore très redouté en Grèce » vient d'une confusion d'espèces. Dans le groupe des lézards à pattes rudimentaires qu'on appelle couramment « seps » (*ibid.*, nᵒ 13, c. 1963-1964) on ne retiendra pas *Chalcides chalcides* L. (= *C. tridactylus* Daud. dans Gossen – Steier), lui aussi propre au pourtour méditerranéen occidental (cf. *Encyclopédie* citée ci-dessus, p. 455-456). Reste un autre « seps », mentionné aussi dans Gossen –Steier (c. 1964), *Ablepharus pannonicus* Fitz. (auj. *A. kitebailii* Bibron & Bory), qui, comme l'indique l'épithète spécifique, se rencontre en Europe orientale, d'où son aire s'étend très loin vers l'est, jusqu'en Asie centrale et dans l'Inde. C'est cette espèce présente en Grèce qui a le plus de chances de correspondre à σήψ (Thphr.) = χαλκίς ou ζιγνίς (Arist.), χαλκιδικὴ σαύρα (Diosc. II, 65 ; Galien, XII, 366 Kühn ; etc.). — Également noté par Dioscoride (I, 28, s.v. ἐλένιον), l'usage antivenimeux de la racine d'aunée n'est plus qu'un lointain souvenir pour les pharmacologues des siècles derniers. On lit dans Héraud, *Dict. pl. médicinales*, p. 56 : « Les anciens la croyaient alexitère ; il est certain que son action tonique, excitante, peut être mise à contribution pour combattre la dépression résultant de l'introduction dans l'économie d'un poison ou d'un venin ». Le vin utilisé comme excipient ajoutait aux vertus de l'aunée son propre effet stimulant. Quant à l'huile, c'était non seulement un corps gras permettant d'appliquer l'aunée sur la région mordue, mais aussi par elle-même un cicatrisant (sur l'huile utilisée comme médicament, voir J.-P. Brun, *Le vin et l'huile dans la Méditerranée antique*, Paris, 2003, p. 176-177).

6. Étant entendu que la partie de l'aunée utilisée en médecine est la racine, ἀγαθὴν est rattaché librement à τὴν ῥίζαν non exprimé et, toujours dans le même souci de concision, construit avec un simple génitif (cf. déjà Xén., *Mém.* III, 8, 3 : ἀγαθὸς πυρετοῦ). La traduction de ἑλκῶν est embarrassante, car il peut s'agir de plaies vives sur lesquelles le vin agit comme désinfectant et l'huile comme cicatrisant, mais aussi et surtout d'ulcères atones sur lesquels l'aunée a un effet curatif reconnu ; d'où son nom vulgaire de « plante à escarres » (cf. Valnet, *Phytothérapie* [cité *supra*, n. 4], p. 211). Les pharmacologues la tiennent pour très efficace dans les affections cutanées en général. Ainsi Fournier rapporte (*Plantes médicinales*, I, 173) qu'un médecin « a vu une énorme tumeur de la mâchoire céder en quelques jours, (…) après usage de la décoction ordonnée seulement en vue de remédier à la débilité générale ». Le miel était un adjuvant précieux dans le traitement de tous les foyers d'infection, car « il contient des substances antibiotiques, lui donnant [des] qualités antiseptiques et astringentes (…) [et] provoque un afflux de sang et de lymphe vers la zone infectée. La lymphe élimine les bactéries que les phagocytes du sang digèrent » (C. Balandier, *Production et usages du miel dans l'antiquité gréco-romaine*, in *Des hommes et des plantes*, Publications de l'Université de Provence, Aix-en-Provence, 1993, p. 93-125 [p. 110 pour le passage cité]).

7. Quoique succincte, la description des parties aériennes suffit à établir que la « panacée d'Asclépios » est une Ombellifère (feuille comparée à celle de la thapsie) dont la tige présente des nodosités remarquables. L'identification de la plante correspondante est acquise depuis longtemps : c'est *Ferulago nodosa* (L.) Boiss., espèce endémique du sud de la péninsule balkanique et de la Crète, qui ne dépasse pas vers l'ouest la Sicile (*Flor. eur.* II, 359). Son principal caractère distinctif, rappelé par l'épithète spécifique *nodosa*, réside dans un renflement très marqué de la tige au point d'insertion des feuilles ; comme celles-ci sont alternes, les protubérances font saillie de part et d'autre de la tige (καυλὸν … γονατώδη πανταχόθεν). La feuille ressemble beaucoup à celle de la férule commune, mais comme cette dernière n'a rien à faire dans un ouvrage de botanique pharmaceutique, le terme de comparaison choisi est la thapsie décrite en IX, 9, 6. Quoique *F. nodosa* ait des feuilles bien plus finement divisées, la multitude de leurs segments peut donner l'impression qu'elles sont « plus fournies » (φύλλον … παχύτερον). *F. nodosa* a une assez large distribution en Grèce, « dans les lieux broussailleux, au bord des vignes, à basse altitude et à l'étage montagnard » (*Consp. flor. gr.* I, 644). Nous l'avons récoltée (sans la racine) en Phocide, où elle doit être commune si l'on en juge par un bouquet décoratif de tiges séchées vu dans un hôtel de Delphes. Halácsy (*ibid.*) l'indique également sur l'Hymette, le Pentélique et le Parnès. En ce qui concerne la racine, seule l'expérience permettrait peut-être de décider si ἁλυκώδη note une ressem-

blance avec le goût ou avec l'aspect du sel. Hort (p. 269, n. 9) signale la difficulté et traduit « crusted with salt », avec vraisemblance car il arrive que le suc épais des racines charnues d'Ombellifères s'extravase et forme sur l'écorce un dépôt comparable à des efflorescences de sel. Pline, XXV, 30, se borne à mentionner une férule « dont la racine a une écorce épaisse et salée » (*radice multi corticis et salsi*). La « panacée d'Asclépios » de Dioscoride (III, 49), à racine « petite, fine », est une plante différente.

8. Nouveau raccourci d'expression (cf. n. 6 à IX, 9, 1) : « on dit qu'il (sujet sous-entendu de εἶναι : τὸ ἀσκληπίειον [πάνακες] ; la partie utilisée [la racine] n'est pas précisée) est bon à la fois contre les serpents quand on le racle (ξύοντα rapporté à un opérateur non désigné) pour qu'on le boive (πίνειν, infinitif final-consécutif à sujet également implicite : le patient), et pour la rate (...) dans de l'eau miellée », etc. — Du fait de son endémisme, *F. nodosa* est absente des traités pharmacologiques usuels. Les résultats d'analyses d'un matériel récolté près de Vytina en Arcadie ont été publiés dans C. Demetzos *et al.*, « Chemical Analysis and Antimicrobial Studies on Three Species of *Ferulago* from Greece », *Planta Medica* (Stuttgart-New York), 66, 2000, p. 560-563. Les huiles essentielles de *F. nodosa* et de deux autres espèces congénères se sont avérées moyennement actives contre divers staphylocoques et résistantes à d'autres types de bactéries. Il est donc possible que certains des usages décrits par Théophraste soient scientifiquement fondés. — Bien que rien ne soit dit ici du fruit, signalons que ses qualités aromatiques étaient appréciées en Crète déjà vers 1500 *a.C.* F. Chapouthier, *La vaisselle commune et la vie de tous les jours à l'époque minoenne*, in *Rev. Ét. Anc.* 43, 1941, p. 5-15, relate (p. 10-11) la découverte en 1932 au palais de Mallia d'un brûle-parfum qui renfermait encore les substances odoriférantes carbonisées : galbules de genévrier cade, graines de coriandre et fruits de *Ferulago nodosa* (voir pl. I-2).

9. L'ordre des mots (place de δὲ) et l'absence de succession temporelle (c'est d'ordinaire πάλιν qui ajoute un nouvel élément à une énumération) invitent à voir dans ἔπειτα un mot parasite issu par anticipation de ἐπιπάττοντα. A mesure que s'allonge la liste des usages, l'idée d'un remède bon pour telle affection, à employer de telle manière, se dilue en une notion d'opportunité (« il est bon / il convient de... ») à laquelle se rattachent les derniers infinitifs.

10. Dans le πάνακες ἡράκλειον de Théophraste on s'accorde à reconnaître *Opopanax hispidus* (Friv.) Griseb., une Ombellifère du bassin méditerranéen oriental, y compris le sud de l'Italie et la Sicile, qui produit, de même que son vicariant occidental *O. chironium* (L.) Koch, de la gomme-résine aromatique et médicinale appelée « opopanax ». *O. hispidus* se remarque par sa haute taille (jusqu'à 3 m) et par l'ampleur de ses feuilles. A leur sujet τρισπίθαμον παντάχῃ pose

problème. Pour une seule feuille, les dimensions données (3 empans = c. 66 cm ; « en tous sens », c'est-à-dire en longueur et en largeur) sont très excessives : Kavvadas attribue à *O. hispidus* (p. 2885) des feuilles basales longues de 30-35 cm. Mais si l'on admet un glissement du sens individuel « feuille » au sens collectif « feuillage », le diamètre de la touffe est bien de 60-70 cm en tous sens. Autre indice d'un style assez relâché : il faut tirer ὄζουσαν de τῇ ὀσμῇ pour justifier le génitif λιβανωτοῦ (cf. p. 32, l. 17-18 : ῥίζαν ... ὄζουσαν ὥσπερ λιβανωτοῦ). A λιβανωτοῦ (U*) les autres mss. ajoutent καθαρῶς / καθαρόν, corrigé par Schneider en καθαροῦ et adopté sous cette forme par les éditeurs suivants. Toutefois Hort remarque en note (p. 271) que καθαρ[οῦ peut être une dittographie de καθά[πε]ρ ; c'est même d'autant plus certain que « l'encens pur » s'explique mal dans un texte où il est dit (IX, 4, 10) que « tout l'encens est transporté brut », donc commercialisé à l'état pur. — Beaucoup plus détaillée que les indications sommaires de Théophraste, la partie botanique de la notice πάνακες ἡράκλειον de Dioscoride doit être citée ici car elle remet en question l'identification proposée plus haut (n. 4) pour la πανάκεια de IX, 15, 7. On lit donc dans Diosc. III, 48, 1-2 : « La panacée d'Héraclès, sur laquelle on recueille l'opopanax, est très abondante en Béotie et à Psophis en Arcadie, au point même d'être cultivée dans les jardins exprès pour le revenu qu'on tire de son suc. Elle a des feuilles rudes qui retombent sur le sol, bien vertes, comme celles du figuier, divisées sur leur pourtour en cinq lobes ; une tige de férule, très haute, couverte d'une fine pilosité blanche et entourée de feuilles toutes petites ; au sommet, une ombelle pareille à celle de l'aneth, une fleur d'un jaune de coing, une graine parfumée et caustique, plusieurs racines partant du même point, blanches, d'odeur forte, à écorce épaisse et de saveur un peu amère. Elle pousse aussi à Cyrène en Libye, ainsi qu'en Macédoine ». En comparant les caractères morphologiques décrits ci-dessus avec ceux d'*Opopanax hispidus* dans Kavvadas (p. 2885 et fig. 3857), on doit reconnaître que Dioscoride était parfaitement informé. Sa localisation en Béotie et à Psophis d'une exploitation fructueuse de l'opopanax est beaucoup plus discutable. *O. hispidus* habite en Grèce « les champs cultivés ou en friche, les oliveraies, les vignes » (Kavvadas, *ibid.*). Il peut s'élever sur les piémonts des montagnes (par ex. vers Arachova, au flanc du Parnasse ; cf. *Consp. flor. gr.* I, 637), mais non jusqu'à la zone subalpine de l'Érymanthe qu'évoquent Théophraste et Pline pour la plante de Psophis (textes cités *supra*, n. 4). C'est pourtant le nom de cette ville à la fois dans Thphr., *H.P.* IX, 15, 7 et dans Diosc. III, 48 qui a fait poser l'équivalence πάνακες ἡράκλειον Diosc. = πανάκεια *H.P.* IX, 15, 7 (~ πάνακες ἡράκλειον *H.P.* IX, 11, 3) = *Opopanax hispidus* (Hort, *Index of plants* ; L.S.J. ; Kavvadas, *loc. cit.* ; etc.). A supposer que cette espèce se rencontre dans les cultures et les friches autour de Psophis, on a peine à croire qu'elle y ait été exploitée. Même dans la plaine béotienne assez chaude pour que le coton y prospère de nos jours, il n'est pas sûr qu'*O. hispidus* ait pu fournir de l'opopanax en quantité intéressante ; cf. ces remarques de Gennadios (p. 683) sur Diosc. III, 48 : « L'*Opopanax* indigène chez nous [*O. hispidus*] se rencontre à l'état spontané en de nombreux endroits du pays, et particulièrement en Béotie, où il faudrait examiner dans quelle mesure la récolte du suc aurait été profitable ». Ainsi en Méditerranée occidentale *O. chironium* ne donne de la gomme que dans les régions les plus chaudes, en Sicile, selon Gennadios (*ibid.*), mais non dans le Midi de la France (cf. pour la région de Grasse, Gilly, *op. cit.* [n. 18 à IX, 1, 2], p. 218). L'explication la plus vraisemblable paraît être la suivante : Dioscoride a bien connu la plante *Opopanax*, directement ou d'après des renseignements fiables ; en ce qui concerne le suc homonyme, fourni par diverses Ombellifères (Gilly, *ibid.*, cite pour l'Orient *O. persicum* Boiss., *Diplotaenia cachrydifolia* Boiss., etc.) et souvent adultéré (III, 48, 3), il reproduit les informations confuses colportées par les droguistes de son temps, dont témoigne dans Pline, XII, 127 (cité *supra*, n. 4) l'assimilation du *panax* de l'Érymanthe à celui de Syrie. « Le sol et le climat font le produit », dit G. Gilly (*ibid.*) de l'opopanax. Ni le sol ni le climat des montagnes de Psophis ne permettent de suivre Dioscoride sur ce point.

11. Dioscoride ne commente pas l'attribution à Héraclès de cette panacée ; Pline (XXV, 32) dit banalement qu'elle aurait été trouvée par Héraclès. Avec sa concision habituelle, Théophraste suggère l'explication correcte : la décoction de racine d'*O. hispidus* servait de remède à la « maladie sacrée » ou « mal d'Héraclès » (νοῦσος ἡρα-κλείη chez les Hippocratiques), c'est-à-dire à l'épilepsie. Les vertus antispasmodiques reconnues à l'opopanax, toutes espèces botaniques confondues (cf. Kavvadas, p. 2885), rendent plausible un effet bénéfique dans le cas de troubles nerveux. — Le phoque moine (*Monachus monachus*), à peine sauvé de l'extinction en Méditerranée par des mesures de protection récentes, y était jadis très abondant. Les troupeaux de phoques du Vieillard de la Mer dans l'*Odyssée* (δ 400-450) n'ont pas été créés par la seule imagination du poète. Chez le phoque comme chez les mammifères terrestres ruminants, l'estomac des animaux non sevrés sécrète de la présure (gr. πυτία) renfermant une enzyme qui coagule le lait. Dioscoride (II, 75) indique plusieurs sortes de présure (de veau, de chevreau, d'agneau, etc.), dont les usages médicaux varient suivant l'origine. Celle du phoque, prélevée « sur les jeunes encore incapables de nager (…) passe pour convenir particulièrement au traitement de l'épilepsie (ἐπιληπτικοῖς) » (cf. Pline, VIII, 111, au sujet du phoque appelé *uitulus marinus* « veau marin »).

12. Espèces indéterminables pour nous et peut-être même indistinctes dans l'esprit de l'auteur. Il est inutile de rappeler les diverses identifications proposées, qui ne s'appuient sur rien de sûr.

13. Dans un état ancien de la langue dont témoigne l'*Odyssée* (υ 108) ἄλευρα (hom. ἀλείατα) et ἄλφιτα, toujours au pluriel sauf dans la formule ἀλφίτου ἀκτή, signifient respectivement « farine » et « gruau ». Comme la farine était obtenue généralement par mouture et criblage du blé à grains nus et le gruau par des opérations semblables précédées du grillage de l'orge vêtue, destiné à débarrasser les grains de leurs enveloppes, l'usage classique est celui de Platon (*Rép.* 372 b), qui oppose ἐκ μὲν τῶν κριθῶν ἄλφιτα « du gruau d'orge » et ἐκ δὲ τῶν πυρῶν ἄλευρα « de la farine de froment ». La langue hippocratique s'en écarte doublement en employant au singulier ἄλφιτον πύρινον / πυρῶν « gruau de blé » (références dans J.H. Kühn – U. Fleischer, *Index hippocraticus*, Gottingae, fasc. 1, 1986), sans doute de blé dur grillé pour en rendre la farine plus digeste. Le singulier se confirme quand Dioscoride parle (II, 86, s.v. κριθή) de « la décoction de gruau d'orge » (τοῦ ... γινομένου ἐξ αὐτῆς ἀλφίτου ἡ πτισάνη) et de « la farine [crue] d'orge » (τὸ ἐξ αὐτῆς ἄλευρον). Théophraste suit ici, avec μετ' ἀλφίτου, l'usage de la langue médicale, ailleurs (IX, 12, 1 ; cf. VIII, 8, 2 ; VIII, 11, 3 ; etc.) l'usage courant (pluriel ἄλφιτα « farine d'orge »).

14. La comparaison avec *H.P.* VII, 15, 4, où est exposé le cas des « solanées concernées en totalité par un phénomène d'homonymie » (ὁ στρύχνος ὁμωνυμίᾳ τινὶ παντελῶς εἰλημμένος) éclaire sans équivoque le sens de συνώνυμοι ... οἱ στρύχνοι : « les solanées ont en commun leur nom », autrement dit « elles *n'* ont en commun *que* leur nom », ce sont des homonymes. De même les euphorbes dont trois espèces seront décrites plus loin (§7-9). La tradition indirecte ajoute à ces deux appellations collectives une troisième, fort embarrassante. On lit en effet dans Photius, s.v. ὀρύη : Θεόφραστος δὲ συνώνυμά φησι τρύχνον ὀρύην τιθύμαλλον (texte de l'éd. S.A. Naber, Leyde, 1864, avec la note « codex bis νορύη »). Suit la glose ὀρύη · τιθύμαλλον (en note « codex νορτή »). On pourrait en déduire que νορύη / ὀρύη est un synonyme, au sens usuel du terme, de τιθύμαλλος. Mais Hésychius donne de νορύην, sans référence à Théophraste, une définition différente : ἔστι δὲ εἶδος ὀσπρίου « c'est une espèce de légume sec ». De même Hérodien, I, 306, 29 : (« Les mots de plus de deux syllabes qui se terminent en -ῡῆ reculent l'accent ») ὀρύη, νορύη εἶδος ὀσπρίου. L.S.J. et le *D.E.L.G.* ajoutent à la confusion en posant l'équivalence νορύη = στρύχνον, τιθύμαλλος, sans commentaire. Étant donné que ni les solanées ni les euphorbes ne fournissent un légume sec et qu'elles seules sont étudiées dans la suite, il apparaît d'abord que νορύη n'appartient pas au texte authentique, ensuite que l'auteur de cette glose a voulu ajouter un cas d'homonymie aux deux autres, et non un terme synonyme de στρύχνος et / ou de τιθύμαλλος. Or en VII, 15, 3 le phénomène d'homonymie est illustré en premier lieu par l'exemple le plus frappant,

celui des végétaux très divers appelés λωτός : « Certains végétaux se
présentent sous des formes multiples et pour ainsi dire presque homonymes (ἐν πλείοσιν ἰδέαις ... καὶ σχεδὸν οἷον ὁμωνύμοις),
comme le *lotos* dont il existe effectivement de nombreuses espèces
différenciées par les feuilles, les tiges, les fleurs et les fruits, (...) également par leur valeur alimentaire et en outre par le fait qu'elles ne
recherchent pas les mêmes habitats ». Ce sont en effet des arbres
(micocoulier, jujubier), des plantes herbacées aquatiques (les lotus
d'Égypte) ou terrestres (lotier, mélilot, trigonelle, trèfle, etc.), ces dernières appartenant toutes à la famille des Légumineuses ou Fabacées
(on trouvera une étude détaillée des différents *lotos* dans notre article
Du jujubier des Lotophages à l'arbre sacré du Temple d'Or, in
Mélanges Arion Roşu, Bucarest-Paris, 2004, p. 51-68). Si la glose
νορύη inscrite par un lecteur antique sur un exemplaire de l'*Historia*
était destinée à rappeler le cas de *lotos*, c'est parmi ces Légumineuses
que se placerait « une espèce de légume sec ». Une autre définition
d'Hésychius donne peut-être quelque consistance à cette hypothèse :
νόρρος · ἄνθος μήλινον λωτοῦ · γίνεται δέ τι καὶ δένδρον ἐν
παραλίᾳ, ὅπερ ἔνιοι νορειὰν καλοῦσιν « *norrhos* : la fleur jaune
de coing du *lotos* ; il y a aussi un arbre du littoral qu'on appelle parfois *noreia* ». Sans accorder trop d'importance au mot δένδρον (cf.
Suidas ὤκιμον · δένδρον « le basilic : un arbre »), on peut proposer,
à titre de simple conjecture, de voir en νορύη (ὀρύη) / νόρρος /
νορειά un mot de la langue parlée (donc sujet à variation) pour désigner une Légumineuse du groupe des λωτός, à fleur jaune et légume
comestible, habitant la zone littorale. Ces caractères sont réunis dans
le lotier comestible, *Lotus edulis* L., dont « les graines, encore jeunes,
sont consommées comme les petits pois » (Bonnier, n° 768). On le
trouve en Grèce « sur les collines, dans les cultures, dans les lieux
sablonneux à basse altitude » (*Consp. flor. gr.* I, 418, avec des locali-
sations au Lycabette, près du Pirée, à Corinthe, à Égine, etc.). Bonnier
(*ibid.*) le dit même parfois cultivé dans les jardins potagers.

15. Les négligences de style déjà relevées (n. 8) se prolongent ici
par une rupture de construction qui ajoute encore aux difficultés du
texte transmis. Sur le fond, la description de la « solanée somnifère »,
Withania somnifera (L.) Dunal (cf. n. 10 à VII, 15, 4), s'avère correcte.
Les caractères les plus frappants des parties aériennes sont bien notés :
le fruit, une baie d'un rouge vif brillant, totalement incluse dans un
calice papyracé fragile à maturité et moins voyant que la baie elle-
même « plus rouge que la graine écarlate » (la cochenille du kermès ;
cf. III, 16, 1 et n. 5 *ad loc.*) ou simplement « ... que l'écarlate » (voir
infra n. 20 le commentaire de l'expression ἐρυθρότερον κόκκου
reprise par le poète comique Dromon) ; la feuille, entière et épaisse
comme celle du pommier, et « en elle-même » (καὶ αὐτὸ annonce un
détail spécifique) couverte de poils (très apparents sur les feuilles

jeunes, présents au moins sur la face inférieure des feuilles adultes ; voir dans nos *Études*, p. 292, fig. 1 : rameau chargé de fruits incomplètement mûrs, et p. 436, fig. 2 : feuilles très pubescentes d'un rameau fleuri). — Remarques philologiques : 1) la conjecture de Daléchamps κρόκου pour κόκκου, adoptée par Hort, est à écarter sans hésitation ; il est vrai que la baie immature a le rouge orangé noté dans Diosc. IV, 72 : καρπὸν ἐν λοβοῖς κροκίζοντα, mais sa couleur définitive est le rouge écarlate du kermès. 2) La feuille peut se comparer à celles du « pommier à fruits doux » (notre pommier) et du cognassier (Diosc. : φύλλων … ἐμφερῶν μηλέᾳ κυδωνίᾳ), sorte de pommier à fruits âpres, mais non à celle d'une euphorbe, glabre et beaucoup plus étroite dans toutes les espèces ; d'où la supériorité du texte de U* sur celui des autres témoins, altéré par la proximité de οἱ τιθύμαλλοι (début §5) et de τῶν τιθυμάλλων (début §7). 3) Le texte de U* P et de l'Aldine καὶ πυθμὴν μέγας donne un sens satisfaisant : « en outre le pied (= la touffe) est gros » ; cf. II, 2, 9, au sujet du blé et de l'orge qui auraient été observés « tous les deux sur le même pied » (ἐπὶ τοῦ αὐτοῦ πυθμένος ἄμφω). La *Withania* forme en effet de grosses touffes, que Dioscoride (*ibid.*) décrit en détail : « c'est un arbrisseau (θάμνος), à rameaux nombreux, serrés, qui ont l'aspect de troncs et se cassent difficilement ». Cependant seuls Heinsius et Stackhouse retiennent la bonne leçon. Une collation erronée de U (Schneider 1821, p. 65) a transformé πυγμὴν μέγας (lecture certaine) en πυγμὴν μέγα (Hort, d'où L.S.J. s.v. πυγμή II, avec réf. à *HP* 9. 11. 5). En rattachant καὶ αὐτὸ δασὺ à la suite, Hort comprend que la plante elle-même est rude et haute d'une *pygmè* (« and it is itself rough, and about a foot high ») ; il donne ainsi une hauteur d'environ 33 cm à une plante qui mesure en réalité 60-120 cm (*Flor. eur.* III, 195). Peut-être parce que la longueur d'une *pygmè* est trop grande pour une feuille, trop petite pour une espèce considérée comme un θάμνος (Diosc.), d'autre éditeurs (Bodaeus, Schneider, Wimmer [1842, 1854, 1866]) ont adopté la conjecture de Constantinus : σπιθαμὴν μέγα, qui attribue à la feuille la longueur d'un empan (*c.* 22 cm), soit encore plus du double de sa dimension maximale réelle (10 cm d'après *Flor. eur.*).

16. Bien que Dioscoride signale aussi (IV, 72, 2) l'action diurétique du fruit et l'usage du suc de la racine en ophtalmologie, ce sont les propriétés soporifiques de la *Withania* que les anciens ont le plus utilisées. Elles n'ont jamais été perdues de vue dans les pays où l'espèce est commune (Bellakhdar, *Pharmacopée marocaine*, p. 508 ; Chopra, *op. cit.* [n. 17 à IX, 7, 3], p. 437-438). Pendant son voyage en Égypte (1581-1584), Prosper Alpin a pu constater qu'elles n'étaient pas connues que des médecins : « L'écorce de la plante est souvent employée (…) par certains malfaiteurs qui en mettent dans la nourriture pour accomplir en secret quelque mauvaise action pendant que les gens sont endormis » (*Plantes d'Égypte*, trad. R. de Fenoyl, Le Caire,

1980, p. 131). — En ce qui concerne l'habitat, *W. somnifera* se plaît sur les sols riches en matières organiques : terrains vagues, bords de routes (« sur les tombes », dit Théophraste) ; mais on la rencontre aussi sur des collines escarpées (Thphr. ἐν χαράδραις ; Diosc. ἐν πετρώδεσι τόποις), par exemple en Grèce sur le rocher de Monemvasia, où Fraas l'a observée au début du XIXe siècle (*Consp. flor. gr.* II, 366) et où elle se trouve toujours (H. Baumann, communication personnelle).

17. La « solanée de la folie » est sans conteste *Datura stramonium* L. (cf. n. 10 à VII, 15, 4, et notre article « Note sur le statut de *Datura stramonium* L. en Europe », in *Naturalia monspeliensia*, Série Botanique, 55, 1990, p. 21-25 [= *Études*, p. 243-246]). D'après Diosc. IV, 73 (στρύχνον μανικόν ... οἱ δὲ θρύον ... ἐκάλεσαν), Schneider préfère θρύον à la leçon θρύορον (*vel sim.*) des mss. explicable par un redoublement fautif de -ρυ- sous la forme -ρο-. L'homonymie du datura appelé θρύον et de l'impérata cylindrique (cf. IV, 11, 12, où θρύου est également une correction de Schneider à la leçon des mss. βρύου « mousse », inadaptée au contexte) rapproche deux plantes remarquables par l'aspect « thyrsoïde » qu'elles présentent en fruit et suggère un rapport très vraisemblable entre θρύον et le groupe de phytonymes θύρσιον, θυρσίτης, θυρσῖτις, etc., dérivés de θύρσος « thyrse », désignant des espèces à épi floral également « thyrsoïde » ; d'où la traduction proposée ici : « herbe au thyrse », qui devra être justifiée ultérieurement dans une étude approfondie. Le qualificatif περιττός « qui dépasse la normale », « extraordinaire » s'est appliqué naturellement au datura, qui détermine, au premier stade de l'intoxication, un comportement extravagant.

18. La réunion sous le nom de στρύχνοι de plantes d'aspect aussi différent que *Withania somnifera* et *Datura stramonium* (les caractères botaniques des Solanacées étant ignorés des anciens) s'inspire de la similitude partielle de leurs effets. Beaucoup plus dangereux que la « solanée somnifère », le datura est lui aussi narcotique, mais le sommeil qu'il provoque tourne souvent au coma. « En 1775, à Montpellier, rapporte P. Fournier, on arrêtait une bande qui dépouillait les voyageurs après leur avoir fait boire du vin mêlé d'une décoction de Pomme épineuse [nom vulgaire du datura, d'après son fruit] ; le chef des bandits dut reconnaître que beaucoup de ses victimes ne s'étaient jamais réveillées de leur sommeil » (*Plantes médicinales*, III, 456). Les conséquences de l'empoisonnement par *D. stramonium* apparaissent dans la littérature pharmacologique moderne (Héraud, *Dict. pl. médicinales*, p. 190 ; Cazin, *Traité*, p. 1024-1025 ; Fournier, *loc. cit.* ; J.-M. Pelt, *Drogues et plantes magiques*, Paris, 3e éd. 1983, p. 216-218 ; etc.) telles que Théophraste les décrit en notant l'augmentation progressive de la dose administrée (à partir d'une drachme, soit environ 3,40 g). Ce sont d'abord un état euphorique et une facilité d'élocu-

tion dont s'émerveille le patient ; puis « des délires entrecoupés de visions et d'hallucinations, pouvant aller jusqu'à de violentes fureurs et des démences définitives » (Pelt, *ibid.*, p. 218) ; enfin, au-delà de la dose létale, un dérèglement complet du système nerveux, le coma et la mort. Les informations transmises par Théophraste ne peuvent pas avoir été recueillies au hasard des circonstances, tant il est vrai que dans un cas d'empoisonnement accidentel ou criminel, on ne sait jamais exactement quelle dose a été absorbée. C'est le compte rendu objectif d'expériences délibérées dont nous ne connaissons ni les auteurs ni les victimes. Mais il semble peu contestable que plusieurs décennies avant les vivisections pratiquées à Alexandrie par Hérophile et Érasistrate sur des criminels emprisonnés (cf. Celse, *Med.* I, *praef.* 23), l'idée d'une expérimentation sur l'homme vivant était déjà dans l'air. En tout cas le témoignage de Théophraste est un document important pour l'histoire ancienne de la recherche et de la déontologie médicales.

19. Description remarquable, comme celle de *W. somnifera*, par le choix des caractères spécifiques : la feuille de *D. stramonium* a le même vert foncé brillant que celle de la roquette, plante potagère bien connue (VII, 1, 2 et 3 ; VII, 2, 8 ; etc.) ; la hauteur d'une brasse (*c.* 1, 77 m) attribuée à la tige n'est pas atteinte par la plupart des sujets mais reste possible (cf. *Flor. eur.* III, 200 : « Plant 50-200 cm »). L'aspect singulier du fruit (voir Fournier, *Plantes médicinales*, III, 457) est suggéré par une double comparaison : d'un bulbe de ciboulette, il a la forme générale oblongue (cf. VII, 4, 10 : « ce qu'on appelle la ciboulette est une espèce sans bulbe arrondi, qui a une sorte de long col… ») mais non la taille (μείζω) ni la surface lisse (δασυτέραν : comparatif qu'il est impossible de traduire comme tel, le bulbe de la ciboulette ne pouvant être qualifié à aucun degré de δασύς) ; l'insuffisance de la première comparaison est corrigée par la seconde : le fruit du platane, couvert de protubérances, permet de mieux se représenter la capsule du datura, hérissée de pointes aiguës.

20. A condition de ne pas se laisser abuser par le nom botanique *Euphorbia paralias* L. d'une espèce également littorale mais tout à fait différente (cf. Bonnier, pl. 543, fig. 2462), l'identification du τιθύμαλλος ὁ παράλιος de Théophraste ne présente aucune difficulté : *Euphorbia peplis* L. possède tous les caractères décrits. « C'est une espèce un peu glauque que l'on trouve sur les sables du littoral où elle forme de larges rosettes et que l'on peut reconnaître facilement à ses tiges rougeâtres et à la forme particulière de ses feuilles (…) à contours arrondis. Elle mesure de 5 à 30 cm (…). Les graines sont ovoïdes, lisses, d'un gris clair » (Bonnier, n° 2452 et pl. 541 pour l'illustration). Les incertitudes de notre texte sont heureusement corrigées par la source commune de Dioscoride et de Pline qui caractérise l'euphorbe « maritime » notamment par ses « rameaux rougeâtres » (Diosc. IV,

164, 6 : ὁ παράλιος λεγόμενος τιθύμαλλος ... κλῶνας ἔχει ... ὑπερύθρους ; Pline, XXVI, 68 : *genus tithymalli paralium uocatur... ramis rubentibus*). L'intensité de la couleur peut varier, mais l'expérience montre que certains exemplaires ont des tiges véritablement écarlates, ce qui plaide en faveur de la conjecture καυλὸν δὲ κόκκινον. F. Skoda, *Le redoublement expressif*, Paris, 1982, p. 71, rapproche judicieusement du texte de Théophraste la plaisanterie du poète comique Dromon (fr. 1 K.-A., ap. Ath. 240 d) sur le nom du parasite Tithymallos : « Il est possible, en tout cas, de voir Tithymallos se promener plus rouge que l'écarlate (ἐρυθρότερον κόκκου) ; il rougit ainsi (οὕτως ἐρυθριᾷ) de ne pas payer son écot ». La mention de ce personnage également dans Antiphane, Alexis et Timoclès (cf. Kaibel, s.v. *Dromon*, in *R.E.* V 2 [1905], c. 1716) permet de voir en Dromon l'un des auteurs de la comédie moyenne. Il ne reste de lui que deux fragments (dont celui cité plus haut) d'une pièce intitulée Ψάλτρια « La Harpiste » qu' A. Bélis place « vers 340 av. J.-C. » (*Les Musiciens dans l'Antiquité*, Paris, 1999, p. 48). Selon toute vraisemblance, Dromon doit à Théophraste la connaissance d'une plante homonyme du parasite caractérisée par sa couleur rouge, et l'expression ἐρυθρότερον κόκκου qui figure un peu plus haut (§5) dans la description de la *Withania*. En effet *E. peplis* n'est pas une plante que le promeneur remarque ; seul l'œil du naturaliste en perçoit immédiatement les traits originaux. Pour que la plaisanterie fût goûtée au moins des spectateurs les plus cultivés, il faut supposer que l'opuscule de Théophraste avait déjà une certaine notoriété, et donc abaisser la date de la Ψάλτρια d'une vingtaine d'années.

21. L'indication thérapeutique n'est pas précisée, non sans doute par négligence mais parce que les propriétés purgatives et émétiques des euphorbes étaient largement connues. Dans les notices suivantes seule la spécificité de la purgation est notée : l'euphorbe « mâle » (§8) « purge plutôt par le bas », l'euphorbe « faux myrte » (§9) « évacue le phlegme par le bas ». La causticité des euphorbes dans toutes leurs parties justifie une posologie prudente (un tiers d'oxybaphe = environ 2, 25 cl).

22. L'euphorbe dite « mâle » devait ce qualificatif à sa haute taille et à la robustesse de ses tiges. Les commentateurs s'accordent sur son identité, malgré des divergences apparentes dues à des synonymies. Il s'agit, dans la nomenclature de *Flor. eur.* II, 226, d'*Euphorbia characias* L. subsp. *wulfenii* (= *E. wulfenii* Hoppe, *E. veneta* sensu Hayek) ; les flores modernes ignorent le nom d'*E. sibthorpii* Boiss. maintes fois proposé (Hort, *Index of plants* ; L.S.J. s.v. χαρακίας ; André, *Lexique* et *Noms de plantes* s.v. *tithymallus* ; etc.) et donné dans le *Consp. flor. gr.* III, 104 comme synonyme d'*E. wulfenii* Heldr. non Hoppe. L'actuelle sous-espèce *wulfenii* se distingue du type notamment par ses dimensions (elle atteint 150-180 cm au lieu de 80) et par sa distribution

est-méditerranéenne. On peut en voir très près d'Athènes, sur l'Hymette, les touffes énormes, ligneuses à la base, formant de véritables buissons (la photographie n° 91 qui la représente, sous le nom d'*E. veneta*, dans Polunin – Huxley, *Fleurs du bassin méditerranéen*, est à l'échelle 1/20). Ses feuilles entières, longues et étroites, soutiennent la comparaison avec celles de l'olivier. Le suc est un latex d'un blanc pur, très adhésif, qui dégoutte de la moindre blessure ; il était facile de le recueillir en grande quantité. — Le membre de phrase θεραπεύσαντες οὕτως ὡς δεῖ χρῶνται a été diversement compris. Gaza traduit *praeparato utuntur* en négligeant οὕτως ὡς δεῖ ; Wimmer (1866) rattache ces mots à θεραπεύσαντες : *rite praeparatum adhibent* (que faut-il entendre par *rite* ?) ; Hort paraît mieux avisé en rapportant οὕτως ὡς δεῖ à χρῶνται : « after preparating it, <they> use it as occasion demands », mais sans autre précision θεραπεύσαντες est presque superflu (quand Dioscoride décrit [II, 76] la préparation des différentes graisses pour l'usage médical, le verbe θεραπεύειν est employé, mais dans la formule θεραπεύεται / θεραπευτέον οὕτως, suivie de la recette détaillée). Il semble préférable de donner à θεραπεύειν son sens courant « soigner » (un malade), « traiter » (une maladie), et de comprendre « on l'utilise en traitant (θεραπεύσαντες, part. ao. atemporel indiquant les modalités de l'action principale ; d'où 'dans le traitement') de la manière qu'il faut », c'est-à-dire « on en fait l'usage approprié au traitement ». La cohérence de la phrase est ainsi mieux assurée : le suc se prête à des usages divers (d'après Diosc. IV, 164, 2-3 et Pline, XXVI, 64-65, il est purgatif, émétique, caustique, etc.), « mais il purge plutôt par le bas ».

23. Le nom du τιθύμαλλος ὁ μυρτίτης a été conservé, simplement traduit, dans la nomenclature botanique : *Euphorbia myrsinites* L. Pourtant la ressemblance de sa feuille avec celle du myrte ne s'impose pas au premier coup d'œil : la première est gris clair (cf.τιθύμαλλος λευκός), épaisse et charnue, très élargie dans sa partie supérieure qui se termine en pointe (ἀκανθῶδες ἀπ' ἄκρου) (voir Polunin – Huxley, *op. cit. supra*, fig. n° 94) ; la seconde, beaucoup plus petite, est d'un vert foncé brillant, mince et coriace, régulièrement oblongue. Le point commun remarquable est la disposition des feuilles sur la tige ou sur le rameau. Celles du myrte sont « opposées en rangs serrés » (I, 10, 2), « disposées symétriquement » (I, 10, 8). De même, les tiges d'*E. myrsinites* sont garnies du haut en bas de feuilles en rangs parallèles, dont le point d'insertion sur la tige est légèrement décalé d'un « étage » à l'autre, ce qui donne à l'ensemble un aspect plus ou moins nettement spiralé.

24. Quoique Schneider (III, 774) ait fait observer avec raison que les mots πεφυκότα ἀπὸ τῆς αὐτῆς ῥίζης trouvent leur place naturelle après ὡς σπιθαμιαῖα (les tiges couchées à la base, puis redressées, s'étalent autour de leur souche commune), Wimmer et Hort conservent

le texte transmis. Dans la traduction de ce dernier éditeur, la phrase se termine en ces termes : « ... so that from the same root grow fruits partly this and partly next year », ce qui établit un curieux rapport entre les fruits et la racine en escamotant entre eux la tige. — L'exemple d'*E. myrsinites* illustre bien le sens très large de ὀρεινὰ χωρία (cf. n. 1 à III, 3, 1) : ce sont indifféremment les collines des régions littorales (*Consp. flor. gr.* III, 113 signale cette espèce sur l'Hymette, au Parnès, dans le Magne) et les hautes montagnes (Pinde, Olympe, Ossa, Pélion, etc.) où elle s'élève jusqu'à la zone subalpine. — Le terme de « noix » s'applique non à la capsule qui constitue le fruit proprement dit, mais aux graines que celle-ci renferme. Ce sont de petits cylindres grisâtres longs d'environ 3 mm, dont la surface « vermiculée – rugueuse » (*Flor. eur.* II, 221) rappelle étonnamment les saillies sinueuses d'une noix. Sur le problème que pose une observation aussi fine, voir l'Introduction de la présente édition, p. XV-XVI, n. 19.

25. Les ingrédients associés à la « noix » d'euphorbe n'ont par eux-mêmes aucune action physiologique ; ils ne sont destinés qu'à en atténuer la causticité. Ce sont donc des corps gras, comme les graines oléagineuses du pavot et du sésame, ou bien du vin doux. Le « pavot noir » peut être ici soit la variété (cultivée) de *Papaver somniferum* L. à fleurs violettes et graines noires réputées les plus riches en huile (Héraud, *Dict. pl. médicinales*, p. 373), soit, comme en IX, 12, 3, son ancêtre sauvage, *P. setigerum* DC. En toute hypothèse, les graines sont comestibles et nullement narcotiques.

26. Botaniste plutôt que pharmacologue, Théophraste a décrit en priorité la feuille de chaque espèce d'euphorbe (§7 φύλλον ἔχει περιφερές, §8 τὸ φ. ἐλαιῶδες ἔχει, §9 τὸ φ. ἔχει καθάπερ ὁ μύρρινος), sans en noter l'usage médical, secondaire par rapport à celui du suc pour l'euphorbe « mâle » (cf. Diosc. IV, 164, 4, au sujet de la même espèce, peut-être dans le type *E. characias* [*ibid.*, §1 : ὁ ... ἄρρην χαρακίας καλεῖται] : « le fruit et les feuilles ont les mêmes effets que le suc »), à celui de la graine pour les autres (cf. pour *E. myrsinites*, Diosc. IV, 164, 6 : « le suc, la racine, le fruit et les feuilles ont des propriétés semblables à celles de l'espèce précédente » [= l'euphorbe « mâle »]). Une fois de plus, nous devons faire la part du « non dit » dans le texte de Théophraste.

27. Les plantes appelées λιβανωτίς doivent leur nom à leur odeur d'encens (cf. l. 17-18 ῥίζαν ... ὄζουσαν ὥσπερ λιβανωτοῦ). Notre dérivé « encenser » fournirait une traduction convenable s'il ne s'appliquait pas spécifiquement au romarin officinal (cf. *T.L.F.*, s.v. encens), inconnu de Théophraste (*Consp. flor. gr.* II, 491, le dit rarement spontané en Grèce ; Dioscoride lui consacre une notice distincte [III, 75], dont la première phrase indique une source italienne : λιβανωτίς, ἣν Ῥωμαῖοι ῥουσμαρῖνον καλοῦσιν ...). Pour éviter

l'ambiguïté, nous proposons « herbe à l'encens », sur le modèle du nom vulgaire « herbe au bitume » de *Psoralea bituminosa* L., ainsi appelée pareillement à cause de son odeur. — Ἄκαρπος signifie, suivant le contexte, soit physiologiquement inapte à fructifier (ainsi les sujets mâles du pistachier en III, 15, 3 : τῆς τερμίνθου τὸ μὲν ἄρρεν … ἄκαρπον), soit porteur de fruits sans intérêt pratique (cf. III, 12, 2 pour l'un des cornouillers ; IV, 10, 2 et n. 5 au sujet du « gattilier des marais »). — La description de l'espèce « fructifère » présentera les usages du fruit et de la racine, mais non ceux de la feuille, sans doute tenue, comme dans les cas examinés plus haut (n. 26), pour un succédané des autres parties. Des plantes appelées λιβανωτίς dans Diosc. III, 74, dont la première, qualifiée de κάρπιμος, correspond assez bien à celle de Théophraste, les parties vertes (ἡ πόα) servaient en topique au traitement de diverses affections cutanées.

28. Certains commentateurs ont malencontreusement identifié la plante d'après son nom, λιβανωτίς, et celui de son fruit, κάχρυς (ce terme évoque-t-il un bourgeon d'hiver [cf. III, 5, 5] ou un grain d'orge grillé [sens usuel] ? Il décrit en tout cas un corps oblong à surface irrégulière). *Cachrys libanotis* L., que proposent André, *Noms de plantes*, s.v. *libanotis* 2, « d'après Sprengel et Berendes », et encore Jacques, en note à Nicandre, *Thér.* 850 (C.U.F. 2002, p. 236), est une espèce ouest-méditerranéenne, étrangère à la flore grecque (*Flor. eur.* II, 343). On écartera de même *Seseli libanotis* (L.) Koch, qui manque à toute la région méditerranéenne (*Flor. eur.* II, 335). C'est encore une raison de géographie botanique qui empêche de retenir *Lecokia cretica* (Lam.) DC., dont le nom a été le plus souvent avancé (Hort, *Index of plants* ; L.S.J. ; André, *ibid.*, d'après Andrews ; etc.). Cette plante du sud-ouest de l'Asie atteint la Crète mais non la Grèce ; à la supposer connue de Théophraste, on s'attendrait à la trouver en IX, 16, avec les autres espèces crétoises. Les synonymes de λιβανωτὶς ἡ κάρπιμος dans Diosc. III, 74, à savoir ζέα (grain d'amidonnier ?) et καμψάνεμα (en rapport avec κάμπτω « courber » [? ?] d'après le *D.E.L.G.*) ne nous apprennent rien. En revanche, le Lexique de Nicolas Hieropais (in Delatte, *op. cit.* [n. 25 à IX, 8, 7]) livre deux gloses intéressantes : κάχρυ = g.m. ψαροβότανον (p. 402, l. 26), et λιβανωτὶς καὶ κάχρυ = g.m. ψαροβότανον (p. 403, l. 28). Le grec moderne ferait donc de cette plante une « herbe grisâtre » (ψαρός). Ce détail conduit vers *Athamanta macedonica* (L.) Sprengel, dont un synonyme est précisément *Libanotis macedonica* Bertol. Il s'agit d'une espèce endémique de la péninsule balkanique et de l'Italie méridionale (*Flor. eur.* II, 340), largement distribuée en Grèce continentale et insulaire, où on la trouve, d'après *Consp. flor. gr.* I, 649, « in rupestribus regionis montanae et subalpinae » — ce qui correspond à l'habitat de λιβανωτὶς ἡ κάρπιμος dans notre texte : « elle pousse surtout dans les lieux arides et rocailleux ». Les similitudes morphologiques sont aussi satisfai-

santes : *A. macedonica* a bien des feuilles comparables à celles du céleri sauvage (cf. VII, 6, 3), plusieurs fois découpées en lobes ovales grossièrement dentés (voir Kavvadas, p. 118 et fig. 172) ; la hauteur de la tige varie de 15-50 cm selon Kavvadas, jusqu'à 200 cm dans *Flor. eur.* II, 340, dimensions extrêmes entre lesquelles l'évaluation de Théophraste à « une coudée ou davantage », soit 50 cm au mininum, établit une moyenne acceptable. Le caractère que note la glose λιβανωτὶς καὶ κάχρυ = ψαροβότανον est dû à la présence sur toutes les parties aériennes de poils courts et serrés qui leur donnent une teinte grisâtre. Le fruit est allongé (voir Kavvadas, fig. 172-3), lui aussi couvert de poils sur ses côtes saillantes, et, selon Kavvadas, aromatique.

29. Parmi les nombreuses indications thérapeutiques fournies par Dioscoride (III, 74, 3), certaines confirment parfaitement celles de Théophraste : « les racines sèches, avec du miel, détergent les ulcères (...) ; prises dans du vin elles sont emménagogues » ; les deux auteurs s'accordent sur les propriétés hydragogues du fruit et, en gros, sur l'usage de la plante en ophtalmologie (c'est le suc de la racine et des parties vertes que Dioscoride qualifie d' ὀξυδερκής, mais en ajoutant « le fruit pris en potion a les mêmes effets »). Vu l'endémisme d'*A. macedonica*, nous ne disposons que des renseignements fournis par Kavvadas (p. 118) : « le fruit a des usages pharmaceutiques, en particulier comme hydragogue, stomachique, diurétique et emménagogue ». Cela encore va dans le sens de l'identification proposée.

30. En nommant Théophraste, Dioscoride (III, 74, 4) laisse au botaniste la responsabilité de ses dires au sujet d'une espèce que lui-même ne connaît pas — ou ne reconnaît pas dans la citation suivante : Θεόφραστος δὲ ἱστορεῖ μετὰ τῆς ἐρείκης λιβανωτίδα θρίδακι ἀγρίᾳ τῇ πικρᾷ ὅμοια φύλλα ἔχουσαν, ῥίζαν δὲ βραχεῖαν φύεσθαι, καθαίρειν δὲ ἄνω καὶ κάτω τὴν ῥίζαν ποθεῖσαν, λευκότερα μέντοι καὶ τραχύτερα τὰ φύλλα τῶν τῆς θρίδακος. La comparaison de la feuille avec celle de la laitue amère est certainement à l'origine de l'équivalence λιβανωτὶς ἡ ἄκαρπος = *Lactuca graeca* Boiss. posée dans l'*Index of plants* de Hort et reprise dans L.S.J., ainsi que dans André, *Noms de plantes*, s.v. *libanotis* 5. Il est à peine nécessaire de souligner l'invraisemblance de cette solution : *L. graeca* est une plante rare (quatre ou cinq stations signalées dans *Consp. flor. gr.* II, 209) qui habite les rochers et les pierriers de quelques montagnes de Grèce (Parnasse, Olympe) et d'Albanie méridionale, dont elle est endémique (*Flor. eur.* IV, 331). Le caractère décisif sur lequel doit se fonder toute tentative d'identification est d'ordre écologique : la plante « pousse juste aux endroits où la bruyère est très abondante ». Il s'agit donc d'une espèce strictement calcifuge, comme la bruyère en arbre (*Erica arborea* L.). Telle est la lavande à toupet, *Lavandula stoechas* L., qui porte en grec moderne les noms de λιβανάκι, χαμολίβανο (Von Hel-

dreich, *Λεξικό*, p.77 ; Gennadios, p. 556, s.v. Λαβαντίς) et dont l'usage comme antimite est encore attesté (Polunin – Huxley, *Fleurs du bassin méditerranéen*, p. 205). Le parfum de la plante entière, fraîche ou séchée, a été comparé à celui du romarin (Fournier, *Plantes médicinales*, II, 404), l'« encensier » plutôt calcicole de nos garrigues. La « laitue amère » que Théophraste a en vue paraît être la laitue à feuilles de saule, *Lactuca saligna* L., très commune en Attique comme partout en Grèce (*Consp. flor. gr.* II, 211), dont l'épithète spécifique fait allusion aux feuilles très étroites, entières et linéaires. Hormis les oreillettes aiguës qu'elles portent à la base, elles constituent un terme de comparaison valable pour celles de *L. stoechas*, de même forme générale et pareillement pourvues d'une nervure médiane saillante à la face inférieure, mais toutes couvertes d'une fine pubescence qui leur donne un aspect grisâtre (photographie en couleur dans nos *Études*, p. 300, fig. 7). De la brève notice στοιχάς (= *L. stoechas*) de Diosc. III, 26, on retiendra le qualificatif λεπτόκαρπος « à fruit menu », détail exact et nouveau point commun avec la *libanotis* « sans fruits » de Théophraste. Comme les autres lavandes, *L. stoechas* est antiseptique, alexitère (cf. Diosc., *ibid.*) et cholagogue. C'est à cette dernière propriété que se rattacherait le mieux l'usage purgatif signalé par Théophraste, non sans réserves préalables (IX, 9, 5) quant à l'authenticité de tous ses détails.

Chapitre 12.

1. Grâce aux indications précises de Théophraste et aux notices encore plus détaillées de Dioscoride, III, 8 (χαμαιλέων λευκός) et 9 (ὁ δὲ μέλας), l'identification des deux espèces est acquise depuis longtemps et sans conteste. Le « caméléon blanc » est *Atractylis gummifera* L., nommé ἰξίνη <ἢ> χαμαιλέων en VI, 4, 3 et décrit plus loin (VI, 4, 9) sous l'appellation d' ἰξίνη « chardon à glu », cité aussi en IX, 1, 2 pour son latex utilisé comme gomme à mâcher. Le « caméléon noir » n'apparaît pas ailleurs dans l'*Historia*, mais son étrange inflorescence en forme d'ombrelle (p. 34, l. 7 : ὥσπερ σκιάδιον) surmontant une rosette de feuilles épineuses suffit à caractériser *Cardopatium corymbosum* (L.) Pers. Même de nos jours la première espèce est mieux connue que la seconde, d'abord à cause de sa distribution presque circum-méditerranéenne, qui contraste avec l'étroite localisation de *C. corymbosum*, de l'Italie méridionale à la Turquie et à la Crète. En outre *A. gummifera*, responsable de nombreux empoisonnements accidentels et criminels (surtout au Maghreb), a ainsi acquis une notoriété dont *C. corymbosum* est dépourvu. Comme Théophraste le remarque d'emblée, de nombreuses différences existent entre ces plantes homonymes. L'opposition par la couleur de la racine rappelle celle des deux « hellébores » (IX, 10), encore plus éloignés morphologiquement l'un de l'autre que les deux « caméléons ». Dioscoride (III,

9, 2) explique le nom χαμαιλέων par la variabilité chromatique des feuilles, tantôt bien vertes, tantôt blanchâtres, tirant sur le bleu-noir ou sur le rouge selon les lieux. Les flores modernes ne signalent rien de tel, au plus pour *A. gummifera* la teinte rouge que les bractées internes du capitule présentent à leur sommet (Polunin – Huxley, *Fleurs du bassin méditerranéen*, p. 243) ; ses feuilles se remarquent surtout parce qu'elles sont complètement desséchées au moment de la floraison (photographie en couleur dans nos *Études*, p. 356, fig. 8). C'est, semble-t-il, le changement de couleur de l'animal caméléon (Arist., *H.A.* 503 b 2-11) qui a suggéré une certaine analogie du végétal homonyme. On verra plus vraisemblablement dans χαμαιλέων, « lion nain », une référence à l'absence de tige chez *A. gummifera* et au poison mortel que renferme la racine. De même, au dire de Dioscoride (II, 142), on appelait « lion » l'orobanche parasite de certaines légumineuses parce qu'elle finit par les étouffer (ὀροβάγχη· ... οἱ δὲ λέοντα ... καλοῦσι. ... Δοκεῖ δὲ φυόμενον ἐν ὀσπρίοις τισὶ πνίγειν αὐτά· ὅθεν καὶ τὴν προσωνυμίαν ἔσχηκε).

2. L'absence de tige fait que le capitule, dont le latex est utilisé sans danger comme masticatoire, se trouve juste au-dessus de la racine qui renferme, entre autres, deux substances (l'atractyloside et la gummiférine) à forte toxicité hépato-rénale susceptible de causer la mort. « La grande toxicité de la racine est bien connue des populations du Bassin méditerranéen. Son goût sucré rend cependant possible des accidents chez les enfants de la campagne qui, habitués à manger la gomme, peuvent être tentés d'aller chercher plus bas quelque chose à mâchonner » (Bellakhdar, *Pharmacopée marocaine*, p. 184).

3. Cf. Bellakhdar, *ibid.* : « La racine desséchée (un petit fragment de 3 cm environ) est utilisée à l'intérieur, après cuisson prolongée et essorage (...), pour arrêter les hémorragies ». L'usage antique se trouve ainsi confirmé par un document ethnopharmacologique actuel, qui en outre rend la phrase grecque plus intelligible : la racine charnue est débitée en tranches qu'on enfile sur un jonc pour les faire sécher ; la décoction de la drogue sèche est hémostatique.

4. L'usage du chardon à glu comme ténifuge est presque totalement absent de notre documentation. Toutefois E. Lefranc, « Sur les plantes connues des Grecs sous les noms de chaméléon noir et chaméléon blanc (*Atractylis gummifera* — *Cardopatium orientale* et *C. boryi* sp.) », *Bull. Soc. Botanique de France*, 14, 1867, p. 48-55, rapporte (p. 54) que des chiens ayant été empoisonnés avec de la racine d'*A. gummifera* pour les besoins de la recherche médicale, l'autopsie pratiquée moins de 24 heures après leur mort a révélé que leurs parasites intestinaux, dont un ténia, étaient morts eux aussi, alors qu'au bout de ce temps, ils auraient dû survivre encore à leurs hôtes. « Nous n'affirmerons pas que cette racine soit douée d'une vertu ténicide », déclare l'auteur, par prudence sans doute, car les faits précédents autorisent

« une forte présomption dans ce sens ». Parmi les sources antiques, Dioscoride (III, 8) rejoint Théophraste (<ῥίζα> ποθεῖσα ἄγει ἕλμιν πλατεῖαν), tandis que Pline (XXII, 46) signale en termes plus vagues l'expulsion des vers intestinaux (*pellit et interaneorum animalia*). Les trois auteurs s'accordent sur la nature de l'excipient : du vin sec, auquel les deux plus récents ajoutent de l'origan, en décoction (Diosc.) ou en bouquet (Pline). L'absorption préalable de raisins secs, mentionnée par Théophraste, fait partie d'un processus thérapeutique cohérent : le suc toxique tue le ténia, les raisins secs, « émollients et laxatifs » (Fournier, *Plantes médicinales*, III, 537), aident à l'évacuer.

5. Ces boulettes empoisonnées permettaient de se débarrasser des chiens errants, enragés ou pour le moins affamés et capables de piller les récoltes. L'auteur de la scholie latine à IX, 16, 4-5 (voir Annexe 2, p. 257) précise que de son temps (XVᵉ siècle) la plante vénéneuse qu'il identifie avec l' ἀκόνιτον de Théophraste est utilisée en Crète « pour tuer les chiens qu'on ne peut pas éloigner des vignes par un autre moyen ».

6. Le choix entre les deux leçons transmises, σῦν et ὗν, n'est fondé sur aucune raison décisive. Il semble cependant plus facile de voir en ὗν une correction atticisante de σῦν que de justifier le changement contraire. — La destruction délibérée du sanglier, devenu de nos jours un véritable fléau pour l'agriculture, se comprendrait sans peine. Mais depuis Homère et dans l'usage classique (Hdt., Xén., Aristote, etc.) σῦς / ὗς est toujours qualifié de ἄγριος pour désigner l'animal sauvage. Il ne peut s'agir ici que de porcs semi-domestiques en liberté, qui forment des troupeaux dans certaines régions méditerranéennes (Grèce, Italie centrale, Corse). Comme les sangliers, ils se nourrissent principalement de racines et de fruits sauvages, mais en cas de pénurie, ils s'attaquent aux cultures. — On sait que Théophraste distingue d'ordinaire soigneusement ῥάφανος « chou » (VII, 4, 4 ; VII, 6, 2 ; etc.) de ῥαφανίς « radis » (VII, 4, 2 ; cf. ici même l. 10), alors que la glose de Photius : ῥάφανον · τὴν ῥαφανῖδα· Ἐπίχαρμος, atteste des confusions dès le Vᵉ siècle (sur l'ensemble de la question, voir n. 3 à I, 3, 1). Il faudrait donc traduire μετὰ ῥαφάνων τῶν ὀρείων « avec des choux de montagne ». On ne voit cependant pas de quelle espèce de chou il s'agirait, à moins d'entendre ὄρειος comme un quasi-synonyme de ἄγριος et de penser au chou sauvage de VII, 6, 1-2, *Brassica cretica* Lam. Précisément le Pseudo-Dioscoride (IV, 175 RV) pose l'équivalence ῥάφανος ἀγρία · οἱ δὲ ῥάφανος ὀρεινή, mais en ajoutant οἱ δὲ ἄπιος, οἱ δὲ ἰσχάδα, ce qui désigne *Euphorbia apios*, précédemment décrite dans notre texte (IX, 9, 5-6). Sa racine tubérisée peut se comparer à un radis aussi bien qu'à un tubercule d'asphodèle (IX, 9, 6) et Théophraste qualifie lui-même (*ibid.*) de ὀρεινά les lieux où se plaît cette espèce. Il emprunte probablement à des informateurs ruraux et reproduit telle quelle l'appellation « radis de montagne »

(ῥάφανος ἡ ὀρεία / ὀρεινή) de l'euphorbe « poire ». L'âcreté de son latex ne devait pas suffire à détourner de ces racines tendres et charnues un animal aussi vorace que le porc.

7. La mise en évidence de γυναικὶ annonce une médication spécifiquement gynécologique, dont Théophraste ne précise pas la finalité et qui ne se retrouve ni chez Dioscoride ni chez Pline. L'explication vient encore de l'ethnopharmacologie. Selon Bellakhdar, *Pharmacopée marocaine*, p. 184, la décoction d'un fragment de racine sèche et la drogue en fumigations sont destinées à faciliter l'accouchement ; « à doses plus élevées, la racine est souvent utilisée comme abortif, d'où la fréquence des accidents observés chez les femmes de la campagne ».

— L'épithète γλυκείᾳ de (ἐν) τρυγὶ peut ne pas être traduite car elle ne sert qu'à distinguer le moût de raisin (jus non fermenté) d'autres produits homonymes qui n'en ont pas la douceur, à savoir le vin de lie ou piquette (cf. M.-C. Amouretti, « Les boissons hors du *symposion* », dans *La sociabilité à table*, M. Aurell *et al.* éd., Université de Rouen, 1992, p. 74), la lie (dépôt semi-liquide formé au fond des récipients vinaires) et le tartre (cf. IX, 9, 3 et n. 14).

8. Le bain joue un rôle important dans la médecine hippocratique. « Le bain est utile dans un grand nombre de maladies », affirme l'auteur du *Régime dans les maladies aiguës*, 18 (II, 365 Littré). Suit un exposé détaillé de la manière de donner ce soin, des cas où il sera bénéfique et de ceux où il est contre-indiqué. On n'y trouve pas trace du genre de test que Théophraste rapporte — sérieusement ou avec le sourire ironique qu'autorise la désinvolture du procédé ? Cette ambiguïté a favorisé une interprétation vaudevillesque du passage par E. Lefranc (art. cité [*supra*, n. 4], p. 52), peu regardant sur l'exactitude de la traduction : « 'Les femmes s'en servent dans du vin doux et dans du vin sucré ; si l'une d'elles veut éprouver la vitalité de son mari malade, elle lui en fait laver le corps pendant trois jours ; s'il résiste, il vivra' (Théophraste) ». La « singulière pratique des femmes grecques, rapportée par Théophraste » est à mettre en réalité sur le compte des médecins, dont nous avons pu constater (IX, 11, 6 et n. 18) l'intrépidité dans l'expérimentation sur le patient. — Du point de vue lexical, la variante ζώσιμος du premier βιώσιμος est intéressante. Ce ne peut être un accident de copie, la forme étant bien attestée chez des auteurs tardifs (IIIe – VIe s. *p.C.* d'après les références de L.S.J.). Faut-il y voir un indice d'une rédaction relativement récente de l'original de U*, à partir d'une version plus ancienne revue et corrigée ?

9. Πανταχοῦ paraît s'opposer à οὐ πολλαχοῦ, qui caractérise en VI, 4, 9 la distribution du chardon à glu (ἡ ἰξίνη). En fait, les contextes sont différents. Il s'agit ici de définir la spécificité de chacun des deux « caméléons ». A l'inverse du « noir », « espèce des lieux frais et incultes » (cf. *infra*, n. 13), son homonyme « blanc » a une grande souplesse écologique : *A. gummifera* habite indifféremment

« forêts, broussailles, pâturages » (P. Quézel – S. Santa, *Nouvelle Flore de l'Algérie*, Paris, 1962, t. II, p. 998-999), « bords de routes et vergers » (Polunin – Huxley, *Fleurs du bassin méditerranéen*, p. 243), « lisières des champs » (*Consp. flor. gr.* II, 94).

10. A rapprocher de Pline, XXII, 23 : « Quelques-uns font de l'*acanus* une espèce d'*éryngion* [= notre panicaut, *Eryngium campestre* L.]. C'est une plante épineuse, basse et étalée, avec de plus larges piquants ; en topique, elle arrête remarquablement les hémorragies » (trad. J. André, C.U.F., 1970). Il n'est guère douteux que ce chardon acaule, pourvu de feuilles largement étalées et doué de propriétés hémostatiques très actives, corresponde à l'ἄκανος synonyme de χαμαιλέων ὁ λευκός. La leçon ἄκανον est donc préférable à la variante ἄκανθαν de U* Pᵞᵖ, ce qui amène à retenir également ὁμοίαν ἀκάνῳ plutôt que κωνοειδῆ (quoique le capitule en bouton ait effectivement la forme d'un cône aplati). La correction de Wimmer τινα pour τὴν δὲ a restauré un mot altéré à la fois par l'iotacisme (ι et η homophones) et par la confusion fréquente de Α et Δ en onciale.

11. L'opposition entre la feuille d'*Atractylis gummifera* et celle de *Cardopatium corymbosum*, respectivement « plus grande » et « plus petite » que celle du scolyme (*Scolymus hispanicus* L.), comporte une part de rhétorique. Si en effet la tige de *C. corymbosum* porte des feuilles assez petites (*c.* 3 x 5-6 cm à la division en corymbe), celles de la base sont très développées (13 x 30 cm sur notre exemplaire d'herbier). Les unes et les autres, découpées jusqu'à la nervure médiane en segments espacés (voir Kavvadas, p. 1790, fig. 2446), peuvent paraître plus fines (cf. Diosc. III, 9 : ὁ δὲ μέλας ... τοῖς φύλλοις σκολύμῳ ἔοικεν, ἐλάττονα μέντοι καὶ λεπτότερα) que celles du scolyme, densément serrées autour des tiges (bonne illustration dans Bonnier, pl. 372, fig. 1758). Quoique concevable, la correction de λειότερα (Thphr.) en λεπτότερα (Diosc.) ne s'impose pas, car les feuilles basales sont réellement planes et étalées en rosette.

12. La disposition de l'inflorescence en « ombrelle » arrondie, presque hémisphérique, rend la plante immédiatement reconnaissable. Sa racine est noire extérieurement, beige foncé tirant sur le jaune sale à l'intérieur, très fibreuse et dépourvue de latex ou de tout autre suc abondant.

13. *C. corymbosum* se plaît dans des lieux incultes, mais non dans des sols « frais » au sens de : humides et herbeux. C'est plutôt à la fraîcheur de l'air marin que ψυχρὰ ferait allusion, car la plante abonde dans certaines landes littorales, comme à Hamolia près de Brauron, en Attique, où elle forme le fond de la végétation, de sorte que son nom (g.m. χαμολιὸς, d'après Von Heldreich, *Λεξικό*, p. 54) paraît être à l'origine du toponyme.

14. Bien que Dioscoride en emploie aussi la décoction en bains de bouche pour calmer les maux de dents, la racine du « caméléon noir »

était surtout utilisée à l'extérieur dans le traitement des affections cutanées (Thphr., Diosc., Pline). Elle doit posséder une certaine causticité,
dont témoigne cette citation de Belon, *Observations...* (cf. n. 3 à IX, 6,
1), ch. 26, ap. Lefranc (cf. *supra*, n. 4), p. 53 : « La racine de Chaméléon noir est de telles force et vertu, que si elle est appliquée sur la
peau, elle l'enflamme tellement que toutes les squilles [= scilles, en
part. *Urginea maritima*] et orties de ce monde n'en sauraient faire la
centième partie ». Il est possible que le principe âcre se développe à la
fin du cycle végétatif, car nous n'avons éprouvé aucun désagrément en
manipulant la plante avant la floraison.

15. Alors que le pavot cornu sera longuement décrit dans les
phrases suivantes, ainsi que le coquelicot, pourtant bien connu, le
pavot « noir » est seulement cité parmi les espèces sauvages réunies
sous le nom de μήκων. Ce traitement peut s'expliquer par l'incertitude
de Théophraste quant au statut de la plante, réellement sauvage ou
semi-domestique. L'hésitation était permise puisque l'indigénat en
Grèce de *Papaver setigerum* DC., le pavot « noir » ou l'ancêtre du
pavot « noir » de notre texte (cf. n. 25 à IX, 11, 9), demeure douteux
(*Flor. eur.* I, 247, sous le nom de *Papaver somniferum* L. subsp. *setigerum* (DC.) Corb.). Étant donné que l'aire naturelle de *P. setigerum*
se trouve dans le bassin méditerranéen occidental et que les sites néo-
lithiques du sud-est de l'Europe et du Proche-Orient n'ont pas livré de
restes de pavot, on admet que la domestication de *P. setigerum* s'est
faite dans l'ouest du Bassin (Zohary – Hopf, p. 123-124). En culture,
P. setigerum a perdu les soies raides de sa tige, de ses sépales, des nervures et de l'extrémité de ses feuilles, mais il a conservé ses fleurs violacées et ses graines noires (voir Bonnier, pl. 24, fig. 104 – 104 bis : *P.
somniferum*, et 104 b. – 104 b. bis : *P. setigerum*). Dioscoride (IV, 64)
distingue un pavot des jardins (ἥμερος καὶ κηπευτή) à graine blanche
(c'est l'actuel pavot à opium, variété uniquement culturale) et un pavot
sauvage à graine noire. On peut toutefois se demander si l'opposition
entre « domestique » et « sauvage » était aussi tranchée dans les faits
que dans les mots.

16. Description claire et cohérente du pavot cornu, *Glaucium flavum*
Crantz (*G. luteum* Scop. dans Bonnier, n° 112 ; pour les illustrations, pl.
25, fig. 112 : rameau fleuri, 112 bis : fruit). Paradoxalement, c'est la
comparaison de la feuille ὥσπερ φλόμου τῆς μελαίνης qui, loin de
servir à l'identification de μήκων ἡ κερατῖτις, fait elle-même difficulté. Dioscoride (IV, 103, s.v. φλόμος) distingue un ensemble d'espèces « blanches » qui sont probablement des molènes (genre *Verbascum* L., auquel appartient notre « bouillon-blanc ») à feuilles peu
découpées couvertes d'un duvet laineux blanchâtre, et une espèce
« noire », « semblable aux blanches sous tous les rapports, mais avec
des feuilles plus planes et plus foncées ». Ne voyant là rien de vraiment
caractéristique, on retiendra plutôt que certaines molènes ont une rosette

de feuilles basales à bords gondolés qui présente une ressemblance frappante avec une jeune plante de *Glaucium flavum*. Ce sont *Verbascum sinuatum* L., circum-méditerranéen, et l'endémique balkanique *V. undulatum* Lam. (voir Polunin – Huxley, *Fleurs du bassin méditerranéen*, photographie en couleur n° 177). Quoique fortement tomenteuses, les feuilles de ces molènes sont plus foncées que celles de *G. flavum*, d'un vert glauque très pâle. — Pour qualifier la racine du pavot cornu, nos mss. se partagent entre παχεῖα (U*) et βραχεῖα (cett.). Dioscoride (IV, 65) confirme U*, et le recours à l'observation directe est décisif : *G. flavum* a une longue racine épaisse au collet, qui s'amincit rapidement et se développe presque à l'horizontale (dimensions prises sur une plante adulte : 7 cm de circonférence au collet, 57 cm de longueur totale). — Les usages thérapeutiques de *G. flavum* sont aujourd'hui à peu près nuls, même en médecine populaire. Son nom vulgaire de « chélidoine glauque » donne cependant à penser que certaines des propriétés cathartiques et détersives de la grande chélidoine, *Chelidonium majus* L. (cf. Cazin, *Traité*, p. 278-284), lui ont été empiriquement reconnues. Les effets que Théophraste attribue au pavot cornu se retrouvent dans Diosc. IV, 65 : « La graine purge le ventre modérément ; (…) les feuilles et les fleurs, en onctions, éliminent l'albugo et le néphélion du bétail ». — Tout en n'étant pas inféodé au milieu littoral (on le rencontre assez loin à l'intérieur des terres sur le bord des chemins, les terrains vagues, les décombres), *G. flavum* a une préférence pour le voisinage de la mer qui justifie ses noms παράλιον et θαλάσσιον dans le Ps.-Dioscoride. On peut en voir sur la côte occidentale de l'Attique des peuplements remarquables par leur densité et par la présence de la variété *serpierii* Heldr., à fleurs jaunes tachées de pourpre-noir (taxon aujourd'hui non retenu car ce caractère n'est pas constant).

17. Erreur de raisonnement : la ressemblance formelle de leurs feuilles ne prouve nullement que le pavot ῥοιάς (*Papaver rhoeas* L., notre coquelicot) est comestible comme la chicorée ; l'ἀκόνιτον violemment toxique (IX, 16, 4) a lui aussi « une feuille de chicorée » (φύλλον κιχοριῶδες). Mais il est vrai que les feuilles du coquelicot sont cueillies pour préparer des plats d'herbes, en Grèce (Von Heldreich, *Die Nutzpflanzen*, p. 79 ; V. Raulin, *Description physique de l'île de Crète*, Paris, 1869, t. II, p. 703) ainsi que dans notre Midi, où elles sont fort appréciées (A. Renaux, *Le savoir en herbe*, Montpellier, 1998, p. 365).

18. Le coquelicot est plus connu comme sédatif léger, de l'antiquité (cf. Diosc. IV, 63) à nos jours (A.-M. Debelmas – P. Delaveau, *Guide des plantes dangereuses*, Paris, 1978, p. 32, au sujet de *P. rhoeas* et des espèces voisines : « Ce sont toujours les fruits (capsules ou 'têtes') qui sont les organes les plus riches en principes toxiques. Ils sont utilisés parfois encore comme calmants et soporifiques en médecine populaire »). Nous n'avons pas trouvé trace dans la documentation moderne de l'effet laxatif noté aussi par Dioscoride (*ibid.*).

19. C'est à sa capsule presque globuleuse assimilable à une « tête » de pavot que le silène enflé, *Silene vulgaris* (Moench) Garcke, doit d'être compris dans les μήκωνες αἱ ἄγριαι. La comparaison de sa feuille avec celle de la saponaire (στρουθός ; cf. στρούθιον en VI, 8, 3) est correcte morphologiquement, mais elle est surtout suggérée par le fait que « la racine a été employée pour remplacer le savon, car toutes les parties de la plante, et spécialement la racine, contiennent de la saponine » (Bonnier, n° 348). Le rapprochement de ces deux plantes se prolonge dans le g.m. στρουθοῦλα, un des noms vulgaires du silène (Von Heldreich, *Λεξικό*, p. 16). L'usage de cette plante dans le traitement de l'épilepsie peut s'expliquer par la découverte empirique de son efficacité, à moins qu'il n'ait été suggéré par un détail physionomique noté dans Diosc. IV, 66 (s.v. μήκων ἀφρώδης « pavot écumeux, appelé parfois pavot d'Héraclès ») : « c'est une petite plante tout entière blanche et comme couverte d'écume ». Sur certains exemplaires de *Silene vulgaris* les feuilles portent en effet des papilles semblables à de minuscules gouttes d'écume. La plante semblait ainsi désignée pour soigner une maladie qui met l'écume à la bouche des patients. Pour plus de détails sur cette association d'idées et d'autres du même ordre, voir notre article « La signature des plantes, source de croyances ou de savoir dans l'antiquité gréco-romaine ? », dans *Études*, p. 149-159, en part. p. 156-159 et fig. 7.

20. Cf. VII, 15, 4 :... ὁ στρύχνος ὁμωνυμίᾳ τινὶ παντελῶς εἰλημμένος.

Chapitre 13.

1. Wimmer et Hort, à la suite de Schneider, corrigent χυλοῖς en χυμοῖς, ce qui pose le problème de la distinction entre les deux mots grecs et du choix d'une traduction adéquate dans chacune de leurs occurrences. Pour Théophraste, χυλός désigne fondamentalement l'élément humide (ὑγρότης) présent dans les tissus végétaux et en particulier les agents de sapidité qui lui sont associés ; χυμός s'applique plutôt à la sapidité telle qu'elle est perçue par l'organe du goût (cf. Platon, *Timée*, 65 c : « parlant des saveurs [τῶν χυμῶν πέρι λέγοντες] il nous faut expliquer les impressions [παθήματα] particulières que ressent la langue »). Une fréquence de χυλός très supérieure à celle de χυμός dans les traités botaniques confirme que le premier terme relève de la biologie végétale, le second de la physiologie. Il serait vain toutefois de prétendre établir une différence constante entre ces mots si voisins de sens et de forme (entre lesquels maintes confusions indécelables se sont nécessairement produites dans la tradition), pour une époque où l'expérience gustative était le seul moyen d'identifier les éléments sapides parmi les composants d'un suc. La prudence commande de s'en tenir au texte transmis (cf. I, 12, 3 κατά τε τὰς ὀσμὰς καὶ τοὺς χυλούς) et de traduire en principe χυλός par « suc » ou

« goût », χυμός par « saveur », sans s'interdire le choix du terme qui paraît convenir le mieux au contexte.

2. Dans une notice qui ne doit rien à Théophraste, Dioscoride (III, 132) réunit sous le nom de νυμφαία, dont il explique l'origine (« Il semble que la plante doive son nom aux Nymphes du fait qu'elle aime le milieu aquatique ») le nénuphar blanc (*Nymphaea alba* L.) « à fleur blanche, semblable à un lis avec un centre safrané » et « un autre nénuphar, qui a des feuilles semblables à celles du précédent, (...) une fleur jaune vif, brillante, semblable à une rose », à savoir le nénuphar jaune, *Nuphar luteum* (L.) Sibth. & Sm. Théophraste distingue ces deux espèces, au moins par les noms qui leur étaient donnés en Béotie où elles coexistaient dans le lac Copaïs (cf. pour *N. luteum*, Baumann, *Bouquet d'Athéna*, p. 21, fig. 16) : σίδη « grenade » pour la première (cf. IV, 10, 3-4 et n. 7), μαδωνάϊς pour la seconde. L'hapax μαδωνάϊς doit être conservé tel quel (depuis Heinsius on écrit μαδωνίαν d'après la traduction *madoniam* de Gaza ; de même F. Bechtel, *Die griechischen Dialekte, Berlin*, t. I (1921), p. 307, par comparaison avec βρυωνία, ἰωνία, etc.). En effet d'une part la fréquence des féminins en -ιδ- en béotien ressort du passage d'Aristophane (*Ach.* 871-880) qui livre huit noms en -ιδ- dans l'énumération des produits qu'un Thébain apporte au marché d'Athènes. D'autre part, quoique de formation peu claire, μαδωνάϊς se rattache au groupe de μαδάω « être détrempé », et plus précisément à lat. *madeo* et skr. *mádati* « être ivre », à cause de l'odeur d'alcool qu'exhalent les fleurs du nénuphar jaune (cf. *Flor. eur.* I, 205 ; Gennadios, p. 668-669, s.v. νοῦφαρ, avec le nom vulgaire anglais *Brandy Bottle* « bouteille [allusion au fruit en forme de carafe] d'eau-de-vie »). Chr. Bernard, *Fleurs sauvages des jardins*, Rodez, 2000, p. 40, donne du phénomène l'explication suivante : *N. luteum* est « remarquable par son métabolisme au niveau des racines : manquant d'oxygène dans la vase, elles y suppléent par une réduction en alcool des sucres produits par les feuilles, ce qui explique l'odeur alcoolisée que dégage la plante ». Selon que l'on donne à μαδωνάϊς un sens actif ou essif, c'est « l'enivrante » (cf. skr. *madirá* « enivrant ») ou « l'imbibée » (d'alcool, que les anciens ne connaissaient pas à l'état pur, mais dont ils percevaient l'odeur au cours de la vinification). — La consommation des graines de nénuphar jaune est attestée depuis la préhistoire (A. Maurizio, *Histoire de l'alimentation végétale*, Paris, 1932, p. 135 et 185) jusqu'à une époque récente, en cas de disette (D. Bois, *Les plantes alimentaires chez tous les peuples et à travers les âges*, Paris, t. I (1927), p. 18-19). Elles sont petites, mais de saveur douce, assez agréable (observation personnelle). — On admet sans difficulté la présence ancienne de *N. luteum* aux environs de Marathon (marais de Kato Souli), de même que sur le territoire d'Orchomène (lac Copaïs). Son existence en Crète, où il manque aujourd'hui, est au contraire problématique. Il n'est pas impossible que *N. luteum* s'y soit éteint avant les premières explorations botaniques de l'île. Plus vraisemblablement, la source de Théophraste faisait

de νυμφαία le nénuphar, sans précision spécifique. Or « contrairement à *Nuphar*, *Nymphaea alba* a été signalé en Crète, dans un passé assez récent (il y a un peu plus d'un siècle), par le botaniste italien Baldacci. (...) Les nénuphars, dans le sud de leur aire, ne fleurissent pas régulièrement. Il est probable que le témoin sur lequel se fonde l'indication de Théophraste n'a vu de la plante que les feuilles » (W. Greuter, *in litteris*). Cette dernière hypothèse est d'autant plus séduisante que Théophraste mentionne la feuille, à peu près semblable dans les deux espèces, mais non la brillante fleur jaune (cf. Diosc.) de *N. luteum*.

3. *N. luteum* a un long et gros rhizome charnu, que certains peuples mangent après cuisson (Bois, *ibid.* ; Maurizio, *op. cit.*, p. 115). On sait que *Nymphaea alba*, plus étudié que *Nuphar luteum*, renferme dans toutes ses parties et surtout dans le rhizome une grande quantité de tannin (Fournier, *Plantes médicinales*, III, 83-84), substance hémostatique par excellence et astringente. Soit que *N. luteum* possède ces mêmes propriétés (l'usage d'un extrait homéopathique du rhizome de *N. luteum* contre la diarrhée est signalé dans Schauenberg – Paris, *Guide des pl. médicinales*, p. 46), soit que la pharmacopée du IVe siècle *a.C.* ait englobé les deux espèces sous l'étiquette νυμφαία, les indications thérapeutiques recueillies par Théophraste correspondent bien aux aptitudes des nénuphars.

4. La réglisse doit la plupart de ses noms anciens et actuels (nom scientifique du genre *Glycyrrhiza* L. ; noms vulgaires : g.m. γλυκόρριζα ; fr. *réglisse* [du bas latin *liquiritia*, lui-même dérivé du gr. γλυκύρριζα, avec divers accidents phonétiques ; cf. *T.L.F.*, s.v. réglisse], *racine douce*, *bois doux* ; it. *radice dolce*, *legno dolce* ; etc.) à la présence dans son suc d'« un saponoside, la glycyrrhizine, qui est 50-60 fois plus douce que le sucre cristallisé » (Schauenberg – Paris, *ibid.*, p. 330). L'espèce la plus connue est *Glycyrrhiza glabra* L., indigène en Grèce, où elle est « très abondante dans la plaine côtière de Corinthe à Patras » (Von Heldreich, *Die Nutzpflanzen*, p. 70), ainsi que dans tout l'est du bassin méditerranéen. *G. echinata* L. diffère de la précédente en particulier par les soies raides de son fruit ; elle est fréquente en Grèce « à l'intérieur du pays, surtout en Béotie » (Von Heldreich, *ibid.*), mais ces distinctions morphologiques fines ont échappé aux anciens, qui appelaient globalement « racine douce » toutes les espèces et variétés du genre *Glycyrrhiza*. Le synonyme « racine de Scythie » est expliqué plus loin par la place de la réglisse dans le régime alimentaire des Scythes (cf. *infra*, n. 6). Pour le sens de εὐθύς, cf. III, 8, 2 : καὶ ἔνιοί γε εὐθὺς τὴν μὲν ἥμερον καλοῦσι « ... quoique certains parlent tout bonnement d'un chêne 'domestique' ».

5. La phrase est plus riche de sens si l'on préfère la leçon de U*, σπάσματα, à celle des autres témoins, ἄσθματα, car la réglisse est avant tout un antispasmodique (Schauenberg – Paris, *ibid.*), particulièrement modérateur du péristaltisme intestinal et de ce fait employé

avec succès contre les spasmes douloureux de l'intestin (Fournier, *Plantes médicinales*, III, 299). Mais la « racine douce » exerce aussi une action calmante sur les voies respiratoires, qui pourrait légitimer la variante ἄσθματα. Son usage, avec du miel, pour le traitement des ulcères n'apparaît pas dans la pharmacologie moderne ; il s'explique probablement par les propriétés antiseptiques des sucres contenus dans les deux produits (cf. pour le miel, n. 6 à IX, 11, 1).

6. L'aptitude de la réglisse à supprimer la soif n'a jamais été perdue de vue. Fournier (*ibid.*, p. 300) fait un historique détaillé de la boisson désaltérante obtenue par macération de la racine de réglisse dans l'eau, qui connut vers la fin du XVIIIe siècle une grande vogue à Paris où elle était vendue dans les rues sous le nom de « coco ». La réglisse en bâtons (morceaux de racine bruts ou pelés) et en jus desséché, commercialisé sous diverses formes, conserve de nos jours le même usage. Pour les Scythes nomades, contraints par le pastoralisme à parcourir de longues distances à travers les régions arides d'Asie centrale, la racine de réglisse, sucée tout en cheminant, était un moyen commode de combattre la soif et de procurer à l'organisme un apport énergétique de sucres. C'est encore aujourd'hui dans les campagnes afghanes une denrée commerciale d'une certaine importance : je dois à la générosité de P. Bernard une photographie étonnante (prise en 1977) de monceaux de réglisse dans un caravansérail de Rustaq, en Bactriane orientale. — Outre la réglisse, le viatique des Scythes comprenait l'ἱππάκη, « fromage de jument ». Sans doute parce que les Grecs considéraient volontiers le fromage comme une nourriture « barbare », et *a fortiori* ce fromage de jument, dur comme pierre, sentant le rance et fort de goût, l'association de l'ἱππάκη aux Scythes est un des plus anciens « stéréotypes alimentaires » (expression empruntée à H. Sancisi-Weerdenburg, « Persian food. Stereotypes and political identity », dans *Food in Antiquity*, J. Wilkins *et al.* ed., University of Exeter, 1995, p. 286-302) dans la littérature gréco-latine. Déjà Eschyle évoque (fr. 198 Radt) « les Scythes mangeurs de fromage de jument » (ἱππάκης βρωτῆρες ... Σκύθαι). Dans les années 430, le traité hippocratique *Airs, eaux, lieux* décrit longuement (§18 = II, 68-70 Littré) les mœurs des Scythes et leur régime : « Ils demeurent au même endroit aussi longtemps que le fourrage est en quantité suffisante pour le bétail lui-même ; quand ce n'est plus le cas, ils émigrent vers un autre lieu. Eux-mêmes mangent de la viande bouillie, boivent du lait de jument et croquent de l'*hippace*. C'est du fromage de jument » (trad. de J. Jouanna et C. Magdelaine, *Hippocrate. L'Art de la médecine*, Paris, 1999, p. 136). On sait comment les Scythes fabriquaient leur fromage grâce à un autre texte hippocratique, *Maladies IV*, 51, 2 (= VII, 584 Littré) : « Ils versent le lait dans des récipients creux en bois et l'agitent ; le lait, troublé, écume et se décompose : la partie grasse, qu'ils appellent beurre, vient à la surface, vu sa légèreté ; la partie lourde et épaisse va au fond ; ils la séparent et la font sécher ; quand elle a bien

pris et qu'elle est sèche, ils l'appellent *hippace* » (trad. R. Joly, C.U.F., 1970). Un fromage de ce genre, qui n'est peut-être pas toujours au lait de jument, se trouve encore, sous le nom de *qurut*, dans les bazars d'Asie centrale ; on le consomme soit tel quel, grignoté patiemment, soit dissous dans un liquide chaud ou froid. Le fromage sec, en même temps qu'il nourrit, ôte aussi la sensation de soif (voir les documents réunis par J. Leclant, p. 207-209 de son article « *Per Africae sitientia.* Témoignages des sources classiques sur les pistes menant à l'oasis d'Ammon », *Bull. Inst. Fr. Arch. Or.* XLIX, 1950, p. 193-253).

7. Tous les commentateurs de l'*Historia* depuis Scaliger ont signalé que la notice consacrée ici (§3) à l'aristoloche se retrouve presque à l'identique quant au fond, sinon toujours dans les termes, en IX, 20, 4 ; d'où l'idée que l'une des deux rédactions est interpolée. Schneider explique dans son commentaire (III, 787) ce qui l'amène à condamner la première. Les considérations sur le goût des racines sont résumées au début du §4 dans une phrase de conclusion que Schneider, suivi par Wimmer et par Hort, présente sous la forme suivante : Αὗται μὲν οὖν γλυκεῖαι. Ἄλλαι δὲ πικραί · αἱ δὲ βαρεῖαι τῇ γεύσει. Ainsi l'aristoloche, à racine « extrêmement amère » (πικρὰ σφόδρα), est effectivement déplacée parmi les plantes dont il est dit « Voilà donc des racines douces ». Deux faits ont cependant échappé à l'attention de Schneider : d'abord le caractère particulier du chapitre 20, composé de notes pour la plupart simplement juxtaposées, que nous considérons (cf. Notice, p. XLIV) comme un « fichier » distinct de l'opuscule rédigé, et du reste absent de U* ; ensuite la correspondance troublante entre l'annonce (§1) de racines dont « certaines sont âcres, d'autres amères, d'autres douces » et la conclusion (début §4) qui mentionne dans l'ordre inverse des racines douces, d'autres amères, d'autres « désagréables au goût ». De ces dernières, Théophraste ne donne pas d'exemple, soit qu'aucune plante ne lui ait paru remarquable à cet égard, soit qu'il ait fait confiance à l'expérience personnelle de chacun. Mais le rhizome du nénuphar jaune, doux et fade, et surtout la racine de la réglisse, d'un goût plus corsé et exceptionnellement riche en sucres, illustrent bien le type de plante à racine douce ; l'aristoloche fournit un exemple non moins pertinent d'espèce à racine amère. Pour rendre cohérent le texte transmis, il suffit de ponctuer la première phrase du §4 de la manière suivante : Αὗται μὲν οὖν γλυκεῖαι, ἄλλαι δὲ πικραί · αἱ δὲ βαρεῖαι τῇ γεύσει « Voilà donc des racines douces et d'autres amères [opposition soulignée par μὲν … δὲ et par le double sens de ἄλλος, « autre » et « différent »] ; d'autres [laissées en marge de l'exposé précédent] sont désagréables au goût ».

La double rédaction de la notice relative à l'aristoloche nous donne l'occasion unique de voir comment Théophraste a intégré une « fiche » de renseignements (IX, 20, 4 = désormais [1]) dans un exposé structuré (IX, 13, 3 = [2]). Les éléments propres à chaque version sont en gras dans le tableau suivant :

	[1] = IX, 20, 4	[2] = IX, 13, 3
I. MORPHOLOGIE A. *Racine* 1. Appréciation par les sens	- **παχεῖα** - καὶ εὔοσμος - καὶ ἐσθιομένη πικρά, - τῷ χρώματι μέλαινα·	- **τῇ ὀσφρήσει** μὲν εὔοδμος, - τῇ γεύσει δὲ πικρὰ **σφόδρα,** - τῇ χροιᾷ δὲ μέλαινα.
2. Appréciation qualitative en fonction de l'habitat	- Φύεται δὲ μάλιστα ἐν τοῖς ὄρεσι καὶ αὕτη βελτίστη.	- Φύεται δὲ ἐν τοῖς ὄρεσιν ἡ βελτίστη.
B. *Feuille*	- τὸ δὲ φύλλον στρογγύλον, **οὐ πολὺ δὲ τὸ ὑπὲρ τῆς γῆς.**	- **Φύλλον** δὲ ἔχει **προσεμφερὲς τῇ ἀλσίνῃ** πλὴν στρογγυλότερον.
II. INDICATIONS THÉRAPEUTIQUES A. *Nombre*	- Τὴν δὲ χρείαν αὐτῆς εἰς πολλὰ καταριθμοῦσιν · (...) Αὕτη μὲν οὖν ἔοικε διαφέρειν τῇ πολυχρηστίᾳ.	- Χρησίμη δὲ πρὸς πολλά·
B. *Nature* 1. Sommaire	- ἀρίστη μὲν πρὸς τὰ κεφαλόθλαστα, - ἀγαθὴ δὲ καὶ πρὸς τὰ ἄλλα ἕλκη - καὶ πρὸς τὰ ἑρπετὰ - καὶ πρὸς ὕπνον - καὶ πρὸς ὑστέραν **ὡς πεσσός,**	- καὶ ἀρίστη πρὸς κεφαλήν, - ἀγαθὴ δὲ καὶ πρὸς τὰ ἄλλα ἕλκη, - καὶ πρὸς τὰ ἑρπετὰ - καὶ πρὸς ὕπνον - καὶ πρὸς ὑστέραν.
2. Applications pratiques	- τὰ μὲν σὺν ὕδατι ἀναδευομένη καὶ καταπλαττομένη, - τὰ δ' ἄλλα εἰς μέλι ξυομένη καὶ ἔλαιον· - τῶν δὲ ἑρπετῶν ἐν οἴνῳ ὀξίνῃ πινομένη καὶ ἐπὶ τὸ δῆγμα ἐπιπλαττομένη· - εἰς ὕπνον δὲ ἐν οἴνῳ μέλανι αὐστηρῷ κνισθεῖσα· - ἐὰν δὲ αἱ μῆτραι προπέσωσι, τῷ ὕδατι ἀποκλύζειν.	- Τὰ μὲν οὖν **προσάγειν κελεύουσιν** ἐν ὕδατι ἀναδεύσαντα καὶ καταπλάττοντα, - τὰ δὲ ἄλλα εἰς μέλι ἐνξύσαντα καὶ ἔλαιον· - πρὸς δὲ τὰ τῶν ἑρπετῶν ἐν οἴνῳ ὀξίνῃ πίνειν καὶ ἐπὶ τὸ δῆγμα ἐπιπλάττειν· - εἰς ὕπνον δὲ ἐν οἴνῳ μέλανι αὐστηρῷ κνίσαντα· - ἐὰν δὲ αἱ μῆτραι προπέσωσι, τῷ ὕδατι ἀποκλύζειν.

L'aristoloche caractérisée par ses feuilles arrondies ([1] et [2]) correspond à l'espèce « ronde » ou « femelle » de Dioscoride, III, 4, « à feuilles un peu arrondies » (φύλλα ... ὑποστρόγγυλα) et « racine globuleuse, semblable à une rave » (ῥίζα δὲ τῆς ... στρογγύλης περιφερής, γογγυλίδι ὁμοία) ; c'est *Aristolochia rotunda* L. En passant de [1] à [2] Théophraste a éliminé παχεῖα, qualificatif peu approprié à une racine « de la grosseur d'une noix » (Fournier, *Plantes médicinales*, I, 111 et fig. 1) et étranger au triple critère, olfactif, gustatif et chromatique, qui domine la sélection des racines décrites en IX, 13 (§1 Τῶν δὲ ῥιζῶν καὶ ἐν τοῖς χυλοῖς αἱ διαφοραὶ καὶ ἐν ταῖς ὀσμαῖς ; fin §4 Ἔχουσι δὲ καὶ ἐν τοῖς χρώμασι διαφοράς...). Pour faire ressortir ce parti pris méthodologique, [2] ajoute à εὔοσμος / εὔοδμος la mention explicite du sens concerné : τῇ ὀσφρήσει « à l'odorat », convertit la notion concrète de « manger » (ἐσθιομένη) en celle de « goût » (τῇ γεύσει), plus abstraite et plus fine — tout en soulignant par l'addition de σφόδρα à πικρά la spécificité remarquable de l'aristoloche à cet égard — et remplace même τῷ χρώματι par son synonyme τῇ χροιᾷ, ce qui donne une régularité parfaite à la séquence des trois appréciations sensorielles. Dans les faits, la racine de l'aristoloche ronde est un petit tubercule arrondi ou ovoïde, à écorce brun-noir rugueuse et chair jaunâtre (cf. Diosc. πυξοειδής « couleur de buis »), d'odeur forte, agréable ou fétide (Diosc. βρωμώδης) suivant les odorats, extrêmement amère. L'insistance de [2] sur ce dernier point est tout à fait justifiée. La plante a une large distribution en Grèce « dans les cultures et les lieux herbeux à basse altitude et en montagne » (*Consp. flor. gr.* III, 89, avec référence à l'Arcadie comme en IX, 15, 5). C'est au sujet de la feuille et des tiges feuillées que [2] s'écarte le plus de [1]. Il est dit en [1] que « la partie au-dessus du sol est peu développée » ; or le tubercule donne naissance à des tiges grêles, mais de hauteur moyenne (15-60 cm d'après *Flor. eur.* I, 74) et densément garnies de feuilles arrondies en forme de cœur renversé dont les oreillettes embrassent la tige (voir Bonnier, pl. 540, fig. 2447). Cette affirmation inexacte de [1] est remplacée dans [2] par la comparaison de l'aristoloche avec le chou de chien, *Theligonum cynocrambe* L. (cf. Diosc. IV, 86 ; Pline, XXVII, 23), qui a, comme l'aristoloche, des feuilles entières, ovales et glabres (Bonnier, pl. 554, fig. 2507), mais surtout malodorantes quand on les froisse. L'addition de προσεμφερὲς τῇ ἀλσίνη dans [2] prend ainsi tout son sens.

L'apport personnel de l'auteur est évidemment moindre dans la partie thérapeutique. Son travail sur le document de base vise plusieurs buts : 1) la concision : pour noter la multiplicité des usages, deux phrases dans [1], trois mots (χρησίμη πρὸς πολλά) dans [2] ; en face de πρὸς τὰ κεφαλόθλαστα [1], simplement πρὸς κεφαλήν [2], dont le sens est assez éclairé par πρὸς τὰ ἄλλα ἕλκη qui suit immédiatement ; 2) un plan rigoureux : ὡς πεσσός [1] n'est pas repris en [2], pour éviter d'anticiper sur les applications pratiques introduites dans la phrase suivante par προσάγειν κελεύουσιν ; 3) une structure syntaxique claire ([2] κελεύουσιν + infinitifs actifs), au lieu de la rupture de construction qui fait passer en [1] des participes passifs (ἀναδευομένη ... κνισθεῖσα) à l'infinitif actif (ἀποκλύζειν). Il n'est donc pas possible de tenir la version la plus élaborée et la mieux intégrée dans son contexte pour une interpolation d'une « fiche » de travail. Les deux notices doivent être conservées et maintenues à leur place dans le texte transmis.

8. La surprise vient de ce que l'aristoloche est dite ἀρίστη πρὸς κεφαλήν, et non ἀ. τοῖς λοχοῖς conformément à l'étymologie donnée dans Diosc. III, 4 : ἀριστολόχεια · ὠνόμασται ... ἀπὸ τοῦ δοκεῖν ἄριστα βοηθεῖν τοῖς λοχοῖς « l'aristoloche tire son nom du fait qu'elle passe pour exceller à faciliter les accouchements ». Faut-il en déduire que les vertus eutociques de la plante étaient contestées ? Les traités hippocratiques livrent quelques prescriptions gynécologiques (réf. dans Ducourthial, *Flore magique*, p. 583, n. 247) ; Dioscoride (*ibid.*) note que l'aristoloche provoque l'écoulement des lochies et des menstrues, ainsi que l'expulsion des fœtus, mais ni Galien (XI, 835-836 Kühn) ni les traités de botanique astrologique (Ducourthial, *ibid.*, p. 462-464) ne l'associent aux accouchements. C'est une plante dangereuse dont l'ingestion peut provoquer des lésions rénales irréversibles (Bellakhdar, *Pharmacopée marocaine*, p. 172). Tout en n'ignorant pas son usage traditionnel comme abortif en médecine populaire (Schauenberg – Paris, *Guide des pl. médicinales*, p. 300), certains médecins préféraient lui donner d'autres emplois.

9. Si τὰ δὲ ἄλλα reprend clairement τὰ ἄλλα ἕλκη, τὰ μὲν, qui renvoie pour le sens à πρὸς κεφαλήν, a un statut quasi adverbial : « d'une part », d'où « dans le premier cas ». — Le recours à l'aristoloche pour soigner toutes sortes d'affections cutanées est bien attesté pour l'antiquité (nombreuses citations et références dans Ducourthial, p. 462-468 et notes *ad loc.*) et de nos jours encore (Schauenberg – Paris, *ibid.* : « La décoction de la plante fraîche est indiquée pour le traitement des plaies infectées et des ulcères tenaces » ; cf. Fournier, *Plantes médicinales*, I, 113). — Sur les usages médicaux du miel (antiseptique) et de l'huile (cicatrisante), voir n. 6 à IX, 11, 1.

10. En marge de la littérature médicale non spécialisée, où les vertus alexitères de l'aristoloche sont souvent mentionnées, on trouve dans Nicandre, *Thér.* 509-519, une description détaillée de cette plante dont un morceau de racine mélangé à du vin de paille serait un remède souverain aux morsures de vipère. Nicandre, comme plus tard Dioscoride, distingue une aristoloche « femelle » (*A. rotunda* L.) à tubercule arrondi (v. 514 ῥίζα ... θηλυτέρης ... ἐπιστρογγύλλεται ὄγκῳ) et une autre « mâle » (*A. longa* L.) dont « la racine est au contraire allongée » (v. 515 ἄρσενι δ' αὖ δολιχή). Celle-ci passait pour plus

efficace que la précédente contre le venin, peut-être simplement à cause de la force supposée inhérente aux attributs du « mâle ». Mais au v. 937 c'est l'aristoloche sans distinction d'espèces qui est incorporée à un antidote universel.

11. Nous n'avons retrouvé les propriétés somnifères de l'aristoloche que dans Pline, XXVI, 111 : parmi de nombreuses plantes indiquées pour combattre l'insomnie figure l'aristoloche, qui agit « par son odeur et en onctions de la tête » (*aristolochia odore et peruncto capite*). D'autre part, Fournier signale (*ibid.*) une préparation homéopathique d'aristoloche ronde prescrite notamment comme « tonique, stimulant, analgésique général ». Cette fonction sédative expliquerait peut-être l'usage de la plante πρὸς ὕπνον, tandis que son action tonique pourrait corriger la distension des organes génitaux féminins.

12. La mésaventure du sculpteur Pandios a été étudiée, du point de vue prosopographique, par D. Knoepfler au sujet du décret d'un certain Pandios prescrivant la réfection de la fontaine et des bains d'Amphiaraos (*Un document attique à reconsidérer : le décret de Pandios sur l'Amphiaraion d'Oropos*, in *Chiron*, 16, 1986, p. 71-98). Ayant daté l'inscription, d'après l'orthographe et le formulaire, des années 380-360, l'auteur de cet article s'est efforcé d'identifier parmi ses homonymes le Pandios du décret d'Oropos. Ainsi a-t-il rencontré notre Pandios, pour lequel il n'exclut pas une carrière politico-professionnelle, tout en se gardant de rien affirmer sur ce point. Au texte de Théophraste, poursuit D. Knoepfler (p. 88-89), « s'est ajouté, en 1884, le témoignage d'une signature (Πάνδιος ἐποήσε) sur une base de l'Acropole d'Athènes avec dédicace privée (*IG* II² 4024), et l'on en a conclu fort justement que Pandios devait être Athénien. (…) D'autre part, l'époque où vécut cet artiste est fixée avec une approximation très satisfaisante tant par la base de l'Acropole, dont l'écriture indique la première moitié du IVᵉ siècle, que par l'anecdote de Théophraste, puisque c'est vers 370, sous la direction de Scopas, que fut entreprise la reconstruction du temple d'Aléa Athéna à Tégée ; on ne saurait guère douter, en effet, que ce chantier ouvert pendant un quart de siècle au moins n'ait été celui où travaillait Pandios quand il eut (temporairement ?) l'esprit troublé à la suite d'un empoisonnement ». L'identité du personnage étant ainsi établie, il reste à déterminer la plante responsable de son égarement. Celle-ci est à rechercher parmi les Solanacées que l'on voit souvent apparaître dans les terrassements d'un chantier et dont la racine riche en principes délirogènes peut se confondre avec celle du scolyme. Compte tenu des caractères propres à chaque membre du trio jusquiame — datura — belladone et de la situation phytogéographique de Tégée, la meilleure candidate est la jusquiame blanche, *Hyoscyamus albus* L. Puisque Théophraste connaissait bien le datura (le στρύχνος ὁ μανικός de IX, 11, 6), sans doute aurait-il réussi à l'identifier s'il s'était agi de lui. D'autre part, la

belladone est une espèce forestière de Grèce centrale et septentrionale, qui paraît absente du Péloponnèse (*Consp. flor. gr.* II, 368). Au contraire la présence de *H. albus* à Tégée n'a rien de singulier : la plante est commune « dans les terrains vagues, au bord des routes, sur les murs à basse altitude » (*Consp. flor. gr.* II, 365), mais elle peut s'élever jusqu'à 600-800 m (*Flora of Turkey*, VI, 455), soit à l'altitude moyenne de la haute plaine de Tégée. Sa racine charnue ressemble assez à celle du scolyme, « qui se mange soit cuite, soit crue » (VI, 4, 7), pour prêter à confusion. Des méprises de ce genre se sont produites assez souvent. Ainsi P. Trinquier, *Les Herbes d'Oc et leurs vertus*, Nîmes, 1997, p. 150-151, cite au sujet de la jusquiame cet extrait de Boissier de Sauvages, *Dictionnaire languedocien — français* (1785) : « Ses racines qui ressemblent à celles du panais ont donné lieu à de fâcheuses équivoques : ceux qui en mangent tombent dans une profonde léthargie qui se termine souvent par la mort ». La distinction entre les racines « qui égarent l'esprit », illustrées par l'exemple de Pandios, et celles « qui sont des poisons mortels » laisse entendre que le sculpteur se tira d'affaire au prix de troubles mentaux certainement passagers.

13. La localisation de la plante à racine mortelle « aux abords des mines, sur les chantiers de Thrace » oriente la recherche vers les Solanacées qui colonisent brusquement les sols bouleversés, telle la jusquiame (note précédente), mais cette fois en Grèce du Nord, dans le massif forestier du Pangée célèbre par les mines d'or de la « Forêt affouillée » (cf. Hdt. VI, 46 : ἐκ … τῶν ἐκ Σκαπτῆς Ὕλης τῶν χρυσέων μετάλλων …). Pendant son séjour à Stagire, Théophraste a observé la flore locale, par exemple le bouleau (III, 14, 4) dans la région de Drama – Stavropolis, la châtaigne d'eau du Strymon (IV, 9), la ripisylve du Nessos (auj. Mesta) aux environs d'Abdère (III, 1, 5). S'il n'a pas mis un nom sur les racines vénéneuses qu'il évoque ici, on n'en saurait déduire qu'il n'avait jamais vu la plante entière. Il s'agit probablement de la belladone (*Atropa bella-donna* L.), bien reconnaissable dans la « mandragore » de VI, 2, 9, à haute tige et fruit qui « se singularise en ce qu'il est noir et rappelle un grain de raisin, ainsi que par son jus vineux ». Le transfert à cette plante du nom μανδραγόρας de la véritable mandragore ne peut se justifier, en l'absence de ressemblance morphologique, que par des propriétés communes, en l'occurrence une forte activité analgésique et narcotique (cf. IX, 9, 1 pour *Mandragora autumnalis*). On sait aujourd'hui que les racines de la belladone ne contiennent pas d'atropine, mais seulement de l'hyoscyamine et de la scopolamine (Bellakhdar, *Pharmacopée marocaine*, p. 492). Or tandis que les Solanacées où domine l'atropine « provoquent à fortes doses une vive excitation psychique, les espèces à scopolamine sont puissamment sédatives » (J.-M. Pelt, *op. cit.* [n. 18 à IX, 11, 6], p. 217). C'est donc à la racine de belladone que nous croyons pouvoir

attribuer la responsabilité du sommeil sans réveil décrit dans notre texte. Mort accidentelle ou volontaire ? La formule τὸν θάνατον ... ἐλαφρόν ressemble trop à ἐλαφρὰν ... τὴν ἀπαλλαγήν en IX, 16, 9, où une certaine préparation de la ciguë garantit une mort douce, pour ne pas favoriser la seconde hypothèse.

14. Même exemple en VII, 9, 3 dans un simple rappel de cette diversité de couleurs, avec référence à notre passage (ὡς ἐν ἄλλοις εἴρηται). La mention d'une racine rouge ne suffit pas à distinguer la garance des teinturiers, *Rubia tinctorum* L., d'origine orientale (G.A. Olivier, *op. cit.* [n. 20 à IX, 1, 2], III, 188, la dit « très commune au nord de la Perse ») et de statut indécis en Grèce (indigène ou anciennement naturalisée ; cf. *Flor. eur.* IV, 38), et la garance voyageuse, *R. peregrina* L., spontanée et souvent abondante dans tout le sud de l'Europe. La racine de la première est d'un beau rouge orangé sous une écorce très mince qui s'enlève avec l'ongle ; celle de l'espèce sauvage n'est que rougeâtre mais elle a été néanmoins utilisée en teinturerie, d'après l'analyse récente de tissus coptes (D. Cardon – G. du Chatenet, *Guide des teintures naturelles*, Neuchâtel – Paris, 1990, p. 37). Ce fait corrobore le témoignage de Dioscoride (III, 148) sur la garance à l'époque romaine : « La racine est rouge et tinctoriale ; elle provient tantôt d'une plante sauvage, tantôt de semis, comme à Ravenne en Italie où l'on sème la garance entre les zones marécageuses, avec profit car c'est une culture d'un excellent rapport ». Nous verrons plus loin (n. 17) qu'il s'agit ici plutôt de *R. peregrina*.

15. Dans le texte commun à tous nos mss. πενταφύλλου ἢ πεντεπέτου, Schneider corrige avec raison en -πετοῦς le génitif de l'adj. neutre πεντεπετές (s.e. φυτόν). Mais il n'y a pas lieu de substituer, à la suite de l'Aldine, πεντα- à πεντε- qui est, d'après les grammairiens antiques, la forme la plus ancienne en composition (voir le *D.E.L.G.* s.v. πέντε). Inversement le titre de la notice correspondante de Dioscoride (IV, 42) est dans l'éd. Wellmann πεντέφυλλον · οἱ δὲ πενταπετές, avec des variantes. On doit en conclure que l'hésitation entre πεντα- et πεντε- est un authentique fait de langue et que la prudence impose de respecter la tradition unanime de Théophraste. — Le second terme -πετής du composé qui a fourni le phytonyme πεντεπετές doit appartenir au groupe de πετάννυμι « étaler », de même que le dérivé à suffixe -λ- πέταλον « feuille ». D'où la traduction proposée « herbe à cinq feuilles », nom vulgaire usuel de *Potentilla reptans* L. (Bonnier, n° 932), reconnue sans conteste dans la notice suivante.

16. Description exacte dans tous ses détails, y compris le port caractéristique de cette espèce « remarquable par ses tiges rampantes produisant des racines adventives au-dessous de l'attache des feuilles » (Bonnier, *ibid.* ; pl. 174 pour l'illustration correspondante). A noter l'emploi imagé de κνήμη « jambe » pour évoquer la minceur de la tige entre les renflements de deux nœuds successifs ; de même Dios-

coride (III, 94) attribue « une tige noueuse » (καυλὸν πολυγόνατον) à une plante nommée πολύκνημον. — Il est impossible de savoir si l'absence d'indications thérapeutiques est due à un accident de la tradition (aucune lacune n'y est signalée), à une omission dans le texte original ou à l'intérêt exclusif de Théophraste pour l'aspect botanique de la plante, minutieusement observé.

17. La conjecture de Daléchamps n'a pas été adoptée jusqu'ici, bien que la feuille de la garance ressemble assez peu à celle du lierre et que la confusion de κισθός et de κισσός / κιττός ait été rencontrée déjà deux fois dans l'*Historia* (VI, 1, 4 et VI, 2, 1). Comme la garance voyageuse, le ciste de Montpellier (*Cistus monspeliensis* L.), commun en Grèce, a des feuilles persistantes, entières, sessiles, d'un vert très foncé et luisantes. Il est reconnu que celles de *Rubia peregrina* sont extrêmement variables quant à la forme et aux dimensions (*Flor. eur.* IV, 38). Aussi la nomenclature moderne n'a-t-elle pas retenu la division de cette espèce en sous-espèces et variétés décrites et illustrées (pl. 254) dans Bonnier, parmi lesquelles *R. lucida* L. (n° 1284 a.) à feuilles courtes et arrondies, presque aussi larges que longues, et *R. linearifolia* G.B. (n° 1284 a. 2°) dont le nom indique des feuilles linéaires et très étroites. Si Théophraste a observé des exemplaires du premier type, il a pu dire que « la garance a une feuille semblable à celle d'un ciste, quoique plus arrondie », sans se douter que ce caractère n'est pas constant. — L'habitat en des lieux bien ombragés ne convient pas à la garance des teinturiers qui se cultive dans des terrains marécageux (cf. *supra*, n. 14, pour Diosc. III, 148 ; D. Cardon, *loc. cit. ibid.*, signale (p. 36-37) dans le Comtat Venaissin les garancières d'Althen-des-Paluds, au nom évocateur). La garance voyageuse n'est pas non plus par nature une plante d'ombre, mais comme ses longues tiges traînantes ont besoin d'un appui, elles se trouvent surtout dans les broussailles et au pied des arbres, notamment des oliviers.

18. La garance, sauvage ou cultivée, a conservé auprès des pharmacologues modernes sa réputation de puissant diurétique, utilisé pour la prévention et l'élimination des calculs rénaux (Fournier, *Plantes médicinales*, II, 215 ; Cardon, *ibid.*, p. 37).

19. Les racines de forme particulière sont celles qui ont le plus frappé l'imagination populaire et suscité toutes sortes de croyances sans fondement. Parmi elles la racine annelée de l'« herbe au scorpion » dut tenir une place importante, puisque Théophraste donne plus loin (IX, 18, 2) une description détaillée de la plante, de son habitat et de ses effets notamment sur le scorpion.

20. Le polypode, *Polypodium vulgare* L., est une fougère (cf. IX, 20, 4 « il ne fait pas de graine ») des plus communes dans la majeure partie de l'Europe. Il pousse « sur les rochers » (Thphr.), plus précisément « sur les rochers moussus et dans les souches des vieux arbres, sur la mousse » (Diosc. IV, 186). La comparaison de sa « feuille » (en réalité

une fronde) avec celle de la « grande fougère », *Pteridium aquilinum*
(L.) Kuhn, a de quoi surprendre : la fronde du polypode est simple,
haute de 20-30 cm (cf. Diosc. « d'un empan »), celle de la grande fougère atteint 2 m et se compose de nombreuses divisions primaires opposées de part et d'autre du rachis. Le choix du terme de comparaison
reste toutefois pertinent : le polypode a comme la grande fougère (ἡ
πτερὶς ἡ μεγάλη) et à la différence de la fougère mâle (ἡ πτερίς en
IX, 20, 5) des frondes à pétiole bien dégagé, sans écailles, insérées côte
à côte sur le rhizome (celles de la fougère mâle sont réunies en touffe
compacte). Le rhizome du polypode, débarrassé de son chevelu, présente deux rangées d'empreintes rondes alternées qui sont les cicatrices
laissées par le pétiole des anciennes frondes (photographies en couleur
dans nos *Études*, p. 151, fig. 1 et p. 294, fig. 3). Pour les Grecs, familiers des choses de la mer, cette morphologie particulière a évoqué la
disposition des ventouses sur les tentacules d'un poulpe. Une nouvelle
association d'idées entre le poulpe et le polype (excroissance pathologique) a suggéré l'usage du polypode en amulette pour se préserver de
cette affection. Comme il a été dit plus haut (n. 13 à IX, 9, 3) la pratique
médicale et le recours à une prophylaxie ou à une thérapeutique irra-
tionnelles coexistaient ouvertement dans l'antiquité. Théophraste est le
premier, semble-t-il, à avoir signalé les propriétés purgatives du polypode, confirmées par les médecins postérieurs (Diosc. ῥίζα ... δύναμιν
ἔχουσα καθαρτικήν) et aujourd'hui largement reconnues (Fournier,
Plantes médicinales, III, 257 ; Schauenberg – Paris, *Guide des pl. médicinales*, p. 313 ; Stuart, *Encyclopédie*, p. 244 ; etc.).

CHAPITRE 14.

1. Le problème de la conservation des produits végétaux, péris-
sables par nature, se pose pour les substances pharmaceutiques brutes
ou préparées, sur une moindre échelle mais dans les mêmes termes que
pour les bois (l. V, ch. 4), les grains des céréales et les légumes secs
(l. VIII, ch. 11). Leur aptitude à un usage plus ou moins prolongé
dépend d'une part de la durabilité propre à chaque espèce, qui comprend sa résistance à l'humidité et à un dessèchement excessif, à la
pourriture cryptogamique et aux attaques des insectes, et d'autre part
des conditions de stockage. La méthode de Théophraste dans son opuscule de botanique pharmacologique ne diffère pas de celle qui est
appliquée à l'ensemble des végétaux dans l'*Historia* : sérier les questions, interroger les spécialistes, exposer les connaissances acquises et
les avis recueillis.

2. Sur cette centaurée que sa racine « charnue et compacte » ne
permet pas d'identifier (comme le fait l'*Index of plants* de l'éd. Hort)
avec *Erythraea centaurium*, voir n. 21 à IX, 8, 7.

3. La plante nommée πευκεδανόν (s.e. φυτόν) ou πευκέδανον
(avec remontée de l'accent consécutive à la substantivation de l'adjec-

tif) ne fait l'objet d'aucune description morphologique ; seuls sont signalés sa présence en Arcadie (IX, 15, 5 ; IX, 20, 2) et les usages médicaux de sa racine (IX, 20, 2). On l'identifie traditionnellement avec *Peucedanum officinale* L. (Sprengel ap. Wim. 1866, *Index plantarum* ; Hort, *Index of plants* ; L.S.J. ; *D.E.L.G.* s.v. πεύκη ; etc.), dont l'existence en Grèce est douteuse (*Flor. eur.* II, 361) et qui se rencontre surtout à basse altitude (Bonnier, n° 1150). La seule espèce du genre largement représentée dans les bois des montagnes grecques (en Arcadie sur le Chelmos, en Laconie sur le Parnon, etc.) est *Peucedanum vittijugum* Boiss., endémique de la péninsule balkanique (*Consp. flor. gr.* I, 640-641 ; *Flor. eur.* II, 362). Les peucédans doivent leur nom à la gomme-résine âcre et odorante de leur racine, qui a pu rappeler la résine du pin (πεύκη). La notice correspondante dans Diosc. III, 78 décrit en effet « une racine noire, d'odeur forte, grosse, pleine de suc », mais nous ne savons pas au juste à quelle espèce elle appartient.

4. La « vigne sauvage » est presque certainement ici la bryone, *Bryonia cretica* L., dont il est dit en IX, 20, 3 que la racine sert de dépilatoire (εἰς ψίλωθρον χρήσιμον) ; or Dioscoride (IV, 182) donne l'équivalence βρυωνία = μήλωθρον = ψίλωθρον. En outre la bryone, dont la feuille fait penser à celle de la vigne (bonne illustration dans Fournier, *Plantes médicinales*, I, 251), possède une racine grosse comme le bras et longue d'environ 50 cm, appelée « navet du diable » à cause de sa toxicité et de la difficulté à l'extirper. On ne peut pas toutefois écarter absolument le tamier, *Tamus communis* L., lui aussi rapproché de la vigne, mais à cause de ses fruits en grappe (Fournier, *ibid.*, III, 479) qu'il faut probablement reconnaître dans le « raisin sauvage » (ἡ καλουμένη σταφυλὴ ἀγρία) de III, 18, 11 (voir n. 26 *ad loc.*). La racine du tamier forme une masse noirâtre qui peut peser jusqu'à 10-13 kg ; comme celle de la bryone, elle est âcre et caustique mais, moins active, elle n'a jamais eu la même importance dans la pharmacopée.

5. Sur l'élatérium, suc desséché du « concombre sauvage », voir IX, 9, 4 et 5, avec les notes. La préparation de la drogue est décrite en détail dans Diosc. IV, 150, 3-5.

6. Pline, XX, 5 s'appuie sur notre passage pour affirmer la durabilité de l'élatérium : « Aucun médicament ne se conserve plus longtemps. (…) Il vaut d'autant mieux qu'il est plus vieux ; on l'a même conservé jusqu'à deux cents ans, et jusqu'à la cinquantième année il éteint la lumière des lampes » (trad. J. André, C.U.F., 1965). — Le traitement de l'élatérium par la cendre est mentionné aussi par Dioscoride (IV, 150, 4), mais comme procédé de fabrication destiné au contraire à accélérer la dessiccation du sédiment : « pour que l'humidité soit vite évaporée, certains répandent sur le sol une couche de cendre tamisée, forment au milieu un creux qu'ils garnissent d'un linge en triple épaisseur, versent dessus l'élatérium chargé

d'humidité, puis, quand il est bien sec, le réduisent en poudre dans un mortier ». Viennent ensuite le fractionnement de la masse obtenue (cf. Thphr. ὅταν κόψωσι) et le modelage de pastilles (Diosc. ἀνάπλασσε τροχίσκους ; Pline, XX, 3 : *cogitur in pastillos*). C'est alors que la source de Théophraste fait intervenir la conservation dans la cendre utilisée comme régulateur hygrométrique. Il ressort de ces divergences que chaque droguiste ou médecin-pharmacien avait sa propre technique pour préparer un élatérium plus ou moins estimé.

7. Cf. V, 4, 4 pour une distinction analogue entre les bois de saveur douce, rongés par le taret, et ceux « auxquels il ne s'attaque pas à cause de leur amertume ».

8. Τῶν δ᾽ ἔξω θηρίων s'oppose sur le fond, sinon pour la forme, à θριπηδέστους, dans le cadre de la différence établie par la science antique entre les parasites extérieurs aux organismes vivants (pour les végétaux, coléoptères divers, chenilles, etc.) et ceux qui étaient supposés naître de la décomposition de leurs tissus (vers) ; cf. VIII, 10, 1, au sujet des plantes cultivées pour leurs graines : « les animaux qui les attaquent non à partir de la plante même, mais de l'extérieur (μὴ ἐξ αὐτῶν, ἀλλ᾽ ἐκ τῶν ἔξωθεν), sont moins nuisibles ». — La traduction habituelle du nom d'insecte σφονδύλη (ou σπονδύλη) par « blatte » (cf. dans la C.U.F. Aristophane, *Paix*, 1077 ; Aristote, *H.A.* 542 a 10 ; 604 b 19) ne paraît pas devoir être remise en question. I.C. Beavis, *Insects and other Invertebrates in Classical Antiquity*, University of Exeter, 1988, signale (p. 184) que « Théophraste en use [de ce nom] pour désigner un parasite non décrit qui attaque les racines de toutes sortes de plantes » et il ajoute (p. 185, n. 175) : « la référence que fait Théophraste à sa nourriture de racines doit être due à une erreur ». Cet insecte ne saurait être en effet une blatte s'il se nourrissait de racines *dans la terre*. Mais le contexte montre à l'évidence qu'il s'agit de racines médicinales sèches, en réserve chez le droguiste ou chez le médecin. Or la blatte, *Blatta orientalis* L., plus connue sous le nom de cafard, est un insecte nocturne extrêmement vorace qui ronge et imprègne de son odeur infecte non seulement les denrées alimentaires, mais même les tissus, le cuir et le bois (cf. *T.L.F.* s.v. blatte). D'origine orientale, comme l'indique son nom scientifique, ou nord-africaine (Beavis, p. 80, n. 90), la blatte a dû pénétrer de bonne heure dans l'Europe méditerranéenne avec des marchandises infestées.

9. La logique du raisonnement nous échappe un peu. On admet sans peine que la racine d'une plante qui a mûri ses fruits soit momentanément épuisée et qu'à l'inverse l'extraction du suc de la racine nuise au développement des fruits. La racine la plus riche en principes actifs devrait donc être celle que l'on prélève sur une plante intacte, avant la maturité des fruits. La première condition est remplie : « d'ordinaire on n'extrait pas le suc des racines médicinales » ; ainsi par exemple pour le peucédan (IX, 20, 2) « on n'utilise pas la graine ni le suc de la

racine » ; (Diosc. III, 78, 1) « la racine devient inutilisable si on en
extrait le suc ». Mais pour que des fruits destinés à l'usage médical
aient leur plus grande richesse pharmacodynamique, on s'attend à ce
qu'aucune ponction de suc ne vienne affaiblir la plante. Or, déclare
Théophraste, « ce sont les racines des plantes à graines médicinales
dont le suc est prélevé ». Faut-il penser, eu égard à la phrase suivante,
que cette pratique avait pour but de rendre certains fruits moins dangereusement actifs ?

10. Cf. IX, 8, 3, où il est dit que l'extrait des racines est généralement moins fort que celui des fruits.

11. Cette objection tient du sophisme car le fait que la graine d'hellébore est « sésamoïde », littéralement « qui a l'aspect (εἶδος) du
sésame », ne prouve nullement qu'elle partage l'innocuité du sésame,
à quelque degré que ce soit. La composition du médicament utilisé à
Anticyre sous l'appellation d'« hellébore sésamoïde » n'est pas clairement établie (voir n. 7 à IX, 9, 2) et Théophraste n'était guère mieux
renseigné que nous, si l'on en juge par la réserve exprimée *ibid.* :
« Dans l'hellébore, la racine et le fruit ont les mêmes usages (si tant
est que les praticiens d'Anticyre purgent, comme on le dit, avec le
fruit), et ce dernier ressemble à du sésame ». En revanche la toxicité
pour l'homme des graines d'hellébore dont les cailles se nourrissent
impunément devient presque un lieu commun à partir de l'époque
romaine (Lucrèce, IV, 640-641 ; [Arist.], *Des plantes*, 820 b 6 ; *Géop.*
XIV, 24, 2 ; etc.), le document le plus explicite étant ce témoignage
personnel de Galien (XVII B, 306-307 Kühn) : « En Doride, en Béotie, ainsi qu'en Thessalie et dans les régions limitrophes, souvent des
gens qui avaient mangé des cailles ont été pris de crampes musculaires,
parce qu'elles mangent de l'hellébore. Je sais qu'à Athènes le même
accident s'est produit chez des personnes qui avaient mangé des cailles
en trop grande quantité ». Quoique différents de la purgation pratiquée
par les médecins antiques, ces malaises dus indirectement aux graines
de l'hellébore prouvent du moins que celles-ci ont une action énergique sur l'organisme humain.

Chapitre 15.

1. Cf. V, 8, 3 pour la description du Circéion et de sa végétation.

2. La médecine égyptienne avait déjà un long passé à l'époque
homérique. Les principaux textes sur papyrus qui nous en ont transmis
les prescriptions datent en effet de la seconde moitié du 2ᵉ millénaire
a.C. (de 1700 à 1300 pour les principaux d'entre eux — dont le célèbre
P. Ebers, de *c.* 1550 *a.C.* — d'après la liste des sources utilisées par L.
Manniche pour son *Ancient Egyptian Herbal* [cf. n. 7 à IX, 8, 2],
p. 62). On sait combien Hérodote, visitant l'Égypte vers le milieu du
Vᵉ siècle, fut frappé par le nombre des médecins (II, 84 : « Tout est
plein de médecins ») et par leur spécialisation. Il mentionne plusieurs

fois l'estime dont jouissaient les médecins égyptiens à la cour de Perse (III, 1, au sujet d'un ophtalmologiste ; III, 129, pour l'habitude qu'avait Darius de s'entourer « des Égyptiens considérés comme les premiers dans l'art de la médecine »). Une telle réputation supposait notamment la connaissance ancestrale d'une pharmacopée à dominante végétale.

3. Citation (correcte seulement dans U*) de δ 228-230. Le séjour d'Hélène en Égypte appartient à la version de la légende développée dans l'*Hélène* d'Euripide ; cf. l'Argument de la pièce : « Homère (...) rapporte que c'est en errant avec Ménélas après le sac d'Ilion qu'Hélène arriva en Égypte, et que c'est là qu'elle se procura les fameux remèdes » (trad. H. Grégoire, C.U.F., 1950).

4. La préparation du vin au *népenthès* intervient au moment du récit où Télémaque, parti à la recherche de son père, est reçu à Sparte par Ménélas et son épouse ; ils pleurent ensemble Ulysse disparu ; alors Hélène, pour alléger leur peine, « jeta dans le vin une drogue qui supprime le deuil et calme l'inquiétude » (v. 220-221 :... ἐς οἶνον βάλε φάρμακον ... | νηπενθές τ' ἄχολόν τε). Les deux adjectifs ont une formation claire : pour νηπενθές, préfixe négatif νη- + radical de πένθος « douleur (en particulier causée par la perte d'un être cher), deuil » ; pour ἄχολος, ἀ- privatif + radical de χόλος « humeur » / χολή « bile ». L'ambivalence de ce dernier terme et le développement de ses acceptions figurées expliquent que ἄχολος ait été diversement interprété. Le contexte ne permet pas de comprendre « qui apaise la colère » (trad. Bérard de l'*Odyssée* ; *D.E.L.G.* s.v. χόλος), ni à plus forte raison « exempt de ressentiment », comme le propose J. André pour expliquer l'étrange définition du *népenthès* dans Pline, XXV, 12 : « illud nepenthes obliuionem tristitiae *ueniamque* adferens » « ce célèbre *népenthès* qui procurait l'oubli des chagrins *et le pardon* ». C'est « l'inquiétude » de Télémaque sur le sort de son père (cf. notre expression familière « se faire de la bile » pour dire « se faire du souci ») qu'il s'agit de calmer. Malgré le *D.E.L.G.* s.v. πάσχω, νηπενθές n'est pas le nom d'une plante, mais celui d'une drogue (φάρμακον) sédative, probablement de type opiacé. Ainsi l'entendait Théophraste, qui eût été fort étonné par une exégèse telle que celle de Macrobe, *Sat.* 7, 1, 18 : « Si l'on veut aller au fond de la sagesse cachée d'Homère, (...) le *népenthès* (...) n'était pas une herbe, ni un suc de l'Inde, mais un récit opportun qui faisait oublier à l'hôte son chagrin et l'inclinait à la joie » (trad. J. André – J. Filliozat, *L'Inde vue de Rome*, Paris, 1986, p. 252). A ne considérer que la réalité botanique, l'Égypte était bien pourvue en espèces narcotiques ou simplement sédatives : le pavot et la mandragore (représentés ensemble dans une tombe thébaine de la XIXᵉ Dynastie, d'après L. Manniche [*op. cit. supra*], p. 13 ; voir aussi p. 117 [mandragore], p. 130-132 [pavot]), les lotus (*ibid.*, p. 126-127) réputés calmants et même légèrement narco-

tiques, la laitue (*ibid.*, p. 112-113) dont le latex possède, très adoucies, les propriétés de l'opium, etc. Le *népenthès*, s'il a existé, était un mélange de plusieurs ingrédients, comme tous les produits pharmaceutiques de l'Égypte ancienne dont la recette est parvenue jusqu'à nous.

5. Eschl., *Élég.*, fr. 2 Bgk. On ne sait rien de son contexte. Edmonds (Loeb, 1931) se borne à reproduire la phrase de Théophraste ; Bergk, *P.L.G.* [4] (1882), II, 240, y ajoutait, dans le texte latin, la paraphrase de Pline, XXV, 11 : « un des plus anciens poètes, Eschyle, a écrit que l'Italie était couverte d'herbes très puissantes ». Selon Pline (*ibid.* et VII, 15) et Aulu-Gelle (XVI, 11, 1-2), le peuple italien expert en drogues et immunisé contre le venin des serpents serait les Marses du Samnium, descendants d'un fils de Circé. Mais une tradition parallèle, signalée par R. Bloch (*Les Étrusques*, « Que sais-je ? » n° 645, 7ᵉ éd. 1985, p. 85), concerne les Étrusques : Hésiode, *Théog.* 1010-1016, attribue à Circé deux fils qu'elle aurait eus d'Ulysse, Agrios et Latinos, qui « régnaient sur tout le pays des illustres Tyrrhéniens ». L'évocation dans notre texte d'abord de l'Étrurie et du Latium, « où précisément on raconte que vivait Circé », puis de l'Étrurie citée par Eschyle « pour sa richesse en drogues » et pour la « race des Tyrrhéniens » habile à les préparer, suggère que Théophraste avait présente à l'esprit la version hésiodique de la légende. De même peut-être Eschyle.

6. Chacun des trois points cardinaux indiqués sera illustré par un exemple : au nord correspond la Scythie, ainsi que (§3) la Thrace, au sud l'Éthiopie et à l'orient l'Inde. L'occident n'est pas mentionné, faute d'informations sur ses ressources médicinales. La géographie botanique de Théophraste se limite vers l'ouest à l'Italie et à la Corse (l. V, ch. 8). Les Colonnes d'Héraclès ne sont connues de lui qu'à travers les navigateurs qui ont observé là des courants marins chargés d'algues (IV, 6, 4), dont ils ont pu citer, sans les décrire, quelques-unes (IV, 7, 1). Ce sont en effet des relations strictement commerciales que les Grecs d'Ionie et des îles égéennes ont nouées dès le VIIᵉ siècle *a.C.* avec le Midi ibérique et particulièrement avec la légendaire Tartessos (cf. Hdt. IV, 151-152). Si les *emporia* qui jalonnaient leur route étaient familiers aux commerçants et aux marins grecs contemporains de Théophraste, l'arrière-pays, tant européen qu'africain, devait rester longtemps encore *terra incognita*. Ainsi par exemple, selon Pline (V, 16), le suc médicinal des euphorbes cactiformes du Sud-Ouest marocain fut appelé εὐφόρβιον / *euphorbeum* du nom d' Εὔφορβος, médecin du roi Juba, qui le premier remarqua ces plantes dans l'Atlas. Dioscoride se borne à dire (III, 82) de l'εὐφόρβιον : « Sa découverte fut reconnue à l'époque de Juba, roi de Libye », soit entre 25 *a.C.* et 23-24 *p.C.*, quelque trois siècles après l'œuvre botanique de Théophraste (autres détails dans notre article *Végétaux étranges ou remarquables du Maroc antique d'après Strabon et Pline l'Ancien*, in *Antiquités africaines*, 38-39, 2002-2003, p. 39-54).

7. L'*Index of plants* de l'éd. Hort identifie cette plante anonyme avec une Apocynacée du genre *Acokanthera* dont plusieurs espèces habitent les régions sèches de l'Est africain, de la Somalie au Cap de Bonne-Espérance. Leur écorce renferme des principes cardiotoxiques qui la font utiliser par les indigènes pour empoisonner leurs flèches. Mais il n'est pas nécessaire d'aller chercher si loin la « racine » dont les Éthiopiens de Théophraste, à savoir les Nubiens, faisaient le même usage. Les compagnons d'Alexandre chargés d'élucider le mystère de la crue du Nil (cf. Introduction de la présente édition, p. XXIII et n. 46) ont nécessairement vu la « pomme de Sodome », *Calotropis procera* (Ait.) Ait. fil., en Haute Égypte où elle abonde (V. Täckholm, *Students' Flora of Egypt*, 2ᵉ éd., Beirut, 1974, p. 413 et pl. 144). C'est une espèce saharo-sindienne dont l'aire s'étend du Sahara occidental jusqu'aux contreforts indiens de l'Himalaya. Parmi la végétation désertique rabougrie, ou même sur le sol nu (photographie en couleur hors texte dans Bellakhdar, *Pharmacopée marocaine*), on remarque vite ce buisson densément feuillu qui peut former un petit arbre. Toutes ses parties renferment un latex abondant, dont le plus actif est celui de l'écorce des racines, dite « écorce de Mudar » (*Plantes médicinales des régions arides* [cf. n. 7 à IX, 7, 2], p. 83-84). C'est un poison cardiaque comparable à celui des *Acokanthera* et susceptible des mêmes usages ; cf. pour *Calotropis procera*, Bellakhdar, *ibid.*, p. 173-174 : « Le latex était employé autrefois dans les régions désertiques — et aussi chez les Noirs du Sahel — pour la préparation de poisons sagittaires, dans lesquels il agit, d'une part par sa toxicité propre, d'autre part par son action inflammatoire qui favorise l'absorption du poison principal au niveau des tissus lésés ».

8. Bien que *Calotropis procera* se rencontre sur les marges du monde scythe, en Iran d'une part (H. Bretzl, *Botanische Forschungen des Alexanderzuges*, Leipzig, 1903, p. 254-260), en Inde et au Pakistan de l'autre (R.R. Stewart, *An annotated Catalogue of vascular plants of West Pakistan and Kashmir*, Karachi, 1972, p. 566), ce n'est certainement pas à cette plante que renvoie l'anaphorique αὕτη, mais à la réglisse, si typiquement scythe qu'elle est présentée d'emblée (IX, 13, 2) sous le nom de ἡ σκυθική (ῥίζα). Les propriétés antispasmodiques, béchiques et cicatrisantes qui lui ont été attribuées (*ibid.*) font d'elle une « drogue salutaire », dont la contrepartie « funeste », décrite ici par ses seuls effets, ne peut pas être identifiée. Il est reconnu que suivant la dose et le mode d'administration, nombre de poisons végétaux peuvent provoquer une mort violente ou un lent dépérissement (cf. IX, 16, 5-6 pour l'ἀκόνιτον et l'ἐφήμερον) ; voir Bellakhdar, *ibid.*, p. 184, au sujet des empoisonnements criminels par le chardon à glu.

9. Vu les habitudes stylistiques de Théophraste, le texte de cette phrase ne présente pas de difficulté : le neutre ἕτερα ... πλείω se rapporte à φάρμακα implicite, le féminin περιττοτάτη ... ἡ ... δυνα-

μένη marque le passage de l'idée de « drogue » (qui peut être une
« mixture » ; cf. δ 230 μεμιγμένα) à celle de « simple » (ῥίζα),
plante médicinale à l'état naturel. La correction par Daléchamps de
μέρη en γένη, qu'ont adoptée Wimmer et Hort, n'a donc pas de
nécessité syntaxique ; en outre γένη implique une classification étrangère au texte. Schneider écrit avec raison ἕτερα μὲν πλείω. — Il est
évidemment impossible, sans description morphologique, d'identifier
les plantes appliquées par les Indiens sur les morsures de serpent, l'une
pour chasser le sang de la plaie (et éviter l'hémorragie provoquée par
certains venins), l'autre pour y faire affluer le sang (et empêcher la diffusion des toxines dans l'organisme). Ceux qui savent soigner ainsi ne
divulguent généralement pas leur procédé, de sorte que l'observateur
doit se contenter, au mieux, d'un vague aperçu de la plante utilisée ;
cf. V. Cuinet, *La Turquie d'Asie*, Paris, t. II (1892), p. 139, au sujet du
vilayet d'Alep : « toutes sortes d'insectes et de reptiles y fourmillent,
mais on ne craint nullement la morsure des serpents, car elle a son antidote dans une herbe à petites feuilles rouges et cendrées que les
nomades posent sur la plaie, et qui, à l'instant même, fait cesser toute
douleur et toute inflammation et opère la guérison ». Aussi les Indiens
avaient-ils été seuls capables de secourir les compagnons d'Alexandre
mordus par des serpents venimeux ; cf. Arrien, *Inde*, XV, 11 (d'après
Néarque) : « Parmi les médecins grecs, nul n'avait trouvé de remède à
la morsure d'un serpent indien ; c'étaient les Indiens eux-mêmes qui
soignaient les victimes ». Strabon, XV, 1, 45, emprunte à Aristobule
une description assez précise des reptiles de l'Inde, « dont aucun n'est
aussi inquiétant que les petits serpents minces qui ne mesurent pas plus
d'un empan [*c*. 22 cm] de longueur : on les trouve cachés dans les
tentes, dans les bagages, dans les (?) touffes d'herbe, et leurs victimes
perdent leur sang par tous les pores, avec des souffrances atroces, puis
elles meurent si elles ne sont pas immédiatement secourues ; mais
grâce à l'excellence des simples et des drogues de l'Inde, il est facile
de les secourir (τὴν δὲ βοήθειαν ῥαδίαν εἶναι διὰ τὴν ἀρετὴν τῶν
ἰνδικῶν ῥιζῶν καὶ φαρμάκων) ». On ne saurait mieux commenter la
phrase de Théophraste. L'accord d'autres sources nombreuses (en particulier Arist., *H.A.* 607 a 33-34 ; Thphr., *H.P.* IV, 4, 13 ; Diod. XVII,
90, 5-7 ; Strab. XV, 2, 7 ; Pline, XII, 34) permet de reconnaître dans
les ὀφίδια θανατηφόρα de notre texte et dans les λεπτὰ ὀφείδια de
Strabon (ci-dessus) la vipère à écailles carénées, *Echis carinata* (cf. P.
Goukowsky, note à Diodore, XVII, 90, 5 [C.U.F., 1976, p. 246], avec
des références zoologiques ; P. Pédech, *Historiens compagnons
d'Alexandre*, Paris, 1984, p. 398). Les résultats d'une recherche infor-
matique sur *Echis carinata* sont parfaitement concordants : il s'agit
d'une petite vipère très commune dans les régions désertiques du Pun-
jab, du Sind et du Baluchistan, où elle fait de nombreuses victimes ; en
raison des risques d'accident dus à sa couleur brun clair qui lui permet

de se confondre avec son environnement et de la puissance de son venin hémorragique, *Echis carinata* reste un des serpents les plus dangereux du monde. Aussi les réserves de Théophraste quant à l'efficacité merveilleuse des plantes appliquées sur sa morsure sont-elles peut-être plus convaincantes que l'« heureuse fin » dans Diodore (*ibid.*, §7) des tourments causés aux Macédoniens par ce serpent : « les indigènes leur firent connaître la racine qui sert d'antidote (τὴν ἀντιφάρμακον ῥίζαν) et ils furent délivrés de leurs maux » (trad. Goukowsky).

10. De l'avis général cet « arrête-sang » est une graminée, *Andropogon ischaemum* L. (auj. *Dichanthium ischaemum* (L.) Roberty), largement répandue en Europe méridionale et orientale (*Flor. eur.* V, 266). Des propriétés hémostatiques ont été reconnues à cette plante (Bonnier, n° 3046 ; Kavvadas, p. 428 et fig. 511) dont, à vrai dire, les racines rampantes ont surtout servi à fabriquer des brosses et des balais. Elle est absente de la documentation pharmacologique usuelle et, pour l'antiquité, le témoignage de Théophraste (repris dans Pline, XXV, 83 ; XXVI, 131) reste isolé — à moins qu'on n'y ajoute, comme le suggère Kavvadas (*ibid.*), la plante décrite dans Diosc. IV, 43 sous les noms « parlants » de φοῖνιξ « pourpre » et de ῥοῦς « flux de sang », qui « selon certains renseignements, arrêterait le sang (ἴσχαιμον ... εἶναι), attachée avec de la laine pourpre et portée en amulette ». Sur les effets quasi miraculeux des plantes anti-hémorragiques, Théophraste lui-même émet des réserves : à εἴπερ ἀληθῆ λέγουσιν (l. 8) répond ici (l. 14) λέγουσιν « on raconte » (plutôt que de rapporter σφοδροτέρως à διατμηθείσης, dont le sens [litt. « coupée de part en part », « sectionnée »] n'a pas besoin d'être renforcé, nous préférons comprendre οἱ δὲ καὶ σφοδροτέρως λέγουσι, « d'autres racontent même plus excessivement » ; cf. l'expression usuelle σφοδροὶ λόγοι « des propos excessifs »). Il est possible que la Thrace, pays des magiciens et des sorcières, ait donné naissance à une interprétation peu rationnelle des vertus hémostatiques d'une plante ignorée par ailleurs, quoique commune dans les lieux secs partout en Grèce (Kavvadas, *ibid.*).

12. Au début du §2.

13. Cf. IV, 5, 2, et pour le Téléthrion IX, 20, 5. L'exemple du Pélion venait naturellement le premier à l'esprit des anciens, puisque la légende y plaçait le séjour du Centaure Chiron, supposé avoir découvert les vertus des simples ; cf. n. 4 à IX, 11, 1. Le Pélion demeure remarquable par la richesse de sa flore qui comprend plusieurs espèces endémiques.

14. L'Arcadie est au printemps une prairie de hautes herbes propre à nourrir des bovins. L'usage de leur lait comme substance médicinale rappelle la guérison des filles de Proitos avec du lait de chèvre qui avait mangé de l'hellébore (cf. n. 14 à IX, 10, 4). A partir d'un savoir populaire empirique tel que celui des Arcadiens, la médecine antique

acquit la connaissance des troubles dus à la consommation du lait dans certaines circonstances. Dioscoride (II, 70, 2) se dit en mesure d'affirmer, après une enquête personnelle dans les monts Vestiniens (au Samnium), que « n'importe quel lait provoque des dérangements intestinaux et gastriques là où l'herbe pâturée est de la scammonée, de l'hellébore, de la mercuriale ou de la clématite ». Même constatation dans Galien (XVII B, 306 Kühn) au sujet du lait de chèvre ayant brouté de la scammonée (cf. n. 26 à IX, 1, 3) ou de l'euphorbe. C'est de la part du médecin de Pergame un apport personnel (« *chez nous*, au printemps, quand des chèvres ont mangé les pousses de la scammonée… ») à son commentaire d'Hippocrate, *Épid.* VI, 5, 15 (= V, 322 Littré) : « Une femme, une chèvre, ayant absorbé de l'élatérium ou du concombre sauvage, les enfants mêmes sont purgés ». Non content de confirmer le fait, qui peut être accidentel, Galien en tire une application thérapeutique : « quand nous voulons purger légèrement des nourrissons, en donnant à manger de telles substances soit à la mère qui allaite l'enfant, soit à une chèvre, nous le purgeons par leur intermédiaire ». Il s'agit ici d'un acte médical raisonné, mais fondé sur la même observation que l'automédication traditionnelle des Arcadiens.

15. Voir *supra* le chapitre 10 tout entier consacré à ces deux plantes. L'hellébore « noir », *Helleborus cyclophyllus* Boiss., se rencontre partout dans les montagnes grecques, même à basse altitude. Le « blanc », *Veratrum album* L., n'est pas signalé au Péloponnèse dans *Consp. flor. gr.* III, 279, qui note d'après Sibthorp et Smith, *Florae graecae prodromus*, t. I (Londres, 1806), p. 249, la présence de *V. nigrum* L. (très proche du précédent mais avec des fleurs d'un pourpre noirâtre) dans les montagnes de Laconie, où il n'aurait pas été retrouvé. Si le vératre a existé en Arcadie, c'était de toute façon une plante rare, que son exploitation antique a pu faire disparaître rapidement.

16. La carotte nommée δαῦκος ou σταφυλῖνος ne ressemblait guère au légume actuel, à racine rouge et charnue, obtenu pour la première fois au XVIIᵉ siècle par des horticulteurs hollandais et propagé en France seulement sous le Premier Empire (J.-M. Pelt, *Des légumes*, Paris, 1993, p. 42). L'antiquité n'a connu que des formes peu améliorées de la carotte sauvage, *Daucus carota* L., à racine blanchâtre mince et presque ligneuse, dont seul le feuillage de notre légume a conservé un peu de l'odeur forte. Comme les feuilles très finement divisées de la carotte ne ressemblent en rien à celles du laurier, il faut ne pas prendre ici δαῦκος au sens propre (d'où « carotte » entre guillemets) et admettre que le terme désigne par extension une autre Ombellifère, à feuilles vert foncé, entières et coriaces. On identifie celle-ci, à la suite de Sprengel, avec le buplèvre ligneux, *Bupleurum fruticosum* L. (Gennadios, p. 189 s.v. βούπλευρον, et p. 221 s.v. δαῦκος ; les deux espèces proposées dans l'*Index of plants* de l'éd. Hort, *Daucus carota*

et *Malabaila aurea*, ne conviennent manifestement pas, à cause de leurs feuilles découpées). C'est aussi le « séséli d'Éthiopie » de Dioscoride (III, 53, 2), appellation conservée comme nom vulgaire de *B. fruticosum* (Bonnier, n° 1211 ; Fournier, *Plantes médicinales*, I, 266-267). Cette espèce commune à toute l'Europe méditerranéenne forme des buissons touffus qui atteignent 2,50 m de hauteur ; outre ses feuilles caractéristiques (voir Bonnier, pl. 234), elle a de petites ombelles de fleurs jaunes (Thphr. κροκόεν) que Dioscoride compare à celles de l'aneth (κεφάλια ... ὡς ἀνήθου), une racine noire notée plus loin (§8) pour la « carotte » de Patres (auj. Patras), qui est la même plante, signalée d'abord en Arcadie, puis à deux reprises dans les mêmes termes (IX, 20, 2 = IX, 15, 8) en Achaïe. La « racine noire » et les « propriétés naturellement échauffantes » que cette seconde description attribue à la « carotte » appartiennent en effet au buplèvre ligneux, dont « l'essence aromatique incolore (*oleum Bupleuri*) se prescrit parfois comme antirhumatismal » (Fournier, *ibid.*). Le rattachement de δαῦκος à δαίω « brûler », au moins par étymologie populaire (*D.E.L.G.* s.v. δαῦκος), explique cette désignation métaphorique d'une plante dite (§8) θερμαντικὸν φύσει. La présence de *B. fruticosum* est attestée en de nombreux endroits de Grèce, notamment en Laconie (*Consp. flor. gr.* I, 687) et en Achaïe (*ibid.*, Suppl. I [1908], p. 46).

17. De même que dans ῥάφανος ὀρεία (IX, 12, 1) = ῥάφανος ἀγρία / ὀρεινή (Ps.-Diosc. IV, 175), ῥάφανος signifie ici « radis » et non « chou » (cf. n. 6 à IX, 12, 1), mais il ne s'agit plus d'*Euphorbia apios*, comparée à un radis pour son tubercule et dont aucune partie ne ressemble à une corne (κεράϊς). Le nom d'« herbe à cornes » convient au contraire parfaitement au radis sauvage, *Raphanus raphanistrum* L., commun dans toute la Grèce (*Consp. flor. gr.* I, 122-123) : son fruit est une longue silique dressée (Bonnier, pl. 29, fig. 126), qui attire l'attention par de curieux étranglements entre les graines. Celles-ci, âcres et irritantes, ont été utilisées contre les rhumatismes (Fournier, *Plantes médicinales*, III, 291). Il ne semble pas que cette espèce ait jamais tenu beaucoup de place dans la pharmacopée.

18. La guimauve, *Althaea officinalis* L., sera décrite longuement en IX, 18, 1, à propos de l'aptitude de sa racine à « figer l'eau », en fait à libérer, par macération de la drogue sèche dans l'eau froide, un mucilage abondant qui donne à la solution une consistance gélatineuse. *A. officinalis* habite les lieux humides d'une grande partie de l'Europe, avec une préférence pour les terrains salés proches de la mer, mais parfois loin à l'intérieur des terres et « jusqu'à l'altitude des champs les plus élevés sur les montagnes » (Bonnier, n° 510). Quoique *Consp. flor. gr.* I, 265 ne la signale pas en Arcadie, elle n'y serait pas vraiment insolite.

19. En l'absence de description, il ne paraît pas possible de choisir entre *Tordylium officinale* L. (cf. Hort, *Index of plants* ; L.S.J. ; n. 2 de

P. Louis [C.U.F., 1969] à Arist., *H.A.* 611 a 18) et *Malabaila aurea* (Sibth. & Sm.) Boiss., qui serait, selon L.S.J. et André, *Noms de plantes*, le « séséli du Péloponnèse » de Diosc. III, 53, 3. Les deux espèces sont en effet très présentes en Arcadie (*Consp. flor. gr.* I, 633 et 636) ; la première a un usage médical mieux assuré (cf. l'épithète spécifique *officinale*), la seconde a été plus certainement distinguée du tordyle d'Apulie, *Tordylium apulum* L., cité en VII, 7, 1 sous le nom de καυκαλίς au nombre des légumes sauvages (le grec moderne appelle καυκαλήθρα à la fois *T. apulum* et *T. officinale* ; cf. Von Heldreich, *Λεξικὸ*, p. 44). La couleur des fleurs, blanches chez les tordyles, jaunes chez *Malabaila aurea*, serait le critère décisif pour l'identification du σέσελι arcadien ; elle n'est malheureusement pas indiquée.

20. Cf. n. 3 à IX, 14, 1.

21. Ἡ ἡρακλεία est unanimement considéré comme un synonyme elliptique de ἡ ἡρακλεία μήκων, le « pavot d'Héraclès » de IX, 12, 5, à savoir le silène enflé (cf. n. 19 *ad loc.*). Une autre identification est préférable dans la mesure où elle permet de sous-entendre un mot aussi banal que πόα et non le terme spécialisé μήκων. On lit en effet dans Diosc. III, 141 cette description très exacte du grémil officinal, *Lithospermum officinale* L. : « Le grémil (λιθόσπερμον) : (…) on l'appelle aussi 'l'herbe d'Héraclès' à cause de la force de sa graine (οἱ δὲ ἡρακλείαν διὰ τὴν περὶ τὸ σπέρμα ἰσχὺν καλοῦσι) (…) semblable à une pierre, ronde, blanche, de la taille d'un petit grain d'ers. (…) Elle a le pouvoir de briser les calculs ». Nous avons étudié conjointement ailleurs (art. cité *supra*, n. 19 à IX, 12, 5 = *Études*, p. 155-157, avec photographie en couleur [p. 158] du grémil officinal en fruit) la description du « pavot d'Héraclès » de Théophraste et celle de l'« herbe d'Héraclès » de Dioscoride, en tâchant de dégager leur point commun : de même que les papilles parfois présentes sur les feuilles du premier, les petites graines rondes et blanches de la seconde ont évoqué les gouttelettes de bave des épileptiques, atteints de la « maladie d'Héraclès ». Le grémil officinal se rencontre dans la plus grande partie de l'Europe, de sorte que Halácsy (*Consp. flor. gr.* II, 348) se dispense d'en préciser la distribution : « indicatur (…) in Peloponneso (Boiss.) ». Il est d'autant plus facile d'admettre son existence en Arcadie que Dioscoride note : « Il croît dans des lieux rocailleux et élevés (ἐν τράχεσι τόποις καὶ ὑψηλοῖς) ».

22. La morelle à fruits noirs est *Solanum nigrum* L., l'une des « mauvaises herbes » les plus répandues en Europe, considérée en Grèce comme plante potagère (cf. VII, 15, 4 : στρύχνος ὁ ἐδώδιμος). Pour sa congénère à fruits rouge foncé, on peut hésiter entre *S. luteum* Miller, qui malgré son nom a des fruits de couleur variable, orangés dans le type, rouge vermillon dans la sous-espèce ou variété *miniatum* (*Flor. eur.* III, 198), et *S. dulcamara* L., dont les baies sont d'un rouge

vif brillant (voir Bonnier, pl. 431, fig. 2019 *S. nigrum* ; fig. 2019 b. *S. luteum* var. *miniatum* ; pl. 430, fig. 2018 ter *S. dulcamara*). Toutes sont communes en Grèce (*Consp. flor. gr.* II, 369-370).

23. Sur le concombre sauvage ou momordique qui, sans être une plante montagnarde, passait pour donner en Arcadie un suc (élatérium) de qualité supérieure, voir IV, 5, 1 et n. 3. — La variante ἱπποφαές (U M) de ἱππομανές (U* P Ald.) est intéressante. Dioscoride (IV, 159) décrit en détail sous le titre ἱπποφαές, οἱ δὲ ἱππόφαος l'euphorbe buisson d'épines (*Euphorbia acanthothamnos* Heldr. & Sart.), l' ἱππό-φεως que Théophraste prend en VI, 5, 1-2 comme exemple de végétal épineux à feuilles inermes. Moyennant le transfert — classique — du nom de la plante à son produit, ἱπποφαές pourrait désigner le suc de cette euphorbe, dont Dioscoride précise l'origine, la préparation et l'usage médical (« La racine est grosse et tendre, pleine de lait, d'un goût amer (…). Le lait est mis en réserve pur ou avec de la farine d'ers qui en est imprégnée, puis desséchée. Il évacue par le bas la bile, le phlegme, l'eau… »). Mais Dioscoride indique aussi que l'*hippophaès* « pousse au bord de la mer et dans des lieux sablonneux ». Nous l'avons cherché en vain aux environs de Tégée : à partir de Lerne ou d'Astros, *E. acanthothamnos* monte jusqu'au col, mais ne s'avance pas loin dans la haute plaine. Cette espèce y cède la place à une congénère, *Euphorbia rigida* Bieb. (*E. biglandulosa* Desf.), fort abondante, de même qu'en Laconie, dans le massif du Parnon et sur le versant occidental du Taygète. La distribution que lui donne *Consp. flor. gr.* III, 114, pour la Grèce non insulaire, se limite au Péloponnèse. C'est une plante robuste à tiges épaisses et feuillage dense d'un vert pâle argenté, toute gorgée d'un latex très tenace aux doigts. Celui-ci a été appelé ἱππομανές par assimilation à l'hippomane d'origine animale, défini par Aristote (*H.A.* 572 a 25-29), dans une des acceptions du terme, comme l'humeur qui suinte du sexe de la jument en rut et qui « met en folie les chevaux ». Par analogie le suc d'*E. rigida* a pu être réputé apte à faire revenir un amant infidèle vers sa compagne délaissée. C'est ce que suggère Théocrite quand il fait dire à Simaitha (*Idylles*, II, 48-51) : « L'hippomane est une plante d'Arcadie, qui met en folie, dans les montagnes, toutes les pouliches et les rapides cavales. Puissé-je voir Delphis dans un pareil état ! Puisse-t-il, comme un fou, se pré-cipiter vers ma maison ! » (rapprochement étudié, avec d'autres emprunts de Théocrite à Théophraste, dans notre article « De la bota-nique à la poésie dans les *Idylles* de Théocrite », *Rev. Ét. Gr.* 109, 1996, p. 467-488 [= *Études*, p. 363-378, en part. p. 365-366]). Pline, XXVI, 99, confirme que l'euphorbe passait pour aphrodisiaque. — Pour situer Kleitor, voir la carte hors texte de R. Baladié, *Le Pélopon-nèse de Strabon*, Paris 1980. On notera que la plupart des lieux d'Ar-cadie nommés dans ce passage (Kleitor, Psophis, Phénéos et le Cyl-lène) se trouvent non loin de Louses (cf. *infra*, n. 26) où il sera dit plus

loin (IX, 16, 8) que Thrasyas de Mantinée se fournissait en ciguë d'excellente qualité. C'est sans doute à ce droguiste, d'origine arcadienne, que Théophraste doit au moins une partie de ses renseignements sur la flore médicinale de cette région.

24. Pour l'identification de la « panacée » de Psophis, voir n. 4 à IX, 11, 1. « Herbe à tous maux », qui traduit ici πανάκεια, figure avec « toute saine », « toute bonne », « souveraine », parmi les noms vulgaires d'une autre plante médicinale, *Hypericum androsaemum* L. (Bonnier, n° 561). Comme celle-ci manque à la Grèce, l'emprunt, à condition d'être expliqué, ne prête pas à confusion.

25. A l'époque de Théophraste, tout homme instruit, même sommairement, connaissait l'épisode de l'*Odyssée* (κ 302-306) où Ulysse raconte qu'il reçut d'Hermès une plante nommée *moly* destinée à le protéger des maléfices de Circé : « de la racine elle était noire, mais sa fleur ressemblait à du lait ; les dieux l'appellent *moly* ; elle est difficile à arracher, du moins pour les mortels ; les dieux, eux, peuvent tout ». Cette description, présente à toutes les mémoires, a guidé les anciens dans leurs tentatives pour retrouver sur leur sol le *moly* homérique. La plante arcadienne que retient Théophraste, tout en notant qu'elle n'est pas spécialement difficile à arracher, est une Monocotylédone, puisqu'elle a une racine ronde comme un oignon et des feuilles semblables à celles de la scille. Dioscoride (III, 47) ajoute deux caractères importants : « des fleurs assez voisines de celles des perce-neige, couleur de lait » (ἄνθη λευκοῖοις παραπλήσια, γαλακτόχροα), et à l'extrémité supérieure de la tige « quelque chose qui rappelle l'ail » — expression maladroite pour désigner une spathe membraneuse. L'ensemble de ces traits appartient à la nivéole d'été, *Leucojum aestivum* L., une Amaryllidacée des prairies humides et des marécages de l'Europe tempérée (*Flor. eur.* V, 77). « Rarissime » en Grèce selon Halácsy (*Consp. flor. gr.* III, 205), sa présence au Péloponnèse nous a été révélée par la photographie d'H. Baumann, *Le Bouquet d'Athéna*, p. 78, fig. 140, prise (d'après les indications de l'auteur aimablement communiquées *in litteris*) « dans un petit marais près de Kalavryta », soit à une vingtaine de kilomètres à vol d'oiseau de Phénéos. Il est donc plus que probable qu'avant les travaux modernes de drainage, *L. aestivum* poussait sur les bords du lac temporaire de Phénéos, bien connu des savants du Lycée (cf. III, 1, 2 ; V, 4, 6). Rien ne prouve évidemment que le *moly* d'Homère doive quelque chose à la nivéole d'été ou à une autre plante réelle ; c'est le *moly* des Phénéates et des naturalistes que l'on peut prétendre identifier. Mais celui-ci, auréolé du prestige de la légende odysséenne, a naturellement été considéré comme une plante magique, capable de neutraliser les sortilèges et les poisons. Cette réputation n'a pu être faite à des espèces communes d'ail à fleurs blanches, mais dès l'antiquité, on l'a rapportée gratuitement à des plantes rares ; cf. Pline, XXV, 27 : « Les auteurs grecs ont peint sa fleur jaune, tandis qu'Homère la dit

blanche. Il s'est trouvé un médecin herboriste pour m'affirmer qu'elle croissait aussi en Italie », etc. Sont ainsi entrés dans la nomenclature botanique un *Allium moly* L. à fleurs jaunes, endémique de France et d'Espagne, et un *A. magicum* auct. (devenu *A. nigrum* L.), qui ne répond guère mieux à la description du *moly*. Sur l'ensemble de la question, voir notre article « Des plantes nommées *moly* », *J. Savants*, 1995, p. 3-29 (= *Études*, p. 429-451, avec illustration en couleur).

26. Wimmer et Hort conservent la leçon Σοῦσα de l'Aldine, sans méconnaître que la ville orientale de Suse n'a rien à faire avec les localités arcadiennes riches en plantes médicinales ni parmi « les lieux les plus froids ». Schneider (III, 802) propose, manifestement avec raison, la conjecture Λοῦσα comme variante de Λοῦσοι / Λουσοί, nom d'un village arcadien (patrie de l'hoplite Εὐρύλοχος Λουσιεὺς [Ἀρκάς] de Xén., *Anab.* IV, 2, 21) proche de « l'eau du Styx ». R. Baladié, *op. cit.* (*supra*, n. 23), p. 80, dit de la célèbre cascade : « On peut (…) l'atteindre de l'ouest en venant de Kalavryta par la haute vallée de Lousoi largement ouverte vers le sud en direction de Kléitor ». Ainsi l'ensemble des toponymes arcadiens de notre texte devient parfaitement cohérent.

27. La botanique moderne a réuni dans le sous-genre *Tragacantha* Bunge du genre *Astragalus* L. (*Flor. eur.* II, 117-118) des espèces vivaces, formant aux hautes altitudes des montagnes méditerranéennes des touffes ligneuses et épineuses, plaquées au sol en coussins hémisphériques. Des différences morphologiques non perceptibles pour les anciens séparent *Astragalus creticus* Lam. (cf. n. 23 et 24 à IX, 1, 3) et *A. parnassi* Boiss. qui comprend la sous-espèce *cylleneus* Hayek (*Flor. eur.* II, 117). Cette dernière est signalée (en tant qu'espèce, *A. cylleneus* Boiss. & Heldr.) dans *Consp. flor. gr.* (I, 437) uniquement en Achaïe, sur les monts Cyllène et Chelmos, et près de Kalavryta — autrement dit, sur les confins de l'Arcadie septentrionale et de l'Achaïe. Tous ces taxons peuvent fournir de la gomme adragante, et c'est peut-être à ce produit, autant sinon plus qu'à la plante, que se rapporte l'appréciation laudative de Théophraste.

28. Cf. *supra*, n. 16.

29. Tous les éditeurs conservent la leçon χώρων des mss., malgré la rareté de χῶρος en pure prose attique. Peut-être n'est-ce qu'une *falsa lectio* de χωρῶν (gén. plur. de χώρα « région »), mais le contexte, en donnant la localisation de certaines plantes médicinales, incite à préférer un terme de sens moins large : χώρων « emplacements » (cf. *D.E.L.G.* s.v. χώρα), d'où « terroirs ».

CHAPITRE 16.

1. Le dictame, *Origanum dictamnus* L., est un sous-arbrisseau nain endémique de la Crète où il croît dans les fissures de rochers, depuis le niveau de la mer jusqu'à 1500 m d'altitude dans les massifs de l'Ida

(Psiloriti) et du Dikté (montagnes du Lassithi) (*Consp. flor. gr.* II, 553 ; V. Raulin, *Description physique de l'île de Crète*, Paris, 1869, p. 826). C'est, semble-t-il, du Dikté que le dictame tire son nom (cf. *D.E.L.G.* s.v. δίκταμνον) déformé par étymologie populaire en τίκταμνον (Ps.-Diosc. III, 32 : δίκταμνον ἢ τίκταμνον) sous l'influence de τίκτω « accoucher », le dictame étant la plante ocytocique par excellence.

2. Sa ressemblance avec le pouliot, *Mentha pulegium* L., explique la synonymie notée par Dioscoride (*ibid.* : δ. ὃ καλοῦσί τινες γλήχωνα ἀγρίαν... « le dictame appelé parfois pouliot sauvage... ») et le rapprochement chez cet auteur des notices « pouliot » (III, 31) et « dictame » (III, 32). Ce sont en effet deux Labiées aromatiques, de faible développement, à fleurs rosées ou lilacées et petites feuilles entières. Cependant chez le dictame ces dernières sont presque orbiculaires, épaisses et densément laineuses, et surtout les deux espèces ont une distribution et un habitat bien différents : *M. pulegium* se rencontre dans les champs humides, le long des fossés non seulement de la Grèce entière (*Consp. flor. gr.* II, 573), mais de toute l'Europe centrale et méridionale (Bonnier, n° 2173). Comme l'indique Théophraste, les brins du dictame sont minces ; ils le paraissent même d'autant plus que la disposition des feuilles et des épis floraux laisse des parties de la tige complètement dégarnies (voir Baumann, *Bouquet d'Athéna*, p. 107, fig. 207). — Aujourd'hui comme autrefois seules les feuilles sont utilisées (cf. Diosc., *ibid.* : « le dictame ne produit ni fleur ni fruit »). C'est un article de commerce important car la plante, cultivée en Crète sur une grande échelle, reste très appréciée comme herbe à tisane bonne pour tous les maux, des refroidissements aux digestions difficiles.

3. Dès la fin du Ve siècle les Hippocratiques utilisaient le dictame importé de Crète (donc un produit rare et cher) essentiellement en gynécologie, comme ocytocique (ὠκυτόκιον « moyen d'accélérer l'accouchement ») (*Mal. fem. I*, 77 = VIII, 170, 11 et 14 ; 172, 9 Littré) et comme expulsif (ἐκβόλιον) propre à faire sortir le placenta (*Nat. fem.* 32 = VII, 348, 17 L. ; *Mal. fem. I*, 78 = VIII, 180, 15-16 ; 184, 15 L.) et l'arrière-faix (*Mal. fem. I*, 46 = VIII, 106, 1 L.). Peut-être parce que son aptitude à calmer les douleurs était « reconnue de tous », les textes médicaux ne la soulignent pas ; elle est néanmoins très vraisemblable en raison de l'action du dictame sur le système nerveux : Fournier (*Plantes médicinales*, II, 68) le tient pour un « remarquable antispasmodique ».

4. Le plus ancien récit de « l'histoire des traits » se trouve dans Aristote, *H.A.* 612 a 3-5 : « en Crète, dit-on, les chèvres sauvages atteintes par des flèches recherchent le dictame ; cette plante passe pour avoir la propriété de faire sortir les traits fichés dans leur corps ». De l'antiquité aux temps modernes (voir dans le *T.L.F.*, s.v. dictame, la

citation de Chateaubriand, *Les Martyrs*, t. I [1810], p. 130), ce fait merveilleux a été rapporté des dizaines de fois (références dans A.S. Pease, *Dictamnus*, in *Mélanges Marouzeau*, Paris, 1948, p. 469-474, en part. p. 472, n. 5 ; déjà dans *Joannis Meursi* [Johannes van Meurs] *Creta, Cyprus, Rhodus*, Amstelodami, 1675, p. 108-111. Baumann, *Bouquet d'Athéna*, p. 121, fig. 247, donne l'image d'une chèvre blessée broutant le dictame, d'après le voyageur flamand O. Dapper, *Description exacte des îles de l'Archipel* [éd. française], Amsterdam, 1703), pour illustrer soit la sagacité des animaux, soit les propriétés vulnéraires du dictame (cf. Fournier, *ibid.* : « on l'utilise en cataplasmes sur les contusions, les plaies, les ulcères, etc. »). Virgile (*Énéide*, XII, 411-415) s'est même inspiré de l'automédication des chèvres crétoises pour imaginer Vénus allant cueillir sur l'Ida le dictame qui fera sortir la flèche de la blessure d'Énée. Mais à l'origine, tout était spécifiquement crétois dans cette histoire : la plante et l'animal, « chèvre *sauvage* », précise Aristote, l' ἀγρίμι des Crétois d'aujourd'hui (*Capra aegagrus cretensis*), plus proche du bouquetin que de la chèvre domestique (voir Baumann, *ibid.*, p. 29, fig. 40). — La tradition permet deux analyses différentes du membre de phrase ὅτι — ἐκβάλλειν. 1) Si l'on conserve la leçon ἐκβάλλειν de tous les mss. (y compris U, quoi qu'en dise Schneider [t. V, p. XXXIII] d'après une collation erronée) et de l'Aldine, la proposition infinitive précédée de ὅτι « explétif » ou explicatif « à savoir que » (tour attesté chez les meilleurs auteurs ; cf. L.S.J. s.v. ὅτι II 2) a pour sujet implicite τὰς αἶγας auquel se rapporte le participe φαγούσας (P Ald.) : « <les chèvres>, quand elles ont mangé <du dictame> après avoir été atteintes par des traits, les expulsent » ; c'est ce que dit sans ellipse Dioscoride (III, 32) : φασὶ δὲ καὶ τὰς αἶγας ἐν Κρήτῃ, ἐπειδὰν τοξευθῶσι, νεμηθείσας τὴν πόαν ἐκβάλλειν τὰ τοξεύματα. 2) En corrigeant ἐκβάλλειν en ἐκβάλλει et en retenant la leçon φαγούσαις de U M, Schneider et les éditeurs suivants comprennent : « <pour les chèvres>, quand elles ont mangé <du dictame> après avoir été atteintes par des traits, <celui-ci> les expulse ». La première interprétation, confirmée par Dioscoride, est la plus naturelle et la plus économique.

5. Il est exact que la feuille du faux dictame, *Ballota pseudodictamnus* (L.) Bentham, se rapproche de celle du dictame par sa forme, largement ovale ou suborbiculaire, ses petites dimensions (2-3 x 1,5-2 cm d'après *Flor. eur.* III, 150 ; au plus 2 cm de long, selon Halácsy, *Consp. flor. gr.* II, 533, et Kavvadas, p. 744) et son épais revêtement laineux. La plante forme des tiges plus hautes (20-50 cm) et plus robustes, très ramifiées (Kavvadas, *ibid.*, fig. 964). Sa distribution est sud-égéenne et non strictement crétoise (Halácsy et Kavvadas signalent *B. pseudodictamnus* à Cythère et Anticythère, dans le Magne ; c'est toutefois en Crète que se trouvent la plupart de ses stations, dans les lieux arides et incultes à basse altitude). Sans partager la célébrité

du dictame, le faux dictame lui est parfois associé dans les textes médicaux antiques ; ainsi Hippocrate, *Nat. fem.* 32 (= VII, 358, 2 L.) donne le couple δίκταμνον ψευδοδίκταμνον parmi les ingrédients de breuvages pour la matrice.

6. Théophraste exprime, avec raison, des réserves sur l'opinion de ceux qui voyaient dans le faux dictame une forme du dictame modifiée par la culture. Le cas n'aurait pas été isolé puisque la domestication passait pour transformer le calament en menthe s'il ne recevait pas des soins appropriés (*H.P.* II, 4, 1 ; *C.P.* II, 16, 4 ; IV, 5, 6 ; V, 7, 1). C'est sans doute à de tels faits que pense l'auteur quand il évoque « d'autres plantes de cette sorte » (toutes appartiennent en effet à la famille des Labiées / Lamiacées, dans laquelle même les distinctions intergénériques ne sont pas toujours bien établies : avant de devenir *Ballota pseudodictamnus*, le faux dictame a été placé tantôt dans le genre *Marrubium* L., tantôt dans un genre *Beringeria* Link que la systématique moderne n'a pas conservé).

7. L'opposition entre « des sols trop fertiles » et « des terrains rocailleux » relève de l'agronomie et de l'écologie, deux disciplines dont les principes sont formulés ailleurs dans l'*Historia* ; cf. II, 5, 7 : « l'essentiel est d'attribuer à chaque espèce la situation qui lui convient, car c'est alors qu'elle prospère le mieux » ; IV, 1, 1 : « toutes les plantes sans exception deviennent plus belles et prospèrent davantage dans les milieux qui leur conviennent ; il est en effet pour les espèces sauvages comme pour les espèces domestiques des milieux à la convenance de chacune ». La continuité de la pensée est évidente.

8. Le second « dictame » simple homonyme du premier est sans doute encore une ballote, *Ballota acetabulosa* (L.) Bentham, présente non seulement en Crète, mais dans toute la Grèce centrale et méridionale (*Consp. flor. gr.* II, 533 ; Kavvadas, p. 743-744 et fig. 963). C'est une plante vigoureuse et touffue, qui atteint 60 cm de hauteur et ne rappelle en rien la gracilité du dictame. Leur trait commun peut se trouver dans l'aspect des jeunes feuilles de cette ballote, qui ont la même forme et la même pilosité laineuse que celles du dictame. Adultes, elles sont beaucoup plus grandes (3-5 x 3-4 cm d'après *Flor. eur.* III, 150), encore poilues mais bien vertes, nettement crénelées avec de grosses dents arrondies. Leur comparaison avec les feuilles du calament, *Calamintha nepeta* (L.) Savi (cf. II, 1, 3 et n. 5) est assez exacte pour la forme et pour la couleur. Comme le précise Théophraste, la ressemblance des deux dictames ne concerne ni leurs usages ni leurs propriétés. *B. acetabulosa* n'est que faiblement aromatique à l'état frais et n'a jamais eu la réputation d'une plante médicinale remarquable. Nos seuls renseignements à ce sujet sont les suivants : « les pousses tendres de cette espèce, appelées πανάκια, sont utilisées pour confectionner des cataplasmes » (Kavvadas, p. 744), ce qui rappelle l'usage de la seconde espèce de dictame (ἕτερον εἶδος δικτάμ-

νου) dans Diosc. III, 32, 2 : « on la mélange aux emplâtres thériacaux » ; « par voie interne, l'infusé de tiges fleuries est antispasmodique » (H.-J. Arnold *et al.*, *Plantes utiles et médecine traditionnelle dans le sud-est égéen de la Grèce (îles de Karpathos, Kassos et Saria)*, in *Colloques phytosociologiques* XXII, Bailleul, 1993, p. 711-712). Vulnéraire et antispasmodique, *B. acetabulosa* possède, très atténuées, les propriétés d'*O. dictamnus* ; c'est exactement ce que dit Dioscoride de son second dictame : « il se prête aux mêmes emplois que le précédent, avec moins d'énergie ». Il reste que le principal usage de *B. acetabulosa*, signalé dans toute la documentation, n'a rien de médical : ses calices en forme d'entonnoir, membraneux et persistants, servent de mèches pour les lampes à huile.

9. Remarque tout à fait pertinente puisque seul des trois espèces considérées, *Origanum dictamnus* est une plante médicinale de grande renommée et strictement endémique de la Crète.

10. La variante θάμνων n'est qu'une *lectio facilior* de ὀροδάμνων dont cette occurrence unique chez Théophraste a dû embarrasser de bonne heure les scribes et les commentateurs. Le sens de θάμνων (« des arbrisseaux ») étant incompatible avec le contexte (énumération des parties vertes des végétaux), cette leçon est due à sa seule ressemblance formelle avec les deux dernières syllabes de ὀροδάμνων. Pour les époques classique et hellénistique, tous les autres exemples de ὀρόδαμνος / ὄραμνος / ῥάδαμ(ν)ος et du diminutif ὀροδαμνίς se trouvent chez les poètes (Call., Théocr.) et avec une fréquence particulière chez Nicandre (réf. dans L.S.J.). A l'inverse du sens (« rameau feuillé », « ramille »), l'étymologie du terme reste obscure. Quoique Chantraine (*D.E.L.G.* s.v. ὀρόδαμνος et ῥάδαμνος) écarte, après d'autres, l'hypothèse d'une origine « méditerranéenne », le rattachement à ῥίζα « racine », donné (s.v. ῥάδαμνος) comme « plausible », présente de graves difficultés de forme et de sens. La distribution dans les textes de ὀρόδαμνος et de ses variantes suggère qu'il pourrait s'agir d'emprunts à un vocabulaire rural mal fixé d'Asie Mineure et de l'Est égéen (sur les particularités lexicales du livre IX, voir la Notice, p. XXXV, n. 73).

11. L'identification de l'*akoniton* présente des difficultés multiples et si graves que l'on ne peut pas prétendre à une certitude sur tous les points. 1) Cela tient d'abord à l'état du texte transmis : après la première phrase qui leur est commune, U et U* donnent des §4-7 deux versions indépendantes que P réunit en leur conférant une unité factice (voir la Notice, p. LX-LXI). Leur disposition en deux colonnes vise à rendre sensible l'hétérogénéité du texte de P, pris pour base de toutes les éditions. La composition par bribes qui est celle de U et de U* doit s'expliquer comme la juxtaposition de renseignements partiels provenant de sources différentes (cf. Wagler, art. Ἀκόνιτον in *R.E.* I 1 [1893], c. 1179), sans mise en forme définitive. 2) Le nom même

d'*akoniton* prête à confusion. Il a désigné divers végétaux renfermant un poison reconnu ou prétendu mortel, dont on trouvera une étude d'ensemble dans notre article « Une famille d'assassins : les *akoniton* », dans « *Nomina rerum*. Hommage à J. Manessy-Guitton », Université de Nice, 1994, p. 11-33 (= *Études*, p. 161-176). Il est sûr notamment que l'*akoniton* de Théophraste est différent des deux espèces homonymes dans Dioscoride, IV, 76-77, dont la première, appelée aussi θηλυφόνον, correspond au θηλυφόνον de *H.P.* IX, 18, 2, et la seconde s'identifie avec l'aconit tue-loup, « très commun en Italie dans les monts dits Vestiniens », précise Dioscoride, mais étranger à la flore grecque connue de Théophraste. Autre certitude : l'*akoniton* de notre texte n'est pas un aconit au sens usuel du terme, c'est-à-dire une espèce du genre *Aconitum* L., totalement absent de Crète (*Flor. eur.* I, 212) et de Zacynthe / Zante (H. Margot – J.-G. Reuter, *Essai d'une flore de Zante*, Genève, 1838). De véritables aconits se rencontrent dans les montagnes les plus orientales de la chaîne pontique, entre 1650 et 3000 m d'altitude (*Flora of Turkey*, I, 106-108), mais non sur la côte de la mer Noire où se trouvait Héraclée (cf. n. 7 à I, 3, 3). L'équivalence ἀκόνιτον = *Aconitum anthora*, posée dans l'*Index of plants* de l'éd. Hort et reprise dans L.S.J. avec référence à Thphr. *HP* 9. 16. 4, est donc manifestement fausse et susceptible d'induire en erreur. Ainsi B. Sergent, *Les premiers Celtes d'Anatolie*, in *Rev. Ét. Anc.* 90, 1988, p. 329-358, invoque (p. 345, n. 103) à l'appui de son hypothèse d'une origine celtique des Mariandynes (cf. *infra*, n. 14) le fait qu'ils tiraient un poison de leur *akoniton* de même que les Slaves empoisonnaient leurs flèches à l'aconit : ce rapprochement ne prouve rien, puisqu'il s'agit de plantes différentes dont seule la seconde est un *Aconitum*. 3) A partir du §4 se produit un curieux déplacement du centre d'intérêt, à la fois d'ordre géographique (de la Crète au Pont) et pharmacologique (d'un remède réputé aux poisons les plus redoutables). C'est sans doute une des parties les moins élaborées de l'opuscule.

12. Wimmer a bien vu que la leçon de U καρίαι translittère en minuscule ΚΑΡΙΑΙ / ΚΑΡΙΔΙ avec la confusion classique de Λ et de Δ en onciale. Mais il s'appuie (Wim. 1842, p. 334, note *ad loc.*) sur la même comparaison dans Diosc. IV, 77, où elle concerne l'aconit tue-loup, pourvu de « racines comme la partie annelée des crevettes » (ῥίζας ὥσπερ πλεκτάνας καρίδων). Si la plante correspondant à l'*akoniton* de Théophraste ne possède pas elle-même ce caractère, on pourra penser qu'il a été suggéré par le nom κάμμαρος « camarote » (sorte de crevette) que le θηλυφόνον (= 1er ἀκόνιτον de Dioscoride) porte en IX, 18, 2 (cf. note *ad loc.*) comme dans Nic., *Alex.* 41, et Diosc. IV, 76.

13. La géographie botanique interdisant d'y voir un *Aconitum*, que peut être l'*akoniton* de la Crète et de Zante ? Si l'on procède par éli-

mination, nombre de plantes vénéneuses décrites dans l'*Historia* sous un autre nom doivent être écartées : le datura, στρύχνος ὁ μανικός en VII, 15, 4 et IX, 11, 6 ; la belladone, μανδραγόρας (à haute tige et baie noire) en VI, 2, 9 ; la mandragore (véritable), μανδραγόρας en IX, 9, 1 ; la withania somnifère, στρύχνος ὁ ὑπνώδης en VII, 15, 4 et IX, 11, 5 ; enfin les « hellébores » de IX, 10, et la ciguë, maintes fois citée sous le seul nom de κώνειον. Hormis le colchique auquel correspond ici même l'*éphèméron* du §6, la seule absente est la jusquiame. On chercherait en vain chez Théophraste le nom ὑοσκύαμος, pourtant connu d'auteurs plus anciens (cf. Hpc., *Mal. II*, 43 [= VII, 60, 10 L.], etc. ; Xén., *Éc.* I, 13, dans une périphrase explicative : τὸν ὑοσκύαμον καλούμενον ... ὑφ' οὗ οἱ φαγόντες παραπλῆγες γίνονται « ce qu'on appelle la jusquiame, qui fait perdre l'esprit à ceux qui en ont mangé »). La notice ὑοσκύαμος de Dioscoride (IV, 68) décrit trois espèces, l'une « à fleurs violacées » (ἄνθη ὑποπόρφυρα), notre jusquiame noire (*Hyoscyamus niger* L.) ; une autre « à fleurs jaune de coing » (ἄ. μηλινοειδῆ) qui est la jusquiame dorée, *H. aureus* L. ; la troisième « à fleurs blanches » (ἄ. λευκά) correspondant à la jusquiame blanche, *H. albus* L. Avant de noter les particularités morphologiques et pharmacologiques de chacune, l'auteur a défini leurs traits communs : le nom « jusquiame » et son synonyme « l'indomptable » (οἱ δὲ ἀδάμαντα καλοῦσι) à rapprocher de ἀκόνιτον, même sens (cf. *infra*, n. 14) ; l'aspect buissonnant (θάμνος) de leurs touffes trapues ; leurs feuilles planes et découpées (ἐσχισμένα) à rapprocher de la « feuille de chicorée » de notre *akoniton* ; les fruits disposés l'un à la suite de l'autre le long de la tige (παρὰ τὸν καυλὸν ἐφεξῆς), ce qui éclaire l'étrange comparaison de Théophraste : l'*akoniton* « ressemble un peu au blé, sans avoir sa graine en épi » ; les jusquiames ont en effet des graines sèches, comme les céréales, incluses dans une capsule comme le caryopse du blé dans ses glumes, l'ensemble des fruits formant une grappe allongée mais non un épi. Dioscoride ne décrit pas la racine (celle de *H. albus* est beige clair, charnue [cf. n. 12 à IX, 13, 4], lisse entre les bourrelets cicatriciels laissés par d'anciennes radicelles) ; il en prescrit seulement la décoction contre les maux de dents, alors qu'il énumère de nombreux usages de la graine, des feuilles et du suc. Inversement les informateurs de Théophraste négligent la feuille et le fruit de l'*akoniton*, trop peu actifs, selon eux, pour la préparation d'un poison mortel (on sait aujourd'hui que la racine des jusquiames est particulièrement riche en alcaloïdes très toxiques présents dans toutes les parties de la plante ; cf. Couplan – Styner, *Plantes sauvages*, p. 380).
— Les trois espèces connues de Dioscoride existent en Crète (*Consp. flor. gr.* II, 364-365), alors que le reste de la Grèce n'en possède que deux, la noire et la blanche. Il est donc tentant d'identifier l'*akoniton* crétois avec la jusquiame dorée. On se heurte cependant à plusieurs difficultés. L'aire naturelle de *H. aureus* couvre le sud-ouest et le sud de

l'Anatolie (originaire d'Anazarba en Cilicie, Dioscoride a pu observer la plante lui-même), avec des avancées jusqu'à l'Égypte et à l'Iraq (*Flora of Turkey*, VI, 456). Sa présence en Crète, où elle prospère dans les murailles d'Iraklion, passe pour le résultat d'une naturalisation (cf. *Flor. eur.* III, 195 : « Kriti ; probably naturalized ») consécutive à son introduction accidentelle par les Vénitiens (ce qui serait étrange pour une espèce asiatique) ou par les Croisés. Mais en admettant que, comme bien d'autres rudérales, cette espèce a été propagée par l'homme, on ne voit pas pourquoi assigner à son installation en Crète une date aussi basse, alors que les contacts entre l'île et l'Asie occidentale remontent au moins à la fin du IIIᵉ millénaire. Du reste la flore crétoise comprend des espèces, telles que *Ranunculus asiaticus* L. ou *Lecokia cretica* (Lam.) DC., dont l'indigénat n'est pas contesté, bien qu'elles ne se retrouvent que dans le sud-ouest de l'Asie et nulle part en Europe. — La seconde objection est plus grave : si *H. aureus* existait en Crète à l'époque de Théophraste, il n'était certainement pas présent autrefois plus qu'aujourd'hui à Zante ni sur la côte pontique, où au contraire *H. albus* est bien attesté (*Consp. flor. gr.* II, 365 : « Zante (Marg.) » ; *Flora of Turkey*, VI, 455 : « Amasra peninsula [*c.* 100 km au nord-est d'Héraclée / Ereğli ; voir la carte détaillée de la région dans L. Robert, *A travers l'Asie Mineure*, Paris, 1980, p. 9], s[ea] l[ine] »). Or *H. albus* est une espèce curieusement polymorphe, dont les fleurs sont tantôt d'un jaune pâle ou verdâtre uniforme, tantôt marquées d'une large tache pourpre foncé à la gorge. Sous cette dernière forme, *H. albus* ressemble beaucoup à *H. aureus* (photographies en couleur dans *Études*, p. 170, fig. 4 [*H. aureus*] et p. 171, fig. 5 [*H. albus*]), si bien que certains systématiciens ont proposé d'en faire un taxon distinct, *H. albus* β *pseudoaureus* Nob., et que Héraud écrivait encore en 1875 (*Dict. pl. médicinales*, p. 286) : « On peut substituer à la jusquiame noire deux autres espèces qui croissent en France et possèdent les mêmes propriétés ; ce sont : 1° la J. blanche (*Hyoscyamus albus* L.) ; 2° la J. dorée (*H. aureus* L.). La première se reconnaît à ses fleurs jaunes, sans taches, à ses feuilles obtuses et sinuées. La seconde se fait remarquer par ses feuilles aiguës et dentées et les taches violettes de la corolle ». Vu le contexte, la jusquiame dorée de cette citation est en réalité la blanche bicolore. Il paraît donc possible que les anciens aient relié *H. albus* (à fleur concolore) présente dans toute la Grèce — ce qui fait dire plus loin à Théophraste, d'après une autre source, que « l'*akoniton* pousse partout » — à *H. aureus* (si l'on admet son ancienneté en Crète) par l'intermédiaire de *H. albus* à gorge pourpre, certainement observable en Crète, à Zante et ailleurs.

14. Sur l'étymologie de ἀκόνιτον les avis étaient partagés dès l'antiquité. Les uns (pour les références voir n. 52 de notre article cité *supra*), avec Théophraste, le faisaient venir du toponyme Ἀκόναι car, explique Euphorion (fr. 37 Powell), c'est sur la colline d'Acones, voi-

sine d'Héraclée, que s'ouvre la bouche des Enfers par où Héraclès ramena Cerbère à la lumière ; le monstre, ne pouvant supporter la clarté du jour, vomit de la bile d'où sortit la plante. Dans la perspective mythologique des exploits d'Héraclès, à qui Héraclée devait son nom, l'ensemble de cette exégèse était cohérent et acceptable même pour un naturaliste : la fleur de l'*akoniton* né de la bile de Cerbère (cf. Nic., *Alex.* 12-13 χολόεν...|... ἀκόνιτον « l'*akoniton* fielleux ») devait être jaune verdâtre, ce qui est exact pour la jusquiame blanche. D'autres proposaient des explications plus hasardeuses dont on trouve un florilège dans Pline, XXVII, 10 : rapprochement avec ἀκόνη « pierre à aiguiser », soit parce que l'*akoniton* croît sur des rochers durs et nus, soit parce que son poison a la même force pour donner la mort que la queux pour aiguiser le fer ; reconstruction d'une forme à α- privatif + κόνις « poussière » suggérée par l'idée que la plante n'a rien autour d'elle pour se nourrir, pas même de la poussière. J. Jüthner, « Ἀκόνιτον — ἀκονιτί », *Glotta*, 29, 1941, p. 73-77, a fait justice de ces fantaisies, en établissant le rapport de ἀκόνιτον avec l'adverbe ἀκονιτί « sans poussière », d'où dans le vocabulaire agonistique « sans combat », ce qui justifie parfaitement l'aptitude du phytonyme à désigner toutes sortes de végétaux renfermant un poison foudroyant.
— Sur les Mariandynes, ancien peuple (peut-être d'origine celtique, selon B. Sergent, art. cité [*supra*, n. 11], p. 336-345) de la côte pontique où les Mégariens fondèrent au VIᵉ siècle leur colonie d'Héraclée, on dispose d'une documentation très complète réunie par F. Vian dans sa Notice au chant II d'Apollonios de Rhodes, *Argonautiques* (C.U.F., 1974), p. 156-163. Pour les références aux textes anciens, voir Ruge, art. *Mariandynoi*, in *R.E.* XIV 2 (1930), c. 1747-1749.

15. Cf. Couplan – Styner, *Plantes sauvages*, p. 379 : « La jusquiame blanche se rencontre au pied des vieux murs et sur les rochers de la régions méditerranéenne ». Même habitat pour *H. aureus*, avec une prédilection pour les interstices des pierres d'édifices anciens. — Les Solanacées vénéneuses ne sont généralement pas broutées, mais il est peut-être excessif de dire qu'aucun animal ne touche à l'*akoniton*. Sans parler des faits inconnus des anciens (Bellakhdar, *Pharmacopée marocaine*, p. 497, signale que la très vénéneuse jusquiame du désert, *Hyoscyamus muticus* L. subsp. *falezlez*, passe pour engraisser les dromadaires et a causé des malaises à des consommateurs de sauterelles qui s'en étaient nourries sans dommage), il faut citer [Arist.], *Des plantes*, 820 b 5-6 : « La jusquiame (ὁ ὑοσκύαμος) et l'hellébore sont un poison pour les hommes, un aliment pour les cailles ». La sensibilité de l'animal aux toxiques végétaux varie beaucoup d'une espèce à l'autre pour des raisons encore mal élucidées (cf. P. Delaveau, *Plantes agressives et poisons végétaux*, Paris, 1974, p. 184).

16. La liberté qu'avait le médecin antique de composer des drogues mortelles et de les expérimenter sur des patients (cf. IX, 11, 6 et n. 18 ;

IX, 12, 1 et n. 8) est de nos jours pour le moins surprenante. Le *Serment* d'Hippocrate confirme indirectement sa réalité, car pourquoi le jeune médecin aurait-il dû déclarer solennellement « Je ne remettrai à personne une drogue mortelle si on me la demande, ni ne prendrai l'initiative d'une telle suggestion », si ce n'est pour qu'en l'absence de loi, son engagement moral lui impose de respecter la vie ? Mais le monde médical du IVe siècle, vu à travers Théophraste, ne paraît guère troublé par des questions d'éthique (cf. notre article *Le médecin antique et le poison*, in *Bull. Acad. Sciences et Lettres de Montpellier*, 32, 2001, p. 207-217). — Dans Aristote, *H.A.* 607 a 22-23, l'agent septique (τὸ σηπτικόν) est l'aspic de Libye. Le traité hippocratique *Des lieux dans l'homme*, 38 (= VI, 328, 8 L.) explique l'usage d'un tel produit pour traiter un ulcère calleux : avant de rapprocher les lèvres de la plaie, on élimine l'induration à l'aide d'un médicament septique (σηπτηρίῳ φαρμάκῳ) qui nécrose ou corrode les tissus malsains.

17. L'absence de goût est une qualité essentielle des drogues destinées aux empoisonnements criminels. Au Maroc, rapporte J. Bellakhdar (*ibid.*), on a souvent servi de la jusquiame dans du café, ou dans de la nourriture, pour éliminer discrètement des adversaires politiques ou des ennemis personnels. De même en 1881 les Touareg ont empoisonné les membres de la mission Flatters, sans éveiller leur méfiance, en leur offrant des dattes fourrées avec de la jusquiame du désert.

18. La double aptitude à un effet foudroyant et à une action lente est bien connue précisément pour cette jusquiame saharienne. Dans son récit détaillé du drame de la mission Flatters, P. Delaveau (*op. cit.* [*supra*, n. 15], p. 60-61) écrit : « En quelques heures, la plupart des membres de la mission moururent (…). Seuls, quatre ou cinq hommes des troupes indigènes réussirent à fuir et purent raconter les circonstances du drame ». La plante et son redoutable poison, le *borbor*, ont même fait leur entrée dans notre littérature romanesque. P. Delaveau poursuit : « Cette terrible réputation devait inspirer Pierre Benoit qui, dans l'*Atlantide*, fait disparaître le guide du lieutenant Ferrières en l'intoxiquant avec un plat de laitue mêlée de cette Solanacée ». Mais on se souvient aussi du roman de Roger Frison-Roche, *La Piste oubliée*, qui décrit la lente descente aux enfers d'un militaire français « borborisé » par une Targuia. Même si les jusquiames du bassin méditerranéen ont une toxicité moins violente, toutes agissent suivant le même processus, qui est exactement celui que Théophraste indique pour l'*akoniton*. La parfaite maîtrise du délai d'action du poison n'a pu appartenir qu'à des « spécialistes » travaillant au sein d'une de ces « corporations douteuses » qu'évoquent J. Jouanna et C. Magdelaine, *op. cit.* (n. 6 à IX, 13, 2), p. 70.

19. La mention des « gens du pays » rappelle l'origine étrangère des renseignements rapportés en style indirect depuis le début du §5. Dans la version de U M aucune localisation des faits n'est intervenue

après la phrase liminaire commune aux deux rédactions, terminée par les mots ἐν Ἡρακλείᾳ τῇ ἐν Πόντῳ. On peut en déduire que tout ce qui suit, jusqu'à la fin du §7, concerne Héraclée du Pont. C'est du reste ce que confirme U* à deux reprises, en nommant Acones, bourgade des Mariandynes, et les Tyrrhéniens d'Héraclée. Ainsi l'allusion à la nouvelle (καθάπερ ἠκούομεν) de la découverte d'un antidote végétal de l'*akoniton* devient claire. Théophraste pense certainement à ce que son contemporain un peu plus âgé, Théopompe de Chios (né vers 380 — mort à la fin du siècle), venait de publier au sujet de l'*akoniton* d'Héraclée. Athénée, qui tient Théopompe pour un historien véridique (ἀνὴρ φιλαλήθης), cite le passage (Théopompe, *Philippica*, 38, ap. Ath. 85 b = n° 115 fr. 181 Jacoby) avec sa référence précise : Théopompe, « parlant de Cléarque, tyran d'Héraclée du Pont, raconte qu'il supprimait bien des gens par des moyens violents et le plus souvent leur donnait à boire de l'*akoniton* (τοῖς πλείστοις ἐδίδου ἀκόνιτον πιεῖν). 'Aussi, dit-il, comme tout le monde connaissait cette manière de porter une santé avec la coupe de poison, on ne sortait pas de chez soi sans avoir mangé de la rue' : ceux qui en ont mangé préalablement n'éprouveraient aucun malaise quand ils boivent l'*akoniton* — qu'il dit ainsi appelé parce que <la plante> pousse au lieu-dit Acones, qui se trouve dans la région d'Héraclée ». Les réserves dont Théophraste fait état quant à l'antidotisme de la rue étaient-elles justifiées ? La documentation pharmacologique moderne ne donne aucun des principes actifs de la rue comme antagoniste des alcaloïdes contenus dans les Solanacées. On remarquera que, selon Théopompe, les Héracléotes faisaient de cette plante un usage préventif et non curatif. Il ne paraît pas impossible que la rue, elle-même faiblement vénéneuse, développe chez ceux qui la consomment à la dose convenable une certaine immunité à l'égard d'autres toxiques. Cette mithridatisation avant la lettre a pu s'inspirer du comportement des animaux ; cf. Aristote, *H.A.* 612 a 28-29 : « la belette, quand elle combat un serpent, mange de la rue » (repris dans Pline, XX, 132). A l'époque romaine, la rue, devenue « un des principaux médicaments » (Pline, XX, 131), est un contrepoison universel. Ainsi Dioscoride (III, 45) prescrit la graine comme antidote des poisons mortels et recommande l'ingestion préalable des feuilles pour les rendre inefficaces. On ignore aujourd'hui quelle était l'efficacité réelle de ces médications tombées en désuétude, avec l'ensemble des usages thérapeutiques de la rue, au cours du XVIᵉ siècle (cf. Fournier, *Plantes médicinales*, III, 357-358).

20. Grâce à la synonymie fournie notamment par Dioscoride (IV, 83) : κολχικόν · ... οἱ δὲ ἐφήμερον καλοῦσι, il est clair que l'ἐφήμερον de notre texte est un colchique. En précisant qu'« il est très commun en Colchide », Dioscoride confirme l'étymologie attendue pour κολχικόν : « l'herbe de Colchide ». Le colchique d'automne (*Colchicum autumnale* L.), une des plantes sauvages les plus popu-

laires en Europe où chacun sait que sa floraison annonce la fin de l'été, a une très large distribution : l'Europe tempérée, l'Afrique du Nord, la région pontique jusqu'à la Géorgie dont faisait partie l'antique Colchide, etc. Quand Dioscoride affirme que le κολχικόν abonde « aussi en Messénie », il s'agit d'une autre espèce : on trouve en Grèce, outre *C. autumnale* dans le nord (*Flor. eur.* V, 24), de nombreux *Colchicum* endémiques encore peu étudiés mais probablement aussi toxiques. De même en Anatolie plusieurs espèces peuvent correspondre à l'*éphèméron*, sur lequel Théophraste n'a que des renseignements de seconde main (d'où l'emploi constant du style indirect), reçus évidemment d'Héraclée, comme ceux qui concernent l'*akoniton*. Avant la découverte de ses indications thérapeutiques, en particulier dans le traitement de la goutte, le colchique n'était réputé que pour la virulence de son poison. Ainsi Nicandre, *Alex.* 249-250, définit « le célèbre *éphèméron* » (κεῖνο ... ἐφήμερον) comme « le feu odieux de la Colchidienne Médée » — allusion à la violente inflammation des voies digestives due à la colchicine (Fournier, *Plantes médicinales*, I, 441) ; suit une liste d'antidotes dont le nombre donne à penser qu'aucun n'avait d'efficacité véritable. Dioscoride (*ibid.*) se montre plus optimiste quant à l'issue de l'empoisonnement par le colchique : « on porte secours à ceux qui en ont mangé (...) en leur faisant boire du lait de vache, de sorte que lorsqu'on en a sous la main, point n'est besoin d'autre remède ». C'est probablement ce contrepoison facile à se procurer (cf. Diosc., *Euporista*, II, 152) que vise Théophraste ici (τοῦ ἐφημέρου τὸ φάρμακον εὑρῆσθαι) et plus loin (ἰατρεύειν αὐτὰ πρὸς τοῦτο ὁρμῶντα).

21. Sans que ce soit dit explicitement, l'« hellébore » auquel peut se comparer le colchique est l'« hellébore blanc » de IX, 10, à savoir le vératre (pareillement désigné en VI, 2, 9 par le simple ἐλλέβορος). Avant une révision nomenclaturale récente, les genres *Colchicum* et *Veratrum* appartenaient à la même famille des Liliacées, caractérisées en général par des feuilles à nervures parallèles, lisses et charnues. — La nécessité de corriger αἰρίῳ en λειρίῳ est apparue à la plupart des premiers commentateurs de Théophraste (cf. Schneider, III, 808). Quelle que soit l'espèce de λείριον considérée, *Narcissus tazetta* ou *Pancratium maritimum* (voir n. 17 à VI, 6, 9), elle possède le même type de feuille que le colchique, tout en appartenant à une famille différente (Amaryllidacées).

22. C'est encore à la situation troublée d'Héraclée vers le milieu du IVe siècle que renvoie la mention peu explicite de ces tentatives de suicide. La tyrannie de Cléarque a été marquée non seulement par ses exactions à l'égard de ses concitoyens (empoisonnements [*supra*, n. 19], exécutions), mais aussi par sa campagne sanglante et peu glorieuse contre la ville bithynienne d'Astacos. Il se peut que les ἀνδράποδα de notre texte soient des hommes libres (à distinguer des δοῦλοι,

esclaves de naissance) capturés et réduits en esclavage dans de telles circonstances. Ce sont en tout cas des gens du pays, qui connaissent le colchique (cf. *supra*, « tout le monde le connaît » — dans la région d'Héraclée, évidemment) et savent qu'ils peuvent l'utiliser pour se donner la mort. La scène doit être située dans un milieu rural, où les ἀνδράποδα travaillent comme esclaves : ils se procurent facilement la plante (vénéneuse dans toutes ses parties, surtout les graines et le bulbe, mais aussi les fleurs et les feuilles, et en outre disponible dans la nature une grande partie de l'année : les fleurs en automne, les feuilles et le fruit du printemps au début de l'été) et son antidote (sans doute du lait de vache). Il se précipitent sur ce remède (πρὸς τοῦτο ὁρμῶντα) n'ignorant pas que le poison agit très vite (cf. début du §6, l'*éphèméron* fait quitter la vie « le jour même »). Il est en effet reconnu que le colchique, pris à la dose létale (5 g de graines pour un homme adulte), peut causer la mort en un ou deux jours, par arrêt cardiaque ou respiratoire (Fournier, *Plantes médicinales*, I, 441 ; Bellakhdar, *Pharmacopée marocaine*, p. 373 ; Couplan – Styner, *Plantes sauvages*, p. 397).

23. Les symptômes de l'empoisonnement par le colchique apparaissent tantôt une heure ou deux après l'ingestion du toxique, tantôt seulement huit ou dix jours plus tard, la colchicine ayant la propriété de s'accumuler dans certains organes (rein, foie, parois du tube digestif), ainsi que dans les leucocytes, et de produire à retardement le même effet que dans les cas aigus (on a observé de nos jours des intoxications chroniques chez des goutteux traités à la colchicine). L'exactitude des renseignements transmis par Théophraste en dit long sur la compétence de ses informateurs. — Du point de vue de la langue, on remarque dans οὐδὲ ταχεῖαν ποιεῖσθαι l'emploi de οὐδέ comme doublet intensif de οὐ, dont d'autres exemples ont été déjà rencontrés (cf. n. 6 à I, 1, 3 ; de même en II, 1, 3 : οὐδ᾽ ἀπὸ τῆς πρῴρας ; III, 15, 1 : μηδὲ στελεχῶδες ; etc.).

24. Qui étaient ces Tyrrhéniens d'Héraclée pourvus d'une connaissance des poisons végétaux et de leurs effets digne des toxicologues modernes ? Schneider (III, 809) paraît avoir été seul à poser le problème, auquel il ne donne qu'une solution désespérée : il s'agirait ici non plus d'Héraclée du Pont, mais de l'une ou de l'autre des deux ou trois villes italiennes homonymes où la présence de Tyrrhéniens serait moins surprenante. En fait, l'ensemble des §4-7 se rapporte, de toute évidence, à la même Héraclée, celle du Pont. Si l'on en croit Hérodote (I, 94), en des temps très anciens (XIIIe siècle *a.C.*, selon R. Bloch, *Les Étrusques* [cf. n. 5 à IX, 15, 1], p. 8) une partie du peuple lydien fut contrainte par une longue disette à émigrer en Ombrie, sous la conduite de Tyrrhénos, fils du roi de Lydie ; dès lors, conclut le narrateur, « prenant pour eux-mêmes son nom, ils s'appelèrent Tyrrhéniens ». Malgré cette tradition d'une origine micrasiatique des Étrusques, il ne semble pas possible de mettre en rapport les Tyrrhéniens de Théo-

phraste et ceux d'Hérodote. D'abord parce que seuls les Lydiens qui avaient quitté leur patrie se donnèrent le nom de Tyrrhéniens. D'autre part, selon Hérodote, les Lydiens ne revendiquaient aucune autre découverte que celle des jeux de dés, d'osselets, de ballon, qui leur avaient permis de survivre en trompant leur faim jusqu'au départ des émigrants ; il n'est pas question de connaissance des plantes ni des poisons. Tout porte à croire qu'après avoir cité au chapitre 15 le vers d'Eschyle « race des Tyrrhéniens, peuple faiseur de drogues », Théophraste a toujours en vue ce φαρμακοποιὸν ἔθνος quand il rapporte les renseignements sur le colchique recueillis auprès des Tyrrhéniens d'Héraclée. Mais si ces gens étaient des Étrusques, qu'est-ce qui a pu les amener dans la région pontique ? Nous l'ignorons et l'explication qui va être proposée n'est qu'une simple conjecture. Dès le début du IVe siècle les invasions celtiques « semèrent la panique » (ce sont les propres termes de R. Bloch, *ibid.*, p. 40) sur le territoire toscan, faisant fuir la population « soit par-delà les Apennins, soit dans les vallées alpines ». Peut-on penser qu'un de ces groupes alla s'installer en Asie Mineure, où les Étrusques entretenaient depuis longtemps des relations commerciales avec l'Ionie ? Comme Cléarque avait besoin de « droguistes » compétents pour préparer le poison destiné à ses victimes, la renommée des Tyrrhéniens dans cette spécialité l'a-t-elle incité à s'assurer les services de certains d'entre eux, ou de leurs descendants ? Si tel fut le cas, ils eurent sans doute la possibilité, après l'assassinat du tyran, de parler de leurs poisons sans trop se compromettre. Seuls en tout cas des gens remarquablement expérimentés savaient déjà ce que la toxicologie moderne a confirmé : la colchicine n'a pas d'antidote spécifique et si la dose létale est atteinte, l'intoxication est le plus souvent irrémédiable.

25. P et l'Aldine suppriment οὖν, qui pourrait être une dittographie de οὐ[δὲ]ν, s'il ne présentait pas une valeur confirmative intéressante. Deux données apparemment contradictoires, l'existence et l'absence d'un antidote, sont reconnues bel et bien compatibles si l'on admet le rôle décisif de facteurs variables (avant tout, la dose de toxique ingérée, mais aussi la partie de la plante d'où il provient, et dans le cas de poisons élaborés intentionnellement, le savoir-faire du préparateur).

26. Interdiction normale de la part d'un tyran meurtrier tel que Cléarque. La Grèce au contraire ne connaissait pas d'entrave à la liberté de composer, de commercialiser et de se procurer dans une intention suicidaire n'importe quel poison mortel, comme le prouve ce qui est dit de la ciguë dans les §8 et 9.

27. Sur le « droguiste » Thrasyas, la date probable de son activité (1re moitié ou milieu du IVe siècle) et les renseignements que lui doit Théophraste, voir la Notice, p. XXXI, et n. 23 à IX, 15, 6. Les rapports entre les professions de médecin et de « droguiste », souvent exercées conjointement par la même personne (tel le dénommé Alexias de notre

texte), sont également évoqués dans J. Jouanna, *Hippocrate*, Paris, 1992, p. 124-127 ; cf. aussi Ducourthial, *Flore magique*, p. 82-84.

28. L'étude actuellement la plus complète sur la ciguë et son célèbre poison est la thèse (consultable en microfiches) de F. Blasquez, *La ciguë dans l'Antiquité gréco-romaine : la plante, ses utilisations, son image dans le monde antique, avec un regard sur les époques postérieures*, Université d'Aix-Marseille I, 1998. F. Blasquez fait observer que Thrasyas de Mantinée est, à notre connaissance, le premier « droguiste » nommément désigné qui ait mélangé du suc de pavot, donc de l'opium, à la ciguë pour « rendre le dénouement facile et indolore ». On sait quelle controverse a suscitée le récit de la mort de Socrate dans Platon, *Phédon*, 117 e – 118 a. Fournier (*Plantes médicinales*, I, 408) y voit « une description magistrale » des symptômes de l'empoisonnement par la ciguë : faiblesse et lourdeur des jambes, abolition de la sensibilité tandis que la lucidité reste intacte, refroidissement des extrémités gagnant tout le corps, pour finir quelques convulsions suivies d'une mort rapide. A ce tableau rigoureusement exact (cf. aussi Bellakhdar, *Pharmacopée marocaine*, p. 152) manquent toutefois certains malaises liés d'ordinaire à cette intoxication : nausées, céphalée intense, vertiges, troubles de la vue, difficultés respiratoires annonciatrices de la mort par asphyxie. On ne saura jamais si de telles souffrances furent réellement épargnées à Socrate par une maîtrise de son corps et une insensibilité à la douleur tout à fait exceptionnelles (cf. Plat., *Banq.* 220 d), ou si Platon, rapportant les faits en philosophe et non en médecin, a délibérément omis des détails trop réalistes, ou encore si le poison judiciaire des Athéniens, dont la composition n'a évidemment pas été divulguée, renfermait déjà une substance antalgique. Inversement Nicandre (*Alex.* 186-194) donne une peinture effrayante des gens intoxiqués par la ciguë, qui titubent et se traînent dans les rues, les yeux exorbités, torturés par une atroce sensation d'étouffement accompagnée de convulsions. Abstraction faite de la dramatisation constante chez Nicandre, il est certain que les souffrances consécutives à l'ingestion de ciguë avaient de quoi dissuader les candidats au suicide. Aussi Théophraste détaille-t-il complaisamment les avantages de la préparation que Thrasyas avait mise au point pour assurer une mort douce.

29. Les données de la chimie paraissent contredire sur deux points les affirmations de Théophraste. 1) Le contenu des §8 et 9 a été annoncé en IX, 8, 3 par la phrase suivante : « Si l'extrait des racines est d'ordinaire moins fort que celui du fruit, dans le cas de la ciguë il l'est davantage, et une très faible dose administrée en une petite pilule rend l'issue fatale plus aisée et plus rapide ». Or il est reconnu aujourd'hui que dans la ciguë « la partie la plus toxique est le fruit, surtout avant maturité, suivi de la fleur et de la feuille » (Bellakhdar, *ibid.*). On a cependant peine à croire que Théophraste se soit aussi lourde-

ment trompé sur un sujet pour lequel il cite nommément sa source. 2) D'autre part, on s'est étonné de la préférence donnée à la ciguë récoltée dans des lieux frais et ombreux, alors que la concentration des principes actifs est généralement plus forte sous des climats chauds. Fournier (I, 404) porte sur ce point un jugement nuancé : « Théophraste déclare que (...) la plante née dans certains endroits froids et ombragés agit plus énergiquement : ce qui n'est pas impossible, car on sait aujourd'hui que la teneur en alcaloïdes de certaines espèces est en étroite dépendance du lieu où elles ont vécu ». Les « droguistes » antiques n'ignoraient pas l'importance des facteurs géographique et écologique, puisque Théophraste insiste plusieurs fois sur la qualité supérieure des plantes médicinales provenant de régions froides (IV, 5, 1 τοὺς ψυχροὺς ζητεῖ τόπους ... σχεδὸν πάντα τὰ ῥιζοτομούμενα), de « lieux mal exposés, en plein nord et secs » (IX, 20, 5 πάντων ... τῶν φαρμάκων ... βελτίω τὰ ἐκ τῶν χειμερινῶν καὶ προσβόρρων καὶ ξηρῶν), et de surcroît ombreux, comme le Téléthrion en Eubée (ibid. τὸ δὲ Τελέθριον σύσκιον). Autrement dit, à condition de ne pas être imprégnées d'humidité, qui diluerait leur suc, les plantes des lieux moins ensoleillés conservent mieux leurs vertus médicinales. C'est dans le même ordre d'idées que les manuels d'herboristerie recommandent de sécher les récoltes à l'ombre, dans un lieu sec et aéré. Au sujet de la ciguë, Fournier précise (p. 407) que « la teneur de la plante varie suivant l'état de son développement et suivant ses organes. (...) La chaleur la détruit à peu près complètement en même temps que l'activité de la drogue ». Cette dernière remarque a été confirmée plus récemment par A.-M. Debelmas et P. Delaveau, op. cit. (n. 18 à IX, 12, 4), p. 105 : « La conine (ou cicutine) est le principal agent responsable de la toxicité. Cependant cet alcaloïde étant volatil, la plante sèche est beaucoup moins toxique que la plante fraîche ». Ainsi se résout le double problème posé plus haut : d'une part, Thrasyas avait raison de choisir la ciguë des lieux frais et ombreux ; d'autre part, dans les régions les plus chaudes de la Grèce, le dessèchement naturel des parties aériennes est trop rapide et trop complet pour qu'on puisse extraire du fruit mûr un produit efficace ; la racine vivace a des propriétés plus constantes. Sa relative pauvreté en alcaloïdes devait être compensée par la préparation (concentration par filtrage du suc et dessiccation du résidu [cf. IX, 8, 3], et peut-être d'autres manipulations couvertes par le « secret de fabrication »).

30. Sur ce personnage inconnu par ailleurs, voir la Notice, p. XXXI, et n. 63.

31. Théophraste fait ici allusion au suicide des vieillards à Céos, en se bornant à décrire la préparation du poison. Bien que Céos, la plus occidentale des Cyclades, se trouve à proximité de l'Attique et que cette étrange tradition fût sans doute connue des Athéniens depuis longtemps, les documents qui l'attestent ne sont pas antérieurs au

IVe siècle. On trouvera ces textes, traduits et commentés, dans F. Blasquez, *op. cit.* (*supra*, n. 28), ch. V, II 1 « Le suicide ritualisé : la coutume de Céos ». Les opinions différaient sur la raison d'être de cette pratique : moyen d'éviter la déchéance physique et mentale à la fin d'une longue vie, ou réponse à la nécessité d'éliminer des bouches inutiles d'une île aux ressources limitées. Les deux aspects de la question, personnel et social, apparaissent conjointement dans le témoignage le plus récent (IIIe siècle *p.C.*), celui d'Élien, *Histoire variée*, III, 37 : « Une loi de Céos veut que ceux qui sont devenus très âgés s'invitent les uns les autres comme pour s'offrir l'hospitalité ou pour un sacrifice solennel, et qu'une fois réunis, portant des couronnes, ils boivent la ciguë. Ils doivent le faire lorsqu'ils se rendent compte qu'ils ne sont plus aptes à accomplir les devoirs pour la patrie, entre autres parce qu'ils n'ont désormais plus tout leur esprit à cause de l'âge » (trad. A. Lukinovich – A.-F. Morand, Paris, Belles Lettres, 1991). L'atmosphère conviviale et sereine de ce suicide collectif devient plus vraisemblable si, comme l'explique Théophraste, les Céiens avaient fait de la ciguë un instrument de mort douce.

32. Les progrès accomplis par les Céiens dans l'élaboration d'un poison indolore sont encore plus remarquables que l'invention de Thrasyas, car, sauf si leur recette donnée ici est incomplète, c'est la seule technique de préparation, sans addition d'un antalgique, qui leur permettait d'atteindre le résultat recherché. L'admiration non dissimulée de Théophraste pour les hommes et pour les découvertes de son temps nous paraît manifester un enthousiasme juvénile dont on ne trouve plus trace dans le reste de l'*Historia*. L'auteur du Περὶ δυνά-μεως ῥιζῶν n'avait pas encore acquis toute la froide objectivité d'un homme de science.

CHAPITRE 17.

1. Nouvelle mention élogieuse de Thrasyas, mort à l'époque où fut rédigé notre texte puisque tout ce qui est dit de lui est au passé, mais peut-être assez tard pour que Théophraste ait pu le fréquenter et bénéficier de son expérience. Si ce ne fut pas le cas, les renseignements venant de Thrasyas ou le concernant ont dû être obtenus auprès de ses familiers, tel son élève Alexias présenté plus haut (IX, 16, 8) tout aussi favorablement. Du moins est-il certain, contre l'opinion de Wellmann (cf. Notice, p. XXXI, n. 63), que la transmission s'est faite par voie orale : par exemple la déconfiture du « droguiste » devant le berger capable d'ingurgiter impunément une botte d'hellébore, est un incident qu'un vieillard évoquant ses souvenirs professionnels a pu raconter avec humour, mais qui n'aurait pas trouvé place dans un manuel d'herboristerie.

2. L'automédication est encore de règle en milieu rural dans plusieurs régions du monde méditerranéen ; cf. Bellakhdar, *Pharmacopée*

marocaine, p. 54-55 : « De simples bergers (…) peuvent détenir des informations de grande valeur (…) sur les plantes qui purgent les bêtes au pré (…). Ces personnes possèdent aussi parfois des connaissances sur les plantes médicinales ou toxiques. (…) De plus, la pratique de l'automédication est très courante dans les sociétés traditionnelles ». C'est précisément le chevrier Mélampous qui passait pour avoir découvert les vertus médicinales de l'hellébore (cf. IX, 10, 4 et n. 14), dont on se servait, entre autres usages, « pour purifier les troupeaux » (*ibid.* et n. 15).

3. L'exemple antique le plus célèbre est celui de Mithridate, roi du Pont de 120 à 63 *a.C.* Vaincu par Pompée, il tenta vainement de s'empoisonner, car l'habitude prise dès son jeune âge d'absorber des drogues toxiques avait immunisé son organisme. Cf. Justin, *Histoires Philippiques*, XXXVII, 2, 4-6 : « Enfant, il souffrit des embûches de ses tuteurs qui (…) s'attaquèrent à lui par le poison. Craignant cela, il buvait très souvent des antidotes et il se cuirassa contre les embûches, en recherchant les médications les plus efficaces, au point qu'il ne put même pas s'empoisonner volontairement, dans sa vieillesse » (trad. M.-P. Arnaud-Lindet, *Corpus scriptorum latinorum*, 2003). — Sur le rôle de l'accoutumance due aux habitudes alimentaires dans la résistance aux toxines végétales, voir notre article *Quelques légumes de disette chez Aristophane et Plutarque*, in *J. Savants*, 1988, p. 168-169 (= *Études*, p. 122-123) et n. 25.

4. Application au domaine pharmacologique et toxicologique d'une vérité d'expérience passée en proverbe : « L'habitude est une seconde nature » (ἔθος δευτέρα φύσις).

5. Eudème était si connu de tout Athènes en 388 qu'Aristophane le nomme dans le *Ploutos* (v. 884) sans indiquer sa profession (cf. Notice, p. XXXII). Il n'apparaît chez Théophraste que dans cette compétition entre consommateurs d'hellébore (rapportée par Apollonios à Eunome de Chios ; cf. note suivante) où il perdit son pari. Sans doute n'avait-il pas, aux yeux de notre auteur, la compétence et la conscience professionnelle d'un véritable pharmacien. En mentionnant un anneau prophylactique « acheté à Eudème », Aristophane donne à penser que toutes sortes d'objets magiques voisinaient dans son officine avec les plantes médicinales.

6. Apollonios a introduit un pari entre herboristes dans l'anecdote dont le héros est Εὔνομος ὁ Χῖος ὁ φαρμακοπώλης. La tradition directe de Théophraste fait du « droguiste » de Chios un second Εὔδημος, homonyme de l'Athénien. Ainsi seul l'ethnique ὁ Χῖος distinguerait deux personnages ayant même nom, même profession et placés dans les mêmes circonstances. Plus vraisemblablement, la bonne leçon est Εὔνομος, qu'Apollonios a dû lire dans l'exemplaire de l'*Historia* qu'il utilisait (cf. Notice, p. LI), avant qu'elle ne fût altérée, à date ancienne, par la proximité de Εὔδημος.

7. Le récit d'Eunome est marqué dans tous ses détails par la recherche du spectaculaire. Il se livre à sa démonstration dans le lieu le plus fréquenté de la ville (ἐν τῇ ἀγόρᾳ) ; son insensibilité extraordinaire à l'hellébore ressort du contraste entre l'énorme quantité absorbée et le calme imperturbable qu'il affiche : il reste *assis* (καθήμενος) à sa place jusqu'au soir, prend un bain *complet* (ἐκλούσασθαι) et dîne *comme d'habitude* (ὥσπερ εἰώθει). Les derniers mots de la phrase (καὶ οὐκ ἐξεμέσαι) traduisent la satisfaction de celui qui a gagné un éventuel pari et suscité l'admiration de tout ce qu'Athènes comptait d'herboristes et de badauds.

8. Schneider s'est efforcé de comprendre, avec l'aide du botaniste H. Link, en quoi consistait la recette d'Eunome. L'explication suggérée (III, 813) est la suivante : il s'agirait non de véritable pierre ponce, d'origine volcanique, mais d'une roche calcaire poreuse qui, mélangée à du vinaigre, formait une solution anti-émétique analogue à la potion de Rivière. Celle-ci, qui tire son nom du médecin montpelliérain Lazare Rivière (1589-1659), consiste en deux préparations aqueuses, l'une alcaline à base de bicarbonate de soude, l'autre dont le principe actif est l'acide citrique ; le patient doit prendre une cuillerée de la première, suivie immédiatement d'une cuillerée de la seconde. Il ne semble pas que κίσ(σ)ηρις ait désigné une autre roche que la pierre ponce, bien connue des anciens qui s'en procuraient à volonté soit dans les îles volcaniques de l'Égée (Théra / Santorin, Mélos, Nisyros), soit en Sicile ou en Campanie. La poudre de pierre ponce basique versée dans un vinaigre riche en acide acétique a-t-elle pu produire le même effet que la potion de Rivière ? C'est plausible, du moins jusqu'à plus ample informé. — Dioscoride (V, 108, 2) et Pline (XXXVI, 156) se réfèrent explicitement à Théophraste pour signaler que la pierre ponce arrête la fermentation du moût. Le premier n'avance pas d'explication, le second attribue à la pierre ponce un pouvoir réfrigérant qui s'oppose au dégagement de la chaleur produite par la fermentation (en XIV, 138, Pline interprète de même l'habitude chez les buveurs de prendre de la ponce pulvérisée pour combattre l'échauffement dû au vin). Eunome approchait davantage de la vérité en affirmant que la pierre ponce « assèche et absorbe le gaz en le dissolvant ». Cette roche présente en effet une structure alvéolaire jusqu'à l'échelle microscopique, qui lui confère la propriété de fixer les gaz en une multitude de bulles minuscules vite dissoutes. Ainsi s'explique l'arrêt de la fermentation tumultueuse du moût si on jette de la pierre ponce dans la jarre, et de même l'action bénéfique de la poudre sur les plaies dont elle absorbe l'humidité (cf. Pline, XXXVI, 155-156 : « en médecine, les pierres ponces ont des vertus atténuatives et siccatives (...), nettoient doucement et font se combler les ulcères »).

9. La partie botanique du commentaire d'Étienne de Byzance sur le nom de la ville thrace Ἄψυνθος est citée *in extenso* dans la Notice,

p. L. S'y ajoute la remarque orthographique suivante : ἀψύνθιον « s'écrit de deux manières, avec υ et avec ι ». Le reste de la tradition, directe et indirecte (Apollonios), donne unanimement ἀψίνθιον. — Théophraste réunit ici sous le nom d'ἀψίνθιον deux espèces différentes : 1) L'absinthe présente dans les montagnes de Grèce (cf. IV, 5, 1 et n. 2), que Théophraste prend pour type de plante amère (I, 12, 1 ; VII, 9, 4) est notre « grande absinthe » ou « armoise amère », *Artemisia absinthium* L. Sa prédilection pour les sols riches en nitrates explique sa présence aux abords des fermes d'élevage, mais il semble bien que les moutons n'y touchent pas. 2) L'absinthe du Pont ou « petite absinthe », *Artemisia pontica* L., est originaire des steppes du sud-est de l'Europe (cf. Ovide, *Pontiques*, III, 1, 23-24 : « L'absinthe lugubre hérisse les plaines vides, amère moisson digne de cette terre »). Elle est absente de Grèce (*Flor. eur.* IV, 183) et dans ses rares stations d'Europe occidentale, elle provient d'anciennes cultures. *A. pontica* se distingue d'*A. absinthium* par sa taille moins élevée et par ses feuilles plus finement découpées (voir Bonnier, pl. 288, n° 1431 : *A. absinthium* ; pl. 289, n° 1438 : *A. pontica*) ; du point de vue pharmacologique, « elle est plus agréable, mais moins active » (Fournier, *Plantes médicinales*, I, 121). Moins redoutablement amère que sa congénère, elle peut ne pas rebuter les moutons dans les régions où elle abonde, de même qu'en Libye *Artemisia herba-alba* Asso (cf. VI, 3, 6, au sujet du silphium : on dit que les moutons « broutent à la fois cette plante et une autre qui ressemble à l'armoise » — fait confirmé pour *A. herba-alba* par les anciens auteurs arabes ; voir n. 23 *ad loc.* ; cf. aussi Bellakhdar, *Pharmacopée marocaine*, p. 182 : « C'est un pâturage aromatique très apprécié par les ovins. (...) La viande d'agneaux et de moutons qui ont pâturé de l'armoise blanche est d'ailleurs considérée comme un produit de premier choix »). L'absence de fiel chez les animaux nourris d'absinthe, quoique classée parmi les *mirabilia*, paraît susceptible de recevoir une explication rationnelle. Tonique puissant des voies digestives, l'absinthe stimule l'écoulement de la bile dans l'intestin au moment de la digestion ; il s'ensuit vraisemblablement une réduction du volume et du contenu de la vésicule biliaire. Ce sont des faits de ce genre dont l'observation a permis à Lamarck d'élaborer sa « loi de l'habitude », condensée dans la formule « La fonction crée l'organe ». En corollaire, la réduction de la fonction entraîne l'atrophie, voire la disparition de l'organe. La biologie végétale fournit l'exemple du poireau, pourvu à l'état sauvage de bulbilles qui ont disparu quand la plante, domestiquée, a été multipliée par semis de graines (cf. n. 5 à VII, 2, 2). — Citons pour mémoire Ctésias F 76 Lenfant (C.U.F., 2004, p. 223), interpolation reconnue du *codex Monacensis gr.* 287 (cf. *ibid.*, p. 334-335). Parmi d'autres *mirabilia*, on retrouve le fait noté par Théophraste, avec reprise presque littérale de ses propres termes (τὰ πρόβατα τοῦ ἐκεῖσε τόπου οὐκ ἔχει χολήν) dans un contexte géographique différent et sans mention d'une plante responsable de cette anomalie : « En Eubée sur le territoire de Chalcis, les moutons de la région n'ont pas de fiel, mais leur viande est tout à fait amère, si bien que même les chiens ne la mangent pas ».

CHAPITRE 18.

1. Renvoi à la phrase liminaire de l'opuscule (= IX, 8, 1) : « Les <plantes appelées> 'racines' ont des propriétés fort nombreuses ». Les « racines » étudiées dans les chapitres suivants sont toutes des herbacées (certaines, à vrai dire, plus ou moins ligneuses). L'auteur ajoute ici τὰ ὑλήματα sans doute parce que son premier exemple sera celui d'« une certaine plante épineuse » dont il a entendu parler comme d'un « végétal ligneux » (pour ce sens très général de ὕλημα, cf. I, 5, 3 ; I, 6, 2 et 7 ; III, 18, 1 ; IV, 5, 1 ; etc.).

2. Plante indéterminable pour nous comme pour Théophraste. On pense à un des nombreux acacias épineux de l'Afrique saharienne, de l'Arabie et du Moyen-Orient qui produisent de la gomme dite « arabique », soluble dans l'eau même froide.

3. Phrase reprise littéralement dans la notice ἀλθαία « guimauve » de Dioscoride, III, 146, 3 : πήγνυσι δὲ ἡ ῥίζα καὶ ὕδωρ μιγεῖσα λεία καὶ συνεξαιθριασθεῖσα « la racine fige même l'eau à laquelle on la mélange après l'avoir réduite en poudre, le tout étant ensuite exposé au grand air » ; cf. aussi Pline, XX, 230. La racine de la guimauve, *Althaea officinalis* L., renferme en effet beaucoup de mucilage (jusqu'à 35 % de la racine sèche, selon M. Zohary, *op. cit.* [n. 6 à IX, 2, 2], II, 328-329), qu'elle cède facilement à l'eau froide, en formant une solution gélatineuse plus ou moins épaisse suivant la concentration du produit.

4. Description très exacte de la guimauve, dont un point cependant a prêté à discussion ; cf. Fournier, *Plantes médicinales*, II, 303-304 : « Théophraste (…) attribue à sa plante des fleurs jaunes, ce qui suppose qu'il avait en vue l'*Abutilon* et non notre Guimauve. (…) Par contre Dioscoride (…) semble bien parler de la Guimauve officinale, car il dit son Althaea à feuilles veloutées-blanchâtres et à fleurs rosées ». Les réserves que formule ainsi P. Fournier viennent de plus loin. Dans la nomenclature pré-linnéenne, la Malvacée à fleurs jaunes actuellement nommée *Abutilon theophrasti* Medicus était couramment désignée par la périphrase *Althaea theophrasti flore luteo* (J. Bauhin, Tournefort ; cf. N. Lémery, *Dictionnaire universel des drogues simples*, 3e éd., Paris, 1748, p. 4). En réalité, l'abutilon dit « de Théophraste » correspond mal à son ἀλθαία : c'est une plante annuelle, à racine développée sans toutefois former comme la guimauve un faisceau de grosses racines charnues, exploitables seulement après deux ans de vie de la plante (Fournier, II, 307) ; ses feuilles sont grandes, cordiformes pointues et non lobées, poilues mais bien vertes, plus sem-

blables à celles du tilleul qu'à celles de la mauve (voir Bonnier, pl. 95, n° 500 : *Malva sylvestris* ; pl. 97, n° 510 : *Althaea officinalis* ; pl. 98, n° 515 : *Abutilon theophrasti*). Le problème que pose l'expression ἄνθος μήλινον dans notre texte se résout aisément si l'on remarque que l'adjectif μήλινος dérive aussi bien de μῆλον / μηλέα « pommier » ou « cognassier » (cf. Sappho, 4, 93) que de μῆλον « pomme » ou « coing » (cf. Thphr., *Od.* 26). C'est le composé μηλινοειδής que Théophraste emploie d'ordinaire au sens de « jaune de coing », « jaune vif » (cf. VI, 2, 8 ; VII, 3, 1 ; VII, 11, 4). Aussi a-t-il pu sans véritable ambiguïté attribuer à la guimauve « une fleur de cognassier », c'est-à-dire rose pâle (cf. Bonnier, pl. 186, n° 975 : *Cydonia oblonga*), ce qui est aussi juste et plus précis que l'expression parallèle dans Dioscoride : ἄνθος ῥοδοειδές « une fleur qui a l'aspect de la rose ». — Deux détails demandent une brève explication. 1) Dans τοὺς δὲ καυλοὺς μαλακούς, le qualificatif ne signifie ni « mou » ni « tendre », mais « souple ». La guimauve a des tiges dressées dont la moelle est engainée dans des fibres solides. Celles-ci, convenablement traitées, « fournissent une filasse qui peut servir à remplacer le Jute, à faire du papier et même de la toile » (Fournier, II, 307). A l'état naturel, les tiges se laissent plier et tresser sans dommage. 2) Le goût de la racine de guimauve ne déplaît même pas aux jeunes enfants à qui on la donne à mâcher pour favoriser la dentition. Mais les parties aériennes de la plantes ne sont pas comestibles, à l'exception des très jeunes feuilles (V. Ducomet, *Les plantes alimentaires sauvages*, Paris, 1917, p. 25), alors que les pousses feuillées de la mauve étaient dans l'antiquité — et demeurent localement — un légume banal (cf. VII, 7, 2 et n. 7 ; autres détails dans notre article *Les plantes du ramassage dans l'alimentation gréco-romaine*, in *Pallas*, 64, 2004, p. 169-182, en part. p. 170-173).

5. Le mot ῥήγματα doit être pris dans son sens le plus large, « ruptures », puisque la médecine antique prescrivait la guimauve pour toutes les lésions cutanées et musculaires (Diosc. III, 146 : πρὸς τὰ τραύματα « pour les blessures », ἐπὶ πυρικαύτων « sur les brûlures »), tendineuses (*ibid.* πρὸς ... συστάσεις νεύρων « pour les contractions de tendons ») et même osseuses (Pline, XX, 29 : *hibiscum... cartilagini, ossibus fractis medetur* « la guimauve [cf. Ps.-Diosc. III, 146 : ἀλθαία· ... Ῥωμαῖοι ἐβίσκουμ] est un remède pour les fractures des cartilages et des os »). Pline résume ces usages dans sa notice *althaea* (XX, 230) : « Hippocrate (…) appliquait la guimauve (…) sur les blessures, avec du miel et de la résine, de même sur les contusions, les luxations et les enflures ; il l'appliquait, comme ci-dessus, sur les muscles, les tendons et les articulations » (trad. J. André, C.U.F., 1965). Ce sont surtout les vertus calmantes et adoucissantes de la guimauve dans les affections respiratoires qui ont retenu l'attention des pharmacologues modernes (Héraud, *Dict. pl. médici-*

nales, p. 266 ; Fournier, *Plantes médicinales*, II, 305 ; Schauenberg –
Paris, *Guide des pl. médicinales*, p. 307 ; etc.). Sur les ulcères, la guimauve atténue l'inflammation, tandis que l'huile était réputée cicatrisante (cf. n. 6 à IX, 11, 1).

6. Phénomène noté dans la littérature technique au sujet de plusieurs plantes parmi lesquelles il est difficile d'identifier celle que
Théophraste avait en vue, si toutefois il ne se borne pas à rapporter un
on-dit qu'il eût été lui-même incapable de préciser. La seule *Matière
médicale* de Dioscoride attribue à quatre plantes au moins ce pouvoir
de souder les morceaux de viande : III, 6 κενταύρειον τὸ μέγα,
grande centaurée (racine), καὶ τὰ ἐψόμενα δὲ κρέα συνάγει, ἐάν τις
αὐτὴν κόψας συνεψήσῃ ; IV, 9 σύμφυτον πετραῖον, « consoude
des rochers », *Coris monspeliensis* L. (plante entière), καὶ τὰ κρέα δὲ
συμπέττει ἑψόμενον σὺν αὐτοῖς ; IV, 10 σύμφυτον ἄλλο, οἱ δὲ
πηκτὴν καλοῦσιν « autre consoude, dite aussi 'herbe qui fige' »
(racines), καὶ τὰ κρέα συνεψόμεναι κολλῶσιν ; IV, 11 ὁλόστεον,
un plantain, peut-être *Plantago albicans* L. (plante entière), δύναται
καὶ αὕτη συνεψομένη συνάγειν τὰ κρέα. Comme Théophraste parle
d'une racine, ni le *Coris* (du reste absent de Grèce), ni le plantain (« à
racine aussi fine qu'un cheveu », dit Dioscoride) ne peuvent être retenus. Si d'autre part cette propriété était attribuée à la grande centaurée,
nommée plusieurs fois dans l'*Historia*, ce serait sans doute dit clairement. Reste la consoude, *Symphytum bulbosum* Schimp., commune
dans les lieux ombreux des montagnes grecques (*Consp. flor. gr.* II,
330-331 ; Kavvadas, p. 3824). Ses tubercules étant parfois consommés
comme légume (Kavvadas, *ibid.*), malgré la viscosité due au mucilage
qu'ils renferment, il se peut qu'ils aient parfois agglutiné des viandes
d'un pot-au-feu. Mais ce n'est là qu'une hypothèse. — La citation du
passage par Apollonios le Paradoxographe (*Hist. mirab.* XVI) ne correspond, telle quelle, à rien dans notre texte. C'est le fr. 170 Wimmer
= fr. 413 n° 109 Fortenbaugh, que l'on trouvera dans l'Annexe 1 de ce
volume.

7. Dans cette allusion à des racines douées d'une force d'attraction,
sans doute faut-il voir, comme paraît le suggérer O. Regenbogen, art.
Theophrastos, in *R.E.* Suppl. VII (1950), c. 1439, une réminiscence de
Ctésias, dont le même Apollonios cite (*Hist. mirab.* XVII) la description de l'arbre indien nommé *parèbon*. Dans cet extrait, l'arbre « attire
à lui (ἐφ᾽ ἑαυτὸ ἕλκει) tout ce qu'on en approche, comme l'or, l'argent, l'étain, le bronze et tous les autres métaux » (trad. Lenfant,
C.U.F., 2004, p. 200). On doit à Photius une version un peu différente
qui rapporte cette propriété du *parèbon* à sa racine. « Cette racine
(…) attire à elle (αὕτη ἡ ῥίζα … ἕλκει πρὸς ἑαυτήν) tout ce dont on
l'approche : or, argent, bronze, pierres et toute autre matière que
l'ambre » (*ibid.*, p. 179). Il est certain qu'on lisait Ctésias au Lycée,
puisque Aristote le cite nommément plusieurs fois, au sujet du *marti-*

choras (*H.A.* 501 a 25 – b 1), du sperme de l'éléphant (*H.A.* 523 a 26-27 ; *G.A.* 736 a 2-5), de l'existence du porc en Inde (*H.A.* 606 a 8-10). Le jugement d'Aristote sur cet auteur « qui n'est pas une source digne de foi » (*H.A.* 606 a 8 : ὥς φησι Κτησίας, οὐκ ὢν ἀξιόπιστος) suffit à expliquer que Théophraste se borne à une allusion discrète. Du reste, le *parèbon* de Ctésias devait être pour ses lecteurs antiques aussi mystérieux que pour nous. Sur le problème de son identification, voir Ch. Joret, *La flore de l'Inde d'après les écrivains grecs*, Paris, 1901, p. 10-13. La note 851 de D. Lenfant (p. 311) n'apporte rien de neuf.

8. La plante appelée « scorpion » illustre parfaitement la théorie des signatures. Bien avant que les médecins humanistes de la Renaissance aient érigé celle-ci en principe thérapeutique, on avait remarqué que certaines espèces à racines rouges sont hémostatiques, d'autres à suc jaune cholagogues, etc. Il n'en fallait pas davantage pour inciter à pousser plus loin l'association d'idées, surtout dans le cas de végétaux pourvus de particularités chromatiques ou morphologiques frappantes. La plante que le grec moderne continue à nommer σκορπίδι se reconnaît facilement dans *Doronicum orientale* Hoffm., vicariant oriental de notre doronic étouffe-panthère (*D. pardalianches* L.) dont il ne se distingue guère que par les touffes de poils de son rhizome. Ayant longuement commenté le passage de Théophraste dans deux articles, « La signature des plantes, source de croyances ou de savoir dans l'antiquité gréco-romaine ? » et « Une famille d'assassins : les *akoniton* », repris dans nos *Études*, p. 149-159 et 161-176, nous renvoyons à ce dernier ouvrage, dont l'illustration en couleur est plus démonstrative que toutes les explications. On pourra constater (p. 165, fig. 3) que *D. orientale* croît « dans les lieux ombreux » et possède des feuilles cordiformes comparables à celles du cyclamen, comme Théophraste le dit du σκορπίος. L'aspect étrange du rhizome annelé qui constitue, avec de longues racines blanches et noueuses comme celles du chiendent, les parties souterraines de *Doronicum pardalianches*, apparaît bien dans les figures 2, p. 164, et 3, p. 153. L'identité de la plante « scorpion » et la ressemblance de son rhizome avec l'animal homonyme ne font aucun doute. Quant à la mort et à la résurrection du scorpion rapportées dès le début de la notice, c'est au moins un bon exemple des extrapolations imaginatives qui abolissent la frontière entre le réel et le merveilleux.

9. La toxicité du doronic pour les animaux, en particulier pour les femelles, est également affirmée dans la notice ἀκόνιτον de Dioscoride, IV, 76, qui donne une série de synonymes évocateurs : outre θηλυφόνον, comme dans notre texte, παρδαλιαγχές « étouffe-panthère », κυνοκτόνον « tue-chien », μυοκτόνον « tue-rat ». L'explication en est donnée après la description de la racine « semblable à la queue d'un scorpion, luisante comme de l'albâtre » : « elle tue les panthères, les sangliers, les loups et n'importe quelle bête sauvage, si

on la leur donne à manger dans de petits morceaux de viande ». Dioscoride ne dépend pas sur ce point de Théophraste, puisque l'un énumère des bêtes sauvages, l'autre des animaux domestiques, ce qui justifie la différence des procédés d'empoisonnement. Ce n'est peut-être pas sans raison que Théophraste note la sensibilité des femelles à la substance toxique mise en contact avec leur sexe. Les muqueuses des organes génitaux sont spécialement perméables et permettent une diffusion rapide du poison dans tout le corps. J.-M. Pelt (*op. cit.* [n. 18 à IX, 11, 6], p. 214-215) commente en ces termes l'image classique de la sorcière à califourchon sur un balai : « Enduit sur le manche d'un balai, l'onguent préparé avec ces plantes [en majorité des Solanacées à alcaloïdes] pénétrait le flux circulatoire par le contact de la vulve avec le balai que chevauchait la sorcière : symbolisme sexuel et magie se mêlaient dans cette pratique courante, notamment en Suède, au Moyen Age ». Reste à savoir, indépendamment du mode d'administration, si les doronics sont réellement toxiques. « Dès qu'ils apparaissent dans les textes botaniques, remarque P. Fournier (*Plantes médicinales*, II, 87), les Doronics jouent le rôle de pomme de discorde. » Comme Dioscoride, avec d'autres sans doute, fait de θηλυφόνον un synonyme d'ἀκόνιτον (IV, 76) et décrit dans la notice suivante (IV, 77 ἀκόνιτον ἕτερον, ὃ ἔνιοι λυκοκτόνον καλοῦσι) le véritable aconit tue-loup, *Aconitum vulparia* Reichb., qu'il avait connu en Italie, on a pu penser que les anciens s'étaient embrouillés dans leurs ἀκόνιτον et avaient attribué indûment la toxicité des *Aconitum* à des *Doronicum* tout à fait inoffensifs. Au XVIᵉ siècle, le commentateur italien de Dioscoride, P.A. Matthioli, décida de tirer l'affaire au clair. Les illustrations de son ouvrage (*Petri Andreae Matthioli Senensis medici Commentarii in sex libros Pedacii Dioscoridis Anazarbei de Materia medica*, Venetiis, 1565) légendées (p. 1080) « Aconitum pardalianches Diosc. » et (p. 1082) « Aconitum pardalianches Theophr. » donnent l'assurance, malgré les incertitudes nomenclaturales, qu'il s'agit bien de *Doronicum*. Ayant appris de son correspondant Cortusi qu'un chien à qui il avait fait manger des rhizomes de doronic en était mort, Matthioli renouvela l'expérience. En voici le récit dans la traduction d'Antoine du Pinet (Lyon, 1680, p. 406 a 30-44) : « D'abord je trouvois cecy étrange, & mêmes ne le me pouvois aisément persuader, jusques à ce que j'en fis moy-même l'essay sur un chien que j'avois, auquel ayant donné à manger quatre dragmes de commun *Doronicum* parmy de chair crue, il mourut sept heures aprez. Mais ce qui m'étonna le plus fut que tout ce tems de sept heures le chien fut allegre & deliberé, ne donnant aucune marque d'accident qui luy fut advenu (…). Or peu aprez, lors qu'on n'y pensoit plus, le pauvre chien se laissant tomber à terre, comme s'il eût été pris du mal caduc, quasi tout pâmé & retiré, en écumant de la gorge, mourut ». Fournier, qui se réfère aussi (II, 87) au récit de Matthioli, laisse la question pendante : « Pour nos contemporains, les Doronics ne comptent plus dans la matière médicale et la plupart des phytothérapeutes ne les mentionnent même plus. (...) Les analyses complètes font défaut et, d'autre part, les faits relatés par Cortusi et Matthiole restent inexpliqués ».

10. Réserve très sage qui lave Théophraste du soupçon de naïveté. L'« histoire des scorpions » (animal et plante, d'où la préférence donnée dans notre texte au pluriel τῶν σκορπίων) lui a paru, avec raison, intéressante, sinon au niveau des faits, du moins pour ce que nous appellerions aujourd'hui l'histoire des mentalités.

11. Après cette phrase et jusqu'à la fin du chapitre, texte et traduction sont « omis » dans l'édition Hort, sans motif déclaré mais pour des raisons évidentes de bienséance. Ce parti pris a été jugé sévèrement par la communauté scientifique, d'autant plus que l'*Index of plants* renvoie au texte manquant. Sous le titre *The missing passage in Hort's translation of Theophrastus*, in *Bull. N.Y. Acad. Med.* 49-2, 1973, p. 127-129, le pharmacologue Ch.L. Gemmill a proposé comme palliatif une traduction anglaise du texte de Wimmer (1866), élaborée avec l'aide de collègues antiquisants. Désireux de savoir dans quel contexte apparaît le phytonyme ὄρχις, dont c'est ici la plus ancienne occurrence, l'auteur de cet article a découvert la lacune de l'éd. Hort et n'a pu que se rallier à l'opinion de G. Sarton (*A History of Science*, Cambridge, Harvard University Press, 1959, t. I, p. 555, note infrapaginale) : « Such prudishness in a scientific book is truly shocking ».

12. Le souci de définir exactement le sens d'une notion abstraite ou de préciser celui d'une formule générale, peut-être hérité de la dialectique platonicienne (cf. Notice, p. XXVIII), se manifeste maintes fois chez Théophraste. Ainsi en particulier dans l'exposé méthodologique du livre I : I, 1, 7 « Que la disposition ne soit pas pareille constitue une différence. Je veux dire par exemple que... » (Λέγω δὲ οἷον τὸ...) ; I, 1, 9 « La racine est ce par quoi la plante amène à elle sa nourriture, la tige ce vers quoi celle-ci est apportée. J'appelle tige... » (Καυλὸν δὲ λέγω...) ; I, 1, 12 « Chacune des parties citées est 'non homéomère'. Je veux dire qu'elle est homéomère en ce sens que... » (Λέγω δὲ ὁμοιομερὲς ὅτι...) ; etc. La présence ici de la même tournure explicative (Λέγω δὲ σωματικῶν « j'entends par 'fonctions physiques' ») montre que Théophraste avait dès l'époque du *Περὶ δυνάμεως ῥιζῶν* cette préoccupation didactique, dont témoigne aussi l'ordre progressif des faits exposés dans les chapitres 18 et 19 : action de certains végétaux sur des corps non animés — sur des animaux — sur les fonctions physiques de l'homme — sur son psychisme.

13. Les orchidées du genre *Orchis* et de plusieurs genres voisins (*Aceras, Barlia*, etc.) possèdent des organes de réserves nutritives formant deux tubercules jumeaux dont l'aspect a évoqué de toute antiquité celui des testicules humains. Cette ressemblance de forme a suggéré une analogie de fonction ; d'où la réputation d'aphrodisiaque faite

aux tubercules d'orchidées, alors qu'ils sont reconnus à l'analyse riches en mucilage et en amidon, mais totalement dépourvus de principes excitants. A la fin de la floraison, le tubercule qui a nourri la plante pendant son cycle végétatif est vidé de ses réserves, ridé et flétri ; celui qui prendra son relais l'année suivante est au contraire lisse, ferme, plein de dynamisme vital (photographies dans nos *Études*, p. 151, fig. 2, et p. 283, fig. 1). En application du principe de la magie sympathique, celui-ci a été supposé apte à stimuler l'activité génésique de l'homme, l'autre à l'inhiber. Croyance populaire, certes, mais rapportée sans critique, dans ses nombreuses variantes, par les médecins de l'antiquité (cf. Ducourthial, *Flore magique*, p. 225-226, pour les citations de Dioscoride, Pline et Galien) et encore vivace dans les sociétés traditionnelles (Bellakhdar, *Pharmacopée marocaine*, p. 407 : « Les tubercules de l'année (*ḥayy* 'tubercules vivants') sont utilisés pour lever les sortilèges qui visent à rendre un homme impuissant ; les tubercules flétris (*miyyet* 'tubercules morts') sont employés pour obtenir le résultat contraire ». — L'insistance sur le fait que ces organes forment une paire justifie le double emploi du duel δυοῖν ... ὄντοιν. On peut cependant préférer la leçon δυοῖν ... ὄντων, en considérant le duel du participe comme un hyperatticisme de scribe lettré.

14. Ces caractères très généraux ne permettent pas d'identifier la plante même au niveau du genre. Ce sont en fait toutes les orchidées à deux tubercules ovoïdes, surtout mais non exclusivement des *Orchis*, que Théophraste désigne collectivement sous le nom d' ὄρχις. Quoique la forme et les dimensions de leurs feuilles varient suivant les espèces, la comparaison avec la feuille de la scille « en plus lisse (forte nervure médiane chez la scille) et en plus petit » reste acceptable. — Le nom de la plante dont la tige sert de terme de comparaison à celle de l'orchis est méconnaissable dans le texte transmis : ἀπίῳ ἀπύρῳ ἤτοι (ou ἢ τῇ) ἀκάνθῃ. Du premier au dernier, les traducteurs se sont résignés à en reproduire l'incohérence : « caulem simillimum spinae, quam pirum vocant » (Gaza) ; « caulem simillimum malo apyro vel spinae » (Wimmer, 1866) (la traduction anglaise mentionnée plus haut [n. 11] suit par principe Wimmer : « the stalk resembles that of a pear or thorn »). Un examen attentif du texte et des faits permet cependant de ne pas faire de ce groupe de mots un *locus desperatus*. Trois remarques s'imposent. 1) Avec quatre lettres communes sur cinq et six (y compris -ι adscrit), ἀπίῳ et ἀπύρῳ se ressemblent trop pour ne pas être deux lectures fautives d'un original corrompu. Des cas semblables ont été rencontrés ailleurs dans l'*Historia*, mais en général avec l'une des deux formes correcte (III, 18, 1 καὶ οἴσου [καὶ οἴτου]) ou facile à restituer (III, 18, 12 πλαγιόκαρπον Constantinus, à partir de πλαγιο-παλαιόκαρπον codd. Ald.). Comme la tige de l'orchis n'a rien de commun avec « une poire » ou « un poirier », ἀπίῳ est à l'évidence une forme parasite. 2) Par conséquent c'est ἀπύρῳ qui a le plus de

chances de recouvrir la leçon originale. Un grattage dans U a fait disparaître complètement une lettre entre ά- et -π- et réduit -υ- à son quart
supérieur gauche. La solution du problème est donnée par l'observation directe de la plante : les orchis ont tous une rosette basale de
feuilles au centre de laquelle naît la tige surmontée de l'épi floral ;
celui-ci, encore en bouton, a exactement l'aspect d'une « pointe »
d'asperge, bien connue de tous comme légume. C'est donc à un turion
d'asperge (ἀσπαράγῳ) que Théophraste a comparé très judicieusement la jeune tige florale de l'orchis. 3) A une époque où ἀσπαράγῳ
était encore plus ou moins lisible, le terme a été glosé ἤτοι ἀκάνθη
« ou bien plante épineuse » (comme le sont les asperges sauvages de
Grèce ; cf. VI, 1, 3 ; VI, 4, 1 et 2). La glose introduite par ἤτοι (usage
presque constant dans certains lexiques, par ex. le Ps.-Galien publié
dans les *Anecdota atheniensia* d'A. Delatte, t. II [Liège, 1939], p. 385-
393) est passée dans le texte au cours de sa transmission.

15. Cf. *supra*, ἔνιά γε ἀπὸ τοῦ αὐτοῦ ποιεῖν ἄμφω.

16. Ce personnage avait de la notoriété à Athènes dans les années
336-330, puisque le *Contre Ctésiphon* d'Eschine présente en ces
termes (§162) son fils Aristion soupçonné d'avoir ménagé des tractations secrètes entre Alexandre et Démosthène : « Il existe un certain
Aristion de Platées, fils du droguiste Aristophile que sans doute plus
d'un d'entre vous connaît ». Sans revenir sur l'importance de ce recoupement pour l'étude des sources et de la date du *Περὶ δυνάμεως ῥιζῶν*
(cf. Notice, p. XXXIII), il convient de remarquer que si Théophraste a
pu rencontrer Aristophile dont il parle au passé (ἔλεγεν) et apprendre
de sa bouche la curieuse sanction que le droguiste prenait contre le personnel servile de son officine (πρὸς τοὺς παῖδας), la composition de
ses produits reste indéterminée.

17. On a depuis longtemps reconnu la mercuriale dans la plante
nommée φύλλον sans doute à cause de son feuillage abondant. Alors
que l'espèce vivace, *Mercurialis perennis* L., ne se rencontre en Grèce
que dans des hêtraies des montagnes septentrionales, sa congénère
annuelle, *M. annua* L., y est partout présente sur les terrains vagues et
comme mauvaise herbe des cultures (*Consp. flor. gr.* III, 92). Théophraste n'a dû connaître que la seconde. Presque toujours dioïque, *M.
annua* comprend des pieds mâles qui portent des épis de petites fleurs
jaunes, et des pieds femelles dont on remarque surtout les fruits bilobés qui ont suggéré la même image sexuelle que les tubercules
jumeaux des orchis. Mais en ce qui concerne la mercuriale, les anciens
ont été induits en erreur par leur vision anthropocentrique du monde
végétal (cf. n. 1 à VIII, 4, 1). En effet le véritable fruit, bien décrit dans
notre texte (« divisé en deux, comme des testicules humains »), leur
a paru doté d'un caractère mâle, donc, en vertu d'un principe de
similarité, « géniteur de garçons ». Restait à trouver l'équivalent
« femelle » sur des pieds en réalité mâles et par conséquent non fruc-

tifères : ce sont les glomérules de fleurs staminées comparées au
« corps mousseux de l'olivier, en plus jaune » (sur ce que Théophraste
entend par βρύον, voir n. 3 à I, 1, 2) qui ont été pris pour de petits
fruits, tout juste bons à faire engendrer des filles. Quant à l'efficacité
du procédé, on comprend la prudence de Dioscoride (III, 125, s.v. φύλλον) : « on dit que la 'génitrice de garçons', en potion, détermine des
naissances masculines, la 'génitrice de filles', des naissances féminines. Cratévas donne des renseignements à ce sujet. Pour ma part, je
crois devoir rapporter de tels on-dit jusqu'à ce que je sois renseigné ».

18. Le lierre blanc (*Hedera helix* L. subsp. *poetarum*), ainsi nommé
d'après ses fruits jaunes, est décrit avec le lierre commun en III, 18, 6-
10. L'effet que lui attribue ici Théophraste semble n'être signalé par
aucun autre auteur. Est-ce une croyance dérivée par analogie de l'idée
que le lierre « en extrayant et absorbant la sève, provoque l'assèche-
ment <de l'arbre> » (III, 18, 10) ? Mais cela n'expliquerait pas le
choix du lierre « blanc », dont la raison nous échappe. Les faits sont
d'autant plus confus qu'inversement Hippocrate (*Mal. fem. I*, 22 =
VIII, 62, 12-14 Littré) prescrit le lierre pour favoriser la conception :
« Si vous voulez faire concevoir, administrez en boisson sept graines
de lierre, ou des feuilles de lierre, chaque mois, dans du vin vieux, à la
fin des règles ».

19. Le κραταιόγονον de Dioscoride, III, 124, a la même morphologie que celui de Théophraste, avec des effets différents. Pour Dioscoride, et de même pour Pline (XXVII, 62-63), c'est encore une
plante qui détermine le sexe de l'enfant à naître. Aussi André, *Noms
de plantes*, s.v. *crataegonon*, analyse-t-il κραταιόγονον, avec ses
variantes, comme un composé de dépendance (il faudrait alors l'accen-
tuer sur le radical verbal, comme ἀρρενογόνον et θηλυγόνον) signi-
fiant proprement « qui engendre un enfant fort, i.e. un mâle ». Chez
Théophraste, au lierre blanc qui stérilise le sperme s'oppose la plante
« qui donne une semence génitale [sens usuel de γόνος] puissante »
(cf. Diosc. I, 125 καλλίτριχος « qui donne de beaux cheveux »). La
traduction par « herbe aux mâles » rend tant bien que mal l'idée que
le κραταιόγονον accroît la virilité de l'homme. — Quoi qu'en dise G.
Ducourthial (*Flore magique*, p. 526, n. 82), les descriptions de Dioscoride (III, 124) et de Pline (XXVII, 62) suffisent à étayer l'identification
du κραταιόγονον avec la renouée persicaire (*Polygonum persicaria*
L.) attribuée à Sprengel (1822) dans l'*Index plantarum* de Wimmer
1866 et largement admise (Hort, *Index of plants* ; L.S.J. ; Gennadios,
p. 751, s.v. Πολύγονον ; Kavvadas, p. 3218 ; André, *Noms de
plantes*, s.v. *crataegonon*). La figure n° 2420 de *P. persicaria* dans
Bonnier, pl. 533, permet de vérifier les données antiques du point de
vue de la morphologie : la tige ressemble à un chaume de graminée
(dans Pline, *calamis*), très noueux (Diosc. βλαστοὶ γονατώδεις ; Pl.
multorum geniculorum) ; elle porte des feuilles entières, longues et

étroites, effilées, donc voisines pour la forme de celles du blé (Diosc. φύλλα ἔχει ὅμοια τοῖς τοῦ πυροῦ) et des fleurs densément groupées en un épi cylindrique (Pl. *spicae tritici simile*). Les deux auteurs reprennent de Théophraste la comparaison de la graine avec celle du millet, exacte à la fois pour la forme, les dimensions, l'aspect brillant et la couleur, si l'on pense à un millet noir (*Flor. eur.* I, 79 [*P. persicaria*] : « Nut black, glossy »). La persicaire croît dans presque toute l'Europe, avec une préférence, dans les régions méridionales, pour les lieux humides et ombragés (cf. Diosc. ἐν συσκίοις καὶ φραγμώδεσιν ὡς ἐπὶ πολὺ τόποις ; Pl. *in opacis*). La richesse de la plante en tannin explique son astringence (Diosc. ἰσχυρῶς δριμύ), rapportée par Pline au seul fruit (*semine… uehementer aspero gustu*). Nous ignorons d'où lui est venue la réputation d'accroître la virilité : de cette astringence, considérée comme un stimulant de l'appareil génito-urinaire masculin (cf. Bonnier, n° 2420 : la plante « est utilisée contre les maladies de rein »), du symbolisme sexuel lié à la forme de l'épi floral, ou d'une autre cause ?

20. La comparaison du κραταιόγονον avec le « lin des blés » ne se retrouve pas ailleurs, peut-être parce qu'elle n'explique rien si l'on ne voit pas à quoi correspond λίνον πύρινον. L'*Index of plants* de Hort met un point d'interrogation en face de ce lemme, L.S.J. le définit comme « plante inconnue ». La réunion de plusieurs facteurs amène à proposer la renouée des oiseaux, *Polygonum aviculare* L. (Bonnier, pl. 531, n° 2413). En effet, 1) c'est une espèce du même genre que la persicaire, qui possède également des tiges noueuses, couchées à la base, puis redressées ; 2) *P. aviculare* « surabonde partout » (Fournier, *Plantes médicinales*, III, 312), mais avant l'emploi des désherbants chimiques, c'était une mauvaise herbe particulièrement envahissante dans les champs de céréales (cf. Barral – Sagnier, III, 187, s.v. Herbes : « La renouée des oiseaux (…) étale au milieu des chaumes ses tiges traînantes (…). Cette plante échappe souvent à la faux, mais se resème sur le sol qu'elle envahit rapidement » ; 3) le nom de λίνον « lin » lui convient bien, à cause de ses tiges longues et solides qui peuvent servir de lien, comme les fibres du lin ; cf. Bonnier, n° 2413 : « Les glaneurs utilisent quelquefois les tiges pour lier la glane », d'où le nom vulgaire français « lie-glane » indiqué par Bonnier et par Fournier. On rapprochera aussi λινόσπαρτον, nom du genêt d'Espagne ou spartier, à fibres textiles utilisées pour faire des cordages (cf. n. 3 à I, 5, 2), litt. « plante à fils [d'où 'lin'] qui se tressent » ; 4) la persicaire, rare en Grèce (*Consp. flor. gr.* III, 71) parce qu'elle recherche l'humidité, est naturellement comparée à une espèce voisine très commune et supposée connue de tous (*Consp. flor. gr.* III, 74 [*P. aviculare*] : « per totam Graeciam »).

21. Sur le chèvrefeuille, voir n. 17 à IX, 8, 5. La documentation pharmacologique moderne signale seulement, pour l'ensemble du

genre *Lonicera*, les propriétés éméto-cathartiques des fruits, qui ont parfois causé des accidents. Vu la quantité à recueillir (une chénice = un peu plus d'un litre), le traitement décrit n'était pas sans danger.

22. Passant aux contraceptifs féminins, Théophraste se tourne naturellement vers les fougères, qui, étant dépourvues de fleurs et de fruits, constituaient le type même de la plante stérile. L'« herbe à la mule » est unanimement identifiée avec notre doradille, *Ceterach officinarum* DC. (Bonnier, pl. 701, n° 3271). La division régulière de ses frondes en lobes alignés de part et d'autre du rachis permettait une double comparaison : — soit avec la fougère couramment appelée scolopendre (*Scolopendrium officinale* Sm. [cf. L.S.J. avec référence à notre texte] = *Phyllitis scolopendrium* (L.) Newman dans la nomenclature actuelle, ou l'espèce plus méditerranéenne *Scolopendrium hemionitis* Swartz = *Phyllitis sagittata* (DC.) Guinea & Heywood) dont la fronde non divisée porte à la face inférieure de nombreuses paires opposées de sores (Bonnier, pl. 712, n° 3299 et 3300), — soit avec l'animal homonyme, « scolopendre » ou « mille-pattes » ; cf. Diosc. III, 134, s.v. ἄσπληνος « herbe à la rate » : « on l'appelle aussi 'herbe à la mule' (ἡμιόνιον) (…). Elle a des feuilles semblables à l'animal scolopendre (φύλλα … σκολοπένδρῳ τῷ θηρίῳ ὅμοια) ». Nous suivons l'interprétation traditionnelle en traduisant « la feuille ressemble à celle de la scolopendre » (cf. Gemmill [*supra*, n. 11], « The leaf is like hart's tongue » [nom vulgaire anglais de la plante scolopendre]), peut-être à tort si l'on se réfère à Dioscoride, mais nos mss. se partagent entre σκολοπένδρῳ et σκολοπενδρίῳ, alors que le terme zoologique est σκολόπενδρα (pour l'établissement du texte de Dioscoride, voir l'apparat critique de Wellmann). — Faut-il comprendre que l'on mélange à la plante du sabot de mule (τῆς ἡμιόνου) et de sa peau (δέρματος), ou du sabot de mulet (τοῦ ἡ.) et de son sperme (σπέρματος) ? Les deux versions se rencontrent dans les traductions latines : « aliquid ungulae ac seminis muli animalis » (Gaza), « aliquid ungulae et cutis muli » (Wimmer 1866). L'une et l'autre méritent discussion. En effet, bien que ἡμίονος soit généralement féminin, le masculin est attesté depuis l'*Iliade* (P 742 ἡμίονοι … ἀμφιβαλόντες). D'autre part le mulet, dont l'ardeur génésique a été souvent constatée, a un liquide séminal rendu infécond par l'absence de spermatozoïdes ou leur malformation (Barral – Sagnier, III, 854). Il n'est pas impossible que l'on ait recueilli ce liquide en vue d'opérations magiques, comme on le faisait de l'humeur qui suinte du sexe de la jument en chaleur, pour préparer une des drogues appelées hippomane (cf. n. 23 à IX, 15, 6). L'emploi de substances provenant d'un animal stérile *femelle* paraît cependant plus indiqué pour un contraceptif *féminin*. Cf. Bellakhdar, *Pharmacopée marocaine*, p. 593 : « Le sabot de la mule, en raison du caractère stérile de l'animal, joue un grand rôle dans les pratiques magiques : de la râpure de sabot de mule triturée dans un peu de miel

est absorbée comme anticonceptionnel ». Selon le même auteur, la peau de divers animaux a aussi des usages relevant de la magie sympathique (p. 585 : « Des morceaux de peau de lion sont portés comme talisman. Cette peau est réputée donner courage et puissance à celui qui la porte ») ou de la sorcellerie (cf. p. 568 pour la peau de chacal).

23. De là, dans Dioscoride, le nom ἄσπληνος du ceterach (III, 134) et le synonyme σπλήνιον de περικλύμενον « chèvrefeuille » (IV, 14). Cf. Fournier, *Plantes médicinales*, II, 85, s.v. doradille : « le Ceterach est resté, dans l'usage populaire, un remède contre les engorgements et œdèmes de la rate consécutifs aux fièvres intermittentes ».

24. La « fougère femelle » (ἡ θηλυπτερίς) est la même espèce que la « grande fougère » (ἡ πτερὶς ἡ μεγάλη) de IX, 13, 6, c'est-à-dire notre fougère aigle, *Pteridium aquilinum* (L.) Kuhn. Ses noms grecs s'expliquent par une opposition implicite avec notre fougère mâle, *Dryopteris filix-mas* (L.) Schott, nommée simplement πτερίς / πτέρις tant par Dioscoride (IV, 184) que par Théophraste (*H.P.* IX, 20, 5). La distinction entre « mâle » et « femelle » se fonde en ce cas non sur la robustesse de la plante (la « femelle » est la plus haute des deux et la plus difficile à détruire ; cf. VIII, 7, 7 et n. 24), mais sur l'énergie de son action thérapeutique. La drogue antihelmintique par excellence est en effet le rhizome de fougère mâle, particulièrement réputé comme ténifuge (Thphr. IX, 20, 5 : ἕλμινθα πλατεῖαν ἐκβάλλει ; Diosc. IV, 184 : ἕλμιν πλατεῖαν ἐκτινάσσει). Comme Théophraste ici même, Dioscoride (IV, 185) fait de la fougère « femelle » un vermifuge général, employé à la fois contre les vers « plats » (ténias) et les vers « ronds » (oxyures). Seule la fougère mâle a trouvé place dans la pharmacopée moderne (Héraud, *Dict. pl. médicinales*, p. 223-225 ; Fournier, *Plantes médicinales*, II, 164-170 ; etc.) ; la fougère aigle n'en est qu'un succédané frauduleux (Bonnier, n° 3303 ; Fournier, II, 169). Dioscoride rejoint encore Théophraste quand il dit des racines de la θηλυπτερίς : « administrées à des femmes, elles les empêche de concevoir, et si c'est une femme enceinte qui les prend, elle avorte ».

25. En ce qui concerne les « feuilles » (plus exactement les frondes), Dioscoride (IV, 185) marque bien la différence entre la θηλυπτερίς (fougère aigle) et la πτέρις (fougère mâle) en disant de la première : « ses feuilles ressemblent à celles de la *ptéris*, mais au lieu d'avoir un rachis unique (οὐ μονόμοσχα), elles se ramifient plusieurs fois ». Parallèlement Théophraste emploie μονόκλωνος, formé sur κλών « rameau » comme μονόμοσχος sur μόσχος qui désigne souvent chez Dioscoride (IV, 15 ; IV, 34 ; etc.) le rachis d'une feuille composée. Les deux auteurs ont en vue la même particularité de la fougère aigle : le long pétiole nu porte à partir d'une certaine hauteur des paires de divisions opposées dont chacune peut être assimilée à une feuille composée ou à un rameau (voir Bonnier, pl. 713, n° 3303). La « feuille » est donc pour Théophraste οὐ μονόκλωνον, de même que

pour Dioscoride οὐ μονόμοσχον. — Même accord au sujet des racines « longues » et « noires », mais Dioscoride précise « jaunâtres à l'intérieur de la partie noire » : c'est sur ce fond bistre que se détache le dessin plus foncé dans lequel on reconnaît, avec un peu d'imagination, l'aigle à deux têtes de notre fougère aigle.

26. Hors de son contexte historique la mention de « l'Indien » comme d'un personnage connu serait incompréhensible. Schneider (III, 826) a bien vu que les auteurs du récit (ἔφασαν) sur lequel se fonde Théophraste sont les compagnons d'Alexandre « qui, à leur retour d'Asie, remplirent la Grèce de merveilles et d'affabulations ». L'importance de cette allusion pour la datation du Περὶ δυνάμεως ῥιζῶν a été exposée dans la Notice, p. XXXV-XXXVI. On sait par Athénée, qui résume Théophraste (18 d), que des prouesses sexuelles telles que celles de l'Indien et de ceux qui avaient expérimenté sa drogue avaient suscité chez les Grecs envie et admiration. « Phylarque rapporte, poursuit Athénée (18 e), que Sandrocottos, le roi des Indes, fit parvenir à Séleucos, avec les cadeaux qu'il lui envoyait, certains spécifiques aphrodisiaques tels que, mis sous les pieds des amants accouplés, ils donnaient aux uns des appétits de coq, ils arrêtaient les autres dans leur élan » (trad. Desrousseaux, C.U.F., 1956). L'envoi par Chandragupta d'aphrodisiaques indiens à Séleucos Iᵉʳ eut lieu du vivant de Théophraste, approximativement entre 305 et 297. Comme le laisse entendre le rapprochement des deux citations dans Athénée, ce cadeau diplomatique se justifie par la réputation dont jouissaient de tels produits depuis l'expédition d'Alexandre. Quelques décennies après l'ambassade maurya à la cour séleucide, la diffusion de plantes médicinales indiennes dans les royaumes hellénistiques est attestée par l'Édit II d'Asoka : « Partout dans l'empire du roi ami des dieux au regard amical, et même aussi chez les limitrophes, comme (...) Antiochus le roi grec et les rois qui sont les voisins de cet Antiochus, partout le roi ami des dieux au regard amical a institué les deux secours médicaux, secours pour les hommes, secours pour les bêtes. Les plantes utiles aux hommes et celles utiles aux bêtes, là où elles manquent, ont été partout envoyées et plantées » (d'après J. Bloch, *Les inscriptions d'Asoka*, Paris (Les Belles Lettres), 1950 ; document aimablement communiqué par P. Bernard).

27. Toujours prompt à se poser en défenseur de la vertu et de la vérité, Pline (XXVI, 99) s'indigne que Théophraste ait pu accueillir pareilles fariboles : « Ce que rapporte, à ce sujet, Théophraste, auteur si sérieux d'ailleurs (*auctor alioqui gravis*), est véritablement prodigieux : un homme aurait pu, grâce au contact d'une plante dont il n'a indiqué d'ailleurs ni le nom, ni l'espèce, se livrer soixante-dix fois <de suite> au coït » (trad. Ernout – Pépin, C.U.F., 1957). Comme le remarquent les éditeurs (n. 3 *ad loc.*), Pline omet de signaler les doutes de Théophraste (εἴπερ ἀληθής) sur les effets « prodigieux » de cette

drogue. Nous avons rencontré des réserves semblables en IX, 15, 2 (εἴπερ ἀληθῆ λέγουσιν) au sujet des plantes de l'Inde qui auraient le pouvoir, l'une de disperser le sang, l'autre de l'attirer ; en IX, 17, 4, où il s'agit de moutons nourris d'absinthe qui seraient dépourvus de fiel (ταῦτα … ἑτέρας ἄν τινος εἴη θεωρίας « ce serait le sujet d'une autre étude »). Il serait absolument faux de voir en Théophraste un collectionneur de *mirabilia* doublé d'un amateur d'histoires grivoises. Par scrupule scientifique, il rapporte *tout* ce qu'il sait sur un sujet, non sans préciser qu'il ne le donne pas et ne le tient pas lui-même pour incontestablement authentique.

28. Le choix entre les leçons χυμοῖς et χυλοῖς est difficile dans un contexte où les sens usuels de ces termes, « saveur » pour le premier, « suc » et « goût » pour le second (cf. n. 1 à IX, 13, 1) ne conviennent manifestement pas. Schneider écrit ἐν τοῖς τροφίμοις [χυλοῖς], en faisant observer (III, 826) que χυλοῖς est « un ajout stupide » à ἐν ξηροῖς καὶ ἐν ὑγροῖς. Wimmer retient χυμοῖς, sans en rendre vraiment compte dans sa traduction empruntée à Gaza : « in alimentis ipsis tam siccis quam humidis ». La préférence donnée à χυμοῖς paraît judicieuse, sans qu'on puisse la justifier par des arguments décisifs. Au sens physiologique du terme, attesté dans Galien, le χυμός nourricier correspond à peu près au « chyme », produit de la digestion des aliments solides et liquides. Les τρόφιμοι χυμοί de notre texte seraient, dans le même ordre d'idées, les substances alimentaires de toute nature destinées à être assimilées globalement par l'organisme. Quand Théophraste s'efforce d'expliquer les effets de l'eau de Pyrrha (*C.P.* II, 6, 4 ; cf. note suivante), il emploie χυλός, parce qu'il s'agit seulement d'un liquide qui peut-être « renferme quelque substance délétère » (χυλόν τινα ἔχει κακοποιόν).

29. Les sources fécondantes, comme celle de Thespies, appartiennent à tous les folklores. Plus rarement l'eau de boisson est tenue pour responsable de la stérilité féminine. Théophraste s'est naturellement intéressé au cas de Pyrrha parce qu'il connaissait cette bourgade de Lesbos (cf. II, 2, 6) et avait dû apprendre l'opinion des médecins pendant son séjour à Mytilène (cf. Notice, p. XXXI-XXXII). — La discussion dans *C.P.* II, 6, 4 des causes auxquelles pouvaient être attribuées les propriétés de l'eau de Pyrrha commence par cette phrase : θαυμασιώτερον δ' ἂν δόξειεν εἴ τι γλυκὺ καὶ πότιμον ἢ ὅλως ἄτροφον, ἢ μὴ τελεσφόρον ἐστίν, ὥσπερ ἐπὶ τῷ περὶ τὴν Πυρραίαν (ὃ καὶ ἐν ταῖς ἱστορίαις εἴρηται) (texte de l'éd. Einarson – Link, Loeb, 1976) « plus [que la valeur nutritive d'une eau impure pour les plantes] on peut trouver étonnant qu'une eau douce et bonne à boire ou bien n'ait aucune valeur nutritive, ou bien ne permette pas un développement complet, comme c'est le cas pour celle de la région de Pyrrha (ce qui précisément est déjà dit dans les *Recherches*) ». Le passage visé par cette référence ne peut être que notre texte. Or celui-ci appartient à

l'un des deux opuscules unanimement reconnus étrangers à l'ensemble des livres I-VIII de l'*Historia*, auquel ils ont été rattachés après la mort de l'auteur. Plusieurs observations montrent que la contradiction n'est qu'apparente. On remarquera d'abord que la référence de *C.P.* II, 6, 4 a un libellé exceptionnel : hormis la formule développée de *C.P.* I, 5, 3, ὅπερ καὶ ἐν ταῖς ἱστορίαις ἐλέχθη περί τε τῆς ἰτέας καὶ τῆς πτελέας (~ *H.P.* III, 1, 2), tous les autres renvois explicites de *C.P.* à *H.P.* sont du type καθάπερ / ὥσπερ ἐν ταῖς ἱστορίαις εἴρηται / εἴπομεν ; en outre, tous concernent les livres I-VIII de l'*Historia* (ainsi *C.P.* I, 1, 2 ; I, 9, 1 ; II, 3, 3 ; III, 6, 7 ; IV, 9, 5 ; VI, 8, 7 rappellent respectivement *H.P.* III, 1, 2-3 ; II, 2, 4-6 ; IV, 4, 1 ; III, 2, 5 ; VIII, 4, 5 ; IV, 2, 9). D'autre part, les passages de *C.P.* qui reprennent sur le fond et parfois même à la lettre ce qui est dit dans l'actuel livre IX de l'*Historia* ne contiennent aucune référence. Il en est ainsi de *C.P.* VI, 11, 9 ~ *H.P.* IX, 2, 8 (bois gras des pins âgés) ; *C.P.* VI, 11, 15 ~ *H.P.* IX, 1, 3 et 7 (incision de la racine et de la tige du silphium) ; *C.P.* VI, 13, 4 ~ *H.P.* IX, 10, 4 (supériorité de l'hellébore de l'Œta sur celui du Parnasse) ; *C.P.* VI, 18, 1 ~ *H.P.* IX, 7, 1 (roseau et jonc odorants de Syrie) ; avec répétition textuelle, *C.P.* VI, 4, 5 : οἱ γλυκεῖς χυμοὶ … οἱ μὲν ἐκστατικοί, καθάπερ ἡ ὁμοία τῷ σκολύμῳ ῥίζα ~ *H.P.* IX, 13, 4 : (scil. ῥίζαι) τινες τῶν γλυκειῶν αἱ μὲν ἐκστατικαί, καθάπερ ἡ ὁμοία τῷ σκολύμῳ ; *C.P.* VI, 11, 15 : (δάκρυα) ἄοσμα, καθάπερ τὸ κόμμι τὸ τῆς ἀκάνθης τῆς ἐν Αἰγύπτῳ ~ *H.P.* IX, 1, 3 : ἄοσμα, καθάπερ τὸ κόμμι. Le cas de *C.P.* II, 6, 4 est donc unique et d'autant plus suspect que la séquence de deux expressions comparatives (ὥσπερ — τὴν Πυρραίαν et ὃ καὶ — εἴρηται) est d'une grande maladresse. Aussi voyons-nous dans ὃ καὶ ἐν ταῖς ἱστορίαις εἴρηται une addition du « réviseur », désireux d'affirmer l'appartenance à l'*Historia* du livre IX constitué par ses soins ; cf. les faits analogues étudiés dans la Notice, III — A. 1, p. XLI-XLII.

30. Le toponyme altéré dans la tradition directe, peut-être sous l'influence de ἐν Ἡρακλείᾳ en IX, 16, 4, a conservé sa forme correcte dans les citations d'Athénée, 31 e-f, et d'Élien, *Hist. var.* XIII, 6. Ces auteurs se séparent de Théophraste en prêtant au vin d'Héraia des propriétés fécondantes ; de même Pline, XIV, 110. Comme la perte de ἀ-privatif (dans ἀτέκνους / ἀτεκνούσας) est un accident plus banal que son addition, et la stérilité féminine un état plus notable que la fécondité, il est préférable de s'en tenir au texte de nos mss. — Héraia était une localité d'Arcadie occidentale, proche de l'Élide. Voir la carte « Topographie de l'Arcadie antique » de M. Jost, *Sanctuaires et cultes d'Arcadie*, Paris, 1985, qui étudie (p. 430) le culte du dieu de la vigne dans cette cité : « A Héraia, Dionysos Auxitès avait certainement un regard bienveillant sur la croissance des vignobles. Des grappes de raisin lui servent d'attribut sur les monnaies impériales : figuré debout, tantôt nu (…), tantôt vêtu d'une tunique courte, il tient une grappe dans

chaque main [pl. 16, fig. 4]. On sait encore que le vin jouait son rôle dans les soucis des gens d'Héraia : Théophraste rapporte qu' 'il y a à Héraia un vin qui, quand on le boit, fait perdre la raison aux hommes et rend les femmes stériles' ».

31. Au sujet de Kérynia / Kérynéia et de son vignoble, il suffit de citer R. Baladié, *Le Péloponnèse...* (cf. n. 23 à IX, 15, 6), p. 123, n. 21 : « Le site de Kérynéia a été identifié, près de Mamousia, sur un escarpement encadré à l'est et à l'ouest par ces tranchées profondes que sont les gorges du Bouraïkos et du Kérynitis » (voir la carte hors texte du même ouvrage) ; p. 182 : « De nos jours, [l'Achaïe] est par excellence la région viticole du Péloponnèse. La vigne trouve un terrain d'élection dans les graviers, les cailloux roulés, qui forment la plupart de ses terrains instables. Elle ne s'approche guère du littoral, mais dès qu'on pénètre dans les vallées des fleuves côtiers (...), elle occupe toutes les terrasses, tapisse tous les flancs de vallées à perte de vue ». Les dires de Théophraste quant aux effets du vin et des raisins de cette région sont évidemment incontrôlables. Du moins son témoignage apporte-t-il à l'historien de l'économie antique la preuve de l'existence d'un vignoble dans la vallée du Kérynitis dès le IVe siècle *a.C.*

32. Même remarque pour le vin de Trézène. D'après Athénée (31 c), Aristote mentionnait dans la *Constitution* de cette ville deux cépages, l'Anthédonias et l'Hypérias, qui tiraient leur nom des rois mythiques de Trézène. Ce ne sont certainement pas des vins porteurs d'appellations aussi prestigieuses qui condamnaient les consommateurs à la stérilité.

33. Le Thasos était un des grands crus de la Grèce antique, cité dans Athénée (28 d – 29 e) par huit auteurs différents, dont le gastronome Archestrate (29 c), qui le qualifie de « généreux à boire » (Θάσιος πίνειν γενναῖος), et Hermippe le Comique (29 e), qui en vante le parfum fruité. Les vins médicamenteux que Théophraste dit fabriqués par les Thasiens « eux-mêmes » (et non par des droguistes ou des médecins) devaient être au contraire des produits destinés à la consommation locale, préparés suivant des recettes transmises d'une génération à l'autre.

CHAPITRE 19

1. Cf. IX, 11, 6, στρύχνος ὁ μανικός (*Datura stramonium* L.), dont les effets vont jusqu'à l'aliénation mentale et à la mort.

2. La leçon de U* ὀνοθήρα est seule correcte, la variante οἰνο-θήρα résultant de la contamination du phytonyme par ἐν οἴνῳ (le dictionnaire de Bailly donne seulement οἰνοθήρας, avec référence au passage). L'identification de ce végétal au nom « parlant » de « chasseur d'ânes » ou « piège aux ânes » (θηράω signifie indifféremment « poursuivre / capturer à la chasse / comme le ferait un chasseur ») prête depuis longtemps à discussion. On propose soit un épilobe

(Fraas, *Synopsis*, p. 80-81 ; Sprengel et Fraas dans l'*Index plantarum* de Wimmer 1866 ; André, *Lexique* et *Noms de plantes*, s.v. *onagra* et *onothera*), soit le laurier-rose (Hort, *Index of plants* ; L.S.J. ; Bretzl, ci-après). Les partisans de la première interprétation font valoir que le laurier-rose, *Nerium oleander* L., se reconnaît jusqu'au moindre détail morphologique dans Diosc. IV, 81 : νήριον · οἱ δὲ ῥοδόδενδρον, οἱ δὲ ῥοδοδάφνην καλοῦσι, et que par conséquent le même auteur décrit (IV, 117) sous le nom de ὀνάγρα, οἱ δὲ ὀνοθήραν, οἱ δὲ ὀνο<θο>ῦριν, une plante forcément différente. L'argument n'est pas décisif, car il existe chez Dioscoride d'autres doublets (ainsi pour la mercuriale, φύλλον en III, 125, et λινόζωστις en IV, 189) constitués d'après des sources distinctes. Une objection plus sérieuse pourrait porter sur les effets de la plante. Le laurier-rose est violemment cardiotoxique pour l'homme (l'absorption d'une dizaine de feuilles serait mortelle, mais leur amertume suffit à écarter le risque d'un empoisonnement accidentel) et pour la plupart des animaux, en particulier pour les équidés (d'où le nom de « piège aux ânes », maintes fois justifié dans la documentation antique et moderne. Cf. par exemple, Diosc. IV, 81 (νήριον) : « La fleur et les feuilles ont une action délétère sur les chiens, *les ânes*, les mulets et la plupart des quadrupèdes » ; Apulée, *Mét.* IV, 2, anecdote de l'âne Lucius, dépité d'avoir trouvé, au lieu des roses qui doivent lui rendre sa forme humaine, des « roses de laurier, poison mortel pour tout animal qui en mange ». En outre, A. de Gubernatis, *Mythologie des plantes*, Paris, 1882 [réimpr. Milano, 1976], II, 257, cite les noms italiens du laurier-rose, *ammazza cavallo*, « assomme-cheval », *ammazza l'asino* « assomme-l'âne », ainsi que le terme sanscrit *açvaghna* « celui qui tue le cheval », désignant le laurier-rose asiatique, *Nerium indicum* Miller (*N. odorum* Soland.). H. Bretzl, *Botanische Forschungen des Alexanderzuges*, Leipzig, 1903, qui présente (p. 263-266) une étude très complète de la question, donne (p. 255) pour *N. odorum* le nom persan *k(h)erzéhré* « fiel d'âne » ou « poison d'âne »). Le fait que dans notre texte la racine est administrée avec du vin n'atténue en rien sa toxicité : Cazin (*Traité*, p. 572) rapporte le cas d'une femme qui périt en neuf heures dans d'atroces souffrances, après avoir pris du suc des feuilles mêlé de vin. Mais selon le même auteur (p. 573), l'expérience que le botaniste et pharmacologue Loiseleur-Deslongchamps fit sur lui-même, afin de fixer la limite de la tolérance humaine à ce poison, a démontré « que le principe vénéneux du laurier-rose était destructif de l'irritabilité ». Voilà qui confirme parfaitement les dires de Théophraste et rend plausible le fait noté pour l'ὀνάγρα dans Diosc. IV, 117 : « L'infusion de la racine, bue par les animaux sauvages, a le pouvoir de les apprivoiser ». Il va de soi que pour ne pas être délétère, le produit actif doit être soigneusement dosé. A l'opposé, les épilobes « ont en général des propriétés peu prononcées ; les animaux les mangent volontiers » (Barral

– Sagnier, II, 774). On les connaît comme plantes émollientes (elles renferment des mucilages), résolutives et astringentes (Fournier, *Plantes médicinales*, II, 111-112 ; Schauenberg – Paris, *Guide des pl. médicinales*, p. 148-149 ; Couplan – Styner, *Guide des plantes sauvages*, p. 110), mais elles n'ont jamais eu beaucoup d'importance thérapeutique et ne sont en tout cas nullement psychotropes.

3. La comparaison de la feuille du laurier-rose avec celle de l'amandier se retrouve dans Diosc. IV, 81 et 117. Elles se ressemblent en effet pour la forme et les dimensions, mais la première est « plus plane » (πλατυτέρα) que la seconde, un peu pliée en gouttière. Même accord des deux auteurs sur la couleur de la fleur (Thphr. ἄνθος ἐρυθρὸν ὥσπερ ῥόδον ~ Diosc. ἄνθος ῥοδοειδές) et sur l'aspect général de la plante (Thphr. μέγας θάμνος ~ Diosc. IV, 81 : θάμνος, IV, 117 : θάμνος δενδροειδής). Les trois textes indiquent une racine longue, mais de couleur et d'odeur assez différentes : rouge (Thphr.), blanche (Diosc. IV, 117 ; couleur non précisée en IV, 81) ; d'odeur vineuse une fois sèche (Thphr. ; Diosc. IV, 117), d'un goût saumâtre (Diosc. IV, 81) — divergences peut-être assez peu significatives si l'on tient compte des changements de couleur causés par la dessiccation, ainsi que d'une subjectivité bien connue dans l'appréciation des saveurs, des odeurs et même des couleurs. C'est du reste sur la différence d'habitat que J. André met l'accent (*Noms de plantes*, s.v. onothera) pour justifier son refus d'identifier l'ὀνοθήρας de Théophraste avec le νήριον de Dioscoride : le premier « aime les lieux montagneux » (~ Diosc. IV, 117 : φύεται ἐν ὀρεινοῖς τόποις), le second « pousse dans les parcs et au bord de la mer ». Bretzl (*op. cit. supra*) avait par avance réfuté cette objection (p. 266), en citant V. Hehn, *Kulturpflanzen und Haustiere*, 6ᵉ éd., Berlin, 1894, p. 403 (= 8ᵉ éd. augmentée, Berlin, 1911 [réimpr. Darmstadt, 1963], p. 418) : « si le laurier-rose se plaît à orner le lit encaissé des ruisseaux et les ravins caillouteux (…), ce n'est pourtant pas spécifiquement une plante du milieu aquatique et il grimpe aussi sur les montagnes ». Dans la partie méridionale de son aire (cf. Quézel – Médail, *Forêts du bassin méditerranéen*, p. 248, fig. 5. 59), le laurier-rose s'élève même jusqu'à 2000 m dans le Haut-Atlas marocain (M. Rikli, *Das Pflanzenkleid der Mittelmeerländer*, Bern, t. I [1943], fig. 187, fig. 13).

4. Τοῦτο renvoie à ὄζει (scil. τῆς ῥίζης) αὐανθείσης ὥσπερ οἴνου, par-dessus φιλεῖ δὲ ὀρεινὰ χωρία. Le sujet non exprimé de φιλεῖ étant ὁ ὀνοθήρας, le participe ἔχοντος est lui aussi masculin, par accord suivant le voisinage, alors qu'il a été dit seulement de la racine qu'elle exerce sur le psychisme une action comparable à celle du vin. Le sujet de ἔχοντος reste donc dans le vague : litt. « un *organe* ayant des propriétés qui ressemblent à celles du vin, il se forme, pour ainsi dire, une sorte de bouquet ». Pour ce sens particulier de προσφορά, litt. « ce qui se porte vers », d'où « émanation »,

« parfum », cf. Athénée, 33 f, au sujet de la vigne sur les bords du Nil : πολλαὶ τῶν οἴνων αἱ ἰδέαι κατά τε τὰ χρώματα καὶ τὴν προσφοράν « il y a de nombreux types de vins, tant pour la robe que pour le bouquet ».

5. Les témoignages d'Hésiode (fr. 349 Merk.– West) et de Musée (fr. 2 B 19 Diels – Kranz = *Vorsokr.* I, 26) que Théophraste invoque ici ne sont connus que par lui. Le premier est considéré comme un des *fragmenta dubia* d'Hésiode, transmis en substance plutôt qu'à la lettre car seule la forme τρισπόλιον (cf. Hésychius : τρισπόλιον · βοτάνη τις) pouvait entrer dans l'hexamètre. La personnalité de Musée était très floue déjà dans l'antiquité. Poète légendaire, originaire soit d'Éleusis, soit de la Thrace comme Orphée, dont il passait pour l'élève, il aurait atteint, selon Suidas / la *Souda*, son *acmè* littéraire « du temps du second Cécrops ». C'est dire que les citations de Musée appartenaient à une tradition culturelle qu'il n'était pas possible de préciser. La reprise dans Pline, XXI, 44 et 145, et XXV, 12, des noms d'Hésiode et de Musée au sujet du *polium* n'ajoute rien à la référence allusive de Théophraste. — Dioscoride (IV, 132) décrit le τριπόλιον comme une espèce de la zone littorale « que la mer baigne et découvre » ; elle a des feuilles assez proches de celles du pastel mais plus épaisses, une tige d'un empan (*c.* 22 cm) ramifiée au sommet. Ces caractères sont réunis dans notre saladelle ou lavande de mer, *Limonium vulgare* Miller (*Statice limonium* L.), comme l'a bien vu P. Fournier (*Bull. Soc. Botanique de France*, 96, 1949, p. 189), à qui se réfère J. André en note à Pline, XXI, 44 (C.U.F., 1969). Ce que Dioscoride dit de la fleur du τριπόλιον est plus embarrassant : « On raconte que sa fleur change de couleur trois fois par jour, qu'elle est blanche le matin, purpurine à midi et violette le soir ». Aucune des identifications avancées jusqu'ici ne peut être retenue. L'*Index plantarum* de Wimmer 1866 donne *Plumbago europaea* L., la dentelaire d'Europe, d'après Sprengel, et *Statice limonium* d'après Fraas (qui a donc largement devancé Fournier). On écartera tout de suite la dentelaire, qui est une plante des coteaux secs. La saladelle a bien des fleurs d'un bleu violacé (voir Bonnier, pl. 505, n° 2322), qu'évoquent ses noms vulgaires « lavande de mer », « immortelle bleue », mais les variations chromatiques de sa corolle sont peu remarquables : violet foncé en bouton, elle s'éclaircit à l'épanouissement et passe en se fanant à un bleu-violet assez terne. Fournier ne l'ignorait pas, puisqu'il propose d'assimiler le τριπόλιον / *polium* des anciens à l'ensemble du genre *Limonium*, qui comprend, outre *L. vulgare*, des espèces à fleurs blanches ou rosées. Il faudrait alors se rallier à l'opinion de J. André, *Noms de plantes*, s.v. *tripolium* : « l'explication de Diosc., selon qui la fleur changerait trois fois par jour de couleur, n'est qu'une étymologie populaire, qui ne correspond pas à la réalité ». Conclusion un peu rapide, qui ne dispense pas d'examiner les autres suggestions. L'*Index*

of plants de Hort présente prudemment « τριπόλιον (?) *Aster Tripolium* », équivalence reprise sans le point d'interrogation dans L.S.J. Malgré son nom linnéen, cette espèce ne convient pas non plus, car les fleurs varient du blanc à peine lilacé au violet clair d'un pied à l'autre, mais non sur la même plante. Autre hypothèse dans Gennadios, p. 851, s.v. Στακτική : Σ. ἡ κολπώδης (*S. sinuatum*) (...) πιθανῶς τὸ τοῦ Θεοφρ. καὶ Διοσκρ. Τριπόλιον. Il s'agit de *Statice sinuata* L. (auj. *Limonium sinuatum* (L.) Miller), le statice des fleuristes, très utilisé pour la composition de bouquets secs, car ses calices semblables à du papier crépon d'un beau violet conservent longtemps leur couleur. La corolle elle-même est petite, blanche ou jaunâtre, peu remarquable (voir Polunin – Huxley, *Fleurs du bassin méditerranéen*, photographie en couleur n° 132). Malgré l'indication de *Flor. eur.* III, 40 : « *L. sinuatum* (L.) Miller : Corolla yellowish or pink, purple when dry », nous n'avons pas remarqué ce changement de couleur sur les plantes observées en Grèce. D'autre part, *L. sinuatum* est très commun sur les côtes de l'Attique et ailleurs en Grèce continentale et insulaire (*Consp. flor. gr.* III, 16). Qui aurait osé lui attribuer les pouvoirs magiques du τριπόλιον et pourquoi entourer son arrachage d'un tel cérémonial, alors qu'il était à la portée de tous en plein jour ? Le τριπόλιον censé favoriser toute affaire *importante* est plus vraisemblablement une rareté, à laquelle il était facile de prêter des vertus exceptionnelles. Or à proximité immédiate du genre *Limonium* L. se trouve le genre *Limoniastrum* Moench, représenté en Europe méditerranéenne par une seule espèce, *L. monopetalum* (L.) Boiss. Bien que ce sous-arbrisseau glauque à tiges rameuses et densément feuillées (Bonnier, pl. 508, n° 2335) diffère des *Limonium* du type de *L. vulgare* par son aspect général, il cohabite avec eux, de sorte que la réunion de leurs caractères dans le τριπόλιον de Dioscoride est tout à fait plausible. Le passage des fleurs de *Limoniastrum* du rose pâle au violet est signalée à la fois par S. Pignatti in *Flor. eur.* III, 51 : « Corolla (...) pink, violet when dry », et dans G. Sfikas, *Die wilden Blumen Kretas*, Athen (Efstathiadis), 1998, p. 186 : « Rosafarbene Blütenkrone, die violett wird, wenn sie verwelkt ». La plante n'existe en France que sur quelques points du littoral audois, où nous avons pu constater l'exactitude des deux citations précédentes. *L. monopetalum* présente en effet avec une netteté remarquable la triple coloration du τριπόλιον : fleur en bouton rose pâle, corolle épanouie d'un rose soutenu légèrement violacé, fleur fanée d'un bleu-violet foncé. C'est un phénomène naturel dû à l'instabilité des anthocyanes, assez spectaculaire cependant pour donner à la plante une étrangeté favorable à son usage magique. Son extrême rareté contribuait aussi à la valoriser. Aujourd'hui absente de Grèce (*Flor. eur.* III, 51), elle a été récoltée à la fin du XIXᵉ siècle par Th. von Heldreich sur l'îlot de Gaïdaronisi, proche de l'Attique (*Consp. flor. gr.* III, 23). L'arrachage (Thphr. ὀρύττουσιν αὐτό) a pu amener dès l'antiquité cette espèce par nature peu commune à la limite de l'extinction. Il restait d'ailleurs la ressource de se procurer le τριπόλιον en Crète où *Limoniastrum monopetalum* est encore présent.

6. L'explication du phytonyme ἀντίρρινον se trouve dans un détail donné plus loin : ὁ δὲ καρπὸς ὥσπερ μόσχου ῥῖνας ἔχει. La comparaison du fruit avec un mufle de veau à narines béantes a valu à la plante entière le nom de « ce qui tient lieu de (ἀντί) narines (ῥῖνες) », d'où « ce qui a l'air d'avoir des narines ». Le synonyme ἀνάρρινον dans Diosc. IV, 130 se justifie aussi par la morphologie du fruit : celui-ci « a des narines *en haut* », nécessairement car les graines s'échapperaient par ces orifices ouverts s'ils se trouvaient à la partie inférieure de la capsule. Au contraire, l'unique leçon ἀντίρριζον de nos mss. est une forme bâtarde issue du croisement de ἀντίρρινον et de ῥίζα. Son ancienneté est attestée par la glose d'Hésychius : ἀντίρρινον · ἀντίρριζον, οἱ δὲ βοτάνης εἶδος, et par la scholie à Oribase qui cite nommément Théophraste : ἀντίρρινον (...) · ὁ δὲ Θεόφραστος ἀντίρριζον αὐτὴν καλεῖ ἐν Φυτικοῖς.

7. L'aspect singulier du fruit a fait admettre unanimement l'identification de l'ἀντίρρινον avec *Antirrhinum orontium* L. (auj. *Misopates orontium* (L.) Rafin.). Ses noms vulgaires français « muflier », « tête de singe », « tête de mort » montrent aussi combien ces trous pareils à des narines ou à des orbites vides ont frappé l'imagination populaire. Largement distribuée à travers l'Europe, la plante est commune en Grèce dans les cultures et les lieux arides (*Consp. flor. gr.* II, 419, l'indique aux alentours d'Athènes, sur le Lycabette, à Égine, etc.). Les adeptes de la magie ne risquaient donc pas d'en manquer, à condition de savoir la reconnaître, car hormis les fruits, elle est assez insignifiante : de taille modeste (20–50 cm), elle a une racine peu développée (donc inexistante dans la pharmacopée antique : ῥίζα δὲ οὐχ ὕπεστιν), une tige fine et droite garnie de feuilles étroitement linéaires (c'est le seul point de ressemblance avec le gratteron, *Galium aparine*), à l'aisselle desquelles naissent de petites fleurs roses, le tout formant « une grappe feuillée allongée » (Bonnier, n° 2047 ; le fruit est figuré dans l'illustration correspondante [pl. 442], mais il se distingue assez mal). Dioscoride (IV, 130) ne fournit pas d'indications thérapeutiques pour cette plante, dont il évoque brièvement les usages magiques : « On raconte que c'est un antidote contre les poisons, si on la porte en amulette, et qu'en onction avec de l'huile de lis, elle donne de la séduction ». Comme le pensait déjà Théophraste, ce sont là des croyances sans fondement.

8. A l'inverse de l'ἀντίρρινον / « muflier » que rien, semble-t-il, ne destinait à une réputation aussi prestigieuse, l'ἐλίχρυσος / « immortelle » (en particulier l'immortelle d'Orient ; cf. n. 8 à VI, 8, 1), dont les gros corymbes de bractées scarieuses conservent presque indéfiniment leur brillante couleur jaune et leur éclat métallique, se

prêtait à une association d'idées naturelle avec l'or, symbole de richesse, de prestige et d'immortalité. Aussi le nom de l'or (χρυσός) est-il partout présent à travers ses dérivés et ses composés (τοῦ ἐλιχρύσου ... ἐκ χρυσίου ... ὁ ἐλίχρυσος ... χρυσοειδές) dans la description de l'usage magique de l'immortelle. Tous les détails de ce processus font de l'impétrant l'égal des immortels : la couronne dont on parait les statues de culte (cf. Diosc. IV, 57 : ἐλίχρυσος ἢ χρυσάνθεμον, οἱ δὲ ἀμάραντον, ᾧ καὶ τὰ εἴδωλα στεφανοῦσι ; Pline, XXI, 168, au sujet de ces fleurs « qui brillent comme de l'or et ne se flétrissent jamais » : « aussi en fait-on des couronnes pour les dieux, usage qu'observa très soigneusement le roi d'Égypte Ptolémée »), l'aspersion de parfum comme dans un lieu saint, la fiole d'or « non passé par le feu », donc en or natif et non extrait par fusion d'une gangue d'impuretés. Théophraste dénonce ainsi la mise en scène imaginée par les magiciens pour impressionner les naïfs qu'ils exploitaient sans scrupules.

9. L'identification de l'ἐλίχρυσος / helichrysus de Théophraste, Dioscoride et Pline avec l'immortelle d'Orient, Helichrysum orientale (L.) Gaertner, peut être considérée comme certaine, au moins en ce qui concerne l'usage magique et religieux (cf. André, notes à Pline, XXI, 65-66, 168-169. Ducourthial, Flore magique, p. 511, n. 5 et p. 531, n. 145, signale que W.H.S. Jones, éditeur de Pline dans la collection Loeb, propose sans trancher une immortelle du genre Helichrysum et une tanaisie, Tanacetum annuum L. Cette dernière devrait être écartée définitivement vu son appartenance exclusive, en Europe, à la France méditerranéenne et à la péninsule ibérique ; cf. Flor. eur. IV, 170 ; Bonnier, nº 1449). H. orientale se rencontre rarement dans la nature en Grèce continentale et bien que sa culture soit certainement ancienne, Théophraste en parle encore comme d'une plante sauvage (VI, 8, 1 : τῶν ἀγρίων ὅ τε ἐλίχρυσος καὶ ...). De même que pour le τριπόλιον (supra, n. 5), la difficulté de se la procurer, à moins de l'importer de la Crète et des îles de l'Égée, où elle est plus fréquente, rehaussait son prestige et celui du magicien. — Pour l'usage médical, on a dû recourir aussi à des espèces congénères telles que Helichrysum stoechas (L.) Moench, beaucoup plus communes et moins spectaculaires avec leurs petits corymbes vite désagrégés et ternis. Dioscoride (IV, 57) prescrit l'inflorescence dans du vin comme diurétique et emménagogue, pour dissoudre les caillots de sang, soigner les morsures de serpent, la sciatique et les ruptures, etc. Théophraste s'en tient à l'usage antivenimeux, mais il ajoute le traitement des brûlures (repris seulement dans Pline, XXI, 169). On peut se demander si cette dernière thérapeutique ne relève pas de la magie plutôt que de la médecine. L'application de la plante brûlée (κατακαύσαντες) sur les brûlures (τὰ πυρίκαυστα) illustre en effet le principe de similarité (similia similibus curantur), qui est une des lois de la magie (Ducourthial, p. 182).

La phrase elle-même, par son rythme et par le jeu des répétitions (πυρίκαυστα κατακαύσαντες καὶ μίξαντες μέλιτι) n'est pas sans évoquer les formules incantatoires.

10. Nombreux exemples de cérémonial insolite pour la cueillette des simples en IX, 8, 5-9. Nous avons déjà noté (n. 15 à IX, 10, 4) que Théophraste rapporte sans sévérité les croyances des gens simples et de bonne foi. Il est beaucoup plus critique à l'égard de tous ceux, devins ou magiciens, qui prétendaient comprendre et maîtriser l'irrationnel.

11. Bien que ce paragraphe de conclusion manque dans U M, il est probablement authentique. Racines, fruits et sucs sont mentionnés dans le même ordre que dans le paragraphe d'introduction (IX, 8, fin du §1 : les vertus des plantes « se trouvent la plupart du temps dans les racines mêmes, ainsi que dans les fruits et la sève ») ; ici et là, leurs propriétés sont dites nombreuses et variées. L'appartenance du *Περὶ δυνάμεως ῥιζῶν* aux « œuvres de jeunesse » de l'auteur nous semble ressortir à la fois de cette recherche un peu scolaire de la symétrie et des marques de l'influence exercée sur Théophraste par ses maîtres : une aporie de type platonicien (διαπορήσειεν ἄν τις κοινὸν ἀπόρημα καὶ ἐφ᾽ ἑτέρων ἀπόρων) et la recherche aristotélicienne des causes (πότερον ὅσα τῶν αὐτῶν αἴτια κτλ.).

12. Le texte de l'*Historia* se termine dans l'*Urbinas* 61 avec ce §4 de U*. L'énoncé du problème des causes (πότερον — γίνεσθαι) y précède immédiatement la souscription du traité : Θεοφράστου περὶ φυτῶν ἱστορίας, que suivent le titre et le texte du premier chapitre du *De causis* : περὶ φυτῶν αἰτιῶν ᾱ. Cette disposition suggère que le §4 de U* pourrait être une transition entre l'*Historia* et le *De causis* introduite par le « réviseur » à qui l'on doit l'agencement de l'actuel livre IX. Aucun argument décisif ne permet d'écarter tout à fait cette hypothèse. Mais nous avons vu (note précédente) que IX, 19, 4 répond de façon cohérente à IX, 8, 1. D'autre part, il est bien dans la manière de Théophraste de signaler les questions laissées pendantes (ainsi par ex. III, 3, 8 : « Voilà des questions à examiner de près » ; IV, 12, 10 : « Question à examiner »), qu'il se propose ou non de les traiter ultérieurement (cf. I, 12, 4 : « Mais pour ce qui est de ce phénomène et des autres du même ordre, il faudra tâcher plus tard d'en étudier les causes » ; IX, 17, 4 : « Mais restons-en là, car ce serait le sujet d'une autre étude »). Le §4 de U* montre simplement que l'auteur a conscience de ne pas avoir épuisé le sujet en décrivant les propriétés des « racines » sans s'interroger sur l'origine et le processus de leur activité.

13. Comme de toute évidence le chapitre 20, composé de notes disparates non destinées à la publication, résulte de l'assemblage réalisé par le « réviseur », c'est à celui-ci qu'il faut attribuer la transition entre la fin de IX, 19, 3 (τὰς ἑαυτῶν τέχνας) et le début de IX, 20, 1

qui se succèdent dans U. Mais la remarque sur la question des causes (τοῦτο μὲν οὖν ταύτῃ ἠπορήσθω) n'a de sens que dans le texte de P, qui combine la version de U* (§4) et celle de U (transition constituée par la formule εἰ δέ τινων — ταῦτα ῥητέον + texte du chapitre 20). Elle provient donc d'un remaniement postérieur à celui du « réviseur », dont P est notre seul témoin.

Chapitre 20

1. La notice relative au poivre constitue le principal apport du chapitre 20, car elle fournit la description à la fois la plus ancienne et la plus exacte des deux espèces, le poivre rond (*Piper nigrum* L.) et le poivre long (*P. longum* L.). Les grains de poivre, aujourd'hui uniquement condimentaires, faisaient partie de la pharmacopée grecque au moins dès la fin du Ve siècle. On dénombre dans le corpus hippocratique dix-huit occurrences de πέπερι (« forme perse mais empruntée à skr. *pippalī* avec changement iranien de *l* en *r* », selon J. André et J. Filliozat, *L'Inde vue de Rome*, Paris, 1986, p. 360), mais le poivre y est soit désigné par son seul nom, soit défini au moyen d'une périphrase peu claire, comme dans *Mal. fem. II*, 205 (VIII, 394, 8-9 Littré) : τὸ ἰνδικόν, ὃ καλέουσι οἱ Πέρσαι πέπερι, καὶ ἐν τουτέῳ ἔνι στρογγύλον, ὃ καλέουσι μυρτίδανον « le produit indien que les Perses appellent poivre et qui renferme des grains ronds appelés baies de myrte ». Les grains ronds et noirs comme des baies de myrte ne peuvent être que les fruits de *Piper nigrum* (skr. *marika*), réunis par les commerçants orientaux à ceux de *P. longum* (skr. *pippalī*) sous l'étiquette *peperi*. Cet amalgame est peut-être en partie responsable de l'erreur de Dioscoride (II, 159), qui voit dans trois sortes de poivre, le long, le blanc (en réalité du poivre noir décortiqué) et le noir, le fruit de la même plante aux différents stades de son développement. Théophraste au contraire distingue correctement le fruit de *P. nigrum* et celui de *P. longum*. La première espèce est une liane des forêts tropicales de l'Inde, en particulier du Malabar. Son fruit en grappe (bonnes photographies dans Couplan, *Guide des épices*, p. 136), cueilli avant maturité, se ride et noircit en séchant : c'est le condiment connu de tous ; si on le laisse mûrir, il devient tel que le décrit Théophraste, gros comme une graine d'ers et charnu sous un tégument rougeâtre et lisse. *P. longum* « pousse à l'état sauvage du pied de l'Himalaya au sud de la péninsule indienne » (Couplan, p. 135, également avec photographies de la plante et de ses fruits). Le produit commercial se présente comme un petit cylindre d'un gris noirâtre, formés de grains minuscules (Théophraste les compare justement à des graines de pavot) si serrés autour de l'axe ligneux qu'il est difficile de les séparer. De même que les renseignements concernant le cinnamome (IX, 5), ces informations sur le poivre de l'Inde tropicale n'ont pas été recueillis par l'expédition d'Alexandre. Elles viennent des marchands qui apportaient en Méditerranée, via la Perse, les épices du

Sud-Est asiatique, à l'époque de Théophraste comme depuis fort long-temps sans doute (cf. n. 1 à IX, 5, 1).

2. Selon F. Couplan (*ibid.*, p. 135), « la saveur chaude et piquante du poivre long ressemble à celle du poivre noir, bien qu'elle soit un peu moins forte et possède un goût légèrement sucré ». Nous partagerions plutôt l'opinion de Théophraste (ἰσχυρότερον πολὺ τοῦτο θατέρου), mais c'est affaire d'appréciation. — Du point de vue médical, alors que les Hippocratiques utilisaient le poivre surtout comme antiseptique des voies respiratoires et des organes génitaux féminins, Théophraste en fait uniquement l'antidote spécifique de la ciguë. L'usage d'un produit échauffant pour combattre le refroidissement causé par ce poison (cf. n. 28 à IX, 16, 8) n'a rien que de très normal. Notons toutefois que la thérapeutique applique ici le principe de contrariété de la magie (cf. Ducourthial, *Flore magique*, p. 183).

3. Le « grain de Cnide » est le fruit rouge (cf. III, 16, 1, κόκκος « graine écarlate » du kermès tinctorial) du daphné sain-bois ou garou, *Daphne gnidium* L. L'épithète κνίδιος se justifie non par la géographie botanique (l'espèce est circum-méditerranéenne), mais par l'usage qu'en faisaient les médecins de l'école de Cnide (André, *Noms de plantes*, s.v. *coccum Cnidium*). C'est un évacuant extrêmement énergique, utilisé comme purgatif (Thphr. ~ Diosc. IV, 172), pour drainer l'eau des hydropiques, la bile et le phlegme (Diosc.). On l'administrait avec précaution, soit après l'avoir débarrassé de son péricarpe vésicant (Hpc., *Mal. fem. II*, 205 [cité *supra*, n. 1] prescrit de broyer du poivre et des grains de Cnide décortiqués), soit en l'enrobant de produits susceptibles d'atténuer son âcreté (Thphr. : pain ou graisse ; Diosc. : farine, miel, pulpe d'un grain de raisin).

4. Cf. IX, 15, 5 pour la mention du peucédan en Arcadie, et n. 3 à IX, 14, 1 pour un essai d'identification. Dans des régions moins bien délimitées, il s'agit sans doute d'autres espèces sur lesquelles on ne peut pas mettre un nom, la détermination de nombreuses Ombellifères étant impossible en l'absence d'une description morphologique très précise. — Le peucédan faisait déjà partie de la pharmacopée hippocratique, spécialement comme remède aux complications survenant lors d'un accouchement ; cf. *Nat. fem.* 29 (VII, 346, 1 L.) ; 32 (VII, 350, 5 ; VII, 358, 3). Son usage pour traiter les maladies de la rate se retrouve dans Diosc. III, 78, 3.

5. Cf. IX, 15, 8 et n. 28.

6. Sur la bryone dite « vigne sauvage », voir IX, 14, 1 et n. 4. L'emploi artisanal du fruit pour dépiler les peaux est également signalé dans Diosc. IV, 182, qui donne aussi parmi les nombreuses indications thérapeutiques de la racine l'élimination des taches de rousseur (ἡ ῥίζα … ἔφηλιν ἀποκαθαίρει).

7. Il n'est question de la serpentaire nulle part ailleurs au livre IX. C'est en VII, 12, 2 qu'est reprise l'explication de son nom par la res-

semblance de sa tige avec un serpent. Dioscoride consacre à cette plante étrange une longue notice (II, 166) où est mentionné, entre bien d'autres, l'usage de sa racine dans les affections respiratoires : « la racine, qui est échauffante, soulage l'asthme (…), la toux, le catarrhe, et elle facilite l'expectoration des mucosités ». Alors que d'après Théophraste la graine n'est pas médicinale, Dioscoride note l'emploi du fruit comme abortif et en prescrit le suc contre les otalgies, les polypes du nez et même les carcinomes.

8. Sur la thapsie, les dangers de sa récolte et ses propriétés émétocathartiques, voir IX, 8, 3 et 5 ; IX, 9, 1 ; 5 ; 6, avec les notes.

9. Deux autres indications intéressantes ne sont données qu'ici : l'action anti-ecchymotique et la toxicité pour le bétail. La première doit sa notoriété à Pline, XIII, 126 : « Ce fut Néron qui fit la réputation du thapsia au début de son règne. Au retour de ses équipées nocturnes, il enduisait les meurtrissures de son visage d'un mélange de thapsia, d'encens et de cire, et le lendemain, contre toute attente, il promenait une peau parfaitement nette » (trad. A. Ernout, C.U.F., 1956). D'autre part, la fréquence de *Thapsia garganica* en Attique et le danger mortel que cette plante représente pour le bétail fournissent deux arguments irréfutables contre l'identification maintes fois proposée du silphium de Cyrénaïque (excellent pour les moutons, qui en sont friands ; cf. VI, 3, 1 et 6) et de *T. garganica*. Sur cette erreur regrettablement tenace, voir en dernier lieu notre article *Le silphium. État de la question*, in *J. Savants*, 2004, p. 191-226, en part. p. 210-212.

10. Cf. IX, 13, 6 pour la description de la plante et l'explication de son nom. Un seul point à commenter : l'emploi intransitif de βάλλειν, usuel quand il s'agit d'un cours d'eau qui « se jette » dans la mer ou d'un animal qui « se précipite » vers un but, plus inattendu pour un végétal. La correction par Wimmer de αἰεὶ βάλλει en ἀναβλαστεῖ n'est pas défendable, vu la rareté du terme (hapax d'Empédocle dans L.S.J.) ; le choix du banal ἀναβλαστάνει, proposé par Schneider (III, 839), serait plus heureux. Il est vrai que le polypode, complètement desséché en été, « refait des pousses » dès qu'il pleut, mais ἀναβλαστάνει rappelle d'assez loin αἰεὶ βάλλει. Mieux vaut conserver le texte et comprendre, avec Gaza (*erumpit*), que les nouvelles frondes surgissent brusquement, toujours après les pluies.

11. La plus ancienne mention de l'ébène dans les textes grecs est celle que fait Hérodote (III, 97) des billes de ce bois précieux (φάλαγγας ἐβένου) livrées encore de son temps comme tribut aux Perses par « les Éthiopiens limitrophes de l'Égypte et que Cambyse avait soumis ». Le bois qui portait en Égypte le nom peut-être nubien *hbnj*, emprunté par le grec sous les formes ἔβενος / ἐβένη (*D.E.L.G.* s.v.), a été identifié comme celui de *Dalbergia melanoxylon* Guill. & Perrott., petit arbre des savanes soudanaises et d'autres régions arides ou semi-arides de l'Afrique. Ce bois noir sous un aubier clair, très dur et

d'un grain très fin, a fourni à l'Égypte ancienne le matériau d'innombrables objets de luxe (Lucas – Harris, *op. cit.* [n. 3 à IX, 2, 2], p. 434-436). A l'époque de Théophraste, l'ébène médicinale a pu théoriquement venir soit de l'Éthiopie par l'Égypte, soit du sud de l'Inde, avec le poivre et le cinnamome. Autrement dit, est-ce le produit de *Dalbergia melanoxylon* ou celui de *Diospyros ebenum* (l'espèce indienne de IV, 4, 6 « dont le bois est bon et beau ») ? Dioscoride (II, 98) décrit avec précision les deux et donne sa préférence à la première (ἔβενος κρατίστη ἡ Αἰθιοπική) comme remède à toutes sortes d'affections oculaires (seul usage thérapeutique de ce produit). L'ébène de notre texte est donc l'africaine plutôt que l'asiatique, et de même celle que prescrit l'auteur hippocratique de l'*Appendice* du *Régime dans les maladies aiguës*, 33 (II, 520, 9 L.) pour des yeux larmoyants : « Pilez dans un mortier une drachme d'ébène, neuf oboles de cuivre brûlé… » (ἐβένου δραχμὴν μίην, χαλκοῦ κεκαυμένου ἐννέα ὀβολοὺς ἐπ᾽ ἀκόνης τρίβων…). Dans son *Lexique hippocratique*, s.v. ἀκόνη, Galien rapproche de sa source l'indication fournie ici par Théophraste : « ἀκόνη : c'est ainsi que dans le *Supplément* au traité *Du régime*, il [= Hippocrate] a appelé le mortier (ὠνόμασε τὴν θυίαν) ; Théophraste emploie de même ce mot au livre VIII du *Sur les plantes* » (pour le décompte des livres de l'*Historia* dans Galien, voir la Notice, p. LII, n. 102). Cet emploi de ἀκόνη au lieu de θυία s'explique assez facilement. Ἀκόνη désigne d'ordinaire la pierre à aiguiser (cf. *D.E.L.G.* s.v. ἀκ-), objet dont la forme est à peu près celle du pilon, qui a pu lui emprunter son nom ; le pilon étant fonctionnellement lié au mortier, une nouvelle extension du sens fait que ἐπ᾽ ἀκόνης signifie dans le texte hippocratique « sur un mortier ». Théophraste s'en tient moins hardiment au sens de « pilon », qui s'impose pour le datif instrumental ἀκόνῃ (τριβόμενον).

12. Notice reprise en IX, 13, 3, avec les variantes présentées dans le tableau de la n. 7 *ad loc.*

13. Cf. IX, 1, 3 et n. 26 ; IX, 9, 1 et n. 3.

14. Les propriétés antihelminthiques de certaines fougères sont évoquées en IX, 18, 8 au sujet de la « fougère femelle », notre fougère aigle. La drogue spécifiquement ténifuge est en fait, comme il est dit ici, le rhizome de la fougère mâle, *Dryopteris filix-mas* (L.) Schott, qui a tenu jusqu'à nos jours une place importante dans la pharmacopée (pour les références, voir n. 24 à IX, 18, 8).

15. Plutôt qu'à une prédisposition congénitale, la fréquence du ténia chez certains peuples est due à des traditions alimentaires, notamment à la consommation de viande de porc crue ou peu cuite. Les cysticerques qu'elle devait souvent renfermer (leur aspect était bien connu ; cf. Introduction, p. XXIX-XXX, n. 62, pour la citation d'Androsthène ap. Athénée, 93 b) trouvaient en l'homme l'hôte nécessaire à leur développement sous la forme d'un ténia. Schneider remarquait déjà

(III, 841) au sujet des « Thébains habitués des gymnases » : « Causa videtur in victu Boeotorum quaerenda ». Région rurale par excellence, la Béotie en général avait certainement une hygiène alimentaire très aléatoire. Les populations de l'Attique, plus policées, étaient moins sujettes aux parasitoses. — La liste des peuples infestés ou non par le ténia est en partie reprise dans Pline, XXVII, 145 : « On nous apprend, à propos des vers et des lombrics, que les peuples d'Égypte, d'Arabie, de Syrie, de Cilicie en sont infestés, tandis que la Thrace et la Phrygie les ignorent totalement. Cela est encore moins étonnant que de voir, l'Attique et la Béotie étant limitrophes, les Thébains connaître ces parasites, alors que les Athéniens ne les ont pas » (trad. A. Ernout, C.U.F., 1959). Cette adaptation latine ne nous aide pas à identifier le nom de peuple transmis sous la forme corrompue ματαδίδες. Nous proposons Μακεδόνες, sous toute réserve évidemment.

16. Sur la qualité supérieure des plantes médicinales récoltées en altitude, dans des lieux secs et ombragés où leurs principes actifs ne risquent ni d'être dilués par l'humidité ambiante ni de s'évaporer sous un soleil trop ardent, voir n. 29 à IX, 16, 8.

17. Plusieurs villes nommées Aigai ont existé dans le monde grec antique, dont les plus connues sont Aigai d'Achaïe, sur la côte méridionale du golfe de Corinthe, citée déjà dans l'*Iliade* (Θ 203 ; cf. Pind., *Ném.* V, 68 ; etc.), et l'ancienne capitale de la Macédoine, où Philippe II fut assassiné (Diod. XVI, 92-93). Selon Hirschfeld, s.v. Aigai 1), in *R.E.* I 1 (1893), c. 944, on situe la localité eubéenne homonyme sur le littoral occidental de l'île, soit à l'emplacement de l'actuelle Limni, soit un peu plus au sud, sur un contrefort du mt Kandili où s'élève le monastère de Saint-Nicolas. Cette côte très escarpée reste de nos jours sauvage, comme son arrière-pays couvert de vastes peuplements de pin d'Alep. C'est la forêt méditerranéenne, à la fois aérée, lumineuse et ombreuse (cf. pour le Téléthrion, n. 4 à IV, 5, 2), donc réunissant, aux yeux des droguistes contemporains de Théophraste, les meilleures conditions pour développer les vertus des simples.

ANNEXE 1

Les fragments reproduits ici ont été sélectionnés
d'après les critères suivants : ils sont explicitement attribués à Théophraste ; leur appartenance à l'*Historia* est
indiquée par une référence précise ou se déduit assez
sûrement du contexte dans lequel la citation trouverait sa
place ; ce ne sont pas des *testimonia*, même approxima-
tifs, de la tradition directe. Leur authenticité est plus ou
moins certaine. On sait que l'*Historia* n'est pas un
ouvrage publié sous une forme définitive, mais un cours
maintes fois modifié ; ainsi l'exemplaire qu'Athénée
lisait à la bibliothèque d'Alexandrie a pu être différent
sur plusieurs points de la version fixée par l'édition
d'Andronicos. Il n'est pas moins nécessaire de compter
avec les erreurs et les interprétations personnelles des
citateurs.

Les fragments retenus sont classés suivant l'ordre
d'exposition de leur sujet dans l'*Historia*. Sauf indication
contraire, le texte et une partie de l'apparat critique sont
empruntés à l'édition générale des fragments de Théophraste procurée par W.W. Fortenbaugh, P.M. Huby,
R.W. Sharples et D. Gutas, sous le titre *Theophrastus of
Eresus. Sources for his Life, Writings, Thought and
Influence*, vol. 2, Leiden (Brill), 1992 (FHS & G dans la
concordance avec Wimmer, 1866, en abrégé Wim.).

1. Athénée, 61 e (fr. 399 FHS & G = 168 Wim.) → *H.P.* I, 6, 9.

Θεόφραστος δὲ ἐν τῷ Περὶ φυτῶν ἱστορίας γράφει· ὑπό-
γεια δὲ τὰ τοιαῦτά ἐστι καὶ ἐπίγεια, καθάπερ οὓς
καλοῦσί τινες πέζικας, ἅμα τοῖς μύκησι γινομένους.
Ἄρριζοι γὰρ καὶ αὐτοὶ τυγχάνουσιν. Ὁ δὲ μύκης ἔχει
προσφύσεως ἀρχὴν τὸν καυλὸν εἰς μῆκος, καὶ ἀποτεί-
νουσιν ἀπ' αὐτοῦ ἐρέψεις.

3 πέζικας C E : πέζαις B πέζιας coni. Wim. ‖ 6 ἐρέψεις Desrousseaux ex ἔρεψιν Salm. : ῥίψαι [mendo notato C] C E ῥι
ante lacunam 6 litt. B ῥιψί coni. Wim.

Théophraste écrit dans ses *Recherches sur les plantes* :
« Les végétaux de cette sorte[1] poussent sous terre et sur
la terre, comme ceux que certains appellent *péziques* [2],
qui sont associés aux champignons. Il se trouve en effet
qu'eux-mêmes sont aussi dépourvus de racines. Mais le
champignon a comme amorce d'attache[3] son pied
allongé, à partir duquel s'étalent les éléments du chapeau[4] ».

1. Les champignons en général, que Théophraste divise en espèces
sans stipe (les unes hypogées comme la truffe, les autres épigées
comme la vesse-de-loup) et espèces à stipe, auxquelles il réserve le
nom de μύκητες.
2. Vesses-de-loup ou pézizes (cf. n. 12 à I, 6, 5). Pline, XIX, 38, a
pezicae.
3. Même expression en I, 11, 5 : ἀρχὴν ἔχει τῆς προσφύσεως.
4. La conjecture ἐρέψεις de Desrousseaux (C.U.F., 1956) est plus
heureuse que sa traduction : « il s'y attache des pousses parasites ».
Au sens propre ἔρεψις désigne la « couverture » d'un édifice ; cf. V,
6, 1 : le bois de châtaignier « sert à faire des voliges » (χρῶνται πρὸς
τὴν ἔρεψιν). Il s'agit ici du « chapeau » d'un champignon dont les
éléments constitutifs : lamelles ou pores, chair compacte, cuticule (cf.
pluriel ἐρέψεις ; FHS & G : « roofs » entre guillemets), s'étalent
horizontalement autour du stipe vertical. — Wimmer ne traduit pas
l'étrange ῥιψί de son texte.

2 A. Athénée, 62 a-c (fr. 400 A FHS & G = 167 Wim.)
→ *H.P.* I, 6, 9.

ΥΔΝΑ (...) Λέγει δὲ περὶ αὐτῶν Θεόφραστος· (...) Καὶ ἡ τῶν ἐγγεοτόκων τούτων γένεσις ἅμα καὶ φύσις, οἷον τοῦ τε ὕδνου καὶ τοῦ φυομένου περὶ Κυρήνην ὃ καλοῦσι μίσυ. Δοκεῖ δ᾽ ἡδὺ σφόδρα τοῦτ᾽ εἶναι καὶ τὴν ὀσμὴν ἔχειν κρεώδη, καὶ τὸ ἐν τῇ Θρᾴκῃ δὲ γενόμενον ἴτον. Περὶ δὲ τούτων ἴδιόν τι λέγεται· | φασὶ γάρ, ὅταν ὕδατα μετοπωρινὰ καὶ βρονταὶ γίνωνται σκληραί, τότε γίνεσθαι, καὶ μᾶλλον ὅταν αἱ βρονταί, ὡς ταύτης αἰτιωτέρας οὔσης· οὐ διετίζειν δέ, ἀλλ᾽ ἐπέτειον εἶναι· τὴν δὲ χρείαν καὶ τὴν ἀκμὴν ἔχειν τοῦ ἦρος. Οὐ μὴν ἀλλ᾽ ἔνιοί γε ὡς σπερματικῆς οὔσης τῆς ἀρχῆς ὑπολαμβάνουσιν. Ἐν γοῦν τῷ αἰγιαλῷ τῶν Μιτυληναίων οὔ φασι πρότερον εἶναι πρὶν ἢ γενομένης ἐπομβρίας τὸ σπέρμα κατενεχθῇ ἀπὸ Τιαρῶν· τοῦτο δ᾽ ἐστὶ χωρίον ἐν ᾧ πολλὰ γίνεται. | Γίνεται δὲ ἔν τε τοῖς αἰγιαλοῖς μάλιστα καὶ ὅπου χώρα ὕπαμμος· καὶ γὰρ αἱ Τιάραι τοιαῦται. Φύεται δὲ καὶ περὶ Λάμψακον ἐν τῇ Ἀβαρνίδι καὶ ἐν Ἀλωπεκοννήσῳ κἂν τῇ Ἠλείων.

5 ἴτον C B : ἴστον E οἰτόν coni. Kaibel coll. Hsch. s.u. οὐϊτόν ‖ 10 ἔχειν C : ἔχει E B ‖ 16 Τιάραι Schw. : τι addito compendio quod ως uel ων significat codd. ‖ 17 Ἀβαρνίδι Schn. ad Nic. *Alex.*, p. 208 : ἀκαρ- codd. ‖ 18 ἠλεία superscr. ων B C : ἠλιεάων E.

Truffes (...) Voici ce que dit à leur sujet Théophraste : (...)[1]. « Et la formation de ces organismes à reproduction souterraine est liée à leur puissance génératrice[2], comme dans le cas de la truffe et de l'espèce des environs de Cyrène qu'on appelle *misy* [3]. Il paraît que celle-ci est fort savoureuse et a l'odeur de la viande, de même que l'*iton* qui vient en Thrace[4]. On raconte sur ces végétaux une histoire singulière. C'est, dit-on, après les pluies d'automne et de violents éclats de tonnerre qu'ils se forment, et plutôt après les coups de tonnerre, qui en seraient la principale cause[5] ; ils ne passent pas l'année mais sont annuels ; ils sont utilisables et à point au printemps. Quelques personnes néanmoins supposent qu'ils tirent leur origine d'une semence. On dit en tout cas qu'ils ne se forment pas sur la plage de Mytilène avant qu'une pluie d'orage en ait fait descendre la semence des Tiares (c'est un lieu où il y en a beaucoup)[6]. Ils se forment surtout sur les plages et aux endroits sablonneux : telles sont en effet les Tiares. Il en pousse également aux environs de Lampsaque sur l'Abarnis, dans l'Alopéconnèse et en Élide[7] ».

1. Ici se place un abrégé de I, 6, 9 (*in fine*) : τὸ ὕδνον — εἴ τι ἄλλο ὑπόγειόν ἐστιν, traité comme un *testimonium*.

2. Desrousseaux s'en tient à une traduction littérale dont on ne voit guère le sens : « Et la génération de ces plantes naissant en terre en même temps que leur nature... ». Fortenbaugh *et alii* comprennent : « And the coming-to-be of these things that are created in the earth and their growth are simultaneous », avec cette précision en note : « i.e., they are produced instantaneously at their full size ». Mais s'il fallait entendre que ces plantes ont leurs caractères définitifs dès leur formation, le texte serait plutôt ἡ ... φύσις ἅμα καὶ γένεσις. Dans la phrase de I, 6, 9 concernant les végétaux ἐγγεοτόκα, il est clair que ἡ φύσις désigne « la puissance génératrice » qui leur permet de se former « d'eux-mêmes », comme le dit Athénée dès le début de sa notice ὕδνα : γίνεται ... ταῦτα αὐτόματα ἀπὸ γῆς. A cette explication par la génération spontanée s'oppose l'idée du développement d'une semence (ὡς σπερματικῆς οὔσης τῆς ἀρχῆς) transportée par la pluie.

3. C'est la truffe du désert à chair bistre (*Terfezia leonis* Tul.), le terfez couramment vendu sur les marchés d'Afrique du Nord.

4. Long développement sur la présence de ces truffes en Grèce dans Gennadios (p. 912) qui confirme leur prédilection pour les lieux sablonneux, où elles se forment au voisinage des cistes et des hélianthèmes. Selon le même auteur, elles abondent en Thessalie, mais se trouvent aussi en Attique et au Péloponnèse.

5. Sur le rôle attribué au tonnerre dans la formation des truffes, voir Plutarque, *Propos de table*, IV, 2, 1 (= *Mor.* 664 b).

6. Détails révélateurs de la parfaite connaissance des lieux que Théophraste acquit pendant son séjour à Mytilène, dans les années 345-340.

7. Dans Apollonios de Rhodes, I, 932-933, les Argonautes longent « le rivage sablonneux d'Abarnis », ville et promontoire proches de Lampsaque, sur l'Hellespont. — Alopéconnèse est le nom d'une ville de Chersonèse de Thrace, et de son territoire. — Les zones sablonneuses sont fréquentes en Élide, au voisinage de l'Alphée et sur le littoral.

Du fait que Pline (XIX, 36-37) traduit presque à la lettre le texte de ce fragment, sans toutefois en nommer l'auteur, il ressort que la version développée de *H.P.* I, 6, 9, conservée par Athénée, se trouvait également dans des manuscrits disponibles à Rome au Iᵉʳ siècle *p.C.* L'authenticité de ce fragment et du précédent ne fait aucun doute.

2 B. Apollonios le Paradoxographe, XLVII (fr. 400 B FHS & G).

Τὰ ὕδνα βροντῶν συνεχῶν γινομένων σκληρότερα γίγνεται, καθάπερ Θεόφραστος ἐν τῷ Περὶ φυτῶν εἴρηκεν.

2 τῷ Ideler : τοῖς codd.

Quand les coups de tonnerre se succèdent sans discontinuer, les truffes durcissent[1], comme l'a dit Théophraste dans son <traité> *Des plantes*.

1. Dans l'extrait précédent : φασὶ γάρ, ὅταν ... βρονταὶ γίνωνται σκληραί, τότε γίνεσθαι, Apollonios, ou sa source, a lu par erreur... ὅταν ... βρονταὶ γίνωνται, σκληρὰ τότε γίνεσθαι. En fait, rien dans le contexte n'évoque le durcissement des truffes, tandis que l'expression βρονταὶ σκληραί, litt. « des coups de tonnerre secs », c'est-à-dire « éclatants », s'emploie couramment ; cf. Hdt. VIII, 12 ; σκληρὸν ἐβρόντησε dans Hés., *Théog.* 839 ; etc.

3. Athénée, 82 e-f (fr. 397 FHS & G) → *H.P.* II (?) ; cf. I, 13, 3.

Θεόφραστος ἐν δευτέρῳ Περὶ φυτῶν ἱστορίας λέγων περὶ ὧν ὁ καρπὸς οὐ φανερός, γράφει καὶ τάδε· Ἐπεὶ τῶν γε μειζόνων φανερὰ πάντων ἡ ἀρχή, καθάπερ

ἀμυγδάλης, καρύου, βαλάνου, τῶν ἄλλων ὅσα τοιαῦτα
πλὴν τοῦ περσικοῦ, τούτου δ’ ἥκιστα · | καὶ πάλιν ῥόας,
ἀπίου, μηλέας.

6 μηλέας Schneid. : θηλέας A.

Théophraste, au livre deux des *Recherches sur les
plantes*, parlant des végétaux dont le fruit ne se voit pas
bien[1], écrit encore ceci : « Le fait est que sur les espèces
plus grandes l’amorce <des fruits> est bien visible sur
toutes, comme pour l’amande, la noix, le gland et les
autres fruits de ce genre — sauf la noisette de Byzance[2],
qui, elle, est très peu visible — et encore sur le grenadier,
le poirier, le pommier ».

1. Rien de tel dans le livre II sous sa forme actuelle. Le passage de
l’*Historia* qui traite de la naissance du fruit dans la fleur se trouve à la
fin de I, 13, 3. La position des graines au-dessous de la fleur y est dite
φανερώτατον [cf. ci-dessus, ὁ καρπὸς οὐ φανερός] ἐπὶ τοῦ ῥόδου
διὰ τὸν ὄγκον « très visible sur la rose à cause du renflement » (du
cynorrhodon). Suivent des exemples de plantes herbacées dont les
fleurs subsistent longtemps au-dessus des fruits pendant qu’ils se déve-
loppent. Il est possible que dans une des versions de son cours, Théophraste ait ajouté des exemples pris parmi les arbres, en enchaînant
avec la transition qu’indique Athénée : « Le fait est que sur les
espèces plus grandes... ».
2. L’interprétation de καρύου et celle de πλὴν τοῦ περσικοῦ sont
solidaires. C.B. Gulick, éditeur d’Athénée dans la collection Loeb, traduit (t. I, p. 357) : « walnut [noix]... except the Persian nut », sans
indiquer de quelles espèces il s’agit. Fortenbaugh *et alii* proposent
« hazel-nut [noisette]... except for the walnut ». Il est vrai que les
περσικὰ (κάρυα) s’identifient souvent à nos noix (cf. les mentions de
l’huile de noix dans les citations d’Amyntas ap. Ath. 67 a : κάρυα τὰ
περσικά, ἀφ’ ὧν ποιοῦσι τῷ Βασιλεῖ ἔλαιον πολύ ; de Phylotime,
ibid., 82 f : Φυλότιμος ... τὸ περσικόν φησι ... πιεζόμενον
πλεῖστον ἔλαιον ἀφιέναι ; etc.). Mais dans l’*Historia* la noix est
appelée simplement κάρυον et τὸ περσικὸν κάρυον désigne le fruit
d’un noisetier oriental, le coudrier de Byzance (*Corylus colurna* L.) ;
cf. III, 6, 2 et n. 7 ; III, 14, 4. La particularité la plus spectaculaire de
cette espèce réside dans la cupule qui entoure la noisette. « Dans le cas
du ‘noisetier de Turquie’ [angl. *Turkish-hazel* = *Corylus colurna*], cette
enveloppe foliacée se divise sur ses bords supérieurs en lobes longs,
étroits, chevelus, qui entourent le fruit comme les bras d’un poulpe »

(G. Sfikas, *Trees and shrubs of Greece*, Athens [Efstathiadis], 1978, p. 134 ; p. 135, fig. 4). Que le jeune fruit se distingue mal au fond de sa logette échevelée n'a rien de surprenant.

4. Athénée, 77 e (fr. 393 FHS & G) → *H.P.* II (?) ; cf. I, 14, 1.

Ἐν δὲ τῷ δευτέρῳ Περὶ φυτῶν ὁ Θεόφραστος καὶ τὸν ἐρινεὸν εἶναί φησι δίφορον.

Au livre deux du *Sur les plantes* Théophraste dit que le caprifiguier est lui aussi bifère[1].

1. Dans *H.P.* I, 14, 1 (*in fine*) Théophraste traite des arbres qui portent des fruits « à la fois sur le bois d'un an et sur les jeunes pousses » ; ainsi, dit-il, « les pommiers ou tout autre arbre fruitier, dans les variétés bifères [= à deux récoltes] (τῶν διφόρων) ; et encore le caprifiguier, qui mûrit ses fruits d'arrière-saison tout en portant des figues sur le bois jeune ». Le qualificatif de δίφορος convient donc au caprifiguier, qu'il lui ait été donné dans ce contexte par Théophraste lui-même, ou qu'il résume dans les notes d'Athénée (ou de son abréviateur) la phrase citée ci-dessus.

5. Athénée, 77 f — 78 a (fr. 394 FHS & G) → *H.P.* II (?) ; cf. I, 14, 1.

Ἐν δὲ τῷ δευτέρῳ τῆς Φυτικῆς ἱστορίας ὁ φιλόσοφός φησιν· Ἔστι καὶ ἄλλο γένος συκῆς ἔν τε τῇ Ἑλλάδι καὶ περὶ Κιλικίαν καὶ Κύπρον ὀλονθοφόρον, ὃ τὸ μὲν σῦκον ἔμπροσθε φέρει τοῦ θρίου, τὸν δὲ ὄλονθον ἐξόπισθεν. Ὁ δὲ ὄλονθος ἐκ τοῦ ἔνου βλαστοῦ καὶ οὐκ ἐκ τοῦ νέου. Πρῶτον δὲ τοῦτον τῶν σύκων πέπονά τε καὶ γλυκὺν ἔχει καὶ οὐχ ὥσπερ τὸν παρ' ἡμῖν. Γίνεται δὲ καὶ μείζων οὗτος πολὺ τῶν σύκων· | ἡ δ' ὥρα μετὰ τὴν βλάστησιν οὐ πολύ.

4 θρίου Meineke coll. *C.P.* I, 5, 8 : φυτοῦ A καρποῦ C E ‖ 4-5 ὁ δὲ ὄλονθος Wilamowitz : αἱ δὲ ὅλως codd. ‖ 6 τοῦτον Wilamowitz : τοῦτο codd.

Au livre deux de ses *Recherches botaniques* le philosophe[1] dit : « Il existe aussi en Grèce, ainsi que vers la
Cilicie et Chypre, une autre variété de figuier qui produit
des figues-fleurs[2] <et> porte la figue d'été en avant de la
feuille, la figue-fleur en arrière. La figue-fleur sort du
bois d'un an et non des jeunes pousses[3]. <Ce figuier> a
en elle la première de ses figues, mûre et douce, à la différence de celle de chez nous[4]. La figue-fleur en question
devient aussi beaucoup plus grosse que les figues d'été ;
elle est à point peu de temps après le bourgeonnement ».

1. On lit dans les notes critiques de l'édition Kaibel (Teubner, 1887)
cette déclaration péremptoire : « ὁ φιλόσοφος non est Theophrastus,
sed communis Athenaei et Plinii (16, 113) auctor », reprise à son
compte par Gulick (Loeb, 1927) et considérablement nuancée par Fortenbaugh et ses collaborateurs. Il est vrai que Pline (XVI, 113) signale
la variété de Cilicie, de Chypre et de Grèce sur laquelle, dit-il, *prodi-
tur... ficos sub folio, grossos uero post folium nasci*. Ce seul point commun ne signifie ni que Pline a puisé à la même source qu'Athénée (on
sait que la contamination de toutes les données disponibles lui est familière), ni que « le philosophe » de notre texte n'est pas Théophraste.
On a dans *C.P.* V, 1, 8 la preuve que ce dernier a connu plusieurs sortes
de figuiers domestiques dont l'une produit des figues appelées σῦκα,
les autres ὄλυνθοι, ces dernières immangeables ou comestibles. C'est
de cette race de figuier qu'il s'agit ici. — Comme les deux fragments
précédents, celui-ci est attribué par erreur au livre II de l'*Historia*. Sa
place naturelle serait encore à la fin de I, 14, 1, d'où l'auteur a pu lui-
même l'éliminer, en considérant comme une digression ce développement sur les ὄλυνθοι d'une variété particulière.

2. Le terme d'ὄλυνθος (Thphr.) / ὄλονθος (Ath.) désigne globalement les figues autres que celles de l'arbre domestique qui mûrissent
en août-septembre, c'est-à-dire les figues d'été, savoureuses et nourrissantes. Les ὄλυνθοι sont donc d'une part les figues-galles du caprifiguier, impropres à la consommation ; d'autre part, les figues-fleurs du
tout début de l'été (juin-juillet), de qualité variable, et les figues d'arrière-saison dont la plupart des variétés sont dépourvues (cf. n. 2 à I,
14, 1). Il s'agit ici de la première génération de fruits (πρῶτον ... τοῦτον τῶν σύκων ... ἔχει), qui mûrit environ trois mois après la
feuillaison (ἡ δ' ὥρα μετὰ τὴν βλάστησιν οὐ πολύ).

3. Comme l'explique J. André (n. 2 à Pline, XVI, 113), les figues-
fleurs se forment au point d'attache des feuilles tombées à l'automne
précédent, donc sur le bois d'un an, alors que les figues d'été sont axil-
laires aux nouvelles feuilles.

4. Les figues-fleurs de bonne qualité sont beaucoup plus grosses que les figues d'été, plus aqueuses aussi, donc moins sucrées et moins nourrissantes. La comparaison défavorable aux figuiers de l'Attique (οὐχ ὥσπερ τὸν παρ' ἡμῖν) rappelle que ces fruits de première génération peuvent être détestables, même sur des arbres qui donnent en été des produits excellents.

6. Athénée, 77 a (fr. 392 FHS & G) → *H.P.* II (?)

Θεόφραστος δ' ἐν δευτέρῳ Φυτῶν ἱστορίας συκῶν φησι γένος τοιοῦτόν τι οἶον ἡ [χαρίτιος] Ἀράτειος καλου-μένη.

2 χαρίτιος del. Dindorf.

Au livre deux de ses *Recherches en matière de plantes* Théophraste parle d'une variété de figuier à peu près telle que le figuier dit « d'Aratos »[1].

1. Cette variété inconnue par ailleurs n'est mentionnée nulle part dans l'*Historia*.

7 A. Athénée, 651 a-b (fr. 401 FHS & G) → *H.P.* IV, 10, 7.

[Au sujet du nénuphar blanc dit « grenade » (σίδη)]
... οὗ τὰ μὲν φύλλα τὰ πρόβατα ἐσθίει, τὸν δὲ βλαστὸν αἱ ὕες, ὡς ἱστορεῖ Θεόφραστος ἐν τετάρτῳ Περὶ φυτῶν, | γίνεσθαι λέγων κἂν τῷ Νείλῳ ὁμώνυμόν τι αὐτῇ ἄνευ ῥιζῶν.

... dont les moutons mangent les feuilles et les porcs les jeunes pousses, à ce que rapporte Théophraste au livre quatre du *Sur les plantes*, en disant qu'il y a aussi dans le Nil une plante du même nom dépourvue de racines[1].

1. La dernière partie de la phrase (γίνεσθαι — ἄνευ ῥιζῶν) n'a pas été transmise par la tradition directe. Reproduisant un renseignement

inexact sur le lotus blanc, elle a dû être éliminée par l'auteur quand il a reconnu que cette σίδη égyptienne et le λωτός de IV, 8, 9-11 ne faisaient qu'un. La rédaction fautive aurait subsisté dans des copies de l'*Historia* déjà en circulation.

7 B. Hésychius, s.v. σίδη (σ 594 Schmidt) (référence sans citation dans le fr. 401 FHS & G) → *H.P.* IV, 10, 7.

Θεόφραστος φυτὸν ἕτερον τῆς ῥοιᾶς φησιν εἶναι τὴν σίδην, φύεσθαι δὲ ἐν τῷ Νείλῳ.

Théophraste dit que la *sidè* est une plante différente de la grenade et qu'elle pousse dans le Nil.

8. Gemistus Pletho, Ἐκ τῶν Θεοφράστου Περὶ φυτῶν ἱστορίας, cod. *Marcianus gr.* 406, f° 76ᵛ (fr. inédit) → *H.P.* IV, 11, 13.

Καλάμους τοὺς ἐν τῇ ἰνδικῇ πάμπολύ τι ὑπερβάλλειν τῷ μεγέθει τοὺς ἑλληνικούς, ὥστε καὶ ἓν γόνυ καλάμου τῶν γε ἐκεῖ πρός τε ἄλλα ἄττα ἱκανὴν χρείαν παρέχεσθαι καὶ πλοῖον ἐν τῷ ποταμῷ ποιεῖν.

[Il est dit que] les roseaux de l'Inde ont une taille infiniment plus haute que ceux de Grèce, à tel point même qu'un seul entre-nœud de ce roseau-là permet entre autres usages de fabriquer une embarcation pour naviguer sur le fleuve[1].

---

1. La description détaillée (IV, 11, 13) des bambous observés par les compagnons d'Alexandre « dans la région du fleuve Akésinès » (cf. n. 26 *ad loc.*) attribue à ces « roseaux de l'Inde » une taille et un usage plus conformes à la réalité. La version de Pléthon s'inscrit dans une tradition de monstruosité illustrée par Hérodote (III, 98) et par Ctésias (fr. 45 §14 [Photius] ; fr. 45 c [Tzetzès] Lenfant). En écrivant ἐν γόνυ καλάμου ... πλοῖν ... ποιεῖν, Pléthon reprend les termes mêmes d'Hérodote : καλάμου ... ἓν γόνυ πλοῖον ... ποιέεται. Par

l'intermédiaire de Théophraste ? Il se peut que celui-ci ait rappelé, au moins oralement, la phrase d'Hérodote devenue la référence classique à ce sujet. Si un auditeur zélé en a pris note, elle a pu passer dans une copie de l'*Historia*. Plus vraisemblablement, la contamination des sources vient de Pléthon, dont les extraits sont moins des citations que des interprétations très libres de l'original (cf. B. Einarson, « The Manuscripts of Theophrastus' *Historia plantarum* », *Class. Phil.* 71, 1976, p. 75).

9. Scholie b à Nicandre, *Thér.* 856 (fr. 410 FHS & G)
→ *H.P.* IX, 12, 3.

Τοῦ δὲ φλόμου φησὶ Θεόφραστος δύο εἴδη εἶναι, ἄρρεν καὶ θῆλυ.

Théophraste dit qu'il existe deux sortes de molène, l'espèce « mâle » et l'espèce « femelle »[1].

1. La seule occurrence de φλόμος chez Théophraste se trouve dans *H.P.* IX, 12, 3, où il est dit du pavot cornu (*Glaucium flavum* ; cf. n. 16 *ad loc.*) que sa feuille est « comme celle de la molène noire, mais moins foncée ». La comparaison ne peut viser que des molènes à feuilles gondolées comme celles de ce pavot, ce qui implique une division entre espèces « blanches », à feuilles planes couvertes de poils laineux, et espèces « noires », à feuilles fortement ondulées sur les marges et plus glauques. Quoique la subdivision entre « mâle » et « femelle » ne concerne dans Diosc. IV, 103, que les molènes « blanches », les critères théophrastéens de la distinction entre un végétal « mâle », de forme irrégulière et / ou coloré, et son homologue « femelle », plus clair et plus lisse (cf. pour les sapins, III, 9, 6 ; pour les cistes, VI, 2, 1 ; etc.) permettent de penser que la molène « noire » de IX, 12, 3 a pu être assimilée par Théophraste même, ou par un de ses disciples ou lecteurs, à une espèce « mâle ».

10. Apollonios le Paradoxographe, XVI (fr. 413 n° 109 FHS & G [référence sans citation] = fr. 170 Wim.)
→ *H.P.* IX, 18, 2.

Θεόφραστος δ' ἐν τῇ Περὶ [τῶν] φυτῶν πραγματείᾳ τὴν θαψίαν ῥίζαν, ᾗ οἱ ἰατροὶ χρῶνται, ἐάν τις σὺν κρέασιν

ἐψήσῃ, τὰ πολλὰ ἓν γίγνεσθαι, ὥστε ἐκ τοῦ ἀγγείου
μηκέτι δύνασθαι ἐξαιρεθῆναι.

1 τῶν del. Hercher ‖ 1-2 τὴν τῆς θαψίας ῥίζαν coni. Hercher.

Dans son traité *Des plantes* Théophraste dit de la racine
de thapsie[1], utilisée par les médecins, que si on la fait
cuire avec de la viande, plusieurs morceaux ne font plus
qu'un, de sorte qu'il devient impossible de les extraire du
pot[2].

1. L'attribution à la thapsie de la racine anonyme dans *H.P.* IX, 18,
2 à laquelle est prêté un tel pouvoir ne vient certainement pas de Théophraste. Celui-ci connaît fort bien la thapsie, qu'il décrit avec précision
(IX, 9, 6) et dont il n'ignore ni les usages médicaux (IX, 8, 3 ; IX, 9,
1 et 5 ; IX, 20, 3), ni les dangers qu'elle présente pour l'homme (IX,
8, 5) et pour le bétail (IX, 20, 3). De plus, les propriétés coagulantes
signalées par Apollonios ne se retrouvent, semble-t-il, nulle part dans
la documentation antique et moderne sur la thapsie. Une erreur du
Paradoxographe est donc plus que probable.
2. L'insistance sur l'aspect prodigieux du phénomène achève de
discréditer le témoignage d'Apollonios.

11. Scholie à l'*Odyssée*, κ 510 (fr. 411 A FHS & G) → *H.P.* IX, 18, 5-7.

Φησὶ δὲ Θεόφραστος ἐν Φυτικοῖς τὸν χυλὸν τῆς ἰτέας
πινόμενον ἀφανίζειν τὴν γονὴν τῶν ἀνθρώπων.

Théophraste dit dans la *Botanique* que la sève du saule, si
elle est bue, fait disparaître le liquide séminal de
l'homme[1].

1. La croyance en l'effet stérilisant d'un arbre réputé stérile (cf. III,
1, 3 ; « le poète [de l'*Odyssée*, κ 510] n'a pas tort de l'appeler 'des-
tructeur de ses fruits' ») relève du principe de magie sympathique
illustré en IX, 18, 7 par l'usage comme contraceptif féminin d'un
mélange de *Ceterach* (fougère, donc plante sans fruits) et de sabot de
mule (animal stérile). Théophraste a fort bien pu citer à l'occasion
l'exemple du saule, sans l'avoir inclus dans ses notes rédigées.

ANNEXE 2

Peu après la découverte du *Vaticanus Urbinas gr.* 61,
qui avait échappé à l'attention des premiers éditeurs de
l'*Historia plantarum*, J.G. Schneider a publié en 1821 le
tome V de son édition de 1818, *Theophrasti Eresii quae
supersunt*, t. I-IV. Outre les leçons du nouveau témoin,
collationnées, non sans erreurs, par E. Bekker et J.
Amati, ce volume supplémentaire donne (p. 70), d'après
le relevé de Bekker, le texte d'une scholie latine inscrite
sur six longues lignes serrées dans la marge inférieure du
folio 127ᵛ. Bien que cette note n'apporte rien à la com-
préhension de l'original grec, elle présente un intérêt évident pour la connaissance des plantes avec lesquelles
l'ἀκόνιτον de Théophraste a été successivement identifié, ainsi que pour l'histoire de l'*Urbinas* 61. Depuis sa
publication par Schneider, elle n'a, semble-t-il, été réédi-
tée que dans C. Stornajolo, *Codices Urbinates Graeci
Bibliothecae Vaticanae descripti*, Romae, 1895, p. 67,
avec des erreurs et des négligences qui seront signalées
plus loin. Revu sur microfilm, le texte en est le suivant :

*Aconitum in Creta¹ nascitur in monte quem dicunt
Sancti Johannis iuxta Idam montem. Est enim*

---

1. Stornajolo a lu par erreur *crypta*.

conuallis quaedam saepta undique montibus siluosis et maxime illice[2] copiosa[3]. In eius conuallis fere medio fons purissimus non longe a templo dicti numinis. Mons uero ei templo australis iuxta uerticem habet huiusmodi fruticem. Folia sunt sanguineo uirgulto similia, lignum fere sambuco, radix non multiplex sed longa et tortuosa, utpote quae inter saxa contineatur sine ulla terra, serpitque ut gramen. Florem dicunt habere aureum ; eo tamen quo ego uidi tempore fructum habebat (Augusto mense)[4] in modum parui cucumeris in acutum pergentis[5]. Ipsi patria lingua ἰψυαχή *dicunt ; utuntur autem ad canes occidendas, quae a uineis aliter arceri non possunt[6].*

Traduction proposée :

« L''aconit' vient en Crète sur ce qu'on appelle le mont Saint-Jean, à proximité de l'Ida. Il y a en effet un vallon fermé de tous côtés par des hauteurs boisées et peuplé surtout de chênes verts. Presque au milieu de ce vallon se trouve une source très claire, non loin de la chapelle du saint en question. C'est la hauteur située au sud de ce sanctuaire qui porte, tout

2. Schneider rétablit la forme classique *ilice*, de *ilex, ilicis* « chêne vert ».

3. Entre *copiosa* et *Ipsi*, lacune marquée par trois points de suspension dans Stornajolo.

4. Les mots mis entre parenthèses sont dans le ms. en très petits caractères au-dessus de la ligne.

5. Lecture certaine bien que Schneider indique *in acutum.... tis.*

6. Lecture différente dans Stornajolo :... *occidendos si* a uineis aliter arceri non *possint*. Ces mots inscrits à l'extrême limite de l'espace disponible et presque totalement effacés dès la fin du XIXe siècle (Stornajolo : « ultima verba huius scholii ex margine exciso vix leguntur ») se distinguaient peut-être mieux au début du siècle, car Schneider ne signale pas à leur sujet de difficulté particulière. C'est la teneur même de cette note qui lui pose problème, comme il le reconnaît modestement : « Hanc notitiam alii fortasse explicabunt ».

près du sommet, une plante en touffe pourvue des caractères suivants. Les feuilles sont semblables à celles de la sanguine buissonnante[7], le bois presque semblable à celui du sureau ; la racine n'est pas divisée, mais longue et tortueuse, comme il est normal pour une racine prise entre des rochers, absolument sans terre, et elle rampe comme celle du chiendent. On dit que cette plante a une fleur jaune d'or, mais à l'époque où moi je l'ai vue (au mois d'août) elle avait un fruit en forme de petit concombre qui se prolongerait en pointe. Les indigènes l'appellent dans la langue du pays *ipsyakhè* ; ils l'utilisent pour tuer les chiens qu'on ne peut pas éloigner des vignes par un autre moyen. »

A la simple lecture, plusieurs constatations s'imposent :

1. L'auteur de la scholie comprenait le grec et maîtrisait parfaitement le latin. Sa compétence en botanique ressort des comparaisons utilisées pour décrire l'*aconitum* : feuilles de la sanguine, bois du sureau, fruit tel qu'un petit concombre. Ce n'était pas un savant de cabinet : il s'est rendu lui-même au mont Saint-Jean, a vu la plante de ses propres yeux (*ego uidi*), s'est renseigné sur place à son sujet. Sa note mérite donc un examen attentif.

2. L'*aconitum* du scholiaste n'est pas l'ἀκόνιτον de Théophraste. Leurs caractères morphologiques s'opposent même sur tous les points : les feuilles, découpées comme sur la chicorée (φύλλον κιχοριῶδες) ≠ entières puisqu'elles ressemblent à celles de la sanguine (*folia sanguineo uirgulto similia*) ; la racine, courte et boudinée comme une crevette (ῥίζαν ὁμοίαν καρίδι) ≠ longue et tortueuse, rampant à la manière du chiendent (*radix longa et tortuosa… ut gramen*) ; le fruit, en grappe mais

7. Notre cornouiller sanguin (*Cornus sanguinea* L.), à feuilles entières, largement ovales.

non en épi (ἡ πόα ... παροιμοία τῷ σίτῳ, τὸ δὲ σπέρμα οὐ σταχυηρόν) ≠ semblable à un petit concombre (*fructum in modum parui cucumeris*). Seul trait commun : une toxicité violente exploitée pour des empoisonnements délibérés.

3. Cette toxicité, jointe à la forme particulière des feuilles et du fruit, fait penser à une espèce de la famille des Asclépiadacées.

Il n'aurait pas été possible de pousser plus loin l'enquête sur les *realia* sans la collaboration du botaniste W. Greuter[8], à qui revient tout le mérite d'avoir identifié les lieux et retrouvé la plante *in situ*.

On sait donc désormais que la chapelle Saint-Jean de la scholie se trouve sur le versant méridional de l'Ida, au fond d'un cirque de montagnes boisées de chênes verts ; le vallon, où coulait une source aujourd'hui captée, se resserre vers le sud en un défilé, dit « gorge de Rouva », qui débouche à Ano Zaros. Après quelques recherches infructueuses sur les hauteurs voisines de la chapelle, W. Greuter a découvert à l'entrée du défilé une large touffe de l'Asclépiadacée nommée *Cionura erecta* (L.) Griseb. (= *Cynanchum erectum* L.), en l'état même où le scholiaste avait vu son *aconitum* : étalée sur le rocher, avec des fruits pareils à des cornichons pointus[9]. Cette espèce correspond au moins en partie à l'ἀπόκυνον des anciens (cf. André, *Noms de plantes*, s.v. *apocynum*), dont le nom évoque l'usage que l'on en faisait pour se débarras-

---

8. Directeur des Jardin et Musée botaniques de Berlin-Dahlem, et spécialiste reconnu de la flore crétoise. Les indications données ci-après sont tirées de notre publication commune : S.A. – W.G., *L'aconit du mont Saint-Jean : solution d'une énigme historique de botanique crétoise*, in *Botanika Chronika* (Patras), 16, 2003, p. 5-11. N'ayant pu être relue sur épreuves par aucun des auteurs, cette note présente quelques coquilles fâcheuses (en particulier p. 11, « XVIe siècle » au lieu de « XVe » pour la datation de la scholie).

9. Fig. 2 et 3 de l'article cité ci-dessus.

ser des chiens errants[10]. La scholie de l'*Urbinas* 61 a donc apporté une contribution intéressante à la botanique, en permettant de retrouver une plante rare en Crète centrale, à une altitude (945 m) nettement plus élevée que la limite supérieure connue pour cette espèce dans l'île.

A l'inverse du problème botanique, la question philologique demeure pendante, même si l'on dispose de quelques éléments de réponse. Alors que Stornajolo faisait remonter cette glose au XIVe siècle, il est reconnu aujourd'hui que l'écriture du scholiaste présente les caractères de la cursive humanistique, « création des milieux humanistes de Florence et plus particulièrement de Niccolò Niccoli qui l'a employée dès 1423 » (J. Vezin, *in litteris*, 9 janvier 2003). C'est précisément Niccoli que le religieux florentin Ambrogio Traversari désigne plusieurs fois dans sa correspondance, de novembre 1430 à juin 1431, comme propriétaire (ou destinataire) d'un manuscrit de Théophraste, *De plantis*, qui doit être notre *Urbinas* 61[11]. Après la mort de Niccoli (1437), sa bibliothèque fut transférée en 1444 au couvent de San Marco, où elle devint la première bibliothèque publique[12]. Or ce *De plantis* « ne figure pas dans les manuscrits de Niccoli aujourd'hui conservés à Florence ni dans les catalogues de San Marco » (J. Irigoin, *in litteris*, 3 décembre 2002). On peut présumer qu'il faisait partie des nombreux ouvrages (environ la moitié d'une collection estimée à 800 manuscrits) dispersés entre 1437

10. Le nom ἰψυαχή qu'indique le scholiaste est inconnu des habitants de la région que W. Greuter a interrogés.

11. A. Calderini, *Ricerche intorno alla biblioteca e alla cultura greca di Francesco Filelfo*, in *Studi italiani di filologia classica*, 20, 1913, p. 400, n. 6.

12. *Enciclopedia Italiana*, s.v. NICCOLI, Nicollò. Voir aussi, pour plus de détails, P.L. Rose, « Humanist Culture and Renaissance Mathematics : The Italian Libraries of the *Quattrocento* », in *Studies in the Renaissance* (New York), 20, 1973, p. 67.

et 1444[13]. Il était passé dans la collection de Federico dà Montefeltro, duc d'Urbino (1422-1482), qui eut soin d'affirmer sa qualité de propriétaire sur l'actuelle page de titre portant en grandes capitales FE — DVX[14]. Comme la longue scholie du folio 127^v ne saurait avoir été écrite par un lecteur occasionnel (de brèves notes de la même main, très effacées, se rencontrent ailleurs dans les marges latérales), on est tenté de l'attribuer à un Italien voyageur (ou établi) en Crète, de qui Niccoli aurait acquis le manuscrit, ou assez lié avec Niccoli pour avoir la liberté d'annoter le texte à son gré. Si cette hypothèse est correcte, l'intervention du scholiaste daterait de la période c. 1423-1437. Nos recherches sur son identité ont été jusqu'ici infructueuses.

13. Rose, *ibid.*, p. 68.
14. *Ibid.*, p. 101-102, au sujet de la riche bibliothèque du duc d'Urbino et de son intérêt pour les sciences (surtout les mathématiques, théoriques et appliquées), ainsi que pour l'astrologie.

INDEX

Avertissement

On trouvera ci-après d'une part un index des noms de plantes, d'autre part un index des noms propres, ce dernier subdivisé en deux parties : 1) noms de lieux et de peuples ; 2) noms de personnes et de personnages littéraires ou mythologiques. Ces index sont composés suivant les normes de la Collection des Universités de France, définies en 1972 par J. Irigoin dans les *Règles et recommandations pour les éditions critiques*, p. 52-53. Chaque entrée comporte le nom grec, sa traduction ou sa translittération, l'indication du contexte dans lequel le nom est cité, la référence au livre, au chapitre et au paragraphe.

L'index des noms de plantes a nécessité des aménagements spécifiques. Certaines des espèces végétales citées étant étrangères à notre flore, elles n'ont généralement pas de nom français, de sorte que la traduction de leur nom grec, aussi fidèle que possible à l'original (par exemple δρῦς ἡ πλατύφυλλος « chêne à larges feuilles »), ne permet pas de les identifier immédiatement en termes scientifiques (*Quercus frainetto* Ten. dans le même exemple). La traduction française est donc toujours suivie de la dénomination nomenclaturale usuelle.

L'*Index of plants* de l'édition Hort (Loeb, 1926), établi suivant ce principe, est accompagné d'une *Key for the index* qui, à l'usage, s'est révélée commode. Calquées sur ce modèle, les « clés pour l'index » de la présente édition comprennent une liste des noms scientifiques et une liste des noms vulgaires français, avec les termes grecs correspondants. On prendra garde qu'il s'agit de « correspondances » et non d'« équivalences ». Autrement dit, après avoir repéré dans une des deux « clés » le nom grec de la plante recherchée, on devra se reporter à l'index lui-même pour trouver la référence au passage où ce nom est cité. Le degré de fiabilité de l'identification indiquée est, au besoin, précisé dans le commentaire.

INDEX DES NOMS DES PLANTES

ἀβρότονον (τὸ), armoise arborescente, *Artemisia arborescens* L.
Feuilles persistantes **I** 9, 4 ; plante à couronnes **VI** 1, 1 ; une espèce de
Libye (cf. *Plantes anonymes*, n° 26) lui ressemble **VI** 3, 6 ; mode de
propagation **VI** 7, 3 ; description des racines **VI** 7, 4.

ἄγνος (ἡ, ὁ), gattilier, *Vitex agnus-castus* L.
Arbrisseau susceptible de devenir un arbre **I** 3, 2, à fructification terminale **I** 14, 2. Sont comparés au gattilier les cornouillers **III** 12, 1-2,
le « gattilier des marais » **IV** 10, 2, les canneliers **IX** 5, 1.

ἀγριέλαιος, olivier sauvage, voir s.v. ἐλαία.

ἄγρωστις (ἡ), chiendent, *Cynodon dactylon* (L.) Pers.
Racine noueuse **I** 6, 7 ; parties souterraines plus développées que les
parties aériennes **I** 6, 10 ; propagation par fragments de tige **II** 2, 1.
Plante marine (cf. *Plantes anonymes*, n° 14) semblable au chiendent **IV**
6, 6. Pousse des nœuds de sa racine **IV** 10, 5-6. Sont comparés au chiendent une espèce de roseau rampante **IV** 11, 13 ; le roseau en général, à
racine noueuse **IV** 11, 13 ; la garance, rampante **IX** 13, 6 ; l' « herbe au
scorpion », pour l'aspect et la croissance de la racine **IX** 18, 2.

ἄγχουσα (ἡ), orcanète des teinturiers, *Alkanna tinctoria* (L.) Tausch.
Feuilles sur le sol **VII** 8, 3 ; racine rouge **VII** 9, 3.

ἀδίαντον (τὸ), adiante, *Adiantum* L. sp., *Asplenium* L. sp.
Feuilles persistantes **VII** 10, 5 ; deux espèces qui ont en commun propriétés et habitat **VII** 14, 1.

ἀδίαντον τὸ λευκόν, adiante « blanc », capillaire de Montpellier,
  Adiantum capillus-veneris L. ; voir ci-dessus ἀδίαντον.

ἀδίαντον τὸ μέλαν, adiante « noir », capillaire aux ânes, *Asplenium
  onopteris* L.
Le capillaire (τὸ τριχομανές) lui ressemble pour la tige **VII** 14, 1.

ἀείζωον (τό), orpin, *Sedum* L. spp.
Plante herbacée à feuilles charnues **I** 10, 4 ; description, habitat **VII** 15, 2.

ἀθραγένη (ἡ), clématite, *Clematis vitalba* L.
Plante grimpante dont le bois fournit les meilleurs briquets **V** 9, 6-7.

αἴγειρος (ἡ), peuplier (noir), *Populus nigra* L.
Nature de l'écorce **I** 2, 7 ; **I** 5, 2 ; mode de propagation **III** 1, 1. Arbre susceptible de pousser en plaine **III** 3, 1 ; fructification contestée **III** 3, 4 ; bourgeonnement précoce **III** 4, 2 ; croissance vigoureuse **III** 6, 1. Le merisier est moins branchu que le peuplier noir **III** 13, 3. Description **III** 14, 2 ; habitat **IV** 1, 1. Arbres des mangroves aussi hauts que les plus grands peupliers **IV** 7, 3. Longévité médiocre **IV** 13, 2 ; bois séveux **V** 9, 5.

αἴγειρος ἡ ἐν Κρήτῃ, « peuplier » de Crète, *Zelkova abelicea* (Lam.) Boiss.
Endémique de Crète, dégénérerait en Grèce **II** 2, 10 ; ses stations dans les montagnes crétoises **III** 3, 4.

1 αἰγίλωψ (ἡ), rouvre, *Quercus pedunculiflora* C. Koch.
Une des espèces de chêne présentes sur l'Ida de Troade **III** 8, 2. Caractères des fruits **III** 8, 2 ; du fût et du bois **III** 8, 4 ; de la galle que porte ce chêne **III** 8, 6.

2 αἰγίλωψ (ἡ), aegilops, *Aegilops ovata* L.
Particularités de germination **VII** 13, 5 ; **VIII** 11, 9 ; aspect des feuilles **VIII** 7, 1. Infeste surtout les orges **VIII** 8, 3 ; ressemble au blé et à l'orge **VIII** 9, 2, quoique sauvage et épuisant **VIII** 9, 2-3. Manière de le détruire **VIII** 11, 9.

αἰγίπυρος (ὁ), « blé de chèvre », scolyme, *Scolymus hispanicus* L.
Abrite un insecte qui passe pour contribuer à la caprification **II** 8, 3.

αἱμόδωρον (τό), orobanche, *Orobanche* L. spp.
Pousse au pied du cumin et du fenugrec ; description, habitat **VIII** 8, 5.

αἶρα (ἡ), ivraie, *Lolium temulentum* L.
Nature de l'écorce **I** 5, 2. Produit des céréales dégénérées **II** 4, 1 ; **VIII** 7, 1 ; **VIII** 8, 3. Le riz a l'aspect de l'ivraie **IV** 4, 10. Certains blés ne sont pas mêlés d'ivraie, mais de « blé noir », moins nocif **VIII** 4, 6. Particularités de la plante et de son développement **VIII** 7, 1. Espèce complètement assauvagie **VIII** 9, 3.

ἀκαλύφη (ἡ), ortie, *Urtica* L. spp.
Consommable après cuisson **VII** 7, 2.

ἄκανθα ἡ αἰγυπτία, acacia d'Égypte, *Acacia nilotica* (L.) Willd.
Arbre propre à l'Égypte **IV** 2, 1 ; description, usages, habitat **IV** 2, 8 ;
produit de la gomme **IV** 2, 8 ; **IX** 1, 2-3 ; deux espèces (ci-après) **IV** 2, 8.

ἄκανθα (ἡ αἰγυπτία) ἡ λευκή, acacia (d'Égypte) « blanc », *Acacia albida* Delile.
Bois clair et tendre, vite pourri **IV** 2, 8.

ἄκανθα (ἡ αἰγυπτία) ἡ μέλαινα, acacia (d'Égypte) « noir », *Acacia nilotica, A. seyal* Delile.
Bois foncé et dur, imputrescible **IV** 2, 8.

ἄκανθα ἡ ἐν τῇ Γεδρωσίᾳ, « épine » de Gédrosie, *Euphorbia neriifolia* L., *Euphorbia caducifolia* Haines.
Plante épineuse à latex aveuglant **IV** 4, 13.

ἄκανθα ἡ διψάς, acacia « assoiffé », *Acacia tortilis* (Forsk.) Hayne.
Seul arbre du désert arabique au sud de Coptos **IV** 7, 1.

ἄκανθα ἡ Ἡρακλέους, « épine d'Héraclès », *Euphorbia nivulia* Ham.
« Épine » blanche à ramification ternée et suc laiteux **IV** 4, 12.

ἄκανθα ἡ ἰνδική, « épine de l'Inde », *Commiphora wightii* (Arn.) Bhandari (= *C. mukul* Engl., *Balsamodendron mukul* Hook.).
Arbre épineux dont la sève forme des larmes pareilles à la myrrhe **IV** 4, 12 ; **IX** 1, 2.

ἄκανθα κεάνωθος (ἡ), acanthe épineuse, *Acanthus spinosus* L.
Description de la racine **IV** 10, 6.

ἄκανθά τις ?
Plante épineuse non décrite qui fige l'eau dans laquelle on la plonge **IX** 18, 1.

1 ἄκανος (ὁ), picnomon, *Picnomon acarna* (L.) Cass.
Feuilles totalement épineuses **I** 10, 6 ; **VI** 1, 3 ; graine unique au fond de chaque fleuron **I** 13, 3 ; plusieurs tiges rameuses **VI** 4, 4 ; forme une seule espèce **VI** 4, 5.

2 ἄκανος (ὁ), chardon, en tant que type des carduacées.
Définition des carduacées **VI** 4, 3. Comparaison de la graine du rosier avec celle des chardons **VI** 6, 6 ; du fruit de la marguerite avec celui des chardons **VII** 14, 2.

3 ἄκανος (ὁ), « chardon », *Atractylis gummifera* L.
Autre nom du « caméléon blanc » **IX** 12, 1.

ἀκόνιτον (τὸ), *akoniton*, jusquiame blanche, *Hyoscyamus albus* L. ; (?) jusquiame dorée, *H. aureus* L.
Distribution géographique, description, toxicité **IX** 16, 4-5 et 7.

ἄκορνα (ἡ), chardon béni, *Cnicus benedictus* L.
Feuilles totalement épineuses **I** 10, 6 ; fait partie des carduacées **VI** 4, 3 ; comparé au carthame cultivé **VI** 4, 6.

ἀκτῆ (ἡ), **ἀκτέος** (ὁ), sureau, *Sambucus nigra* L.
Caractères du bois **I** 5, 4 ; **I** 6, 1 ; **I** 8, 1 ; **V** 3, 3. Bourgeonnement précoce **III** 4, 2. Habitat et description **III** 13, 4-6. Vit moins longtemps que les espèces des lieux secs **IV** 13, 2. Fleur de la filipendule comparée à celle du sureau **VI** 8, 2.

ἀλθαία (ἡ), guimauve officinale, *Althaea officinalis* L.
Présente en Arcadie **IX** 15, 5. Sa racine fige l'eau ; description de la plante ; ses usages médicaux **IX** 18, 1.

ἄλιμον (τὸ), pourpier de mer, *Atriplex halimus* L.
Détruit la végétation environnante **IV** 16, 5.

ἀλίφλοιος (ἡ), cerre, *Quercus cerris* L.
Une des espèces de chêne présentes sur l'Ida de Troade **III** 8, 2. Caractères des fruits **III** 8, 2 et 3 ; du fût et du bois **III** 8, 5. Usages limités du bois **III** 8, 7, toujours de qualité médiocre **V** 1, 2.

ἀλσίνη (ἡ), chou de chien, *Theligonum cynocrambe* L.
Feuille de l'aristoloche comparée à celle du chou de chien **IX** 13, 3.

ἀλωπέκουρος (ὁ), queue-de-renard, *Polypogon monspeliensis* (L.) Desf.
Au nombre des plantes à épi ; description **VII** 11, 2.

ἀμάρακον (τὸ), **ἀμάρακος** (ὁ), marjolaine, *Origanum majorana* L.
Feuilles persistantes **I** 9, 4 ; plante à couronnes **VI** 1, 1 ; mode de propagation **VI** 7, 4 ; caractère des racines **VI** 7, 4 ; un des aromates usuels **IX** 7, 3.

ἀμάρακος ὁ φρύγιος, marjolaine de Phrygie, (?) *Origanum majo-rana*, *O. sipylaeum* L.
Floraison estivale **VI** 8, 3.

ἄμπελος (ἡ), vigne, *Vitis vinifera* L.
A des vrilles **I** 2, 1, une écorce faite de sève et de fibre **I** 2, 7. Répond à la définition d'un arbre **I** 3, 1. Ne perd pas ses feuilles dans la région d'Éléphantine **I** 3, 5. Caractères de l'écorce **I** 5, 2 ; de la moelle **I** 6, 1 ; des racines **I** 6, 3. Peut drageonner **I** 6, 5. Entre-nœuds courts à l'extrémité des sarments, « œil » analogue à un nœud **I** 8, 5. Pousse en hauteur si on l'ébourgeonne **I** 9, 1. Caractères des feuilles **I** 10, 4 ; **I** 10, 5 ; **I** 10, 7 ; **I** 10, 8. Description du raisin et de ses pépins **I** 11, 4-6. La sève a le goût du vin **I** 12, 1, et l'aspect de l'eau **I** 12, 2. La fleur forme un duvet **I** 13, 1, tout autour du fruit **I** 13, 3. Certaines variétés ne peuvent pas mener à bien leurs fruits **I** 13, 4. Fructifie sur le bois jeune **I** 14, 1. Espèce bien connue **I** 14, 4. Se propage par les sarments **II** 1, 3 ; dégénère si on la multiplie par graine **II** 2, 4 ; sujette à des mutations **II** 3, 1. Raisin de couleur variable **II** 3, 2. Fructifications exceptionnelles **II** 3, 3. Préparation des plants et marcottage **II** 5, 3 ; plantation « au piquet » **II** 5, 5 ; disposition des plants sens dessus dessous **II** 6, 12. A son domaine d'élection en plaine mais dans divers terroirs suivant les cépages **II** 5, 7. Demande de l'eau **II** 7, 1 ; une taille modérée **II** 7, 2. Traitement des grappes par la poussière **II** 7, 5 ; procédé pour mettre à fruits les ceps stériles **II** 7, 6. Les arbousiers mûrissent leurs fruits à la véraison du raisin **III** 4, 4. Bourgeonnements tardifs **III** 5, 4. Le fruit du térébinthe mûrit en même temps que le raisin **III** 15, 3. Le *koloitéa* de l'Ida a l'écorce de la vigne **III** 17, 3. La fleur et le fruit du sumac sont comparés à ceux de la vigne **III** 18, 5 ; la grappe de la salsepareille avec le raisin **III** 18, 12. Les jujubes de Libye changent de couleur comme les raisins **IV** 3, 1. Dans l'Inde le coton est planté en rangs comme la vigne **IV** 4, 8 ; celle-ci croît dans la zone montagneuse **IV** 4, 11. Abonde sur le Tmolos et l'Olympe de Mysie **IV** 5, 4. Feuille du cotonnier arborescent comparée à celle de la vigne **IV** 7, 7, qui coexiste avec lui à Tylos **IV** 7, 8. Certains cépages ont la vie brève **IV** 13, 2. Débat sur la longévité de la vigne **IV** 13, 4 ; méthode pour assurer sa pérennité **IV** 13, 5-6. Ses diverses affections **IV** 14, 2 ; **IV** 14, 6 ; **IV** 14, 8 ; **IV** 14, 10. Atteinte par le gel, elle fructifie sans délais **IV** 14, 13. On en lève l'écorce pour faire des cordes **IV** 15, 1. Supporte l'incision de son tronc, qui stimule la fructification **IV** 16, 1. Se détourne des végétaux dont l'odeur la rebute **IV** 16, 6. Caractères du bois **V** 3, 4 ; **V** 4, 1 ; **V** 9, 5. Comparaison de l'*athragénè* avec la vigne **V** 9, 6. Mèlos est moyennement riche en vignes **VIII** 2, 8. Les larmes de la vigne se concrètent mieux après la taille de printemps **IX** 1, 6. L'hellébore d'Élaia pousse dans les vignes **IX** 10, 3. On récolte l'euphorbe « maritime » à la véraison du raisin **IX** 11, 7.

Feuille de la quintefeuille comparée à celle de la vigne **IX** 13, 5. Un cépage d'Achaïe donne un vin abortif **IX** 18, 11.

1 ἄμπελος ἀγρία (ἡ), vigne sauvage, (?) *Vitis vinifera* L. subsp. *sylvestris* ; tamier, *Tamus communis* L.
Grappe de la salsepareille comparée au « raisin sauvage » **III** 18, 11.

2 ἄμπελος ἀγρία (ἡ), « vigne sauvage », bryone, *Bryonia cretica* L.
Durée de conservation de la racine **IX** 14, 1 ; usages de la racine et du fruit **IX** 20, 3.

ἄμπελος ἡ ἐν τῇ θαλάττῃ, « vigne » marine, sargasse, *Sargassum* Ag. spp.
Une des plantes marines les plus remarquables et les plus localisées **IV** 6, 2 ; habitat, description **IV** 6, 9.

ἄμπελος ἡ περὶ τὴν Ἴδην, « vigne » de l'Ida, myrtille, *Vaccinium myrtillus* L.
Endémique de l'Ida **III** 17, 4 ; localisation, description **III** 17, 6.

ἀμυγδαλῆ (ἡ), amandier, *Prunus dulcis* (Miller) D.A. Webb (= *Amygdalus communis* L.).
Description de la racine **I** 6, 3 ; du cycle végétatif **I** 9, 6 ; de l'amande **I** 11, 1 et 3. Le suc rappelle le goût de l'huile **I** 12, 1. Fleur pétalée, parfois rose **I** 13, 1. Fructifie sur le bois d'un an **I** 14, 1. Se bouture facilement **II** 1, 3 ; dégénère quand on le multiplie de graine **II** 2, 5 ; évolue qualitativement suivant les soins reçus **II** 2, 9 et 11. Grande distance de plantation **II** 5, 6. Procédés pour stimuler la fructification et rendre les fruits doux **II** 7, 6 et 7. Sujet à perdre ses fruits avant maturité **II** 8, 1. Graine du frêne de même consistance que l'amande **III** 11, 4 ; feuille des cornouillers semblable à celle de l'amandier **III** 12, 1 ; fleur des « néfliers » semblable à celle de l'amandier **III** 12, 5. Sont comparés à l'amande le fruit du pistachier de l'Inde **IV** 4, 7, et celui d'un arbre des mangroves de Carmanie **IV** 7, 5. Résiste bien au gel **IV** 14, 12. Cendre et poussière du bois particulièrement caustiques **V** 9, 5. Type de l'arbre dont les fleurs précèdent les feuilles **VII** 13, 7. Modalités de la germination **VIII** 2, 2. La sève s'écoule en larmes **IX** 1, 2, inodores **IX** 1, 3, sans usages **IX** 1, 5. Le « piège aux ânes » a la feuille de l'amandier **IX** 19, 1.

ἄμωμον (τὸ), amome, *Amomum subulatum* Roxb.
Aromate de Médie ou de l'Inde **IX** 7, 2.

ἀνδράφαξυς / -ξις (ἡ), arroche des jardins, *Atriplex hortensis* L.
Plante potagère à fructification terminale et latérale **I** 14, 2 ; **VII** 3, 4.

Graine du tilleul comparée à celle de l'arroche **III** 10, 5. Époque du semis **VII** 1, 2 ; délai de germination **VII** 1, 3. Description des racines **VII** 2, 6 ; **VII** 2, 7 ; **VII** 2, 8 ; de la tige **VII** 2, 8 ; des graines **VII** 3, 2. Ne comprend pas plusieurs variétés **VII** 4, 1. Conserve mal sa faculté germinative **VII** 5, 5.

1 ἀνδράχνη / -χλη (ἡ), **ἄνδραχλος** (ὁ), arbousier d'Orient, *Arbutus andrachne* L.
Écorce détachée spontanément du tronc **I** 5, 2 ; feuilles persistantes ou semi-persistantes **I** 9, 3 ; **III** 3, 3. Exclusivement montagnard en Macédoine **III** 3, 1. Époque du bourgeonnement **III** 4, 2 ; de la fructification **III** 4, 4 ; **III** 4, 6. Croissance très vigoureuse **III** 6, 1. Description et comparaison avec l'arbousier commun **III** 16, 5. Sont comparées à la feuille de l'arbousier d'Orient celle du cédratier **IV** 4, 4, et celle d'un arbre des mangroves de Carmanie (*Plantes anonymes*, n° 18) **IV** 7, 5. Ne périt pas quand on lève son écorce **IV** 15, 1, susceptible de se régénérer **IV** 15, 2. Usages du bois **V** 7, 6. Écorce de l'arbre à myrrhe comparée à celle de l'arbousier d'Orient **IX** 4, 3.

2 ἀνδράχνη (ἡ), pourpier, *Portulaca oleracea* L.
Époque du semis **VII** 1, 2 ; délai de germination **VII** 1, 3 ; racines courtes **VII** 2, 9.

ἀνεμώνη (ἡ), anémone, *Anemone* L. spp.
Floraison précoce **VII** 7, 3 ; **VII** 10, 2 ; feuilles sur le sol **VII** 8, 3.

ἀνεμώνη ἡ λειμωνία, anémone « des prairies », anémone des fleuristes, *Anemone coronaria* L. ; *A. pavonina* Lam.
Floraison printanière **VI** 8, 1.

ἀνεμώνη ἡ ὀρεία, anémone « de montagne », anémone de Grèce, *Anemone blanda* Schott & Kotschy.
Une des premières fleurs du printemps **VI** 8, 1.

ἄνηθον (τό), aneth, *Anethum graveolens* L.
Plante potagère à graines nues **I** 11, 2 ; **VII** 3, 2 ; sève aromatique **I** 12, 2. Caractères communs à la férule et à l'aneth **VI** 2, 8. Légume contre-planté **VII** 1, 2 ; délai de germination **VII** 1, 3 ; racines ligneuses **VII** 2, 8 ; ne comprend pas plusieurs variétés **VII** 4, 1. Fruit du persil comparé à celui de l'aneth **VII** 6, 4.

ἄνθεμον (τό), **ἀνθέμιον** (τό), marguerite, *Anthemis* L. spp., *Chrysanthemum* L. spp., *Leucanthemum* Miller spp.
Fleurs au-dessus des fruits **I** 13, 3. Particularités de la floraison ; plusieurs espèces **VII** 14, 2.

ἄνθεμον τὸ ἀφυλλανθές, marguerite à fleurs sans ligules, *Anthemis rigida* (Sibth. & Sm.) Boiss. & Heldr.
Feuilles sur le sol **VII** 8, 3.

ἄνθεμον τὸ φυλλῶδες, marguerite ligulée, (?) *Anthemis chia* L., *Chrysanthemum coronarium* L.
Feuilles sur la tige **VII** 8, 3.

ἀνθέρικος (ὁ), asphodèle, *Asphodelus aestivus* Brot.
Habitat **I** 4, 3 ; structure de la tige **VI** 2, 9 ; se propage par des rejetons de la racine et par graine **VII** 13, 4.

ἀνθηδών, ἀνθηδονοειδής, voir s.v. μεσπίλη.

ἄννησον (τὸ), anis, *Pimpinella anisum* L.
Plante potagère à graines nues **I** 11, 2 ; suc aromatique **I** 12, 1 ; dans la liste des aromates usuels **IX** 7, 3 (conj.).

ἀντίρρινον (τὸ), muflier, *Misopates orontium* (L.) Rafin.
Description ; usage magique **IX** 19, 2.

ἀπάπη (ἡ), pissenlit, *Taraxacum* Weber spp.
La fleur se change en aigrette **VI** 4, 8. Légume sauvage **VII** 7, 1. Entre en végétation dès le début de l'automne **VII** 7, 3 ; **VII** 11, 3 ; fleurit tôt et longtemps **VII** 7, 4 ; **VII** 10, 2 ; **VII** 10, 3 ; **VII** 11, 4. Feuilles sur le sol **VII** 8, 3. Description **VII** 11, 4.

ἀπαργία (ἡ), ficaire, *Ranunculus ficaria* L.
Feuilles sur le sol **VII** 8, 3.

1 ἀπαρίνη (ἡ), gratteron, *Galium aparine* L.
Tige accrochante mais rampante en l'absence de soutien **VII** 8, 1. Adventice associée aux lentilles **VIII** 8, 4. Muflier comparé au gratteron **IX** 19, 2.

2 ἀπαρίνη (ἡ), bardane, *Arctium* L. spp.
S'accroche aux vêtements ; particularités de floraison et de fructification **VII** 14, 3.

1 ἄπιος (ἡ), poirier, *Pyrus communis* L.
Nature de l'écorce **I** 2, 7. Semble avoir un tronc unique seulement en culture **I** 3, 3. Moins noueux que le poirier sauvage (*achras*) **I** 8, 2. Feuilles arrondies **I** 10, 5. Disposition des graines **I** 11, 4 ; description du fruit **I** 11, 5. Sève aqueuse **I** 12, 2. Fleur pétalée **I** 13, 1 ; au-dessus du fruit **I** 13, 3. Fructifie sur le bois d'un an **I** 14, 1. Espèce

domestique bien distincte du poirier sauvage ; connue de tous **I** 14, 4. Multiplié rarement par boutures **II** 1, 2 ; dégénère quand on le multiplie de graine **II** 2, 4 ; ses graines ne donnent qu'un poirier sauvage **II** 2, 5 ; on ne peut faire d'un poirier sauvage un poirier domestique **II** 2, 12 ; est marcotté sur l'arbre même **II** 5, 3 ; distance de plantation **II** 5, 6 ; procédé pour stimuler la fructification **II** 7, 7 ; sujet à perdre ses fruits avant maturité **II** 8, 1. L'*achras* s'en distingue par tous les caractères du végétal sauvage **III** 2, 1. Fruits et bois meilleurs en plaine qu'en montagne **III** 3, 2 ; **III** 11, 5. L'*achras* bourgeonne plus tard que le poirier cultivé **III** 4, 2. Croissance terminale et latérale **III** 6, 2. Sont comparées à la feuille du poirier celle du hêtre **III** 10, 1, et celle du charme **III** 10, 3. La sorbe est mangée des vers plus que la poire **III** 12, 8. L'inflorescence du merisier ressemble à celle du poirier **III** 13, 3. Sont comparées à la feuille du poirier celle de l'orme **III** 14, 1, et celle de l'aune **III** 14, 3. Le poirier et l'*achras* sont des espèces différentes **III** 18, 7. Ressemblances du *perséa* et du poirier **IV** 2, 5 ; taille du jujubier voisine de celle d'un poirier **IV** 3, 1 ; épines du cédratier comparées à celles du poirier **IV** 4, 2. Très commun à Panticapée dans des variétés excellentes **IV** 5, 3. Longévité de l'*achras* supérieure à celle du poirier **IV** 13, 1. Des vers attaquent le bois **IV** 14, 2, et les fruits **IV** 14, 10. Résiste bien au gel **IV** 14, 12. Un arbre à bois noir taché de rougeâtre (cf. *Plantes anonymes*, n° 23) ressemble au poirier **V** 3, 2. Exsudations de la grosseur d'une poire sur du bois de sapin **V** 9, 8. Feuille de l'encensier comparée à celle du poirier **IX** 4, 2.

2 ἄπιος (ἡ), euphorbe « poire », *Euphorbia apios* L.
Autre nom de l'euphorbe « figue sèche » (*ischas*) ; propriétés médicinales **IX** 9, 5 ; description et habitat **IX** 9, 6.

ἄρακος (ὁ), vesce, *Vicia* L. spp.
Une sorte de vesce (ci-après) à fruits souterrains lui ressemble **I** 6, 12. Mauvaise herbe mélangée aux lentilles **VIII** 8, 3.

ἀρακῶδες (τὸ), « sorte de vesce », vesce à deux sortes de fruits, *Vicia sativa* L. subsp. *amphicarpa*.
Plante semblable à la vesce, mais possédant deux sortes de fruits ; description, habitat **I** 6, 12.

ἀράχιδνα (ἡ), arakhidna, *Lathyrus amphicarpos* L.
Possède un fruit souterrain **I** 1, 7, aussi gros que le fruit aérien **I** 6, 12.

ἀρία (ἡ), chêne vert, *Quercus ilex* L.
En Macédoine passe pour ne pas fleurir **III** 3, 8. Bourgeonne très tard **III** 4, 2 ; fructifie au commencement de l'hiver **III** 4, 4. Nom dorien

du *phellodrys* arcadien **III** 16, 3. Gland du chêne-liège d'Étrurie semblable à celui du chêne vert **III** 17, 1. Le « laurier » de la mer Rouge
ressemble au chêne vert **IV** 7, 2. Bois coupé en été ou en automne **V** 1,
2 ; un des plus durs **V** 3, 3 ; imputrescible **V** 4, 2 ; un des plus difficiles à travailler **V** 5, 1, et de ceux qui donnent le meilleur charbon **V**
9, 1.

ἀριστολοχία (ἡ), aristoloche, *Aristolochia rotunda* L.
Description sommaire ; usages médicaux **IX** 13, 3 ; **IX** 20, 4. Durée
de conservation de la racine **IX** 14, 1. Se trouve en Arcadie **IX** 15, 5.

1 ἄρκευθος (ἡ), genévrier, *Juniperus communis* L. ; *J. phoenicea* L.
Feuilles persistantes **I** 9, 3 ; **III** 3, 3 ; croissance très vigoureuse
III 6, 1.

2 ἄρκευθος (ἡ), genévrier commun, *Juniperus communis* L. subsp.
    hemisphaerica.
En Macédoine est exclusivement montagnard **III** 3, 1, et passe pour ne
pas fleurir **III** 3, 8. Deux types, l'un fructifère, l'autre stérile **III** 3, 8 ;
particularités de sa fructification **III** 4, 1 ; **III** 4, 5 ; **III** 4, 6 ; **III** 12,
4 ; caractères du fruit **III** 12, 4. Racines superficielles, peu fournies **III**
6, 5 ; **III** 12, 4. Habitat **III** 12, 4 ; **IV** 1, 3.

3 ἄρκευθος (ἡ), genévrier de Phénicie, *Juniperus phoenicea* L.
Description ; ressemblances et différences par rapport au genévrier
cade (*kédros*) **III** 12, 3. Écorce comparée à celle du cyprès **III** 12, 4.
Caractères et usages du bois **III** 12, 3 ; **V** 7, 4 et 6. Sève exsudée en
larmes **IX** 1, 2.

ἀρνόγλωσσον (τὸ), langue d'agneau, grand plantain, *Plantago major* L.
Feuilles sur le sol **VII** 8, 3 ; floraison échelonnée **VII** 10, 3. Synonyme
de *stéléphouros* **VII** 11, 2.

1 ἄρον (τὸ), arum, *Arum* L. et *Dracunculus* Miller.
Une espèce d'arum est appelée « serpentaire » **VII** 12, 2.

2 ἄρον (τὸ), arum, *Arum italicum* Miller.
Description de la racine **I** 6, 6 ; **I** 6, 7 ; **I** 6, 8 ; **VII** 9, 4 ; procédé pour
la faire grossir **I** 6, 10 ; **VII** 12, 2. Spadice charnu **I** 10, 10. Se multiplie de racine **VII** 2, 1. Racine et feuilles comestibles **VII** 12, 2. Description de la feuille **VII** 13, 1. N'a ni tige ni fleur **VII** 13, 2.

ἀσπάλαθος (ὁ), alhagi, *Alhagi maurorum* Medicus.
Dans la liste des aromates usuels **IX** 7, 3.

ἀσπάραγος / ἀσφάραγος (ὁ), asperge, *Asparagus acutifolius* L., *A. aphyllus* L.
Feuilles transformées en épines **I** 10, 6 ; **VI** 1, 3 ; **VI** 4, 1. Description **VI** 4, 2. Tige de l'orchis comparée à un turion d'asperge **IX** 18, 3 (conj.).

ἄσπρις (ἡ), chêne durelin, *Quercus petraea* (Mattuschka) Liebl.
Une des espèces de chêne présentes en Macédoine ; caractères des fruits et du bois **III** 8, 7.

ἀστερίσκος / ἀστέρισκος (ὁ), aster épineux, *Pallenis spinosa* (L.) Cass.
Graine d'un jonc comparée à celle de l'aster épineux **IV** 12, 2.

ἀσφόδελος (ὁ), asphodèle, *Asphodelus aestivus* Brot.
Racine charnue **I** 6, 7 ; feuilles issues de la racine, tige nue **I** 10, 7. Feuille du narcisse comparée à celle de l'asphodèle **VI** 6, 9. Forme de la racine **VII** 9, 4 ; sa comestibilité **VII** 12, 1 ; **VII** 13, 3. Caractères de la feuille **VII** 13, 1 ; de la tige et du fruit **VII** 13, 2-3. Racine de l'euphorbe « poire » (*apios*) comparée à celle de l'asphodèle **IX** 9, 6. L'hellébore a la tige de l'asphodèle **IX** 10, 1.

ἀσχίον (τό), vesse-de-loup, (?) *Scleroderma verrucosum* Bull. vel sim.
Végétal hypogé qui n'est pas une racine **I** 6, 9.

ἀτρακτυλίς (ἡ), « chardon à quenouille », carthame laineux, *Carthamus lanatus* L.
Au nombre des carduacées **VI** 4, 3. Description **VI** 4, 6. Appelé aussi « sanguinaire » (*phonos*) à cause de son suc rouge sang **VI** 4, 6 ; **IX** 1, 1.

ἀφάκη (ἡ), gesse chiche, *Lathyrus cicera* L.
Se sème tard **VIII** 1, 4. Gousses et graines aplaties **VIII** 5, 3. Culture infestée par la sécurigère **VIII** 8, 3. Semence vite pourrie **VIII** 11, 1.

ἀφάρκη (ἡ), arbousier hybride, *Arbutus* x *andrachnoides* Link.
Feuilles persistantes **I** 9, 3 ; **III** 3, 3. Exclusivement montagnard en Macédoine **III** 3, 1. Époque du bourgeonnement **III** 4, 2 ; de la fructification **III** 4, 4. Usages du bois **V** 7, 7.

ἀφία (ἡ), tussilage, *Tussilago farfara* L.
Fleurit dès le départ de la végétation **VII** 7, 3.

ἀχράς (ἡ), poirier sauvage, *Pyrus amygdaliformis* Vill., *P. pyraster* Burgsd.
Fructifie plus abondamment que les espèces cultivées **I** 4, 1. Plus noueux que le poirier **I** 8, 2. Perd ses feuilles avant de mûrir ses fruits **I** 9, 7. Se rapproche et se distingue du poirier cultivé **I** 14, 4 ; naît des graines du poirier cultivé **II** 2, 5, mais ne peut se transformer en poirier cultivé **II** 2, 12 ; a tous les caractères du végétal sauvage **III** 2, 1. Susceptible de pousser en plaine **III** 3, 1, où il a des fruits et un bois meilleurs qu'en montagne **III** 3, 2 ; **III** 11, 5. Bourgeonne un peu plus tard que le poirier cultivé **III** 4, 2. Mûrit ses fruits en automne et, dans son espèce tardive, en hiver **III** 4, 4. Croissance très vigoureuse **III** 6, 1. La sorbe est mangée des vers plus que la poire sauvage **III** 12, 8. Écorce du tremble comparée à celle du poirier sauvage **III** 14, 2. Espèce différente du poirier cultivé **III** 18, 7 ; vit plus longtemps **IV** 13, 1. Caractères et usages du bois **V** 5, 1. Jeunes rameaux épineux **VI** 1, 3.

ἀψίνθιον (τὸ), absinthe, *Artemisia absinthium* L., *A. pontica* L.
Plante amère **I** 12, 1 ; des régions froides **IV** 5, 1 ; amère mais bénéfique **VII** 9, 4. Non pâturée en Grèce, elle l'est au Pont et profite au bétail **IX** 17, 4.

βάκανον (τὸ), guimauve-chanvre, *Althaea cannabina* L.
Tige charnue **I** 5, 3.

βάλανος (ἡ), « arbre aux glands », *Moringa peregrina* (Forsk.) Fiori.
Arbre propre à l'Égypte **IV** 2, 1. Description et usages **IV** 2, 6.

βάλσαμον (τὸ), baumier, *Commiphora opobalsamum* (L.) Engl.
Le baume figure parmi les parfums d'Orient **IV** 4, 14 ; dans la liste des aromates usuels **IX** 7, 3. La sève du baumier s'écoule en larmes **IX** 1, 2. Époque et modalités de l'incision **IX** 1, 6-7 ; **IX** 6, 2 ; incision et exsudation spontanée **IX** 4, 1. Lieu de culture et aspect de l'arbre **IX** 6, 1 ; mode de culture, traitement commercial des produits **IX** 6, 3-4.

βάτος (ὁ), ronce, *Rubus* L. spp.
Exemple-type d'arbrisseau **I** 3, 1. Tige épineuse **I** 5, 3 ; **I** 10, 7 ; feuilles persistantes **I** 9, 4, spinescentes **I** 10, 6. Genre comprenant plusieurs espèces **III** 18, 1 et 4. Pousse en tous terrains **III** 18, 3. Les grappes de la salsepareille sont disposées comme celles de la ronce **III** 18, 12. Parfois présente dans les lieux humides **IV** 8, 1, sans faire partie de la végétation aquatique **IV** 12, 4. Jeunes rameaux épineux **VI** 1, 3.

βληχώ (ἡ), pouliot, *Mentha pulegium* L.
Feuille du dictame comparée à celle du pouliot **IX** 16, 1.

βλίτον (τὸ), blète, blette, *Amaranthus lividus* L. (= *A. blitum* L.).
Fructification terminale et latérale **I** 14, 2 ; **VII** 3, 4. Époque du semis **VII** 1, 2 ; levée très rapide **VII** 1, 3. Racines nombreuses **VII** 2, 7, ligneuses **VII** 2, 8. Tige moins ligneuse que celle du basilic **VII** 2, 8. Graines à tégument épais **VII** 3, 2. Ne comprend pas plusieurs variétés **VII** 4, 1.

βολβίνη (ἡ), ornithogale, *Ornithogalum* L. spp.
Plante bulbeuse voisine du muscari **VII** 13, 9.

βολβός (ὁ), muscari à toupet, *Muscari comosum* (L.) Miller.
Description de la racine **I** 6, 7 ; **I** 6, 8 ; **I** 6, 9 ; tige profondément enfoncée **I** 6, 9 ; feuilles sessiles, toutes radicales **I** 10, 7. Époque de floraison ; « toupet » utilisé dans les couronnes **VI** 8, 1. Se multiplie par les rejetons de sa racine **VII** 2, 1 ; **VII** 2, 2, particulièrement nombreux **VII** 2, 3, auxquels sont comparés ceux de l'oignon **VII** 4, 12. Racine formée d'écailles **VII** 9, 4, comestible **VII** 12, 1 ; procédé pour la faire grossir **VII** 12, 2. A des feuilles étroites **VII** 13, 1, une véritable tige **VII** 13, 2. Vient aussi de graine **VII** 13, 4 ; particularités de la germination **VII** 13, 5. Racine du narcisse comparée à celle du muscari **VII** 13, 7. Plusieurs variétés **VII** 13, 8. Liste d'espèces voisines du muscari **VII** 13, 9. Graine mêlée surtout au blé **VIII** 8, 3.

βολβὸς ὁ ἐριοφόρος, « bulbe porteur de laine », *Tulipa goulimyi* Sealy & Turrill.
Description, habitat, usages **VII** 13, 8.

βολβὸς ὁ ἐν Ἰνδοῖς, « bulbe de l'Inde », ?
Espèce non décrite, à bulbe chevelu **VII** 13, 8.

βούκερας (τὸ), fenugrec, *Trigonella foenum-graecum* L.
Plante de l'Inde (cf. *Plantes anonymes*, nº 10) d'aspect semblable à celui du fenugrec **IV** 4, 10. Parasité par une orobanche **VIII** 8, 5.

βουμελία (ἡ), **βουμέλιος** (ἡ), grand frêne, frêne à feuilles étroites, *Fraxinus angustifolia* Vahl subsp. *oxycarpa* (= *F. oxyphylla* Bieb.).
Description de l'arbre et de son bois ; ses diverses appellations ; son habitat **III** 11, 3-4. Opposition entre bois de plaine et bois de montagne **III** 11, 5. Abondant au bord du Nil **IV** 8, 2.

βούπρηστις (ἡ), « la grosse brûlante », fausse roquette, *Bunias erucago* L. ; cresson d'Orient, *Erucaria hispanica* (L.) Druce.
Commence à pousser après l'équinoxe d'automne **VII** 7, 3.

βούτομον (τὸ), **βούτομος** (ὁ), butome, *Butomus umbellatus* L.
Description de la tige **I** 5, 3 ; des feuilles **I** 10, 5 ; du fruit **IV** 10, 4.
Plante formant des fourrés **IV** 8, 1 ; amphibie **IV** 10, 6. Base de la tige comestible **IV** 10, 7. Feuilles caractéristiques des plantes lacustres **IV** 11, 12.

βούτομον τὸ θῆλυ, « butome femelle », *Carex riparia* Curtis.
Plante sans fruits, utilisée en vannerie **IV** 10, 4.

βρόμος (ὁ), avoine, *Avena* L. spp.
Céréale riche en glumes **VIII** 4, 1 ; une des espèces qui ressemblent au blé ou à l'orge **VIII** 9, 2 ; ses caractères **VIII** 9, 2.

βρύον (τὸ), « mousse », laitue de mer, *Ulva lactuca* L., *Enteromorpha intestinalis* (L.) Link, *E. linza* (L.) J. Agardh.
Une des algues les plus communes et les plus faciles à voir **IV** 6, 2 ; description **IV** 6, 6.

γεράνειον (τὸ), « plante au pourceau », terfez, *Terfezia leonis* Tul. vel sim.
Végétal dépourvu de racines **I** 6, 5.

γήθυον (τὸ), **γήτειον** (τὸ), ciboulette, *Allium schoenoprasum* L.
Tige profondément enfoncée **I** 6, 9 ; feuilles fistuleuses **I** 10, 8. Bulbe d'un jonc comparé à celui de la ciboulette **IV** 12, 3. Époque du semis **VII** 1, 2 ; délai de germination **VII** 1, 3 ; vient plus vite de graine fraîche **VII** 1, 6. Plante bisannuelle **VII** 1, 7, à tige unique **VII** 1, 8. Forme des rejetons au moyen de bulbilles **VII** 2, 2. Description et usage **VII** 4, 10. Aime l'eau **VII** 5, 1 ; supporte le repiquage **VII** 5, 3 ; ses semences ne se conservent pas **VII** 5, 5. Racine formée d'écailles **VII** 9, 4. Le glaïeul a des bulbilles comme la ciboulette **VII** 12, 3 ; la solanée qui provoque la folie a une capsule comme un bulbe de ciboulette **IX** 11, 6.

γλεῖνος / γλῖνος, gleinos / glinos, érable champêtre, *Acer campestre* L.
Nom macédonien de l'érable de plaine **III** 3, 1 ; **III** 11, 2. Caractères du bois **III** 11, 2.

γλυκεῖα (ῥίζα) (ἡ), « racine douce », réglisse, *Glycyrrhiza glabra* L., *G. echinata* L., vel sim.
Autre nom de la « racine de Scythie » (ἡ σκυθικὴ [ῥίζα]) **IX** 13, 2.

γλυκυσίδη (ἡ), « grenade douce », *Paeonia* L. spp.
Autre nom de la pivoine **IX** 8, 6.

γογγυλίς (ἡ), rave, *Brassica rapa* L.
Racine charnue **I** 6, 6 ; **VII** 2, 8 ; faite d'écorce et de chair **I** 6, 7 ; à écorce adhérente à la chair **VII** 9, 4. Époque du semis **VII** 1, 2 ; semée par temps chaud, la plante monte en graine plus vite **VII** 1, 7. Racine unique, de longue conservation **VII** 2, 5. Graines en gousse **VII** 3, 2 ; fructification plutôt latérale **VII** 3, 4. Qualité de la semence ; mode de culture ; produit « mâle » ou « femelle » **VII** 4, 3, ne constituant probablement pas des variétés distinctes **VII** 4, 6. Supporte le repiquage **VII** 5, 3. Différences entre la plante sauvage et le légume cultivé **VII** 6, 2.

δαῦκον (τὸ), « carotte », buplèvre ligneux, *Bupleurum fruticosum* L. Plante médicinale d'Arcadie qui a l'aspect du laurier et une teinte safranée **IX** 15, 5 ; plante médicinale d'Achaïe, échauffante, à racine noire **IX** 15, 8 ; **IX** 20, 2.

1 δάφνη (ἡ), laurier, *Laurus nobilis* L. incl. var. *angustifolia, lanceolata, latifolia*.
Écorce mince **I** 5, 2 ; racines irrégulières **I** 6, 3, tortueuses par nature **I** 6, 4 ; tronc sans nœuds **I** 8, 1 ; feuilles persistantes **I** 9, 3 ; **III** 3, 3 ; caractères du fruit **I** 11, 3, et du suc **I** 12, 1. Espèce connue de tous **I** 14, 4. Se multiplie par rejet **II** 1, 3, et par graine **II** 2, 6. Distance de plantation **II** 5, 6. Époque du bourgeonnement **III** 4, 2. Produit un « corps mousseux » (fleur) **III** 7, 3, auquel ressemble celui du frêne **III** 11, 4. Sont comparées à la feuille du laurier les folioles du frêne **III** 11, 3 ; du sorbier **III** 12, 7 ; du sureau **III** 13, 5 ; du pistachier **III** 15, 4. Fruit de l'aune aussi gros que celui du laurier **III** 14, 3. Feuille de l'arbousier intermédiaire entre celle du chêne kermès et celle du laurier **III** 16, 4. Ont la feuille du laurier le *koloitéa* de l'Ida **III** 17, 3, deux plantes violemment toxiques d'Arachosie et de Gédrosie (cf. *Plantes anonymes*, n° 11 et n° 12) **IV** 4, 12 et 13. Abondant sur l'Olympe mais absent de Panticapée **IV** 5, 3 ; commun sur les bords de la Propontide **IV** 5, 4. Description d'un arbre de mangrove (cf. *Plantes anonymes*, n° 16) à feuille de laurier **IV** 7, 4. Vieillit vite mais produit des rejets **IV** 13, 3. Rebutée par l'odeur du laurier, la vigne s'en détourne **IV** 16, 6. Caractères et usages du bois **V** 3, 3 ; **V** 3, 4 ; **V** 7, 7. Une des principales essences forestières du Latium **V** 8, 3. Le foret des briquets se fait en laurier **V** 9, 7. L'encensier d'Arabie a l'écorce lisse et la feuille du laurier **IX** 4, 2 et 3 ; celui de Sardes a lui aussi la feuille du laurier **IX** 4, 9 ; de même l'hellébore noir **IX** 10, 1. Une « carotte » d'Arcadie a l'aspect du laurier **IX** 15, 5. Le poivre rond ressemble à un fruit de laurier **IX** 20, 1.

2 δάφνη (ἡ), « laurier », *Avicennia marina* (Forsk.) Vierh.
Arbre des mangroves de la mer Rouge semblable à un chêne vert **IV** 7, 2.

δάφνη ἡ ἀλεξάνδρεια, laurier d'Alexandrie, fragon à languette, *Ruscus hypoglossum* L.
Porte son fruit sur la feuille **I** 10, 8 ; **III** 17, 4. Endémique de l'Ida **III** 17, 4.

δαφνοειδῆ (τὰ), « faux lauriers », (?) *Lithophyllum incrustans* Philippi vel sim.
Végétaux pétrifiés de la mer Extérieure **IV** 7, 1.

1 δίκταμνον (τὸ), dictame, *Origanum dictamnus* L.
Description de la plante et de la drogue ; usages thérapeutiques **IX** 16, 1-2.

2 δίκταμνον (τὸ), « dictame », ballote, *Ballota acetabulosa* (L.) Bentham.
Homonyme du vrai dictame, dont il n'a ni l'aspect ni les propriétés **IX** 16, 3.

διόσανθος (τὸ), œillet, *Dianthus diffusus* Sibth. & Sm.
Plante à couronnes **VI** 1, 1 ; fleur inodore, seule utilisée **VI** 6, 2. Multiplication par semis **VI** 6, 11 ; floraison estivale **VI** 8, 3.

διοσβάλανος (ἡ), châtaignier, *Castanea sativa* Miller.
Espèce sauvage domestiquée **III** 2, 3 ; exclusivement montagnarde en Macédoine **III** 3, 1. Floraison contestée **III** 3, 8. Époque du bourgeonnement **III** 4, 2 ; fructification tardive **III** 4, 4. A des bourgeons d'hiver **III** 5, 5. La faîne est comparée à la châtaigne **III** 10, 1. Arbre de Grèce et des pays du nord **IV** 5, 1 ; abondant sur le Tmolos et sur l'Olympe de Mysie **IV** 5, 4.

διόσπυρον (τὸ), fruit du micocoulier, *Celtis australis* L.
Le fruit du merisier est comparé à celui du micocoulier **III** 13, 3.

δόλιχος (ὁ), dolique, *Vigna unguiculata* (L.) Walpers (= *V. sinensis* (L.) Savi).
A besoin de longs tuteurs pour grimper et produire **VIII** 3, 2. Sa semence pourrit vite **VIII** 11, 1.

δόναξ (ὁ), *donax*, canne de Provence, *Arundo donax* L.
Roseau le plus commun, formant des fourrés au bord des cours d'eau et des lacs **IV** 11, 11.

δρακόντιον (τὸ), serpentaire, *Dracunculus vulgaris* Schott.
Origine du nom ; racine non comestible, médicinale **VII** 12, 2 ; usages médicaux **IX** 20, 3.

δρυπίς (ἡ), drypis, *Drypis spinosa* L.
Feuilles totalement épineuses **I** 10, 6.

1 δρῦς (ἡ), chêne (espèces caducifoliées), *Quercus* L. spp.
Possède en propre des galles **I** 2, 1. Caractères de l'écorce **I** 2, 7 ; **I** 5, 2 ; du bois **I** 5, 3 ; **I** 5, 5 ; **I** 6, 1 et 2 ; des racines **I** 6, 3 et 4. Forme des excroissances à ramilles **I** 8, 5. Chêne sempervirent de Sybaris **I** 9, 5 ; **III** 3, 3. Feuilles découpées **I** 10, 6, parfois issues du tronc **I** 10, 7. Structure du gland **I** 11, 3 ; sa saveur **I** 12, 1. Modes de propagation **II** 2, 3 ; s'abâtardit s'il vient de graine **II** 2, 6. Susceptible de pousser en plaine **III** 3, 1. Floraison contestée **III** 3, 8. Époque du bourgeonnement **III** 4, 2, et de la fructification **III** 4, 4. Particularités du bourgeonnement **III** 5, 1 et 2. Formation des galles **III** 5, 2. A des bourgeons d'hiver **III** 5, 5. Croissance vigoureuse **III** 6, 1. Racines du sapin comparées à celles du chêne **III** 6, 5. Plusieurs sortes de galles **III** 7, 4 et 5 ; autres produits du chêne **III** 7, 6. Classification des espèces, en particulier selon les gens de l'Ida **III** 8, 2. Toutes portent des galles **III** 8, 6. Espèces présentes en Macédoine **III** 8, 7. Sont comparés aux chênes caducifoliés le chêne kermès **III** 16, 1, et le chêne-liège *(phellodrys)* d'Arcadie **III** 16, 3. Croît même en Haute Égypte **IV** 2, 8 ; dans la région pontique **IV** 5, 3. Des petites fourmis naissent sous son écorce **IV** 14, 10. Sa résistance à l'écorçage **IV** 15, 2 et 3. Époque de l'abattage **V** 1, 2 ; **V** 1, 4. Caractères du bois **V** 3, 1 ; **V** 3, 3 ; **V** 4, 1 ; **V** 4, 2 ; **V** 4, 3. Flottaison des troncs immergés **V** 4, 8. Un des bois les plus difficiles à travailler **V** 5, 1. Fléchit sous la charge s'il est placé de flanc **V** 6, 1. Usages du chêne en construction navale **V** 7, 2, dans le bâtiment **V** 7, 4, ainsi que dans les ouvrages enterrés **V** 7, 5. Une des principales essences forestières du Circéion **V** 8, 3. Nature et usages du charbon de chêne **V** 9, 1 et 3. Mode de germination du gland **VIII** 2, 2. La germandrée petit-chêne a la feuille du chêne **IX** 9, 5.

2 δρῦς (ἡ), « chêne », *Plocamium coccineum* (Huds.) Lyngb.
Une des plantes marines les plus remarquables et les plus localisées **IV** 6, 2. Description, habitat, usage tinctorial **IV** 6, 7-8.

δρῦς ἡ ἀγρία, chêne « sauvage », *Quercus aegilops* L.
Écorce rugueuse **I** 5, 2. Autre nom du vélanède *(phègos)*, justifié par son habitat et par la qualité de son bois **III** 8, 2.

δρῦς ἡ ἥμερος, ἡμερίς, chêne « domestique », chêne des teinturiers, *Quercus infectoria* Olivier.
Opposé au chêne « sauvage » pour l'habitat et la qualité du bois ; présent sur l'Ida **III** 8, 2. Caractères des fruits **III** 8, 2 ; description du port et du bois **III** 8, 4. Ses galles sont utilisées pour le tannage et la teinture **III** 8, 6.

δρῦς ἡ πλατύφυλλος, « chêne à larges feuilles », *Quercus frainetto* Ten.
Présent sur l'Ida **III** 8, 2. Caractères des fruits **III** 8, 2 ; du tronc et du bois **III** 8, 5. Porte une galle inutilisée **III** 8, 6. En Macédoine, désigne un chêne à glands amers **III** 8, 7.

δρῦς ἡ ποντία, « chêne » de haute mer, sargasse, *Sargassum vulgare* Ag.
Espèce réputée fructifère et dont le fruit serait utilisé ; atteindrait de grandes dimensions **IV** 6, 9.

ἐβένη (ἡ), ébénier, *Diospyros ebenum* König (γένος τὸ καλόν), *Dalbergia sissoo* Roxb. (γ. τὸ φαῦλον).
Description des deux variétés indiennes **IV** 4, 6.

ἔβενος (ἡ), ébénier, *Dalbergia melanoxylon* Guill. & Perrott. ; *Diospyros ebenum* König.
Bois lourd même sec **I** 5, 4, du fait de sa compacité **I** 5, 5 ; à moelle particulièrement dure et compacte **I** 6, 1. L'ébène est le bois le plus compact et le plus lourd **V** 3, 1, auquel on compare pour la couleur ceux du cytise **V** 3, 1, du pistachier de Syrie **V** 3, 2, d'un arbre (cf. *Plantes anonymes*, n° 23) ressemblant au poirier **V** 3, 2. Au nombre des bois imputrescibles par nature **V** 4, 2 ; son aspect et son usage médical **IX** 20, 4.

εἰλετίας, voir s.v. κάλαμος ὁ εἰλετίας.

1 ἐλαία / ἐλάα (ἡ), olivier, *Olea europaea* L., *O. ferruginea* Royle (= *O. cuspidata* Wall.).
A les caractères d'un arbre **I** 3, 1, mais devient buissonnant s'il est taillé court **I** 3, 3. Bois cassant **I** 5, 4, parce qu'il est tortueux et dur **I** 5, 5 ; sans zone médullaire distincte **I** 6, 2. Description des racines **I** 6, 3 et 4. Arbre noueux **I** 8, 1, mais moins que l'oléastre **I** 8, 2 ; le tronc a des excroissances et des cavités **I** 8, 6. Feuilles persistantes **I** 9, 3, dont la face supérieure se retourne au solstice d'été **I** 10, 1 et 2 ; étroites **I** 10, 4 ; à pétiole court **I** 10, 7. Structure du fruit **I** 11, 1 et 3, disposé en groupes **I** 11, 4. Le suc a le goût de l'huile **I** 12, 1. Petite

fleur pétalée **I** 13, 1, à corolle d'une seule pièce **I**, 13, 2, entourant le
jeune fruit **I** 13, 3. Fructification sur le bois d'un an **I** 14, 1, à la cime
de l'arbre quand la récolte est bonne **I** 14, 2. Olivier (cultivé) opposé à
l'oléastre (sauvage) **I** 14, 4. Divers moyens de le multiplier **II** 1, 2 et 4.
D'un noyau d'olive naît un olivier sauvage (ἀγριέλαιος) **II** 2, 5. Un
oléastre ne devient pas un olivier **II** 2, 12, sauf cas extraordinaire **II** 3,
1 ; autres anomalies observées sur l'olivier **II** 3, 3. Se marcotte sur
l'arbre même **II** 5, 3. Méthodes de plantation **II** 5, 4 et 6. Prospère surtout en plaine **II** 5, 7. Ses exigences culturales : un émondage sévère
II 7, 2, du fumier et de l'eau **II** 7, 3, un recépage quand il est vieux **II**
7, 3. Caractères qui distinguent l'oléastre de l'olivier **III** 2, 1. Ressemblances du cornouiller avec l'olivier **III** 12, 2. Comparaison entre la
fleur du térébinthe et celle de l'olivier **III** 15, 4 ; entre le fruit du
« figuier de l'Ida » et une olive **III** 17, 5. L'olivier en Égypte **IV** 2, 8-
9 ; en Cyrénaïque **IV** 3, 1 ; dans l'Inde (*O. ferruginea*) **IV** 4, 11. Fruit
de l'« olivier » des mangroves comparé à une olive **IV** 7, 2 et 4. Longévité de l'olivier inférieure à celle de l'oléastre **IV** 13, 1, exceptionnelle pour l'olivier d'Athènes **IV** 13, 2, mais très grande en général **IV**
13, 5. Maladies et ennemis **IV** 14, 3 ; **IV** 14, 8-10. Craint le gel **IV** 14,
12. Repousse vigoureusement après élagage **IV** 16, 1. Bois compact et
cassant **V** 3, 3 ; pris aux racines pour les statues de culte **V** 3, 7 ;
imputrescible par nature **V** 4, 2 ; non attaqué par le taret **V** 4, 4. Présente un fort retrait **V** 5, 2 ; casse sans être pourri **V** 6, 1. A des braises
très durables **V** 9, 6, mais ne convient pas pour les briquets **V** 9, 7. Brut
ou mis en œuvre, le bois d'olivier peut bourgeonner **V** 9, 8. La passerine blanche a la feuille de l'olivier **VI** 2, 2. Arbre des régions côtières
VI 2, 4. Mèlos est bonne productrice d'huile **VIII** 2, 8. Blé de Bactriane à grain aussi gros qu'un noyau d'olive **VIII** 4, 5. Feuille de l'euphorbe « mâle » comparée à celle de l'olivier **IX** 11, 8. Fruit de la
mercuriale comparé à une petite olive **IX** 18, 5.

2 ἐλαία (ἡ), « olivier » (des mangroves tropicales), manglier, *Rhizophora mucronata* Lam.
Habitat, caractères et usages **IV** 7, 2.

1 ἐλάτη (ἡ), sapin, *Abies* Miller spp. ; en général, pour la Grèce, sapin
de Céphalonie, *A. cephalonica* Loudon.
Disposition des rameaux sur la branche **I** 1, 8. Dégénère en culture **II**
3, 6. Fût droit **I** 5, 1 ; écorce formée de plusieurs couches **I** 5, 2. Bois
fibreux **I** 5, 3, fissile à cause de la rectitude de son fil **I** 5, 4 et 5,
noueux **I** 5, 4, à moelle ligneuse **I** 6, 1. Racine unique **I** 6, 3, fibreuse
I 6, 4 ; ne drageonne pas **I** 6, 5. Nœuds plus nombreux sur les arbres
« mâles » **I** 8, 2, fichés droit dans le tronc **I** 8, 3. Croît en hauteur **I** 9,
1 ; de plus belle venue en Macédoine que partout ailleurs **I** 9, 2.
Feuilles persistantes **I** 9, 3 ; **III** 3, 3 ; alternant en dents de scie **I** 10,

5 ; piquantes à l'extrémité **I** 10, 6. Sève à goût d'huile **I** 12, 1, pois-seuse **I** 12, 2. Fleur safranée **I** 13, 1 ; **III** 4, 5. Ne vient que de graine **II** 2, 2 ; **III** 1, 2. Strictement montagnard en Macédoine **III** 3, 1. Époque de floraison **III** 4, 5. Particularités du bourgeonnement **III** 5, 1 ; 2 ; 3 ; 5. Croissance vigoureuse et fructification précoce **III** 6, 1. Processus fixe du bourgeonnement et de la croissance **III** 6, 2. Profon-deur de l'enracinement, selon les Arcadiens **III** 6, 4 ; selon les gens de l'Ida (pour *A. nordmanniana* Spach subsp. *equi-trojani*) **III** 6, 5. L'« excroissance périphérique » propre au sapin **III** 7, 1-2 ; **III** 9, 8. Description des deux espèces, « mâle » (*A. cephalonica*) et « femelle » (*A. alba* Miller) **III** 9, 6. Comparaison du sapin avec le pin noir pour la taille **III** 9, 6, et pour les caractères du bois **III** 9, 7-8. Tronc du hêtre comparé à celui du sapin **III** 10, 1. Ressemblances de l'if avec le sapin **III** 10, 2. Essence d'ombre **IV** 1, 1, le sapin préfère les vallons des montagnes à leurs cimes **IV** 1, 2 et 3. Le sapin (*A. cili-cica* Carrière) n'atteint pas l'intérieur de la Syrie **IV** 4, 1. Commun à la Grèce et aux pays du nord **IV** 5, 1 ; manque à la région de Panticapée **IV** 5, 3. Ne supporte pas d'être écorcé quand il bourgeonne **IV** 15, 3 ; ni d'être étêté **IV** 16, 1 ; mais tolère le gemmage **IV** 16, 1. L'extrac-tion totale de sa moelle le fait périr **IV** 16, 4. Choix de l'époque la plus propice pour couper le sapin **V** 1, 1 ; 2 ; 4. Caractères de son bois **V** 1, 5 ; 6 ; 7. Mode de croissance du sapin **V** 1, 8. Classement des sujets d'après leurs possibilités de débit **V** 1, 9-12. Bois de texture lâche **V** 3, 3 ; absorbe l'humidité atmosphérique **V** 3, 5 ; assez peu attaqué par le taret **V** 4, 4 ; se conserve parfois dans l'eau **V** 4, 6. Difficile à travailler s'il est noueux **V** 5, 1. Aspect et caractères de sa zone médullaire **V** 5, 2 et 5. Résistant à la charge s'il est placé de flanc **V** 6, 1 ; c'est le bois le plus solide **V** 6, 2 ; utilisé pour la construction des navires de guerre **V** 7, 1. Le chêne s'ajuste mal avec le sapin **V** 7, 4 et 5. Sapin (*A. alba*) de très belle venue dans les montagnes du Latium et en Corse **V** 8, 1 et 3. Exsudations sur le bois mis en œuvre **V** 9, 8. Sève en larmes **IX** 1, 2. Extraction de la résine **IX** 2, 1, qui vient au second rang pour la qua-lité **IX** 2, 2.

2 ἐλάτη (ἡ), « sapin », *Chylocladia verticillata* (Lightf.) Bliding.
Une des plantes marines les plus remarquables et les plus localisées **IV** 6, 2. Description, habitat, comparaison avec le « chêne » **IV** 6, 7-8.

ἐλατήριον (τὸ), momordique, concombre sauvage, *Ecballium elate-rium* (L.) A. Richard.
Plante médicinale des régions froides **IV** 5, 1. Nom du suc purgatif extrait de son fruit **IX** 9, 4 et 5 ; durée et méthode de conservation de ce produit **IX** 14, 1-2.

ἐλέαγνος (ὁ), salicaire, *Lythrum salicaria* L.
Plante du lac d'Orchomène **IV** 10, 1. Description et habitat **IV** 10, 2.

ἐλειοσέλινον, voir s.v. σέλινον τὸ ἕλειον.

ἐλελίσφακος (ὁ), « sauge à verticilles », sauge trilobée, *Salvia triloba* L. fil.
Au nombre des végétaux inermes **VI** 1, 4. Différences par rapport à la sauge σφάκος **VI** 2, 5.

ἐλένιον (τὸ), ivette musquée, *Ajuga iva* (L.) Schreber.
Se multiplie par boutures de rameaux **II** 1, 3. Plante à couronnes cultivée **VI** 1, 1 ; tout entière odorante **VI** 6, 2 ; ne comprenant pas différentes variétés **VI** 6, 3. Passe pour stérile **VI** 7, 2 ; a des racines superficielles **VI** 7, 4.

ἐλίκη (ἡ), saule, *Salix* L. spp.
Nom arcadien de l'arbre appelé ailleurs ἰτέα **III** 13, 7.

ἕλιξ (ἡ), lierre grimpant, *Hedera helix* L. (forme de jeunesse).
Une des trois principales variétés de lierre **III** 18, 6. Peut se transformer en lierre commun (κιττός) d'aspect différent **III** 18, 7-8. Trois sortes de lierre grimpant : le vert, le blanc et le panaché (lierre de Thrace) **III** 18, 8. S'attache à d'autres plantes **VII** 8, 1.

ἐλίχρυσος (ὁ), immortelle, *Helichrysum orientale* (L.) Gaertner, *H. stoechas* (L.) Moench.
Époque de floraison **VI** 8, 1 ; usages médicaux et magique **IX** 19, 3.

ἐλλεβορίνη (ἡ), « helléborine », (?) *Herniaria* L. spp.
Sa graine est incorporée dans la potion d'hellébore **IX** 10, 2.

ἐλλέβορος (ἐ-) (ὁ), hellébore, *Helleborus cyclophyllus* Boiss., *H. orientalis* Lam. ; vératre, *Veratrum album* L.
Plante médicinale des régions froides **IV** 5, 1. Précautions prises pour son arrachage **IX** 8, 6. Deux espèces homonymes, l'hellébore noir et le blanc, dont les ressemblances sont controversées **IX** 10, 1 ; leur distribution géographique **IX** 10, 2-4 ; longue conservation de la racine **IX** 14, 1 ; présence des deux espèces en Arcadie **IX** 15, 5.

ἐλλέβορος (ἐ-) ὁ λευκός, hellébore blanc, vératre, *Veratrum album* L.
Tige comparable à celle de la férule **VI** 2, 9 ; racines choisies pour l'usage médical **IX** 8, 4. Simple homonyme de l'hellébore noir ; caractères distinctifs et effets **IX** 10, 1-2. Très localisé **IX** 10, 3 ; présent en

Arcadie **IX** 15, 5. Feuille du colchique comparée à celle du vératre **IX** 16, 6. Ranime le scorpion tué par la plante *skorpios* **IX** 18, 2.

ἐλλέβορος (ἑ-) ὁ μέλας, hellébore noir, hellébore, *Helleborus cyclo-phyllus* Boiss.
Cérémonial d'arrachage **IX** 8, 8. Usage de la racine et du fruit **IX** 9, 2 ; **IX** 14, 4. Ressemblances et différences avec l'hellébore blanc ; distribution géographique ; usages et propriétés **IX** 10. Présent en Arcadie **IX** 15, 5. Effets neutralisés par l'accoutumance **IX** 17, 1-3.

ἔλυμος (ὁ), sétaire, millet des oiseaux, *Setaria italica* (L.) Beauv.
Forme une panicule **IV** 4, 10. En marge des céréales et des légumineuses **VIII** 1, 1. Germe vite et donne un grain de bonne garde **VIII** 11, 1.

ἔνθρυσκον (τὸ), cerfeuil, *Anthriscus cerefolium* (L.) Hoffm.
Légume sauvage **VII** 7, 1 (conj.).

ἐπετίνη (ἡ), (?) vrillée, renouée liseron, *Fallopia convolvulus* (L.) A. Löve (= *Polygonum convolvulus* L.).
S'attache à d'autres plantes mais rampe en l'absence de soutien **VII** 8, 1.

ἐπίπετρον (τὸ), joubarbe, *Sempervivum reginae – amaliae* Heldr. & Guicc.
Plante dépourvue de fleurs **VII** 7, 4.

ἐρέβινθος (ὁ), pois chiche, *Cicer arietinum* L.
Moyen pour avoir des pois chiches de grande taille **II** 4, 2. Certains palmiers ont un fruit de la grosseur du pois chiche **II** 6, 6 ; de même le figuier d'Inde **IV** 4, 4 ; une espèce de *tribolos* en a la feuille **VI** 5, 3. Fait partie des légumineuses **VIII** 1, 1. Se sème tôt ou tard indifféremment **VIII** 1, 4. Configuration du hile **VIII** 2, 1 ; **VIII** 5, 4. Plantule à plusieurs feuilles, racine particulièrement profonde **VIII** 2, 3. Fleurit longtemps **VIII** 2, 5 ; mûrit très vite **VIII** 2, 6. Tige ligneuse, qui tend à se déjeter **VIII** 3, 2. Différences à l'intérieur de l'espèce **VIII** 5, 1. Cosses courtes à grains peu nombreux **VIII** 5, 2. Souffre de la pluie, plus ou moins suivant les variétés **VIII** 6, 5. Caractères et exigences du pois chiche **VIII** 7, 2. La plus épuisante des légumineuses **VIII** 9, 1. Sujet au « blanc », maladie spécifique **VIII** 10, 1, et aux attaques des chenilles **VIII** 10, 5. Grain non véreux, de bonne garde **VIII** 11, 2 et 6.

ἐρείκη (ἡ), bruyère, *Erica* L. spp., en part. bruyère en arbre, *E. arborea* L.
Arbrisseau à fructification terminale **I** 14, 2. L'« herbe à l'encens » sans fruits croît là où abonde la bruyère **IX** 11, 11.

ἐρευθεδανόν / -έδανον (τὸ), garance, *Rubia tinctorum* L., *R. peregrina* L.
Genre bien différencié de végétaux inermes **VI** 1, 4, à racine rouge **VII** 9, 3 ; **IX** 13, 4. Description, habitat, usages médicaux **IX** 13, 6.

ἐρινεός (ὁ), caprifiguier, *Ficus carica* L. var. *caprificus*.
Plus noueux que le figuier **I** 8, 2 ; arbre sauvage opposé au figuier domestique **I** 14, 4 ; sort de la graine du figuier **II** 2, 4 ; ne peut se changer en figuier **II** 2, 12, à moins d'un prodige **II** 3, 1. Sert à la caprification **II** 8, 1-3. Exclusivement montagnard en Macédoine **III** 3, 1. Époque de son bourgeonnement **III** 4, 2. Fruit du « figuier de Chypre » comparé aux figues sauvages **IV** 2, 3. Vit plus longtemps que le figuier domestique **IV** 13, 1 ; moins sensible à diverses affections **IV** 14, 4. Une forte pluie peut faire tomber ses fruits **IV** 14, 5. Bois excellent pour le cintrage **V** 6, 2 ; produit la fumée la plus âcre **V** 9, 5.

ἐριοφόρον (δένδρον τὸ), cotonnier arborescent, *Gossypium arboreum* L.
Distribution géographique et morphologie de la plante ; récolte et usage textile du coton **IV** 7, 7-8.

ἕρπυλλος (ὁ), serpolet, *Thymus* L. spp., en part. *T. sibthorpii* Bentham.
Sous-arbrisseau à feuilles persistantes **I** 9, 4 ; multiplié par plant de rameau **II** 1, 3. Plante à couronnes **VI** 1, 1, tout entière odorante **VI** 6, 2. Espèce unique en son genre **VI** 6, 3 ; passe pour dépourvue de fruits **VI** 7, 2 ; transplantée de la nature dans les jardins, change parfois de parfum **VI** 7, 2. Caractères des racines **VI** 7, 4 ; croissance particulière des pousses **VI** 7, 5. Une seule espèce domestique, plusieurs espèces sauvages **VI** 7, 5. Exigences culturales **VI** 7, 6.

ἐρύσιμον (τὸ), sisymbre à cornes, *Sisymbrium polyceratium* L.
Époque du semis **VIII** 1, 4. A des feuilles particulières **VIII** 3, 1 ; des tiges rappelant celle de la férule **VIII** 3, 2 ; des fleurs pétalées **VIII** 3, 3. Germination contrariée par la pluie **VIII** 6, 1. Ressemblances avec le sésame **VIII** 7, 3.

1 ἐτυμόδρυς (ἡ), « chêne franc », chêne des teinturiers, *Quercus infectoria* Olivier.
Un des noms du chêne à glands doux **III** 8, 2.

2 ἐτυμόδρυς (ἡ), « chêne franc », vélanède, *Quercus aegilops* L.
En Macédoine, nom du chêne à glands doux **III** 8, 7.

εὔζωμον (τὸ), roquette, *Eruca vesicaria* (L.) Cav. subsp. *sativa* (= *E. sativa* Lam.).

Racines ligneuses **I** 6, 6 ; **VII** 2, 8. Légume contre-planté **VII** 1, 2 ; germe très vite **VII** 1, 3 ; ne comprend pas plusieurs variétés **VII** 4, 1 ; conserve longtemps sa faculté germinative **VII** 5, 5. Une variété de radis a la feuille de la roquette **VII** 4, 2. Feuille de la solanée qui provoque la folie comparée à celle de la roquette **IX** 11, 6.

εὐθύφλοιος (ἡ), cerre, *Quercus cerris* L.
Synonyme de ἀλίφλοιος **III** 8, 2.

εὐώνυμον δένδρον (τὸ), « arbre sinistre », rhododendron jaune, *Rhododendron luteum* Sweet.
Arbre de Lesbos, décrit dans toutes ses parties, vénéneux et même mortel pour le petit bétail **III** 18, 13.

ἐφήμερον (τὸ), colchique, *Colchicum autumnale* L.
Description, toxicité, délais d'action du poison **IX** 16, 6.

ζειά (ἡ), amidonnier, *Triticum dicoccon* Schrank.
Se transforme en froment **II** 4, 1 ; **VIII** 8, 3. Le riz lui ressemble **IV** 4, 10. Fait partie des céréales **VIII** 1, 1. Se sème tôt **VIII** 1, 3. Parmi les espèces semblables au froment et à l'orge ; la plus épuisante de ces espèces, exigeant un sol fertile **VIII** 9, 2.

ζυγία (ἡ), érable plane, *Acer platanoides* L.
Exclusivement montagnard en Macédoine **III** 3, 1. Époque du bourgeonnement **III** 4, 2. Croissance très vigoureuse **III** 6, 1. Description de l'arbre et de son bois ; habitat et distribution géographique **III** 11, 1-2. Époque de l'abattage **V** 1, 2 ; **V** 1, 4. Bois compact, parmi les plus durs **V** 3, 3 ; ses usages **V** 7, 6.

ζωστήρ (ὁ), « ceinture », posidonie, *Posidonia oceanica* (L.) Delile.
Autre nom du « *phykos* à large feuille » **IV** 6, 2.

ἡδύοσμον (τὸ), menthe, *Mentha* L. spp.
Plante alimentaire sauvage **VII** 7, 1.

ἡλιοτρόπιον (τὸ), « héliotrope », (?) *Heliotropium* L. spp. ; scammonée de Montpellier, *Cynanchum acutum* L.
Fleurit longtemps **VII** 3, 1 ; **VII** 9, 2. Tige rampante **VII** 8, 1. Plante herbacée sempervirente **VII** 10, 5 ; commence à fleurir au solstice d'été **VII** 15, 1.

ἡμερίς (ἡ), chêne « domestique », chêne des teinturiers, *Quercus infectoria* Olivier.

Un des noms du chêne à glands doux **III** 8, 2. Une des cinq espèces de l'Ida de Troade **III** 8, 2. Description de l'arbre et de son bois **III** 8, 4. Les galles de ce chêne et leurs usages **III** 8, 6.

ἡμεροκαλλές (τὸ), belle-d'un-jour, asphodèle jaune, *Asphodeline lutea* (L.) Reichenb.
Espèce cultivée comme plante à couronnes **VI** 1, 1 ; multipliée par semis **VI** 6, 11.

ἡμίονος (ἡ), « herbe à la mule », doradille, *Ceterach officinarum* DC. Description et usages **IX** 18, 7.

ἡρακλεία (ἡ), « herbe d'Héraclès », grémil officinal, *Lithospermum officinale* L.
Se trouve en Arcadie **IX** 15, 5.

ἡρακλεωτική / ἡρακλεῶτις (καρύα) (ἡ), noisetier, *Corylus avellana* L.
Devient buissonnant s'il n'est pas émondé **I** 3, 3 ; a des feuilles découpées **I** 10, 6. Floraison contestée **III** 3, 8. A des bourgeons d'hiver **III** 5, 5 ; des chatons **III** 5, 5-6 ; **III** 7, 3. Croissance exclusivement latérale **III** 6, 2-3. Enracinement très profond **III** 6, 5. Description de l'arbre et de ses fruits, de son bois et de son écorce ; son habitat **III** 15, 1-2.

ἡριγέρων (ὁ), séneçon, *Senecio vulgaris* L.
Plante alimentaire sauvage **VII** 7, 1. Fleurit longtemps **VII** 7, 4 ; dès l'hiver **VII** 10, 2.

ἠρύγγιον (τὸ), panicaut, *Eryngium campestre* L.
Feuilles épineuses **VI** 1, 3.

θαψία (ἡ), thapsie, *Thapsia garganica* L.
Suc de la racine plus fort que celui du fruit **IX** 8, 3. Précautions à prendre pour l'arrachage **IX** 8, 5. Racine et suc utilisés **IX** 9, 1. Purge différemment suivant la partie de la racine utilisée **IX** 9, 5. Description de la plante **IX** 9, 6. Propriétés médicinales ; toxicité pour le bétail **IX** 20, 3.

θέρμος (ὁ), lupin, *Lupinus albus* L.
Ne supporte pas les soins donnés aux plantes cultivées **I** 3, 6 ; **III** 2, 1 ; **VIII** 11, 8. Germe et enfonce sa racine même à travers une couche épaisse de détritus **I** 7, 3 ; **VIII** 11, 8. Fruit d'un arbre des mangroves (cf. *Plantes anonymes*, n° 17) semblable à celui du lupin **IV** 7, 4 ; 6 ;

7. Se sème « au sortir de l'aire », sans labour préalable **VIII** 1, 3 ; **VIII** 11, 8. Configuration du hile **VIII** 2, 1 ; **VIII** 5, 4. Gousses cloisonnées **VIII** 5, 2. Plante trop amère pour être consommée en vert **VIII** 7, 3. Graine de longue conservation **VIII** 11, 2 et 6. A ne pas moissonner trop sec **VIII** 11, 4.

1 θηλυκράνεια (ἡ), « cornouiller femelle », cornouiller sanguin, *Cornus sanguinea* L. ; camérisier, *Lonicera xylosteum* L.
Moins noueux que le « mâle » **I** 8, 2. En Macédoine pousse même en plaine **III** 3, 1. Bourgeonne tôt **III** 4, 2. Différences par rapport au cornouiller « mâle » **III** 4, 3. Fruits immangeables **III** 4, 3 et 6. Description des cornouillers « mâle » et « femelle » **III** 12, 1. En Macédoine on dit les deux espèces fructifères, mais le fruit du « cornouiller femelle » immangeable **III** 12, 2.

2 θηλυκράνεια (ἡ), « cornouiller femelle », camérisier, *Lonicera xylosteum* L.
Bois à moelle, tendre et lacuneux **III** 12, 1.

3 θηλυκράνεια (ἡ), « cornouiller femelle », cornouiller, *Cornus mas* L.
Sur l'Ida, on appelle « femelle » le cornouiller à fruits comestibles **III** 12, 2.

θηλυπτερίς (ἡ), « fougère femelle », fougère aigle, *Pteridium aquilinum* (L.) Kuhn (= *Pteris aquilina* L.).
Description de la plante ; usages et propriétés **IX** 18, 8.

θηλυφόνον (τὸ), « mort aux femelles », doronic d'Orient, *Doronicum orientale* Hoffm. (= *D. caucasicum* Bieb.).
Poison mortel pour de nombreux animaux ; description de la plante **IX** 18, 2.

θήσειον (τὸ), « herbe à Thésée », léontice, *Leontice leontopetalum* L.
Racine amère et purgative **VII** 12, 3.

θραύπαλος (ὁ, ἡ), prunellier, *Prunus spinosa* L.
Arbre à racines superficielles mais nombreuses **III** 6, 4 ; aime l'ombre **IV** 1, 3.

1 θριδακίνη (ἡ), laitue, *Lactuca serriola* L.
Tige d'abord normalement feuillée, puis épineuse **I** 10, 7 ; sève aqueuse **I** 12, 2. Une algue verte ressemble aux feuilles de laitue **IV** 6, 6. Légume contre-planté **VII** 1, 2 ; germe rapidement **VII** 1, 3 ; a des graines aigrettées **VII** 3, 2 ; comprend plusieurs variétés **VII** 4, 1. Description de ces variétés **VII** 4, 5. Légume attaqué par les courtilières

VII 5, 4. Différences entre la plante sauvage et le légume cultivé **VII** 6, 2.

2 θριδακίνη (ἡ), laitue vireuse, laitue sauvage, *Lactuca virosa* L.
On extrait de la tige un suc peu abondant, recueilli sur un flocon de laine **IX** 8, 2.

θριδακίνη ἡ πικρά, « laitue amère », laitue à feuilles de saule, *Lactuca saligna* L.
L'« herbe à l'encens » sans fruits a la feuille de la laitue amère **IX** 11, 11.

θρίδαξ (ἡ), laitue, *Lactuca serriola* L.
Quand sa tige est tronquée, fait de nouvelles pousses plus savoureuses **VII** 2, 4. Racines courtes **VII** 2, 9. Différences entre la plante cultivée et la plante sauvage **VII** 2, 9. Supporte bien le repiquage **VII** 5, 3.

θρυαλλίς (ἡ), molène, *Verbascum* L. spp.
Au nombre des plantes à épi floral **VII** 11, 2.

1 θρύον (τὸ), impérata cylindrique, *Imperata cylindrica* (L.) Raeuschel.
Feuilles typiques des plantes lacustres **IV** 11, 12 (conj.).

2 θρύον (τὸ), « herbe au thyrse », *Datura stramonium* L.
Autre nom de la solanée qui provoque la folie **IX** 11, 6 (conj.).

1 θυία / θύεια (ἡ), genévrier fétide, *Juniperus foetidissima* Willd.
Feuilles persistantes **I** 9, 3 ; bourgeonnement très tardif **III** 4, 2. Garde ses fruits plus tard que tous les autres arbres **III** 4, 6. Pousse en haute montagne et y atteint une grande taille **IV** 1, 3.

2 θυία (ἡ), thuya de Barbarie, *Tetraclinis quadrivalvis* (Vahl) Masters.
Autre nom du *thyon* ; voir s.v. θύον.

θύμβρα (ἡ), **θύμβρον** (τὸ), sarriette, *Satureia (-eja) thymbra* L. (sauvage), *S. hortensis* L. (cultivée).
Suc âcre **I** 12, 1 et 2. Genre de végétaux inermes **VI** 1, 4. Graine bien visible **VI** 2, 3. Pousse en Arcadie **VI** 2, 4. Époque du semis **VII** 1, 2 ; délai de germination **VII** 1, 3. Vient plus vite de graine vieille **VII** 1, 6 ; conserve longtemps sa faculté germinative **VII** 5, 5. Plus âcre à l'état sauvage qu'en culture **VII** 6, 1.

1 θύμον (τὸ), **θύμος** (ὁ), thym, *Thymus capitatus* (L.) Hoffmanns. & Link (= *Satureja capitata* L.)
Suc âcre **I** 12, 2 ; fleur sans graine visible **III** 1, 3 ; **VI** 2, 3. Abonde

dans les régions arides de Libye **IV** 3, 5. Deux formes, la « blanche »
et la « noire » **VI** 2, 3. Répartition géographique **VI** 2, 4. En certaines
régions le serpolet ressemble au thym **VI** 7, 2.

2 θύμον (τό), « thym » (?) Corallinacées.
Plantes pétrifiées de la mer Extérieure **IV** 7, 1.

3 θύμον (τό), « thym », salicorne à gros épis, *Arthrocnemum glaucum*
   (Delile) Ung.-Sternb.
Plante associée aux arbres des mangroves en mer Rouge **IV** 7, 2.

θύον (τό), thuya de Barbarie, *Tetraclinis quadrivalvis* (Vahl) Masters.
Arbre de Libye comparé à un cyprès sauvage ; qualités et usages de
son bois **V** 3, 7 ; bois imputrescible **V** 4, 2.

ἰασιώνη (ἡ), liseron, *Calystegia* R. Br. spp. et *Convolvulus* L. spp.
Corolle d'une seule pièce **I** 13, 2.

ἴκμη (ἡ), lentille d'eau, *Lemna minor* L.
Une des plantes du lac d'Orchomène **IV** 10, 1 ; peut-être présente
ailleurs sous un autre nom **IV** 10, 2 ; reste à examiner **IV** 10, 4.

ἰξία (ἡ), gui du chêne, *Loranthus europaeus* Jacq.
Pousse sur le chêne et sur d'autres espèces **III** 7, 6. Coexiste avec le
gui blanc sur le chêne kermès **III** 16, 1.

ἰξία ἡ ἐν Κρήτῃ, « plante à glu », astragale, *Astragalus* L. subgen.
   Tragacantha Bunge.
Produit un suc en larmes ; croît en Crète, en Achaïe et en Médie **IX**
1, 3.

ἰξίνη (ἡ), chardon à glu, *Atractylis gummifera* L.
Au nombre des carduacées **VI** 4, 3. Pousse en été **VI** 4, 4. Description
VI 4, 9. La sève se concrète et forme le mastic **IX** 1, 2.

1 ἴον (τό), violier, giroflée, cocardeau, *Cheiranthus cheiri* L., *Mat-*
   thiola incana R. Br.
Fleur d'un arbre de Tylos comparée à celle d'une giroflée **IV** 7, 8.
Sous-arbrisseau à fleur odorante **VI** 6, 2. Parfum très pur à Cyrène **VI**
6, 5 ; variable en fonction de divers facteurs **VI** 8, 5-6.

2 ἴον (τό), perce-neige, *Galanthus* L. spp.
Fleurit dès le début de l'hiver **VI** 8, 1.

ἴον τὸ λευκόν = 1 ἴον.
Fleur de l'« arbre sinistre » comparée à celle du violier **III** 18, 13.
Comprend plusieurs variétés **VI** 6, 3. Différences entre violette et violier **VI** 6, 7.

ἴον τὸ μέλαν, violette, *Viola odorata* L.
Fleur « double » **I** 13, 2. Espèce d'aspect unique, à la différence du violier **VI** 6, 3. Différences entre violette et violier **VI** 6, 7. Fleurit tôt **VI** 8, 1, mais peut fleurir toute l'année en culture **VI** 8, 2.

ἴπνον (τὸ), « queue de cheval », prêle, *Equisetum telmateia (-eja)* Ehrh., *E. palustre* L.
Une des plantes du lac d'Orchomène **IV** 10, 1 ; peut-être présente ailleurs sous un autre nom **IV** 10, 2 ; reste à examiner **IV** 10, 4.

ἱππομάραθον (τὸ), « fenouil de cheval », (?) *Cachrys ferulacea* (L.) Calestani.
Plante apparentée à la férule **VI** 1, 4.

ἱπποσέλινον (τὸ), maceron, *Smyrnium olusatrum* L.
Feuilles persistantes **I** 9, 4. Passe pour se propager par des larmes de sève **II** 2, 1 ; **IX** 1, 4. Racine de la bette comparée à celle du maceron **VII** 2, 6 ; racine charnue **VII** 2, 8. Description ; différences par rapport à l'ache des marais **VII** 6, 3. Le suc sort en larmes de ses racines **IX** 1, 3. Se trouve en Arcadie **IX** 15, 5.

ἱππόφεως (ὁ), euphorbe buisson d'épines, *Euphorbia acanthothamnos* Heldr. & Sart.
Possède à la fois des épines et des feuilles **VI** 5, 1 ; feuilles dépourvues d'épines **VI** 5, 2.

ἶρις (ἡ), iris, *Iris germanica* L. var. *florentina*, *I. pallida* Lam.
Racines odorantes **I** 7, 2. Seule plante à parfum des régions froides, d'excellente qualité et exploitée en Illyrie **IV** 5, 2 ; **IX** 7, 4. Floraison estivale **VI** 8, 3. Feuille voisine de celle du roseau **VII** 13, 1. A une tige proprement dite, comparée à celle de l'asphodèle **VII** 13, 2. Au nombre des aromates usuels **IX** 7, 3. Le galbanum entre dans la composition du parfum d'iris **IX** 9, 2.

ἴσχαιμος (ἡ), « arrête-sang », chiendent à balai, *Dichanthium ischaemum* (L.) Roberty (= *Andropogon ischaemum* L.)
Utilisé en Thrace comme hémostatique **IX** 15, 3.

ἰσχάς (ἡ), euphorbe « figue sèche », *Euphorbia apios* L.
Purge différemment suivant la partie de la racine utilisée **IX** 9, 5. Description de la plante **IX** 9, 6.

ἰτέα (ἡ), saule, *Salix* L. spp.
Arbre du milieu humide **I** 4, 2 ; **IV** 1, 1 ; **IV** 8, 1 ; en quelque sorte amphibie **I** 4, 3 ; **IV** 10, 6. Tronc tortueux et court **I** 5, 1. Bois léger même vert **I** 5, 4. Peut se cultiver **III** 1, 1. Réputé stérile, se multiplie néanmoins **III** 1, 2 ; perd son fruit avant maturité **III** 1, 3 ; fructification contestée **III** 3, 4. En Macédoine pousse même en plaine **III** 3, 1. Bourgeonne très tôt **III** 4, 2. Vigueur de sa croissance contestée **III** 6, 1. Plusieurs espèces décrites **III** 13, 7. Foliole du baguenaudier comparée à la feuille d'un saule **III** 14, 4. Forme des peuplements étendus **IV** 5, 7. N'a que les racines et le pied dans l'humidité **IV** 8, 1. Parmi les plantes du lac d'Orchomène **IV** 10, 1. Feuille des bambous comparée à celle du saule **IV** 11, 13. Vit moins longtemps que les espèces des lieux secs **IV** 13, 2. Reprend vie après avoir été gravement mutilé **IV** 16, 2-3. Bois élastique et de texture lâche **V** 3, 4 ; sert à faire des boucliers et de la vannerie **V** 7, 7 ; dégage une fumée désagréable **V** 9, 5.

ἰτέα ἡ λευκή, saule blanc, *Salix alba* L.
Écorce blanche ; jets moins recherchés que ceux du « noir » pour la vannerie ; a une variété naine ([?] le saule drapé, *S. eleagnos* Scop. [= *S. incana* Schrank]) **III** 13, 7.

ἰτέα ἡ μέλαινα, saule « noir », *Salix fragilis* L.
Écorce noire ou plutôt pourpre ; excellent pour la vannerie ; a une variété naine (le saule pourpre, *S. purpurea* L.) **III** 13, 7.

ἴφυον (τό), nielle, *Agrostemma githago* L.
Vient de semis **VI** 6, 11. Fleurit presque en été **VI** 8, 3.

ἴψος ([?] ὁ), amélanchier, *Amelanchier ovalis* Medicus var. *cretica*.
Bourgeonne très tard **III** 4, 2.

ἰωνία (ἡ), violier, *Matthiola incana* R. Br. ; violette, *Viola odorata* L.
Feuilles persistantes **I** 9, 4. Différences entre violette et violier dans la plante même **VI** 6, 7 ; ressemblance lointaine entre les deux plantes homonymes **VII** 6, 4.

ἰωνία (ἡ λευκή), violier, *Matthiola incana* R. Br.
Sous-arbrisseau multiplié par ses sarments **II** 1, 3 ; végétal ligneux à petites feuilles **VI** 1, 1 ; racines ligneuses également **VI** 6, 11. Longévité d'environ trois ans **VI** 8, 5.

ἰωνία ἡ μέλαινα, violette, *Viola odorata* L.
Caractères qui distinguent la violette des sous-arbrisseaux **VI** 6, 2.

κάκτος (ἡ), cardon, *Cynara cardunculus* L.
Distribution, description, comestibilité **VI** 4, 10-11.

κάλαμος (ὁ), roseau, *Arundo* L., *Phragmites* Adanson, etc. ; en part.
canne de Provence, *Arundo donax* L.
Écorce fibreuse **I** 5, 2 ; tige articulée **I** 5, 3 ; moelle membraneuse **I** 6,
2. Description de la racine **I** 6, 7 et 10. Articulation du roseau analogue
à un nœud d'arbre **I** 8, 3 et 5. Défini comme arbrisseau à feuilles persistantes **I** 9, 4. Morphologie de la feuille **I** 10, 5, tout entière fibreuse
I 10, 8, de même que le pédoncule **I** 10, 9. Multiplication du roseau (*A.
donax*) en culture **II** 2, 1. Plante marine à tige comparable au roseau **IV**
6, 6. Forme des fourrés **IV** 8, 1. Racine de la fève d'Égypte comparée
à celle du roseau **IV** 8, 7-8. Pousse dans une assez grande hauteur
d'eau (*Phragmites australis* Trin.) **IV** 9, 1 ; la châtaigne d'eau forme
des rejets comme le roseau **IV** 9, 3. Deux espèces (*A. donax* et *P. australis*) présentes dans le lac d'Orchomène **IV** 10, 1. La racine de
l'acanthe épineuse n'a pas l'aspect d'un roseau **IV** 10, 6. Exigences
écologiques des roseaux **IV** 10, 6 et 7. Les diverses espèces, leur morphologie et leurs usages **IV** 11, 1-13. Application d'un manchon de
roseau sur un arbre mutilé **IV** 15, 2. Feuilles de la férule engainantes
comme celles du roseau **VI** 2, 8. Feuilles de l'iris comparées à celles
du roseau **VII** 13, 1 ; de même celles des céréales **VIII** 3, 1. On
appelle panicule une inflorescence pareille à celle du roseau **VIII** 3, 4.
Le dictame se conserve dans une tige de roseau (*A. donax*) **IX** 16, 2.

κάλαμος ὁ αὐλητικός, roseau à *aulos*, *Arundo donax* L.
Distingué des autres roseaux **IV** 10, 1 ; **IV** 11, 1. Ses exigences écologiques et sa formation **IV** 10, 6 ; **IV** 11, 2-3. Son traitement pour la
fabrication des anches d'*aulos* **IV** 11, 4-7. Lieux où il devient particulièrement beau **IV** 11, 8-9.

κάλαμος ὁ βομβυκίας, roseau à tuyaux d'*aulos* (cf. κ. ὁ αὐλητικός)
IV 11, 3.

κάλαμος ὁ εἰλετίας, oyat, *Ammophila arenaria* (L.) Link subsp. *arundinacea*.
« Roseau à lier » dit « mâle » à cause de sa fermeté **IV** 11, 13.

κάλαμος ὁ ἐπίγειος, roseau terrestre, *Calamagrostis epigeios* (L.)
Roth.
Roseau à tige couchée sur le sol **IV** 11, 13.

κάλαμος ὁ εὐώδης, roseau aromatique, acore odorant, *Acorus calamus* L.

Pousse dans un lac de Syrie **IV** 8, 4. Situation géographique de ce lac ; description de la plante **IX** 7, 1-2. Dans la liste des aromates usuels **IX** 7, 3.

κάλαμος ὁ ζευγίτης, roseau à anches doubles (cf. κ. ὁ αὐλητικός) **IV** 11, 3.

κάλαμος ὁ ἰνδικός, « roseau de l'Inde », bambou, *Bambusa arundinacea* Willd. (« femelle ») ; *Dendrocalamus strictus* Nees (« mâle »).
Description, usage, localisation géographique **IV** 11, 13.

κάλαμος ὁ κρητικός, roseau de Crète, *Arundo plinii* Turra.
Peu noueux, se courbe à volonté quand on le chauffe **IV** 11, 11.

κάλαμος ὁ λακωνικός, var. d'*A. donax* à feuilles panachées **IV** 11, 12.

κάλαμος ὁ πλόκιμος, roseau des vanniers, phragmite, *Phragmites australis* (Cav.) Trin.
Roseau mince, peuplant les îles flottantes **IV** 11, 1.

κάλαμος ὁ συριγγίας, roseau à flûtes, *Arundo donax* L.
Roseau creux, sans bois ni chair **IV** 11, 10.

κάλαμος ὁ τοξικός, roseau propre à faire des arcs (= κ. ὁ κρητικός) **IV** 11, 11.

κάλαμος ὁ χαρακίας, roseau à palissades (ou à tuteurs ?), *Arundo donax* L.
Distingué des autres roseaux **IV** 11, 1.

καμακίας, voir s.v. πυρὸς ὁ καμακίας.

κάππαρις (ἡ), câprier, *Capparis spinosa* L.
Rebelle à la culture **I** 3, 6 ; **III** 2, 1 ; **VI** 5, 2. Fruit de l'« arbre aux glands » égyptien comparé à une câpre **IV** 2, 6. Espèce à jeunes rameaux épineux **VI** 1, 3 ; à feuille spinescente **IV** 4, 1 ; **VI** 5, 2. Cycle végétatif et écologie **VI** 5, 2. Plante à tiges couchées **VII** 8, 1 ; totalement estivale **VII** 10, 1.

κάρδαμον (τὸ), cresson (alénois), *Lepidium sativum* L.
Saveur âcre **I** 12, 1. Époque du semis **VII** 1, 2 ; délai de germination **VII** 1, 3, plus court si les graines sont vieilles **VII** 1, 6. Ne comprend pas plusieurs variétés **VII** 4, 1. Semence de longue conservation **VII** 5, 5.

καρδάμωμον (τό), cardamome, *Elettaria cardamomum* White & Maton.
En provenance de la Médie ou de l'Inde **IX** 7, 2. Dans la liste des aromates usuels **IX** 7, 3.

καρύα (ἡ), noyer, *Juglans regia* L. ; noisetier, *Corylus avellana* L. Structure interne de la noix (κάρυον) **I** 11, 1 et 3 ; son suc huileux **I** 12, 1. Espèce sauvage par nature (*C. avellana*) **III** 2, 3 ; exclusivement montagnarde en Macédoine **III** 3, 1. Floraison contestée pour les « arbres à noix » (noyer, noisetier, châtaignier) **III** 3, 8. Bourgeonne tôt (*C. avellana*) **III** 4, 2 ; bourgeonne quand le printemps s'installe (*J. regia*) **III** 4, 2. Fructifie en automne **III** 4, 4. A des bourgeons d'hiver (*C. avellana*) **III** 5, 5. Feuille du cédratier comparée à celle du noyer **IV** 4, 2. Le noyer (τὸ κάρυον, la noix) abonde sur le Tmolos et l'Olympe de Mysie **IV** 5, 4. Processus de germination de la noix **VIII** 2, 2. Le fruit de l'euphorbe faux myrte est appelé « noix » **IX** 11, 9.

καρύα ἡ εὐβοϊκή, « noyer d'Eubée », châtaignier, *Castanea sativa* Miller.
Structure interne de la châtaigne **I** 11, 3. Le châtaignier (τὰ εὐβοϊκά, les châtaignes) abonde en Eubée et dans la région de Magnésie **IV** 5, 4. Bois imputrescible par nature **V** 4, 2, résistant au contact de l'eau **V** 4, 4 ; craque avant de se rompre **V** 6, 1 ; utilisé pour les ouvrages enterrés **V** 7, 7. Charbon recherché pour la sidérurgie **V** 9, 2.

καρύα ἡ ἡρακλεωτική, voir s.v. **ἡρακλεωτική**.

κάρυα ἡ κασταναϊκή (à tirer de τὸ κασταναϊκὸν κάρυον, châtaigne), châtaignier, *Castanea sativa* Miller.
La racine du lotus d'Égypte a l'écorce de la châtaigne **IV** 8, 11.

καρυά ἡ περσική, « noyer de Perse », coudrier de Byzance, *Corylus colurna* L.
Croissance à partir des bourgeons latéraux **III** 6, 2 et 3. Feuille du bouleau comparée à celle du « noyer de Perse » **III** 14, 4.

κασ(σ)ία (ἡ), cannelle (de Chine), *Cinnamomum cassia* Blume.
Parmi les plantes à parfum d'Orient **IV** 4, 14 ; d'Arabie **IX** 4, 2 ; **IX** 7, 2. Arbrisseau rameux et ligneux **IX** 5, 1. Procédé pour prélever l'écorce aromatique **IX** 5, 3. Dans la liste des aromates usuels **IX** 7, 3.

καυκαλίς (ἡ), tordyle d'Apulie, *Tordylium apulum* L. (= *Condylocarpus apulus* Hoffm.).
Légume sauvage **VII** 7, 1.

καχρυδίας, voir s.v. πυρὸς ὁ καχρυδίας.

κέγχρος (ὁ), millet commun, *Panicum miliaceum* L.
Graines dans des glumes **I** 11, 2. Infrutescence en forme de panicule
IV 4, 10 ; **VIII** 3, 4. Graine du lotus d'Égypte comparée à un grain de
millet **IV** 8, 10 ; de même celle du nénuphar blanc **IV** 10, 3. Plante de
culture estivale **VIII** 1, 1. Époque du semis **VIII** 1, 4. Mûrit en une
quarantaine de jours **VIII** 2, 6. La tige a l'aspect du chaume **VIII** 3, 2.
La fleur forme un duvet autour du fruit **VIII** 3, 3. Productif **VIII** 3, 4 ;
peu résistant à l'excès d'eau **VIII** 7, 3 ; moins épuisant que le sésame
VIII 9, 3. Germe vite et donne un grain de bonne conservation **VIII**
11, 1 et 6. Fruit de l'« herbe aux mâles » comparé à un grain de millet
IX 18, 6.

κεδρίς (ἡ), (?) formes basses du genévrier cade, *Juniperus oxycedrus* L.
Arbrisseau nain **I** 9, 4 ; **III** 13, 7 ; à feuilles persistantes **I** 9, 4, pointues **I** 10, 6 (conj.).

1 κέδρος (ἡ), genévrier, *Juniperus* L. spp., en part. genévrier cade, *J.
oxycedrus* L.
Bois dépourvu de chair **I** 5, 3. Feuilles persistantes **I** 9, 3 ; grêles **I** 10,
4 ; pointues **I** 10, 6. Baie (ἡ κεδρίς) aromatique **I** 12, 1. Racines
superficielles **III** 6, 5 ; **III** 12, 4. Bois et écorce de l'if comparés à ceux
du cade **III** 10, 2. Désaccord sur espèce unique ou genre divisé en
kédros de Lycie (*J. oxycedrus*, [?] *J. drupacea* Labill.) et *kédros* de
Phénicie (*J. excelsa* Bieb.) ; description du genévrier cade (*kédros,
oxykédros*) distingué du genévrier de Phénicie (*arkeuthos*) pour la
feuille et le bois **III** 12, 3 ; du genévrier commun (*arkeuthos*) pour le
fruit **III** 12, 4. Autres caractères du genévrier cade **III** 12, 4. Il en
existe une variété naine **III** 13, 7. Fruit du « paliure » de Libye (*Zizyphus lotus*) comparé à celui du cade (ἡ κεδρίς) **IV** 3, 3. Le cade est
présent en Thrace et en Phrygie **IV** 5, 2. Bois utilisé pour les statues de
culte **V** 3, 7 ; imputrescible par nature **V** 4, 2 ; sujet à des exsudations
V 9, 8. La sève forme des larmes **IX** 1, 2.

2 κέδρος (ἡ), cèdre, *Cedrus libani* A. Richard ; à Chypre, *C. brevifo-
lia* Henry.
Essence dominante dans les montagnes de Cilicie et de Syrie **III** 2, 6.
Bois de construction navale en Syrie **IV** 5, 5 ; **V** 7, 1. L'arbre ne sup-
porte pas d'être étêté **IV** 16, 1. Bois utilisé pour le bâtiment **V** 7, 4.
Prospérité du cèdre en Syrie et à Chypre **V** 8, 1.

κέδρος ἡ φοινικική, « *kédros* de Phénicie », genévrier élevé, *Juniperus excelsa* Bieb.
Distingué du *kédros* de Lycie **III** 12, 3. Bois parfois brûlé pour faire de
la poix **IX** 2, 3.

κενταύριον (τὸ), **κενταυρία** (ἡ), **κενταυρίς** (ἡ), centaurée, *Centaurea amplifolia* Boiss. & Heldr.
Suc amer **I** 12, 1. En Élide prospère surtout dans la montagne **III** 3, 6. Recherche les régions froides **IV** 5, 1. Plante amère dans toutes ses parties mais bénéfique **VII** 9, 4. Suc rouge sang **IX** 1, 1. Récolte de la plante réputée dangereuse **IX** 8, 7. Suc ajouté à celui de la solanée qui provoque la folie, pour rendre l'égarement permanent **IX** 11, 6. Racine charnue et compacte, de longue conservation **IX** 14, 1.

κεντρομυρρίνη (ἡ), fragon, petit houx, *Ruscus aculeatus* L.
Le « laurier d'Alexandrie » a, comme le fragon, son fruit sur la feuille **III**, 17, 4.

κεράϊς (ἡ), « plante à cornes », nom médical du radis sauvage, *Raphanus raphanistrum* L.
IX 15, 5.

κέρασος (ὁ), merisier, cerisier sauvage, *Prunus avium* L.
Description du tronc, de la feuille, de l'écorce et de son usage en vannerie, des racines, de la fleur et du fruit **III** 13, 1-3. Essence des lieux humides **III** 13, 3. Prélèvement et usage de l'écorce **IV** 15, 1. La sève forme des larmes **IX** 1, 2.

1 κερκίς (ἡ), arbre de Judée, *Cercis siliquastrum* L.
Arbre à graines renfermées dans une gousse **I** 11, 2.

2 κερκίς (ἡ), peuplier tremble, *Populus tremula* L.
Description de l'arbre, de sa feuille, de son écorce ; absence de fruits **III** 14, 2.

κερωνία (ἡ), caroubier, *Ceratonia siliqua* L.
Arbre à graines renfermées dans une gousse **I** 11, 2. Appelé aussi « figuier d'Égypte » parce qu'il a des fruits sur le tronc, comme le figuier sycomore **I** 11, 2 ; **I** 14, 2 ; **IV** 2, 4. Distribution, description, particularités de la fructification **IV** 2, 4.

κήλαστρον (τὸ), **κήλαστρος** (ἡ), houx, *Ilex aquifolium* L.
Essence des régions froides, rebelle à la culture **I** 3, 6. Feuilles persistantes **I** 9, 3 ; **III** 3, 3. En Macédoine pousse également en plaine **III** 3, 1. Perd ses fruits du fait de l'hiver **III** 4, 5 et 6. Recherche les lieux les plus exposés aux intempéries **IV** 1, 3. Bois de l'alaterne aussi blanc que celui du houx **V** 6, 2. On fait des cannes de houx **V** 7, 7.

κινάμωμον (τὸ), cinnamome, *Cinnamomum* Blume spp., en part. *C. zeylanicum* Nees (ou Blume, ou Breyn).

Parmi les plantes à parfum d'Orient **IV** 4, 14 ; d'Arabie **IX** 4, 2 ; **IX** 7, 2. Caractères de l'arbrisseau ; mode d'exploitation de son écorce **IX** 5, 1. D'autres sources indiquent deux variétés **IX** 5, 2 ; donnent un récit fabuleux de sa récolte **IX** 5, 2. Dans la liste des aromates usuels **IX** 7, 3.

κίσθος (ὁ), ciste, *Cistus* L. spp.
Végétaux inermes formant un genre bien différencié **VI** 1, 4. Deux espèces, l'une « mâle » à fleur violacée (*C. incanus* L. subsp. *creticus* = *C. creticus* L.), l'autre « femelle » (*C. salviaefolius* L.) **VI** 2, 1. Feuille de la garance comparée à celle d'un ciste (*C. monspeliensis* L.) **IX** 13, 6 (conj.).

κιττός (ὁ), lierre, *Hedera helix* L. ; *H. nepalensis* C. Koch.
Arbrisseau susceptible de devenir un arbre **I** 3, 2 ; **III** 18, 9. Feuilles persistantes **I** 9, 4 ; variables suivant l'âge **I** 10, 1 ; **III** 18, 7 ; lisses **I** 10, 2 ; à pétiole long **I** 10, 7. Fleurs formant un duvet **I** 13, 1 ; disposées particulièrement **I** 13, 4. Cas de « symbiose » du lierre et de l'olivier **II** 1, 2. Fruits tardifs **III** 4, 6. Tilleul comparé au lierre pour le fruit et la feuille **III** 10, 5 ; de même le tremble pour la feuille **III** 14, 2. Le lierre présente les différences internes d'un genre unique **III** 18, 1. Trois variétés comprenant chacune de nombreuses formes **III** 18, 6. Rapports entre le lierre commun et le lierre grimpant (*helix*) **III** 18, 7-8. Racines et crampons, parasitisme du lierre **III** 18, 9-10. Caractères du fruit **III** 18, 10. Salsepareille comparée au lierre pour la feuille **III** 18, 11, et pour les grappes de fruits pendantes **III** 18, 12. Le lierre manque à l'Asie en général, mais non à l'Inde (*H. nepalensis*) ni à la Médie ; ne s'acclimate pas à Babylone **IV** 4, 1. Préjudiciable aux plantes voisines **IV** 16, 5. Bois chaud, recherché pour les briquets **V** 3, 4 ; **V** 9, 6.

κιττὸς ὁ κορυμβίας = **κ. ὁ ἀχαρνικός**, lierre à gros corymbes = lierre d'Acharnes, lierre à fruits jaunes, *Hedera helix* L. subsp. *poetarum*.
Variété à fruits clairs, gros et serrés comme des balles **III** 18, 6.

κιττὸς ὁ λευκός, « lierre blanc », lierre à fruits jaunes, *Hedera helix* L. subsp. *poetarum*.
Deux variétés distinguées par la grosseur et la compacité de l'infrutescence **III** 18, 6. Enracinement superficiel **III** 18, 9. Saveur du fruit variable **III** 18, 10. Fruit du lierre blanc administré pour rendre le sperme stérile **IX** 18, 5.

κιχόριον (τὸ), **κιχόρη** (ἡ), chicorée, *Cichorium intybus* L.
Feuilles radicales et non caulinaires **I** 10, 7. Légume sauvage ; consti-

tue le type des chicoracées, dont les feuilles ressemblent aux siennes **VII** 7, 1. Cycle végétatif de la chicorée et des chicoracées **VII** 7, 3. Disposition particulière des feuilles **VII** 8, 3. Floraison échelonnée **VII** 9, 2 ; **VII** 10, 3. Caractères des chicoracées et en particulier de la chicorée **VII** 11, 3. Feuille du coquelicot comparée à celle de la chicorée sauvage **IX** 12, 4. L'*akoniton* a une feuille de chicorée **IX** 16, 4.

κλήθρα (ἡ), aune, *Alnus glutinosa* (L.) Gaertner.
Espèce amphibie **I** 4, 3. En Macédoine pousse également en plaine **III** 3, 1. Deux variétés, l'une fructifère, l'autre stérile **III** 3, 6. Époque du bourgeonnement **III** 4, 2 ; de la fructification **III** 4, 4. Croissance très vigoureuse **III** 6, 1. Racines fines et clairsemées **III** 6, 5. Morphologie, usage, habitat **III** 14, 3. Noisetier comparé à l'aune **III** 15, 1. Espèce du milieu humide mais non aquatique **IV** 8, 1.

κλινότροχος (ἡ), érable « (?) à roulettes de lit », érable de Montpellier, *Acer monspessulanum* L.
Espèce d'érable ainsi nommée à Stagire **III** 11, 1.

κλύμενον (τὸ), chèvrefeuille, *Lonicera* L. spp., en part. chèvrefeuille entrelacé, *L. implexa* Aiton.
Doit être coupé avant que le soleil ne l'atteigne **IX** 8, 5. Effet stérilisant du fruit **IX** 18, 6. Remède pour les maladies de la rate **IX** 18, 7.

κνέωρον (τὸ), passerine, *Thymelaea* Miller spp.
Végétaux inermes formant un genre bien différencié **VI** 1, 4.

κνέωρος ὁ λευκός, passerine tartonraire, *Thymelaea tartonraira* (L.) All.
Espèce à feuille d'olivier ; caractères distinctifs **VI** 2, 2.

κνέωρος, κ. ὁ μέλας, passerine hérissée, *Thymelaea hirsuta* (L.) Endl.
Sous-arbrisseau à feuilles charnues **I** 10, 4 ; morphologie, usage, cycle végétatif **VI** 2, 2.

κνῆκος (ὁ, ἡ), carthame, *Carthamus* L. spp., en part. *C. tinctorius* L.
Plante à graine sèche **I** 11, 3 ; une seule graine par fleuron **I** 13, 3. Feuilles épineuses **VI** 1, 3. Au nombre des carduacées **VI** 4, 3. Tige unique non ramifiée ([?] *C. lanatus*) **VI** 4, 4. Graine du rosier comparée à celle du carthame **VI** 6, 6.

κνῆκος ἡ ἥμερος, carthame cultivé, *Carthamus tinctorius* L.
Distingué des espèces sauvages voisines **VI** 4, 5, et du chardon béni (*akorna*) **VI** 4, 6.

κνῆκος ἡ ἀγρία, carthame laineux, *Carthamus lanatus* L. ; chardon béni, *Cnicus benedictus* L.
Deux espèces, l'une à tige rigide utilisée pour les fuseaux (*C. lanatus*), l'autre à tiges couchées et feuilles molles (*C. benedictus*) **VI** 4, 5.

κόϊξ (ὁ), palmier doum, *Hyphaene thebaica* (L.) Mart.
Feuilles angulaires comme celles du roseau **I** 10, 5.

κόκκος ὁ κνίδιος, « grain de Cnide », fruit du daphné sain-bois, *Daphne gnidium* L.
Aspect ; usage médical **IX** 20, 2.

κοκκυγέα (ἡ), arbre à perruque, fustet, *Cotinus coggygria* Scop. (= *Rhus cotinus* L.).
Description ; particularité du fruit **III** 16, 6.

κοκκυμηλέα (ἡ), **κοκκύμηλον** (τὸ), prunier, *Prunus domestica* L.
Fruit formé de chair et de fibre **I** 10, 10 ; sa structure interne **I** 11, 1 ; la saveur de son suc **I** 12, 1. Fleur pétalée **I** 13, 1 ; placée au-dessus du fruit **I** 13, 3. Désaccord sur son enracinement, superficiel selon les uns **III** 6, 4, profond selon les autres **III** 6, 5. Fruit du « figuier de Chypre » de la taille d'une prune **IV** 2, 3. Noyau du *perséa* comparé à celui d'une prune **IV** 2, 5.

κοκκυμηλέα (ἡ αἰγυπτία), « prunier d'Égypte », *Balanites aegyptiaca* (L.) Delile.
Description de l'arbre ; son cycle biologique ; le fruit et ses usages **IV** 2, 10.

κολοιτέα (ἡ), *koloitéa*, saule de l'Ida, *Salix idae* Görz (~ *S. caprea* L.).
Espèce propre à l'Ida, décrite sous tous ses aspects **III** 17, 3.

κολοιτία / κολουτέα ἡ περὶ Λιπάραν, cytise de Lipari, *Cytisus aeolicus* Guss.
Arbre à graines renfermées dans une gousse **I** 11, 2. Espèce endémique ; morphologie, cycle végétatif, usages **III** 17, 2.

κολυτέα (ἡ), baguenaudier, *Colutea arborescens* L.
Description de l'arbre et du fruit **III** 14, 4.

κολοκύντη (ἡ), citrouille, courge, *Cucurbita pepo* L.
Disposition des graines **I** 11, 4. Nature du suc **I** 12, 2. Fleur au-dessus du fruit **I** 13, 3. On améliore le fruit en l'empoussiérant **II** 7, 5. Époque du semis **VII** 1, 2 ; délai de germination **VII** 1, 3 ; vient plus vite de graine fraîche **VII** 1, 6 ; Racines courtes **VII** 2, 9. Plusieurs variétés

VII 4, 1, ou du moins des différences de qualité **VII** 4, 6. Conserve mal sa faculté germinative **VII** 5, 5.

κόμαρος (ἡ, ὁ), arbousier commun, arbre aux fraises, *Arbutus unedo* L. Écorce crevassée, vite caduque **I** 5, 2. Feuilles persistantes ou semi-persistantes **I** 9, 3. Description ; particularité de la fructification **III** 16, 4. Comparaison avec l'arbousier d'Orient **III** 16, 5. Arbre à perruque comparé aux deux arbousiers pour la feuille **III** 16, 6. Un des bois qui donnent le meilleur charbon **V** 9, 1.

κόμη (ἡ), « herbe à la houppe », salsifis, *Tragopogon* L. spp. ; *Scorzonera* L. spp.
Autre nom de la « barbe-de-bouc » (τραγοπώγων) **VII** 7, 1.

κόνυζα (ἡ), inule, *Dittrichia* W. Greuter spp.
Végétaux inermes formant un genre bien différencié **VI** 1, 4. Deux espèces, l'une « mâle », plus robuste (*D. viscosa = Inula viscosa* Aiton), l'autre « femelle », fine et d'odeur piquante (*D. graveolens = Inula graveolens* Desf.) **VI** 2, 6. Floraison tardive **VI** 2, 6 ; **VII** 10, 1.

κορίαννον (τὸ), coriandre, *Coriandrum sativum* L.
Herbe potagère à graines nues **I** 11, 2 ; **VII** 3, 2 ; contre-plantée **VII** 1, 2 ; germe difficilement **VII** 1, 3, mais plus vite de graine vieille **VII** 1, 6. Racines ligneuses **VII** 2, 8. Ne comprend pas plusieurs variétés **VII** 4, 1. Se couvre d'efflorescences salines pendant la canicule **VII** 5, 4. Conserve longtemps sa faculté germinative **VII** 5, 5.

κόρχορος (ὁ), mouron, *Anagallis arvensis* L.
Légume sauvage d'une amertume proverbiale **VII** 7, 2.

κορωνόπους (ὁ), pied-de-corneille, *Plantago coronopus* L.
Plante à feuilles sur le sol **VII** 8, 3.

κόστος (ὁ), costus, *Saussurea lappa* Clarke.
Dans la liste des aromates usuels **IX** 7, 3.

κότινος (ὁ), oléastre, *Olea europaea* L. var. *sylvestris*.
Espèce sauvage plus productive que l'olivier **I** 4, 1. Arbre noueux **I** 8, 1, plus que l'olivier **I** 8, 2 ; nœuds disposés symétriquement **I** 8, 3 ; **III** 6, 2. Cavités à l'intérieur du tronc **I** 8, 6. Oléastre opposé à l'olivier **I** 14, 4 ; ne peut pas devenir un olivier **II** 2, 12, à moins d'un prodige **II** 3, 1. A tous les caractères du végétal sauvage **III** 2, 1. Fruit de l'alisier gros comme celui de l'oléastre **III** 15, 6. Olivier de l'Inde (*Olea ferruginea*) considéré comme intermédiaire entre l'oléastre et l'olivier **IV** 4, 11. Longévité de l'oléastre supérieure à celle de l'olivier **IV** 13,

1 ; illustrée par l'oléastre d'Olympie **IV** 13, 2. Plus sensible au gel que l'olivier **IV** 14, 12. A Mégare un oléastre renfermait des armes dans son tronc **V** 2, 4. Bois compact et cassant **V** 3, 3 ; imputrescible par nature **V** 4, 2 ; protégé du taret par son amertume **V** 4, 4 ; sert à faire d'excellents outils **V** 7, 8.

κουκιοφόρον (τὸ), palmier doum, *Hyphaene thebaica* (L.) Mart.
Description de l'arbre, du fruit, du bois **IV** 2, 7.

κράμβη (ἡ) = ῥάφανος (ἡ), chou, *Brassica cretica* Lam., (?) *B. oleracea* L.
Exemple-type de sous-arbrisseau **I** 3, 1 (conj.).

κράνεια (ἡ), cornouiller, *Cornus* L. spp. (et éventuellement camérisier, *Lonicera xylosteum* L.).
Espèce « mâle » plus noueuse que la « femelle » **I** 8, 2. Genre comprenant deux espèces, « mâle » et « femelle » ; leurs caractères communs **III** 12, 1. Fructification contestée ; caractères des racines ; habitat **III** 12, 2.

κράνεια (ἡ ἄρρην), cornouiller mâle, *Cornus mas* L.
Moelle dure et compacte **I** 6, 1. Fruits meilleurs à l'état sauvage qu'en culture **III** 2, 1. En Macédoine pousse également en plaine **III** 3, 1. Époque du bourgeonnement **III** 4, 2 ; de la fructification **III** 4, 3. Croissance très vigoureuse **III** 6, 1. Caractères de l'arbre, du bois, de la fleur et du fruit **III** 12, 1-2. Moyens de propagation **III** 12, 2. Arbre de l'Inde (cf. *Plantes anonymes*, n° 7) à fruits semblables aux cornouilles **IV** 4, 5. L'espèce « mâle » est la plus fructifère **V** 4, 1. Bois très solide **V** 6, 4.

κράταιγος / **κραταιγών** (ὁ), alisier, *Sorbus torminalis* (L.) Crantz.
Sorte de néflier sauvage, décrit sous tous ses aspects **III** 15, 6.

κραταιόγονον (τὸ) « herbe aux mâles », renouée persicaire, *Polygonum persicaria* L.
Description ; usage pour accroître la virilité **IX** 18, 6.

κρηπίς (ἡ), (?) mélinet, *Cerinthe major* L.
Plante à feuilles sur la tige **VII** 8, 3.

κριθανίας, voir s.v. πυρὸς ὁ κριθανίας.

κριθή (ἡ), orge, *Hordeum* L. spp.
Racines nombreuses **I** 6, 5 et 6. Structure de l'épi **I** 11, 5. Transformation prétendue de l'orge en blé **II** 2, 9 ; domestication des variétés sauvages **II** 4, 1. Fruit du charme comparé à un grain d'orge **III** 10, 3. Au

nombre des céréales cultivées dans l'Inde où l'on utilise aussi une orge sauvage (cf. *Plantes anonymes*, n° 9) **IV** 4, 9. Bière d'orge consommée en Égypte **IV** 8, 12. Fait partie des céréales **VIII** 1, 1. Se sème tôt **VIII** 1, 3, à l'exception de l'orge trémois **VIII** 1, 4. Germination rapide **VIII** 1, 5 ; description du processus **VIII** 2, 1. Plantule à feuille unique ; racines nombreuses et fines **VIII** 2, 3. Durée de la floraison **VIII** 2, 5. Le grain mûrit en quarante jours **VIII** 2, 6. Durée du cycle végétatif **VIII** 2, 7. Un terroir donne deux récoltes successives par an **VIII** 2, 9. Tige dressée **VIII** 3, 2. Caractères du grain et de la paille **VIII** 4, 1. Variétés distinguées par la disposition des grains en rangs, la forme de l'épi, la forme et la couleur du grain **VIII** 4, 2. Époque des semailles **VIII** 6, 1. Expositions et sols défavorables à l'orge **VIII** 6, 4. Supporte mal la pluie **VIII** 6, 4 ; 5 ; 6. Dégénère en ivraie **VIII** 7, 1 ; **VIII** 8, 3. La plante mutilée repousse des racines **VIII** 7, 5. Régions où l'orge donne le plus de farine **VIII** 8, 2. Céréale infestée par l'aegilops **VIII** 8, 3 ; la plus épuisante après le blé **VIII** 9, 1. D'autres céréales ressemblent à l'orge **VIII** 9, 2. Plus sujette à la rouille que le blé **VIII** 10, 2 ; récolte anéantie par divers phénomènes atmosphériques **VIII** 10, 3. Conservation du grain **VIII** 11, 1 ; 3 ; 4. Dépiquage de l'orge à Babylone **VIII** 11, 7. Fruit de l'euphorbe faux myrte récolté à la maturité des orges **IX** 11, 9. Présence du coquelicot dans les orges ; récolte de ses capsules avant la moisson **IX** 12, 4.

κριθὴ ἡ ἀχίλλειος / ἀχιλληῗς, orge d'Achille, *Hordeum* var.
Variété d'orge à épi rapproché de la feuille **VIII** 4, 2 ; particulièrement sujette à la rouille **VIII** 10, 2.

κρίνον (τὸ), **κρινωνία** (ἡ), lis, *Lilium candidum* L.
Fleur « double » **I** 13, 2. Procédés de multiplication, en particulier par des « larmes » **II** 2, 1 ; **VI** 6, 8 ; **IX** 1, 4. Plante aquatique d'Égypte (cf. *Plantes anonymes*, n° 20) comparée aux lis **IV** 8, 6. Fleur du lotus d'Égypte comparée à celle du lis **IV** 8, 9. Celle-ci serait de couleur variable, s'il existe des lis pourpres ([?] *L. martagon* L. vel sim.) **VI** 6, 3 et 8. Description générale **VI** 6, 8. Feuille du narcisse comparée à celle du lis **VI** 6, 9. Floraison plutôt estivale **VI** 8, 3.

κρόκος (ὁ), crocus, *Crocus* L. spp., en part. crocus à safran, *C. sativus* L.
Racine charnue **I** 6, 6 ; 7 ; 11. Forme de la racine **VII** 9, 4. Entre en végétation après le pissenlit **VII** 10, 2. Feuille très étroite **VII** 13, 1. N'a de tige que la tige florale **VII** 13, 2.

κρόκος (ὁ), **κ. ὁ εὔοσμος**, **κ. ὁ ἥμερος**, crocus à safran, safran, *Crocus sativus* L.
Très odorant en Cyrénaïque **IV** 3, 1 ; **VI** 6, 5. Description, cycle végétatif, exigences écologiques **VI** 6, 10. Floraison automnale **VI** 8, 3.

Feuille de la barbe-de-bouc comparée à celle du safran **VII** 7, 1.
Une seule floraison par an **VII** 7, 4. Dans la liste des aromates usuels
IX 7, 3.

κρόκος ὁ ἀκανθώδης, « safran épineux », safran bâtard, *Carthamus tinctorius* L.
Une seule floraison par an **VII** 7, 4.

κρόκος ὁ λευκός, « crocus à fleur blanche », *Crocus cancellatus* Herbert.
Une seule floraison par an **VII** 7, 4.

κρόκος ὁ ὀρεινὸς ἄοσμος « crocus des montagnes inodore », *Crocus cancellatus* Herbert, (?) *C. cartwrightianus* Herbert.
Floraison automnale **VI** 8, 3.

κρομμυογήτειον (τό), ciboulette, *Allium schoenoprasum* L.
Racine du *phykos* à feuilles larges comparée au bulbe de la ciboulette **IV** 6, 2.

κρόμμυον (τό), oignon, *Allium cepa* L.
Écorce formée de plusieurs couches **I** 5, 2. Racine formée de tuniques superposées **I** 6, 7 ; **VII** 9, 4 ; sans radicelles latérales **I** 6, 9. Feuilles toutes radicales **I** 10, 7 ; fistuleuses **I** 10, 8. Bulbe du jonc comparé à celui des oignons **IV** 12, 3. Bois du sapin formé de plusieurs tuniques, comme un oignon **V** 1, 6. Plante à tige simple et lisse **VII** 1, 8 ; **VII** 8, 2. Vient de racine **VII** 2, 1. Nombreux rejetons sur la racine **VII** 2, 3 ; **VII** 13, 4. Fructification terminale **VII** 3, 4. Diverses formes et variétés : description, modes de culture **VII** 4, 7-10. Peut porter des bulbilles sur sa tige **VII** 4, 12. Aime l'eau **VII** 5, 1, mais non la pluie **VII** 5, 2. Bulbe du *moly* arcadien comparé à celui de l'oignon **IX** 15, 7.

κροτών (ὁ), ricin, *Ricinus communis* L.
Feuilles variables suivant l'âge **I** 10, 1 ; **III** 18, 7.

κύαμος (ὁ), fève, féverole, *Vicia faba* L. var. *minor*.
Sont à peu près de la grosseur d'une fève certaines galles **III** 5, 2 ; les fruits de l'if **III** 10, 2 ; du tilleul **III** 10, 5 ; du merisier **III** 13, 3 ; d'un pistachier **III** 15, 3 ; de la « vigne » de l'Ida **III** 17, 6 ; du jujubier des Lotophages **IV** 3, 1. Fleurit longtemps **VII** 3, 1 ; **VIII** 2, 5. Fait partie des légumineuses **VIII** 1, 1. Se sème d'ordinaire avant l'hiver **VIII** 1, 3, mais parfois au printemps **VIII** 1, 4. Germination lente et difficile **VIII** 1, 5 ; **VIII** 6, 1 ; **VIII** 11, 1 ; description du processus **VIII** 2, 1. Description des étapes de la croissance **VIII** 2, 3. Mûrit en quarante

jours **VIII** 2, 6. Feuille arrondie **VIII** 3, 1 ; tige creuse et dressée **VIII** 3, 2. Graines de couleur et de saveur variables **VIII** 5, 1. Aspect du hile **VIII** 5, 4. La pluie lui profite quand elle est en fleur **VIII** 6, 5. Espèce améliorante **VIII** 7, 2. Facteurs déterminant la production de graines faciles ou difficiles à cuire **VIII** 8, 6 et 7. Utilisée comme engrais vert **VIII** 9, 1. Graines véreuses **VIII** 10, 5, et promptes à pourrir **VIII** 11, 1, sauf exceptions locales **VIII** 11, 3.

κύαμος (ὁ αἰγύπτιος), « fève d'Égypte », lotus rose, *Nelumbo nucifera* Gaertner.
Description de la plante sous tous ses aspects ; ses usages et sa culture **IV** 8, 7-8. Tige du lotus d'Égypte comparée à la sienne **IV** 8, 9.

κυδωνία (ἡ), cognassier, *Cydonia oblonga* Miller.
Produit dégénéré d'une variété à gros fruit (*strouthion*) **II** 2, 5. Racine du lotus d'Égypte de la taille d'un coing (μῆλον κυδώνιον) **IV** 8, 11.

κυκλάμινος (ὁ), cyclamen, *Cyclamen graecum* Link, *C. hederifolium* Aiton.
La racine a une écorce adhérente à la chair **VII** 9, 4. Racine et suc ont des usages médicaux ; préparation de la drogue **IX** 9, 1 et 3. Feuille de la plante dite « scorpion » comparée à celle du cyclamen **IX** 18, 2.

κύμινον (τὸ), cumin, *Cuminum cyminum* L.
Herbe potagère à graines nues **I** 11, 2 ; **VII** 3, 2 ; étroites et linéaires **VII** 3, 2 ; très nombreuses **VII** 3, 3 ; **VIII** 3, 5 ; vite sèches **VII** 3, 3. Superstition relative au semis **VII** 3, 3 ; **IX** 8, 8. Comprend plusieurs variétés **VII** 4, 1. La graine de l'hormin rappelle celle du cumin **VIII** 7, 3. Rongé par la « gale » et les efflorescences salines **VIII** 10, 1.

κυνόροδον (τὸ), églantier, *Rosa canina* L.
Les plantes dont en Inde on fait les vêtements (cf. *Plantes anonymes*, n° 8) ressemblent à des églantiers **IV** 4, 8.

κυνόσβατον (τὸ), « ronce des chiens », églantier, *Rosa canina* L.
Grand arbrisseau à fruit rougeâtre et feuille épineuse **III** 18, 4. Précaution à prendre pour récolter le fruit **IX** 8, 5.

κύνωψ / ἀχύνωψ (ὁ), œil-de-chien, *Plantago afra* L. (= *P. psyllium* L. 1762, non L. 1753).
Commence à pousser après l'équinoxe d'automne **VII** 7, 3 ; forme un épi **VII** 11, 2.

1 κύξ (ὁ), palmier doum, *Hyphaene thebaica* (L.) Mart.
Localisation géographique ; description de l'arbre et du fruit **II** 6, 10.

2 κύξ ([?] ὁ), fritillaire, *Fritillaria* L., en part. *F. graeca* Boiss. & Spruner.
Plante bulbeuse voisine du muscari **VII** 13, 9.

κυπάριττος (ἡ), cyprès, *Cupressus sempervirens* L.
Fût long et droit **I** 5, 1. Bois dépourvu de chair **I** 5, 3. Racines superficielles **I** 6, 4 ; ne drageonnent pas **I** 6, 5. Variété « mâle » (f. *horizontalis*) plus noueuse que la « femelle » (f. *sempervirens*) **I** 8, 2. Croît en longueur **I** 9, 1. Feuilles persistantes **I** 9, 3 ; charnues **I** 10, 4. Repousse en Crète après écimage **II** 2, 2. Les graines d'un sujet « femelle » donnent souvent des plants « mâles » **II** 2, 6. N'aime ni le fumier ni l'eau **II** 7, 1. Appartient à la végétation spontanée des montagnes crétoises **III** 1, 6 ; **III** 2, 6 ; **IV** 1, 3. Variété « mâle » d'aspect sauvage **III** 2, 3. Écorce des genévriers comparée à celle du cyprès **III** 12, 4. Très prospère en Cyrénaïque **IV** 3, 1 ; appartient aux pays de soleil **IV** 5, 2. On dit parfois qu'il ne supporte pas d'être étêté **IV** 16, 1. Le thuya de Cyrénaïque ressemble à un cyprès sauvage **V** 3, 7. Bois du cyprès utilisé pour les statues de culte **V** 3, 7. Le cyprès « mâle » est le plus fructifère **V** 4, 1. Qualités du bois **V** 4, 2 ; son usage dans le bâtiment **V** 7, 4.

κύπειρον (τὸ), **κύπειρος** (ὁ), souchet, *Cyperus* L. spp.
Tige relativement lisse **I** 5, 3 ; sans nœuds **I** 8, 1. Description des racines **I** 6, 8 ; **IV** 10, 5 ; des feuilles **I** 10, 5 ; **IV** 11, 12. Plante formant des fourrés **IV** 8, 1. La *malinathallè* d'Égypte a des feuilles de souchet **IV** 8, 12. Parmi les plantes du lac d'Orchomène **IV** 10, 1 ; pousse même sur les îles flottantes **IV** 10, 6. Dans la liste des aromates usuels **IX** 7, 3.

1 κύτισος (ὁ), cytise, *Laburnum anagyroides* Medicus, (?) *L. alpinum* Berchtold & J. Presl.
Moelle ligneuse, dure et compacte **I** 6, 1. Une espèce d'ébénier comparée au cytise **IV** 4, 6. Bois presque semblable à l'ébène **V** 3, 1.

2 κύτισος (ὁ), luzerne en arbre, *Medicago arborea* L.
Fait périr les plantes voisines, sauf le pourpier de mer, qui la détruit **IV** 16, 5.

κώμακον (τὸ), (?) noix muscade, fruit du muscadier *Myristica fragrans* Houtt.
Fruit aromatique en provenance d'Arabie et utilisé en parfumerie fine **IX** 7, 2.

κώνειον (τὸ), ciguë, *Conium maculatum* L.
Tige charnue **I** 5, 3, du même type que celle de la férule **VI** 2, 9. Feuille du persil semblable à celle de la ciguë **VII** 6, 4. Suc de la racine

plus fort que celui du fruit **IX** 8, 3. Plante des régions froides, excellente en Arcadie **IX** 15, 8. Techniques de préparation du poison **IX** 16, 8 et 9. Substances végétales antidotes de la ciguë **IX** 20, 1.

λάθυρος (ὁ), gesse commune, *Lathyrus sativus* L.
Feuille oblongue **VIII** 3, 1. Tige couchée **VIII** 3, 2. Graine attaquée par les vers **VIII** 10, 5.

λακάρα / λακάρη (ἡ) ?
Arbre qui en Macédoine vient aussi en plaine **III** 3, 1. Croissance très vigoureuse **III** 6, 1.

λάπαθος (ὁ), **λάπαθον** (τὸ), patience, *Rumex patientia* L. (cultivée) ; *Rumex* L. spp., en part. *R. pulcher* L. (sauvage).
Plante potagère à racine unique **I** 6, 6 ; **VII** 2, 7, et à racine charnue **VII** 2, 8. Légume contre-planté **VII** 1, 2. Différences entre la plante sauvage et la patience cultivée **VII** 2, 7 ; **VII** 6, 1 ; celle-ci ne comprend pas plusieurs variétés **VII** 4, 1 ; la plante sauvage a besoin d'une cuisson **VII** 7, 2. Feuille de la panacée de Chiron comparée à celle de la patience **IX** 11, 1.

λειμωνία (ἡ), chardon « des prairies », *Cirsium creticum* (Lam.) D'Urv.
Au nombre des carduacées **VI** 4, 3.

λείριον (τὸ), narcisse, *Narcissus tazetta* L., *N. serotinus* L. ; « narcisse » (ou « lis ») de mer, *Pancratium maritimum* L.
Structure de la fleur **I** 13, 2. Le sureau en fleur sent le narcisse **III** 13, 6 ; de même la salsepareille **III** 18, 11 (conj.). Autre nom des plantes appelées *narkissos* **VI** 6, 9 ; **VI** 8, 1, dont l'une fleurit en automne (*Pancratium maritimum, Narcissus serotinus*) **VI** 6, 9 ; **VI** 8, 3, l'autre au printemps (*N. tazetta*) **VI** 8, 1. Vient de graine (*P. maritimum*) **VII** 13, 4, décrite **VI** 6, 9. Feuille du colchique comparée à celle du narcisse **IX** 16, 6 (conj.).

λέμνα (ἡ), « écaille », potamot, *Potamogeton natans* L.
Plante du lac d'Orchomène, en majeure partie immergée **IV** 10, 1.

λευκάκανθα (ἡ), « épine blanche », *Silybum marianum* (L.) Gaertner vel sim.
Au nombre des carduacées **VI** 4, 3.

λεύκη (ἡ), peuplier blanc, *Populus alba* L. ; peuplier de l'Euphrate, *P. euphratica* Olivier.
Feuilles variables suivant l'âge **I** 10, 1 ; **III** 18, 7 ; leur face inférieure

se retourne au solstice d'été **I** 10, 1. Moyens de le multiplier **III** 1, 1.
En Macédoine vient aussi en plaine **III** 3, 1. Époque du bourgeonnement **III** 4, 2. Croissance vigoureuse **III** 6, 1. Description **III** 14, 2. En
quoi le tremble lui ressemble **III** 14, 2. Aime les lieux humides **IV** 1,
1 ; **IV** 8, 1. Le « figuier de Chypre » lui ressemble pour l'aspect du
tronc **IV** 2, 3. Rare au bord du Nil (*P. euphratica*) **IV** 8, 2. Vit moins
longtemps que les espèces des lieux secs **IV** 13, 2. Un peuplier blanc
abattu s'est relevé **IV** 16, 3. Bois séveux qui produit une fumée désagréable **V** 9, 5.

1 λευκόϊον (τὸ) (cf. **ἴον τὸ λευκόν, 1 ἴον**), violier, giroflée, *Cheiranthus cheiri* L.
Fleur d'un arbre de Tylos (cf. *Plantes anonymes*, n° 19) comparée à
celle d'un violier **IV** 7, 8. Plante à feuilles sur la tige **VII** 8, 3.

2 λευκόϊον (τὸ) (= **2 ἴον**), perce-neige, *Galanthus* L. spp.
Floraison très précoce **VI** 8, 1 ; de longue durée **VI** 8, 2. Plante bulbeuse voisine du muscari **VII** 13, 9.

λίβανος (ὁ, ἡ), **λιβανωτός** (ὁ, ἡ), encensier, arbre à encens, encens,
Boswellia sacra Flück.
Parmi les plantes à parfum d'Orient **IV** 4, 14. La sève forme des larmes
IX 1, 2. Époque et technique de l'incision de l'arbre **IX** 1, 6-7. Encens
produit par incision et par exsudation spontanée **IX** 4, 1. Description de
l'encensier ; sa distribution en Arabie et son biotope **IX** 4, 2 et 7-8.
Récolte et commerce de l'encens **IX** 4, 4-6. L'encensier sacré de Sardes
IX 4, 9. Encens d'Arabie et des îles avoisinantes (*B. socotrana* Balf. f.)
commercialisé à l'état brut **IX** 4, 10. La racine de la panacée d'Héraclès
sent l'encens **IX** 11, 3 ; de même celle de l' « herbe à l'encens » fructifère **IX** 11, 10. Antidote de la ciguë **IX** 20, 1.

λιβανωτίς (ἡ), « herbe à l'encens ».
Deux espèces **IX** 11, 10.

λιβανωτὶς ἡ ἄκαρπος, « herbe à l'encens » sans fruit, lavande à toupet, *Lavandula stoechas* L.
Purge différemment selon la partie de la racine utilisée **IX** 9, 5. Description ; usages médicaux **IX** 11, 11.

λιβανωτὶς ἡ κάρπιμος, « herbe à l'encens » fructifère, *Athamanta
macedonica* (L.) Sprengel (= *Libanotis macedonica* Bertol.).
Description ; usages médicaux **IX** 11, 10.

λίνον (τὸ), lin, *Linum usitatissimum* L.
Graine du paliure comparée à celle du lin **III** 18, 3. On dit que l'ivraie
naît du lin **VIII** 7, 1.

λίνον πύρινον (τὸ), « lin des blés », renouée des oiseaux, *Polygonum aviculare* L.
L'« herbe aux mâles » croît à la manière du « lin des blés » **IX** 18, 6.

λινόσπαρτον (τὸ), genêt d'Espagne, spartier, *Spartium junceum* L.
Écorce formée de plusieurs couches **I** 5, 2.

λυχνίς (ἡ), coquelourde des jardins, *Lychnis coronaria* (L.) Desr.
Floraison estivale **VI** 8, 3.

λωτός (ὁ), *lotos*.
Nom commun à de nombreux végétaux très différents **VII** 15, 3.

1 λωτός (ὁ), micocoulier, *Celtis australis* L.
Bois dépourvu de chair **I** 5, 3 ; dépourvu de nœuds ou peu noueux **I** 8, 2 ; à zone médullaire peu visible **V** 5, 4. Traitement du bois pour prévenir les fentes **V** 5, 6.

2 λωτός (ὁ), jujubier, *Zizyphus spina-christi* (L.) Willd., *Z. lotus* (L.) Lam.
Bois à zone médullaire compacte **I** 6, 1. Sont comparés au bois noir du jujubier celui du *perséa* **IV** 2, 5 ; celui de l'olivier en Égypte **IV** 2, 9 ; toutes sortes de bois en Égypte **IV** 2, 12. Les jujubiers de Libye : description, distribution, usages du fruit et du bois **IV** 3, 1-2. Le « paliure » est plus buissonnant que le jujubier **IV** 3, 3. Autre description des jujubiers **IV** 3, 4. Bois compact et lourd **V** 3, 1 ; utilisé pour les statues de culte **V** 3, 7 ; imputrescible par nature **V** 4, 2. Le bois du mûrier devient en vieillissant noir comme celui du jujubier **V** 4, 2. Essence très localisée **V** 8, 1.

3 λωτός (ὁ), lotus blanc, *Nymphaea lotus* L. ; lotus bleu, *N. coerulea* Sav.
Plante aquatique d'Égypte : description, usages alimentaires **IV** 8, 9-11.

4 λωτός (ὁ), (?) lotier, *Lotus* L. spp. (et / ou *Melilotus* Miller, *Trifolium* L., etc.).
Particularités de la germination **VII** 13, 5.

5 λωτός (= μελίλωτος **VII** 15, 3) (ὁ), mélilot, *Melilotus* Miller, en part. *M. italicus* (L.) Lam.
Feuilles sur la tige **VII** 8, 5. Dans la liste des aromates usuels **IX** 7, 3.

1 μαγύδαρις (ἡ), *magydaris*, (?) férule de Tanger, *Ferula tingitana* L., vel sim.
Plante à racines puissantes **I** 6, 12 ; ses différences par rapport au silphium **VI** 3, 7.

2 μαγύδαρις (ἡ), *magydaris*, sermontain, *Laserpitium siler* L. subsp. *garganicum*.
Plante du Parnasse, parfois appelée silphium **VI** 3, 7.

μαδωνάϊς (ἡ), « l'enivrante » ou « l'imbibée », nénuphar jaune, *Nuphar luteum* (L.) Sibth. & Sm.
Nom béotien du *nymphaia* **IX** 13, 1.

1 μαλάχη (ἡ), mauve, *Malva* L. spp., en part. *M. sylvestris* L.
On prélève la partie externe de l'écorce **IV** 15, 1. Consommable après cuisson **VII** 7, 2. Tige couchée **VII** 8, 1. La guimauve lui ressemble **IX** 18, 1.

2 μαλάχη (ἡ), mauve en arbre, *Lavatera arborea* L., vel sim.
Plante herbacée arborescente **I** 3, 2 ; **I** 9, 2. Tige utilisée comme canne **I** 3, 2.

μαλάχη ἀγρία (ἡ), « mauve sauvage ».
Nom arcadien de la guimauve (*Althaea officinalis* L.) **IX** 15, 5.

μαλιναθάλλη (ἡ), tubercule du souchet comestible, *Cyperus esculentus* L.
Description, habitat, usages **IV** 8, 12.

1 μανδραγόρας (ὁ), mandragore, *Mandragora autumnalis* Bertol.
Modalités de l' arrachage **IX** 8, 8. Préparation de la drogue et ses usages médicaux **IX** 9, 1.

2 μανδραγόρας (ὁ), belladone, *Atropa bella-donna* L.
Caractères de la tige et du fruit **VI** 2, 9.

μάραθον (τὸ), fenouil, *Foeniculum vulgare* Miller subsp. *piperitum*.
Herbe potagère à graines nues **I** 11, 2 ; **VII** 3, 2 ; sève aromatique **I** 12, 2. Algue capillifoliée comme le fenouil **IV** 6, 3. Au nombre des plantes férulacées **VI** 1, 4 ; caractères de la tige **VI** 1, 4 ; **VI** 2, 9. Feuille de la thapsie comparée à celle du fenouil **IX** 9, 6.

μᾶρον (τὸ), origan du Sipyle, *Origanum sipylaeum* L.
Dans la liste des aromates usuels **IX** 7, 3 (conj.).

μελαγκρανίς (ἡ), « tête noire », choin noirâtre, *Schoenus nigricans* L.
Espèce de jonc à fruit noir, distinguée du vrai jonc **IV** 12, 1-2.

μελάμπυρον (τὸ), « blé noir », myagre, *Myagrum perfoliatum* L., vel sim.
Impureté inoffensive du blé de Sicile **VIII** 4, 6.

μελάμπυρος ὁ ποντικός, « blé noir pontique », mélampyre des champs, *Melampyrum arvense* L.
Impureté mêlée surtout au blé **VIII** 8, 3.

μελία (ἡ), frêne, *Fraxinus* L. spp.
En Macédoine pousse aussi en plaine **III** 3, 1. Fructifie en été **III** 4, 4 ; croît vigoureusement **III** 6, 1 ; a des racines touffues et profondes **III** 6, 5. Deux espèces différenciées par leur taille et par leur bois **III** 11, 3 ; caractères communs **III** 11, 3-4 ; feuille du chêne-liège comparée à une foliole de frêne **III** 17, 1. Bois meilleur en montagne qu'en plaine **III** 11, 5 ; se coupe l'été ou en automne **V** 1, 2 ; bois séveux **V** 6, 4 ; ses usages en construction navale **V** 7, 3, pour la fabrication d'outils **V** 7, 8.

μελία ἡ λεία, frêne « à bois lisse », *Fraxinus angustifolia* Vahl subsp. *oxycarpa*, *F. excelsior* L.
Différences morphologiques par rapport au suivant **III** 11, 3. Habitat **III** 11, 4. Présent dans la région de Panticapée **IV** 5, 3.

μελία ἡ τραχεῖα, frêne « à bois raboteux », frêne orne, *Fraxinus ornus* L.
Différences morphologiques par rapport au précédent **III** 11, 3. Habitat **III** 11, 4. Abonde même au bord du Nil **IV** 8, 2.

μελίλωτος (ὁ), mélilot, *Melilotus* Miller spp., en part. *M. italicus* (L.) Lam.
Une des nombreuses plantes nommées *lotos* **VII** 15, 3.

μέλινος (ὁ), millet à grappe, *Setaria italica* (L.) Beauv.
Époque du semis **VIII** 1, 4. Mûrit rapidement **VIII** 2, 6. Tige semblable à un chaume **VIII** 3, 2. La fleur forme un duvet **VIII** 3, 3. Souffre d'un excès d'eau **VIII** 7, 3.

μελισσόφυλλον (τὸ), mélisse, *Melissa officinalis* L.
Végétal inerme formant un genre bien différencié **VI** 1, 4.

1 μεσπίλη (ἡ), « néflier », *Mespilus germanica* L., *Crataegus* L. spp.
Genre comprenant trois espèces décrites et comparées entre elles **III** 12, 5. La sorbe est plus mangée des vers que la nèfle **III** 12, 8. « Prune » d'Égypte comparée aux nèfles **IV** 2, 10. Tubercule du souchet comestible de la taille d'une nèfle **IV** 8, 12. Fruit attaqué par les vers **IV** 14, 10.

2 μεσπίλη (ἡ), néflier, *Mespilus germanica* L. var. *inermis*.
Arbre inerme **III** 12, 9. Feuille du merisier comparée à celle du néflier **III** 13, 1. Ressemblances entre l'alisier et le néflier **III** 15, 6.

3 μεσπίλη (ἡ), aubépine, *Crataegus* L. spp.
Inflorescence du merisier comparée à celle de l'aubépine **III** 13, 3.
Feuille de l'alisier comparée à celle de l'aubépine **III** 15, 6. Fleur
et fruit du « figuier de l'Ida » comparés à ceux de l'aubépine **III**
17, 5.

μεσπίλη ἡ ἀνθηδονοειδής, « fausse aubépine », *Crataegus* L. sp.
Une des trois espèces de « néflier » ; description **III** 12, 5. Devient en
vieillissant la proie des vers **III** 12, 6.

μεσπίλη ἡ ἀνθηδών, aubépine, *Crataegus* L. sp.
Une des trois espèces de « néflier » ; caractères communs avec l'espèce précédente **III** 12, 5-6.

μεσπίλη ἡ σητάνειος, néflier, *Mespilus germanica* L.
Une des trois espèces de « néflier », distinguée des autres par son
fruit ; caractères de celui-ci et de la fleur **III** 12, 5.

μηδίκη (ἡ), luzerne, *Medicago sativa* L.
Passe pour être détruite quand les moutons se couchent dessus **VIII**
7, 7.

μήκων (ἡ), pavot, *Papaver* L. spp., en part. *P. somniferum* L.
Feuilles persistantes ([?] *P. orientale* L.) **I** 9, 4. Graines dans une capsule **I** 11, 2. Sève laiteuse **I** 12, 2. Sont comparés au pavot : pour la
fleur, celle de la « fève d'Égypte » **IV** 8, 7 ; pour la « tête », celle du
lotus **IV** 8, 9, et celle de la « grenade » (nénuphar blanc) **IV** 10, 3. On
extrait du suc de sa tête **IX** 8, 2. Plusieurs espèces sauvages homonymes **IX** 12, 3. Préparation d'un poison avec les sucs de la ciguë et du
pavot **IX** 16, 8. Graines du poivre long comparées à celles du pavot **IX**
20, 1.

μήκων ἡ ἡρακλεία, « pavot d'Héraclès », silène vulgaire, *Silene vulgaris* (Moench) Garcke (= *S. inflata* Sm.).
Description ; usages médicaux **IX** 12, 5.

μήκων ἡ κερατῖτις, pavot cornu, *Glaucium flavum* Crantz.
Description, habitat, usages médicaux **IX** 12, 3.

μήκων ἡ μέλαινα, pavot « noir », *Papaver setigerum* DC. (= *P. somniferum* L. subsp. *setigerum*).
Graine associée à celle de l'euphorbe « faux myrte » dans une potion
pour évacuer le phlegme **IX** 11, 9. Pavot sauvage non décrit **IX** 12, 3.

μήκων ἡ ῥοιάς, coquelicot, *Papaver rhoeas* L.
Description, habitat, usages médicaux **IX** 12, 4.

μηκώνιον (τό), « faux pavot »,
autre nom de l'euphorbe, *Euphorbia* L. spp. **IX** 8, 2.

1 μηλέα (ἡ), pommier, *Malus domestica* Borkh. (cultivé), *M. sylvestris*
Miller (sauvage).
A par nature plusieurs troncs **I** 3, 3. Écorce lisse et caduque **I** 5, 2.
Moelle charnue **I** 6, 1. Racines peu nombreuses **I** 6, 3, superficielles **I**
6, 4. Particularités des nœuds **I** 8, 4. Tronc divisé dès la base **I** 9, 1.
Caractères des feuilles **I** 10, 4 et 5. Nature et disposition des graines **I**
11, 4 et 5. Variétés à fruit acide **I** 12, 1. Sève aqueuse **I** 12, 2. Fleur
pétalée **I** 13, 1, placée au-dessus du fruit **I** 13, 3. Disposition des fruits
sur l'arbre **I** 14, 1. Espèce domestique connue de tous **I** 14, 4. Multiplié
rarement par boutures de branche **II** 1, 2. Dégénère quand il vient de
graine **II** 2, 4 et 5. Peut être marcotté sur l'arbre même **II** 5, 3. Distance
de plantation **II** 5, 6. Fruits d'une espèce de palmier comparés à des
pommes **II** 6, 6. Sujet à perdre ses jeunes fruits **II** 8, 1. En Macédoine
pousse aussi en plaine **III** 3, 1. Plus apprécié en plaine qu'en montagne
pour les fruits et le bois **III** 3, 2 ; **III** 11, 5 (conj.). Époque du bourgeonnement **III** 4, 2 ; de la fructification **III** 4, 4. La galle noire atteint
la taille d'une pomme **III** 5, 2. Très commun à Panticapée **IV** 5, 3 ; présent sur le Tmolos et sur l'Olympe de Mysie **IV** 5, 4. Le fruit du nénuphar blanc a le volume d'une pomme **IV** 10, 3. A la vie brève mais produit des rejets **IV** 13, 2 et 3. L'arbre renferme souvent des vers **IV** 14,
2 ; de même son fruit **IV** 14, 10. Résiste bien au gel **IV** 14, 12. Fructifie davantage si le tronc est fendu **IV** 16, 1. Bois de texture lâche **V** 3,
3 ; meilleur dans les variétés les moins productives **V** 4, 1. Feuille de la
solanée somnifère comparée à celle du pommier **IX** 11, 5.

2 μηλέα (ἡ), cognassier, *Cydonia oblonga* Miller.
La salicaire a la feuille molle des cognassiers **IV** 10, 2 ; la guimauve
en a la fleur **IX** 18, 1.

μηλέα (ἡ) ἐαρίνη / ἠρίνη, faux abricotier, *Prunus cocomilia* Ten.
(= *P. pseudarmeniaca* Heldr. & Sart.).
Se bouture facilement **II** 1, 3. Seules les variétés tardives subsistent à
Panticapée **IV** 5, 3. Capsule du cotonnier comparée au faux abricot **IV**
7, 7. A la vie brève **IV** 13, 2. Espèce peu résistante **IV** 14, 7.

μηλέα ἡ μηδική / περσική, « pommier de Médie » ou « de Perse »,
cédratier, *Citrus medica* L.
Fruit à graines dispersées **I** 11, 4. Structure des fleurs **I** 13, 4 ; **IV** 4, 3.
Description générale de l'arbre, propriétés et usages du fruit **IV** 4, 2 ;
mode de culture, fructification **IV** 4, 3.

μήλωθρον (τό), bryone, *Bryonia cretica* L.
Fruit de la salsepareille comparé à celui de la bryone **III** 18, 11. Végétal inerme formant un genre bien différencié **VI** 1, 4.

μήνανθος (τὸ), « fleur des mois », faux nénuphar, *Nymphoides pel-tata* (S.G. Gmelin) O. Kuntze (= *Menyanthes nymphoides* L.). Une des plantes du lac d'Orchomène **IV** 10, 1 ; peut-être présente ailleurs sous un autre nom **IV** 10, 2 ; reste à examiner **IV** 10, 4.

μῖλος (ἡ), if, *Taxus baccata* L. En Macédoine exclusivement montagnard **III** 3, 1. Feuilles persis-tantes **III** 3, 3. Époque du bourgeonnement **III** 4, 2 ; de la floraison **III** 4, 4 ; de la fructification **III** 4, 6. Croissance très vigoureuse **III** 6, 1. Description générale **III** 10, 2. Essence d'ombre **IV** 1, 3. Caractères et usages du bois **III** 10, 2 ; **V** 7, 6.

μίνθα (ἡ), menthe, *Mentha* L. spp., en part. *M. spicata* L. Provient de la transformation du calament **II** 4, 1. Passe pour ne pas avoir de fruit **VI** 7, 2.

μναύσιον (τὸ), souchet comestible, *Cyperus esculentus* L. Plante alimentaire d'Égypte **IV** 8, 2 et 6.

μυάκανθος (ὁ), « épine à rats », (?) chicorée épineuse, *Cichorium spinosum* L. Une des plantes pourvues à la fois d'épines et de feuilles ; description **VI** 5, 1.

1 μύκης (ὁ), champignon (toute espèce à stipe). Dépourvu des principales parties constitutives des autres végétaux **I** 1, 11. Stipe relativement lisse **I** 5, 3 ; racine absente **I** 6, 5. Sort des racines ou près des racines d'arbres tels que le chêne **III** 7, 6.

2 μύκης (ὁ), champignon de Malte, *Cynomorium coccineum* L. Sort après la pluie au bord de la mer Rouge **IV** 7, 2.

μυοφόνον (τὸ), « mort aux rats », œnanthe fistuleuse, *Oenanthe fistu-losa* L., vel sim. Plante férulacée **VI** 1, 4, à tige renfermée dans un tissu fibreux **VI** 2, 9.

μυρίκη (ἡ), tamaris, *Tamarix* L. spp. Végétal amphibie **I** 4, 3. Feuilles persistantes **I** 9, 3 ; **III** 3, 3 ; char-nues **I** 10, 4. En Macédoine pousse même en plaine **III** 3, 1. Écorce de l'arbousier comparée à celle du tamaris **III** 16, 4. Certaines régions en sont couvertes **IV** 5, 7. Feuille du « chêne » marin comparée à celle du tamaris **IV** 6, 7 ; de même celle de la passerine « noire » **VI** 2, 2. La fleur du laiteron se change en aigrettes comme celles du tamaris **VI** 4, 8.

μυρίκη ἡ ἐν Τύλῳ, tamaris « de Tylos », *Tamarix aphylla* (L.) Karst. (= *T. articulata* Vahl).
Bois solide V 4, 8.

μύρρα, voir s.v. σμύρνα.

μυρρίνη (ἡ), μύρρινος (ὁ), myrte, *Myrtus communis* L.
Devient buissonnant s'il n'est pas émondé I 3, 3. Caractères et disposition des feuilles I 9, 3 ; I 10, 2 ; I 10, 4 ; I 10, 8. Fleur au-dessus du fruit I 13, 3. Disposition des fruits sur l'arbre I 14, 1. Espèce domestique connue de tous I 14, 4. Procédés de multiplication II 1, 4. Qualité variable des myrtes venus de graine II 2, 6. Peut se multiplier par éclats détachés du tronc II 5, 5-6 ; se plante serré II 5, 6. Exigences culturales II 7, 2 et 3. Croissance terminale et latérale III 6, 2. Feuille du buis comparée à celle du myrte III 15, 5 ; de même celle de l'« arbre aux glands » égyptien IV 2, 6. Absent de l'Olympe et de Panticapée IV 5, 3 ; commun sur les bords de la Propontide IV 5, 4. Abonde dans le Latium, en particulier au Circéion V 8, 3. Très parfumé en Égypte VI 8, 5. Feuille de l'euphorbe « faux myrte » comparée à celle du myrte IX 11, 9.

μύρτον (τὸ), baie de myrte.
Son suc rappelle le vin I 12, 1. Sont comparés aux baies de myrte le fruit du genévrier cade III 12, 4 ; la fleur de l'arbousier III 16, 4 ; les fruits du jujubier de Libye IV 3, 1.

μῶλυ (τὸ), nivéole d'été, *Leucojum aestivum* L.
Description de la plante connue sous ce nom en Arcadie IX 15, 7.

νᾶπυ (τὸ), moutarde, *Brassica nigra* (L.) Koch (moutarde noire), *Sinapis alba* L. (moutarde blanche).
Suc âcre I 12, 1. Légume contre-planté VII 1, 2. Délai de germination VII 1, 3. Graines en gousse VII 3, 2 ; semences de longue conservation VII 5, 5.

νάρδος (ἡ), nard, *Nardostachys jatamansi* DC.
Vient de Médie ou de l'Inde IX 7, 2. Dans la liste des aromates usuels IX 7, 3. La racine d'une plante de Thrace (*Plantes anonymes*, n° 27) sent un peu le nard IX 7, 4.

ναρθηκία (ἡ), « petite férule », *Ferulago sylvatica* (Besser) Reichenb.
Plante férulacée VI 1, 4, distinguée de la férule commune VI 2, 7.

νάρθηξ (ὁ), férule, *Ferula communis* L.
Sa chair devient ligneuse en durcissant **I** 2, 7. Moelle charnue **I** 6, 1 ; membraneuse **I** 6, 2. Caractères des férulacées : grosses racines charnues **I** 6, 10 ; tige fibreuse **VI** 1, 4. Description ; différences par rapport à la « petite férule » **VI** 2, 7-8. Exemples de férulacées : le papyrus et le silphium **VI** 3, 1 et 7. Les tiges du sésame et du sisymbre à cornes rappellent celle de la férule **VIII** 3, 2 ; de même celle de la thapsie **IX** 9, 6. Feuille de l'hellébore comparée à celle de la férule **IX** 10, 1. On conserve le dictame dans une tige de férule **IX** 16, 2.

1 νάρκισσος (ὁ), narcisse à bouquet, *Narcissus tazetta* L.
Floraison précoce **VI** 8, 1. Feuilles étroites, nombreuses et grasses **VII** 13, 1.

2 νάρκισσος (ὁ), lis / narcisse de mer / des sables, *Pancratium maritimum* L.
Description générale ; procédés de multiplication ; floraison tardive **VI** 6, 9. Vient manifestement de graine **VII** 13, 4.

3 νάρκισσος (ὁ), narcisse tardif, *Narcissus serotinus* L.
N'a pas de tige autre que la tige florale, desséchée avant la feuillaison **VII** 13, 2 ; 5 ; 6. Époque de la feuillaison ; description de la feuille et de la racine **VII** 13, 7.

νάρτη (ἡ), ?
Dans la liste des aromates usuels **IX** 7, 3.

νυμφαία (ἡ), nénuphar jaune, *Nuphar luteum* (L.) Sibth. & Sm. ; (?) nénuphar blanc, *Nymphaea alba* L.
Description, habitat, usages médicaux **IX** 13, 1.

ξίρις (ἡ), « herbe à rasoirs », *Serapias vomeracea* (N.L. Burman) Briquet.
Rituel de son arrachage par les herboristes **IX** 8, 7.

ξίφιον (τὸ), **ξίφος** (τὸ), glaïeul, *Gladiolus italicus* Miller (= *G. segetum* Ker-Gawler).
Époque de floraison **VI** 8, 1. Feuille en forme d'épée, d'où le nom de *xiphos* **VII** 13, 1. A une véritable tige **VII** 13, 2.

ὄα / ὄη / οἴη / οὖα (ἡ), sorbier, *Sorbus* L., en part. cormier, *S. domestica* L.
Végétal « froid » par nature, stérile dans un lieu trop chaud **II** 2, 10.

Traitement appliqué à l'arbre en Arcadie pour le mettre à fruits **II** 7, 7 (conj.). Fruits (τὰ οὖα) meilleurs à l'état sauvage qu'en culture **III** 2, 1. Description des bourgeons d'hiver **III** 5, 5 (conj.) ; des racines **III** 6, 5. Feuille composée du frêne comparée à celle du sorbier **III** 11, 3. Genre divisé en deux espèces, l'une « femelle » fructifère (*S. domestica* L.), l'autre « mâle » dépourvue de fruits (*S. aucuparia* L.), toutes deux à feuille pennée **III** 12, 6 et 7. Description générale de l'arbre ; caractères du bois ; modes de propagation ; habitat et comportement dans le milieu naturel **III** 12, 6-9. Feuille du pistachier comparée à celle du sorbier **III** 15, 4.

οἰνάνθη (ἡ), filipendule, *Filipendula vulgaris* Moench (= *Spiraea filipendula* L.).
Vient de semis **VI** 6, 11. Époque de floraison **VI** 8, 1 ; moyens de prolonger la floraison ; description de la fleur **VI** 8, 2.

οἰνάνθη ἡ ἀγρία, lambruche sauvage, *Vitis vinifera* L. subsp. *sylvestris* (= *V. sylvestris* C.C. Gmelin).
La clématite grimpe aux arbres comme la lambruche sauvage **V** 9, 6.

οἶσος (ὁ), vitex, *Vitex agnus-castus* L.
Arbrisseau polymorphe **III** 18, 1. Deux formes, « claire » et « foncée » ; description **III** 18, 2. La passerine a la flexibilité et les usages du vitex **VI** 2, 2.

ὄλυνθος (ὁ), caprifiguier, *Ficus carica* L. var. *caprificus*.
Particularités de sa fructification **I** 14, 1.

ὄλυρα (ἡ), (grand) épeautre, *Triticum spelta* L.
Se sème tôt **VIII** 1, 3. Céréale à glumes abondantes **VIII** 4, 1. Ses caractères distinctifs parmi les espèces semblables au blé ou à l'orge **VIII** 9, 2.

ὀνοθήρας (ὁ), « piège aux ânes », laurier-rose, *Nerium oleander* L.
Description ; action psychotrope **IX** 19, 1.

ὀνόπυξος (ὁ), « morille d'âne », chardon aux ânes, *Onopordon acanthium* L., *O. illyricum* L.
Au nombre des carduacées **VI** 4, 3.

ὀνοχειλές (τὸ), vipérine, *Echium* L. spp.
Floraison échelonnée **VII** 10, 3.

ὀνωνίς / ὄνωνις / ἄνωνις (ἡ), bugrane, *Ononis spinosa* L. subsp. *antiquorum* (= *O. antiquorum* L.).

Possède à la fois des épines et des feuilles **VI** 1, 3 ; **VI** 5, 1. Description ; habitat ; propagation **VI** 5, 3-4.

ὀξύα / ὀξύη (ἡ), hêtre, *Fagus sylvatica* L. vel sim.
En Macédoine passe pour ne pas fleurir **III** 3, 8. Caractères des racines **III** 6, 5. Description générale ; qualités et usages du bois **III** 10, 1. Ressemblances entre le charme et le hêtre **III** 10, 3. Bois meilleur en montagne qu'en plaine **III** 11, 5. Époque de l'abattage **V** 1, 2 et 4. Bois imputrescible au contact de l'eau **V** 4, 4 ; séveux et souple **V** 6, 4 ; sa place dans la construction navale **V** 7, 2 ; ses autres usages **V** 7, 6. Essence très prospère dans le Latium **V** 8, 3.

ὀξυάκανθος (ἡ), buisson ardent, *Pyracantha coccinea* M.J. Roemer.
Feuilles persistantes **I** 9, 3 ; **III** 3, 3. En Macédoine pousse également en plaine **III** 3, 1. Époque du bourgeonnement **III** 4, 2 ; de la fructification **III** 4, 4. Épines du cédratier comparées à celles du buisson ardent **IV** 4, 2. Fruit utilisé pour les couronnes **VI** 8, 3.

ὀξύκεδρος (ἡ), genévrier « à feuilles aiguës », *Juniperus oxycedrus* L.
Autre nom du genévrier cade **III** 12, 3.

ὀπιτίων (ὁ), (?) terre-noix, *Bunium ferulaceum* Sibth. & Sm.
Plante bulbeuse voisine du muscari **VII** 13, 9.

ὀρειπτελέα (ἡ), orme de montagne, *Ulmus glabra* Hudson (= *U. montana* With.).
De plus grandes dimensions que l'orme commun **III** 14, 1.

ὀρεοσέλινον (τὸ), « céleri des montagnes », persil, *Petroselinum crispum* (Miller) A.W. Hill (= *P. sativum* Hoffm.).
Diffère du céleri cultivé **VII** 6, 3. Description ; usages **VII** 6, 4.

ὀρίγανον (τὸ), ὀρίγανος (ἡ), origan, *Origanum* L. spp.
Feuilles persistantes ou semi-persistantes **I** 9, 4. Suc âcre **I** 12, 1. Végétal inerme formant un genre bien différencié **VI** 1, 4. Une espèce « noire » sans fruits (*O. vulgare* L.) et une « blanche » fructifère (*O. onites* L.) **VI** 2, 3. Pousse en Arcadie (*O. vulgare*) **VI** 2, 4. Délai de germination **VII** 1, 3. Vient plus vite de graine vieille **VII** 1, 6. Se multiplie par bouturage de jeunes pousses **VII** 2, 1. Plus âcre à l'état sauvage qu'en culture **VII** 6, 1.

ὅρμινον (τὸ), hormin, *Salvia viridis* L. (= *S. horminum* L.).
Époque du semis **VIII** 1, 4. Germe plus difficilement après la pluie **VIII** 6, 1 (conj.). Graine rappelant le cumin, noire **VIII** 7, 3. Parasité par une orobanche **VIII** 8, 5 (conj.).

ὀροβάγχη (ἡ), cuscute, *Cuscuta* L. spp., en part. *C. epithymum* (L.) L.
Parasite surtout l'ers, qu'elle fait périr en l'étouffant **VIII** 8, 4.

ὄροβος (ὁ), ers, vesce noire, *Vicia ervilia* (L.) Willd.
Légèreté et innocuité variables suivant l'époque du semis **II** 4, 2. Le
fruit du sureau est plus gros qu'une graine d'ers **III** 13, 6 ; de même
celui du maceron **VII** 6, 3. A contre-planter pour préserver les radis
des puces **VII** 5, 4. Se sème tôt ou tard indifféremment **VIII** 1, 4. Floraison et fructification échelonnées **VIII** 2, 5. Tige déjetée **VIII** 3, 2.
Pois chiches appelés « grains d'ers » **VIII** 5, 1. Les ers à grains clairs
sont les plus doux **VIII** 5, 1. Configuration de la gousse **VIII** 5, 2 et 3.
Étouffé par la cuscute **VIII** 8, 4. Grain attaqué par la bruche **VIII** 10,
1 ; un de ceux qui se gardent le mieux **VIII** 11, 2 et 6 ; le grain de
poivre rond lui est comparé **IX** 20, 1.

ὄρτυξ (ὁ), « herbe aux cailles », (grand) plantain, *Plantago major* L.
Plante à épi **VII** 11, 2.

ὄρυζον (τὸ), riz, *Oryza sativa* L.
Principale céréale de l'Inde ; usages alimentaires, description **IV** 4, 10.

ὄρχις (ὁ), « herbe à testicules », orchis, *Orchis* L. spp. et genres voisins.
Usages des deux tubercules ; description de la plante **IX** 18, 3.

ὀστρύα / ὀστρυΐς / ὄστρυς (ἡ), charme, *Carpinus* L. spp. ; charme-
houblon, *Ostrya carpinifolia* Scop.
Sujets « mâles » plus noueux que les sujets « femelles » **I** 8, 2. En
Macédoine pousse également en plaine **III** 3, 1. Croissance très vigoureuse **III** 6, 1. Description générale de l'arbre et du bois ; habitat ;
réputation d'arbre porte-malheur **III** 10, 3.

οὔϊγγον (τὸ), *ouïngon*, colocase, *Colocasia esculenta* (L.) Schott.
Plante d'Égypte à laquelle sa racine comestible tient lieu de fruit **I** 1,
7 ; **I** 6, 11. Description ; époque de sa récolte **I** 6, 11.

οὔϊτον (τὸ), *ouïton*, terfez, *Terfezia leonis* Tul. vel sim.
Végétal hypogé, différent d'une racine **I** 6, 9.

ὄχνη (ἡ) = ἄπιος, poirier, *Pyrus communis* L.
Distance de plantation **II** 5, 6.

πάδος / πηδός (ἡ), cerisier mahaleb, *Prunus mahaleb* L.
Aime l'ombre **IV** 1, 3. Usages du bois **V** 7, 6.

παιωνία (ἡ), pivoine, *Paeonia* L. spp.
Précautions à prendre pour la déraciner **IX** 8, 6.

1 παλίουρος (ὁ), « paliure », *Paliurus spina-christi* Miller ; *Zizyphus lotus* (L.) Lam.
Comprend différentes espèces **III** 18, 1. Espèce de Libye (*Z. lotus*) comparée à celle de Grèce (*P. spina-christi*) **IV** 3, 3.

2 παλίουρος (ὁ), paliure, *Paliurus spina-christi* Miller.
Exemple-type d'arbrisseau **I** 3, 1. Peut devenir un arbre **I** 3, 2. Tige épineuse **I** 5, 3 ; **I** 10, 7. Feuille spinescente **I** 10, 6. En Macédoine pousse également en plaine **III** 3, 1. Époque du bourgeonnement **III** 4, 2 ; de la fructification **III** 4, 4. Fruit de l'érable comparé à celui du paliure **III** 11, 2. Description générale ; usages du fruit ; habitat **III** 18, 3. Pousse parfois dans le milieu humide **IV** 8, 1, bien qu'il ne lui soit pas inféodé **IV** 12, 4. Espèce à jeunes rameaux épineux **VI** 1, 3.

3 παλίουρος (ὁ), « paliure », jujubier des Lotophages, *Zizyphus lotus* (L.) Lam.
Très commun et très beau en Libye **IV** 3, 1. Bois utilisé comme combustible **IV** 3, 2. Description ; qualités et usages du fruit **IV** 3, 3.

πανάκεια (ἡ), « herbe à tous maux », millepertuis de l'Olympe, *Hypericum olympicum* L.
Abondant en Arcadie sur sol rocailleux **IX** 15, 7.

1 πάνακες (τὸ), panacée.
Nom de diverses plantes médicinales, l'une orientale, les autres indigènes et pourvues de dénominations spécifiques (voir ci-après) **IX** 11, 1. Autres espèces homonymes **IX** 11, 4.

2 πάνακες (τὸ), panacée « de Syrie », férule galbanifère, *Ferula galbaniflua* Boiss., vel sim.
On en extrait le galbanum **IX** 7, 2. Dans la liste des aromates usuels **IX** 7, 3. Racine, fruit et sève utilisés **IX** 9, 1 ; leurs usages en médecine et en parfumerie **IX** 9, 2.

πάνακες τὸ ἀσκληπίειον, « panacée d'Asclépios », *Ferulago nodosa* (L.) Boiss.
Rituel de son arrachage par les herboristes **IX** 8, 7. Une des trois principales panacées indigènes **IX** 11, 1. Description ; usages médicaux **IX** 11, 2.

πάνακες τὸ ἡράκλειον, « panacée d'Héraclès », *Opopanax hispidus* (Friv.) Griseb.

Une des trois principales panacées indigènes **IX** 11, 1. Description ; usages médicaux **IX** 11, 3.

πάνακες τὸ χειρώνειον, panacée de Chiron, grande aunée, *Inula helenium* L.
Une des trois principales panacées indigènes ; description ; usages médicaux **IX** 11, 1.

παντάδουσα (ἡ), centaurée chausse-trape, *Centaurea calcitrapa* L.
Possède à la fois des épines et des feuilles **VI** 5, 1.

πάπυρος (ὁ), papyrus, *Cyperus papyrus* L.
Plante alimentaire d'Égypte **IV** 8, 1. Description, usages divers, distribution géographique **IV** 8, 3-4. Espèce du milieu aquatique **VI** 3, 1.

παρθένιον (τὸ), pariétaire, *Parietaria diffusa* Mert. & Koch (= *P. judaica* L.).
Consommable après cuisson **VII** 7, 2.

πελεκῖνος (ὁ), sécurigère, *Securigera securidaca* (L.) Degen & Dörfler.
Adventice parmi les gesses chiches **VIII** 8, 3.

πεντάφυλλον ἢ πενταπετές (τὸ), quintefeuille ou herbe à cinq feuilles, *Potentilla reptans* L.
Description **IX** 13, 5.

πέπερι (τὸ), poivre, *Piper* L. spp.
Deux espèces : le « rond » (*P. nigrum* L.) et le « long » (*P. longum* L.) ; description, usage médical **IX** 20, 1. « Grain de Cnide » plus gros qu'un grain de poivre **IX** 20, 2.

περδίκιον (τὸ), « herbe aux perdrix », *Aetheorhiza bulbosa* (L.) Cass.
Description de la plante ; explication de son nom **I** 6, 11.

περιττόν (τὸ), « l'extravagante », *Datura stramonium* L.
Autre nom de la solanée qui provoque la folie (στρύχνος ὁ μανικός) **IX** 11, 6.

περσέα / περσεία (ἡ), **πέρσιον** (τὸ), perséa, *Mimusops schimperi* Hochst.
Arbre d'Égypte stérile en Grèce **II** 2, 10. Fructifie en Égypte mais fleurit seulement à Rhodes **III** 3, 5. Particulier à l'Égypte **IV** 2, 1. Description de l'arbre et du fruit ; usages du bois **IV** 2, 5. Pousse en abondance dans un bois du nome thébaïque **IV** 2, 8.

πευκεδανόν / -έδανον (τὸ), peucédan, *Peucedanum vittijugum* Boiss.
vel sim.
Longue conservation de la racine **IX** 14, 1. Se trouve en Arcadie **IX**
15, 5 ; **IX** 20, 2. Usages médicaux **IX** 20, 2.

1 πεύκη (ἡ), pin, *Pinus* L. spp.
Bois noueux **I** 5, 4 ; **I** 8, 1. Racine unique **I** 6, 3. Ne drageonne pas **I** 6,
5. Sève poisseuse **I** 12, 2. Racine d'un pin d'une longueur exceptionnelle **II** 5, 2. Repoussa spontanément après l'inondation de Phénéos **III**
1, 2. Végétal sauvage **III** 2, 3. Conserve ses fruits tard **III** 4, 6. Se dessèche s'il est écimé **III** 7, 1. Porte un corps alvéolé qui tombe prématurément **III** 7, 4. Divisions à l'intérieur du genre **III** 9, 1-2. Récapitulation de ces distinctions et problèmes nomenclaturaux **III** 9, 4.
Essence de lumière **IV** 1, 1 et 2 ; **IX** 2, 3. Arbre commun à la Grèce et
aux régions septentrionales **IV** 5, 1. Meurt si on l'écorce quand il bourgeonne **IV** 15, 3, mais supporte le gemmage **IV** 16, 1. Bois résineux
imputrescible **V** 4, 2 ; attaqué par le taret **V** 4, 4. Les grumes immer-
gées flottent moins bien du côté de la racine **V** 4, 8. Partie noueuse du
bois difficile à travailler **V** 5, 1. Bois résistant à la charge s'il est placé
de flanc **V** 6, 1 ; ne se fend pas s'il est mortaisé **V** 6, 2 ; s'ajuste mal
avec le chêne **V** 7, 2. Utilisé en construction navale **V** 7, 2 ; dans le
bâtiment **V** 7, 4. N'importe quel pin a des racines résineuses **IX** 2, 3. La
résine s'accumule dans la quarre du pin gemmé **IX** 2, 6. Ne produit pas
simultanément des fruits et du bois résineux **IX** 2, 8.

2 πεύκη (ἡ), pin noir, *Pinus nigra* Arnold, en part. subsp. *pallasiana*.
Dégénère en culture **I** 3, 6. Tronc droit **I** 5, 1. Moelle ligneuse **I** 6, 1.
Feuilles persistantes **I** 9, 3 ; **III** 3, 3 ; grêles **I** 10, 4 ; piquantes à l'extrémité **I** 10, 6. Sève à goût d'huile **I** 12, 1. Ne vient que de graine **II**
2, 2 ; **III** 1, 2. En Macédoine exclusivement montagnard **III** 3, 1. Floraison contestée **III** 3, 8. Époque du bourgeonnement et de la fructification **III** 4, 5. Particularités du bourgeonnement **III** 5, 1 et 3 ; présence de bourgeons d'hiver **III** 5, 5. Croissance vigoureuse et
fructification rapide **III** 6, 1. Enracinement médiocre **III** 6, 4. Différences par rapport au pin d'Alep (πίτυς) **III** 9, 4-5 ; au sapin **III** 9, 6 ;
7 ; 8. Manque à la région de Panticapée **IV** 5, 3. Ne survit pas à l'étêtement **IV** 16, 1, ni à l'extraction totale de la moelle **IV** 16, 4. Bois à
écorcer, coupé au printemps **V** 1, 2 ; opinions divergentes sur le
meilleur moment pour le couper **V** 1, 4. Caractères du bois **V** 1, 5-6.
Classement des sujets d'après les possibilités de débit **V** 7, 1-12. Un
des principaux bois de construction navale **V** 7, 1 ; autres usages **V** 7,
5. Très beau en Corse (*P. nigra* subsp. *laricio*) **V** 8, 1 ; de même dans
le Latium, en montagne **V** 8, 3. Charbon recherché pour la forge **V** 9,
3. Sève en larmes **IX** 1, 2. Époque et technique du gemmage **IX** 1, 6 ;
IX 2, 1 ; caractères de la résine **IX** 2, 2. Manque en Syrie **IX** 3, 4.

πεύκη ἡ ἀγρία, pin « sauvage », dénomination collective des espèces du genre *Pinus* L. non cultivées.
Opposé au type « domestique » ; se divise en « pin de l'Ida » et « pin maritime » **III** 9, 1.

πεύκη ἡ ἄκαρπος, pin « sans fruits », (?) pin sylvestre, *Pinus sylvestris* L.
3ᵉ espèce du genre πεύκη, selon les Macédoniens **III** 9, 2 et 4. Controverse sur son appartenance au type πεύκη ou au type πίτυς ; caractères de l'arbre, de son bois et de sa résine **III** 9, 4.

πεύκη ἡ ἄρρην, pin « mâle », pin d'Alep, *Pinus halepensis* Miller.
Semble bien correspondre au « pin maritime » de la région de l'Ida ; caractères de l'arbre et du bois **III** 9, 2. Sujet à l'altération du bois décrite sous le nom de *sykè* **III** 9, 3. Récapitulation de la nomenclature **III** 9, 4.

πεύκη ἡ ἥμερος / ἡ κωνοφόρος, pin « domestique », pin pinier, *Pinus pinea* L.
Espèce domestique à feuilles persistantes **I** 9, 3 ; une des plus stables parmi celles qui viennent de graine **II** 2, 6 ; opposée au type « sauvage » **III** 9, 1. Récapitulation de la nomenclature **III** 9, 4. Controverse sur son appartenance au type πεύκη ou au type πίτυς ; caractères de l'arbre, de son bois et de sa résine **III** 9, 4.

πεύκη ἡ θήλεια, pin « femelle », pin noir, *Pinus nigra* Arnold subsp. *pallasiana*.
Semble bien correspondre ailleurs au « pin de l'Ida » ; caractères de l'arbre et du bois **III** 9, 2. Bois de cœur décrit sous le nom d'*aegis* **III** 9, 3. Récapitulation de la nomenclature **III** 9, 4.

πεύκη ἡ ἰδαία, « pin de l'Ida », pin noir, *Pinus nigra* Arnold subsp. *pallasiana*.
Différences par rapport au « pin maritime » **III** 9, 1-2. Caractères de sa résine **III** 9, 2 ; **IX** 2, 5. Semble bien correspondre au pin dit ailleurs « femelle » **III** 9, 2.

πεύκη ἡ παραλία, « pin maritime », pin d'Alep, *Pinus halepensis* Miller.
Différences par rapport au « pin de l'Ida » **III** 9, 1-2. Caractères de sa résine **III** 9, 2 ; **IX** 2, 5. Semble bien correspondre au pin dit ailleurs « mâle » **III** 9, 2.

πηγάνιον (τὸ), rue, *Ruta graveolens* L.
Feuilles charnues en largeur et non en épaisseur **I** 10, 4.

πήγανον (τὸ), rue, *Ruta* L. spp., en part. *R. graveolens* L. (cultivée), *R. chalepensis* L. (sauvage).
Exemple-type de sous-arbrisseau **I** 3, 1 ; **VI** 1, 2. Peut devenir un « légume en arbre » **I** 3, 4. Végétal suffrutescent à feuilles persistantes **I** 9, 4. S'abâtardit et se transforme **I** 9, 4. Se multiplie par bouturage des rameaux **II** 1, 3 ; **VII** 2, 1. La feuille de la bugrane rappelle celle de la rue **VI** 1 5, 3. Armoise arborescente comparée à la rue ([?] *R. montana* (L.) L., *R. chalepensis* L.) **VI** 7, 3. Multiplication par graine lente et contestée **VII** 2, 1. La plante potagère ne comprend pas plusieurs variétés **VII** 4, 1. Aime très peu le fumier **VII** 5, 1. Plus âcre à l'état sauvage qu'en culture **VII** 6, 1. Sont comparées à la feuille de la rue celle de l'encensier pour la couleur **IX** 4, 2 ; celle du baumier sauf pour la couleur **IX** 6, 1 ; celle de l'euphorbe « poire » (*apios*) **IX** 9, 6.

πικρίς (ἡ), « chicorée amère », (?) *Crepis zacintha* (L.) Babcock (= *Zacintha verrucosa* Gaertner).
Plante amère qui fleurit longtemps **VII** 11, 4.

πίσος (ὁ), pois, *Pisum sativum* L.
Fait partie des légumineuses **VIII** 1, 1. Se sème tard **VIII** 1, 4. La plantule a plusieurs feuilles **VIII** 2, 3. Feuille oblongue **VIII** 3, 1. Tige couchée **VIII** 3, 2. Graines contiguës dans une cosse non cloisonnée **VIII** 5, 2, cylindrique **VIII** 5, 3 ; deviennent véreuses **VIII** 10, 5.

πίτυς (ἡ), pin d'Alep, *Pinus halepensis* Miller.
Moelle ligneuse **I** 6, 1. Feuilles persistantes **I** 9, 3 ; **III** 3, 3 ; grêles **I** 10, 4 ; piquantes à l'extrémité **I** 10, 6. Sève à goût d'huile **I** 12, 1. Ne vient que de graine **II** 2, 2 ; **III** 1, 2. En Macédoine exclusivement montagnard **III** 3, 1. Floraison contestée **III** 3, 8. Époque du bourgeonnement et de la fructification **III** 4, 5. Présence de bourgeons d'hiver **III** 5, 5. Croissance vigoureuse et fructification rapide **III** 6, 1. Le pin « sans fruits » (πεύκη ἡ ἄκαρπος) et le pin « domestique » (πεύκη ἡ ἥμερος) lui sont rattachés par les Arcadiens **III** 9, 4. Différences par rapport au pin noir (πεύκη) : caractères de l'arbre et de ses produits ; distribution géographique ; aptitude à se régénérer **III** 9, 4-5. Sont comparées à l'écorce du pin d'Alep celle de l'érable **III** 11, 1 ; celle du chêne-liège **III** 17, 1. Manque à la région de Panticapée **IV** 5, 3. Devient stérile si on l'écime **IV** 14, 8 ; ne survit pas à l'étêtement **IV** 16, 1. Bois à écorcer, coupé au printemps **V** 1, 2 ; opinions divergentes sur le meilleur moment pour le couper **V** 1, 4. Usages du bois pour la construction navale et le bâtiment **V** 7, 1 et 5 ; pour l'outillage des menuisiers **V** 7, 8. Charbon recherché pour la métallurgie de l'argent **V** 9, 2. Sève en larmes **IX** 1, 2. Technique du gemmage **IX** 2, 1. La résine vient au second rang pour la qualité **IX** 2, 2. Parfois brûlé pour faire de la poix **IX** 2, 3.

πίτυς ἡ φθειροποιός, pin « producteur de poux », pin de Calabre, *Pinus brutia* Ten.
Espèce domestique, une des plus stables parmi celles qui viennent de graine **II** 2, 6.

πλάτανος (ἡ), platane, *Platanus orientalis* L.
Essence du milieu humide **I** 4, 2 ; **IV** 8, 1. Racines nombreuses et longues **I** 6, 3 ; l'exemple du platane du Lycée **I** 7, 1. Sujet à des excroissances **I** 8, 5. Platanes sempervirents **I** 9, 5 ; **III** 3, 3. Caractères de la feuille **I** 10, 4 et 7. Se prête à la multiplication par boutures et à la transplantation **III** 1, 1 ; vient aussi de graine **III** 1, 3. Époque du bourgeonnement **III** 4, 2. Croissance vigoureuse **III** 6, 1. Feuille de deux espèces d'érable comparée à celle du platane **III** 11, 1. Inflorescence du frêne comparée à une boule de platane **III** 11, 4. Distribution géographique **IV** 5, 6-7 ; **IV** 8, 2. Arbres des mangroves aussi hauts que les platanes **IV** 7, 4. Platanes que l'on dit plantés par Agamemnon **IV** 13, 2. Écorce crevassée **IV** 15, 2. Peut survivre à de graves mutilations **IV** 16, 2. Bois élastique et séveux **V** 3, 4, produisant une fumée désagréable **V** 9, 5 ; médiocre pour la construction navale **V** 7, 3. Fruit de la « solanée qui provoque la folie » comparé à celui du platane **IX** 11, 6.

1 πόθος (ὁ), « herbe aux regrets », dauphinelle d'Ajax, *Consolida ambigua* (L.) Ball & Heywood (= *Delphinium ajacis* L.).
Fleur semblable à celle de la jacinthe ; floraison estivale **VI** 8, 3.

2 πόθος (ὁ), « herbe aux regrets », céraiste, *Cerastium candidissimum* Correns.
Plante à fleur blanche, dont on entoure les tombes ; floraison estivale **VI** 8, 3.

πόλιον (τὸ), germandrée grise, *Teucrium polium* L.
Feuilles charnues ; action antimite **I** 10, 4. Herbacée sempervirente **VII** 10, 5.

πολυάκανθος ([?] ἡ), chardon « couvert d'épines », (?) *Notobasis syriaca* (L.) Cass., vel sim.
Au nombre des carduacées **VI** 4, 3.

πολυπόδιον (τὸ), polypode, *Polypodium vulgare* L.
Description ; usages médicaux ; explication du nom **IX** 13, 6. Sort après la pluie et n'a pas de graine **IX** 20, 4.

πράσιον (τὸ), marrube, *Marrubium peregrinum* L. (1ʳᵉ espèce), *M. vulgare* L. (2ᵉ espèce).
Végétal inerme formant un genre bien différencié **VI** 1, 4. Description de deux espèces **VI** 2, 5.

1 πράσον (τό), poireau, *Allium ampeloprasum* var. *porrum* (L.) Gay (= *A. porrum* L.).

Époque du semis **VII** 1, 2. Délai de germination **VII** 1, 3, plus court si la graine est fraîche **VII** 1, 6. Plante bisannuelle **VII** 1, 7 ; à tige simple **VII** 1, 8 ; **VII** 8, 2. Forme des bulbilles **VII** 2, 2, mais se multiplie de graine **VII** 3, 4. On en coupe ras les feuilles **VII** 4, 10. Forme un bulbe **VII** 4, 11 ; doit être repiqué **VII** 5, 3 ; est attaqué par les « coupe-poireau » **VII** 5, 4. Semence de longue conservation **VII** 5, 5. L'hellébore blanc a la feuille du poireau **IX** 10, 1.

2 πράσον (τό), « poireau », posidonie, *Posidonia oceanica* (L.) Delile.

Autre nom du « *phykos* à large feuille » **IV** 6, 2.

3 πράσον (τό), « poireau », *Saccorhiza bulbosa* (Lightf.) Batt., *Laminaria ochroleuca* De la Pylaie.

Grande algue océanique apportée en Méditerranée par un courant **IV** 6, 4 ; **IV** 7, 1.

πρῖνος (ἡ, ὁ), chêne kermès, *Quercus coccifera* L.

Caractères de la zone médullaire **I** 6, 1 et 2 ; **V** 5, 4. Feuilles persistantes **I** 9, 3 ; **III** 3, 3 ; spinescentes **I** 10, 6. En Macédoine exclusivement montagnard **III** 3, 1. Fructification **III** 3, 6 ; **III** 4, 1 ; 4 ; 5 ; 6 ; enracinement **III** 6, 4 ; sa « graine écarlate » **III** 7, 3 ; **III** 16, 1. Description générale **III** 16, 1. Hôte de deux espèces de gui **III** 16, 1. Sont comparés au chêne kermès l'yeuse **III** 16, 2 ; le chêne-liège **III** 16, 3 ; de même, pour la feuille, l'arbousier **III** 16, 4, le jujubier de Libye **IV** 3, 1, l'arbre à myrrhe **IX** 4, 3. Résistance à l'écorçage **IV** 15, 3. Bois du tamaris de Tylos aussi solide que celui du chêne kermès **V** 4, 8. Usages du bois **V** 7, 6 ; **V** 9, 7.

προύμνη (ἡ), prunier, *Prunus domestica* L.

La sève forme des larmes **IX** 1, 2.

πτελέα (ἡ), orme, *Ulmus* L. spp., en part. *U. minor* Miller (= *U. campestris* L. *pro parte*).

Forme des excroissances à ramilles **I** 8, 5. Retourne ses feuilles au solstice d'été **I** 10, 1 ; feuilles découpées **I** 10, 6. Porte des galles **II** 8, 3. Peut se cultiver **III** 1, 1. Fructification contestée **III** 1, 2 et 3 ; **III** 3, 4. En Macédoine pousse également en plaine **III** 3, 1. Époque du bourgeonnement **III** 4, 2. Croissance vigoureuse **III** 6, 1. Porte une « grappe » et des galles **III** 7, 3. Bois meilleur en montagne qu'en plaine **III** 11, 5. Deux variétés : orme de montagne (ὀρειπτελέα) et orme commun ; description générale **III** 14, 1. Le térébinthe comme l'orme porte des galles **III** 15, 4. Sont comparées à la feuille de l'orme celles du *koloi-*

téa de l'Ida **III** 17, 3 ; du sumac **III** 18, 5 ; du « figuier de Chypre » **IV** 2, 3 ; de la châtaigne d'eau **IV** 9, 1 ; de l'arbre à myrrhe **IX** 4, 3. Présent dans la région de Panticapée **IV** 5, 3. Forme des peuplements étendus **IV** 5, 7. Survit à l'écorçage **IV** 15, 2. Bois coupé en été et en automne **V** 1, 2 ; ses caractères **V** 3, 4 ; **V** 4, 3 ; ses usages pour l'huisserie **V** 3, 5 ; **V** 6, 4 ; dans la construction navale **V** 7, 3 ; le charronnage **V** 7, 6 ; la fabrication d'outils **V** 7, 8. Ses galles renferment de la gomme **IX** 1, 2.

1 πτερίς (ἡ), fougère (toute espèce à frondes pennatifides).
Feuilles en dents de scie **I** 10, 5. Feuille d'un arbuste épineux d'Égypte comparée à celle des fougères **IV** 2, 11.

2 πτερίς (ἡ μεγάλη), fougère aigle, grande fougère, *Pteridium aquilinum* (L.) Kuhn (= *Pteris aquilina* L.).
Détruite par un épandage de fumier ou par les déjections des moutons **VIII** 7, 7. Feuille du polypode comparée à celle de la grande fougère **IX** 13, 6.

3 πτερίς (ἡ), fougère mâle, *Dryopteris filix-mas* (L.) Schott.
Différences par rapport à la « fougère femelle » (θηλυπτερίς) **IX** 18, 8. Description ; usage comme ténifuge **IX** 20, 5.

1 πύξος (ἡ), buis, *Buxus sempervirens* L.
Caractères du bois **I** 5, 4 et 5 ; **I** 6, 2 ; **I** 8, 2 ; **V** 3, 1 ; **V** 4, 1. Feuilles persistantes **I** 9, 3 ; **III** 3, 3. En Macédoine exclusivement montagnard **III** 3, 1. Fruit tardif, immangeable **III** 4, 6. Croissance très vigoureuse **III** 6, 1. Description, habitat, distribution géographique **III** 15, 5. Mal acclimaté à Babylone **IV** 4, 1 ; présent en Grèce et dans les pays du nord **IV** 5, 1. Bois imputrescible **V** 4, 2 ; non attaqué par le longicorne **V** 4, 5. Caractères de la zone médullaire **V** 5, 2 et 4. Usages du bois **V** 3, 7 ; **V** 7, 7 et 8. Bois de l'ébène comparé à celui du buis **IX** 20, 4.

2 πύξος (?), morille, *Morchella esculenta / vulgaris* Pers.
Dans une énumération de végétaux sans racine **I** 6, 5.

πυρός (ὁ), blé, froment, *Triticum* L. spp.
Écorce fibreuse, non charnue **I** 5, 2. Racines nombreuses et fines **I** 6, 5 et 6 ; **VIII** 2, 3. Grains dans des glumes **I** 11, 2 ; disposés en épis **I** 11, 5. Transformation réelle ou prétendue du blé en orge **II** 2, 9, ou en ivraie **II** 4, 1 ; **VIII** 7, 1 ; **VIII** 8, 3 ; de l'engrain et de l'amidonnier en froment **II** 4, 1 ; domestication des blés sauvages **II** 4, 1. Fructification du pistachier à l'époque de la moisson du blé **III** 4, 4. Variétés indiennes voisines des nôtres **IV** 4, 9. Graines du nénuphar comparées aux grains du froment **IV** 10, 3. Floraison du plantain comparée à celle du blé **VII** 11, 2. Fait partie des céréales **VIII** 1, 1. Époque des

semailles **VIII** 1, 3 et 4. Délai de germination **VIII** 1, 5 ; description du processus **VIII** 2, 1 et 3. Variétés à tige ramifiée **VIII** 2, 3. Durée de la floraison **VIII** 2, 5 ; de la maturation du grain **VIII** 2, 6 et 7. Tige dressée **VIII** 3, 2 ; grain renfermé dans plusieurs tuniques **VIII** 4, 1. Différences par rapport à l'orge **VIII** 4, 1 et 2. Variétés nombreuses **VIII** 4, 2, les unes nommées d'après leur pays d'origine, les autres autrement **VIII** 4, 3 ; blés de quarante jours, de deux et de trois mois **VIII** 4, 4 ; à grains plus ou moins lourds et gros **VIII** 4, 5 ; plus ou moins mêlés d'impuretés **VIII** 4, 6. Caractères des terres à blé **VIII** 6, 1 et 4. Exigences en eau et résistance à la pluie **VIII** 6, 4 ; 5 ; 6. Résistance aux mutilations **VIII** 7, 4 et 5. Régions où le grain donne le plus de farine **VIII** 8, 2. Céréale la plus infestée par l'ivraie **VIII** 8, 3 ; la plus épuisante **VIII** 9, 1. Céréales semblables au blé et à l'orge **VIII** 9, 2. Grain attaqué par le charançon **VIII** 10, 1. Blé moins sujet que l'orge à la rouille **VIII** 10, 2. Phénomènes atmosphériques préjudiciables au blé **VIII** 10, 3. Dégâts des vers sur les racines et sur le chaume **VIII** 10, 4. Le froment pourrit moins vite que l'orge **VIII** 11, 1. Meilleur pour la farine s'il n'est pas moissonné trop sec **VIII** 11, 3. Attend la moisson mieux que toute autre céréale **VIII** 11, 4. Conservation du grain **VIII** 11, 4 et 7. Dépiquage du froment à Babylone **VIII** 11, 7. Gâteau de blé trémois mis à la place d'une « herbe à rasoirs » arrachée **IX** 8, 7.

πυρὸς ὁ ἀλεξάνδρειος, blé « d'Alexandre » ou « d'Alexandrie » (?). Appellation d'origine non précisée **VIII** 4, 3.

πυρὸς ὁ θρᾴκιος, blé de Thrace, *Triticum* L. sp. ; seigle, *Secale cereale* L.
Grain à tuniques nombreuses **VIII** 4, 3.

πυρὸς ὁ καμακίας, blé « échalas » (dénomination non spécifique). Blé que l'effanage fait pousser tout en longueur **VIII** 7, 4.

πυρὸς ὁ καχρυδίας, blé « à bourgeons d'hiver », blé poulard, *Triticum turgidum* L. var.
Appellation d'origine autre que géographique ; variété à chaume épais **VIII** 4, 3.

πυρὸς ὁ κριθανίας, « blé-orge », blé poulard, *Triticum turgidum* L. var. (à épi rameux et fortes barbes).
Blé à tige ramifiée **VIII** 2, 3.

πυρὸς ὁ σιτανίας, « gros blé », blé poulard, *Triticum turgidum* L. var. (à épi rameux et gros grain).
Blé à tige ramifiée **VIII** 2, 3.

πυρὸς ὁ στλεγγίας, blé « étrille », blé poulard, *Triticum turgidum* L. var., ou blé dur, *T. turgidum* L. subsp. *durum* (= *T. durum* Desf.). Appellation d'origine autre que géographique **VIII** 4, 3.

ῥάμνος (ἡ), nerprun, *Rhamnus* L. spp.
Arbrisseau polymorphe **III** 18, 1. Fruits en grappe **III** 18, 12. Bois utilisé pour les briquets ([?] *R. alpinus* L. subsp. *fallax* = *R. fallax* Boiss.) **V** 9, 7.

ῥάμνος (ἡ λευκή), nerprun « blanc », nerprun à feuilles d'olivier, *Rhamnus lycioides* L. subsp. *oleoides* (= *R. oleoides* L.) ; subsp. *graecus* (= *R. graecus* Boiss. & Reuter).
Feuilles persistantes **I** 9, 4 ; **III** 18, 3. Arbrisseau épineux, à fruits blancs **III** 18, 2.

ῥάμνος ἡ μέλαινα, nerprun « noir », forme à fruits noirs du précédent ; (?) nerprun des rochers, *R. saxatilis* Jacq.
Arbrisseau épineux, à fruits noirs **III** 18, 2.

ῥαφανίς (ἡ), radis, *Raphanus sativus* L.
Racine charnue **I** 2, 7 ; **I** 6, 6 ; **VII** 2, 8 ; devenant ligneuse **I** 2, 7 ; composée d'écorce et de chair **I** 6, 7. Époque du semis **VII** 1, 2. Délai de germination **VII** 1, 3 et 5. Semé par temps chaud, monte vite en graine **VII** 1, 7. Racine unique, de longue conservation **VII** 2, 5. Racine de la bette comparée au radis **VII** 2, 6. Graines en gousse **VII** 3, 2. Fructification plutôt latérale **VII** 3, 4. Plusieurs variétés **VII** 4, 1 et 6 ; décrites **VII** 4, 2. Qualité du radis améliorée par le froid de l'hiver **VII** 4, 3. Se développe mieux s'il est repiqué **VII** 5, 3. Attaqué par des puces ; moyen de l'en préserver **VII** 5, 4. Sont comparées à un radis la rave sauvage **VII** 6, 2 ; la racine du maceron **VII** 6, 3. Tige garnie de pousses latérales **VII** 8, 2. On coupe en rondelles comme un radis la racine de la mandragore **IX** 9, 1 ; celle du « caméléon blanc » **IX** 12, 1.

ῥάφανος (ἡ), chou, *Brassica oleracea* L. (cultivé) ; *B. cretica* Lam. (sauvage).
Exemple-type de sous-arbrisseau **I** 3, 1 (conj.) ; **VI** 1, 2. Peut devenir un « légume en arbre » **I** 3, 4. Racine unique **I** 6, 6. Feuilles persistantes **I** 9, 4, charnues en largeur et non en épaisseur **I** 10, 4. Fructification terminale et latérale **I** 14, 2. Plante toxique d'Asie, de la taille d'un chou (cf. *Plantes anonymes*, n° 11) **IV** 4, 12. Antipathie de la vigne et du chou **IV** 16, 6. Époque du semis **VII** 1, 2. Délai de germination **VII** 1, 3. Se multiplie de rejet **VII** 2, 1. Repousse de sa tige tronquée **VII** 2, 4. Plusieurs variétés **VII** 4, 1 ; décrites **VII** 4, 4. Supporte le repiquage **VII** 5, 3. Insectes parasites **VII** 5, 4. Différences

entre espèce sauvage et variétés cultivées **VII** 6, 1 et 2. Tige de l'orobanche comparée à celle du chou (καυλός) **VIII** 8, 5.

ῥάφανος ἀγρία, nom arcadien du radis sauvage, *Raphanus raphanistrum* L. **IX** 15, 5.

ῥάφανος ἡ ὀρεία, « radis de montagne », *Euphorbia apios* L.
Empoisonne les porcs **IX** 12, 1.

ῥόα / ῥοιά (ἡ), grenadier, *Punica granatum* L.
A par nature plusieurs troncs **I** 3, 3 ; tronc tortueux et court **I** 5, 1.
Moelle charnue **I** 6, 1. Racines peu nombreuses **I** 6, 3, superficielles **I**
6, 4. Peut drageonner **I** 6, 5. Très rameux **I** 9, 1. Feuilles étroites **I** 10,
4. Fruit formé de jus et de peau **I** 10, 10. Nature et disposition des
graines **I** 11, 4 ; 5 ; 6. Variétés à fruit acide **I** 12, 1. Fleur écarlate **I** 13,
1, placée au-dessus du fruit **I** 13, 3. Cas de malformation du fruit **I** 13,
4 et 5. Disposition des fruits sur l'arbre **I** 14, 1. Espèce domestique
connue de tous **I** 14, 4. Procédés de multiplication **II** 1, 2 et 3. Phénomènes de dégénérescence **II** 2, 4 et 5. Certaines variétés s'améliorent
en Égypte et en Cilicie **II** 2, 7 ; **II** 2, 10 ; **II** 3, 2. Dégénère ou s'améliore suivant les soins reçus **II** 2, 9 et 11. Transformations naturelles et
phénomènes tératologiques **II** 3, 1 ; 2 ; 3. Techniques de plantation **II**
5, 5 et 6 ; **II** 6, 12. Besoins en eau et en fumier **II** 7, 1 et 3. Sujet à
perdre ses jeunes fruits **II** 6, 12 ; **II** 8, 1. Bourgeonnements tardifs **III**
5, 4. Croissance terminale et latérale **III** 6, 2. Sont comparés au grenadier ou à la grenade l'églantier **III** 18, 4 ; l'« arbre sinistre » de Lesbos **III** 18, 13 ; le fruit du « paliure » libyen **IV** 3, 3 ; celui du nénuphar blanc, dit « grenade » **IV** 10, 3 ; le baumier **IX** 6, 1. Subsiste à
Panticapée sous abri **IV** 5, 3. Présent sur le Tmolos et sur l'Olympe de
Mysie **IV** 5, 4. A la vie brève mais produit des rejets **IV** 13, 2 et 3.
Fruit attaqué par les vers **IV** 14, 10. Résiste bien au gel **IV** 14, 12, et à
la mutilation de son tronc **IV** 16, 1. Jeunes rameaux épineux **VI** 1, 3.
On conserve la grenade en plantant son pédoncule dans un bulbe de
scille **VII** 13, 4.

ῥόδον (τό), rose ; **ῥόδον τὸ ἄγριον**, églantine, *Rosa* L. spp.
Arbre exotique à fleurs de la couleur des roses (cf. *Plantes anonymes*,
n° 2) **I** 13, 1. Fleur « double » **I** 13, 2. Les graines se forment au-dessous de la fleur **I** 13, 3. Sont comparées à la rose la fleur de la fève
d'Égypte **IV** 8, 7 ; celle du nénuphar blanc **IV** 10, 3 ; aux églantines
les fleurs des deux espèces de ciste **VI** 2, 1. Description de nombreuses
variétés cultivées ou sauvages, différenciées par plusieurs caractères
VI 6, 4-5. Floraison printanière peu durable **VI** 8, 2. Variations locales
de l'époque de floraison et de la qualité du parfum **VI** 8, 5-6. Fleur du
laurier-rose comparée à la rose **IX** 19, 1.

ῥοδωνία (ἡ), rosier, *Rosa* L. spp.
Feuilles persistantes **I** 9, 4. Fleur au-dessus du péricarpe **I** 13, 3. Se multiplie par boutures de tige **II** 2, 1 ; **VI** 6, 6 ; également par graine **VI** 6, 6 ; autres modalités de culture **VI** 6, 6. Espèce domestique utilisée pour les couronnes **VI** 1, 1 ; à jeunes rameaux épineux **VI** 1, 3 ; sa longévité **VI** 8, 5.

ῥοῦς (ἡ), sumac, *Rhus coriaria* L.
Arbrisseau polymorphe **III** 18, 1. Différence entre les deux formes, mâle et femelle ; description générale ; usages en teinturerie et en médecine ; habitat **III** 18, 5.

ῥύτρος (τὸ), échinops, *Echinops* L. spp.
Chardon à tige ramifiée dans sa partie supérieure **VI** 4, 4.

σάρι (τὸ), sari, *Cyperus alopecuroides* Rottb. vel sim.
Plante alimentaire d'Égypte **IV** 8, 2. Description ; usages **IV** 8, 5.

σέλινον (τὸ), céleri, *Apium graveolens* L. (cultivé).
Plante bisannuelle **I** 2, 2 ; **VII** 1, 7. Caractères des racines **I** 6, 6 ; **VII** 2, 5 et 8. Feuilles persistantes ou semi-persistantes **I** 9, 4. Tige feuillée **I** 10, 7. Sève aromatique **I** 12, 2. Pousse frisé dans certaines conditions de culture **II** 4, 3. Feuille du silphium comparée à celle du céleri **VI** 3, 1. Époque du semis et de la plantation **VII** 1, 2. Délai de germination **VII** 1, 3 et 6. Forme des rejetons **VII** 2, 2. Techniques particulières de semis et de plantation **VII** 3, 4-5. Description des variétés et formes cultivées **VII** 4, 6. Supporte le repiquage **VII** 5, 3. Différences du maceron, de l'ache des marais et du persil par rapport au céleri **VII** 6, 3-4.

σέλινον τὸ ἕλειον / ἑλειοσέλινον (τὸ), ache des marais, *Apium graveolens* L. (sauvage).
Plante herbacée du milieu humide **IV** 8, 1. Description **VII** 6, 3. L'« herbe à l'encens » fructifère lui est comparée pour la feuille **IX** 11, 10.

σέσελι (τὸ), séséli, *Tordylium officinale* L. ; *Malabaila aurea* (Sibth. & Sm.) Boiss.
Plante médicinale d'Arcadie **IX** 15, 5.

σήμυδα (ἡ), bouleau, *Betula pendula* Roth.
Description **III** 14, 4. Usage du bois **III** 14, 4 ; **V** 7, 7 (conj.).

σήσαμον (τὸ), sésame, *Sesamum indicum* L.
Cas particulier de plante à capsule **I** 11, 2. Sont comparés au sésame le

sureau pour les graines **III** 13, 6 ; l'« arbre sinistre » de Lesbos pour la capsule **III** 18, 13 ; une plante d'Égypte adventice dans le blé (cf. *Plantes anonymes*, nº 22) pour la taille du fruit **IV** 8, 14 ; le *tribolos* (1ʳᵉ espèce) pour la graine **VI** 5, 3, de même que l'hellébore **IX** 9, 2 ; **IX** 14, 4. Plante de culture estivale **VIII** 1, 1. Époque du semis **VIII** 1, 4. Mûrit en une quarantaine de jours **VIII** 2, 6. A des feuilles particulières **VIII** 3, 1, des tiges rappelant celle de la férule **VIII** 3, 2, des fleurs pétalées **VIII** 3, 3. Fructifie abondamment **VIII** 3, 4. Variété à grains clairs **VIII** 5, 1. Structure originale du fruit **VIII** 5, 2. Germination contrariée par la pluie **VIII** 6, 1. Ressemblances entre le sésame et le lupin, le sisymbre à cornes, l'hormin **VIII** 7, 3. La plus épuisante des cultures d'été **VIII** 9, 3. Fruit de l'euphorbe « faux myrte » administré avec du sésame grillé **IX** 11, 9.

σίδη (ἡ), « grenade », nénuphar blanc, *Nymphaea alba* L.
Une des plantes du lac d'Orchomène **IV** 10, 1 ; peut-être présente ailleurs sous un autre nom **IV** 10, 2. Description **IV** 10, 3. Fructifie **IV** 10, 4. Pousse uniquement dans l'eau **IV** 10, 6. Parties de la plante comestibles **IV** 10, 7.

σικύα (ἡ), gourde, *Lagenaria siceraria* (Molina) Stanley.
Disposition des graines **I** 11, 4. Fleur au-dessus du fruit **I** 13, 3. Racines courtes **VII** 2, 9. Prend la forme du récipient où elle a été placée **VII** 3, 5.

σίκυος (ὁ), concombre, *Cucumis sativus* L.
Fruit formé de chair et de fibre **I** 10, 10. Sève aqueuse **I** 12, 2. Fleur au-dessus du fruit **I** 13, 3. On supprime ses fleurs stériles **I** 13, 4. On l'empoussière pour l'attendrir **II** 7, 5. Époque du semis **VII** 1, 2. Délai de germination **VII** 1, 3, plus court si la graine est fraîche **VII** 1, 6. Racines courtes **VII** 2, 9. Fleurit longuement **VII** 3, 1. Traitement de la graine avant le semis **VII** 3, 5. Plusieurs variétés **VII** 4, 1 ; décrites **VII** 4, 6. Passe pour craindre l'eau de pluie **VII** 5, 2. Supporte le repiquage **VII** 5, 3. Graine de mauvaise conservation **VII** 5, 5 ; peu attaquée par les insectes **VII** 5, 6. Ressemblance lointaine avec le concombre sauvage **VII** 6, 4. Feuille de l'arum comparée à celle du concombre **VII** 13, 1.

σίκυος ὁ ἄγριος, concombre sauvage, *Ecballium elaterium* (L.) A. Richard.
Ressemblance lointaine avec le concombre cultivé **VII** 6, 4. Tige couchée **VII** 8, 1. Plante totalement estivale **VII** 10, 1. Usages médicaux **IX** 9, 4. Présent en Arcadie **IX** 15, 6.

σίλφιον (τὸ), silphium, espèce de férulacée présumée disparue.
Puissance végétative concentrée dans les racines **I** 6, 12. Circonstances

de son apparition en Cyrénaïque **III** 1, 6. Rebelle à la culture **III** 2, 1. Espèce locale par excellence en Cyrénaïque **IV** 3, 1. Sera décrit ultérieurement **IV** 3, 7. Description, localisation géographique, usages **VI** 3, 1-6. Différences entre le *magydaris* et le silphium **VI** 3, 7. Croît dans des régions montagneuses **VI** 5, 2. Graine de l'arroche comparée à celle du silphium **VII** 3, 2. Suc extrait de la racine et de la tige **IX** 1, 3 ; saveur piquante **IX** 1, 4 ; modalités de sa récolte **IX** 1, 7.

σισύμβριον (τὸ), calament, *Calamintha nepeta* (L.) Savi.
Sous-arbrisseau multiplié par bouturage des rameaux **II** 1, 3. Se transforme en menthe **II** 4, 1. Plante à couronnes cultivée **VI** 1, 1 ; tout entière odorante **VI** 6, 2 ; ne comprenant pas différentes variétés **VI** 6, 3. Passe pour stérile **VI** 7, 2. Parfum plus piquant à l'état sauvage **VI** 7, 2. Caractères des racines **VI** 7, 4. Dégénère s'il n'est pas transplanté **VI** 7, 6. Un « dictame » homonyme de la plante crétoise a la feuille du calament **IX** 16, 3.

σισυριγχίον (τὸ), iris sisyrinchium, *Gynandriris sisyrinchium* (L.) Parl.
Feuilles issues de la racine, tige nue **I** 10, 7. Plante bulbeuse voisine du muscari ; croissance particulière du bulbe **VII** 13, 9.

σῖτος (ὁ), blé (sens collectif) ; **τὰ σιτηρά / τὰ σιτώδη**, les céréales.
Exemple-type de plante herbacée **I** 3, 1. Feuille tout entière fibreuse **I** 10, 8, de même que le pédoncule **I** 10, 9. Type de croissance **III** 6, 3. A Tylos profite de l'irrigation plus que de la pluie **IV** 7, 8. Plante d'Égypte adventice dans le blé (cf. *Plantes anonymes*, n° 22) **IV** 8, 14. Le blé mûr sèche vite et s'égrène **VII** 3, 3. Caractères des racines **VII** 9, 3 ; **VIII** 2, 3. Fleurs des plantes à épi comparées à celles du blé **VII** 11, 2. Blé et céréales font l'objet d'une étude séparée **VII** 15, 4 ; **VIII** 1, 1. Processus de leur germination **VIII** 2, 1 et 2. Nombreuses tiges non ramifiées **VIII** 2, 3 ; étapes de leur croissance **VIII** 2, 4. Mèlos est bonne productrice de grain **VIII** 2, 8. Caractères distinctifs des céréales **VIII** 3, 1 ; 2 ; 3 ; 5. Différences à l'intérieur du groupe des céréales **VIII** 4, 1. Au Pont toutes les céréales se sèment en hiver et au printemps **VIII** 4, 6. Rapport de taille et de forme entre l'épi et le grain **VIII** 5, 3. Céréales préférables aux légumineuses en terrain aride **VIII** 6, 4. Pluie parfois nuisible aux céréales **VIII** 6, 5 ; 6 ; 7. Pratique de l'effanage en Thessalie **VIII** 7, 4. Céréales plus sensibles à la rouille que les légumes secs **VIII** 10, 2. *Akoniton* comparé au blé **IX** 16, 4.

σκαμμωνία (ἡ), scammonée, *Convolvulus scammonia* L.
Plante médicinale des régions froides **IV** 5, 1. Forme des larmes sur sa tige et sur sa racine **IX** 1, 3 ; a des propriétés médicinales **IX** 1, 4. On en utilise la racine et le suc **IX** 9, 1 ; le suc seulement **IX** 20, 5.

σκάνδιξ (ἡ), scandix ; **τὰ σκανδικώδη**, les scandix, *Scandix grandiflora* L., *S. australis* L., *S. pecten-veneris* L.
Légume sauvage **VII** 7, 1. Plante à tige couchée **VII** 8, 1.

σκίλλα (ἡ), scille maritime, *Urginea maritima* (L.) Baker.
Habitat **I** 4, 3. Caractères de la racine **I** 6, 7 ; 8 ; 9. Feuilles sessiles, tige nue **I** 10, 7. On met dans un bulbe de scille les plançons de figuier, le pédoncule de la grenade **II** 5, 5 ; **VII** 13, 4. Forme des rejetons **VII** 2, 2, auxquels sont comparés ceux de l'oignon **VII** 4, 12. Racine formée d'écailles **VII** 9, 4, non comestible **VII** 12, 1. Feuille large et fissile **VII** 13, 1. A une tige proprement dite **VII** 13, 2 et 6. Particularités de sa floraison **VII** 13, 3 ; 5 ; 6. Vitalité et vertus prophylactiques de la scille **VII** 13, 4. Sa feuillaison précède celle du narcisse **VII** 13, 7. Sont comparés à la scille pour la feuille le *moly* arcadien **IX** 15, 7, et l'orchis **IX** 18, 3.

σκίλλα ἡ ἐπιμενίδειος, scille « d'Épiménide », ornithogale de Narbonne, *Ornithogalum narbonense* L.
Distinguée de la scille maritime par sa racine comestible et par ses feuilles **VII** 12, 1.

σκολόπενδρον (τὸ), scolopendre, *Phyllitis scolopendrium* (L.) Newm.
Feuille de l'« herbe à la mule » comparée à celle de la scolopendre **IX** 18, 7.

σκόλυμος (ὁ), scolyme, *Scolymus hispanicus* L.
Au nombre des carduacées **VI** 4, 3. Fleurit tard et longtemps **VI** 4, 4 ; aux environs du solstice **VI** 4, 7 ; **VII** 15, 1. Racine comestible **VI** 4, 7. La laitue de Laconie a la feuille du scolyme **VII** 4, 5. Plante totalement estivale **VII** 10, 1. Sont comparés au scolyme pour la feuille le « caméléon blanc » **IX** 12, 1, et le « noir » **IX** 12, 2. Une racine semblable à celle du scolyme a causé des troubles mentaux (cf. *Plantes anonymes*, n° 28) **IX** 13, 4.

σκόροδον (τὸ), ail, *Allium sativum* L.
Racine sans radicelles latérales **I** 6, 9. Feuilles issues de la racine, tige nue **I** 10, 7. Tige simple et lisse **VII** 1, 8 ; **VII** 8, 2. Se multiplie par plant de racines **VII** 2, 1, qui portent de nombreux rejetons **VII** 2, 3 ; **VII** 13, 4. Plusieurs variétés **VII** 4, 1 et 7 ; décrites, avec leur mode de culture **VII** 4, 11. Formation des caïeux, production de bulbilles **VII** 4, 12. On mange de l'ail avant de déraciner l'hellébore **IX** 8, 6.

1 σκορπίος (ὁ), soude, *Salsola kali* L.
Feuilles transformées en épines **VI** 1, 3 ; **VI** 4, 1. Description **VI** 4, 2.

2 σκορπίος (ὁ), « herbe au scorpion », « scorpion », doronic d'Orient, *Doronicum orientale* Hoffm.
Racine semblable à un scorpion, utilisée pour soigner sa piqûre **IX** 13, 6. Description de la plante, habitat, toxicité **IX** 18, 2.

σκυθική (ῥίζα) (ἡ), « racine de Scythie », réglisse, *Glycyrrhiza* L. spp.
Plante de Scythie à racine médicinale et désaltérante **IX** 13, 2 ; **IX** 15, 2.

1 σμῖλαξ = μῖλος (ἡ), if, *Taxus baccata* L.
Feuilles persistantes **I** 9, 3.

2 σμῖλαξ (ἡ, ὁ), salsepareille, *Smilax aspera* L.
Feuilles aiguës épineuses **I** 10, 5 et 6. Tige volubile épineuse **III** 18, 11 ; **VII** 8, 1. Description générale **III** 18, 11-12. Fleur utilisée pour confectionner des couronnes **VI** 8, 3.

3 σμῖλαξ, nom arcadien de l'yeuse ou chêne vert, *Quercus ilex* L.
Distingué du chêne kermès par ses feuilles et par son bois **III** 16, 2.

σμύρνα (ἡ), μύρρα (ἡ), myrrhe, arbre à myrrhe, *Commiphora myrrha* Engl. vel sim.
L'« épine de l'Inde » produit des larmes semblables à la myrrhe **IV** 4, 12 ; **IX** 1, 2. Parmi les plantes à parfum d'Orient **IV** 4, 14. La sève forme des larmes **IX** 1, 2, auxquelles sont comparées celles du maceron **IX** 1, 4. Myrrhe exsudée après incision **IX** 1, 6-7, et spontanément **IX** 4, 1. Régions d'Arabie productrices de myrrhe **IX** 4, 2. Description de l'arbre **IX** 4, 3 et 7-8. Récolte et commerce de la myrrhe **IX** 4, 4-6. Deux sortes de myrrhe dans le commerce **IX** 4, 10. Dans la liste des aromates usuels **IX** 7, 3.

σόγκος (ὁ), laiteron, *Sonchus oleraceus* L., *S. asper* (L.) Hill.
« Palmier » marin comparé au laiteron **IV** 6, 10. Description ; différences par rapport aux carduacées typiques **VI** 4, 3 et 8. Tige d'un carthame sauvage comparée à celle du laiteron **VI** 4, 5. Plante à feuilles épineuses sur le sol et sur la tige **VII** 8, 3.

σπάλαξ, « taupe », *Biarum tenuifolium* (L.) Schott.
Racine charnue **I** 6, 11.

σπειραία (ἡ), troène, *Ligustrum vulgare* L.
Arbrisseau à fructification terminale **I** 14, 2. Végétal inerme formant un genre bien différencié **VI** 1, 4.

σποδιάς (ἡ), pruneautier, *Prunus domestica* L. subsp. *insititia*.
Sorte de prunier sauvage (ἀγρία κοκκυμηλέα) enraciné superficiellement **III** 6, 4.

σταφυλὴ ἀγρία (ἡ), voir s.v. ἄμπελος ἀγρία.

στελέφουρος (ὁ), plantain, *Plantago major* L.
Plante formant un épi, comparée à la queue-de-renard **VII** 11, 2.

στοιβή (ἡ), « herbe aux bouchons », pimprenelle épineuse, *Sarcopoterium spinosum* (L.) Spach.
Sous-arbrisseau à feuilles charnues **I** 10, 4. Autre nom de la plante
φέως, pourvue à la fois d'épines et de feuilles **VI** 1, 3.

1 στρουθίον (τὸ), « œuf d'autruche », fruit d'une variété améliorée de
cognassier, *Cydonia oblonga* Miller.
De ses graines naît un cognassier ordinaire **II** 2, 5.

2 στρουθίον / στρούθιον (τὸ), chardon à foulon, *Dipsacus fullonum* L.
Plante épineuse différente des carduacées typiques **VI** 4, 3.

στρούθιον (τὸ), στρουθός (ὁ), herbe à foulon, saponaire, *Saponaria
officinalis* L.
Belle fleur estivale, sans parfum **VI** 8, 3. Feuille du « pavot d'Héraclès » comparée à celle de la saponaire **IX** 12, 5.

1 στρύχνος (ὁ), morelle, *S. luteum* Miller (fruit orangé ou vermillon),
S. dulcamara L. (fruit rouge vif) ; *S. nigrum* L. (fruit noir).
Fruit de la salsepareille comparé à celui de la morelle **III** 18, 11. Deux
espèces en Arcadie, à fruit rouge et à fruit noir **IX** 15, 5.

2 στρύχνος (ὁ), solanée, nom commun à trois végétaux différenciés
par des épithètes spécifiques (voir ci-après) **VII** 15, 4. Rappel de leur
homonymie **IX** 11, 5.

στρύχνος ὁ ἐδώδιμος, στρύχνον (τὸ), morelle comestible, *Solanum
nigrum* L.
Consommable après cuisson et même crue **VII** 7, 2. Espèce quasi
domestique dont le fruit ressemble à un grain de raisin **VII** 15, 4.

στρύχνος ὁ μανικός, « solanée qui provoque la folie », *Datura stramonium* L.
Cause la folie et la mort **VII** 15, 4. L'une des deux solanées médicinales **IX** 11, 5. Description de la plante et de ses effets toxicologiques
IX 11, 6. Rappel de son action sur le psychisme **IX** 19, 1.

στρύχνος ὁ ὑπνώδης, morelle somnifère, *Withania somnifera* (L.) Dunal.
Action somnifère **VII** 15, 4. L'une des deux solanées médicinales **IX** 11, 5. Description, usages, habitat **IX** 11, 5.

στύραξ (ὁ), styrax, gomme-résine de *Styrax officinalis* L.
Dans la liste des aromates usuels **IX** 7, 3.

συκάμινος (ἡ), mûrier, *Morus nigra* L.
Caractères de la zone médullaire **I** 6, 1. Espèce à végétation tardive, qui perd ses feuilles en même temps que les autres **I** 9, 7. Fruit formé de jus et de peau **I** 10, 10 ; son suc rappelle le vin **I** 12, 1. Fleur duveteuse **I** 13, 1 ; incluse dans la masse du péricarpe **I** 13, 4. Une certaine ressemblance entre le sycomore d'Égypte et le mûrier **IV** 2, 1. Les plantes dont en Inde on fait les vêtements (cf. *Plantes anonymes*, nº 8) ont la feuille du mûrier **IV** 4, 8. Caractères du bois **V** 3, 4 ; **V** 4, 2 ; **V** 6, 2 ; usages en construction navale **V** 7, 3.

συκάμινος ἡ αἰγυπτία, σ. ἡ ἐν Αἰγύπτῳ, sycomore d'Égypte, *Ficus sycomorus* L.
Ses fruits sortent du tronc et des grosses branches **I** 1, 7 ; **I** 14, 2. Ne fructifie pas hors de sa patrie **IV** 1, 5. Description de l'arbre, des fruits, du bois **IV** 2, 1-2. Le « figuier de Chypre » lui ressemble sur certains points **IV** 2, 3. Différences entre le caroubier, appelé parfois « figuier d'Égypte », et le sycomore **IV** 2, 4.

1 συκῆ (ἡ), figuier, *Ficus carica* L.
A les caractères d'un arbre **I** 3, 1, mais devient buissonnant s'il est taillé court **I** 3, 3. Ne perd pas ses feuilles dans la région d'Éléphantine **I** 3, 5, ni à Tylos **IV** 7, 8. Tronc tortueux et court **I** 5, 1. Caractères de l'écorce **I** 5, 2 ; du bois **I** 5, 3 ; **I** 6, 1 ; des racines **I** 6, 3 et 4 ; **I** 7, 2 ; des nœuds **I** 8, 1 ; 2 ; 5 ; des feuilles **I** 9, 7 ; **I** 10, 4 ; 5 ; 8 ; des graines **I** 11, 3 et 4. Morphologie interne de la figue **I** 11, 6 ; suc rappelant le miel **I** 12, 1. Arbre à sève laiteuse **I** 12, 2 ; fructifie sur les jeunes pousses **I** 14, 1. Espèce domestique bien connue, distincte du caprifiguier **I** 14, 4 ; **II** 2, 12. Procédés de multiplication **II** 1, 2. Dégénère s'il vient de graine **II** 2, 4. Transformations exceptionnelles et phénomènes tératologiques **II** 3, 1 et 3. Se marcotte sur l'arbre même **II** 5, 3. Techniques de plantation **II** 5, 4 ; 5 ; 6 ; **II** 6, 12. Prospère surtout en plaine **II** 5, 7. Autant de variétés de dattes que de figues **II** 6, 6. Exigences culturales du figuier **II** 7, 1 ; 5 ; 6. Sujet à perdre ses jeunes fruits **II** 8, 1. Pratique de la caprification ; explication du processus **II** 8, 2 et 3. Forme ses fruits sans floraison préalable **III** 3, 8. Époques du bourgeonnement **III** 4, 2 ; **III** 5, 4. Croissance terminale et latérale **III** 6, 2. Produits « supplémentaires » : petites figues vite

caduques et figues tardives **III** 7, 3. Sont comparés au figuier domestique, pour les racines, le « figuier de l'Ida » **III** 17, 5 ; pour le fruit, le sycomore d'Égypte **IV** 2, 1 ; le « figuier de Chypre » **IV** 2, 3 ; le « figuier d'Inde » **IV** 4, 4. Commun et de belle venue à Panticapée **IV** 5, 3. Arbre des mangroves de Tylos (cf. *Plantes anonymes*, n° 17) de la taille d'un figuier **IV** 7, 7. Longévité du figuier inférieure à celle du caprifiguier **IV** 13, 1 ; faible **IV** 13, 2. Maladies et ennemis du figuier **IV** 14, 2 ; 3-5 ; **IV** 14, 10. Craint la pluie et la sécheresse excessives **IV** 14, 8 ; et surtout le gel **IV** 14, 12. Supporte plus ou moins d'être écorcé **IV** 15, 2 ; fructifie davantage après avoir eu le tronc fendu **IV** 16, 1. Bois de texture lâche **V** 3, 3, solide sauf à la verticale **V** 6, 1 ; fumée âcre, adoucie par le desséchage **V** 9, 6 ; braises très durables **V** 9, 6. Racine de l'asphodèle consommée avec des figues **VII** 13, 3.

2 συκῆ (ἡ), « figuier », organisme marin de l'ordre des Gorgonaires ou des Alcyonaires.
Une des plantes marines les plus remarquables et les plus localisées **IV** 6, 2. Description sommaire **IV** 6, 9.

συκῆ ἀγρία, figuier sauvage, produit dégénéré des graines d'un figuier domestique **II** 2, 4.

συκῆ ἡ περὶ τὴν Ἴδην, « figuier de l'Ida », *Sorbus graeca* (Spach) Kotschy.
Endémique de l'Ida **III** 17, 4 ; décrit sous tous ses aspects **III** 17, 5.

συκῆ ἡ ἰνδική, « figuier d'Inde », figuier des banians, *Ficus bengalensis* L.
Émet des racines aériennes qui s'implantent autour du tronc **I** 7, 3 ; **IV** 4, 4. Description ; dimensions ; localisation géographique **IV** 4, 4.

συκῆ ἡ κυπρία, « figuier de Chypre », *Ficus pseudosycomorus* Decne.
Espèce voisine du sycomore ; décrite **IV** 2, 3.

σφάκος (ὁ), sauge, *Salvia pomifera* L. (= *S. calycina* Sibth. & Sm.).
Au nombre des végétaux inermes **VI** 1, 4. Plus « domestique » que la sauge ἐλελίσφακος ; caractères des feuilles **VI** 2, 5.

σφένδαμνος (ἡ), érable, *Acer* L. spp., en part. *A. obtusatum* Waldst. & Kit.
Dénomination en concurrence avec *zygia* et *gleinos* ; situation nomenclaturale confuse **III** 3, 1 ; **III** 11, 1. En Macédoine l'érable passe pour ne pas fleurir **III** 3, 8 ; fructifie en été **III** 4, 4 ; croît vigoureusement **III** 6, 1 ; a des racines superficielles et peu nombreuses **III** 6, 5. Description générale de l'« érable commun » (*A. obtusatum* ; dans la

forme de plaine à bois blanc, *A. campestre* [= *glinos*]) **III** 11, 1-2. Floraison inconnue sur l'Ida ; fruit comparé à celui du paliure **III** 11, 2. Époque de l'abattage **V** 1, 2 et 4. Bois compact **V** 3, 3 ; ses usages **V** 7, 6.

σφένδαμνος ἡ ἄρρην, érable « mâle », érable de Montpellier, *Acer monspessulanum* L.
Espèce de plaine, à bois madré et contourné **III** 11, 2.

σχῖνος (ἡ), lentisque, *Pistacia lentiscus* L., en part. var. *chia*.
La sève se concrète et donne le mastic **IX** 1, 2. Encensier comparé au lentisque **IX** 4, 7.

1 σχοῖνος (ὁ), jonc, *Juncus* L. spp., *Scirpus* L. spp., vel sim.
Tige lisse et sans nœuds **I** 5, 3 ; **I** 8, 1. « Joncs de pierre » de la mer Rouge comparés aux vrais joncs **IV** 7, 3. Plante formant des fourrés **IV** 8, 1. Passe pour comprendre trois espèces ; remarques sur cette classification ; description **IV** 12, 1-3.

2 σχοῖνος (ὁ), jonc odorant, *Cymbopogon* Sprengel spp.
Pousse avec le roseau odorant au bord d'un lac de Syrie **IX** 7, 1. Dans la liste des aromates usuels **IX** 7, 3.

σχοῖνος ὁ κάρπιμος, jonc fructifère, voir s.v. μελαγκρανίς et σχοῖνος ὁ ὁλόσχοινος.

σχοῖνος λίθινος, « jonc de pierre », organisme marin de l'ordre des Antipathaires.
Ressemble au vrai jonc **IV** 7, 3.

σχοῖνος ὁ ὁλόσχοινος, vrai jonc, *Scirpus holoschoenus* L.
Une des trois espèces de jonc **IV** 12, 1. Pousse parfois du même pied que le jonc aigu **IV** 12, 2. Description ; usages **IV** 12, 2-3. Racine du « caméléon blanc » coupée en rondelles qu'on enfile sur un jonc **IX** 12, 1.

σχοῖνος ὁ ὀξύς, jonc aigu, *Scirpus holoschoenus* L., forme grêle (= var. *australis*).
Une des trois espèces de jonc **IV** 12, 1. Pousse parfois du même pied que le vrai jonc **IV** 12, 2. Racine du vrai jonc plus développée que celle du jonc aigu (τοῦ ὀξυσχοίνου conj.) **IV** 12, 3.

τέρμινθος / τερέβινθος (ἡ), pistachier, *Pistacia* L. spp., en part. pour la Grèce *P. terebinthus* L. (térébinthe), pour l'Orient *P. atlantica* Desf. vel sim., *P. vera* L.

Feuilles persistantes **I** 9, 3 ; **III** 3, 3. Forme le fond de la végétation en certains points de la Syrie **III** 2, 6 ; **III** 15, 3. En Macédoine exclusivement montagnard **III** 3, 1. Époque du bourgeonnement **III** 4, 2 ; de la fructification **III** 4, 4. Description générale du genre : sujets mâles et sujets femelles ; deux espèces différenciées par leur fruit ; caractères de toutes les parties de l'arbre ; habitat et usages ; galles **III** 15, 3-4. Espèce de l'Inde et de la Bactriane dont le fruit ressemble à une amande **IV** 4, 7. Supporte le gemmage **IV** 16, 1. Caractères et usages du bois **V** 3, 2. Fruit et résine seuls utilisés **V** 7, 7. La sève forme des larmes **IX** 1, 2. Époque et technique du gemmage **IX** 1, 6 ; **IX** 2, 1. Fournit la meilleure résine et, en Syrie, de la poix **IX** 2, 2. Arbre à myrrhe comparé à un térébinthe **IX** 4, 7-8. Fruit du baumier comparé à celui du térébinthe **IX** 6, 1.

τετραγωνία (ἡ), fusain, *Euonymus europaeus* L.
Époque du bourgeonnement **III** 4, 2 ; de la fructification **III** 4, 6.

τετράλιξ (ἡ), chardon « à quatre spires », centaurée du solstice, *Centaurea solstitialis* L.
Pousse en été **VI** 4, 4.

τεύτλιον (τὸ), bette, *Beta vulgaris* L. (cultivée).
Feuilles charnues en largeur et non en épaisseur **I** 10, 4. Légume contre-planté **VII** 1, 2. Délai de germination **VII** 1, 3 et 6, variable suivant les saisons **VII** 1, 5, plus bref si la graine est vieille **VII** 1, 6. Forme des rejetons **VII** 2, 2. Caractères des racines **VII** 2, 5 ; 6 ; 8. Patience sauvage comparée à la bette **VII** 2, 7. Caractères des graines **VII** 3, 2 ; **VII** 5, 5. Plusieurs variétés **VII** 4, 1, comparées entre elles **VII** 4, 4.

τευτλίς (ἡ), bette, *Beta vulgaris* L. subsp. *maritima* (sauvage).
Consommable après cuisson **VII** 7, 2.

τεῦτλον (τὸ), bette, *Beta vulgaris* L.
Peut devenir arborescente **I** 3, 2 ; **I** 9, 2. Caractères de la tige **I** 5, 3 ; des racines **I** 6, 6 et 7.

τῆλις (ἡ), fenugrec, *Trigonella foenum-graecum* L.
Le cytise de Lipari a la feuille du fenugrec **III** 17, 2.

τιθύμαλλος (ὁ), euphorbe, *Euphorbia* L. spp.
Exploitation du suc des tiges ; manière de le recueillir **IX** 8, 2. Espèces nombreuses **IX** 11, 1, n'ayant de commun que le nom **IX** 11, 5.

τιθύμαλλος ἐξ οὗ τὸ ἱππομανές, euphorbe qui fournit l'hippomane, *Euphorbia rigida* Bieb. (= *E. biglandulosa* Desf.).
Présente en Arcadie **IX** 15, 6.

τιθύμαλλος ὁ ἄρρην, euphorbe « mâle », *Euphorbia characias* L. subsp. *wulfenii* (= *E. veneta* sensu Hayek).
Description ; usage médical du suc **IX** 11, 8.

τιθύμαλλος ὁ μυρτίτης, euphorbe « faux myrte », *Euphorbia myrsinites* L.
Description ; habitat ; récolte, préparation, usages médicaux du fruit **IX** 11, 9.

τιθύμαλλος ὁ παράλιος, euphorbe « maritime », *Euphorbia peplis* L.
Description ; récolte et usage médical du fruit **IX** 11, 7.

τίφη (ἡ), engrain, petit épeautre, *Triticum monococcum* L.
Racines nombreuses **I** 6, 5. Se transforme en froment **II** 4, 1 ; **VIII** 8, 3. Fait partie des céréales **VIII** 1, 1. Se sème tôt **VIII** 1, 3. Processus de germination **VIII** 2, 1. Le grain mûrit en quarante jours **VIII** 2, 6. Céréale à glumes abondantes **VIII** 4, 1. Ses caractères distinctifs parmi les espèces semblables au blé ou à l'orge **VIII** 9, 2.

τίφυον (τό), vendangeuse, *Sternbergia lutea* (L.) Ker-Gawler, *S. colchiciflora* Waldst. & Kit.
Fleurit avant l'apparition des feuilles **VII** 13, 7.

τραγάκανθα (ἡ), tragacanthe, *Astragalus* L. subgen. *Tragacantha* spp.
Appelée parfois « plante à glu de Crète » (ἰξία ἡ ἐν Κρήτῃ), mais désormais connue ailleurs **IX** 1, 3 ; même meilleure en Achaïe qu'en Crète **IX** 15, 8. Le suc se concrète spontanément **IX** 8, 2.

τραγοπώγων (ὁ), barbe-de-bouc, salsifis, *Tragopogon* L. spp. ; *Scorzonera crocifolia* Sibth. & Sm.
Légume sauvage ; description ; origine du nom **VII** 7, 1.

1 τρίβολος (ὁ), croix de Malte, *Tribulus terrestris* L.
Mauvaise herbe envahissante sur sol humide **III** 1, 6 ; à fruit épineux **VI** 1, 3 ; **VI** 5, 3 ; possédant à la fois des épines et des feuilles **VI** 5, 1. Description **VI** 5, 3. Tige couchée **VII** 8, 1. Le pois chiche fait périr la croix de Malte **VIII** 7, 2.

2 τρίβολος (ὁ), châtaigne d'eau, *Trapa natans* L.
Plante aquatique décrite sous tous ses aspects **IV** 9, 1-3.

3 τρίβολος (ὁ), tribolos, (?) *Fagonia cretica* L., (?) *Xanthium spinosum* L.
Possède à la fois des épines et des feuilles **VI** 1, 3 ; **VI** 4, 1 ; **VI** 5, 1. Description **VI** 5, 3.

τριπόλιον (τό), *tripolion*, *Limoniastrum monopetalum* (L.) Boiss.
Plante magique ; ses effets prétendus, sa récolte **IX** 19, 2.

τριχομανές (τό), capillaire, *Asplenium trichomanes* L.
Description ; propriétés ; habitat **VII** 14, 1.

τύφη (ἡ), massette, *Typha* L. spp., en part. *T. domingensis* (Pers.)
Steudel (= *T. angustata* Bory & Chaub.).
Tige lisse et sans nœuds **I** 5, 3 ; **I** 8, 1. Parmi les plantes du lac
d'Orchomène **IV** 10, 1. Rapport entre le volume du feuillage et celui
des racines **IV** 10, 5. Habitat **IV** 10, 6. Base de la tige comestible **IV**
10, 7.

ὑάκινθος (ἡ), jacinthe, *Hyacinthus orientalis* L. (cultivée) ; scille à
deux feuilles, *Scilla bifolia* L. (sauvage).
Floraison précoce **VI** 8, 1 ; durable dans les deux espèces **VI** 8, 2.
Fleur d'une « herbe aux regrets » (la dauphinelle d'Ajax) comparée à
celle de la jacinthe **VI** 8, 3.

ὕδνον (τό), truffe, *Tuber* Mich. spp.
Dépourvue des principales parties constitutives des autres végétaux **I**
1, 11, en particulier de racine **I** 6, 5. Végétal hypogé, différent d'une
racine **I** 6, 9.

ὑποχοιρίς (ἡ), picridie, *Reichardia picroides* (L.) Roth.
Légume sauvage **VII** 7, 1. Description **VII** 11, 4.

ὑφέαρ (τό), gui blanc, *Viscum album* L.
Coexiste avec le gui du chêne (ἰξία) sur le chêne kermès **III** 16, 1.

φακός (ὁ), lentille, *Lens culinaris* Medicus.
Moyen de rendre les lentilles vigoureuses **II** 4, 2. Fruit du pistachier
térébinthe comparé à une lentille **III** 15, 3. Nom donné par les Grecs à
une plante alimentaire de l'Inde (cf. *Plantes anonymes*, n° 10) **IV** 4, 10.
Se sème tard **VIII** 3, 4. Tige déjetée **VIII** 3, 2. La plus productive des
légumineuses **VIII** 3, 4. Différences à l'intérieur de l'espèce **VIII** 5, 1.
Caractères des gousses et des graines **VIII** 5, 2 et 3. Plantes adventices
nuisibles aux lentilles **VIII** 8, 3 et 4. Graines faciles ou difficiles à
cuire **VIII** 8, 6.

φάσγανον (τό), glaïeul, *Gladiolus italicus* Miller.
Racine comestible ; description et usages **VII** 12, 3. Forme de la
feuille **VII** 13, 1. Vient aussi de graine **VII** 13, 4.

φάσκον (τό), dénomination collective de lichens des chênes. Description de deux espèces et de leur support **III** 8, 6.

φελλόδρυς (ἡ), chêne-liège, *Quercus suber* L. Nom arcadien d'un chêne à feuilles persistantes **I** 9, 3 ; **III** 3, 3. Description générale ; distribution ; particularités terminologiques **III** 16, 3.

φελλός (ὁ), liège, chêne-liège, *Quercus suber* L. ; *Q. crenata* Lam. (= *Q. pseudo-suber* Santi) *pro parte*. Caractères de l'écorce **I** 2, 7 (conj.) ; **I** 5, 2 et 4. Description du chêne-liège d'Étrurie et de l'exploitation du liège **III** 17, 1. Passe pour être plus vigoureux quand on lève son écorce **IV** 15, 1. Liège comparé au bois du palmier ; son usage en sculpture **V** 3, 6.

φέως (ὁ), pimprenelle épineuse, *Sarcopoterium spinosum* (L.) Spach. Plante appelée aussi στοιβή, pourvue à la fois d'épines et de feuilles **VI** 1, 3 ; **VI** 4, 1 ; **VI** 5, 1 ; feuilles inermes **VI** 5, 2.

φηγός (ἡ), chêne vélanède, *Quercus aegilops* L. (en part. *Q. macrolepis* Kotschy) ; en Macédoine, *Q. trojana* Webb (= *Q. macedonica* DC.). En Macédoine exclusivement montagnard **III** 3, 1. Époque du bourgeonnement **III** 4, 2. Croissance très vigoureuse **III** 6, 1. Considéré comme espèce sauvage en raison de son bois grossier et de son habitat **III** 8, 2 ; a cependant des glands doux **III** 8, 2, sauf exception **III** 8, 3 ; glands parfois transformés en galles **III** 8, 3. Caractères du bois ; aspect général de l'arbre **III** 8, 4. En Macédoine on appelle *phègos* le chêne à glands ronds **III** 8, 7. Longévité légendaire des vélanèdes plantés sur le tombeau d'Ilos **IV** 13, 2. Époque de l'abattage **V** 1, 2.

φιλύκη (ἡ), alaterne, *Rhamnus alaternus* L. Feuilles persistantes **I** 9, 3 ; **III** 3, 3. En Macédoine exclusivement montagnard **III** 3, 1. Époque du bourgeonnement **III** 4, 2 ; de la fructification **III** 4, 4. A le bois qui se tourne le mieux **V** 6, 2. Ne sert qu'à nourrir les moutons **V** 7, 7.

1 φιλύρα (ἡ), tilleul, *Tilia* L. spp. Caractères de l'écorce **I** 5, 2 ; du bois **I** 5, 5. Retourne ses feuilles au solstice d'été **I** 10, 1. Feuilles comestibles pour les animaux, à l'inverse des fruits **I** 12, 4, immangeables pour qui que ce soit **III** 4, 6. En Macédoine exclusivement montagnard **III** 3, 1. Époque du bourgeonnement **III** 4, 2 ; de la fructification **III** 4, 6. A des bourgeons d'hiver **III** 5, 5, à examiner de plus près **III** 5, 6. Description générale de deux espèces, « mâle » (*T. tomentosa* Moench) et « femelle » (*T. platy-phyllos* Scop.) **III** 10, 4-5. Écorce de l'érable comparée à celle du tilleul **III** 11, 1. Le merisier a une écorce semblable à celle du tilleul **III** 13, 1, et le même habitat **III** 13, 3. Feuille du « figuier de l'Ida » comparée à celle du tilleul **III** 17, 5. Difficilement acclimaté à Babylone **IV** 4, 1. Commun à la Grèce et aux pays du nord **IV** 5, 1. Espèce du milieu humide mais non aquatique **IV** 8, 1. Prélèvement et utilisation de l'écorce **IV** 15, 1 et 2. Époque de l'abattage **V** 1, 2 et 4. Caractères du bois **V** 3, 3 ; **V** 5, 1 ; **V** 6, 2. Usages du bois et de l'écorce **V** 7, 5 ; **V** 9, 7.

2 φιλύρα (ἡ), filaria, *Phillyrea latifolia* L.
Feuilles persistantes **I** 9, 3.

φλεώς (ὁ), canne de Ravenne, *Saccharum ravennae* (L.) Murray.
Forme des fourrés **IV** 8, 1. Parmi les plantes du lac d'Orchomène **IV** 10, 1. Description de l'infrutescence ; usages **IV** 10, 4. Espèce amphibie **IV** 10, 6. Parties de la plante comestibles pour l'homme ou pour le bétail **IV** 10, 7. Feuilles typiques des plantes lacustres **IV** 11, 12.

φλόγινον (τὸ), petit souci, souci des champs, *Calendula arvensis* L.
Plante coronaire sauvage à floraison précoce **VI** 8, 1, de longue durée **VI** 8, 2.

φλόξ (ἡ), souci, *Calendula officinalis* L., *C. arvensis* L.
Fleur seule utilisée pour les couronnes ; inodore **VI** 6, 2. Vient de semis **VI** 6, 11.

φλόμος ἡ μέλαινα, molène « noire », bouillon-blanc sinué, *Verbascum sinuatum* L. ; *V. undulatum* Lam.
Feuille du pavot cornu comparée à la sienne **IX** 12, 3.

1 φοῖνιξ (ὁ), palmier, dattier, *Phoenix dactylifera* L. ; pour les îles de la mer Égée, *Phoenix theophrasti* W. Greuter.
Caractères du bois **I** 2, 7 ; **I** 5, 3. Vit, à l'occasion, dans la mer **I** 4, 3. Arbre peu rameux **I** 5, 1. Écorce rugueuse **I** 5, 2. Particularités de la structure interne du bois **I** 6, 2 ; **V** 3, 6. Croît en longueur **I** 9, 1. Feuilles persistantes **I** 9, 3, angulaires comme celles du roseau **I** 10, 5. Structure de la datte **I** 11, 1 ; son noyau homogène et sec **I** 11, 3 ; son suc mielleux **I** 12, 1. Floraison et fructification varient selon que le sujet est mâle ou femelle **I** 13, 5 ; **II** 6, 6. Fruits, feuilles, pousses au sommet de l'arbre **I** 14, 2. Vient de graine, peut-être aussi de rejets **II** 2, 2. Caractères très stables pour une espèce venue de graine **II** 2, 6. Ne fructifie pas hors de son aire naturelle **II** 2, 8 et 10 ; **III** 3, 5 ; **IV** 1, 5. Multiplication par semis de noyaux **II** 6, 1 ; par prélèvement du

cœur **II** 6, 2. Techniques culturales **II** 6, 2-5. Plusieurs espèces de palmier **II** 6, 6-8. Cas de ramification du stipe **II** 6, 9. Sont comparés au dattier le palmier doum (κύξ, κουκιοφόρον) **II** 6, 10 ; **IV** 2, 7 ; le palmier nain (φοῖνιξ 2) **II** 6, 11. Sujet à perdre ses fruits prématurément **II** 8, 1 ; d'où la fécondation artificielle **II** 8, 4. Prospère en Libye **IV** 3, 1, grâce à l'eau souterraine **IV** 3, 5, et à la rosée **IV** 3, 7. On sème le cédratier comme le palmier, dans des pots de terre percés **IV** 4, 3. Abonde dans certaines régions de l'Inde **IV** 4, 8. On risque de s'étouffer avec des dattes vertes **IV** 4, 13. Croît à Tylos **IV** 7, 8. Longévité légendaire du palmier de Délos **IV** 13, 2. Comportement du palmier après diverses mutilations **IV** 14, 8 ; **IV** 15, 2 ; **IV** 16, 1. Qualités et usages du bois **V** 3, 6 ; sa résistance à la charge **V** 6, 1 ; sa fumée désagréable **V** 9, 5. Le réceptacle du cardon rappelle le cœur de palmier **VI** 4, 11. Encens et myrrhe recueillis sur des nattes de palmes tressées **IX** 4, 4.

2 φοῖνιξ (ὁ **χαμαιρριφής**), palmier nain, *Chamaerops humilis* L.
Vit, à l'occasion, dans la mer **I** 4, 3. Description ; usages ; distribution géographique **II** 6, 11. Espèce naine de palmier **III** 13, 7.

3 φοῖνιξ (ὁ), « palmier », *Callophyllis laciniata* (Huds.) Kützing.
Une des plantes marines les plus remarquables et les plus localisées **IV** 6, 2. Description détaillée **IV** 6, 10.

φόνος (ὁ), « sanguinaire », autre nom du « chardon à quenouille », *Carthamus lanatus* L., dont le suc ressemble à du sang **VI** 4, 6.

φυκίον / φύκιον (τὸ), **φῦκος** (τὸ), *phykos*, « algue » (au sens courant du terme).
Nom collectif de végétaux marins les plus communs et les plus faciles à voir **IV** 6, 2. Description de plusieurs sortes distinguées par des qualificatifs spécifiques **IV** 6, 2-6. Végétation marine tropicale comparée à nos algues **IV** 7, 3 et 6.

φῦκος τὸ πλατύφυλλον, « *phykos* à large feuille », posidonie, *Posidonia oceanica* (L.) Delile.
Appelé aussi « poireau » (πράσον 2) et « ceinture » (ζωστήρ) ; description **IV** 6, 2 ; différences par rapport au *phykos* capillifolié **IV** 6, 3. Plante marine semblable au chiendent (cf. *Plantes anonymes*, n° 14) plus petite que le *phykos* **IV** 6, 6.

φῦκος τὸ πόντιον, « *phykos* de haute mer », *Rytiphlaea tinctoria* (Clemente) Ag.
Croît au large, mais près de la côte en Crète ; fournit une teinture rouge **IV** 6, 5.

φῦκος τὸ τριχόφυλλον, « *phykos* capillifolié », *Cystoseira foeniculosa* (L.) Grev. vel sim.
Description ; habitat ; différences par rapport au *phykos* à large feuille **IV** 6, 3.

φύλλον (τὸ), mercuriale, *Mercurialis annua* L.
Deux formes distinguées par leur fruit ; leurs effets **IX** 18, 5.

χαλβάνη (ἡ), (plante à) galbanum, férule galbanifère, *Ferula galbaniflua* Boiss., vel sim.
La sève forme des larmes **IX** 1, 2. Suc d'une « panacée » (πάνακες 2) de Syrie **IX** 7, 2 ; ses usages en médecine et en parfumerie **IX** 9, 2.

χάλκειος (ὁ), chardon « de cuivre », carline, *Carlina corymbosa* L. subsp. *graeca*.
Au nombre des carduacées VI 4, 3.

χαμαίβατος (ὁ), « ronce naine », *Rubus* L. spp.
Se distingue de l'églantier par son port et son mode de croissance **III** 18, 4.

χαμαιδάφνη (ἡ), lauréole, *Daphne laureola* L.
L'« arbre sinistre » de Lesbos a la feuille de la lauréole **III** 18, 13.

χαμαίδρυς (ἡ), germandrée petit-chêne, *Teucrium chamaedrys* L., *T. divaricatum* Sieber.
Description ; usages médicaux **IX** 9, 5.

χαμαιλέων (ὁ), « caméléon », nom de deux espèces différentes, le « blanc » et le « noir », comparées et décrites **IX** 12, 1-2.

χαμαιλέων (ὁ λευκός), « caméléon (blanc) », *Atractylis gummifera* L.
Autre nom du chardon à glu (ἰξίνη) **VI** 4, 3. Carduacée non épineuse **VI** 4, 3 et 8. Description ; usages médicaux et toxicologiques **IX** 12, 1.

χαμαιλέων ὁ μέλας, « caméléon noir », *Cardopatium corymbosum* (L.) Pers.
Description ; usages médicaux et toxicologiques **IX** 12, 2. Durée de conservation de la racine **IX** 14, 1.

χελιδόνιον (τὸ), chélidoine, *Chelidonium majus* L.
Fleurit quand souffle le Chélidonias **VII** 15, 1.

χόνδρυλλα (ἡ), chondrille, *Chondrilla juncea* L.
Légume sauvage **VII** 7, 1 (conj.) ; racine non comestible **VII** 11, 4 (conj.).

ψευδοδίκταμνον (τὸ), faux dictame, *Ballota pseudodictamnus* (L.) Bentham.
Ressemble au dictame, avec des vertus inférieures ; en serait une forme abâtardie **IX** 16, 2.

ὤκιμον (τὸ), basilic, *Ocimum basilicum* L.
Racines ligneuses **I** 6, 6 et 7 ; **VII** 2, 8. Tige feuillée **I** 10, 7. Époque du semis **VII** 1, 2. Délai de germination **VII** 1, 3. Vient aussi de bouture **VII** 2, 1. Repousse de sa tige tronquée **VII** 2, 4. Description des racines **VII** 2, 7. Floraison échelonnée **VII** 3, 1 ; **VII** 9, 2. Caractères et disposition des graines **VII** 3, 2 ; 3 ; 4. Ne comprend pas plusieurs variétés **VII** 4, 1. Doit être arrosé en plein midi **VII** 5, 2. Prend le « blanc » pendant la canicule **VII** 5, 4. Conserve mal sa faculté germinative **VII** 5, 5. Le mouron a la feuille du basilic **VII** 7, 2 ; les deux formes de la mercuriale en ont l'aspect général **IX** 18, 5.

ὦχρος (ὁ), gesse ochre, *Lathyrus ochrus* (L.) DC.
Se sème tôt **VIII** 1, 3 (conj.). Feuille oblongue **VIII** 3, 1. Tige couchée **VIII** 3, 2. Des vers se forment dans ses graines **VIII** 10, 5.

PLANTES ANONYMES

(classées dans l'ordre du texte)

1. Petite herbe des environs d'Oponte (περὶ Ὀποῦντα ποιάριον) dont la racine naît des feuilles **I** 7, 3.
Lentille d'eau, *Lemna minor* L.

2. Arbre des mangroves tropicales (ἐν τῇ ἔξω θαλάττῃ ... ἐν Τύλῳ) dont les fleurs sont comparées à des roses pour la couleur (ῥόδων ἔχειν τὴν χρόαν) et les pétales nombreux (πολύφυλλον ὥσπερ τὸ ῥόδον) **I** 13, 1 ; **IV** 7, 8.
Bruguiera gymnorrhiza Lam.

3. Espèce ligneuse de la région de Memphis (ὕλημα … τι περὶ Μέμφιν), remarquable par la sensibilité de ses feuilles **IV** 2, 11.
Sensitive épineuse, *Mimosa pigra* Juslenius.

4. Arbre de l'Inde à fruits savoureux et gros (ἡδύκαρπον … καὶ μεγαλόκαρπον) **IV** 4, 5.
Manguier, *Mangifera indica* L.

5. Arbre de l'Inde dont la feuille ressemble à des plumes d'autruche (οὗ τὸ φύλλον … τῶν στρουθῶν πτεροῖς ὅμοιον) **IV** 4, 5.
Bananier, *Musa sapientum* L.

6. Arbre de l'Inde à fruit long et toruleux (οὗ ὁ καρπὸς μακρὸς … καὶ σκολιός) **IV** 4, 5.
Canéficier, *Cassia fistula* L. ; tamarinier, *Tamarindus indica* L.

7. Arbre de l'Inde dont le fruit ressemble aux cornouilles (οὗ ὁ καρπὸς ὅμοιος τοῖς κρανέοις) **IV** 4, 5.
Jujubier officinal, *Zizyphus jujuba* Miller.

8. Végétaux indiens dont on fait les vêtements (ἐξ ὧν τὰ ἱμάτια ποιοῦσι) **IV** 4, 8.
Cotonnier, *Gossypium arboreum* L. (et *G. herbaceum* L. ?) ; ramie, *Boehmeria nivea* (L.) Gaud.-Beaup.

9. Espèce indienne d'orge sauvage (… τι γένος ἀγρίων κριθῶν) **IV** 4, 9 ; **VIII** 4, 2.
Sorgho, *Sorghum bicolor* (L.) Moench ; *S. halepense* (L.) Pers.

10. Plante indienne ressemblant au fenugrec (ὅμοιον … καὶ τὸ βούκερας), que les Grecs appelaient « lentille » (ὃ ἐκαλοῦν οἱ Ἕλληνες φακόν) **IV** 4, 10.
Vigna mungo (L.) Hepper.

11. Plante ligneuse d'Asie centrale, de la taille d'un chou (ὕλημα μέγεθος ἡλίκον ῥάφανος), vénéneuse **IV** 4, 12.
Rhazya stricta Decne.

12. Plante de Gédrosie, à feuilles de laurier (ὅμοιον τῇ δάφνῃ φύλλον ἔχον), vénéneuse (comme n° 11) **IV** 4, 13.
Rhazya stricta Decne, *Nerium indicum* Miller.

13. Herbe de Gédrosie sous laquelle seraient lovés des serpents venimeux (ὑφ᾽ ᾗ συσπειραμένους ὄφεις εἶναι) **IV** 4, 13.
Cymbopogon olivieri (Boiss.) Bor.

14. Espèce marine qui ressemble au chiendent (ὅμοιον τῇ ἀγρώστει) **IV** 6, 6.

Zostera L. spp. ; *Cymodocea nodosa* (Ucria) Ascherson.

15. Arbuscule de l'océan Indien, à rameaux rugueux, rouge feu (τοῖς ὄζοις τραχέα καὶ … πυρρά) **IV** 7, 3.

Corail [pris pour un végétal], *Corallium rubrum* L.

16. Arbre des mangroves à feuilles de laurier (φύλλον μὲν ὅμοιον τῇ δάφνῃ) et fruit de la grosseur d'une olive (καρπὸν δ' ἡλίκον ἐλάα) **IV** 7, 4.

Manglier, *Rhizophora mucronata* Lam.

17. Arbre des mangroves à fleur parfumée et fruit semblable à celui des lupins (καρπὸν ὅμοιον … τοῖς θέρμοις) **IV** 7, 5 ; 6 ; 7.

Aegiceras corniculatum (L.) Blanco.

18. Arbre des mangroves qui ressemble à l'arbousier d'Orient (ὅμοιον τῇ ἀνδράχνῃ), avec des fruits semblables à des amandes (καρπὸν … ὅμοιον … ταῖς ἀμυγδάλαις) **IV** 7, 5.

Avicennia marina (Forssk.) Vierh.

19. Arbre de Tylos à fleur de violier quoique inodore (τὸ ἄνθος … ὅμοιον τῷ λευκοΐῳ, πλὴν ἄοδμον) **IV** 7, 8.

Delonix elata (L.) Gamble.

20. Plante aquatique d'Égypte, de la nature des lis (τὴν … φύσιν ὅμοιον τοῖς κρίνοις), médicinale **IV** 8, 6.

Ottelia alismoides (L.) Pers.

21. Plante des lieux humides d'Égypte qu'on fait sécher pour la donner aux bœufs en hiver (ὃ … ξηραίνοντες παρέχουσι κατὰ χειμῶνα τοῖς βουσίν) **IV** 8, 13.

Saccharum spontaneum L. var. *aegyptiacum*.

22. Plante d'Égypte adventice dans le blé (παραφυόμενον … ἐν τῷ σίτῳ) **IV** 8, 14.

Corète potagère, *Corchorus olitorius* L.

23. Arbre à feuilles de poirier (ὅμοιον τοῖς ἀπίοις) et bois noir tacheté **V** 3, 2.

Plaqueminier faux-lotier, *Diospyros lotus* L.

24. Bois de Tylos presque incorruptible en mer (ἐν … τῇ θαλάττῃ σχεδὸν ἄσηπτον) **V** 4, 7.

Avicennia marina (Forssk.) Vierh. ; *Rhizophora mucronata* Lam., vel sim.

25. Bois de Tylos, lourd et fragile, strié comme la peau du tigre (ποι-κιλίαν ... ὁμοίαν τῷ τοῦ τίγριος δέρματι) **V** 4, 7.
Arbre aveuglant, *Excoecaria agallocha* L.

26. Plante de la steppe libyenne ressemblant à l'armoise (ὅμοιον ἀβροτόνῳ) **VI** 3, 6.
Artemisia herba-alba Asso.

27. Plante de Thrace dont la racine a une odeur rappelant celle du nard (τῇ νάρδῳ προσεμφερῆ τὴν ὀσμήν) **IX** 7, 4.
Valériane de Dioscoride, *Valeriana dioscoridis* Sibth. & Sm. ; valériane tubéreuse, *V. tuberosa* L.

28. Plante à racine semblable à celle du scolyme (ὁμοία τῷ σκο-λύμῳ), responsable de troubles mentaux **IX** 13, 4.
Jusquiame blanche, *Hyoscyamus albus* L.

29. Racines mortelles qui se trouvent sur les chantiers de Thrace (θανατηφόροι [ῥίζαι] αἱ ... ἐν τοῖς ἔργοις τοῖς ἐν τῇ Θρᾴκῃ) **IX** 13, 4.
Belladone, *Atropa bella-donna* L.

30. Plante d'Éthiopie dont la racine fournit un poison de flèches (ἣ τοὺς ὀϊστοὺς χρίουσι ῥίζα ... θανατηφόρος) **IX** 15, 2.
Pomme de Sodome, *Calotropis procera* (Ait.) Ait. fil.

31. Plante dont la racine passe pour souder les morceaux de viande avec lesquels elle cuit (συνεψομένην τοῖς κρέασι συνάπτειν) **IX** 18, 2.
Consoude bulbeuse, *Symphytum bulbosum* Schimp.

CLÉS POUR L'INDEX

Noms Scientifiques

Cachrys ferulacea : ἱππομάραθον

Calamagrostis epigeios : κάλαμος ὁ ἐπίγειος

Calamintha nepeta : σισύμβριον

Calendula arvensis : φλόγινον, φλόξ

Calendula officinalis : φλόξ

Callophyllis laciniata : φοῖνιξ 3

Calotropis procera : Pl. anonymes nᵒ 30

Calystegia spp. : ἰασιώνη

Capparis spinosa : κάππαρις

Cardopatium corymbosum : χαμαιλέων ὁ μέλας

Carex riparia : βούτομον τὸ θῆλυ

Carlina corymbosa subsp. *graeca* : χάλκειος

Carpinus spp. : ὀστρύα

Carthamus spp. : κνῆκος

Carthamus lanatus : ἀτρακτυλίς, κνῆκος ἡ ἀγρία, φόνος

Carthamus tinctorius : κνῆκος (ἡ ἥμερος), κρόκος ὁ ἀκανθώδης

Cassia fistula : Pl. anonymes nᵒ 6

Castanea sativa : διοσβάλανος, καρύα ἡ εὐβοϊκή, κ. ἡ κασταναϊκή

Cedrus brevifolia : κέδρος 2

Cedrus libani : κέδρος 2

Celtis australis : διόσπυρον, λωτός 1

Centaurea amplifolia : κενταύριον

Centaurea calcitrapa : παντάδουσα

Centaurea solstitialis : τετράλιξ

Cerastium candidissimum : πόθος 2

Ceratonia siliqua : κερωνία

Cercis siliquastrum : κερκίς 1

Cerinthe major : κρηπίς

Ceterach officinarum : ἡμίονος

Chamaerops humilis : φοῖνιξ 2, φ. ὁ χαμαιρριφής

Cheiranthus cheiri : ἴον 1, ἴον τὸ λευκόν, λευκόϊον 1

Chelidonium majus : χελιδόνιον

Chondrilla juncea : χόνδρυλλα

Chrysanthemum spp. : ἄνθεμον

Chrysanthemum coronarium : ἄνθεμον τὸ φυλλῶδες

Chylocladia verticillata : ἐλάτη 2

Cicer arietinum : ἐρέβινθος

Cichorium intybus : κιχόριον

Cichorium spinosum : μυάκανθος

Cinnamomum spp. : κινάμωμον

Cinnamomum cassia : κασ(σ)ία

Cinnamomum zeylanicum : κινάμωμον

Cirsium creticum : λειμωνία

Cistus spp. : κίσθος

Citrus medica : μηλέα ἡ μηδική, μ. ἡ περσική

Clematis vitalba : ἀθραγένη

Cnicus benedictus : ἄκορνα, κνῆκος ἡ ἀγρία

Colchicum autumnale : ἐφήμερον

Colocasia esculenta : οὔϊγγον

Colutea arborescens : κολυτέα

Commiphora mukul : ἄκανθα ἡ ἰνδική

Commiphora myrrha : σμύρνα, μύρρα

Commiphora opobalsamum : βάλσαμον

Commiphora wightii : ἄκανθα ἡ ἰνδική

Conium maculatum : κώνειον

Consolida ambigua : πόθος 1

Convolvulus spp. : ἰασιώνη

Convolvulus scammonia : σκαμμωνία

Dryopteris filix-mas : πτερίς 3
Drypis spinosa : δρυπίς
Ecballium elaterium : ἐλατή-
ριον, σίκυος ὁ ἄγριος
Echinops spp. : ῥύτρος
Echium spp. : ὀνοχειλές
Elettaria cardamomum : καρδά-
μωμον
Enteromorpha intestinalis :
βρύον
Enteromorpha linza : βρύον
Equisetum palustre : ἵπνον
Equisetum telmateia : ἵπνον
Erica spp. : ἐρείκη
Eruca vesicaria subsp. *sativa* :
εὔζωμον
Erucaria hispanica : βούπρη-
στις
Eryngium campestre : ἠρύγγιον
Euonymus europaeus : τετρα-
γωνία
Euphorbia spp. : μηκώνιον,
τιθύμαλλος
Euphorbia acanthothamnos :
ἱππόφεως
Euphorbia apios : ἄπιος 2,
ἰσχάς, ῥάφανος ἡ ὀρεία
Euphorbia caducifolia : ἄκανθα
ἡ ἐν τῇ Γεδρωσίᾳ
Euphorbia characias subsp. *wul-
fenii* : τιθύμαλλος ὁ ἄρρην
Euphorbia myrsinites :
τιθύμαλλος ὁ μυρτίτης
Euphorbia neriifolia : ἄκανθα ἡ
ἐν τῇ Γεδρωσίᾳ
Euphorbia nivulia : ἄκανθα ἡ
Ἡρακλέους
Euphorbia peplis : τιθύμαλλος
ὁ παράλιος
Euphorbia rigida : τιθύμαλλος
ἐξ οὗ τὸ ἱππομανές
Excoecaria agallocha : Pl.
anonymes n° 25
Fagonia cretica : τρίβολος 3
Fagus sylvatica : ὀξύα

Fallopia convolvulus : ἐπετίνη
Ferula communis : νάρθηξ
Ferula galbaniflua : πάνακες 2,
χαλβάνη
Ferula tingitana : μαγύδαρις 1
Ferulago nodosa : πάνακες τὸ
ἀσκληπίειον
Ferulago sylvatica : ναρθηκία
Ficus bengalensis : συκῆ ἡ ἰν-
δική
Ficus carica : συκῆ 1, συκῆ
ἀγρία
Ficus carica var. *caprificus* :
ἐρινεός, ὄλυνθος
Ficus pseudosycomorus : συκῆ
ἡ κυπρία
Ficus sycomorus : συκάμινος ἡ
αἰγυπτία
Filipendula vulgaris : οἰνάνθη
Foeniculum vulgare subsp.
piperatum : μάραθον
Fraxinus spp. : μελία
Fraxinus angustifolia subsp. *oxy-
carpa* : βουμελία, μελία ἡ
λεία
Fraxinus excelsior : μελία ἡ
λεία
Fraxinus ornus : μελία ἡ τρα-
χεῖα
Fritillaria spp. : κύξ 2
Fritillaria graeca : κύξ 2
Galanthus spp. : ἴον 2, λευ-
κόϊον 2
Galium aparine : ἀπαρίνη 1
Gladiolus italicus : ξίφιον,
φάσγανον
Glaucium flavum : μήκων ἡ
κερατῖτις
Glycyrrhiza spp. : γλυκεῖα
(ῥίζα), σκυθική (ῥίζα)
Gossypium arboreum : ἐριο-
φόρον (δένδρον τὸ) ; Pl.
anonymes n° 8
Gossypium herbaceum : Pl.
anonymes n° 8

Lonicera xylosteum : θηλυκρά-
νεια 1 et 2, κράνεια
Loranthus europaeus : ἰξία
Lotus spp. : λωτός 4
Lupinus albus : θέρμος
Lychnis coronaria : λυχνίς
Lythrum salicaria : ἐλέαγνος
Malabaila aurea : σέσελι
Malus domestica : μηλέα 1
Malus sylvestris : μηλέα 1
Malva spp. : μαλάχη 1
Malva sylvestris : μαλάχη 1
Mandragora autumnalis : μαν-
δραγόρας 1
Mangifera indica : Pl. anonymes
n° 4
Marrubium spp. : πράσιον
Matthiola incana : ἴον 1, ἴον τὸ
λευκόν, ἰωνία (ἡ λευκή)
Medicago arborea : κύτισος 2
Medicago sativa : μηδίκη
Melampyrum arvense : μελάμ-
πυρος ὁ ποντικός
Melilotus spp. : λωτός 4 et 5,
μελίλωτος
Melilotus italicus : λωτός 5, με-
λίλωτος
Melissa officinalis : μελισσό-
φυλλον
Mentha spp. : ἡδύοσμον, μίνθα
Mentha pulegium : βληχώ
Mercurialis annua : φύλλον
Mespilus germanica : μεσπίλη
1, μεσπίλη ἡ σητάνειος
Mespilus germanica var. *iner-
mis* : μεσπίλη 2
Mimosa pigra : Pl. anonymes
n° 3
Mimusops schimperi : περσέα
Misopates orontium : ἀντίρρινον
Morchella esculenta : πύξος 2
Moringa peregrina : βάλανος
Morus nigra : συκάμινος
Musa sapientum : Pl. anonymes
n° 5

Muscari comosum : βολβός
Myagrum perfoliatum : μελάμ-
πυρον
Myristica fragrans : κώμακον
Myrtus communis : μυρρίνη,
μύρτον
Narcissus serotinus : λείριον,
νάρκισσος 3
Narcissus tazetta : λείριον,
νάρκισσος 1
Nardostachys jatamansi : νάρ-
δος
Nelumbo nucifera : κύαμος (ὁ
αἰγύπτιος)
Nerium indicum : Pl. anonymes
n° 12
Nerium oleander : ὀνοθήρας
Notobasis syriaca : πολυάκαν-
θος
Nuphar luteum : μαδωνάϊς,
νυμφαία
Nymphaea alba : σίδη, νυμφαία
Nymphaea caerulea : λωτός 3
Nymphaea lotus : λωτός 3
Nymphoides peltata : μήνανθος
Ocimum basilicum : ὤκιμον
Oenanthe fistulosa : μυοφόνον
Olea europaea : ἐλαία 1
Olea europaea var. *sylvestris* :
κότινος
Olea ferruginea : ἐλαία 1
Ononis spinosa subsp. *antiquo-
rum* : ὀνωνίς
Onopordon spp. : ὀνόπυξος
Opopanax hispidus : πάνακες
τὸ ἡράκλειον
Orchis spp. : ὄρχις
Origanum spp. : ὀρίγανον
Origanum dictamnus : δίκταμ-
νον 1
Origanum majorana : ἀμάρα-
κον, ἀμάρακος ὁ φρύγιος
Origanum sipylaeum : μᾶρον,
ἀμάρακος ὁ φρύγιος
Ornithogalum spp. : βολβίνη

Prunus dulcis : ἀμυγδαλῇ
Prunus mahaleb : πάδος
Prunus spinosa : θραύπαλος
Pteridium aquilinum :
θηλυπτερίς, πτερίς (ἡ μεγάλη)
Punica granatum : ῥόα
Pyracantha coccineum : ὀξυάκανθος
Pyrus amygdaliformis : ἀχράς
Pyrus communis : ἄπιος 1, ὄχνη
Pyrus pyraster : ἀχράς
Quercus spp. : δρῦς 1
Quercus aegilops : δρῦς ἡ
ἀγρία, ἐτυμόδρυς 2, φηγός
Quercus cerris : ἁλίφλοιος,
εὐθύφλοιος
Quercus coccifera : πρῖνος
Quercus crenata : φελλός
Quercus frainetto : δρῦς ἡ πλατύφυλλος
Quercus ilex : ἀρία, σμῖλαξ 3
Quercus infectoria : δρῦς ἡ
ἥμερος, ἐτυμόδρυς 1,
ἡμερίς
Quercus pedunculiflora : αἰγίλωψ 1
Quercus petraea : ἄσπρις
Quercus suber : φελλόδρυς,
φελλός
Quercus trojana : φηγός
Ranunculus ficaria : ἀπαργία
Raphanus raphanistrum : κεράϊς, ῥάφανος ἀγρία
Raphanus sativus : ῥαφανίς
Reichardia picroides : ὑποχοιρίς
Rhamnus spp. : ῥάμνος
Rhamnus alaternus : φιλύκη
Rhamnus lycioides subsp.
oleoides : ῥάμνος (ἡ λευκή)
Rhamnus saxatilis : ῥάμνος ἡ
μέλαινα
Rhazya stricta : Pl. anonymes
nº 11 et 12

Rhizophora mucronata : ἐλαία
2 ; Pl. anonymes nº 16 et 24
Rhododendron luteum : εὐώνυμον (δένδρον τὸ)
Rhus coriaria : ῥοῦς
Ricinus communis : κροτών
Rosa spp. : ῥόδον, ῥ. τὸ ἄγριον, ῥοδωνία
Rosa canina : κυνόροδον, κυνόσβατον
Rubia spp. : ἐρευθεδανόν
Rubus spp. : βάτος, χαμαίβατος
Rumex spp. : λάπαθος
Ruscus aculeatus : κεντρομυρρίνη
Ruscus hypoglossum : δάφνη ἡ
ἀλεξάνδρεια
Ruta chalepensis : πήγανον
Ruta graveolens : πηγάνιον,
πήγανον
Rytiphlaea tinctoria : φῦκος τὸ
πόντιον
Saccharum ravennae : φλεώς
Saccharum spontaneum var.
aegyptiacum : Pl. anonymes
nº 21
Saccorhiza bulbosa : πράσον 3
Salix spp. : ἑλίκη, ἰτέα
Salix alba : ἰτέα ἡ λευκή
Salix eleagnos : ἰτέα ἡ λευκή
Salix fragilis : ἰτέα ἡ μέλαινα
Salix idae : κολοιτέα
Salix purpurea : ἰτέα ἡ μέλαινα
Salsola kali : σκορπίος 1
Salvia pomifera : σφάκος
Salvia triloba : ἐλελίσφακος
Salvia viridis : ὄρμινον
Sambucus nigra : ἀκτῇ
Saponaria officinalis : στρούθιον
Sarcopoterium spinosum : στοιβή, φέως
Sargassum spp. : ἄμπελος ἡ ἐν
τῇ θαλάττῃ

Sargassum vulgare : δρῦς ἡ ποντία
Satureia spp. : θύμβρα
Saussurea lappa : κόστος
Scandix spp. : σκάνδιξ
Schoenus nigricans : μελαγκρανίς
Scilla bifolia : ὑάκινθος
Scirpus spp. : σχοῖνος 1
Scirpus holoschoenus : σχοῖνος ὁ ὁλόσχοινος
Scirpus holoschoenus var. *australis* : σχοῖνος ὁ ὀξύς
Scleroderma verrucosum : ἀσχίον
Scolymus hispanicus : αἰγίπυρος, σκόλυμος
Scorzonera spp. : κόμη
Scorzonera crocifolia : τραγοπώγων
Secale cereale : πυρὸς ὁ θράκιος
Securigera securidaca : πελεκῖνος
Sedum spp. : ἀείζωον
Sempervivum reginae – amaliae : ἐπίπετρον
Senecio vulgaris : ἠριγέρων
Serapias vomeracea : ξίρις
Sesamum indicum : σήσαμον
Setaria italica : ἔλυμος, μέλινος
Silene vulgaris : μήκων ἡ ἡρακλεία
Silybum marianum : λευκάκανθα
Sinapis alba : νᾶπυ
Sisymbrium polyceratium : ἐρύσιμον
Smilax aspera : σμῖλαξ 2
Smyrnium olusatrum : ἱπποσέλινον
Solanum dulcamara : στρύχνος 1
Solanum luteum : στρύχνος 1

Solanum nigrum : στρύχνος 1, στρύχνος ὁ ἐδώδιμος, στρύχνον
Sonchus spp. : σόγκος
Sorbus aucuparia : ὄα ἡ ἄρρην
Sorbus domestica : ὄα (ἡ θήλεια)
Sorbus graeca : συκῆ ἡ περὶ τὴν Ἴδην
Sorbus torminalis : κράταιγος
Sorghum bicolor : Pl. anonymes n° 9
Sorghum halepense : Pl. anonymes n° 9
Spartium junceum : λινόσπαρτον
Sternbergia spp. : τίφυον
Styrax officinalis : στύραξ
Symphytum bulbosum : Pl. anonymes n° 31
Tamarindus indica : Pl. anonymes n° 6
Tamarix spp. : μυρίκη
Tamarix aphylla : μυρίκη ἡ ἐν Τύλῳ
Tamus communis : ἄμπελος ἀγρία 1
Taraxacum spp. : ἀπάπη
Taxus baccata : μῖλος, σμῖλαξ 1
Terfezia leonis : γεράνειον, οὔϊτον
Tetraclinis quadrivalvis : θυία 2, θύον
Teucrium chamaedrys : χαμαίδρυς
Teucrium divaricatum : χαμαίδρυς
Teucrium polium : πόλιον
Thapsia garganica : θαψία
Theligonum cynocrambe : ἀλσίνη
Thymelaea spp. : κνέωρον
Thymelaea hirsuta : κνέωρος (ὁ μέλας)

Thymelaea tartonraira : κνέω-
ρος ὁ λευκός
Thymus spp. : ἕρπυλλος
Thymus capitatus : θύμον 1
Thymus sibthorpii : ἕρπυλλος
Tilia spp. : φιλύρα 1
Tordylium apulum : καυκαλίς
Tordylium officinale : σέσελι
Tragopogon spp. : κόμη, τρα-
γοπώγων
Trapa natans : τρίβολος 2
Tribulus terrestris : τρίβολος 1
Trifolium spp. : λωτός 4
Trigonella foenum-graecum :
βούκερας, τῆλις
Triticum spp. : πυρός
Triticum aestivum var. : πυρὸς
ὁ ἀλεξάνδρειος, π. ὁ θρά-
κιος
Triticum dicoccon : ζειά
Triticum monococcum : τίφη
Triticum spelta : ὄλυρα
Triticum turgidum subsp. *durum* :
πυρὸς ὁ στλεγγίας
Triticum turgidum var. : πυρὸς
ὁ καχρυδίας, π. ὁ κριθανίας,
π. ὁ σιτανίας, π. ὁ στλεγ-
γίας
Tuber spp. : ὕδνον
Tulipa goulimyi : βολβὸς ὁ
ἐριοφόρος
Tussilago farfara : ἀφία
Typha spp. : τύφη
Ulmus spp. : πτελέα
Ulmus glabra : ὀρειπτελέα
Ulmus minor : πτελέα
Ulva lactuca : βρύον
Urginea maritima : σκίλλα
Urtica spp. : ἀκαλύφη
Vaccinium myrtillus : ἄμπελος
ἡ περὶ τὴν Ἴδην

Valeriana dioscoridis : Pl.
anonymes n° 27
Valeriana tuberosa : Pl. anony-
mes n° 27
Veratrum album : ἐλλέβορος,
ἐ. ὁ λευκός
Verbascum spp. : θρυαλλίς
Verbascum sinuatum : φλόμος
ἡ μέλαινα
Verbascum undulatum : φλόμος
ἡ μέλαινα
Vicia spp. : ἄρακος
Vicia ervilia : ὄροβος
Vicia faba var. *minor* : κύαμος
Vicia sativa subsp. *amphicarpa* :
ἀρακῶδες (τὸ)
Vigna mungo : Pl. anonymes
n° 10
Vigna unguiculata : δόλιχος
Viola odorata : ἴον τὸ μέλαν,
ἰωνία ἡ μέλαινα
Viscum album : ὑφέαρ
Vitex agnus-castus : ἄγνος,
οἶσος
Vitis vinifera : ἄμπελος
Vitis vinifera subsp. *sylvestris* :
ἄμπελος ἀγρία 1, οἰνάνθη ἡ
ἀγρία
Withania somnifera : στρύχνος
ὁ ὑπνώδης
Xanthium spinosum : τρίβολος
3
Zelkova abelicea : αἴγειρος ἡ
ἐν τῇ Κρήτῃ
Zizyphus jujuba : Pl. anonymes
n° 7
Zizyphus lotus : λωτός 2, πα-
λίουρος 1 et 3
Zizyphus spina-christi : λωτός 2

CLÉS POUR L'INDEX

NOMS FRANÇAIS

absinthe : ἀψίνθιον
acacia d'Égypte : ἄκανθα ἡ αἰγυπτία
acanthe épineuse : ἄκανθα κεάνωθος
ache des marais : σέλινον τὸ ἕλειον, ἐλειοσέλινον
acore odorant : κάλαμος ὁ εὐώδης
adiante : ἀδίαντον
aegilops : αἰγίλωψ 2
ail : σκόροδον
alaterne : φιλύκη
algue : φυκίον, φῦκος
alhagi : ἀσπάλαθος
alisier : κράταιγος
amandier : ἀμυγδαλῆ
amélanchier : ἴψος
amidonnier : ζειά
amome : ἄμωμον
anémone : ἀνεμώνη
anémone de Grèce : ἀνεμώνη ἡ ὀρεία
anémone des fleuristes : ἀνεμώνη ἡ λειμωνία
aneth : ἄνηθον
anis : ἄννησον
arbousier commun : κόμαρος
arbousier d'Orient : ἀνδράχνη 1
arbousier hybride : ἀφάρκη
arbre aveuglant : Pl. anonymes n° 25

arbre à perruque : κοκκυγέα
arbre de Judée : κερκίς 1
aristoloche : ἀριστολοχία
armoise arborescente : ἀβρότονον
arroche des jardins : ἀνδράφαξυς
arum : ἄρον 1
arum d'Italie : ἄρον 2
asperge : ἀσπάραγος
asphodèle : ἀνθέρικος, ἀσφόδελος
asphodèle jaune : ἡμεροκαλλές
aster épineux : ἀστερίσκος
astragale : voir tragacanthe
aubépine : μεσπίλη 1 et 3, μ. ἡ ἀνθηδών
aune : κλήθρα
aunée (grande) : πάνακες τὸ χειρώνειον
avoine : βρόμος
baguenaudier : κολυτέα
ballote : δίκταμνον 2
bambou : κάλαμος ὁ ἰνδικός
bananier : Pl. anonymes n° 5
barbe-de-bouc : τραγοπώγων
bardane : ἀπαρίνη 2
basilic : ὤκιμον
baumier : βάλσαμον
belladone : μανδραγόρας 2 ; Pl. anonymes n° 29
bette : τεύτλιον, τεῦτλον

bette maritime : τευτλίς
blé (sens collectif) : σῖτος
blé, froment : πυρός
blé dur : πυρὸς ὁ στλεγγίας
blé poulard : πυρὸς ὁ καχρυδίας, π. ὁ κριθανίας, π. ὁ
σιτανίας, π. ὁ στλεγγίας
blète : βλίτον
bouillon-blanc sinué : φλόμος ἡ
μέλαινα
bouleau : σήμυδα
bruyère : ἐρείκη
bryone : ἄμπελος ἀγρία 2, μήλωθρον
bugrane : ὀνωνίς
buis : πύξος 1
buisson ardent : ὀξυάκανθος
buplèvre ligneux : δαῦκον
butome : βούτομον
calament : σισύμβριον
camérisier : θηλυκράνεια 1 et
2, κράνεια
canéficier : Pl. anonymes n° 6
canne de Pline : κάλαμος ὁ
κρητικός, κ. ὁ τοξικός
canne de Provence : δόναξ,
κάλαμος
canne de Ravenne : φλεώς
cannelle de Chine : κασ(σ)ία
capillaire : τριχομανές
capillaire aux ânes : ἀδίαντον
τὸ μέλαν
capillaire de Montpellier :
ἀδίαντον (τὸ λευκόν)
câprier : κάππαρις
caprifiguier : ἐρινεός, ὄλυνθος
cardamome : καρδάμωμον
cardon : κάκτος
carline : χάλκειος
caroubier : κερωνία
carthame : κνῆκος
carthame cultivé : κνῆκος (ἡ
ἥμερος)
carthame laineux : ἀτρακτυλίς,
κνῆκος ἡ ἀγρία, φόνος

cédratier : μηλέα ἡ μηδική, μ.
ἡ περσική
cèdre à feuilles courtes : κέδρος
2
cèdre du Liban : κέδρος 2
céleri : σέλινον
centaurée : κενταύριον
centaurée chausse-trape : παντάδουσα
centaurée du solstice : τετράλιξ
céraiste : πόθος 2
cerfeuil : ἔνθρυσκον
cerisier mahaleb : πάδος
cerre (chêne) : ἁλίφλοιος, εὐθύφλοιος
champignon : μύκης 1
champignon de Malte : μύκης 2
chardon : ἄκανος 2
chardon à foulon : στρουθίον 2
chardon à glu : ἄκανος 3, ἰξίνη, χαμαιλέων (ὁ λευκός)
chardon aux ânes : ὀνόπυξος
chardon béni : ἄκορνα, κνῆκος
ἡ ἀγρία
chardon-Marie : λευκάκανθα
charme : ὀστρύα
charme-houblon : ὀστρύα
châtaigne d'eau : τρίβολος 2
châtaignier : διοσβάλανος, καρύα ἡ εὐβοϊκή, κ. ἡ κασταναϊκή
chélidoine : χελιδόνιον
chêne (espèces caducifoliées) :
δρῦς 1
chêne de Macédoine : φηγός
chêne des teinturiers : δρῦς ἡ
ἥμερος, ἐτυμόδρυς 1, ἥμε-
ρίς
chêne durelin : ἄσπρις
chêne kermès : πρῖνος
chêne rouvre : αἰγίλωψ 1
chêne vélanède : δρῦς ἡ ἀγρία,
ἐτυμόδρυς 2, φηγός
chêne vert, yeuse : ἀρία, σμῖλαξ 3

chêne-liège : φελλόδρυς, φελλός

chèvrefeuille : κλύμενον

chèvrefeuille entrelacé : κλύμενον

chicorée : κιχόριον

chicorée épineuse : μυάκανθος

chiendent : ἄγρωστις

chiendent à balai : ἴσχαιμος

choin noirâtre : μελαγκρανίς

chondrille : χόνδρυλλα

chou : κράμβη, ῥάφανος

chou de chien : ἀλσίνη

ciboulette : γήθυον, κρομμυογήτειον

ciguë : κώνειον

cinnamome : κινάμωμον

ciste : κίσθος

citrouille : κολοκύντη

clématite : ἀθραγένη

cognassier : κυδωνία, μηλέα 2, στρουθίον 1

colchique : ἐφήμερον

colocase : οὔϊγγον

concombre : σίκυος

concombre sauvage : ἐλατήριον, σίκυος ὁ ἄγριος

consoude bulbeuse : Pl. anonymes n° 31

coquelicot : μήκων ἡ ῥοιάς

coquelourde des jardins : λυχνίς

corail : Pl. anonymes n° 15

corète potagère : Pl. anonymes n° 22

coriandre : κορίαννον

cormier : ὄα (ἡ θήλεια)

cornouiller : κράνεια

cornouiller mâle : θηλυκράνεια 3, κράνεια (ἡ ἄρρην)

cornouiller sanguin : θηλυκράνεια 1

costus : κόστος

cotonnier arborescent : ἐριοφόρον (τὸ δένδρον) ; Pl. anonymes n° 8

coudrier de Byzance : καρύα ἡ περσική

cresson (alénois) : κάρδαμον

cresson d'Orient : βούπρηστις

crocus : κρόκος

croix de Malte : τρίβολος 1

cumin : κύμινον

cuscute : ὀροβάγχη

cyclamen : κυκλάμινος

cyprès : κυπάριττος

cytise : κύτισος 1

cytise de Lipari : κολοιτία ἡ περὶ Λιπάραν

datura stramoine : θρύον 2, περιττόν, στρύχνος ὁ μανικός

dauphinelle d'Ajax : πόθος 1

dictame : δίκταμνον 1

dolique : δόλιχος

doradille : ἡμίονος

doronic d'Orient : θηλυφόνον, σκορπίος 2

ébénier : ἐβένη, ἔβενος

échalote : κρόμμυον

échinops : ῥύτρος

églantier : κυνόροδον, κυνόσβατον

églantine : ῥόδον τὸ ἄγριον

encens (arbre à) : λίβανος, λιβανωτός

engrain, petit épeautre : τίφη

épeautre (grand) : ὄλυρα

érable : σφένδαμνος

érable champêtre : γλεῖνος

érable de Montpellier : κλινότροχος, σφένδαμνος ἡ ἄρρην

érable plane : ζυγία

ers : ὄροβος

euphorbe : μηκώνιον, τιθύμαλλος

fausse roquette : βούπρηστις

faux dictame : ψευδοδίκταμνον

faux nénuphar : μήνανθος

fenouil : μάραθον

fenugrec : βούκερας, τῆλις
férule : νάρθηξ, ναρθηκία
férule de Tanger : μαγύδαρις 1
férule galbanifère : πάνακες 2, χαλβάνη
fève : κύαμος
ficaire : ἀπαργία
figuier : συκῆ 1
figuier des banians : συκῆ ἡ ἰνδική
figuier sauvage : συκῆ ἀγρία
filaria : φιλύρα 2
filipendule : οἰνάνθη
fougère : πτερίς 1
fougère aigle : θηλυπτερίς, πτερίς 2, π. ἡ μεγάλη
fougère mâle : πτερίς 3
fragon : κεντρομυρρίνη
fragon à languette : δάφνη ἡ ἀλεξάνδρεια
frêne : μελία
frêne à feuilles étroites : βουμελία, μελία ἡ λεῖα
frêne orne : μελία ἡ τραχεῖα
fritillaire : κύξ 2
fusain : τετραγωνία
galbanum : voir férule galbanifère
garance : ἐρευθεδανόν
gattilier : ἄγνος
genêt d'Espagne : λινόσπαρτον
genévrier cade : κέδρος 1, ὀξύκεδρος
genévrier commun : ἄρκευθος 1 et 2
genévrier de Phénicie : ἄρκευθος 3
genévrier élevé : κέδρος ἡ φοινικική
genévrier fétide : θυία 1
germandrée grise : πόλιον
germandrée petit-chêne : χαμαίδρυς
gesse chiche : ἀφάκη
gesse commune : λάθυρος

gesse ochre : ὦχρος
glaïeul : ξίφιον, φάσγανον
gourde : σικύα
grain de Cnide : κόκκος ὁ κνίδιος
gratteron : ἀπαρίνη 1
grémil officinal : ἡρακλεία
grenadier : ῥόα
gui blanc : ὑφέαρ
gui du chêne : ἰξία
guimauve : μαλάχη ἀγρία
guimauve officinale : ἀλθαία
guimauve-chanvre : βάκανον
héliotrope : ἡλιοτρόπιον
hellébore blanc : ἐλλέβορος (ὁ λευκός)
hellébore cyclophylle : ἐλλέβορος (ὁ μέλας)
hêtre : ὀξύα
hormin : ὅρμινον
houx : κήλαστρον
if : μῖλος, σμῖλαξ 1
immortelle : ἐλίχρυσος
impérata cylindrique : θρύον 1
inule : κόνυζα
iris : ἶρις
iris sisyrinchium : σισυριγχίον
ivette musquée : ἐλένιον
ivraie : αἶρα
jacinthe : ὑάκινθος
jonc : σχοῖνος 1, σ. ὁ ὀλόσχοινος, σ. ὁ ὀξύς
jonc odorant : σχοῖνος 2
joubarbe : ἐπίπετρον
jujubier des Lotophages : λωτός 2, παλίουρος 1 et 3
jujubier épine-du-Christ : λωτός 2
jujubier officinal : Pl. anonymes n° 7
jusquiame blanche : ἀκόνιτον ; Pl. anonymes n° 28
jusquiame dorée : ἀκόνιτον
laiteron : σόγκος
laitue : θριδακίνη 1, θρίδαξ

laitue à feuilles de saule : θριδακίνη ἡ πικρά
laitue de mer : βρύον
laitue vireuse : θριδακίνη 2
lambruche sauvage : οἰνάνθη ἡ ἀγρία
lauréole : χαμαιδάφνη
laurier : δάφνη 1
laurier d'Alexandrie : δάφνη ἡ ἀλεξάνδρεια
laurier-rose : ὀνοθήρας
lavande à toupet : λιβανωτὶς ἡ ἄκαρπος
lentille : φακός
lentille d'eau : ἴκμη ; Pl. anonymes n° 1
lentisque : σχῖνος
léontice : θήσειον
lichen des chênes : φάσκον
lierre : κιττός
lierre à fruits jaunes : κιττὸς ὁ ἀχαρνικός, κ. ὁ κορυμβίας, κ. ὁ λευκός
lierre grimpant : ἕλιξ
lin : λίνον
lis : κρίνον
lis de mer : λείριον, νάρκισσος 2
liseron : ἰασιώνη
lotier : λωτός 4
lotus blanc : λωτός 3
lotus bleu : λωτός 3
lotus rose : κύαμος (ὁ αἰγύπτιος)
lupin : θέρμος
luzerne : μηδίκη
luzerne en arbre : κύτισος 2
maceron : ἱπποσέλινον
mandragore : μανδραγόρας 1
manglier : ἐλαία 2 ; Pl. anonymes n° 16
manguier : Pl. anonymes n° 4
marguerite : ἄνθεμον
marjolaine : ἀμάρακον
marrube : πράσιον

massette : τύφη
mauve : μαλάχη 1
mauve des bois : μαλάχη 1
mauve en arbre : μαλάχη 2
mélampyre des champs : μελάμπυρος ὁ ποντικός
mélilot : λωτός 4 et 5, μελίλωτος
mélinet : κρηπίς
mélisse : μελισσόφυλλον
menthe : ἡδύοσμον, μίνθα
mercuriale : φύλλον
merisier : κέρασος
micocoulier : διόσπυρον, λωτός 1
millepertuis de l'Olympe : πανάκεια
millet à grappe : ἔλυμος, μέλινος
millet commun : κέγχρος
molène : θρυαλλίς, φλόμος ἡ μέλαινα
momordique : ἐλατήριον
morelle : στρύχνος
morelle comestible : στρύχνος ὁ ἐδώδιμος
morelle somnifère : στρύχνος ὁ ὑπνώδης
morille : πύξος 2
mouron : κόρχορος
moutarde : νᾶπυ
muflier : ἀντίρρινον
mûrier : συκάμινος
muscade (noix) : κώμακον
muscari à toupet : βολβός
myagre : μελάμπυρον
myrrhe (arbre à) : σμύρνα, μύρρα
myrte : μυρρίνη, μύρτον
myrtille : ἄμπελος ἡ περὶ τὴν Ἴδην
narcisse : λείριον
narcisse à bouquet : νάρκισσος 1
narcisse tardif : νάρκισσος 3

pistachier : τέρμινθος
pivoine : γλυκυσίδη, παιωνία
plantain (grand) : ἀρνόγλωσσον, ὄρτυξ, στελέφουρος
plaqueminier faux-lotier : Pl. anonymes n° 23
platane : πλάτανος
poireau : πράσον 1
poirier : ἄπιος 1, ὄχνη
poirier sauvage : ἀχράς
pois : πίσος
pois chiche : ἐρέβινθος
poivre : πέπερι
polypode : πολυπόδιον
pomme de Sodome : Pl. anonymes n° 30
pommier : μηλέα 1
posidonie : ζωστήρ, πράσον 2, φῦκος τὸ πλατύφυλλον
potamot : λέμνα
pouliot : βληχώ
pourpier : ἀνδράχνη 2
pourpier de mer : ἄλιμον
prêle : ἵπνον
pruneautier : σποδιάς
prunellier : θραύπαλος
prunier : κοκκυμηλέα, προύμνη
queue-de-renard : ἀλωπέκουρος
quintefeuille : πεντάφυλλον, πενταπετές
radis : ῥαφανίς
radis sauvage : κεράϊς
ramie : Pl. anonymes n° 8
rave : γογγυλίς
réglisse : γλυκεῖα (ῥίζα), σκυθική (ῥίζα)
renouée des oiseaux : λίνον πύρινον
renouée persicaire : κραταιόγονον
rhododendron jaune : εὐώνυμον δένδρον
ricin : κροτών
riz : ὄρυζον

ronce : βάτος, χαμαίβατος
roquette : εὔζωμον
rose, rosier : ῥόδον, ῥοδωνία
roseau : κάλαμος
roseau aromatique : κάλαμος ὁ εὐώδης
roseau terrestre : κάλαμος ὁ ἐπίγειος
rouvre : αἰγίλωψ
rue : πήγανον, πηγάνιον
safran : κρόκος, κ. ὁ εὔοσμος, κ. ὁ ἥμερος
safran bâtard : κρόκος ὁ ἀκανθώδης
salicaire : ἐλέαγνος
salicorne à gros épis : θύμον 3
salsepareille : σμῖλαξ 2
salsifis : κόμη, τραγοπώγων
sapin : ἐλάτη 1
saponaire : στρούθιον
sargasse : ἄμπελος ἡ ἐν τῇ θαλάττῃ, δρῦς ἡ ποντία
sarriette : θύμβρα
sauge : σφάκος
sauge trilobée : ἐλελίσφακος
saule : ἑλίκη, ἰτέα
saule blanc : ἰτέα ἡ λευκή
saule de l'Ida : κολοιτέα
saule drapé : ἰτέα ἡ λευκή
saule fragile : ἰτέα ἡ μέλαινα
saule pourpre : ἰτέα ἡ μέλαινα
scammonée : σκαμμωνία
scammonée de Montpellier : ἡλιοτρόπιον
scandix : σκάνδιξ
scille à deux feuilles : ὑάκινθος
scille maritime : σκίλλα
scolopendre : σκολόπενδρον
scolyme : αἰγίπυρος, σκόλυμος
sécurigère : πελεκῖνος
seigle : πυρὸς ὁ θράκιος
séneçon : ἠριγέρων
sensitive épineuse : Pl. anonymes n° 3
sérapias : ξίρις

INDEX DES NOMS PROPRES

Noms de Lieux et de Peuples

Ἀβδηρῖτις (ἡ), le territoire d'Abdère (Ἄβδηρα, v. de Thrace).
Le fleuve Nessos y divague fréquemment **III** 1, 5.

Ἀδραμύτ(τ)α, région d'Arabie (auj. Hadramaout).
Fournit des aromates **IX** 4, 2.

Ἀδρίας (ὁ), la mer Adriatique.
L'iris à parfum croît dans les régions voisines **IV** 5, 2 ; le platane en est presque absent **IV** 5, 6.

Ἀθῆναι (αἱ), Athènes.
Lierre appelé à Athènes « lierre d'Acharnes » **III** 18, 6. Longévité légendaire de l'olivier d'Athènes **IV** 13, 2. On a essayé d'en exporter un thym recherché **VI** 2, 4. Fondation de Cyrène environ 300 ans avant l'archontat de Simonide à Athènes **VI** 3, 3. On y cultive le serpolet sauvage de l'Hymette **VI** 7, 2. Les récoltes y sont plus précoces que sur l'Hellespont **VIII** 2, 10. Les athlètes y consomment davantage de blé qu'en Béotie **VIII** 4, 5. L'orge y donne plus de farine qu'ailleurs **VIII** 8, 2. Les Athéniens n'ont pas le ténia **IX** 20, 5.

Αἰγαί (αἱ), Aigai (v. d'Eubée, sur la côte occidentale).
Fournit les meilleures plantes médicinales de l'Eubée **IX** 20, 5.

Αἴγυπτος (ἡ), l'Égypte.
Plantes d'Égypte : le *ouïngon* **I** 1, 7 ; **I** 6, 11 ; le sycomore, voir s.v. συκάμινος ἡ αἰγυπτία ; le caroubier, voir s.v. κερωνία ; le *perséa*, voir s.v. περσέα ; arbres et arbrisseaux **IV** 2 ; espèces aquatiques ou du milieu humide **IV** 8, 2-14 ; le papyrus **IV** 8, 3-4 ; **VI** 3, 1. — *Nature et influence du sol et du climat* : adoucissement des grenades acides **II** 2, 7 ; **II** 3, 2 ; sol des palmeraies saumâtre **II** 6, 2 ; palmiers à fructification précoce **II** 6, 7, parfois à double stipe **II** 6, 9 ; dattes de mauvaise garde **II** 6, 8. Végétation produite par l'amalgame de la terre

et de l'eau **III** 1, 5 ; moins fournie en Babylonie qu'en Égypte **VIII** 7, 4. Longue durée du cycle végétatif **III** 5, 4 ; **VI** 8, 5. Germination rapide des graines **VIII** 1, 6. Maturité des céréales plus précoce qu'en Grèce **VIII** 2, 7 ; caractères du blé d'Égypte **VIII** 4, 3 et 6. La rosée y tient lieu de pluie pour les cultures **VIII** 6, 6. — *Indications géographiques* : on part d'Égypte en descendant le golfe des Héros **IV** 7, 2 ; les îles flottantes d'Orchomène sont comparées à celles d'Égypte **IV** 10, 2, celles-ci très vastes et giboyeuses **IV** 12, 4. — *Pharmacologie et pathologie* : gomme de l'acacia d'Égypte **IX** 1, 2 ; pays réputé pour sa richesse en drogues **IX** 15, 1 ; ténia fréquent chez les Égyptiens **IX** 20, 5.

Αἰθιοπία (ἡ), l'Éthiopie (auj. la Nubie).
Le palmier doum y est commun **II**, 6, 10 ; on s'y sert d'une racine vénéneuse pour empoisonner les flèches **IX** 15, 2.

Αἷμος (ὁ), l'Haemos (auj. le Balkan).
On y trouve des lieux couverts de tamaris **IV** 5, 7.

Αἴνεια (ἡ), Aineia (v. de Macédoine, sur le golfe Thermaïque) et / ou
région d'Ainos (Αἶνος, v. de Thrace, auj. Enez).
Les figuiers n'y ont pas de « gale » **IV** 14, 3. On y cultive un blé très précoce **VIII** 4, 4.

Αἰνιανική (ἡ), le pays des Énianes (en Thessalie).
Sa place dans la production du bois de charpente **V** 2, 1.

Αἰτωλία (ἡ), l'Étolie.
Fournit un hellébore de qualité médiocre **IX** 10, 4.

Ἀκεσίνης ποταμός (ὁ), l'Akésinès, fl. de l'Inde (auj. le Chenab).
Le « figuier d'Inde » croît aux environs de ce fleuve **IV** 4, 4, ainsi que le bambou **IV** 11, 13.

Ἀκόναι (αἱ), Acones (en Bithynie).
Bourgade des Mariandynes d'où l'*akoniton* passait pour tirer son nom **IX** 16, 4.

Ἀκράγας (ὁ, ἡ), Agrigente (v. de Sicile).
Le blé d'Agrigente (ὁ ἀκραγαντῖνος [πυρός]) est peu mêlé d'ivraie **VIII** 4, 6.

Ἀκτή (ἡ), l'Actè (côte orientale du Péloponnèse entre l'Isthme et le golfe Argolique).
Les récoltes y sont très précoces **VIII** 2, 11.

Ἀλεξάνδρεια (ἡ), Alexandrie (mt. de Troade).
Description du laurier d'Alexandrie **I** 10, 8 ; **III** 17, 4. Mention d'un blé d'Alexandrie **VIII** 4, 3.

Ἁλυκός (ὁ), Halycos (lieu de la Mégaride).
On n'y pratique pas la caprification **II** 8, 1 ; a des récoltes précoces **VIII** 2, 11.

Ἀμισός (ἡ), Amisos (v. du Pont, auj. Samsun).
Fournit du bois de constructions navales **IV** 5, 5.

Ἄμμων (dans les locutions παρ' Ἄμμωνι, ἐν Ἄμμωνος), les environs du temple d'Ammon, l'oasis d'Ammon (auj. Siwa).
Le dattier y est abondant et beau **IV** 3, 1, et l'eau abonde dans le sous-sol des palmeraies **IV** 3, 5. On y trouve aussi le thuya **V** 3, 7.

Ἄντανδρος (ἡ), Antandros (v. de Troade).
Le fruit du myrte d'Antandros change de couleur **II** 2, 6. Dans cette ville un platane abattu reprit vie **IV** 16, 2 ; la toiture en châtaignier des bains s'effondra après un craquement prémonitoire **V** 6, 1.

Ἀντίκυρα (ἡ), Anticyre (v. de Phocide).
On y utilise comme purgatif le fruit de l'hellébore **IX** 9, 2 ; **IX** 14, 4.

Ἀντιλίβανος (ὁ), l'Antiliban.
Sa situation par rapport à la chaîne du Liban **IX** 7, 1.

Ἀπολλωνία (ἡ), Apollonie (v. d'Illyrie).
La fève n'y est pas mangée des vers **VIII** 11, 3.

Ἀραβία (ἡ), l'Arabie.
On dit que la « vallée profonde » de Syrie se prolonge à travers l'Arabie **II** 6, 5. Les plantes à parfum d'Arabie occupent une place à part dans le monde végétal **IV** 4, 14. Végétation terrestre et marine de la partie arabique de la mer Rouge **IV** 7, 1-2. Ile de Tylos dans le golfe d'Arabie **IV** 7, 7 ; **V** 4, 7. Présence du cotonnier en Arabie **IV** 7, 8. Aromates en provenance de la péninsule arabique **IX** 4, 2 ; **IX** 7, 2. Des Arabes armés veillent sur les aromates déposés par les Sabéens dans le temple du Soleil **IX** 4, 5. Renseignements botaniques dus aux Arabes convoyeurs d'encens **IX** 4, 8. Encens de la péninsule comparé à celui des îles voisines **IX** 4, 10. On dit que l'Arabie exhale un parfum suave **IX** 7, 2. Ténia fréquent chez les Arabes **IX** 20, 5.

Ἀραχωσία (ἡ), l'Arachosie (province orientale de la Perse, auj. sud-ouest de l'Afghanistan).
Végétation locale **IV** 4, 12 (conj.).

Ἀρκαδία (ἡ), l'Arcadie.
La formation du lac de Phénéos et ses enseignements botaniques **III** 1, 2 ; **V** 4, 6. Opinion des Arcadiens sur la stérilité des arbres sauvages **III** 3, 4 ; sur la maturité plus ou moins rapide de leurs fruits **III** 4, 6, et la coexistence de plusieurs générations de fruits **III** 12, 4 ; sur la répartition des pins entre le type *peukè* et le type *pitys* **III** 9, 4 ; sur la résistance des arbres à l'ablation de leur moelle **IV** 16, 5. Moignon de sapin évidé utilisé en Arcadie comme cratère **III** 7, 1. Dénominations arcadiennes du bois de cœur du sapin et du pin noir **III** 9, 8 ; du saule **III** 13, 7 ; du chêne vert **III** 16, 2 ; du chêne-liège **III** 16, 3. Beauté des sapins de Cranè **IV** 1, 2. Richesse de l'Arcadie en plantes médicinales **IV** 5, 2 ; **IX** 15, 4. Conserve un platane qu'on dit planté par Agamemnon **IV** 13, 2. Fournit un bois de charpente de qualité discutable **V** 2, 1. Possède la sarriette et l'origan, mais non le thym de l'Attique **VI** 2, 4. Produit à Héraia un vin qui influence l'activité génésique **IX** 18, 10. Le peucédan se trouve en Arcadie **IX** 15, 5 ; **IX** 20, 2.

Ἀρμενία (ἡ), l'Arménie.
Ténia fréquent chez les Arméniens **IX** 20, 5.

Ἀσία (ἡ), l'Asie.
Présence d'espèces locales en Asie, d'où seraient exclus le lierre et le sapin **IV** 4, 1. Régions productrices de bois de constructions navales **IV** 5, 5 ; d'un blé à gros grains indigestes **VIII** 4, 5 ; de la tragacanthe **IX** 1, 3. Fabrication de la poix en Asie, du côté de la Syrie **IX** 3, 4. Les meilleurs produits aromatiques viennent d'Asie **IX** 7, 3.

Ἀσκάλων (ἡ), Ascalon (v. de Syrie).
Variété d'oignon dite d'Ascalon (ἀσκαλώνιον [κρόμμυον], échalote) **VII** 4, 7 et 9.

Ἀσσυρία (ἡ), l'Assyrie.
Le blé d'Assyrie porte le nom de son pays d'origine **VIII** 4, 3.

Ἀττική (ἡ), l'Attique.
Récoltes plus précoces à Salamine que dans le reste de l'Attique **VIII** 2, 11. Thapsie présente particulièrement en Attique **IX** 20, 3.

Ἀχαῖα / Ἀχαῖς (ἡ), l'Achaïe.
Blés siciliens introduits en Achaïe **VIII** 4, 4. La tragacanthe s'y trouve **IX** 1, 3, abondante et d'aussi bonne qualité qu'en Crète **IX** 15, 8. Autres produits remarquables : un vin abortif **IX** 18, 11 ; une sorte de « carotte » médicinale **IX** 20, 2.

Βαβυλών (ἡ), Babylone.
Culture et usages du palmier dattier en Babylonie **II** 2, 2 ; **II** 2, 8 ; **II** 6, 2 ; **II** 6, 4 ; **II** 6, 6 ; **II** 6, 7 ; **III** 3, 5. Vains efforts d'Harpale pour

acclimater certaines espèces européennes **IV** 4, 1. La rosée y tient lieu de pluie pour les cultures **VIII** 6, 6. Effanage des céréales et autres pratiques culturales **VIII** 7, 4. Les grains sautent sur l'aire comme si on les grillait **VIII** 11, 7.

Βάκτρα (τὰ), Bactres (auj. Balkh, en Afghanistan) ; par ext. la Bactriane.
Dans cette région croît un pistachier **IV** 4, 7 ; on cultive un blé à grains très gros **VIII** 4, 5 ; la rosée tient lieu de pluie pour les cultures **VIII** 6, 6.

Βοηδρία (ἡ), la Boédrie (lieu de Béotie, au nord de l'embouchure du Céphise).
Le roseau à *aulos* y est de belle qualité **IV** 11, 9.

Βοιωτία (ἡ), la Béotie.
Frondaison du sapin comparée à un chapeau béotien **III** 9, 6. Variétés béotiennes de radis **VII** 4, 2, et de concombre **VII** 4, 6. Le blé de Béotie est très lourd **VIII** 4, 5, l'hellébore de l'Hélicon d'excellente qualité **IX** 10, 3. Les Béotiens mangent le fruit du nénuphar qu'ils appellent *madonaïs* **IX** 13, 1 ; sont sujets au ténia **IX** 20, 5.

Γεδρωσία (ἡ), la Gédrosie (province orientale de la Perse, auj. le Baluchistan et le Makran).
Végétation locale **IV** 4, 13.

Γορτυναία (ἡ), le territoire de Gortyne (en Crète).
On y voit le platane sempervirent de Zeus et d'Europe **I** 9, 5.

Δαμασκός (ἡ), Damas (v. de Syrie).
Aux environs, le pistachier couvre entièrement une montagne **III** 15, 3.

Δελφοί (οἱ), Delphes.
Conserve un platane qu'on dit planté par Agamemnon **IV** 13, 2.

Δῆλος (ἡ), Délos.
Longévité légendaire de son palmier sacré **IV** 13, 2.

Δωριεῖς (οἱ), les Doriens (peuples du Péloponnèse parlant dorien).
Appellent *aria* le *phellodrys* (chêne-liège) des Arcadiens **III** 16, 3.

Ἐλαία (ἡ), Élaia (v. de Thesprotide, en Épire).
L'hellébore d'Élaia est l'un des plus estimés **IX** 10, 3.

Ἐλάτεια (ἡ), Élatée (v. de Phocide).
Le blé donne là plus de farine qu'ailleurs **VIII** 8, 2.

Ἐλεφαντίνη (ἡ), Éléphantine (île du Nil en face de Syène [auj. Assouan]).
La vigne et le figuier y sont sempervirents I 3, 5 ; I 9, 5.

Ἑλικών (ὁ), Hélicon (mt. de Béotie).
Fournit un hellébore d'excellente qualité IX 10, 3.

Ἑλλάς (ἡ), la Grèce.
Arbres d'Égypte stériles en Grèce II 2, 10 ; III 3, 5. Essais d'acclimatation d'espèces grecques en Babylonie IV 4, 1. Noms donnés par les Grecs à des plantes de l'Inde étrangères à la flore de leur pays IV 4, 4 ; 5 ; 10. Classement qualitatif des bois importés en Grèce V 2, 1. Le cardon n'y pousse pas VI 4, 10. Semailles précoces dans les régions froides du pays VIII 1, 7. Délai nécessaire à la maturité des céréales en Grèce VIII 2, 7. Le blé de Sicile est le plus lourd des blés qui y sont importés VIII 4, 5. Grains de longue conservation en Grèce VIII 11, 6. On y vend un baume adultéré IX 6, 2. Régions riches en plantes médicinales hors de la Grèce IX 15, 1, et en Grèce IX 15, 4. Parmi les Grecs, certains peuples sont sujets au ténia, d'autres non IX 20, 5.

Ἑλλήσποντος (ὁ), l'Hellespont (auj. mer de Marmara).
Les récoltes sont plus précoces à Athènes que sur l'Hellespont VIII 2, 10.

Ἐρυθρὰ θάλαττα (ἡ), la mer Rouge (y compris une partie de l'océan Indien).
Possède les plus grandes des plantes marines I 4, 2. On dit que la « vallée profonde » de Syrie se prolonge jusqu'à la mer Rouge II 6, 5. Végétation terrestre et marine de la région arabique de la mer Rouge IV 7, 1-2.

Εὔβοια (ἡ), l'Eubée.
Le châtaignier y est très commun IV 5, 4. A Chalcis le vent de l'Olympe grille la végétation IV 14, 11. L'Eubée fournit les plus mauvais bois de charpente V 2, 1. On y cultive des blés de deux mois VIII 4, 4. L'orobanche parasite le fenugrec dans certaines parties de l'île VIII 8, 5. Dans la plaine de Lélante les blés sont attaqués par des vers VIII 10, 4. A Cérinthe on conserve le grain par un épandage de terre VIII 11, 7. On trouve en Eubée l'hellébore noir IX 10, 3, et au Téléthrion beaucoup de plantes médicinales IX 15, 4 ; IX 20, 5.

Εὐεσπερίδες (αἱ), Euhespérides (v. de Libye, auj. Benghazi).
On y utilise le jujubier et le « paliure » comme combustible IV 3, 2. A partir de là le long de la Syrte le silphium est particulièrement abondant VI 3, 3. Dans cette région la rosée tient lieu de pluie pour les cultures VIII 6, 6.

Εὐρώπη (ἡ), l'Europe.
Ses régions productrices de bois de constructions navales **IV** 5, 5. Ne fournit pas de substances odorantes autres que l'iris **IX** 7, 3.

Εὐφράτης (ὁ), l'Euphrate.
Singularités du lotus de l'Euphrate **IV** 8, 10.

Ἔφεσος (ἡ), Éphèse (v. d'Ionie).
Portes du temple d'Éphèse en bois de cyprès **V** 4, 2.

Ζάκυνθος (ἡ), Zacynthe (île de la mer Ionienne, auj. Zante).
On y trouve l'*akoniton* **IX** 16, 4.

Ἠλεία (ἡ), l'Élide (contrée du Péloponnèse occidental).
Floraison et fructification de la centaurée variables en Élide **III** 3, 6. Le pin d'Alep y abonde **III** 9, 4 ; on y utilise le chêne-liège pour le charronnage **III** 16, 3.

Ἡραία (ἡ), Héraia (v. d'Arcadie).
Produit un vin qui influence l'activité génésique **IX** 18, 10.

Ἡράκλεια (ἡ ἐν τῷ Πόντῳ), Héraclée (du Pont) (v. de Bithynie, auj. Ereğli).
L'*akoniton* y est très abondant et excellent **IX** 16, 4. Les renseignements sur l'*akoniton* et l'*éphèméron* viennent des Tyrrhéniens d'Héraclée **IX** 16, 6. — Pour le « noyer d'Héraclée » (le noisetier), voir s.v. ἡρακλεωτικὴ καρύα.

Ἡράκλεια ἡ τραχινία, Héraclée Trachinienne (v. de Thessalie, au sud de l'actuelle Lamia).
On y a vu des figuiers écorcés se régénérer **IV** 15, 2.

Ἡρακλέους στῆλαι (αἱ), les Colonnes d'Héraclès / d'Hercule (auj. le détroit de Gibraltar).
Algue transportée par le courant à travers ce détroit **IV** 6, 4 ; **IV** 7, 1.

Ἡρώων κόλπος (ὁ), le golfe des Héros (auj. golfe de Suez), **Ἡ. πόλις** (ἡ), la ville des Héros (sur ce golfe).
Végétation marine de ce golfe **IV** 7, 2. Témoignage de l'expédition partie de la ville des Héros sur l'encens et la myrrhe d'Arabie **IX** 4, 4 et 9.

Θάλαττα ἡ ἔξω, la mer Extérieure (en part. les océans Atlantique et Indien, par opp. à la Méditerranée et à ses prolongements).
Sur ses rives poussent des arbres dont la fleur a la couleur des roses **I** 13, 1 ; des arbres non décrits **IV** 6, 1. Une de ses algues est apportée par le courant dans la mer Intérieure **IV** 6, 4. Les végétaux qui s'y trouvent **IV** 7.

Θάλαττα ἡ ἐρυθρά, voir s.v. Ἐρυθρὰ θάλαττα.

Θάλαττα ἡ ἔσω, la mer Intérieure, ἥδε ἡ θ. / ἡ περὶ ἡμᾶς θ., notre mer (la Méditerranée).
Végétation exclusivement immergée **IV** 6, 1, décrite **IV** 6, 2-10. Algue apportée par le courant de la mer Extérieure dans la mer Intérieure **IV** 6, 4.

Θάσος (ἡ), Thasos (île de la mer Égée).
Radis « lisse de Thasos » **VII** 4, 2. On y fabrique un vin soporifique **IX** 18, 11.

Θεσπιαί (αἱ), Thespies (v. de Béotie).
Son eau rend les femmes fécondes **IX** 18, 10.

Θεσπρωτίς (ἡ), la Thesprotide (contrée de l'Épire occidentale).
Iles flottantes du lac d'Orchomène comparées à celles de Thesprotide **IV** 10, 2.

Θετταλία (ἡ), la Thessalie.
Les bourgeonnements tardifs y sont fréquents **III** 5, 4. Feuille de la « fève d'Égypte » comparée à un bonnet de feutre thessalien **IV** 8, 7. Après une gelée, la vigne y fructifie sans délais **IV** 14, 13. Pratique et inconvénients de l'effanage des céréales en Thessalie **VIII** 7, 4. La fève y est utilisée comme engrais vert **VIII** 9, 1. Le froment n'y est pas attaqué par les vers **VIII** 10, 4. Possède au Pélion de grandes ressources médicinales **IX** 15, 4.

1 Θῆβαι (αἱ), Thèbes (v. de Béotie).
Ténia fréquent chez les Thébains **IX** 20, 5.

2 Θῆβαι (αἱ), Thèbes (v. d'Égypte).
Description d'un grand bois du nome thébaïque **IV** 2, 8-9. Usage alimentaire de la « prune d'Égypte » en Thébaïde **IV** 2, 10.

Θράκη (ἡ), la Thrace.
Riche en plantes des régions froides **IV** 5, 2. Le genévrier cade s'étend jusqu'aux montagnes de Thrace **IV** 5, 2 ; celles-ci fournissent du bois

de constructions navales **IV** 5, 5. En Thrace le grésil se transforme en glace **IV** 14, 13 ; certaines montagnes sont couvertes de serpolet **VI** 7, 2. Variétés thraces de radis **VII** 4, 2, de blé **VIII** 4, 3. On y trouve des racines aromatiques qui rappellent le nard **IX** 7, 4 ; des racines mortelles sur les chantiers des mines **IX** 13, 4 ; une plante hémostatique étonnante **IX** 15, 3. Les Thraces n'ont pas le ténia **IX** 20, 5.

1 Ἴδη (ἡ), l'Ida (mt. de Crète, auj. Psiloriti).
Le cyprès y forme l'essentiel de la végétation **III** 2, 6, jusqu'aux neiges éternelles **IV** 1, 3. On y trouve plusieurs exemplaires de peupliers noirs porteurs de fruits **III** 3, 4.

2 Ἴδη (ἡ τρῳάς), l'Ida (de Troade, auj. Kaz Dağ).
Description, d'après les gens de l'Ida, de cinq espèces de chêne **III** 8, 2-7 ; du « pin de l'Ida » et du « pin maritime » **III** 9, 1 et 2 ; **IX** 2, 5 ; de ce que les résiniers appellent *sykè* **III** 9, 3 ; de l'apoplexie du pin noir **III** 9, 5 ; de l'érable **III** 11, 2. D'après la même source, le frêne n'a ni fruit ni fleur **III** 11, 4 ; le cornouiller « mâle » ne fructifie pas **III** 12, 2 ; le genévrier dit *kédros* forme une seule espèce **III** 12, 3 ; il existe trois variétés de néflier **III** 12, 5. Dans la région de l'Ida, l'orme est rare **III** 14, 1 ; le pistachier est un arbuste bas et tortueux **III** 15, 3. Description d'espèces locales **III** 17, 3-6. L'Ida ne possède pas toutes les espèces du Tmolos et de l'Olympe de Mysie **IV** 5, 4 ; fournit peu de bois de constructions navales **IV** 5, 5. Exploitation de la résine et du bois gras sur l'Ida **IX** 2, 7.

Ἴλιον (τό), Ilion (anc. n. de Troie).
Longévité légendaire des chênes vélanèdes plantés sur le tombeau d'Ilos **IV** 13, 2.

Ἰλλυρίς (ἡ), l'Illyrie (région riveraine de l'Adriatique).
L'iris d'Illyrie, seule plante à parfum des régions froides **IV** 5, 2 ; son exploitation **IX** 7, 4.

Ἰνδοί (οἱ), les Indiens, l'Inde.
Le lierre s'y trouve sur le mt Mèros **IV** 4, 1. Végétaux propres à l'Inde **IV** 4, 4-11. Plantes à parfum et aromates en provenance de l'Inde **IV** 4, 14 ; **IX** 7, 2. Alexandre fit revenir de l'Inde par mer une partie de son armée **IV** 7, 3. Flore de l'Inde : cotonnier arborescent **IV** 7, 8 ; bambou **IV** 11, 13 ; espèce anonyme à bulbe chevelu **VII** 13, 8 ; « orge » à infrutescence rameuse **VIII** 4, 2 ; « épine » exsudant un produit semblable à la myrrhe **IX** 1, 2 ; plantes douées du pouvoir de disperser ou d'attirer le sang **IX** 15, 2 ; extraordinaire aphrodisiaque possédé par un Indien **IX** 18, 9.

Ἰόνιος (κόλπος, ὁ), la mer Ionienne.
A Apollonie, sur la mer Ionienne, la fève n'est pas mangée des vers **VIII** 11, 3.

Ἱππία (ἡ), la « plaine aux Chevaux ».
Plaine fertile à l'embouchure du Céphise béotien **IV** 11, 8.

Ἰσσός (ἡ), Issos (v. de Cilicie).
Ses oignons très blancs **VII** 4, 9.

Ἰταλία (ἡ), l'Italie.
Ses montagnes fournissent du bois de constructions navales **IV** 5, 5. Le platane y est rare partout **IV** 5, 6. Les bois du Latium sont plus beaux que ceux du reste de l'Italie **V** 8, 1.

Ἰωνία (ἡ), l'Ionie.
Patrie du caroubier **IV** 2, 4.

Καμπή (ἡ Ὀξεῖα), le Coude Aigu.
Lieu-dit de Béotie, à l'embouchure du Céphise **IV** 11, 8-9.

Κάνηθος (ὁ), le Canéthos (auj. Karababa, en face de Chalcis).
Les orobanches y sont communes **VIII** 8, 5.

Καππαδοκία (ἡ), la Cappadoce.
Des grains de semence y sont apportés de Cilicie **VIII** 2, 9. Conservation exceptionnelle des grains dans une place de Cappadoce **VIII** 11, 5.

Καρμανία (ἡ), la Carmanie (province de la Perse).
Flore de ses mangroves **IV** 7, 5-6.

Καρυστία (ἡ), le territoire de Carystos (en Eubée).
On y cultive des blés de deux mois **VIII** 4, 4.

Καρχηδών (ἡ), Carthage.
Consommation de jujubes pendant la marche d'Ophellas contre Carthage **IV** 3, 2.

Καφύαι (αἱ), Caphyes (v. d'Arcadie).
Conserve un platane qu'on dit planté par Agamemnon **IV** 13, 2.

Κεῖοι (οἱ), les habitants de Céos (auj. Kéa, une des Cyclades).
Leur préparation de la ciguë **IX** 16, 9.

Κερυνία (ἡ), Kérynia (v. d'Achaïe).
Un cépage y produit des raisins et un vin abortifs **IX** 18, 11.

Κήρινθος (ἡ), Cérinthe (v. d'Eubée).
On y conserve le froment par un épendage de terre **VIII** 11, 7.

Κηφισός (ὁ), le Céphise (fl. de Béotie).
Roseau à *aulos* d'excellente qualité à l'embouchure du Céphise **IV** 11, 8 et 9.

Κιλικία (ἡ), la Cilicie.
Tous les grenadiers y produisent des fruits sans pépins **II** 2, 7 et 10. Le cèdre prédomine dans ses forêts de montagne **III** 2, 6, qui fournissent du bois de constructions navales **IV** 5, 5. La « fève d'Égypte » n'y mûrit pas ses fruits **IV** 8, 8. Envoie des grains de semence dans l'arrière-pays **VIII** 2, 9 ; obtient un rendement exceptionnel de l'orge et du blé **VIII** 8, 2. Les Ciliciens sont sujets au ténia **IX** 20, 5.

Κίνδριος (ὁ), le Kindrios (mt. de Crète centrale).
A des « peupliers » qui fructifient **III** 3, 4.

Κιρκαῖον (τὸ), le Circéion.
Sa flore, ses légendes, sa formation géologique **V** 8, 3.

Κιτίβαινα (ἡ), Kitibaina (région d'Arabie).
Fournit des aromates **IX** 4, 2.

Κλειτορία (ἡ), le territoire de Kleitor (en Arcadie).
L'euphorbe à hippomane y est très abondante et très belle **IX** 15, 6.

Κλεωναί (αἱ), Cléones (v. de Corinthie).
A donné son nom à une variété de radis **VII** 4, 2.

Κνίδος (ἡ), Cnide.
Le caroubier y croît spontanément **IV** 2, 4. A donné son nom à une variété d'oignon **VII** 4, 7. Description et usage médical du « grain de Cnide » **IX** 20, 2.

Κόπτος (ἡ), Coptos (v. de Haute Égypte).
Végétation terrestre et aquatique de la mer Rouge au-delà de Coptos **IV** 7, 1-2.

Κόρινθος (ἡ), **Κορινθία** (ἡ), Corinthe, la Corinthie.
La caprification n'y est pas partout nécessaire **II** 8, 1. Corinthe a donné son nom à une variété de radis **VII** 4, 2.

Κράνη (ἡ), Cranè (lieu-dit en Arcadie).
Dépression ombreuse où poussent de grands sapins **IV** 1, 2.

Κρήτη (ἡ), la Crète.
Végétaux étranges ou remarquables : le platane sempervirent de Gortyne **I** 9, 5 ; **III** 3, 3 ; les cyprès étêtés de Tarrha **II** 2, 2 ; les « peupliers » fructifères de l'Ida **II** 2, 10 ; **III** 3, 4 ; des palmiers à deux stipes **II** 6, 9. Le palmier nain y est abondant **II** 6, 11. Le cyprès, arbre crétois par excellence **III** 1, 6 ; **III** 2, 6 ; **IV** 1, 3 ; **IV** 5, 2. On appelle en Crète « figuier de Chypre » une espèce de sycomore **IV** 2, 3. Sur ses côtes une algue fournit une teinture rouge **IV** 6, 5. Description du « roseau de Crète » **IV** 11, 11. Caractères et mode de culture de l'oignon de Crète **VII** 4, 9. La tragacanthe n'est pas propre à la Crète **IX** 1, 3 ; **IX** 15, 8. Le *nymphaia* s'y trouve **IX** 13, 1 ; de même l'*akoniton* **IX** 16, 4. Espèces endémiques : le dictame et le faux dictame **IX** 16, 1-3.

Κύζικος (ἡ), Cyzique (v. de Propontide).
La fève s'y conserve mieux qu'ailleurs **VIII** 11, 3.

Κυλλήνη (ἡ), le Cyllène (mt. d'Arcadie, auj. le Ziria).
Type de haute montagne à végétation très diversifiée **III** 2, 5 ; sa flore forestière d'altitude **IV** 1, 3. Dans ce massif croît le *moly* **IX** 15, 7.

Κύπρος (ἡ), Chypre.
Végétaux étranges ou remarquables : un platane sempervirent **I** 9, 5 ; plusieurs espèces ou variétés de palmier **II** 6, 7 et 8 ; le « figuier de Chypre » **IV** 2, 3. On y construit les trières en pin d'Alep **V** 7, 1. Politique forestière des rois de Chypre **V** 8, 1. Caractères et usages de l'ail de Chypre **VII** 4, 11.

Κυρήνη (ἡ), **Κυρηναία** (ἡ), Cyrène, la Cyrénaïque.
Circonstances de l'apparition d'une forêt voisine de Cyrène, ainsi que du silphium **III** 1, 6. Végétaux de la Cyrénaïque : cyprès, olivier, safran et par excellence le silphium **IV** 3, 1. Bois du jujubier plus beau en Cyrénaïque qu'au pays des Lotophages **IV** 3, 4. Le thuya de Cyrénaïque **V** 3, 7. Opinion des Cyrénéens sur l'apparition du silphium **VI** 3, 3. Le *magydaris* ne croît pas à Cyrène **VI** 3, 7. Les fleurs y ont un parfum d'une pureté sans pareille **VI** 6, 5. La rosée y tient lieu de pluie pour les cultures **VIII** 6, 6.

Κύρνος (ἡ), la Corse.
Ses peuplements de buis et son miel de buis **III** 15, 5. Ses forêts exceptionnellement denses et belles **V** 8, 1-2.

Κύτωρα (τὰ), le Cytore (mt. de Paphlagonie).
Célèbre pour son buis **III** 15, 5.

NOMS DE LIEUX ET DE PEUPLES 383

Λακεδαίμων (ἡ), **Λακωνική** (ἡ), Lacédémone, la Laconie.
Espèces ou variétés de végétaux dites « de Laconie » : figuier **II** 7, 1 ;
roseau **IV** 11, 12 ; laitue **VII** 4, 5 ; concombre **VII** 4, 6 ; blé **VIII** 4,
5. Le chêne-liège est utilisé en Laconie pour le charronnage **III** 16, 3.
Région riche en plantes médicinales **IV** 5, 2 ; **IX** 15, 4, à peu près les
mêmes qu'en Arcadie **IX** 15, 8.

Λασαία [conj.] (ἡ), Lasaia (v. de la côte méridionale de la Crète).
On y voit un palmier à cinq cœurs **II** 6, 9.

Λατίνη (ἡ), le Latium.
Produit de très beaux bois **V** 8, 1. Ses principales essences forestières
V 8, 3. Sa richesse en plantes médicinales **IX** 15, 1.

Λεβάδεια (ἡ), Lébadée (v. de Béotie, auj. Livadia).
De là vient la rivière des Moutons **IV** 11, 8.

Λέσβος (ἡ), Lesbos.
Des pins y ont repoussé après un incendie **III** 9, 5. On y trouve sur
l'Ordymnos l'arbre dit « sinistre » **III** 18, 13.

Λευκὰ ὄρη (τὰ), les monts Blancs (auj. Lefka Ori, en Crète occidentale).
Le cyprès y atteint la limite des neiges éternelles **IV** 1, 3.

Λήλαντον (τὸ), la plaine de Lélante (en Eubée).
Les orobanches n'y poussent pas **VIII** 8, 5. Le blé y est attaqué par des
vers **VIII** 10, 4.

Λίβανος (ὁ), le Liban (montagne).
Situation du lac peuplé de roseaux aromatiques par rapport au Liban
IX 7, 1.

Λιβύη (ἡ), la Libye.
Les palmiers y poussent dans un sol saumâtre **II** 6, 2. Sa flore et en
particulier les espèces locales d'arbres, la faune de ses régions arides
IV 3, 1-7. La silphium y couvre un vaste territoire **VI** 3, 3 ; ce sont les
Libyens qui en recueillent le suc **IX** 1, 7. Caractères des blés de Libye
VIII 4, 3. Le grain y est attaqué par des vers **VIII** 10, 4.

Λιπάρα (ἡ), Lipari.
Le cytise de Lipari, exemple d'arbre à graines en gousse **I** 11, 2 ;
description **III** 17, 2.

Λοῦσα [conj.] (τὰ), Louses (v. d'Arcadie).
On y trouve la meilleure ciguë **IX** 15, 8 ; **IX** 16, 8.

Λυκία (ἡ), la Lycie.
Une espèce de *kédros* est dite « de Lycie » **III** 12, 3. Au nombre des pays de soleil où se plaît le cyprès **IV** 5, 2.

Λωτοφαγία νῆσος (ἡ), **Λωτοφάγοι** (οἱ), l'île des Lotophages, le pays des Lotophages (auj. Djerba).
Le jujubier des Lotophages : valeur alimentaire et usages du fruit **IV** 3, 1 ; 2 et 4 ; espèce différente du jujubier de Cyrénaïque **IV** 3, 2 et 4 ; commune dans l'île et sur le continent voisin **IV** 3, 2.

Μαγνησία (ἡ), Magnésie [du Méandre] (v. de Carie).
Flore de cette région où le châtaignier abonde **IV** 5, 4.

Μαιῶτις (λίμνη, ἡ), le Marais Méotide (auj. la mer d'Azov).
La réglisse est indigène dans cette région **IX** 13, 2.

Μακεδονία (ἡ), **Μακεδόνες** (οἱ), la Macédoine, les Macédoniens.
Le sapin est plus beau en Macédoine que partout ailleurs **I** 9, 2. Opinion des Macédoniens sur la stérilité de certaines espèces d'arbres **III** 3, 4 et 8 ; sur la fructification des cornouillers **III** 12, 2. Bourgeonnement automnal important en Macédoine **III** 5, 4. On y distingue quatre espèces de chêne **III** 8, 7 ; trois de pin **III** 9, 2 ; deux de sapin **III** 9, 6 ; deux de frêne **III** 11, 4. Le pistachier y est un buisson bas et tortueux **III** 15, 3 ; le buis aussi se développe mal sur l'Olympe de Macédoine **III** 15, 5. Flore et produits forestiers des montagnes macédoniennes **IV** 5, 4 et 5 ; **V** 2, 1. Des Macédoniens moururent en Asie centrale d'une indigestion de blé **VIII** 4, 5. La fève sert d'engrais vert en Macédoine **VIII** 9, 1. On y fabrique de la poix **IX** 2, 3 ; **IX** 3, 1-3. Les Macédoniens [conj.] sont sujets au ténia **IX** 20, 5.

Μαλιώτης [conj.], de la région maliaque (en Thessalie).
Un des meilleurs hellébores noirs **IX** 10, 3.

Μαμάλι, Mamali (région d'Arabie).
Fournit des aromates **IX** 4, 2.

Μαντινεύς, de Mantinée (Μαντίνεια, v. d'Arcadie).
Poison inventé par Thrasyas de Mantinée **IX** 16, 8.

Μαραθών (ὁ), Marathon.
On y trouve le *nymphaia* **IX** 13, 1.

Μαριανδυνοί [conj.] (οἱ), les Mariandynes (peuple de Bithynie).
L'*akoniton* passe pour tirer son nom d'Acones, bourgades des Mariandynes **IX** 16, 4.

Μέγαρα (τὰ), **Μεγαρίς** (ἡ), Mégare, la Mégaride.
Sur Halycos en Mégaride on ne pratique pas la caprification **II** 8, 1 ;
les récoltes sont très précoces **VIII** 2, 11. Anecdote relative à la prise
de Mégare par Démétrios **V** 2, 4.

Μέλας (ποταμός, ὁ), l'Eau Noire (fl. de Béotie).
Délimite les peuplements du meilleur roseau à *aulos* **IV** 11, 8 et 9.

Μέμφις (ἡ), Memphis (v. d'Égypte).
Des espèces ailleurs caducifoliées y sont sempervirentes **I** 9, 5. Végétaux remarquables : une sensitive **IV** 2, 11 ; un arbre d'une grosseur
extraordinaire **IV** 2, 12. La farine offerte en prémices est produite en
amont de Memphis **VIII** 2, 7.

Μεσηνία (ἡ), le territoire de Messine (en Sicile).
Précocité remarquable des récoltes **VIII** 2, 8.

Μήδεια / Μηδία (ἡ), la Médie.
Description du cédratier appelé « pomme de Médie » **I** 13, 4 ; **IV** 4,
2-3. Présence du lierre en Médie ; situation géographique de cette
région **IV** 4, 1. Les grains en réserve s'y conservent longtemps **VIII**
11, 6 ; on y trouve la tragacanthe **IX** 1, 3. Aromates en provenance de
la Médie ou de l'Inde **IX** 7, 2.

Μῆλος (ἡ), Mèlos (une des Cyclades).
Précocité extraordinaire de la moisson ; richesse agricole de l'île **VIII**
2, 8.

Μηρός (ὁ), le mont Mèros (en Inde).
Lieu de naissance de Dionysos ; Alexandre et ses soldats s'y couron-
nèrent de lierre **IV** 4, 1.

Μίλητος (ἡ), Milet (v. d'Ionie).
Les oliviers y sont endommagés par des chenilles **IV** 14, 9.

Μύλαι (αἱ), les Moulins (auj. Mili San Pietro, en Sicile).
Lieu-dit proche de Messine où les récoltes sont très précoces **VIII** 2,
8.

Νασαμωνική (ἡ), le pays des Nasamons (en Libye).
Ses palmeraies **IV** 3, 1.

Νεῖλος (ὁ), le Nil.
Les arbres des bords du Nil **IV** 8, 2.

Νέσσος (ὁ), le Nessos / Nestos (fl. de Thrace, auj. Mesta).
Modifie souvent le tracé de son cours **III** 1, 5.

Νῆσοι ὧν ἐπάρχουσιν <οἱ ῎Αραβες> (αἱ), « les îles soumises aux Arabes » (l'archipel de Socotra, dans l'océan Indien).
Produisent un encens de qualité supérieure **IX** 4, 9.

Οἴτη (ἡ), l'Œta (mt. de Thessalie).
Riche en plantes des régions froides **IV** 5, 2. Fournit le meilleur hellébore **IX** 10, 2 ; 3 et 4.

Ὀλυμπία (ἡ), Olympie.
Longévité légendaire de l'oléastre sacré **IV** 13, 2.

῎Ολυμπος (ὁ μακεδονικός, ὁ πιερικός), l'Olympe (de Macédoine, de Piérie).
Arbres de cette région **I** 9, 3. Type de haute montagne à végétation très diversifiée **III** 2, 5. Opinion d'informateurs locaux sur diverses espèces d'érable **III** 11, 2 ; sur les qualités respectives des mêmes arbres en plaine et en montagne **III** 11, 5. Le buis y est rabougri **III** 15, 5, et sans usages **V** 7, 7 ; le laurier y pousse, mais non le myrte **IV** 5, 3. Spécificité de sa flore **IV** 5, 4. Dégâts du vent de l'Olympe sur la végétation en Eubée **IV** 14, 11.

῎Ολυμπος ὁ μύσιος, l'Olympe de Mysie (auj. Ulu Dağ, au-dessus de Bursa).
Type de haute montagne à végétation très diversifiée **III** 2, 5. Espèces communes sur cette montagne **IV** 5, 4, qui fournit du bois de constructions navales **IV** 5, 5.

῎Ολυνθος (ἡ), Olynthe (v. de Chalcidique).
On y conserve le froment par un épandage de terre **VIII** 11, 7.

Ὀποῦς (ὁ, ἡ), Oponte (v. de Locride).
Morphologie singulière d'une petite plante de cette région **I** 7, 3.

῎Ορδυμνος (ὁ), l'Ordymnos (mt. de Lesbos, au-dessus d'Érésos).
L'arbre « sinistre » y pousse **III** 18, 13.

Ὀρχομενός (ὁ), Ὀρχομενία (ἡ), Orchomène, le territoire d'Orchomène (en Béotie).
Flore du lac d'Orchomène **IV** 10, 1-7 ; ses îles flottantes **IV** 10, 2 ; **IV** 12, 4. Le *nymphaia* y pousse **IX** 13, 1.

Ὄσσα (ἡ), l'Ossa (mt. de Thessalie).
Riche en plantes des régions froides **IV** 5, 2.

Πάγγαιον / Παγγαῖον (τό), le Pangée (mt. de Thrace).
La « rose à cent feuilles » y est très commune **VI** 6, 4.

Παντικάπαιον (τό), Panticapée (v. du Bosphore cimmérien, auj. Kertch).
Arbres cultivés et végétation forestière de cette région **IV** 5, 3 ; ses hivers rigoureux **IV** 14, 13.

Παρνασ(σ)ός (ὁ), le Parnasse.
A de moins beaux sapins que la Macédoine **I** 9, 2, et le plus mauvais bois de charpente **V** 2, 1. Type de haute montagne à végétation très diversifiée **III** 2, 5. Riche en plantes des régions froides **IV** 5, 2 ; en plantes médicinales **IX** 15, 4, à peu près les mêmes que dans d'autres régions de Grèce réputées à cet égard **IX** 15, 8. Le *magydaris* y est commun **VI** 3, 7 ; l'hellébore, de qualité médiocre **IX** 10, 4.

Πατραϊκή (ἡ), le territoire de Patres (en Achaïe ; auj. Patras).
On y trouve une sorte de « carotte » médicinale **IX** 15, 8 ; **IX** 20, 2.

Πειραιεύς (ὁ), le Pirée.
Le suc de silphium y est apporté tout traité **VI** 3, 2.

Πελεκανία (ἡ), la « Pélicanière » (en Béotie).
Lieu-dit où le roseau à *aulos* est très beau **IV** 11, 8.

Πελοπόννησος (ἡ), le Péloponnèse.
Particularités de cette région : précocité des récoltes dans l'Actè **VIII** 2, 11 ; présence de la tragacanthe en Achaïe **IX** 1, 3.

Περσίς (ἡ), la Perse.
Description du cédratier appelé « pommier de Perse » **I** 11, 4 ; **IV** 4, 2-3 ; de la mangrove de Carmanie **IV** 7, 5-6.

Πέτρα (ἡ), La Roche (en Cappadoce).
Les grains y conservent très longtemps leur faculté germinative **VIII** 11, 5.

Πήλιον (τό), le Pélion (mt. de Thessalie).
Riche en plantes des régions froides **IV** 5, 2, en partie spécifiques **IV** 5, 4 ; riche aussi en plantes médicinales **IX** 15, 4.

Πίναρος (ὁ ποταμός), le Pinaros (fl. de Cilicie).
Région productrice de grenades sans pépins **II** 2, 7.

Πίσσατοι (οἱ), les Pissates (peuple d'Asie centrale).
Produisent un blé dangereusement indigeste **VIII** 4, 5.

Πλαταιαί (αἱ), Platées (v. de Béotie).
Patrie du droguiste Aristophile **IX** 18, 4.

Πόντος (ὁ), le Pont (auj. la mer Noire), la région pontique.
Situation de la Médie par rapport au Pont **IV** 4, 1. On y trouve certaines plantes des régions froides **IV** 5, 2. Arbres cultivés et ressources forestières de Panticapée, dans le Pont **IV** 5, 3 ; ses hivers rigoureux **IV** 14, 13. La région pontique fournit du bon bois de charpente **V** 2, 1. Caractères du blé du Pont : ainsi nommé d'après son origine **VIII** 4, 3 ; le plus léger de tous les blés **VIII** 4, 5 ; exempt d'ivraie **VIII** 4, 6. L'hellébore du Pont est un des plus estimés **IX** 10, 3. Les moutons s'y trouvent bien de brouter l'absinthe **IX** 17, 4.

Προβατία (ἡ), la rivière des Moutons (en Béotie).
Le roseau à *aulos* prospère à son débouché dans le lac d'Orchomène **IV** 11, 8.

Προποντίς (ἡ), la Propontide (auj. la mer de Marmara).
Myrte et laurier communs dans ses parages **IV** 5, 4.

Πυρά (ἡ), Le Bûcher [d'Héraclès] (sur l'Œta, en Thessalie).
Seul lieu de cette montagne où se trouve l'hellébore blanc **IX** 10, 2.

Πύρρα (ἡ), Pyrrha (v. de Lesbos).
Dans cette région, le chêne venu de semis s'abâtardit **II** 2, 6 ; des pins ont repoussé après un incendie **III** 9, 5. L'eau de Pyrrha rend les femmes stériles **IX** 18, 10.

Ῥήγιον (τὸ), Rhégion (v. de Calabre).
Les platanes plantés par Denys ne se développèrent pas bien **IV** 5, 6.

Ῥόδος (ἡ), Rhodes.
Culture locale du palmier **II** 6, 3. Le *perséa* y fleurit sans fructifier **III** 3, 5 ; le caroubier y pousse spontanément **IV** 2, 4. Au nombre des pays de soleil où se plaît le cyprès **IV** 5, 2. Précocité des récoltes à Chalcia, île dépendant de Rhodes **VIII** 2, 9.

Ῥύνδακος (ὁ), le Rhyndacos (fl. de Mysie).
Cette région fournit du bois de charpente **V** 2, 1.

Ῥωμαῖοι (οἱ), les Romains.
Leur tentative d'exploitation forestière en Corse **V** 8, 2.

Σαβά, Saba (région d'Arabie).
Fournit des aromates **IX** 4, 2. Exploitation de l'encens et de la myrrhe par les Sabéens **IX** 4, 5.

Σαλαμίς (ἡ), Salamine.
Précocité des récoltes **VIII** 2, 11.

Σαμοθρᾴκη (ἡ), Samothrace.
Variété d'oignon qui en porte le nom **VII** 4, 7.

Σάρδεις (αἱ), Sardes (v. de Lydie).
Description des oignons de Sardes **VII** 4, 7 et 9 ; de l'encensier d'un sanctuaire dominant la ville **IX** 4, 9.

Σικελία (ἡ), la Sicile.
Le palmier nain y abonde **II** 6, 11 ; le cardon n'existe que là **VI** 4, 10. Variété de bette dite sicilienne **VII** 4, 4. Certaines récoltes y mûrissent très vite **VIII** 2, 8. Caractères du blé de Sicile : ainsi nommé d'après son origine **VIII** 4, 3 ; blé de deux mois introduit de Sicile en Achaïe **VIII** 4, 4 ; le plus lourd des blés importés en Grèce **VIII** 4, 5 ; assez peu mêlé d'ivraie, mais souillé par le « blé noir » **VIII** 4, 6. Les cultures trop soignées y réussissent mal **VIII** 6, 3. Le régime des pluies explique la richesse de l'île en grain **VIII** 6, 6.

Σικυών (ὁ, ἡ), Sicyone (v. de Corinthie).
On y cultive le serpolet pris dans les montagnes voisines **VI** 7, 2.

Σινώπη (ἡ), Sinope (v. de Bithynie).
Excellente qualité de ses bois **IV** 5, 3, en particulier pour la construction navale **IV** 5, 5.

Σκυθία (ἡ), Σκύθαι (οἱ), la Scythie, les Scythes.
La « racine de Scythie » (réglisse) combat la soif **IX** 13, 2 ; **IX** 15, 2 ; d'autres racines de la même région sont des poisons mortels **IX** 15, 2.

Σόλοι (οἱ), Soles (v. de Cilicie).
Tous les grenadiers y produisent des fruits sans pépins **II** 2, 7. Blé et orge y donnent plus de farine qu'ailleurs **VIII** 8, 2.

Στάγειρα (τὰ), Stagire (v. de Macédoine).
Variétés d'érable distinguées par les Stagirites **III** 11, 1. Au Musée de Stagire on vit se relever un peuplier blanc abattu **IV** 16, 3.

Στρυμών (ὁ), le Strymon (fl. de Thrace).
La châtaigne d'eau croît dans les parties marécageuses de son cours **IV** 9, 1.

Σύβαρις (ἡ), Sybaris (v. du Bruttium).
Chêne sempervirent visible de la ville **I** 9, 5.

Συρία (ἡ), la Syrie (auj. Syrie, Liban, Israël, Jordanie).
Ses palmeraies : production de dattes susceptibles de se conserver **II** 6, 2 et 8 ; mode de culture et localisation des palmeraies **II** 6, 5 ; mise à fruit rapide du dattier **II** 6, 7. Le cèdre est la principale essence forestière **III** 2, 6 ; il fournit le bois des constructions navales **IV** 5, 5 ; **V** 7, 1 ; il atteint des dimensions remarquables **V** 8, 1. Le pistachier est localement abondant **III** 2, 6, en particulier dans la région de Damas **III** 15, 3 ; son bois est plus noir que l'ébène **V** 3, 2 ; on en extrait de la poix **IX** 2, 2 ; **IX** 3, 4. Le caroubier est spontané en Syrie **IV** 2, 4. Le lierre et le sapin n'existent pas à l'intérieur du pays **IV** 4, 1. Plantes à parfum en provenance de Syrie **IV** 4, 14. Papyrus et roseau odorant dans un lac de Syrie **IV** 8, 4 ; roseau et jonc odorants parmi les aromates de ce pays **IX** 7, 2. La « fève d'Égypte » n'y mûrit pas ses fruits **IV** 8, 8. Patrie de la plante nommée *magydaris* **VI** 3, 7 ; de la férule à galbanum, qui fournit à la médecine la principale « panacée » **IX** 7, 2 ; **IX** 9, 2 ; **IX** 11, 1. Les labours y sont superficiels **VIII** 6, 3. Exploitation du baumier cultivé en Syrie **IX** 1, 7 ; **IX** 6, 1-4. Les Syriens sont sujets au ténia **IX** 20, 5.

Σύρτις (ἡ), la Syrte (golfe de Libye).
Région où abonde le silphium **VI** 3, 3.

Τάρας (ὁ), Tarente (v. de Grande-Grèce).
L'olivier y fleurit bien mais fructifie peu **IV** 14, 9.

Τάρρα (ἡ), Tarrha (sur la côte méridionale de la Crète ; auj. Hagia Rouméli).
Dans son arrière-pays montagneux le cyprès étêté repousse **II** 2, 2.

Ταῦρος (ὁ), le Taurus (chaîne de montagnes du sud de l'Asie Mineure).
Des grains de semence sont transportés de Cilicie au-delà du Taurus **VIII** 2, 9.

Τεγέα (ἡ), Tégée (v. d'Arcadie).
Troubles mentaux causés par une racine de cette région **IX** 13, 4. Fournit un hippomane recherché **IX** 15, 6.

Τελέθριον (τό), le Téléthrion (mt. du nord de l'Eubée).
Riche en espèces des régions froides **IV** 5, 2 ; en plantes médicinales **IX** 15, 4 ; **IX** 20, 5, à peu près les mêmes que celles des autres régions réputées à cet égard **IX** 15, 8 ; très ombreux **IX** 20, 5.

Τιρασία (ἡ), Tirasia (v. de Crète centrale, au S.-E. de l'Ida).
Ses montagnes ont des peupliers noirs porteurs de fruits **III** 3, 4.

Τμῶλος (ὁ), le Tmolos (mt. de Lydie).
Espèces communes sur cette montagne **IV** 5, 4.

Τορώνη (ἡ), Toronè (v. de Chalcidique).
La « fève d'Égypte » y mûrit ses fruits **IV** 8, 8.

Τροιζηνία (ἡ), le territoire de Trézène (v. d'Argolide).
Produit un vin stérilisant **IX** 18, 11.

Τύλος ἡ νῆσος, l'île de Tylos (dans le golfe Persique ; auj. Bahrein).
Mangrove de la côte orientale ; végétation spontanée et cultures ; irrigation préférée à la pluie **IV** 7, 7-8. Caractères spécifiques et usages de ses bois **V** 4, 7.

Τυρρηνία (ἡ), l'Étrurie (auj. la Toscane).
Son chêne-liège **III** 17, 1 ; ses bateaux en hêtre du Latium **V** 8, 3 ; sa richesse en plantes médicinales **IX** 15, 1. Renseignements donnés par les Tyrrhéniens d'Héraclée sur des plantes vénéneuses **IX** 16, 6.

Ὑμηττός (ὁ), l'Hymette (haute colline dominant Athènes).
On y va chercher du serpolet sauvage pour le cultiver dans les jardins **VI** 7, 2.

Φαλάκραι (αἱ), les monts Chauves (partie élevée de l'Ida de Troade).
On y trouve la « vigne de l'Ida » **III** 17, 6.

Φενεός (ἡ), Phénéos (en Arcadie).
Incidences de son lac temporaire sur la végétation **III** 1, 2 ; sur la durée du bois de sapin **V** 4, 6. Possède une plante nommée *moly* **IX** 15, 7.

Φίλιπποι (οἱ), Philippes (v. de Macédoine).
Région favorable à la stabilité des espèces végétales **II** 2, 7. On y a vu reprendre vie des arbres brûlés par le gel **IV** 14, 12 ; un saule qui s'était abattu **IV** 16, 2 et 3. La rose « à cent feuilles » du Pangée y est cultivée **VI** 6, 4. Un vent local rend la fève dure à cuire **VIII** 8, 7.

Φοινίκη (ἡ), la Phénicie.
Culture du palmier sur sol saumâtre **II** 6, 2. Espèce de *kédros* dite « de Phénicie » **III** 12, 3. Construction de trières en bois de cèdre **V** 7, 1.

Φρυγία (ἡ), la Phrygie.
Le genévrier cade atteint les montagnes de Phrygie **IV** 5, 2. La marjolaine de Phrygie au nombre des fleurs d'été **VI** 8, 3. Les Phrygiens n'ont pas le ténia **IX** 20, 5.

Φωκεῖς (οἱ), les Phocidiens, la Phocide.
Semailles précoces à cause du froid **VIII** 1, 7. A Élatée le blé donne plus de farine qu'ailleurs **VIII** 8, 2.

Χαιρώνεια (ἡ), Chéronée (v. de Béotie).
Remplissage exceptionnel du lac voisin après la bataille de Chéronée **IV** 11, 3.

Χαλκία (ἡ), Chalcia (petite île proche de Rhodes).
A un terroir qui donne deux récoltes successives **VIII** 2, 9.

Χαλκιδική (ἡ), la Chalcidique (région de Macédoine).
Localisation de Toronè **IV** 8, 8.

Χαλκίς (ἡ), Chalcis (v. d'Eubée).
Exposée au vent de l'Olympe qui grille la végétation **IV** 4, 11.

Χερρόνησος ἡ ταυρική, la Chersonèse taurique (auj. la Crimée).
Les bulbes de muscari y sont si doux qu'ils se mangent crus **VII** 13, 8.

Χίος (ἡ), Chios.
Patrie du droguiste Eunome **IX** 17, 3.

Χύτροι (οἱ), les Marmites (lieu-dit de Béotie).
Partie du lac d'Orchomène qui fournit le meilleur roseau à *aulos* **IV** 11, 8.

Ψωφίς (ἡ), Psophis (v. d'Arcadie).
Une « panacée » abonde sur son sol rocailleux **IX** 15, 7.

NOMS DE PERSONNES ET DE PERSONNAGES
LITTÉRAIRES OU MYTHOLOGIQUES

Ἄδωνις (ὁ), Adonis.
L'armoise se sème en terrine comme les jardins d'Adonis **VI** 7, 3.

Αἰσχύλος (ὁ), Eschyle.
Évoque l'habileté des Étrusques pour préparer les drogues **IX** 15, 1.

Ἀλέξανδρος (ὁ), Alexandre (le Grand).
Se couronna de lierre sur le mont Mèros **IV** 4, 1 ; interdit à ses soldats de manger d'un fruit nocif **IV** 4, 5 ; fit revenir de l'Inde par mer une partie de son armée **IV** 7, 3.

Ἀλεξίας (ὁ), Alexias.
Médecin réputé **IX** 16, 8.

Ἄμμων (ὁ), Ammon (dans les formules παρ' Ἄμμωνι, ἐν Ἄμμωνος « aux abords du sanctuaire d'Ammon », auj. oasis de Siwa).
Le palmier y est abondant et beau **IV** 3, 1 ; l'eau est présente dans le sous-sol des palmeraies **IV** 3, 5. Le thuya existe dans cette région **V** 3, 7.

Ἀναξαγόρας (ὁ), Anaxagore (philosophe).
Sa théorie de la génération spontanée **III** 1, 4.

Ἀνδροκύδης (ὁ), Androcyde (médecin).
Tirait du chou un remède contre l'ivresse **IV** 16, 6.

Ἀνδροτίων (ὁ), Androtion (agronome).
Ses conseils pour la culture de l'olivier, du myrte et du grenadier **II** 7, 2 et 3.

Ἀντιγενίδας (ὁ), Antigénidas (musicien thébain).
A réformé la technique du jeu de l'*aulos* **IV** 11, 4.

Ἀντίγονος (ὁ), Antigone (général d'Alexandre).
Utilisa le papyrus de Syrie pour les cordages de sa flotte **IV** 8, 4. Reçut des convoyeurs d'encens du bois pareil à celui du térébinthe **IX** 4, 8.

Ἀριστόφιλος (ὁ), Aristophile (de Platées).
Se disait capable de modifier par ses drogues les aptitudes génésiques de l'homme **IX** 18, 4.

Ἅρπαλος (ὁ), Harpale (trésorier d'Alexandre).
Ne réussit pas à acclimater le lierre à Babylone **IV** 4, 1.

Ἄρχιππος (ὁ), Archippe (archonte athénien).
Dégâts du vent de l'Olympe sur la végétation en Eubée pendant sa magistrature **IV** 14, 11.

Ἀχιλλεύς (ὁ), Achille (dans les noms d'une variété d'orge : αἱ ἀχίλλειοι κριθαί, ἡ ἀχιλληῖς κριθή).
Variété à épi rapproché de la feuille **VIII** 4, 2 ; la plus sensible à la rouille **VIII** 10, 2.

Βαγῷας ὁ Παλαιός, Bagoas l'Ancien (eunuque de la cour de Perse).
Son jardin possède des dattiers de la variété « royale » **II** 6, 7.

Δαρεῖος (ὁ), Darius (roi de Perse).
Combat livré contre lui sur les bords du Pinaros **II** 2, 7.

Δημήτριος (ὁ), Démétrios (dit Poliorcète).
Quand il prit Mégare, on y découvrit des armes incluses dans un oléastre **V** 2, 4. Se fit construire en cèdre de Chypre un navire de guerre colossal **V** 8, 1.

Διογένης (ὁ), Diogène (d'Apollonie, philosophe).
Sa théorie de la génération spontanée **III** 1, 4.

Διομήδης (ὁ), Diomède (héros achéen de la guerre de Troie).
Sur l'Adriatique, le platane n'existerait qu'autour de son sanctuaire **IV** 5, 6.

Διονύσιος ὁ Πρεσβύτερος, Denys l'Ancien (tyran de Syracuse).
Les platanes plantés dans son parc ne se développèrent pas bien **IV** 5, 6.

Διόνυσος (ὁ), Dionysos.
La légende le dit originaire du mont Mèros dans l'Inde **IV** 4, 1.

Εἰλήθυια (ἡ), Eilèthyie (divinité protectrice des femmes en couches).
Exsudation du bois de sapin appelée « écoulement d'Eilèthyie » **V** 9, 8.

Ἑλένη (ἡ), Hélène.
Avait appris à connaître les drogues d'Égypte **IX** 15, 1.

Ἐλπήνωρ (ὁ), Elpénor (compagnon d'Ulysse à son retour de Troie).
On en montre la tombe au Circéion **V** 8, 3.

Ἐπιμενίδης (ὁ), Épiménide (inventeur à demi légendaire d'un remède contre la faim).
Description et usage de la scille dite « d'Épiménide » **VII** 12, 1.

Εὔδημος (ὁ), Eudème (droguiste athénien).
Perdit son pari de ne pas réagir à l'hellébore **IX** 17, 2.

Εὔνομος ὁ Χῖος, Eunome de Chios (droguiste).
A pu supporter sans réaction des doses massives d'hellébore **IX** 17, 3.

Εὐρώπη (ἡ), Europe (princesse phénicienne enlevée par Zeus).
Zeus s'unit à elle sur le platane toujours vert de Gortyne **I** 9, 5.

Ζεύς, gén. Διός (ὁ), Zeus.
S'unit à Europe sur le platane toujours vert de Gortyne **I** 9, 5. — Pour les noms de plantes composés de διοσ-, voir s.v. διόσανθος, διοσβά-λανος, διόσπυρον.

Ἥλιος (ὁ), le Soleil (divinisé).
Chez les Sabéens les transactions d'encens et de myrrhe se font dans son temple **IX** 4, 5-6. Un tiers de la récolte de cinnamome lui est consacré **IX** 5, 2.

Ἡρακλῆς (ὁ), Héraclès.
Plante asiatique appelée « épine d'Héraclès » **IV** 4, 12. Algue transportée par le courant qui traverse les Colonnes d'Héraclès **IV** 6, 4.

Ἡσίοδος (ὁ), Hésiode.
Selon lui, le chêne porte du miel et des abeilles **III** 7, 6 ; l'asphodèle a une grande valeur alimentaire **VII** 13, 3 ; la saison des semailles est l'automne **VIII** 1, 1 ; le *tripolion* favorise le succès d'une entreprise **IX** 19, 2.

Θέτταλος (ὁ), Thettalos (fils de Pisistrate).
Aurait constaté le cas d'un olivier défeuillé chargé de fruits **II** 3, 3.

Θηρικλῆς (ὁ), Thériclès (potier corinthien inventeur de coupes d'un noir uniforme).
On fabrique de ces coupes en bois de pistachier **V** 3, 2.

Θρασύας ὁ Μαντινεύς, Thrasyas de Mantinée (médecin [?] et droguiste).
Inventeur d'un poison à base de ciguë qui donnait la mort sans douleur
IX 16, 8. Sa tolérance à l'hellébore **IX** 17, 1. Son opinion sur la toxicité relative des drogues **IX** 17, 2.

Θῶν (ὁ), Thon (roi d'Égypte).
Son épouse Polydamne fit connaître à Hélène les drogues d'Égypte
(citation de l'*Odyssée*, δ 228) **IX** 15, 1.

Ἴλος (ὁ), Ilos (héros éponyme et fondateur d'Ilion).
Longévité des chênes vélanèdes plantés sur son tombeau **IV** 13, 2.

Ἵππων (ὁ), Hippon (philosophe).
Son opinion sur le caractère sauvage ou domestique d'une espèce **III**
2, 2.

Κίρκη (ἡ), Circé.
On dit que le Circéion, dans le Latium, était la demeure de Circé **V** 8,
3 ; **IX** 15, 1.

Κλείδημος (ὁ), Cleidémos (philosophe).
Sa théorie de la génération spontanée **III** 1, 4.

Μελάμπους (ὁ), Mélampous (chevrier, ou devin-guérisseur légendaire).
L'hellébore lui doit son nom de *mélampodion* **IX** 10, 4.

Μενέστωρ (ὁ), Ménestor (de Sybaris, philosophe pythagoricien).
Ne distingue pas plusieurs sortes de sève **I** 2, 3. Met le mûrier au
nombre des bois chauds **V** 3, 4. Considère le lierre comme le meilleur
bois pour les briquets **V** 9, 6.

Μουσαῖος (ὁ), Musée (poète et musicien légendaire).
Selon lui, le *tripolion* favorise le succès d'une entreprise **IX** 19, 2.

Ὅμηρος (ὁ), Homère.
Citation de ses vers relatifs au *népenthès* **IX** 15, 1. Allusion à l'épisode
du *moly* **IX** 15, 7.

Ὀφέλλας (ὁ), Ophellas (tyran de Cyrène).
Son armée, en marche vers Carthage, dut se nourrir de jujubes **IV** 3, 2.

Πάνδιος (ὁ), Pandios (sculpteur du temple de Tégée).
Une racine vénéneuse consommée par erreur lui fit perdre la raison **IX** 13, 4.

Πισίστρατος (ὁ), Pisistrate (tyran d'Athènes).
Mentionné à propos de son fils Thettalos (voir s.v. Θέτταλος).

Πολύδαμνα (ἡ), Polydamne (reine d'Égypte).
Initia Hélène à la connaissance des drogues (citation de l'*Odyssée* δ 228) **IX** 15, 1.

Σάτυρος (ὁ), Satyros (collaborateur de Théophraste).
Son enquête en Arcadie sur les genévriers **III** 12, 4.

Σιμωνίδης (ὁ), Simonide (archonte athénien).
Fondation de Cyrène quatre cents ans avant sa magistrature **VI** 3, 3.

Χαιρήμων (ὁ), Chérémon (poète tragique).
Citation de ses vers qui évoquent la fumée désagréable du palmier **V** 9, 5.

Χαρτόδρας (ὁ), Chartodras (agronome ?).
Son opinion sur les différentes sortes de fumier **II** 7, 4.

TABLE DES MATIÈRES

COLLECTION DES UNIVERSITÉS DE FRANCE

OUVRAGES PARUS

Série grecque

dirigée par Jacques Jouanna
de l'Institut
professeur émérite à l'Université de Paris Sorbonne

Règles et recommandations pour les éditions critiques (grec). (1 vol.).

ACHILLE TATIUS.
Le Roman de Leucippé et Clitophon. (l vol.).

AELIUS ARISTIDE (Pseudo-)
Arts rhétoriques. (2 vol.).

AELIUS THÉON.
Progymnasmata. (1 vol.).

ALCÉE.
Fragments. (2 vol.).

LES ALCHIMISTES GRECS.
(3 vol. parus).

ALCINOOS.
Les doctrines de Platon. (1 vol.).

ALEXANDRE D'APHRODISE.
Traité du destin. (1 vol.).

ANDOCIDE.
Discours. (1 vol.).

ANONYME DE SÉGUIER.
Art du discours politique (1 vol.).

ANTHOLOGIE GRECQUE.
(12 vol. parus).

ANTIGONE DE CARYSTE.
Fragments. (1 vol.).

ANTIPHON.
Discours. (1 vol.).

ANTONINUS LIBERALIS.
Métamorphoses. (1 vol.).

APOLLONIOS DE RHODES.
Argonautiques. (3 vol.).

APPIEN.
Histoire romaine. (4 vol. parus).

APSINÈS.
Art rhétorique. (1 vol.).

ARATOS.
Phénomènes. (2 vol.).

ARCHILOQUE.
Fragments. (1 vol.).

ARCHIMÈDE. (4 vol.).

ARGONAUTIQUES
ORPHIQUES. (1 vol.).

ARISTÉNÈTE. (l vol.).

ARISTOPHANE. (5 vol.).

ARISTOTE.
De l'âme. (1 vol.).
Catégories. (1 vol.).
Constitution d'Athènes. (1 vol.).
Du ciel. (l vol.).
Économique. (1 vol.).
Génération des animaux. (1 vol.).
De la génération et la corruption. Nlle éd. (1 vol.).
Histoire des animaux. (3 vol.).

ÉSOPE.
Fables. (1 vol.).

EURIPIDE.
Tragédies (12 vol.).

FAVORINOS D'ARLES.
Œuvres (1 vol. paru).

GALIEN. (2 vol. parus).

GÉOGRAPHES GRECS.
(1 vol. paru).

GÉMINOS.
Introduction aux phénomènes.
(1 vol.).

GRÉGOIRE DE NAZIANZE
(le Théologien) (Saint).
Correspondance. (2 vol.).
Poèmes. (1 vol. paru).

HÉLIODORE.
Les Éthiopiques. (3 vol.).

HÉRACLITE.
Allégories d'Homère. (1 vol.).

HERMÈS TRISMÉGISTE. (4 vol.).

HÉRODOTE.
Histoires. (11 vol.).

HÉRONDAS.
Mimes. (1 vol.).

HÉSIODE.
Théogonie. - Les Travaux et les
Jours. - Bouclier. (1 vol.).

HIPPOCRATE. (11 vol. parus).

HOMÈRE.
L'Iliade. (4 vol.).
L'Odyssée. (3 vol.).
Hymnes. (1 vol.).

HYPÉRIDE.
Discours. (1 vol.).

ISÉE.
Discours. (1 vol.).

ISOCRATE.
Discours. (4 vol.).

JAMBLIQUE.
Les mystères d'Égypte. (1 vol.).
Protreptique. (1 vol.).

JOSÈPHE (Flavius).
Autobiographie. (1 vol.).
Contre Apion. (1 vol.).
Guerre des Juifs. (3 vol. parus).

JULIEN (L'empereur).
Lettres. (2 vol.).
Discours. (2 vol.).

LAPIDAIRES GRECS.
Lapidaire orphique. - Kerygmes
lapidaires d'Orphée. - Socrate et
Denys. - Lapidaire nautique. -
Damigéron. - Evax. (1 vol.).

LIBANIOS.
Discours. (2 vol. parus).

LONGIN. RUFUS.
Fragments. Art rhétorique. (1 vol.).

LONGUS.
Pastorales. (1 vol.).

LUCIEN. (3 vol. parus).

LYCURGUE.
Contre Léocrate. (1 vol.).

LYSIAS.
Discours. (2 vol.).

MARC-AURÈLE.
Écrits pour lui-même. (1 vol. paru).

MARINUS.
Proclus ou sur le bonheur. (1 vol.).

MÉNANDRE. (3 vol. parus).

MUSÉE.
Héro et Léandre. (1 vol.).

NICANDRE.
Œuvres. (1 vol. paru).

NONNOS DE PANOPOLIS.
Les Dionysiaques. (17 vol. parus).

NUMÉNIUS. (1 vol.).

ORACLES CHALDAIQUES.
(1 vol.).

Série latine

dirigée par Jean-Louis Ferrary
de l'Institut
directeur d'études à l'École Pratique des Hautes Études (IVᵉ section)

Discours. (22 vol.).
Divisions de l'Art oratoire. -
Topiques. (1 vol.).
Les Devoirs. (2 vol.).
L'Orateur. (1 vol.).
Les Paradoxes des Stoïciens.
(1 vol.).
De la République. (2 vol.).
Traité des Lois (1 vol.).
Traité du Destin. (1 vol.).
Tusculanes. (2 vol.).

CLAUDIEN.
Œuvres. (3 vol. parus).

COLUMELLE.
L'Agriculture, (4 vol. parus).
Les Arbres. (1 vol.).

COMŒDIA TOGATA.
Fragments. (1 vol.).

CORIPPE.
Éloge de l'Empereur Justin II.
(1 vol.).

CORNÉLIUS NÉPOS.
Œuvres. (1 vol.).

CYPRIEN (Saint).
Correspondance. (2 vol.).

DOSITHÉE.
Grammaire latine. (1 vol.).

DRACONTIUS.
Œuvres. (4 vol.).

ÉLOGE FUNÈBRE D'UNE
MATRONE ROMAINE. (1 vol.).

L'ETNA. (1 vol.).

EUTROPE.
Abrégé d'Histoire romaine.
(1 vol.).

FESTUS.
Abrégé des hauts faits du peuple
romain. (1 vol.).

FIRMICUS MATERNUS.
L'Erreur des religions paiennes.
(1 vol.).
Mathesis. (3 vol.).

FLORUS.
Œuvres. (2 vol.).

FORTUNAT (Venance).
(4 vol.).

FRONTIN.
Les aqueducs de la ville de Rome.
(1 vol.).

GAIUS.
Institutes. (1 vol.).

GARGILIUS MARTIALIS
Les remèdes tirés des légumes
et des fruits. (1 vol.)

GERMANICUS.
Les phénomènes d'Aratos.
(1 vol.).

HISTOIRE AUGUSTE.
(5 vol. parus).

HORACE.
Epitres. (1 vol.).
Odes et Epodes. (1 vol.).
Satires. (1 vol.).

HYGIN.
L'Astronomie. (1 vol.).

HYGIN (Pseudo-).
Des Fortifications du camp.
(1 vol.).

JÉRÔME (Saint).
Correspondance. (8 vol.).

JUVÉNAL.
Satires. (1 vol.).

LUCAIN.
Pharsale. (2 vol.).

LUCILIUS.
Satires. (3 vol.).

LUCRÈCE.
De la Nature. (2 vol.).

MACROBE.
Commentaire au songe
de Scipion. (2 vol.).

MARTIAL.
Épigrammes. (3 vol.).

MARTIANUS CAPELLA.
Les Noces de philologie
et Mercure. (1 vol. paru).

MINUCIUS FÉLIX.
Octavius. (1 vol.).

PREMIER MYTHOGRAPHE
DU VATICAN. (1 vol.).

NÉMÉSIEN.
Œuvres. (1 vol.).

OROSE.
Histoires (Contre les Païens).
(3 vol.).

OVIDE.
Les Amours. (1 vol.).
L'Art d'aimer. (1 vol.).
Contre Ibis. (1 vol.).
Les Fastes. (2 vol.).
Halieutiques. (1 vol.).
Héroïdes. (1 vol.).
Métamorphoses. (3 vol.).
Pontiques. (1 vol.).
Les Remèdes à l'Amour. (1 vol.).
Tristes. (1 vol.).

PALLADIUS.
Traité d'agriculture. (1 vol. paru).

PANÉGYRIQUES LATINS.
(3 vol.).

PERSE.
Satires. (1 vol.).

PÉTRONE.
Le Satiricon. (1 vol.).

PHÈDRE.
Fables. (1 vol.).

PHYSIOGNOMONIE (Traité de).
(1 vol.).

PLAUTE.
Théâtre complet. (7 vol.).

PLINE L'ANCIEN.
Histoire naturelle. (36 vol. parus).

PLINE LE JEUNE.
Lettres. (4 vol.).

POMPONIUS MELA.
Chorographie. (1 vol.)

PROPERCE.
Élégies. Nlle éd. (1 vol.).

PRUDENCE. (4 vol.).

QUÉROLUS. (1 vol.).

QUINTE-CURCE.
Histoires. (2 vol.)

QUINTILIEN.
Institution oratoire. (7 vol.)

RHÉTORIQUE À HÉRENNIUS.
(1 vol.).

RUTILIUS NAMATIANUS.
Sur son retour. (1 vol.).

SALLUSTE.
Conjuration de Catilina. Guerre
de Jugurtha. Fragments des
Histoires. (1 vol.).

SALLUSTE (Pseudo-).
Lettres à César. Invectives. (1 vol.).

SÉNÈQUE.
Apocoloquintose du divin
Claude. (1 vol.).
Des Bienfaits. (2 vol.).
De la Clémence. (Nlle éd. 1 vol.).
Dialogues. (4 vol.).
Lettres à Lucilius. (5 vol.).
Questions naturelles. (2 vol.).
Théâtre. Nlle éd. (3 vol.).

SIDOINE APOLLINAIRE. (3 vol.).

SILIUS ITALICUS.
La Guerre punique. (4 vol.).

STACE.
Achilléide. (1 vol.).
Les Silves. (2 vol.).
Thébaïde. (3 vol.).

SUÉTONE.
Vie des douze Césars. (3 vol.).
Grammairiens et rhéteurs. (1 vol.).

SYMMAQUE.
Lettres. (4 vol.).

TACITE.
Annales. (4 vol.).
Dialogue des Orateurs. (1 vol.).
La Germanie. (1 vol.).
Histoires. (3 vol.).
Vie d'Agricola. (1 vol.).

TÉRENCE.
Comédies. (3 vol.).

TERTULLIEN.
Apologétique. (1 vol.).

TIBULLE.
Élégies. (1 vol.).

TITE-LIVE.
Histoire romaine. (30 vol. parus).

VALÈRE MAXIME.
Faits et dits mémorables. (2 vol.).

VALERIUS FLACCUS.
Argonautiques. (2 vol.).

VARRON.
Économie rurale. (3 vol.).
La Langue latine. (1 vol. paru).

LA VEILLÉE DE VÉNUS
(Pervigilium Veneris). (1. vol.).

VELLEIUS PATERCULUS.
Histoire romaine. (2 vol.).

VICTOR DE VITA.
Histoire de la persécution vandale
en Afrique. – La passion des sept
martyrs. – Registre des provinces
et des cités d' Afrique. (1 vol.).

VIRGILE.
Bucoliques. (1 vol.).
Énéide. (3 vol.).
Géorgiques. (1 vol.).

VITRUVE.
De l' Architecture. (9 vol. parus).

Catalogue détaillé sur demande

Ce volume,
le quatre cent quarante-sixième
de la série grecque
de la Collection des Universités de France,
publié aux Éditions Les Belles Lettres,
a été achevé d'imprimer
en janvier 2006
dans les ateliers
de l'imprimerie Peeters s. a.
à Louvain, B-3000

N° d'édition : 6377.
Dépôt légal : février 2006.

Imprimé en Belgique